THEODOR FONTANE

WEGE DER FORSCHUNG

BAND CCCLXXXI

1973

WISSENSCHAFTLICHE BUCHGESELLSCHAFT

DARMSTADT

THEODOR FONTANE

Herausgegeben von
WOLFGANG PREISENDANZ

1973
WISSENSCHAFTLICHE BUCHGESELLSCHAFT
DARMSTADT

ⓦ Bestellnummer: 6116
Schrift: Linotron Garamond, 9/11

© 1973 by Wissenschaftliche Buchgesellschaft, Darmstadt
Satz: Dr. L. Tetzner KG, Neu-Isenburg
Druck: Wissenschaftliche Buchgesellschaft, Darmstadt
Einband: C. Fikentscher, Darmstadt
Printed in Germany

ISBN 3-534-06116-0

INHALT

VORWORT

Auf den ersten Blick mag auffallen, daß der Großteil der hier vorgelegten Dokumentation des Weges der Fontane-Forschung einen so knappen und so nahen Zeitraum umspannt. Von einem (Th. Mann) abgesehen, sind alle Beiträge mehr als ein halbes Jahrhundert nach Fontanes Tod erschienen, und diese wiederum fallen mit einer Ausnahme (G. Lukács) sämtlich in die Zeit seit 1959, mehrheitlich in die sechziger Jahre unseres Jahrhunderts. Eine derart verkürzte, auf die letzte Phase des Forschungsprozesses abhebende Dokumentation könnte ihren Grund in der Bevorzugung von Beiträgen haben, die in ihrem Erkenntnisinteresse und in ihrer Methode dem aktuellen Stand der Literaturwissenschaft am nächsten kommen. Aber dieses Kriterium war weniger bestimmend als die Entwicklung der Fontane-Forschung selbst. Das Maß des wissenschaftlichen Interesses, das Fontanes Werk erweckt hat, mußte die Proportionierung des insgesamt zu umspannenden Zeitraums bedingen. Denn ohne jemals außer Sicht geraten zu sein, blieb Fontane doch ein gutes Halbjahrhundert in wissenschaftlicher Hinsicht ein relativ abgelegener und marginaler Autor, dessen literarischer und historischer Rang weithin sogar eher regional- als national-literarisch eingestuft wurde. Die — vor allem in der deutschen Philologie — bis weit in das 20. Jahrhundert während Mißachtung des Romans gegenüber Drama und Lyrik, die Hochschätzung des Bildungs- und Entwicklungsromans gegenüber dem Gesellschafts- und Zeitroman, die Bevorzugung des Dichters zuungunsten des Schriftstellers, schließlich, im Hintergrund von alledem, die dem Klassik-Kult verhaftete Hierarchie- und Kanonbildung mußten dazu führen, Fontane unter die *auctores minores* einzureihen und die Beschäftigung mit seinem Werk an den Rand des literaturwissenschaftlichen, erst recht des philologischen Interesses zu rücken.

Mit der zweiten Hälfte dieses Jahrhunderts indessen setzte die Expansion der Fontane-Forschung ein, die von der vorliegenden

Dokumentation widergespiegelt wird. Es kam nun zur Herausbildung eines wirklichen Forschungszusammenhangs im Sinn einer kontinuierlichen und systematischen Diskussion des Gegenstands und des auf ihn bezogenen Forschungsprozesses. Die Motivation dieser extensiven und intensiven Steigerung der Fontane-Forschung ergab sich in dreifacher Beziehung:

1. Eine inzwischen deutlich erkennbare Provokation lag in Erich Auerbachs auch sonst epochemachendem *Mimesis*-Buch von 1946[1]; genauer im dort ausgesprochenen Verdikt über das Defizit der deutschen Romandichtung und Erzählkunst des 19. Jahrhunderts. Mit Bezug auf Goethe heißt es dort: „Die Zerstückelung und Einschränkung des Realistischen blieb auch bei seinen jüngeren Zeitgenossen und bei den nächsten Generationen die gleiche; bis gegen Ende des 19. Jahrhunderts blieben die bedeutendsten Werke, die überhaupt Gegenstände der zeitgenössischen Gesellschaft ernsthaft zu gestalten suchten, im halb Phantastischen oder Idyllischen oder doch wenigstens im engen Bereich des Lokalen; sie gaben das Bild des Wirtschaftlichen, Gesellschaftlichen oder Politischen als ein ruhendes. Das trifft gleichmäßig so verschiedene und jeweils so bedeutende Schriftsteller wie Jean Paul, E. T. A. Hoffmann, Jeremias Gotthelf, Adalbert Stifter, Hebbel, Storm — noch bei Fontane greift der gesellschaftliche Realismus kaum in die Tiefe, und die politische Bewegung bei Gottfried Keller ist ausgesprochen schweizerisch" (S. 399). Noch summarischer wird an späterer Stelle konstatiert: „Keiner der Männer zwischen 1840 und 1890, von Jeremias Gotthelf bis zu Theodor Fontane, zeigt in voller Ausbildung und Vereinigung die Hauptmerkmale des französischen, d. h. des sich bildenden europäischen Realismus: nämlich ernste Darstellung der zeitgenössischen alltäglichen gesellschaftlichen Wirklichkeit auf dem Grunde der ständigen geschichtlichen Bewegung" (S. 460).

Es versteht sich, daß Fontane mit seinen Romanen ein besonderes Gewicht für den Versuch einer stichhaltigen Rehabilitation der deutschen 'Realisten' oder wenigstens für den Versuch einer differenzierenden Abschwächung der Auerbachschen Verdikte ge-

---

[1] Erich Auerbach, Mimesis. Dargestellte Wirklichkeit in der abendländischen Literatur. Bern 1946.

winnen mußte: Einmal, weil ja auch für Auerbach Fontanes Romanwerk die am weitesten zur Höhe der europäischen Entwicklung vorgedrungene, am ehesten dem vom französischen Roman gesetzten Niveau nahekommende Position darstellt; zum andern, weil auch ohne Rücksicht auf Auerbachs Normen und Thesen Fontanes Romane in erster Linie in Betracht kommen mußten, wenn es galt, etwas vorzuweisen, was einigermaßen die Behauptung entkräften konnte, die deutsche Erzählliteratur und insbesondere der deutsche Roman habe nach Jean Paul und E. T. A. Hoffmann für die restlichen Dreiviertel des Jahrhunderts den Anschluß an die Weltliteratur verloren, ihn erst 1901, mit *Buddenbrooks,* wiedergewonnen. Eine Behauptung, die wiederum zur Voraussetzung hatte oder machte, daß es zuerst und zuletzt das Versagen auf dem Gebiet des Gesellschaftsromans war, was dieses Zurückbleiben und Nachhinken sowohl begründete als auch kennzeichnete. Unter solchen Gesichtspunkten wurde die von Auerbach ausgelöste Auseinandersetzung über Rang, Eigenart und Signifikanz des deutschen Beitrags zum europäischen Realismus ein kräftiges Stimulans der Fontane-Forschung.

2. Darüber hinaus hatte Auerbachs Buch eine weitreichende Diskussion des literarischen Realismus-Begriffs entfacht, die alsbald die Auseinandersetzung über Postulat und Begriff eines sozialistischen Realismus in sich aufnahm, in deren Brennpunkt die einschlägigen Arbeiten von Georg Lukács standen. Auch in diesem Bezugsrahmen gaben Fontanes Romane in ihren textuellen und kontextuellen Aspekten einen ausgezeichneten Objektbereich ab: sie mußten, mindestens im deutschen Bereich, für die Vermittlung von literaturtheoretischem und literarhistorischem Realismus-Problem besonders wichtig werden, aber auch für die Frage nach den ideologischen Implikationen sowohl des Werkes als auch der seiner Erforschung zugrundeliegenden hermeneutischen Positionen und Erkenntnisinteressen. Insofern ist es nicht von ungefähr, daß gerade in der Fontane-Literatur während der sechziger Jahre, wenngleich noch unausgesprochen, der Trend zu einer sozialhistorisch bzw. sozialtheoretisch orientierten Hermeneutik sich anzuzeigen begann, der in jüngster Zeit, nun programmatisch vertreten, zum Durchbruch gekommen ist.

3. Dem Vorrang des Romans in der Verwirklichung der litera-

risch-ästhetischen Grundideen der Moderne hat die Literaturwissenschaft nur zögernd entsprochen; wiederum besonders in Deutschland standen literarische Entwicklung und literaturwissenschaftliche Forschungsakzente lange in einem schiefen Verhältnis. Auch dies wurde um die Jahrhundertmitte anders. Die Wendung, welche die — sich von der Philologie zusehends emanzipierende — Literaturwissenschaft durch die Ausbreitung und Rezeption der formalistischen, dann der strukturalistischen Interessen, Fragestellungen und Methoden nahm, brachte einen mächtigen Auftrieb von Forschungen, die sich auf die Theorie der Erzählkunst, der Erzählformen, der Erzählweisen richteten. Die Vorzugsstellung, die der Roman in solcher Hinsicht gewann, gesellte sich dem Vorrang, den er für ein eher auf die kultur- und sozialgeschichtlichen Zusammenhänge der Literatur blickendes Interesse bekam. Die höchst intensivierte, differenzierende und komplizierende Erforschung der Erzählkunst in ihren textformalen und textfunktionalen Aspekten, das von Formalismus und Strukturalismus angeregte Interesse für die semantische, informative und kommunikative Leistung von Erzählmodellen und Erzählstrategien, für Verfahren und Funktion narrativer Fiktionsbildungen kann mithin als eine dritte Voraussetzung der relativ jungen wissenschaftlichen Attraktivität Fontanes ausgemacht werden.

Es wäre verkürzend und schematisierend, wenn man jedem der hier zusammengestellten Beiträge seinen Ort im Umkreis des einen und andern der skizzierten Forschungszusammenhänge zuweisen wollte. Aber es ist zu vermerken, von welchen übergeordneten Problemen sich ihre Thematik herleiten läßt. Das Problem des literarischen Realismus in seiner literarhistorischen und literaturtheoretischen Dimension, das Problem des deutschen Romans im 19. Jahrhundert unter dem Gesichtspunkt der Differenzen zwischen europäischer und deutscher Literatur- und Gesellschaftsentwicklung, die Frage nach dem kritischen Potential der mit Fontane in den Vordergrund tretenden Gesellschafts- und Zeitdarstellung: so lassen sich die Problemhorizonte kennzeichnen, innerhalb deren sich diese Beiträge bewegen und verstehen. Eine Ausnahme bildet insofern nur Thomas Mann. An seinem Essay ist markant, daß er — exemplarischer Schriftsteller, ausschließlicher Prosaist — nicht ohne das

Moment der Selbstreflexion am Beispiel Fontanes die herkömm-
liche Opposition Dichter versus Schriftsteller der Irrelevanz überführt und die für obsolete Vorstellungen von Dichtertum ungreif-
bare Kunst des Schriftstellers zu beleuchten, in ihren Voraussetzungen zu erläutern und, mit Rücksicht auf die umgebende deutsche
Literatur, als die große Ausnahme hervorzuheben sucht. Im Bewußtsein einer literarischen und sogar existentiellen Verwandtschaft
wird hier eine Grundlage geboten, die Produktion des Romanciers,
des Publizisten, des Briefschreibers Fontane bornierten Maßstäben
und überholten Erwartungen zu entziehen.

Alle folgenden Beiträge dieses Bandes lassen sich indessen den
angedeuteten und übrigens immer wieder ineinandergreifenden Pro-
blemkreisen zuordnen. Es versteht sich demnach, daß das Romanwerk und mithin der alte Fontane im Vordergrund stehen. Der
Balladendichter, als der er lange vor dem ersten Roman hervor-
getreten war und einiges Ansehen genossen hatte, bleibt ebenso
am Rande wie der — eigentlich recht 'unlyrische' — Lyriker, wie
der Reporter und Korrespondent, der Wanderer durch die Mark
Brandenburg, der Autobiograph, der Theaterkritiker Fontane. In
dieser Akzentuierung begegnen sich Forschungsprozeß und Absicht
des Herausgebers. Es mußte darauf ankommen, die Fontane-Forschung in ihrem Schwerpunkt, nicht in ihrer thematischen Vollständigkeit zu dokumentieren. Die Probleme des literarischen Realismus, der Kunst des Romans, der gesellschafts- und kulturkritischen
Implikationen orientierten Möglichkeiten der Hinsicht, die letztlich immer im Romancier Fontane ihren Schnittpunkt hatten. Und
indem der hervorstechende, auszeichnende Zug seiner Gesellschafts-
und Zeitromane in einem bis dahin fast beispiellosen Vorrang des
Gesprächs liegt, ergab die Erörterung von Funktion und Sinn dieser
dominierenden Darstellung von Gesprächswirklichkeit wiederum
einen die unterschiedlichsten Ansätze verbindenden Konzentrations-
punkt.

Es erscheint überflüssig, die Beiträge der Reihe nach auf ihre
Beziehung zu dem hier grob umrissenen übergeordneten Forschungs-
zusammenhang durchzumustern; auch bedürfen die Konvergenz der
thematischen Aspekte, die Divergenzen der Positionen, Perspektiven, Methoden, Argumente und Befunde wohl keiner vorgreif-

lichen Kennzeichnung. Und selbst für diejenigen Beiträge, die aus dem Kontext von Büchern mit einer das Abgedruckte weit überschreitenden Thematik herausgelöst wurden, sollte das bisher Gesagte hinreichen, den jeweiligen Zusammenhang von Teil und Ganzem wenigstens konturhaft erschließen zu lassen.

Ein paar Worte noch zu den Schwierigkeiten oder gar Mißlichkeiten der Auswahl. Ich muß gestehen, daß die Zusammenstellung dieser Dokumentation weniger eine Sache der Präferenzen als der Verzichte war. Der Gedanke daran, was man aus unterschiedlichen Gründen vermissen dürfte, bleibt bedrückend. In manchen Fällen waren der vorgeschriebene Umfang des Bandes einerseits, die ohne Verstümmelung nicht zu beschneidende Länge einer an sich unabdingbar erscheinenden Arbeit andererseits entscheidend für die endliche Nichtberücksichtigung. In anderen Fällen galt es um der gebotenen Kontrastierung willen unter durchaus gleichwertigen, gleichberechtigten, aber einander sehr nahestehenden Beiträgen auszuwählen. Und selbstverständlich brachte bereits die oben erläuterte Schwerpunktbildung manchen hart ankommenden Verzicht auf Arbeiten mit sich, die trotz all ihrer Vorzüge dem Konzept doch weniger entsprechen konnten. Unter diesen Umständen ist die Zahl der Beiträge, deren Wegfall wahrhaft beeinträchtigend bleibt, so groß, daß ich es mir versagen muß, sie wenigstens namentlich zu erwähnen. Deutlich sei deshalb gesagt, daß der Obertitel ›Wege der Forschung‹ bei diesem Band nicht so verstanden werden darf, als führte das erste Hauptwort den bestimmten Artikel mit sich. Komplettheit kann nicht beansprucht werden.

Die notwendigerweise umständliche, langwierige Genesis der Bände dieser Reihe brachte es mit sich, daß zwischen dem Abschluß der Auswahl und dem Erscheinen des Bandes ein beträchtlicher Zeitraum liegt. Infolgedessen reichen die jüngsten Beiträge an eine Schwelle: sie fallen ziemlich genau mit dem Aufkommen neuer Tendenzen in der Literaturwissenschaft, mit den ersten Anzeichen einer gewissen Umorientierung und Neubestimmung in wissenschaftstheoretischer und methodologischer Hinsicht zusammen. Dabei handelt es sich einmal und zunächst um den Trend zu einer 'Linguistisierung', zum andern, etwas später und allem nach folgenreicher, zu einer 'Soziologisierung' der Literaturwissenschaft. Das

Begehren, die Literaturwissenschaft müsse sich nicht nur als Beitrag zu, sondern als Teil von einer allgemeinen Kommunikationswissenschaft bzw. Sozialwissenschaft verstehen, steht inzwischen weithin auf der Tagesordnung; die Forderung geht in diesem Zusammenhang auf eine sozialtheoretisch fundierte Hermeneutik und auf eine materialistische Ästhetik. Nicht ohne Beziehung zu diesen Trends hat sich schließlich während der letzten Jahre innerhalb einer sich noch weithin als eigenständig verstehenden Literaturwissenschaft eine mächtige Interessenverlagerung auf die Gebiete der Rezeptionsgeschichte und Rezeptionstheorie abgespielt.

Es wäre ein ziemliches Manko, wenn infolge der langwierigen Inkubationszeit dieses Bandes Beiträge ausgeschlossen wären, in welchen sich die genannte wissenschaftliche Bewegung der letzten Jahre manifestierten. Jedoch besteht dieses Manko im Grunde nicht. Die seitherige Fontane-Forschung hat diese Bewegungen bislang nur ganz andeutungsweise mitgemacht; sie sind in ihr noch nicht zu voller Ausprägung gekommen. Insofern gibt der Band, trotz der Spanne zwischen Konzeption und Erscheinen, kein wesentlich überholtes Bild.

Stockholmer Gesamtausgabe der Werke von Thomas Mann. Thomas Mann: Adel des Geistes. Sechzehn Versuche zum Problem der Humanität. Frankfurt am Main: S. Fischer Verlag, 18. bis 20. Tausend 1967.

DER ALTE FONTANE*

Von Thomas Mann

Ein neuer Band von Briefen Theodor Fontanes ist erschienen, — etwas ganz Entzückendes. Wir haben nun die beiden Bände der Familienbriefe und zwei mit Briefen an seine Freunde. Sind noch mehr da? Man soll sie herausgeben! Und zwar meine ich namentlich solche Äußerungen, die aus späten Tagen stammen, Briefe des alten Fontane; denn die des mittleren und jungen sind im Vergleich damit unbeträchtlich. Scheint es nicht, daß er alt, sehr alt werden mußte, um ganz er selbst zu werden? Wie es geborene Jünglinge gibt, die sich früh erfüllen und nicht reifen, geschweige denn altern, ohne sich selbst zu überleben, so gibt es offenbar Naturen, denen das Greisenalter das einzige gemäße ist, klassische Greise sozusagen, berufen, die idealen Vorzüge dieser Lebensstufe, als Milde, Güte, Gerechtigkeit, Humor und verschlagene Weisheit, kurz, jene höhere Wiederkehr kindlicher Ungebundenheit und Unschuld, der Menschheit aufs Vollkommenste vor Augen zu führen. Zu diesen gehörte er; und es sieht aus, als habe er das gewußt und es eilig gehabt, alt zu werden, um recht lange alt zu sein. 1856, mit siebenunddreißig Jahren, schreibt er an seine Frau: „Daran, daß ich anfange, an Musik Gefallen zu finden, merk' ich deutlich, daß ich alt werde. Musik und die schönen Linien einer Statue fangen an, mir wohlzutun; die Sinne werden feiner, und die erste Regel des Genusses lautet: Nur keine Anstrengung! In der Jugend ist das alles anders." Dreiundzwanzig Jahre später schreibt er an seinen Verleger Hertz: „Ich fange erst an. Nichts liegt hinter mir, alles vor mir, ein Glück und ein Pech zu-

---

* Erstmals in ›Die Zukunft‹, Berlin, 19. Jg.; H. 1, 1. 10. 1910. Erste Buchveröffentlichung in ›Das Fontanebuch. Beiträge zu seiner Charakteristik‹ hrsg. von Ernst Heilborn. S. Fischer, Berlin 1919. Aufgenommen in ›Rede und Antwort‹. S. Fischer, Berlin 1922.

gleich. Auch ein Pech. Denn es ist nichts Angenehmes, mit Neunundfünfzig als ein ‚ganz kleiner Doktor‘ dazustehen.“ Vierzehn Jahre später gibt er sein Meisterwerk . . .

Man betrachte seine Bildnisse: das jugendliche im ersten Bande der Briefe an seine Freunde etwa neben der späten Profilaufnahme, die den Nachlaßband schmückt. Man vergleiche das blasse, kränklich-schwärmerische und ein bißchen fade Antlitz von dazumal mit dem prachtvollen, fest, gütig und fröhlich dreinschauenden Greisenhaupt, um dessen zahnlosen, weiß überbuschten Mund ein Lächeln rationalistischer Heiterkeit liegt, wie man es auf gewissen Altherren-Porträts des achtzehnten Jahrhunderts findet, — und man wird nicht zweifeln, wann dieser Mann und Geist auf seiner Höhe war, wann er in seiner persönlichen Vollkommenheit stand.

Dies Bild zeigt den Fontane der Werke und Briefe, den alten Briest, den alten Stechlin, es zeigt den unsterblichen Fontane. Der sterbliche, nach allem, was man hört, war mangelhafter und hat die Leute wohl oft enttäuscht. Er ist siebenzig, als er zu seiner Tochter von der Kraft und Frische spricht, die zum Vergnügen viel mehr noch als zum Arbeiten gehöre, und gesteht, daß die Frage: „Was soll der Unsinn?“ ganz und gar von ihm Besitz zu nehmen drohe. Aber er bildet sich wohl nur ein, daß er jener Art Frische je recht eigentlich teilhaft gewesen ist, und er hat wohl nur vergessen, daß der mißmutige Quietismus der „berühmten Frage“ ihn mehr oder weniger zu allen Zeiten besessen hat. „Um sich hier zu amüsieren“, schreibt er, siebenunddreißigjährig, aus Paris, „bedarf es gewisser guter und schlechter Eigenschaften, die ich beide nicht habe. Zunächst muß man Französisch können; und das ist eine große Tugend, die ich nicht habe. Außerdem muß man Libertin sein, Hazard spielen, Mädchen nachlaufen, Rendezvous verabreden, türkischen Tabak rauchen, das Billardqueue zu handhaben wissen und so weiter. Wer von alledem nichts hat und weiß, der ist ein verlorenes Subjekt und tut gut, seine Koffer zu packen, wenn er sich den Schwindel angesehen und seine Kunstvisiten im Louvre und in Versailles beendet hat.“ Das ist eine etwas grämliche Äußerung für einen Mann in der Blüte der Jahre, der zum erstenmal Paris auf sich wirken läßt. Aber es ist die Äußerung einer geistig beladenen, von der Verpflichtung zur Produktion absorbierten Existenz, die sich zum Vergnügen notwendig übellau-

nig und widerwillig verhält; und es ist namentlich die Äußerung
einer zwar dauerhaften und zu späten Meisterleistungen bestimmten, aber nervös gequälten Konstitution, für welche die Jugend kein
angemessener Zustand war und die zur Harmonie eigentlich erst im
Alter gelangen konnte, wo weder wir selbst noch die anderen 'Frische' von uns verlangen, und wo die Frage: „Was soll der Unsinn?"
zu einer natürlichen, menschlich erlaubten und darum sympathischen
Grundstimmung wird.

Seine nervöse Verfassung muß eine gewisse Ähnlichkeit mit der
Wagners gehabt haben, der freilich munter bis zur Albernheit sein
konnte, in dessen langem, ergiebigem Schöpferleben das Gefühl des
Wohlseins aber eine Ausnahme gewesen zu sein scheint; der, konsti-
piert, melancholisch, schlaflos, allgemein gepeinigt, sich mit dreißig
Jahren in einem Zustand befindet, daß er sich oft niedersetzt, um
eine Viertelstunde lang zu weinen; der vor der Beendung des ›Tannhäuser‹ zu sterben fürchtet und mit fünfunddreißig Jahren sich für
zu alt hält, um die Ausführung des Nibelungenplanes zu unternehmen; der fortwährend erschöpft, jeden Augenblick 'fertig' ist, mit
vierzig „täglich an den Tod denkt" und mit fast siebenzig den ›Parsifal‹ schreiben wird. Der Temperaturunterschied ist groß, und bei
Fontane ist alles kühler, gemäßigter. Aber seine Briefe geben Kunde
von seiner raschen Erschöpfbarkeit, seiner inneren Gehetztheit; und
offenbar hat er nicht geglaubt, es zu hohen Jahren zu bringen. Wenn
er mit siebenunddreißig sich altern fühlt, so sieht er sich mit sieben-
undfünfzig am Ziel. Er hat „nun alles Irdische erreicht: geliebt, geheiratet, Nachkommenschaft erzielt, zwei Orden gekriegt, und in
den Brockhaus gekommen. Es fehlt nur noch zweierlei: Geheimer
Rat und Tod. Des einen bin ich sicher, auf den anderen verzicht' ich
allenfalls." Zwei Jahre später hat er im Theater einen Ärger, „im
Grunde genommen nur eine Bagatelle; und doch war mir eine Viertelstunde lang zu Mut, als müßt' ich auf dem Platze bleiben; das
Herz schlug mir krankhaft, und um die Hüften herum hatt' ich einen
heftigen Schmerz ... Nervös war ich immer, aber doch nicht so.
Und dann sag' ich mir wieder: Was will man denn noch? Das Leben
liegt hinter einem, und die meisten Achtundfünfziger sind noch ganz
anders ramponiert." Er ist ramponiert, das Leben liegt hinter ihm;
und was er noch zu geben haben wird, sind lediglich achtzehn Bände,

von denen bis zu ›Effi Briest‹ hinauf einer immer besser wird als der andere.

In einem Brief aus den siebenziger Jahren sucht er während einer ehelichen Verstimmung seine nervöse Gereiztheit und Verdrießlichkeit seiner Frau gegenüber zu entschuldigen. „Wenn ich bei einer Arbeit nicht von der Stelle kann", schreibt er, „oder das Gefühl des Mißlungenen habe, so bedrückt das mein Gemüt, und aus bedrücktem Gemüt heraus kann ich nicht nett, quick, elastisch und liebenswürdig sein." Aber er hat wohl zu denen gehört, deren Lebensleistung ins Heldenmäßige wächst, weil sie nie von der Stelle zu kommen meinen; die das Vollkommene erreichen, weil sie ewig das Gefühl des Mißlungenen haben; und so liebenswürdig seine Briefe sind, so habe ich noch keinen getroffen, der ihn persönlich gekannt und ihn quick, elastisch und liebenswürdig gefunden hätte. Man erinnert sich seiner als eines „pimpligen" alten Herrn, dem von überströmender Schaffenslust nicht eben viel anzumerken war. Eine Dame, die seine Bekanntschaft in einem Badeort gemacht hatte, erzählte mir, daß er ihr auf die Frage, wie es heute mit seiner Arbeit gegangen sei, geantwortet habe: „Gott, schlecht. Ich habe da in der Laube gesessen, und anderthalb Stunden lang fiel mir nichts ein. Und als es gerade anfing, ein bißchen zu drippeln, da kamen ja die Kinder und machten Lärm; und da war es denn für heute vorbei." Die Dame äußerte sich in abschätzigem Sinne über diese Art von Dichtertum. Wenn einer schon angeblich Talent habe, meinte sie, und die Schriftstellerei als Beruf betreibe, dann sei ein solches Geständnis doch einfach blamabel. Wahrscheinlich hätte der Alte ihr halbwegs zugestimmt; denn er war bescheiden, dachte würdig, aber nicht groß von sich; und obgleich er nach Jahrgang und Ausrüstung ein Mitglied des europäischen Heroengeschlechtes war, zu welchem Bismarck, Moltke und Wilhelm der Erste, Helmholtz, Wagner, Menzel, Zola, Ibsen und Tolstoi gehörten, so war er doch ganz ohne die feierliche Wesensüberspannung, die Ewigkeitsoptik auf sich selbst, die Großmannssucht, welche das zarte Geschlecht von 1870 entnervt.

Das Wort „drippeln" findet sich schon in einem Brief aus den fünfziger Jahren: „Ich bin gewiß eine dichterische Natur, mehr als tausend andere, die sich selber anbeten, aber ich bin keine große und keine reiche Dichternatur. Es drippelt nur so." Und wie hier, so ist überall seine Art, von sich selbst zu sprechen, ohne unsympathische Demut, aber still, schlicht bis zur Resignation und auf den Ton gestimmt, in dem, Dezember 1885, auf der Treppe von Sanssouci der gespenstische Alte am Krückstock sich über den Stand des deutschen Dichters vernehmen ließ:

> „Und sein Metier?"
> „Schriftsteller, Majestät. Ich mache Verse!"
> Der König lächelte: „Nun hör' Er, Herr,
> Ich will's Ihm glauben; keiner ist der Tor,
> Sich dieses Zeichens ohne Not zu rühmen,
> Dergleichen sagt nur, wer es sagen muß,
> Der Spott ist sicher, zweifelhaft das andere.
> Poète allemand! . . ."

Die Briefe sagen das irgendwo in Prosa: „Es ist immer dasselbe Lied: wer durchaus Schriftsteller werden muß, der werd' es; er wird schließlich in dem Gefühl, an der ihm einzig passenden Stelle zu stehen, auch seinen Trost, ja, sein Glück finden. Aber wer nicht ganz dafür geboren ist, der bleibe davon." Das ist ein Stammbuchspruch für junge Leute, die kommen und wissen wollen, ob sie 'Talent' haben, für all die vom Schlage des armen Wechsler, der Juli 93 begraben wurde und über den Fontane an Rodenberg schrieb: „Solche Existenzen machen immer einen tragischen Eindruck auf mich, aber die Empfindung ist nicht rein. Es mischt sich so viel anderes mit hinein: ,Warum blieb der Schöps nicht hinter seinem Ladentisch?' und so weiter. Es klingt hart, besonders aus dem Munde eines, der selber hinter dem Ladentisch gestanden. Und doch hab' ich recht." Der so nüchtern Gesinnte muß, trotz dem „Drippeln", seines Berufes im Innern sehr sicher gewesen sein, da er den Ladentisch der Roseschen Apotheke verließ. Oder hat er's gemacht wie wir alle, die wir, auf Glück oder Untergang, ja, gleichzeitig gegen beides, einst irgendeine Art Ladentisch verließen und uns dem Geist und dem Wort ergaben, wie junge Leute früher zum Kalbsfell schwuren, aus Indolenz, Leichtsinn und bürgerlicher Unmöglichkeit? Er wußte jedenfalls, daß, „auch als er schon etwas war, ja, auf einem ganz bestimmten Gebiete (Ballade) an der Tête marschierte", sehr viele über ihn dachten und sprachen wie er über den armen Wechsler.

Sein Leben, sein glanzloses, bedrücktes Leben ist in den Briefen
beiläufig skizziert. „Ohne Vermögen, ohne Familienanhang, ohne
Schulung und Wissen, ohne robuste Gesundheit bin ich ins Leben
getreten, mit nichts ausgerüstet als einem poetischen Talent und einer
schlechtsitzenden Hose. (Auf dem Knie immer Beutel.) Und nun
malen Sie sich aus, wie mir's dabei mit einer gewissen Naturnotwendigkeit ergangen sein muß. Ich könnte hinzusetzen, mit einer
gewissen preußischen Notwendigkeit, die viel schlimmer ist als die
Naturnotwendigkeit. Es gab natürlich auch gute Momente, Momente des Trostes, der Hoffnung und eines sich immer stärker regenden
Selbstbewußtseins. Aber im ganzen genommen darf ich sagen, daß
ich nur Zurücksetzungen, Zweifeln, Achselzucken und Lächeln ausgesetzt gewesen bin ... Daß ich das alles gleichgültig hingenommen
hätte, kann ich nicht sagen. Ich habe darunter gelitten; aber andererseits darf ich doch auch wieder hinzusetzen: ich habe nicht sehr
darunter gelitten. Und das hing und hängt noch damit zusammen,
daß ich immer einen ganz ausgebildeten Sinn für Tatsächlichkeiten
gehabt habe. Ich habe das Leben immer genommen, wie ich's fand,
und mich ihm unterworfen. Das heißt: nach außen hin; in meinem
Gemüte nicht." Und dann spricht er von den etablierten Mächten
und Tatsächlichkeiten, die es in Preußen, wie überall, gibt und denen
er sich unterwarf, auch als sie, sehr spät, ganz gegen das Ende, sich
ihm gnädig zu zeigen begannen. Er wird Doktor, er bekommt einen
Orden; und er findet: „Man kriegt die Orden für andere ... Wäre
ich ein gesellschaftlich angesehener Mann, ein Gegenstand von Huldigungen oder auch nur Achtung ..., so bedeutete mir solche Auszeichnung so gut wie nichts. Angesichts der Tatsache aber, daß man
in Deutschland und speziell in Preußen nur dann etwas gilt, wenn
man ‚staatlich approbiert‘ ist, hat solch Orden wirklich einen praktischen Wert: man wird respektvoller angeguckt und besser behandelt. Und so sei denn Goßler gesegnet, der mich ‚eingereiht‘ hat."
Goethe hat sich gegen Eckermann ähnlich über Orden und Titel
geäußert („sie halten manchen Stoß ab"), und es steckt in diesem
schlichten Räsonnement viel deutsche Denkart, viel bismarckischer
Realismus und kantische Unterscheidung von reiner und praktischer
Vernunft. In seinem Gemüt wußte er sich nicht nur unabhängig von
den „etablierten Mächten", sondern hielt es für töricht, mit der

Menschheit überhaupt, mit Beifall, Zustimmung, Ehren zu rechnen, als ob damit etwas getan wäre. „Wir müssen", sagt er, „vielmehr unsere Seele mit dem Glauben an die Nichtigkeit dieser Dinge ganz erfüllen und unser Glück einzig und allein in der Arbeit, in dem Betätigen unser selbst finden"; und was etwa noch den Reichtum betrifft, so ging seine Geringschätzung dieses Glücksmittels gelegentlich bis zum Mitleid. „Wo viel Geld ist, geht immer ein Gespenst um. Je älter ich werde, je tiefer empfinde ich, soll heißen: je schärfer beobachte ich den Fluch des Goldes. Es scheint doch fast wie göttlicher Wille, daß sich der Mensch sein täglich Brot verdienen soll, der Minister natürlich anders als der Tagelöhner, aber immer Arbeit mit bescheidenem Lohn. Ererbte Millionen sind nur Unglücksquellen, und selbst die reichen Philanthropen sind elend, weil das Studium der Niedertracht und Undankbarkeit der Menschen ihnen ihr Tun verleidet." Immerhin: sein Verhältnis zum Reichtum großen Stils war Neidlosigkeit, nicht Verachtung, und wenn er für seine Person wohl dem Satze Silvio Pellicos zustimmte, daß jene Lage, die zwischen arm und reich in der Mitte liegt und also die Kenntnis beider Zustände leichter macht, am geeignetsten ist, das Gemüt der Menschen zu bilden, so nötigte doch sein Dichtersinn für Größe ihm, ähnlich wie es bei Heine den Rothschilds gegenüber der Fall war, für großartigen Reichtum ästhetische Bewunderung ab. „Wirklicher Reichtum", schreibt er an seine Tochter, „imponiert mir oder erfreut mich wenigstens, seine Erscheinungsformen sind mir im höchsten Maße sympathisch, und ich lebe gern inmitten von Menschen, die fünftausend Grubenarbeiter beschäftigen, Fabrikstädte gründen und Expeditionen aussenden zur Kolonisierung von Afrika. Große Schiffsreeder, die Flotten bemannen, Tunnel- und Kanalbauer, die Weltteile verbinden, Zeitungsfürsten und Eisenbahnkönige sind meiner Huldigungen sicher. Ich will nichts von ihnen, aber sie schaffen und wirken zu sehen, tut mir wohl; alles Große hat von Jugend auf einen Zauber für mich gehabt, ich unterwerfe mich neidlos." Was er verachtete, war die bourgeoise „Sechserwirtschaft", die sich besser dünkte als seine Armut. „Ein Stück Brot", sagte er, „ist nie Sechserwirtschaft, ein Stück Brot ist ein Höchstes, ist Leben und Poesie. Ein Gänsebratendiner aber mit Zeltinger und Baiser-Torte, wenn die Wirtin dabei strahlt und sich einbildet, mich der Alltäglichkeit meines Daseins auf zwei Stunden entrissen zu haben, ist sechserhaft in sich und doppelt durch die Gesinnung, die es begleitet." Man hat ihn einen Philister gescholten; und er selbst hat sich gelegentlich so genannt. Aber er war durchdrungen von der Trivialität alles Mittleren und sah in der Armut, wenn nicht die Bedingung, so doch eine Begünstigung ungebunden schauender Künstlerfreiheit. „Blick ich zurück", schreibt er 1883 aus Norderney, „so hat mein Leben hier viel Ähnlichkeit mit dem, das ich vor einunddreißig Jahren in London führte. Bewundernd ging ich vom Hyde-Park nach Regents-Park, entzückt stand ich auf Richmond-Hill und sah den may-tree blühen; die Luft, die ich atmete, die Reichtumsbilder, die ich sah, alles tat mir wohl, aber ich ging doch wie ein Fremder oder als ein nicht zu voller und ganzer Teilnahme Berechtigter durch all die Herrlichkeiten hin. Immer bloß Zaungast. Und so ist es hier wieder. Zum Glück balanciert der Himmel alles, und die Blinden sehen mit ihren Fingerspitzen. Die Dinge beobachten, gilt mir beinah mehr, als sie besitzen, und so hat man schließlich seinen Glück- und Freudeertrag wie anscheinend Bevorzugtere."

Dennoch: wie obsolet, wie altfränkisch mutet dies äußerlich kleinbürgerliche und enge Leben in seiner pauveren Loyalität uns Heutige an! Die Zeiten haben sich gewandelt, die Mächte der Gesittung, die man die „destruktiven" nennt, sind in so siegreichem Vormarsch gegen die „etablierten", die Rangstellung der Kunst, die Geltung des Geistes haben sich in dem Grade erhöht, daß eine Unterwürfigkeit wie die Fontanes uns fast kümmerlich dünkt. Was sind uns Orden und Titel? Wer wünscht sie sich, um respektvoller angeguckt zu werden? Das soziale Befinden des Geistesmenschen, des nicht „Eingereihten", hat sich in sichtbarster Weise gebessert. „Keiner ist der Tor, sich dieses Zeichens ohne Not zu rühmen?" In München ward kürzlich ein Hochstapler gefangen, der sich ins Fremdenbuch eines noblen Hotels als „Schriftsteller" eingetragen hatte. Wir können nicht mehr verlangen …

Aber Fontanes Bescheidenheit wurzelte tiefer als im Sozialen, sie war ein Ergebnis jener letzten Künstlerskepsis, die sich gegen Kunst und Künstlertum selber richtet und von der man sagen kann, daß alle Künstleranständigkeit in ihr beruht. Es ist sehr erheiternd, aber doch nicht ohne einen Anflug von Koketterie, wenn er an seinem siebenzigsten Geburtstag die Leute sagen läßt: „Und eigentlich ist es doch ein Jammer mit ihm; er hat nicht mal studiert", — oder wenn er sich weigert, zur Einweihung des Goethe- und Schiller-archivs nach Weimar zu kommen, weil er dort allzusehr Gefahr laufe, mit einem lateinischen „oder selbst griechischen" Zitat wie mit du auf du angeredet zu werden, wobei er immer das Gefühl habe: „Erde, tu dich auf!" Aber es kommt aus seiner Tiefe, wenn er, mit neunundsiebenzig Jahren, an einen Kritiker schreibt: „Ganz beson-ders dankbar bin ich Ihnen für den Hinweis darauf, daß ich anderen zu Leibe rücke, mir selbst aber auch. Und hätte ich meiner Neigung folgen können, so wäre ich noch ganz anders gegen mich losgegan-gen. Denn inmitten aller Eitelkeiten, die man nicht los wird, kommt man doch schließlich dazu, sich als etwas sehr Zweifelhaftes anzu-sehen: ‚Thou comest in such a questionable shape.'" Es hing mit seinem Bürgersinn für Zucht und Ordnung zusammen, mehr aber noch mit jenem redlichen Rationalismus, von dem die Feierlichen, die Priester und Schwindler unter den Künstlern nichts wissen wol-len, wenn er die Fragwürdigkeit des Typus Künstler, dieser Kreu-zung aus Luzifer und Clown, wie außer ihm vielleicht nur noch Einer empfand. Man beachte die ungeduldige Vehemenz des Aus-drucks in folgender Kritik der Romanfiguren Spielhagens: „Immer die Vorstellung, daß ein Dichter, ein Maler oder überhaupt ein Künstler etwas Besonderes sei, während die ganze Gesellschaft (und so war es immer) auf der niedrigsten Stufe steht, so niedrig, daß die meisten übergelegt werden müßten. Von dieser Regel gibt es nur sehr wenig Ausnahmen, Scott zum Beispiel; aber Byron ist schon wieder entsetzlich. Man muß den Künstlern gegenüber, wenn es wirkliche Künstler sind, Verzeihung üben und Fünfe gerade sein lassen, aber ihre Mischung von Blödsinn, Sittenfrechheit und Arroganz auch noch zu feiern, ist mir widerwärtig. Schon die bloße Redensart, ‚meine Kunst ist mir heilig' (namentlich bei Schauspielerinnen), bringt mich um." Magda Schwarze war damals wohl noch auf dem Konservatorium. Aber klingt die Äußerung nicht genau wie ein Zi-tat aus der ›Fröhlichen Wissenschaft‹? Und zu demselben Gedanken-kreis gehören die Rubek-Betrachtungen des Sechzigers über den Ge-gensatz von Kunst und Leben und den Vorrang, die Überlegenheit des ungenialen und liebenswürdigen Lebens. „Ach", schreibt er, „wie bevorzugt sind doch Leutnants, sechs Fuß hohe Rittergutsbesitzer und alle die anderen aus der Familie Don Juan, und wie nehm' ich alles zurück, was ich, als ich selber noch tanzte, zugunsten lyrischer Dichtung und zuungunsten hübscher, lachender und gewaschener Herzenssieger gesagt habe. Der Bücher- und Literaturwurm, und wenn er noch so gut und noch so gescheit ist, ist doch immer nur eine Freude für sich selbst, für sich und eine Handvoll Menschen. Die Welt geht darüber weg und lacht dem Leben und der Schönheit zu. Die Ausnahmen sind selten und oft bloß scheinbar. Heyse's Triumphe sind immer noch mehr seiner Persönlichkeit als seinem Dichtertum zuzuschreiben." Und als man ihn nicht versteht, sucht er sich zu erklären: „Es ist eine Lieblingsbeschäftigung von mir, im Gespräch mit den Meinen auf die relative Gleichgültigkeit von Kunst, Wissen, Gelehrsamkeit, insonderheit von Lyrik und Epik (also mich selbst persiflierend) hinzuweisen und die Vorzüge zu feiern, vielleicht zu übertreiben, deren sich die schönen, lachenden Menschen erfreuen, denen die Herzen ihrer Mitmenschen immer wieder und wieder zufallen. Als junger Mensch dacht' ich gerade entgegengesetzt. Hübschheit war nichts. Talent, Genie war alles."

So ist es in der Ordnung. Das Recht auf Ironisierung des Geistes und der 'Literatur' (eine Manier heutzutage, mit welcher von Unbefugten ein widerwärtiger Mißbrauch getrieben wird) will erst erworben sein durch große Leistungen; Künstlerskepsis gegen Kunst und Künstlertum wird ehrenhaft erst, wenn sie mit jener künstlerischen Frömmigkeit, jenem Kunstfleiß verbunden ist, den Fontane, ein echter Nordmensch hierin, beinahe mit dem Genie identifizierte. „Gaben", lautet ein Distichon an Adolf Menzel:

Gaben, wer hätte sie nicht, — Talente, Spielzeug für Kinder!
Nur der Ernst macht den Mann, nur der Fleiß das Genie.

Und dem entspricht die Briefstelle: „Es gibt heutzutage keine bloßen ‚Talente' mehr. Zum wenigsten bedeuten sie nichts, gar nichts. Wer heutzutage eine Kunst wirklich betreibt und in ihr was leisten will, muß natürlich vor allem auch Talent, gleich hinterher aber Bildung, Einsicht, Geschmack und eisernen Fleiß haben. Zum künstlerischen Fleiß aber gehört etwas anderes als Massenproduktion. Storm, der zu einem kleinen lyrischen Gedicht mehr Zeit brauchte als Brachvogel zu einem dreibändigen Roman, ist zwar mehr spazierengegangen als der letztere, hat aber als Künstler doch einen hundertfach überlegenen Fleiß gezeigt. Der gewöhnliche Mensch schreibt massenhaft hin, was ihm gerade in den Sinn kommt. Der Künstler, der echte Dichter, sucht oft vierzehn Tage lang nach einem Wort."

Bildung, Einsicht, Geschmack und Fleiß: man sieht, dieser Nördliche, der vom Märker doch wohl noch mehr hatte als vom Gascogner, war nicht auf den Rausch, sondern auf Erkenntnis gestellt, auf jenes Wissen ums Ideal, das übrigens den großen Epochen der Dichtkunst eigentümlich ist. Er zitiert Goethe: „Die Produktion eines anständigen Dichters und Schriftstellers entspricht allemal dem Maß seiner Erkenntnis." Und er fügt hinzu: „Furchtbar richtig. Man kann auch ohne Kritik mal was Gutes schreiben, ja, vielleicht etwas so Gutes, wie man später mit Kritik nie wieder zustande bringt. Das alles soll nicht bestritten werden. Aber das sind dann die ‚Geschenke der Götter‘, die, weil es Göttergeschenke sind, sehr selten kommen. Einmal im Jahr; und das Jahr hat 365 Tage. Für die verbleibenden 364 entscheidet die Kritik, das Maß der Erkenntnis. In poetischen Dingen hab’ ich die Erkenntnis dreißig Jahre früher gehabt als in der Prosa; daher lese ich meine Gedichte mit Vergnügen oder doch ohne Verlegenheit, während meine Prosa aus derselben Zeit mich beständig geniert und erröten macht." „Meine ganze Produktion", gesteht er ein andermal, „ist Psychographie und Kritik, Dunkelschöpfung im Lichte zurechtgerückt. Ein Zufall hat es so gefügt, daß ich diese ganze Novelle mit halber und viertel Kraft geschrieben habe. Dennoch wird ihr das schließlich niemand ansehen." Dergleichen Bemerkungen und Bekenntnisse über das eigene Schaffen sind überall in den Briefen zu finden. Sie regen an durch ihre Echtheit, ihre unmittelbare Erlebtheit und gewähren Einblick in die Werkstatt eines geistreichen und leidenschaftlichen Künstlers.

Er spricht da etwa von den kleinen Hilfen und Stützen bei der Produktion, die den Künstler darüber hinwegtäuschen müssen, daß eigentlich alles dem Nichts und der eigenen Brust abzugewinnen ist: „Man braucht das Bewußtsein, daß ein bestimmtes Quantum von Sachlichem neben einem liegt, und aus diesem Bewußtsein heraus produziert man dann. Wie oft habe ich schon gehört: ‚Aber Sie

scheinen es nicht gebraucht zu haben.' Falsch. Ich habe es doch gebraucht. Es spukt nur hinter der Szene." Oder er spricht, gelegentlich der nicht verbrannten Briefe, die Effi verraten, vom Trivialen
und Gesuchten, wobei er das Triviale mit Entschiedenheit für das
kleinere Übel erklärt. Oder er verwahrt sich auf die lebhafteste und
lehrreichste Art gegen stilistische Korrekturen, die ein Redakteur an
dem Manuskript von ›Ellernklipp‹ vornehmen zu müssen geglaubt
hatte. „Ich opfere Ihnen", so schreibt er, „meine ,Punktums', aber
meine ,Unds', wo sie massenhaft auftreten, müssen Sie mir lassen.
Ich bilde mir nämlich ein, unter uns gesagt, ein Stilist zu sein, nicht
einer von den unerträglichen Glattschreibern, die für alles nur einen
Ton und eine Form haben, sondern ein wirklicher. Das heißt also:
ein Schriftsteller, der den Dingen nicht seinen altüberkommenen
Marlitt- oder Gartenlaubenstil aufzwingt, sondern umgekehrt einer,
der immer wechselnd seinen Stil aus der Sache nimmt, die er behandelt. Und so kommt es denn, daß ich Sätze schreibe, die vierzehn
Zeilen lang sind, und dann wieder andere, die noch lange nicht vierzehn Silben, oft nur vierzehn Buchstaben aufweisen. Und so ist es
auch mit den ,Unds'. Wollt' ich alles auf den Undstil stellen, so müßt'
ich als gemeingefährlich eingesperrt werden. Ich schreibe aber Mit-
Und-Novellen und Ohne-Und-Novellen, immer in Anbequemung
und Rücksicht auf den Stoff. Je moderner, desto und-loser. Je schlich-
ter, je mehr sancta simplicitas, desto mehr ,und'. ,Und' ist biblisch-
patriarchalisch und überall da, wo nach dieser Seite hin liegende
Wirkungen erzielt werden sollen, gar nicht zu entbehren." Die populäre Eindringlichkeit dieser Belehrung, „in Anbequemung und Rücksicht", ist sehr erheiternd. Der Stil der Sache, das Den-Gegenstand-
reden-Lassen war aber eine von Fontanes artistischen Lieblingsideen,
und in seiner ausgezeichneten Keller-Kritik kommt er in anspruchs-
vollerer Weise darauf zurück. Keller, sagt er, sei im Grunde ein
Märchenerzähler: er erzähle nicht aus einem bestimmten Jahrhundert, kaum aus einem bestimmten Lande, gewiß nicht aus ständisch
gegliederten und deshalb sprachlich verschiedenen Verhältnissen heraus, sondern habe für seine Darstellung eine im wesentlichen sich
gleichbleibende Märchensprache, an der alte und neue Zeit, vornehm
und gering gleichmäßig partizipieren. Alles Historische, meint er,
komme zu kurz, auch in Geschichten, die sich, wie ›Dietegen‹, keines-

wegs als Märchen, sondern als historische Sitten- und Zustandsbilder
geben. Und der Grund? Es sei der, daß dem Schweizer, all seiner
Gaben, all seines Humors und Künstlertums ungeachtet, eins fehle:
Stil. Freilich, was sei Stil? „Versteht man darunter", sagt Fontane,
„die sogenannte charakteristische Schreibweise, deren Anerkenntnis
in dem Buffon'schen ‚le style c'est l'homme' gipfelt, so hat Keller
nicht nur Stil, sondern auch mehr davon als irgendwer. Aber diese
Bedeutung von ‚Stil' ist antiquiert, und an ihre Stelle ist etwa die
folgende, mir richtiger erscheinende Definition getreten: ‚Ein Werk
ist umso stilvoller, je objektiver es ist, das heißt: je mehr nur der Gegenstand selbst spricht, je freier es ist von zufälligen oder wohl gar
der darzustellenden Idee widersprechenden Eigenschaften und An-
gewöhnungen des Künstlers.' Ist dies richtig (und ich halt' es für
richtig), so läßt sich bei Keller eher von Stilabwesenheit als von Stil
sprechen. Er gibt eben all und jedem einen ganz bestimmten, allerpersönlichsten Ton, der mal paßt und mal nicht paßt, je nachdem.
Paßt er, so werden, ich wiederhol' es, allergrößte Wirkungen geboren, paßt er aber nicht, so haben wir Dissonanzen, die sich gelegentlich bis zu schreienden steigern. Er kennt kein suum cuique, verstößt
vielmehr beständig gegen den Satz: ‚Gebet dem Kaiser, was des
Kaisers, und Gott, was Gottes ist.' Erbarmungslos überliefert er die
ganze Gotteswelt seinem Keller-Ton."

Sonderbar! Es ist Fontane persönlich, der hier spricht; aber man
überlese etwa die fünf letzten dieser Fontanesätze noch einmal auf
ihren Ton und Rhythmus hin (es ist hier nicht vom Inhalt die Rede)
und man frage sich, ob man ihnen, so persönlich fontanisch sie sind,
nicht sehr wohl in einem Fontaneschen Romandialog begegnen
könnte. Plaudern nicht Rex und Czako so mit ihrem Freunde Stechlin, wobei man gern die Frage dahinstellt, ob preußische Leutnants
je so anmutigen Geistes gewesen sind? Die Wahrheit zu sagen, so
trifft der Einwand, den Fontane gegen Keller erhebt, wenn es ein
Einwand ist, ihn selber nicht weniger oder kaum weniger als diesen.
Auch er hat die ganze Gotteswelt seinem Fontane-Ton überliefert;
und wer möchte es anders wünschen? Der Einwand ist kein Einwand, und Fontanes naturalistisch beeinflußte Stiltheorie ist nicht
auf der Höhe seiner Praxis. Zwar trägt jeder Stoff seinen Stil in sich,
und der Manierist taugt so wenig wie der Glattschreiber. Aber jene

stilistische Mimikry, die einen Schriftsteller befähigt, jede Wendung seines Vortrags mit der Atmosphäre der Welt zu erfüllen, die er darstellt, schließt die Einheit und geprägte Eigenart der stilistischen Persönlichkeit keineswegs aus. Richard Wagner hat, wie jeder Künstler, der diesen Namen verdient, nie zweimal dasselbe gemacht und ist in jedem seiner Werke stilistisch vollkommen ein anderer. Das hindert nicht, daß er an einer einzigen Zeile, einem einzigen Takt aus irgendeinem seiner Werke als ganz er selbst zu erkennen ist. Die Sache ist die, daß der Künstler zwar nicht selber redet, sondern die Dinge reden läßt, daß er sie aber auf seine persönliche Art reden läßt. Und nochmals: wer möchte wünschen, daß Fontane es anders gehalten hätte?

Es ist etwas unbedingt Zauberhaftes um seinen Stil und namentlich um den seiner alten Tage, wie er uns in den Briefen der achtziger und neunziger Jahre wieder entgegentritt. Mir persönlich wenigstens sei das Bekenntnis erlaubt, daß kein Schriftsteller der Vergangenheit oder Gegenwart mir die Sympathie und Dankbarkeit, dies unmittelbare und instinktmäßige Entzücken, diese unmittelbare Erheiterung, Erwärmung, Befriedigung erweckt, die ich bei jedem Vers jeder Briefzeile, jedem Dialogfetzchen von ihm empfinde. Diese bei aller behaglichen Breite so leichte, so lichte Prosa hat mit ihrer heimlichen Neigung zum Balladesken, ihren zugleich mundgerechten und versmäßigen Abbreviaturen etwas bequem Gehobenes, sie besitzt, bei scheinbarer Lässigkeit, eine Haltung und Behältlichkeit, eine innere Form, wie sie wohl nur nach langer poetischer Übung denkbar ist, sie steht in der Tat der Poesie viel näher, als ihre unfeierliche Anspruchslosigkeit wahrhaben möchte, sie hat poetisches Gewissen, poetische Bedürfnisse, sie ist angesichts der Poesie geschrieben, und wie seine Greisenverse, die doch so konzentriert und vollkommen sind, daß man sie sofort auswendig weiß, stilistisch seiner Prosa immer näherkommen, so ist es das Merkwürdigste, daß seine Prosa sich in demselben Maße sublimiert, in welchem sie (Erlaubnis für das Wort!) verbummelt. Man hat ihn oft einen „Causeur" genannt, und er selbst hat es getan. Jedoch die Wahrheit ist, daß er ein Sänger war, auch wenn er zu klönen schien, und sein Causeurtum, das nach ›Effi Briest‹ in einer dichterisch wohl eigentlich bedenklichen Weise überhandnahm, besteht in einer Verflüchtigung des Stofflichen, die bis zu dem Grade geht, daß schließlich fast nichts als ein artistisches Spiel von Ton und Geist übrigbleibt. War das Verfall? Er selbst scheint es dafür gehalten zu haben. „Das Buch", schreibt er über ›Poggenpuhls‹, „ist kein Roman und hat keinen Inhalt. Das ‚Wie' muß für das ‚Was' eintreten, — mir kann nichts Lieberes gesagt werden. Natürlich darf eine Literatur nicht auf dem Geschmack ganz, ganz alter Herren aufgebaut werden. Aber so nebenher geht es." Eine Auffassung, die ihm wohl ansteht, nicht ebensowohl aber uns anderen ziemen würde. Wenn unsere erzählende Literatur etwas mehr von diesem Geschmack eines ganz, ganz alten Herren beeinflußt worden wäre, so hätten wir heute im deutschen Roman mehr Kunst und weniger Philisterei. Und das Bemerkenswerte ist, daß dieser Vergreisungs- und Auflösungsprozeß den Plan der ›Likedeeler‹ zeitigt.

„Ich will einen neuen Roman schreiben", heißt es am 16. März 1895, „(ob er fertig wird, ist gleichgültig), einen ganz famosen Roman, der von allem abweicht, was ich bisher geschrieben habe, und der überhaupt von allem Dagewesenen abweicht, obschon manche geneigt sein werden, ihn unter die Rubrik ›Ekkehart‹ oder ›Ahnen‹ zu bringen. Er weicht aber doch ganz davon ab, indem er eine Aussöhnung sein soll zwischen meinem ältesten und romantischsten Balladenstil und meiner modernsten und realistischsten Romanschreiberei. Den ›Hosen des Herrn von Bredow‹ käme diese Mischung am nächsten, bloß mit dem Unterschiede, daß die ›Hosen‹, wie es ihnen zukommt, was Humoristisches haben, während mein Roman als phantastische und groteske Tragödie gedacht ist. Er heißt ›Die Likedeeler‹ (Likedealer, Gleichteiler, damalige, denn es spielt Anno 1400, Kommunisten), eine Gruppe von an Karl Moor und die Seinen erinnernden Seeräubern, die unter Klaus Störtebeker fochten und 1402 auf dem Hamburger Grasbrook en masse hingerichtet wurden. Alles steht mir fest, nur eine Kleingkeit fehlt noch: das Wissen. Wie eine Phantasmagorie zieht alles an mir vorbei, und eine Phantasmagorie soll es schließlich auch wieder werden. Aber eh' es dies wieder wird, muß es eine bestimmte Zeit lang in meinem Kopf eine feste und klare Gestalt gehabt haben . . ." Und dann fragt er nach Schriften, nach Büchern und erklärt seinen Mut selbst zu Archivalischem . . .

Wären die ›Likedeeler‹ geschrieben worden, so besäßen wir heute den historischen Roman von höchstem poetischem Rang, den Frankreich in ›Salammbô‹, Belgien im ›Ulenspiegel‹ besitzt. Es sollte nicht sein. War die Zeit noch nicht erfüllt? Mehrmals, bis in den Juli, ist noch von dem Plane, den Studien die Rede. Dann breitet sich Schweigen darüber.

Dies lautlose Versinken einer so neuen und hohen, so klar erschauten Aufgabe, dies stille Absterben einer begeisternden, Unsterblichkeit verheißenden Konzeption gibt zu denken. Müdigkeit allein ist kein Grund zu solchem Verzicht. Es war ihm ja gleichgültig, ob er fertig wurde. Besorgte er, mit diesem Unternehmen die Beschränkung zu durchbrechen, deren nach seiner Einsicht die Menschennatur, und seine Natur im besonderen, bedurfte, um das Vollmaß ihrer Kraft zur Erscheinung zu bringen? „Wir bedürfen eines kleinen Kreises, um groß zu sein." „Wer sich überschätzt, ist klein." „Mir würde der Weitsprung nicht gelingen." Ruhig und mit fontanischer Skepsis gesehen: der Likedeeler-Plan war ein Plan des Ehrgeizes, der als solcher erkannt und verworfen wurde. Fontane war lange in der Beschränkung groß, im Bürgerlichen sublim, war lange als Romanschreiber ein heimlicher Sänger gewesen. Ein paar späte Monate träumte er davon, zu scheinen, was er immer gewesen war. Dann schämte er sich wohl seiner Hoffart, fand es wohl gar ridikül, auf einmal die alten Knochen zum Weitsprung zusammenzuraffen, und entsagte schweigend einem Werk, das für ihn etwas weniger Neues und Abweichendes bedeutete, als er anfangs geglaubt hatte. Der Fall ist typischer, als er das Ansehen hat. Anlagen und Bedürfnisse vornehmer Natur, die lange unscheinbaren und bürgerlichen Gegenständen zugute kamen, sie innerlich edel machten und für den Kenner weit über ihre Sphäre erhöhten, sollen schließlich, angewandt auf einen 'würdigen' Stoff, auch blöden Augen sich in ihrem Adel offenbaren. Aber es fehlt der Reiz des Gegensatzes, der gewohnte Zauber der Heimlichkeit fehlt; und ein Werk kommt nicht zustande, das eine Konsequenz sein sollte und das sich in höherem Sinne als überflüssig erweist.

Vielleicht war es gar der Ärger, der die phantastische Prosaballade der ›Likedeeler‹ konzipierte, der Ärger über das grobe Unverständnis, dem seine Natur bis ans Ende ausgesetzt blieb. „Ich bin mit

Maria Stuart zu Bett gegangen und mit Archibald Douglas aufge-
standen. Das romantisch Phantastische hat mich von Jugend auf entzückt und bildet meine eigenste südfranzösische Natur. Und nun
kommt Hart und sagt mir: ich sei ein guter, leidlich anständiger
Kerl, aber Stockphilister mit einem preußischen Ladestock im Rücken.
O du himmlischer Vater!" War Fontane ein Romantiker? Sein Besuch in Bayreuth, 1889, mißlingt vollkommen. Nur aus physischen
Gründen: gegen Ende der ›Ouvertüre‹ wird ihm schlecht, und er gibt
Fersengeld. Aber man darf glauben, daß ihm nicht schlecht geworden wäre, wenn der ›Parsifal‹ ihm etwas zu sagen gehabt hätte, und
die amüsante Art, in der er von der „Strapaze" erzählt, macht deutlich, daß Tempelkunst und heiliges Theater sein Fall nicht war. War
er ein Romantiker? Im deutschen Sinne gewiß nicht. Seine Romantik ist romanischer Herkunft, eine Cyrano-de-Bergerac-Romantik,
die unter Versen ficht. Auch schauerliche Motive, auch Tower und
Richtblock, als Sühne für heiße Verfehlungen, kommen darin vor.
Aber ihr Grundwesen ist Rationalismus, ist heiterer Geist und freie
Sinnlichkeit, und was vollkommen fehlt, ist das ahndevoll Musika-
lische, das brünstig Metaphysische, die trübe Tiefe. Was fehlt, ist
ferner, bei aller Lust am Historischen, der reaktionäre Zug, der Haß
gegen „diese Zeit". Eine tapfere Modernität zeichnete Theodor Fontane aus, wie heute etwa Richard Dehmel sie vertritt.

Es gehört zu den Widersprüchen dieses ungebundenen und auf
nichts eingeschworenen Geistes, der alle Dinge in seinem Leben von
mindestens zwei Seiten gesehen hat, wenn er sich eines Tages mit er-
staunlicher Entschiedenheit gegen das preußische Deutschland erklärt
und Oberammergau, Bayreuth, München, Weimar die Plätze nennt,
daran man sich erfreuen könne. Bezeichnender für ihn ist sicher die
Briefstelle, wo er von dem berlinischen, residenzlichen, großstädtischen Publikum spricht, das ihm wichtiger und sympathischer sei als
die marlittgesäugte Strickstrumpfmadame in Sachsen und Thürin-
gen; oder die andere, wo von Sittlichkeit die Rede ist und, wie bei
Nietzsche „Wartburg" und „höhere Tochter", der „kleine sächsisch-
thüringische Stil" und seine moralische Krähwinkelei verspottet
wird.

Damals ist er siebenzig, und er wird immer jünger. Die ›Revolution der Literatur‹ findet ihn auf der Höhe, und er dichtet den heite-

ren Spruch von den Alten, deren larmoyanten Unentbehrlichkeits-
dünkel er nicht versteht, und von den Jungen, die den Tag und die
Stunde haben, die die Szene beherrschen und die nun „dran" sind.
Um das Jahr 80 fallen, wie es sich gehört, aufsässige Bemerkungen
gegen die Klassiker. „Denn wir nehmen unsern Klassikern gegenüber eine höchst befangene Stellung ein, wenn auch nur darin, daß
wir auch aus dem Langweiligen und Mittelmäßigen durchaus etwas
machen wollen und literarisch ebensogut ‚Idolatrie' treiben wie politisch." Selbst gegen Schiller, der doch bis dahin „Nummer eins" war,
kann man ihn einen Augenblick in Ausfallstellung sehen. Der Halb-
fremde erkennt das Schillertum als etwas Halbfremdes im Vergleich
mit dem nationalen und volkstümlichen Geist Bürgers. Das Epigonentum gar, alles, „was zwischen Dreißig und Siebenzig geschrieben
wurde", „ist mausetot". „Die Schönrednerei kommt nicht wieder
auf." Und während freilich die kleinen Schreier und Tumultuanten
ihm verdrießlich sind, begrüßt der Fünfundsiebenzigjährige Hauptmanns ›Weber‹ als „vorzüglich", „epochemachend", „ein Prachtstück
der deutschen Literatur".

Unter seinen Bemerkungen über große moderne Erscheinungen ist
wundervoll fontanisch die über Strindberg. Mehr als ein Instinkt in
ihm, sein Sinn für Diskretion, Takt, Sauberkeit, Liebenswürdigkeit
und bürgerlichen Anstand, mußte gegen dies unsympathische Genie
revoltieren wie gegen den unseligen Stauffer, von dem er sagt: „Solche Genies sollten gar nicht existieren, und wenn das Genietum so
was fordert, so bin ich für Leineweber." Die ›Beichte eines Toren‹
entlockt ihm zunächst den Satz: „Wer solch Buch schreiben, aus Rache schreiben kann, ist natürlich ein Schofelinski." Allein sofort fügt
er hinzu: „Es bleibt aber andrerseits wahr, daß man die wichtigsten
Aufschlüsse, Bekenntnisse, Handlungen immer oder doch fast immer
den fragwürdigsten Personen zu verdanken hat. Revolutionen gehen
zum großen Teil von Gesindel, Vabanque-Spielern oder Verrückten
aus, und was wären wir ohne Revolutionen!" Man höre den Philister, den stocksteifen Ordnungsmann! Er fragt rhetorisch, was wir
ohne Revolutionen wären! Und das ist nicht nur eine Laune. Am
Stoff der ›Likedeeler‹ reizt ihn „die sozialdemokratische Modernität". An seinen englischen Freund James Morris schreibt der Mann
der märkischen Geschichte wörtlich: „Alles Interesse ruht beim vier-

ten Stand. Der Bourgeois ist furchtbar, und Adel und Klerus sind altbacken, immer dasselbe. Die neue, bessere Welt fängt erst beim vierten Stand an. Man würde das sagen, auch wenn es sich bloß erst um Bestrebungen, um Anläufe handelte. So liegt es aber nicht. Das, was die Arbeiter denken, sprechen, schreiben, hat das Denken, Sprechen und Schreiben der altregierenden Klassen tatsächlich überholt. Alles ist viel echter, wahrer, lebensvoller. Sie, die Arbeiter, packen alles neu an, haben nicht bloß neue Ziele, sondern auch neue Wege." Das stammt aus dem Jahr 96. Achtzehn Jahre früher hatte er an seine Frau geschrieben: „Massen sind immer nur durch Furcht oder Religion, durch weltliches oder kirchliches Regiment in Ordnung gehalten worden, und der Versuch, es ohne diese großen Weltprofosse leisten zu wollen, ist als gescheitert anzusehen. Man dachte, in ‚Bildung' den Ersatz gefunden zu haben, und glorifizierte den ‚Schulzwang' und die ‚Militärpflicht'. Jetzt haben wir den Salat. In beiden hat sich der Staat, ja mehr denn das, die ‚Gesellschaft' eine Rute aufgebunden: der Schulzwang hat alle Welt lesen gelehrt und mit dem Halbbildungsdünkel den letzten Rest von Autorität begraben; die Militärpflicht hat jeden schießen gelehrt und die wüste Masse zu Arbeiterbataillonen organisiert." Diese Einsicht, heute zum Gemeinplatz geworden, war das Erlebnis der siebenziger Jahre, und die Briefstelle erinnert, wie manche andere, an Nietzsche, der höhnisch fragte: „Mit einem Worte: was will man? Will man Sklaven, so ist man ein Narr, wenn man sich Herren erzieht." Zwischen dieser Anschauungsweise und dem unbedingten Enthusiasmus des alten Fontane für den 'vierten Stand' liegt gewiß eine Entwicklung, liegt das Bewußtwerden seiner Modernität, sein wundervolles Hineinwachsen in Jugend und Zukunft. Aber ebenso gewiß ist, daß er der Mann war, in dem beide Anschauungen, die konservative und die revolutionäre, nebeneinander bestehen konnten; denn seine politische Psyche war künstlerisch kompliziert, war in einem sublimen Sinn unzuverlässig; und ganz im Grunde hat er sich kaum gewundert, daß an seinem „Fünfundsiebenzigsten" nicht die Stechow, Bredow und Rochow, sondern der andere, der seelisch fragwürdige, der „fast schon prähistorische" Adel zu ihm kam.

Diese Kompliziertheit war mehr als der „mangelnde Sinn für Feierlichkeit" (der aber vielleicht dasselbe ist) daran schuld, daß

Fontane „es nicht weit brachte", daß der Dichter des Alten Derff-linger, des Alten Dessauer, des Alten Zieten und der Berliner Ein-zugscarmina nicht offiziell, nicht Adlerritter und Hofgänger werden konnte wie Adolf Menzel. Unstreitig fällt beim bildenden Künstler, beim hohen Handwerker das Geistige und Problematische mehr als beim Schriftsteller mit dem Technischen zusammen; nichts hindert in seinem Falle die Herrschenden, das Stoffliche für die Gesinnung zu nehmen, und nichts hindert ihn, den geistig Stummen, Harmlosen und Unverantwortlichen, sich ihre Ordensmäntel und Adelstitel mit guter Miene gefallen zu lassen. Ein großer Maler kann offiziell wer-den, ein großer Schriftsteller niemals. Denn alles, worin der Rang, Reiz und Wert seiner Persönlichkeit beruht, die geistige Nuance, die artikulierte Problematik, die verantwortungsvolle Ungebundenheit, muß ihn in den Augen der Herrschenden als gesinnungsuntüchtig und verdächtig erscheinen lassen. Vom amtlichen Preußen ist nicht zu verlangen, daß es den patriotischen Sänger für voll nimmt, der eines Tages den Borussismus für die niedrigste aller je dagewesenen Kulturformen erklärt.

Verantwortungsvolle Ungebundenheit: vielleicht hätte er sich das Wort zur Bezeichnung seines politischen Verhältnisses gefallen las-sen. Im Jahre 87 soll er wählen. „Noch in zwölfter Stunde wollte man mich durch einen ‚Eilenden' an die Wahlurne zitieren. Ich lehn-te aber standhaft ab. Die Verhältnisse liegen bei mir so kompliziert, daß ich ehren- und anstandshalber nicht stimmen kann." Im Jahre 90 ist er frivoler: „Und nun breche ich auf, um nach vielen, vielen Jahren zum ersten Male wieder einen Stimmzettel in die Urne zu tun; welchen? Ich habe es in meiner Verlegenheit durch Knöpfeab-zählen festgestellt. Nur der, der nichts weiß, weiß es ganz be-stimmt..."

Ein unsicherer Kantonist. Hat er nicht als Theaterkritiker einmal gestanden, eigentlich könne er immer geradesogut das Gegenteil sagen? Er liebt den Adel „menschlich und novellistisch", aber poli-tisch ist er ihm „doch zu sehr gegen den Strich"; und er hat sich ge-wöhnen müssen, seine „schließlich als Untergrund immer noch vor-handene Adelsvorliebe mit Soupçon behandelt zu sehen", weil er das Lied allzu sehr „nach seiner Fasson und nicht nach einem ihm vorgelegten Notenblatt blase". Er liebt die Juden, „zieht sie dem

Wendo-Germanischen eigentlich vor" und hat „auch unserm von mir aufrichtig geliebten Adel gegenüber einsehen müssen, daß uns alle Freiheit und feinere Kultur, wenigstens hier in Berlin, vorwiegend durch die reiche Judenschaft vermittelt wird". Aber von den Juden regiert sein will er nicht, ist überhaupt nicht liberal und äußert sich aus dem patriarchalischen Idyll Neubrandenburgs höchst wegwerfend über „Freiheitsparagraphen". Man hält den „Wanderer" wohl für einen Verherrlicher der Mark? Er bedankt sich. „Ich habe sagen wollen und wirklich gesagt: ‚Kinder, so schlimm, wie ihr es macht, ist es nicht'; und dazu war ich berechtigt; aber es ist Torheit, aus diesen Büchern herauszulesen zu wollen, ich hätte eine Schwärmerei für Mark und Märker. So dumm war ich nicht." Damit ist freilich, trotz Goßler und der „Einreihung", amtlich nichts anzufangen. Aber zuletzt ist auch dies nur die Reserve eines Augenblicks, eine Distanzierung der zarten Persönlichkeit von dem unholden Stoff. Was die ›Wanderungen‹ eigentlich besagen wollen, ist an einer anderen Briefstelle in starken Worten ausgedrückt: Kritisch, heißt es dort, müsse hervorgehoben werden, „wie man nicht bloß Mark und Märker daraus kennen, sondern auch, aller Ruppigkeit und Unausstehlichkeit unbeschadet, unter der Vorführung dieser Pflichttrampel und Dienstknüppel einsehen lernt, daß diese letzte Nummer Deutschlands berufen war, seine erste zu werden". Das ist die Selbstentäußerung des Schönheitsmenschen, die sich willig darein findet, daß im Staatenleben nicht Verfeinerung und musische Anmut, sondern Tüchtigkeit und rauhe Zucht die Träger historischer Sendung sind.

Er hat Bismarck mehrmals besungen; in den Briefen spricht er von ihm; und ich weiß nicht, woraus, ob aus Sang oder Wort, man mehr über Bismarck sowohl wie über Fontane erfährt. Die Gestalt des deutschen Kanzlers ist hier mit einem skeptischen, ja, gehässigen Psychologenauge gesehen: sehr groß und sehr fragwürdig. Das Recht auf Zweifel erkennt der Alte den Jungen freilich nicht zu. „Die Studenten", schreibt er am Bismarcktag des Jahres 95, „müssen begeistert sein; das ist ihre verfluchte Pflicht und Schuldigkeit. Für alte Knöppe liegt es anders oder wenigstens komplizierter. Diese Mischung von Übermensch und Schlauberger, von Staatengründer und Pferdestall-Steuer-Verweigerer, von Heros und Heulhuber, der nie ein Wässerchen getrübt hat, erfüllt mich mit gemischten Gefühlen und läßt eine reine, helle Bewunderung in mir nicht aufkommen . . ." Er war zu loyal, um der Legitimität gegenüber die Partei des Genies ergreifen zu können: „Ich stehe in der ganzen Geschichte von Anfang an auf Kaisers Seite . . . Bismarck ist der größte Prinzipverächter gewesen, den es je gegeben hat, und ein ‚Prinzip' hat ihn schließlich gestürzt, besiegt, dasselbe Prinzip, das er zeitlebens auf seine Fahne geschrieben und nach dem er nie gehandelt hat. Die Macht des hohenzollernschen Königtums (eine wohlverdiente Macht) war stärker als sein Genie und seine Mogelei. Er hat die größte Ähnlichkeit mit dem Schillerschen Wallenstein (der historische war anders): Genie, Staatsretter und sentimentaler Hochverräter. Immer ich, ich, und wenn die Geschichte nicht mehr weitergeht, Klage über Undank und norddeutsche Sentimentalitätsträne. Wo ich Bismarck als Werkzeug der göttlichen Vorsehung empfinde, beuge ich mich vor ihm; wo er einfach er selbst ist, Junker und Deichhauptmann und Vorteilsjäger, ist er mir gänzlich unsympathisch." Und er war nicht Pessimist und Zyniker genug, war, um mit Montaigne zu unterscheiden, in seinem Herzen zu sehr für das „Ehrenhafte" gegen das „Nützliche", um dem Machiavellismus des Reichsgründers unbedingt zujubeln zu können. „Er ist die denkbar interessanteste Figur. Ich kenne keine interessantere; aber dieser beständige Hang, die Menschen zu betrügen, dies vollendete Schlaubergertum ist mir eigentlich widerwärtig, und wenn ich mich aufrichten, erheben will, so muß ich doch auf andere Helden blicken." — Auf welchen wohl? — Mythus und Psychologie: Das sind zwei Dinge; und wo sie in ein und derselben Brust beieinander wohnen, wo Sänger- und Schriftstellertum sich paaren, da kommt es äußerlich zu Widersprüchen. Die Bewunderung, die der psychologische Schriftsteller der Größe zollt, ist nicht studentenhaft „rein und hell"; er blickt auf den Helden nicht, um sich „erheben" zu lassen. Der Held ist ihm „die denkbar interessanteste Figur"; aber vom Interesse, diesem eigentlichen Schriftsteller- und Psychologenaffekt, ist nicht weit mehr zu allen Naturalismen, Bosheiten und Ironien der Erkenntnis. Aus Briefstellen, wie der angeführten, redet der skeptische Psycholog über einen noch lebenden Helden. Bismarcks Tod ließ Fontane vor diesem letzten Ausbruch großen Deutschtums den mythisch-ehrfürchtigen, den großen Stil der Anschauung wiedergewinnen, zu dem er drei knappe Jahre früher nur die Jugend hatte verpflichten wollen, und er sang:

> Widukind lädt ihn zu sich ein:
> Im Sachsenwald soll er begraben sein.

Der Dichter ist konservativ als Schützer des Mythus. Psychologie aber ist das schärfste Minierwerkzeug demokratischer Aufklärung. In den späten Briefen Fontanes, des Verherrlichers kriegerischen Preußenadels — in seinen Briefen, das heißt außerhalb seiner Produktion —, findet man Kundgebungen stark revolutionären und demokratischen Gepräges, pazifistisch-antimilitaristische Äußerungen, die nicht nur als wohlwollende und verjüngungsbereite Anpassung an die literarisch-revolutionäre Zeitstimmung von 1880 zu verstehen sind, sondern durchaus auch seinem eigenen Wesen, dem, was rationalistisch-humanitäres achtzehntes Jahrhundert (und zwanzigstes Jahrhundert?) in ihm war, zugehörten und den „Soupçon" nachträglich in hohem Grade rechtfertigten, mit dem er seine „als Untergrund immer noch vorhandene Adelsvorliebe" behandelt sehen mußte. Geister wie er müssen in ihrem politischen Verhalten kompliziert und unzuverlässig erscheinen, denn die Widersprüche, zu denen die Tagesdebatte sie drängt, finden ihre Aussöhnung und Auflösung erst in der Zukunft.

Das Schauspiel, das der alte Fontane bietet, dies Schauspiel einer Vergreisung, die künstlerisch, geistig, menschlich eine Verjüngung ist, einer zweiten und eigentlichen Jugend und Reife im hohen Alter, besitzt in der Geistesgeschichte nicht leicht ein Gegenstück. „Ich bin mit den Jahren jünger geworden", schrieb der achtundzwanzigjährige Jüngling an einen Freund, „und die Lebenslust, die eigentlich ein Erbteil der Jugend ist, scheint in mir zu wachsen, je länger der abgewickelte Faden wird." Das ist eine frühe Erkenntnis seiner vitalen Eigenart. Er war geboren, um der „alte Fontane" zu werden, der leben wird; die ersten sechs Jahrzehnte seines Lebens waren, beinahe bewußt, nur eine Vorbereitung auf die zwei späten, gütevoll skeptisch im wachsenden Schatten des letzten Rätsels verbrachten; und sein Leben scheint zu lehren, daß erst Todesreife wahre Lebensreife ist. Immer freier, immer weiser reifte diese seltene und liebenswürdige Natur dem Empfange der letzten Antwort entgegen; und im Nachlaß des Verewigten fand man den schönen Spruch:

> Leben; wohl dem, dem es spendet
> Freude, Kinder, täglich Brot,
> Doch das Beste, was es sendet,
> Ist das Wissen, das es sendet,
> Ist der Ausgang, ist der Tod.

Georg Lukács, Werke. Band 7: Deutsche Literatur in zwei Jahrhunderten. Neuwied und
Berlin: Hermann Luchterhand Verlag GmbH 1964, S. 452—498.

DER ALTE FONTANE *
(1950)

Von GEORG LUKÁCS

> *Unsere dichterische Produktion ... entspricht unserer Natur,*
> *aber nicht notwendig unserem Geschmack ... Soll unser Ge-*
> *schmack ... unsere Produktion bestimmen, so läßt uns die*
> *Natur, die andere Wege ging, im Stich, und wir scheitern.*
> *Wir haben dann unseren Willen gehabt, aber das Geborene*
> *ist tot.* (Theodor Fontane)

Das schriftstellerische Phänomen Fontane ist darum fast einzig-
artig in der Literaturgeschichte, weil seine entscheidende Produktion
mit dem sechzigsten Lebensjahr einsetzt und erst in höchstem Alter
von fast achtzig Jahren den Gipfelpunkt erreicht. Thomas Mann
hat dieses Phänomen sehr schön beschrieben: „Wie es geborene Jünglinge gibt, die sich früh erfüllen und nicht reifen, geschweige denn
altern, ohne sich selbst zu überleben, so gibt es offenbar Naturen,
denen das Greisenalter das einzig gemäße ist, klassische Greise sozusagen, berufen, die idealen Vorzüge dieser Lebensstufe, als Milde,
Güte, Gerechtigkeit, Humor und verschlagene Weisheit, kurz, jene
höhere Wiederkehr kindlicher Ungebundenheit und Unschuld, der
Menschheit aufs vollkommenste vor Augen zu führen."

All dies ist unzweifelhaft richtig. Doch gibt Thomas Mann damit
nur die Beschreibung des Phänomens Fontane, nicht seine Erklärung.
Diese ist unmöglich aus dem Individuum allein, aus seiner Biographie zu gewinnen. Denn die Begabung ist—schon im Individuum—
eine verwickelte und verschlungene Wechselwirkung ästhetischer,
moralischer, intellektueller usw. Komponenten und ist völlig unbe-

---

* Erstmals in ›Sinn und Form‹, Berlin, 3. Jg. 1951, H. 2. Erste Buchveröffentlichung in ›Deutsche Realisten des 19. Jahrhunderts‹, Berlin 1952.

stimmbar ohne Analyse der Wechselwirkung zwischen dem begab-
ten Individuum und jener konkreten Gesellschaft, in welcher seine
Entwicklung vor sich geht. Es ist bekannt, daß die Zeit Begabungen
hervorrufen und unterdrücken kann. Es wäre falsch zu meinen, daß
etwa zur Zeit der Französischen Revolution Leutnante oder Unter-
offiziere plötzlich eine hohe militärische Begabung offenbaren. Die
psychologischen usw. Voraussetzungen solcher Begabungen existierten in einzelnen Individuen oder gar massenhaft auch vor und nach
den Revolutionskriegen; diese haben die latenten Talente nur aus-
genutzt und zur Entfaltung gebracht. Um dies an einem Gegenbeispiel zu illustrieren: man lese bei Balzac und Stendhal nach, was die
Restaurationszeit aus Begabungen gemacht hat.

Es wäre aber mechanisch, diese Fragestellung nur auf das Zur-
Geltung-Kommen der Talente zu beschränken. Diese Wechselbeziehung ist viel inniger, als man sie sich allgemein vorstellt. Hinter
der Tatsache, ob sein Talent in der Jugend, im Mannes- oder im
Greisenalter seinen Höhepunkt erreicht, ob eine Begabung sich aufwärts entwickelt, steckenbleibt, ja versiegt, ist stets das Problem
einer solchen Wechselbeziehung verborgen. Natürlich spielen darin
die angeborenen (und durch Zugehörigkeit zu einer bestimmten
Klasse in einer konkreten Gesellschaft anerzogenen) Eigenschaften
der betreffenden Persönlichkeit eine große Rolle. Sie entscheiden
aber niemals allein, sondern nur innerhalb dieser Wechselwirkung.

Man sagt — und mit Recht —, bestimmte Zeiten seien günstig für
die Entwicklung der Talente in der Kunst, andere nicht. Es muß aber
gleich hinzugefügt werden, um den Begriff der Periode nicht abstrakt zu verzerren: es ist nicht dasselbe, ob man zum Beispiel die
Französische Revolution als Aristokrat oder als Pariser Plebejer erlebt hat. Und zwar nicht nur statisch und direkt, vom seinsmäßig
determinierenden Standpunkt gesehen, sondern vor allem auch dy-
namisch und vermittelt, als objektive Entwicklung, die die Kraft-
linien der subjektiven bestimmt. Jedoch, alle die sich hier ergebenden
Differenzierungen eingerechnet, besteht — als abstrakter, allgemeiner, jedoch das Konkrete und Einzelne stark beeinflussender Rahmen
— die Gunst oder Ungunst der Zeit. Es ist für jede Begabung ausschlaggebend wichtig, ob sie von ihrer Epoche getragen oder gehemmt
wird, ob ihre Entfaltung mit oder gegen den Strom vor sich geht.

Das bedeutet noch lange nicht, daß das begabte Individuum einfach ein Produkt der Epoche, der sozialen Struktur, der Klassenlage ist. Jedes Individuum bringt bestimmte Eigenschaften, eine bestimmte bewegte Struktur und Proportion dieser Eigenschaften mit ins Leben. In der Wechselwirkung mit seiner gesellschaftlichen Umwelt können große, ja entscheidende Veränderungen, Umschichtungen vor sich gehen, es kann eine vollständige Umkehr stattfinden, bei alledem bleiben dennoch gewisse grundlegende Tendenzen und Proportionen im Individuum bestehen. Vom Standpunkt der Begabung aus betrachtet, können sich solche von der Entwicklung der Gesellschaft diktierten Bedingungen fördernd oder hemmend auswirken. Herwegh zum Beispiel war eine große abstrakt-rhetorisch-lyrische Begabung. Diese traf äußerst glücklich mit den gesellschaftlich-ideologischen Bedingungen der ersten Vorbereitungszeit der demokratischen Revolution Deutschlands am Anfang der vierziger Jahre zusammen. Der Konkretisierung dieser Aufgaben in der Revolution selbst und nach ihrer Niederlage war diese Art von Begabung nicht mehr gewachsen. Das Steckenbleiben der Entwicklung Herweghs ist also weder nur aus der subjektiven Art seines Talents noch aus den Zeitverhältnissen für sich betrachtet abzuleiten, sondern muß aus der konkreten Wechselwirkung beider Komponenten verstanden werden.

Dabei ist stets zu bedenken, daß einerseits der subjektive Faktor, die Begabung, nie etwas an und für sich, für immer Gegebenes ist, sondern die Resultante sehr verwickelter Wechselwirkungen der seelischen Kräfte im Individuum selbst und zugleich des Individuums mit seiner sich stets wandelnden, gesellschaftlichen Umwelt. Andererseits, daß die Art, wie die Begabung auf den Wechsel der Zeiten reagiert, ob dieser sie höher führt oder zur Unfruchtbarkeit verurteilt, von den angeborenen Möglichkeiten nicht abzutrennen ist. Wir betonen das Wort: Möglichkeiten. Denn die schroffste Wendung des Weges, die abrupteste Richtungsänderung setzt bestimmte, vorhandene Möglichkeiten, seelische, intellektuelle, moralische usw. Reserven im betreffenden Individuum voraus, auch wenn diese ihm bis dahin völlig unbekannt gewesen sind. (Man denke an Thomas Manns Entwicklung nach dem ersten imperialistischen Weltkrieg.)

I

Von solchen Aspekten aus muß man an das Phänomen: der alte
Fontane herantreten. Das heißt nicht nur fragen: wie ist der alte
Fontane beschaffen, wie unterscheidet er sich vom jungen, sondern
auch: wie ist der alte Fontane geworden, unter welchen Wechselwirkungen welcher objektiven und subjektiven Kräfte?

Thomas Mann beschreibt diesen Gegensatz mit großer Plastik:
„Man vergleiche das blasse, kränklich-schwärmerische und ein bißchen fade Antlitz von dazumal mit dem prachtvollen, fest, gütig
und fröhlich dreinschauenden Greisenhaupt . . . — und man wird
nicht zweifeln, wann dieser Mann und Geist auf seiner Höhe war,
wann er in seiner persönlichen Vollkommenheit stand." Wenn wir
nun hiervon ausgehend fragen, woher dieses Fade kommt, müssen
wir die Feststellung der Tatsachen so modifizieren: daß eben der
junge Fontane, bei all seiner Liebenswürdigkeit und Begabtheit,
doch nur den — nicht allzu hervorragenden — Durchschnitt der Jugend in der Zeit vor 1848 repräsentierte. Daß er wegen unregelmä-
ßiger Familienverhältnisse nicht studieren konnte und als gescheiterter Apotheker in den Journalismus hineinkam, gab ihm aber auch
vielfach Vorzüge vor vielen seiner Altersgenossen: nämlich die größere, vielfältigere Lebenserfahrung; die Notwendigkeit, die Welt
der arrivierten „Gesellschaft" von unten zu betrachten; die nähere,
persönliche Beziehung zu einer, freilich meist kleinbürgerlichen,
plebejischen Welt.

Weltanschaulich gerät der junge Fontane in eine erschreckende
Haltlosigkeit hinein, da er in keiner Klasse, in keiner Gesellschaftsschicht innerlich tief verwurzelt ist, weil der Einfluß des gesellschaftlichen Seins auf ihn stets indirekt und ihm unbewußt ist. In alledem
ist er vielfach ein typischer Intellektueller, jedoch mit dem Vorzug
(und zugleich mit dem Nachteil), daß er infolge seiner Entwicklung
doch nie zu einem typischen Vertreter der Intelligenz wurde. Seine
persönlichen Eigenschaften verschwimmen auf diese Weise in dem
bloßen Getragen-Werden von oft diametral entgegengesetzten Zeit-
strömungen. Der junge Fontane ist zuerst, wie ein großer Teil seiner
Altersgenossen, Anhänger und Nachbeter der Revolutionslyrik von
Herwegh. Die Teilnahme an der Berliner Schriftstellervereinigung
und der Manierist taugt so wenig wie der Glattschreiber. Aber jene

„Der Tunnel" beendet zwar diese extreme Phrasenhaftigkeit, läßt bestimmte, lange Zeit als entscheidend geltende Seiten Fontanes hervortreten: die Balladendichtung. Aber die so entstehende Dichterphysiognomie ist auch noch voll von epigonenhaften Zügen; waren doch die Berühmtheiten des „Tunnels", wie Geibel oder Heyse, auch nicht mehr als Epigonen. Fontane selbst schreibt über diese Periode — schon 1854 — mit gesunder Selbstkritik an Theodor Storm: „Meine Neigung und — wenn es erlaubt ist, so zu sprechen — meine Force ist die Schilderung. Am Innerlichen mag es gelegentlich fehlen, das Äußerliche habe ich in der Gewalt." Und solche Selbstkritiken kehren bei ihm wieder, wenn er auch gelegentlich, sogar im späten Alter, meint, von seinen Gedichten „wird manches bleiben".

Wenn also der „Tunnel" künstlerisch einen gewissen Fortschritt, eine gewisse Befestigung der künstlerischen Anschauungen Fontanes brachte, so ist andererseits seine jugendliche Lebensfremdheit, freilich in anderer Richtung als in der Herwegh-Zeit, noch größer geworden. In seiner Autobiographie, die er im Greisenalter niederschrieb, sagt Fontane über sich und seinen damaligen Intimus, Bernhard von Lepel: „Gleich in den ersten Jahren unserer Bekanntschaft hatten wir uns in dem Satz gefunden: ,Alle Geschehnisse hätten nur insoweit Wert und Bedeutung für uns, als sie uns einen Stoff abwürfen.' "

Diese Einstellung zeigt ihre Folgen in den Märztagen 1848. Fontane, damals freilich schon fast dreißig Jahre alt, also kein wirklicher Jüngling mehr, nimmt mit jünglinghaftem Enthusiasmus und mit jünglinghaft naiver Weltfremdheit an den Kämpfen teil — und zieht nach dem Sieg des Berliner Volkes die Folgerung ebenfalls mit der politischen Kindlichkeit eines damaligen deutschen Jünglings aus der Intelligenz. Er beschreibt diese Stimmung in der Autobiographie sehr klar, ohne jede Beschönigung: „Mich verließ das Gefühl nicht, daß alles, was sich da Sieg nannte, nichts war als ein mit hoher obrigkeitlicher Bewilligung zustande gekommenes Etwas, dem man ganz ohne Not diesen volkstriumphlichen Ausgang gegeben, und lebte meinerseits mehr denn je der Überzeugung von der absolutesten Unbesiegbarkeit einer wohldisziplinierten Truppe jedem Volkshaufen, auch dem tapfersten, gegenüber. Volkswille war nichts, königliche Macht war alles. Und in dieser Anschauung habe ich vierzig Jahre verbracht. "

Mit derselben Ehrlichkeit bekennt er zugleich, daß er diese Anschauung sehr spät (1891), nach der Lektüre der ›Denkwürdigkeiten‹ des Generals von Gerlach, zu revidieren begann und zu ganz entgegengesetzten Ergebnissen gelangte, als nach seinen damaligen, unmittelbaren Eindrücken und Erlebnissen. Fontane gibt hier einzelne kluge Bemerkungen über den Straßenkampf, über die taktischen Vorteile der Barrikadenkämpfer den regulären Truppen gegenüber, über die Notwendigkeit ihrer moralischen Abnützung in solchen Scharmützeln usw. Er faßt seine späte Anschauung so zusammen: „Sie (nämlich die Kämpfe, G. L.) müssen — vorausgesetzt, daß ein großes und allgemeines Fühlen in dem Aufstande zum Ausdruck kommt — jedesmal mit dem Sieg der Revolution enden, weil ein aufständisches Volk, und wenn es nichts hat als seine nackten Hände, schließlich doch stärker ist als die wehrhafteste geordnete Macht."

Solche Revisionen seiner Jugenderlebnisse hat der alte Fontane oft vollzogen; auf einige werden wir noch zurückkommen müssen. Jetzt ist jedoch die Feststellung wichtig, daß der Fontane von 1848 gleichzeitig ein begeisterter, freilich äußerst verworrener Anhänger der Revolution war und zugleich eine tiefe Überzeugung von der Unüberwindbarkeit des Hohenzollern-Regimes hegte. Und diese letzte Anschauung ist bei ihm viel mehr als ein revolutionärer Defätismus. Die dichterische Produktion des jungen Fontane ist weitgehend eine Verherrlichung der Hohenzollern; seine wichtigsten und populärsten Balladen behandeln die „große Periode" Preußens, die Zeit bis zum Tode Friedrichs II. Und in dieser Frage erfolgt bei ihm nie eine bis an die Wurzeln gehende kritische Kontrolle der alten Ansichten. Besonders nicht in der Produktion. Fontane setzt nicht nur dichterisch diese Thematik fort (Gedichte über Bismarck, auch nach dessen Tode, also im spätesten Alter, mitinbegriffen), sondern schreibt auch große popularisierende Werke über die Kriege 1864, 1866, 1870/71 und schreibt die ›Wanderungen durch die Mark Brandenburg‹.

Dahinter steckt natürlich viel mehr als die eben skizzierte gesellschaftliche Richtungslosigkeit Fontanes. Besser gesagt: diese ist in vielen wesentlichen Zügen nur der ideologische Reflex des unaufhaltsamen, ökonomisch begründeten Dranges im deutschen Volk zur wirtschaftlichen und politischen Einheit, dessen durchführendes Organ nach dem endgültigen Versiegen aller Tendenzen zur demokratischen Durchsetzung der deutschen Einheit eben Bismarck und die Hohenzollern geworden sind. Bei aller späteren Kritik Fontanes an der Persönlichkeit Bismarcks, auf die wir noch ausführlicher zurückkommen, liegt hier die objektive, gesellschaftliche Quelle seiner dauernden Verehrung Bismarcks. Fontane schreibt darüber in seiner Autobiographie: „Wenn später Bismarck so phänomenale Triumphe feiern konnte, so geschah es, sein Genie in Ehren, vor allem dadurch, daß er seine stupende Kraft in den Dienst der in der deutschen Volksseele lebendigen Idee stellte."

Diese Haltlosigkeit, in der die politische Unreife des deutschen Kleinbürgertums und der deutschen Intelligenz zum Ausdruck kommt, bringt für Fontane schwere Konflikte hervor, die sich infolge einer völlig ungesicherten ökonomischen Lage sehr zugespitzt haben. Der Konflikt äußert sich vorerst hinsichtlich seines Dichterberufs. Fontane schreibt 1849, in seiner Bräutigamszeit, an Lepel: „Ich hätte in der Tat nicht den Mut, auf ein halb Jahr in die weite Welt zu gehen, um Stoffe zu sammeln, während das Mädchen, das ich zu lieben vorgebe, das vierte Jahr schwinden sieht, ohne dem Ziele näher zu sein als am ersten Tage. Man muß dann wenigstens gemeinschaftlich tragen; aber zu lachen und Terzinen zu bauen, während ein liebendes Herz weint und bricht, das geht nicht."

Die Existenzfrage zwingt ihn schon kurze Zeit nach der Revolution in den Pressedienst der gegenrevolutionären preußischen Regierung, wo er sogar Gedichte zu Ehren Manteuffels schreiben muß. Dieser Übergang vollzieht sich nicht ohne moralische Konvulsionen. Fontane schreibt im Juli 1850 an Lepel: „Man hat vor den gewöhnlichen Lumpenhunden nur das voraus, daß man wie der wittenbergstudierte Hamlet sich über seine Lumpenschaft vollkommen klar ist." Und im November 1851 ebenfalls an Lepel: „Wie ich's drehen und deuten mag — es ist und bleibt Lüge, Verrat, Gemeinheit. Die Absolution, die mir die hündische Verworfenheit dieser Welt und *dieser* Zeit angedeihen läßt, kann mir nicht genügen. Der feiste Ernst Schulze sprach zu seiner Frau: ‚Jotte doch, das bißchen Überzeugungsopfer; da müssen andere Leute ganz andere Geschichten opfern!' — ,Schreibtafel her!' ruft Hamlet. Wenn unsere Zeit mal eine Überschrift braucht, so bitt ich diesen großen Worten zu ihrem Recht zu verhelfen."

Es ist hier nicht unsere Aufgabe, Fontanes literarischen und menschlichen Leidensweg von der Zeit als Berichterstatter in London, über die ›Kreuzzeitung‹ bis zur ›Vossischen Zeitung‹ (mit einer kurzen Episode eines Akademiesekretariats) zu schildern. Unsere Frage — unser Suchen der seelischen Fundamente und Ressourcen des alten Fontane — geht nur dahin: wie ist es gekommen, daß er bei einem solchen Leben, einer solchen Lebensführung kein verkommener Gesinnungslump geworden ist wie so viele im preußischen Lager gelandeten einstigen Achtundvierziger (von Miquel bis hinunter zu gewöhnlichen Polizeispitzeln), sondern gerade auf diesem Wege, trotz der drohenden Gefahren für seinen moralischen und schriftstellerischen Charakter, das wurde, was er am Ende geworden ist: der alte Fontane?

Die Verteidigung gegen das hier so naheliegende sittliche Verkommen konnte für Fontane nur in einer gewissen Spaltung zwischen seiner öffentlichen Tätigkeit und seinem privaten Leben bestehen; in dem Versuch, die politisch mehr als zweifelhafte Berufstätigkeit soweit wie möglich von seiner individuellen Moralität zu distanzieren, einen individuell moralischen Bezirk in sich abzugrenzen, in dem er seine menschliche Integrität, die Grundlage für sein schriftstellerisches Reifen, mehr oder weniger bewahren konnte. Deshalb wird die Frage nach Unabhängigkeit immer stärker zum Hauptanliegen seiner moralischen und schriftstellerischen Lebensführung. Dies hat Fontane schon in den fünfziger Jahren klar ausgesprochen. Im Jahre 1870 schreibt er bei Gelegenheit einer materiellen Krise an seine Frau: „Meinst Du nicht, daß diese Summe unter allen Umständen ausreichen würde, uns vor Erniedrigung und Unwürdigkeit zu bewahren? Und nur darauf kommt es schließlich an. Independenz über alles! Alles andere ist zuletzt nur Larifari." Wieweit es eine Illusion Fontanes war, alles Äußerliche als „Larifari" abzutun, bedarf keiner ausführlichen Analyse. Die künstlerischen Folgen seiner Illusionen über den eigenen Rettungsweg werden wir später sehen.

Dieser Rückzug ins Private ist ein allgemeines Zeichen der nachachtundvierziger Zeit, besonders in Deutschland. Ich habe die von der Fontaneschen sehr verschiedene Variante im Fall Raabes bereits ausführlich beschrieben. Bei diesem erfolgt jedoch die Abwendung vom öffentlichen Leben einfacher, gradliniger, problemloser; sie enthält eine radikale Verurteilung des verpreußten öffentlichen Lebens seiner Gegenwart, ein pessimistisch-humoristisches Loblied längst vergangener Zeiten.

Dieser Weg konnte für Fontane nicht offenstehen, da ihn die materielle Not zur journalistischen Teilnahme am politischen Leben, und zwar auf der Seite der Reaktion, zwang. Er mußte, um hier nicht menschlich-moralisch zu versinken, eine Distanzierung seiner Tätigkeit von seiner persönlichen Existenz zu vollziehen versuchen. Die erste Voraussetzung hierfür war jene nichts beschönigende Selbstkritik, aus welcher wir einige Beispiele herangezogen haben; die zweite: eine rigorose Korrektheit im privaten Leben, auch dann und sogar vor allem, wenn dieses mit dem öffentlichen zusammenhing. Als zum Beispiel Manteuffel 1858 gestürzt wurde und eine altliberale Regierung ans Ruder kam, ging Fontane trotz materieller Opfer nicht zu den Siegern über, obwohl er selbst eingestand, „wenn meine letzten acht Jahre eine völlig normale, d. h. in meiner Natur begründete Entwicklung genommen hätten, würd ich sehr wahrscheinlich auf der Seite der jetzt herrschenden Partei stehen". In einem Brief an Lepel gibt er eine für diese Lebensführung charakteristische Begründung: „Die Sache, bei Lichte betrachtet, ist nun einfach die: ich bin weder ein Kreuzzeitungs-Mensch noch ein Manteuffelianer, noch ein besonderer Anhänger des neuen Ministeriums von Bethmann-Hollweg bis Patow, ich bin ganz einfach Fontane, der bloß nicht Lust hat, Manteuffeln unmittelbar nach seinem Sturze anzugreifen, weil besagter Manteuffel (dessen Pech am Hintern und dessen Polizeiregime mir ein Greuel gewesen ist) besagtem Fontane *persönlich Gutes getan hat.* Was ich getan und gesprochen habe, ist nichts als die ganz gemeine Pflicht des Anstands und der Dankbarkeit." Zwölf Jahr später geht sein Bruch mit der ›Kreuzzeitung‹ aus im Grunde ähnlich gelagerten Motiven vor sich.

Diese Form der Selbstrettung ist jedoch etwas in jeder Hinsicht äußerst Prekäres. In einem späten Rückblick spricht Fontane, damals freilich vor allem seine materiellen Lebensbedingungen betrachtend, von einem Ritt über den Bodensee. Der Vergleich stimmt aber auch für die inneren Grundlagen seiner schriftstellerischen Entwicklung. Denn die strikte Trennung von privater Korrektheit und politischer Gesinnungslosigkeit kann nur durch einen nihilistischen Skeptizismus in der Persönlichkeit vereinigt werden. Auch mit dieser Tendenz steht Fontane im nachachtundvierziger Deutschland nicht allein; man denke nur an Wilhelm Busch.

Fontane kommt aber allmählich zu einer — allerdings ziemlich eigenartigen — Stellungnahme, und diese Eigenart gibt den Schlüssel dazu, wieso er erst im späten Alter schriftstellerisch sich selbst gefunden hat. Im Jahre 1879, also mit sechzig Jahren, schreibt er: „... aber so lächerlich es klingen mag, ich darf — vielleicht leider — von mir sagen: ‚Ich fange erst an.' Nichts liegt hinter mir, alles vor mir, ein Glück und ein Pech zugleich." Fontane sieht und betont hier die Doppelseitigkeit seiner merkwürdigen Lage. Er denkt dabei natürlich vor allem an ihre äußerliche Einzigartigkeit, wir werden jedoch im Laufe unserer Betrachtungen in allen prinzipiellen und Detailfragen seines Schaffens sehen können, daß diese Doppelseitigkeit für ihn überall bestimmend geworden ist.

Sie bedeutet vor allem die untrennbare Verschlungenheit von äußerster Skepsis und naivster Leichtgläubigkeit in den Fragen des öffentlichen Lebens. Dadurch, daß Fontane sich selbst daran gewöhnt hat, das Persönliche vom Allgemeinen schroff zu trennen, kann er bei sehr weitgehender und oft scharfsinniger Kritik der Menschen und sogar der allgemeinen Situation und Entwicklungstendenzen im großen ganzen seinen „loyalen", nicht exponierten Standpunkt einnehmen.

Hinter dieser individuellen Stellungnahme stehen natürlich objektive Entwicklungstendenzen des deutschen Kapitalismus. Vor allem die der deutschen Einheit. Daß Fontane bei seiner unfundierten, schwankenden Einstellung von jenem nachachtundvierziger Strom der „Freiheit durch Einheit" in der deutschen Bourgeoisie mitgerissen wurde, der zur preußisch-bismarckschen Reichsgründung führte, haben wir bereits gesehen. Daß er trotz aller persönlich-kritischen Vorbehalte in diesem Strom begeistert mitschwamm, ist uns ebenfalls bekannt.

Der stärkere Zwiespalt setzt nach der Reichsgründung ein. Denn jetzt versiegt jener patriotische Strom, der Fontane und so viele andere bis dahin getragen hat. Der äußerliche Glanz des neuen Reiches, bei der immer deutlicher hervortretenden Problematik seiner inneren Struktur, seiner politischen Unfreiheit, bei der Stagnation seiner Kultur, muß in jedem, der nicht innerlich auf Gedeih und Verderb mit dem Bismarck-System verbunden ist, immer stärkere Zweifel und Bedenken auslösen. Das Heranreifen solcher Zweifel und Bedenken war für Fontane ein verwickelter, widerspruchsvoller Prozeß. Aber erst im Wechselspiel dieser neuen Eindrücke, Erlebnisse und Erkenntnisse mit seiner weltanschaulichen und künstlerischen Entwicklung konnte der alte Fontane heranreifen. Bei der allgemeinen Entwicklung Fontanes mußte diese Wendung vor allem einen privaten, moralisierenden Charakter haben. Die Wendung in seinen Anschauungen, das Heranreifen jener Qualität, die die Grundlage zu seinem Alterswerk bildete, äußern sich vorerst und am klarsten in seinen Briefen. Bemerkenswert ist dabei, sowohl für die Entwicklung zum alten Fontane als auch für Fontanes unüberwindliche Schranken, die — freilich allmählich immer stärker erschütterte — Beibehaltung der Trennung von öffentlicher und privater Sphäre.

Diese Entwicklung setzt sich vor allem in der scharfen Kritik an Bismarck durch. Schon 1880 schreibt Fontane in einem Brief: „Gegen Bismarck braut sich allmählich im Volk ein Wetter zusammen... Er täuscht sich über das Maß seiner Popularität. Sie war einmal kolossal, aber sie ist es nicht mehr. Es fallen täglich Hunderte, mitunter Tausende ab . . . Dadurch, daß er seine mehr und mehr zutage tretenden kleinlichen Eigenschaften mit einer gewissen Großartigkeit in Szene setzt, werden die kleinlichen Eigenschaften noch lange nicht groß." Noch schärfer nach Bismarcks Sturz: „Bismarck ist der größte Prinzipverächter gewesen, den es je gegeben hat, und ein ‚Prinzip‘ hat ihn schließlich gestürzt, besiegt — dasselbe Prinzip, das er zeitlebens auf seine Fahne geschrieben und nach dem er nie gehandelt hat . . . Er hat die größte Ähnlichkeit mit dem *Schiller*schen Wallenstein (der historische war anders): Genie, Staatsretter und sentimentaler Hochverräter. Immer ich, ich, und wenn die Geschichte nicht mehr weitergeht, Klage über Undank und norddeutsche Sentimentalitätsträne." Und ebenso nach der Versöhnung Bismarcks mit Wilhelm II.: „Diese Mischung von Übermensch und Schlauberger, von Staatengründer und Pferdestall-Steuerverweigerer ...,

von Heros und Heulhuber, der nie ein Wässerchen getrübt hat, erfüllt mich mit gemischten Gefühlen und läßt eine reine helle Bewunderung in mir nicht aufkommen. Etwas fehlt ihm, und gerade das,
was recht eigentlich die Größe leiht."

Diese Urteile, deren Echo man in den Bismarck-Gesprächen der
Romane aus Fontanes Reifezeit vernehmen kann, die man stets mit
seinen begeisterten Gedichten zusammenhalten muß, um den tiefen
Zwiespalt in ihm klar zu sehen, sind noch vorwiegend persönlich-
moralischer Art, drücken die von uns geschilderte Doppelseitigkeit,
die scharfe Trennung des Öffentlichen vom Privaten drastisch aus.
Die Kritik Fontanes geht aber, je älter er wird, je stärker die deutsche reaktionäre Entwicklung nach den Reichsgründungen auf ihn
einwirkt, auch auf das öffentliche Leben über. Der alte Fontane
nennt sich in seiner Autobiographie einen Nationalliberalen, der
aber zu dieser Partei niemals in eine rechte Beziehung getreten sei.
Und er fügt hinzu, daß er in seinen alten Tagen immer demokratischer geworden sei. Dies alles ist richtig gesehen, bedarf aber doch
einiger Konkretisierung, um das spezifisch Fontanische klar hervortreten zu lassen.

Vor allem: das Nationalliberale. Man verwechsle nicht die ursprüngliche Wirkung der allgemeinen nationalliberalen Parteiideo-
logie vor der Reichsgründung, in erster Linie auf die Intellektuellen,
mit dieser Partei selbst, besonders unter Bismarck und vor allem
unter Wilhelm II. Sie wirkte damals als Sammelideologie einer deutschen Einheit ohne demokratische Revolution. So konnte Raabe
ebenfalls ein Nationalliberaler sein bei glühendem Haß und tiefer
Verachtung für das heraufziehende kapitalistische Regime in Deutschland besonders nach der Reichsgründung. Bei Fontane steht diese
Frage zugleich einfacher und verwickelter. Es ist ein wichtiger Zug
seiner intellektuellen Physiognomie, daß er niemals, wie Raabe,
laudator temporis acti gewesen ist. Er hat in seiner Jugend viel zu
tief unter der kleinlichen Spießerei des alten Deutschland gelitten,
um diese Zeit, in welcher Form auch immer, jemals wieder zurück-
zuwünschen. Und er hat — ebenfalls im Gegensatz zum provinzi-
elleren Raabe — die kapitalistisch zivilisierte Welt, vor allem England, aus eigener Anschauung zu gut gekannt und gewürdigt, um
das Wachsen Berlins — seines ständigen Sitzes in Deutschland —

zur Großstadt nicht mit Freuden zu begrüßen. Er sagt in seiner Autobiographie: „Es ist denn auch ein wahrer Unsinn, immer von der ‚guten alten Zeit‘ oder gar wohl von ihrer ‚Tugend‘ zu sprechen; umgekehrt, alles ist um vieles besser geworden."

Darin ist — nochmals im Gegensatz zu Raabe — eine Bejahung der kapitalistischen Entwicklung Deutschlands mitenthalten. Freilich wieder eine eigenartige Bejahung; man kann sagen, eine preußisch-eigenartige. Fontane ist im wesentlichen für die Kapitalisierung Deutschlands, aber zugleich auch gegen den Bourgeois. „Der Bourgeois", sagt Fontane in seiner Autobiographie, ein wenig lassalleisierend, „wie ich ihn auffasse, wurzelt nicht eigentlich oder wenigstens nicht ausschließlich im Geldsack." Fontane gibt dieser Auffassung wieder eine privatmoralisierende Nuance: „Alle geben sie vor, Ideale zu haben; in einem fort quasseln sie vom ‚Schönen, Guten, Wahren‘ und knicksen doch nur vor dem Goldenen Kalb, entweder indem sie tatsächlich alles, was Geld und Besitz heißt, umcouren oder sich doch innerlich in Sehnsucht danach verzehren. Diese Geheimbourgeois ... sind die weitaus schrecklicheren, weil ihr Leben als eine einzige große Lüge verläuft." Während also Lassalles Bourgeois-Begriff ein flaches und mechanisches „Politisieren" des ökonomisch-sozialen Seins der Bourgeoisie ist, wendet Fontane, wie wir gesehen haben, auch diese Frage ins Moralische, macht aus ihr einen Kampf gegen Heuchelei und Lüge, kritisiert also eine Seite des Bourgeois-Seins, ohne auf die zentralen Probleme des Kapitalismus einzugehen. In dieser Frage, im Kampf gegen Selbstbetrug und Heuchelei, berührt er sich immer stärker mit Ibsen; über sein kompliziertes Verhältnis zu diesem werden wir später ausführlich sprechen.

Diese zwiespältige Stellungnahme ist aber für Fontanes Entwicklung von großer Bedeutung. Denn sie ermöglicht ihm, seine Vorliebe für das alte Preußen und für den preußischen Adel in sein sich wandelndes, den Fortschritt bejahendes Weltbild, freilich äußerst widerspruchsvoll, einzubauen. Wiederum: es wäre ganz falsch, bei Fontane einen romantischen Antikapitalismus anzunehmen, eine Sehnsucht nach vorkapitalistischen oder primitiv kapitalistischen Zeiten. Auch würde man ebenfalls an seinen wichtigsten Lebenstatsachen vorbeigehen, wenn man in ihm einen einfachen oder gar kritiklosen Ver-

ehrer des preußischen Adels erblicken wollte. Seine persönlichen,
intimen Äußerungen und — was viel wichtiger ist — die Werke
seiner reifsten Zeit enthalten eine vernichtende Kritik des Junkertums. Diese Kritik ist aber mit einer tief erlebten persönlichen Anhänglichkeit, mit einer starken ästhetisch-ethischen Vorliebe für die
guten Exemplare des preußischen Adels, vor allem des märkischen,
durchsetzt. Diese „menschliche Sympathie" für bestimmte Typen des
Junkertums wird von Fontane oft ausgesprochen. Seine Autobiographie gibt eine klar formulierte Zusammenfassung seines innerlich
zwiespältigen Standpunktes: „Die glänzenden Nummern unter ihnen
— und ihrer sind nicht wenige — sind eben glänzend, und diese
nicht lieben zu wollen, wäre Dummheit; aber auch die nicht glänzenden — und ihrer sind freilich noch mehrere — haben trotz Egoismus und Quitzowtums, oder auch vielleicht um beider willen, einen
ganz eigentümlichen Charme, den herauszufühlen ich mich glücklich
schätze. Die Rückschrittsprinzipien als solche sind sehr gegen meinen
Geschmack, aber die zufälligen Träger dieser Prinzipien haben es
mir doch nach wie vor angetan."
So entsteht bei Fontane ein weiter Spielraum der Schwankungen
mit äußerst verschwommenen Grenzen zwischen den Extremen: Bejahung der kapitalistischen Entwicklung und Abscheu vor dem
Bourgeoistum, Vorliebe für den Adel und (zuweilen) klare Einsicht
in seine historische Überlebtheit. Es versteht sich, daß hier nur eine
Konkretisierung, Ausbreitung und Vertiefung des bereits festgestell-
ten Zwiespalts zwischen Öffentlichem und Privatem vorliegt. Da
Fontane jedoch trotz seiner tiefen Skepsis und seiner ständigen
Selbstkritik eine bestimmte, wenn auch nie gradlinige Orientierung
in seiner Lebensführung suchen muß, entsteht gerade auf dieser
Grundlage auch eine feine Empfänglichkeit für noch nicht deutlich
hervortretende Entwicklungstendenzen von Typen, eine mitunter
mehr als kritische Einstellung zu den offiziellen Auffassungen der
Gesellschaft seiner Zeit.
Auch hier müssen wir uns auf das Bezeichnendste beschränken.
Unmittelbar nach den deutschen Siegen über Frankreich, nach der
Drei-Kaiser-Zusammenkunft im Jahre 1872 sieht Fontane die Lage
des neuen, so mächtig scheinenden Deutschland als äußerst prekär
und unsicher an: „Ich kann es weniger beweisen, als ich es fühle, daß

in breiten Volksschichten, berechtigt und unberechtigt, eine tiefe Unzufriedenheit gärt ... Zündstoff genug ist da, um die Welt auch
ohne Zutat von Petroleum wieder in Flammen zu setzen." Und noch
viel schärfer zwanzig Jahre später: „Der Zusammenbruch der ganzen von 1864 bis 1870 aufgebauten Herrlichkeit wird offen diskutiert ... ist niemand ... im geringsten von der Sicherheit unserer
Zustände überzeugt. Das Eroberte kann wieder verlorengehen. Bay-
ern kann sich wieder ganz auf eigene Füße stellen. Die Rheinprovinz
geht flöten, Ost- und Westpreußen auch, und ein Polenreich (was ich
über kurz oder lang beinahe für wahrscheinlich halte) entsteht aufs
neue." Ähnliche Zweifel hat Fontane in bezug auf die Solidität der
englischen Herrschaft in Indien usw. Im letzten Lebensjahr faßt er
seine Anschauungen einem englischen Freund gegenüber so zusammen: „Die Regierungen führen noch das Wort, nicht die leidenschaftlichen Volksempfindungen. Sprechen aber erst *diese* mit, so werden wir furchtbare Kämpfe haben, nach deren Abschluß die Welt
und die Landkarte anders aussehen wird als heute."

Dieser letzte Ausspruch zeigt, wie berechtigt Fontane von einer zu-
nehmenden Demokratisierung seiner Anschauungen sprechen konnte. Allerdings hat er schon in den Märztagen 1848 erkannt, daß die
ernsthaften, wirklich tapferen Kämpfer ausschließlich Arbeiter waren. Das Verständnis für die Arbeiterklasse setzt sich bei ihm mit
zunehmender Lebenserfahrung immer stärker durch. Schon 1878,
während des Sozialistengesetzes, schreibt er über die Arbeiter an
seine Frau: „Alle diese Leute sind uns vollkommen ebenbürtig, und
deshalb ist ihnen weder der Beweis zu führen, ,daß es mit ihnen
nichts sei', noch ist ihnen mit der Waffe in der Hand beizukommen.
Sie vertreten nicht bloß Unordnung und Aufstand, sie vertreten
auch *Ideen,* die zum Teil ihre Berechtigung haben und die man nicht
totschlagen und durch Einkerkerung aus der Welt schaffen kann."
Noch entschiedener an den englischen Freund (1896): „Alles Interesse ruht beim vierten Stand. Der Bourgeois ist furchtbar, der Adel
und Klerus sind altbacken, immer wieder dasselbe. Die neue, bessere
Welt fängt erst beim vierten Stande an. Man würde das sagen können, auch wenn es sich bloß um Bestrebungen, um Anläufe handelte.
So liegt es aber nicht. *Das,* was die Arbeiter denken, sprechen, schreiben, hat das Denken, Sprechen und Schreiben der altregierenden

Klassen tatsächlich überholt. Alles ist viel echter, wahrer, lebensvoller. Sie, die Arbeiter, packen alles neu an, haben nicht bloß neue Ziele, sondern auch neue *Wege*."

Freilich — und das rundet das Bild vom Werden des alten Fontane weiter ab — ruft all dies doch keine entscheidende Wandlung seiner Weltanschauung, als Ganzes betrachtet, hervor, ja bleibt hinsichtlich der Grundlagen und Struktur ohne umwälzende Folgen. Denn Fontanes Sympathie für die Arbeiterklasse und überhaupt für alle plebejischen Schichten paart sich auch mit der Zuneigung zu den alten märkischen Junkern. Er hörte zum Beispiel im späten Alter eine junge Verkäuferin eines seiner Gedichte sehr gut sprechen und schreibt darüber an seine Tochter: „Ich werde immer demokratischer und lasse höchstens noch einen richtigen Adel gelten. Was dazwischenliegt: Spießbürger, Bourgeois, Beamter und ‚schlechtweg Gebildeter‘, kann mich wenig erquicken."

So wird Fontane — je reifer, desto mehr — zur schwankenden Gestalt, zu einem Menschen und Schriftsteller, der für keine der kämpfenden Klassen oder Parteien wirklich zuverlässig ist. Er ist durch Gefühlstraditionen seiner Entwicklung, durch ästhetisch-moralische Sympathien am meisten an den märkischen Adel gebunden. Die Produktion jedoch, die seine skeptische Ironie entstehen läßt, lockert, ja zerreißt objektiv dieses subjektiv so fest geknüpfte Band. Umsonst hat Fontane preußische Balladen, drei große Kriegsbücher, die ›Wanderungen durch die Mark Brandenburg‹ geschrieben — Klassen können nicht betrogen werden. Bei der Feier seines siebzigsten Geburtstages fehlten gerade jene, die er sein ganzes Leben gepriesen hat. Er schreibt darüber in einem Brief: „Man hat mich kolossal gefeiert und — auch wieder gar nicht. Das moderne Berlin hat einen Götzen aus mir gemacht, aber das alte *Preußen,* das ich durch mehr als vierzig Jahre hin in Kriegsbüchern, Biographien, Land- und Leuteschilderungen und volkstümlichen Gedichten verherrlicht habe, dies ‚alte Preußen‘ hat sich kaum gerührt..." In einem ironisch-selbstironischen Gedicht gibt Fontane eine plastische Schilderung der Feier und seiner Gefühle.

Und indem sich diese berlinisch-großstädtische Selbstironie in Fontane immer stärker, reicher, abgestufter entfaltet, kommt zum Ausdruck, was er, seine Umwelt und die Geschichte seiner Heimat betrachtend, gelegentlich festgestellt hat, ohne daraus natürlich für Lebensführung und Schrifttum die entscheidenden Konsequenzen ziehen zu können. Er sagt über die Berliner Ironie in den ›Wanderungen‹: „Die Sache selbst war Notwehr, eine natürliche Folge davon, daß einer Ansammlung bedeutender geistiger Kräfte die großen Schauplätze des öffentlichen Lebens über Gebühr verschlossen blieben. Das freie Wort ist endlich der Tod der Ironie geworden." Der letzte Satz ist freilich eine arge Selbsttäuschung, und zwar eine, die Fontane selbst gelegentlich ironisch auflöst. So schreibt er im letzten Lebensjahr über die deutschen Wahlen: „. . . bei uns, wo hinter jedem Wähler erst ein Schutzmann, dann ein Bataillon und dann eine Batterie stehen, wirkt alles auf mich wie Zeitvergeudung. Hinter einer Volkswahl muß eine Volksmacht stehen; fehlt die, so ist alles Wurscht." Fontane weiß also, was die deutsche Freiheitsfassade in Wirklichkeit vorstellt. Die märkischen Junker haben gute Gründe gehabt, ihn — trotz seiner Balladen, der Kriegsbücher und der ›Wanderungen‹ — für unzuverlässig zu halten: je älter er wurde, desto mehr. Je stärker Fontane sich in dieser Richtung entwickelte, desto reicher wurde er als Schriftsteller, wurde er zum alten Fontane.

In dieser Reife drücken sich die spezifischen schriftstellerischen Qualitäten des alten Fontane mit großer Prägnanz aus; ebenso freilich auch seine spezifischen Grenzen. Daß also erst der alte Fontane zum eigentlichen Fontane wurde, beruht auf der möglichst vollendeten Entfaltung dieser Widersprüche in der Wechselwirkung seiner Charakteranlagen mit der gesellschaftlichen Entwicklung Deutschlands. Diese Widersprüchlichkeit äußerte sich in seiner Jugendzeit in der Form von kruden Gegensätzen, die, sich gegenseitig schroff ausschließend, den Menschen Fontane haltlos von einem Extrem ins andere warfen. Diese Gegensätzlichkeit konnte bei den klassenmäßigen Grundlagen seiner Existenz nie aufgehoben, nicht einmal wesentlich gemildert werden. Die entwicklungsfördernde Tendenz in seiner privatisierenden Skepsis besteht nur darin, daß diese Gegensätze, ohne sich objektiv abzustumpfen, sich wechselseitig durchdringen und in immer konkreterer Widersprüchlichkeit hervortreten. Indem seine Art der Skepsis, Ironie und Selbstironie diesen Prozeß fördert, zeigt sich uns klar, worin die menschlichen Grundlagen der Spätreife Fontanes bestehen.

Es wäre jedoch einseitig und falsch, hier nur ein individuelles, entwicklungspsychologisches Problem zu sehen. Fontanes inneres Wachstum, diese Strukturveränderung seines Verhaltens sich selbst und seiner Umwelt gegenüber, ist — selbstverständlich in kompliziert vermittelter Weise — dem Wesen nach eine Widerspiegelung dessen, was in Deutschland von seiner Jugend bis zu seinem Tode vor sich ging. Die Unreife der revolutionären Bewegung in Deutschland bestimmt die krude Gegensätzlichkeit der Widersprüche seiner Jugend. Die nationalistische Welle bis zur Reichsgründung läßt bei ihm nur eine langsame innere Entwicklung zu. Sie fixiert und versteift alle schwachen Seiten seines Weltbildes; daß dabei die zunehmende Kenntnis der Welt unterirdisch doch fördernd wirkt, widerspricht dem nicht, verschärft nur die Gegensätzlichkeit in seinen Anschauungen. Erst als im Bismarckschen und im Wilhelminischen Deutschland die Widersprüche der antidemokratischen Fehlgründung des Reiches immer deutlicher hervortraten, entstand jene fruchtbare Wechselwirkung, in der die schriftstellerisch positiven Eigenschaften Fontanes allmählich hervortreten konnten. Wenn er, wie wir sahen, Ende der siebziger Jahre mit Recht meint, als Schriftsteller jetzt eigentlich anzufangen, so liegt der Grund dieses Phänomens nur teilweise in seiner Persönlichkeit; als Ganzes kann es nur aus der eben angedeuteten Wechselwirkung mit dem Gang der deutschen Geschichte begriffen werden.

II

Wir sahen: eine Art Skepsis, die zuweilen bis zum Nihilismus geht, ist der Ausweg Fontanes, sogar die bewegende Kraft seines Reifens. Aber ein Wort wie Zweifel besagt an sich noch recht wenig. Es muß gefragt werden: wogegen richtet sich dieser Zweifel? Und zwar einerseits in subjektiver Richtung: ob Skepsis, Ironie und Selbstironie die Persönlichkeit des Schriftstellers selbst zersetzen, haltlos steuerlos machen, oder im Gegenteil, für sie eine Schutzfarbe, eine Deckung inmitten der Ungunst der Zeiten bieten? Und andererseits: was dieser Zweifel objektiv, gesellschaftlich, geschichtlich bedeutet, ob er nach vorwärts oder nach rückwärts weist?

Hier ist vor allem eine Unterscheidung zu machen, die für Fontanes historische Stellung, für das Feststellen seiner Grenzen wichtig ist. In solcher Lage muß nämlich immer gefragt werden: ist eine Lösung jener Probleme, die den Zweifel eines ringenden Menschen auslösen, aus dem Schoße der Gesellschaft herauswachsend bereits objektiv vorhanden oder sogar bereits klar formuliert? Wenn etwa Georg Büchner mit Ironie, Pathos und Kritik etwas Höheres als 1793, etwas sozial über die demokratische Revolution Hinausgehendes suchte, so fehlte im Deutschland seiner Tage sogar die abstrakte Möglichkeit dafür. Fontanes Probleme haben aber in seiner Zeit bereits klare Lösungen gefunden. Er hätte, vereinfacht ausgedrückt, nur in eine Buchhandlung gehen müssen, und er hätte in den Werken von Marx und Engels Antworten auf alle seine Fragen schwarz auf weiß finden können.

Das ist, die Totalität des Menschen Fontane betrachtend, natürlich eine Vereinfachung. Denn es ist keineswegs zufällig, wenn er diese Bücher (um hier nur von Büchern zu sprechen) nicht suchte und fand. Aber diese Vereinfachung enthält doch ein Urteil: es fehlte Fontane persönlich-klassenmäßig die konkrete Möglichkeit, sich eine Erkenntnis anzueignen, die schon große Massen seiner Zeitgenossen besaßen; selbst dann, wenn ihm solche Erkenntnisse in gewissen Momenten aufdämmerten, ja sogar klar vor Augen traten, fehlte ihm die Möglichkeit, sie für seine Lebensanschauung, für sein Weltbild nutzbar zu machen. Fontane sieht also objektiv unlösbare Probleme dort, wo die ihnen zugrunde liegenden gesellschaftlichen Tatsachen bereits zu bewegenden und von vielen erkannten, in die Zukunft weisenden Widersprüchen der gesellschaftlichen Entwicklung geworden sind.

Es handelt sich hier nicht einfach darum, daß Fontane eben ein bürgerlicher Schriftsteller war. Denn für den Schriftsteller dieser Epoche kommt es in der literarischen Praxis, wie Tschechow sagt, vor allem darauf an, die Fragen, die Probleme tief auszugraben und adäquat zu gestalten. Auch Tolstoi war ein bürgerlicher Schriftsteller. Jedoch, wie vor ihm Swift und Fielding, Balzac und Stendhal, hat Tolstoi die Konflikte seiner Zeit auf einem ganz anderen Niveau angepackt und zur dichterischen Anschauung gebracht, als dies Fontane je möglich war. Und ein entscheidender Grund dieses

Niveauunterschiedes liegt darin, wie und wo der Zweifel einsetzt und worauf er sich richtet; was hingenommen und was schriftstellerisch zersetzt und vernichtet wird; ob Skepsis, Ironie und Selbstironie literarische Angriffswaffen gegen die bestehende kapitalistische Gesellschaftsordnung bilden (die der Schriftsteller zwar, rein erkenntnismäßig gesehen, nicht wirklich durchschaut oder falsch begreift), oder ob sie nur ein Rettungsgürtel sind, um in den Fluten einer ungünstigen Zeit nicht ganz zu versinken.

Es unterliegt keinem Zweifel, daß Fontanes Fall zur letzteren Kategorie gehört. Und es gibt besonders in seinen Briefen nicht wenige Äußerungen, die den — in Deutschland erst nach Fontanes Tod sich entfaltenden — dekadenten Bewegungen ziemlich nahekommen. Ich führe nur einen Brief an seine Tochter an, in welchem die Skepsis bis zum nihilistischen Pessimismus gesteigert erscheint: „Ich weiß wohl: ‚Nur der Irrtum ist das Leben und die Wahrheit ist der Tod‘ — das Tiefste, was je über Mensch und Menschendinge gesagt worden ist. Aber wie das Tiefste, so doch zugleich das Traurigste ... Was wir Glauben nennen, ist Lug und Trug oder Täuschung oder Stupidität; was wir Loyalität nennen, ist Vorteilberechnung; was wir Bekenntnistreue nennen, ist Rechthaberei ... Alles Höchste und Heiligste kommt ja im Leben wirklich einmal vor, oder richtiger, es gibt ernste, tiefe Überzeugungen (die drum noch lange nicht die Wahrheit zu sein brauchen), für die gelegentlich ein einzelner ehrlich stirbt. Aber dieser einzelne ist der Tropfen Urtinktur im Ozean. Der Ozean ist nichtiges, indifferentes Wasser. Und die Menschheit ist noch lange nicht Wasser, sondern bloß Sumpf, mit Infusorien in jedem Tropfen, vor denen man, wenn man sie sieht, ein Grauen und Schaudern empfindet ... Wir haben nur das bißchen Kunst und Wissenschaft, das uns, in ehrlicher Arbeit, über uns erhebt, und haben als Bestes — die Natur. Alles andere ist Mumpitz, und je mehr Lärm und politischer Radau, desto mehr. Es hat alles gar keinen Wert."

Man darf diesen Zug aus Fontanes Gesamtbild nicht entfremden, auch nicht damit bagatellisieren, daß es sich um vorübergehende Stimmungsergüsse handelt. Denn solche Stimmungen entstehen mit objektiver, gesellschaftlicher Notwendigkeit in jedem Menschen, dessen Bewußtsein den illusorischen Versuch macht, das individuelle Sein von der gesellschaftlichen Grundlage abzulösen, es im privaten

Leben auf sich selbst zu stellen. Der so notwendig entstehende Nihilismus hat in den auf Fontane folgenden deutschen Schriftstellergenerationen sein Auflösungswerk rasch vollzogen. Schon verhältnismäßig früh sehen wir dies klar als vollendete Selbstzersetzung hervortreten, zum Beispiel in Hugo von Hofmannsthals bekanntem Brief des Lord Chandos an Bacon von Verulam.

Diese nach innen gerichtete, selbstzerfleischende Konsequenz fehlt bei Fontane so gut wie ganz, und damit grenzt sich seine Gestalt deutlich von dieser dekadenten Nachfolge ab. Fontane steht als Schriftsteller zwischen zwei Zeiten: er wird zwar erst durch die naturalistische Bewegung der achtziger, neunziger Jahre zu einer Zentralfigur der neuen deutschen Literatur, hat jedoch selbst, obwohl er sich für Ibsen und insbesondere Hauptmann energisch einsetzt, theoretisch wie praktisch außerordentlich starke Vorbehalte gegen die ganze Bewegung. Nichts steht ihm ferner, als sich künstlerisch oder weltanschaulich mit ihr zu identifizieren. Er kennt freilich das literarisch Vorwärtsweisende der naturalistischen Bewegung; wie er allgemein gesellschaftlich seine Gegenwart, bei aller Kritik, als Fortschritt gegen Vor- und Nachmärz betrachtet, so auch dieses Schrifttum, insbesondere im Vergleich zu den unfruchtbaren Zeiten nach der Reichsgründung.

Fontane unterschätzt keineswegs den Fortschritt, der sich in der Beobachtung, auch in der äußerlichsten, nur berichtenden Beobachtung der Lebensäußerungen kundtut, verglichen mit den toten Konventionen seiner Zeitgenossen. Er schreibt bei Gelegenheit eines Romans von Alexander Kielland: „Ich erkenne in dem Heranziehen des exakten Berichts einen ungeheuren Literaturfortschritt, der uns auf einen Schlag aus dem öden Geschwätz zurückliegender Jahrzehnte befreit hat, wo von mittleren und mitunter auch von guten Schriftstellern beständig ‚aus der Tiefe des sittlichen Bewußtseins heraus' Dinge geschrieben wurden, die sie nie gesehen haben." Er lehnt sich jedoch ebenso energisch dagegen auf, hier stehenzubleiben: „Aber das ist nicht Aufgabe des Romans, Dinge zu schildern, die vorkommen oder wenigstens jeden Tag vorkommen *können*. Aufgabe des modernen Romans scheint mir die zu sein, ein Leben, eine Gesellschaft, einen Kreis von Menschen zu schildern, der ein unverzerrtes Widerspiel *des* Lebens ist, das wir führen. Das wird der beste

Roman sein, dessen Gestalten sich in die Gestalten des wirklichen Lebens einreihen, so daß wir in Erinnerung an eine bestimmte Lebensepoche nicht mehr genau wissen, ob es gelebte oder gelesene Figuren waren ..." Und folgerichtig spottet er über seine „Verehrer", die die photographische und historische Treue seiner Detailbeschreibungen begeistert loben; so nach ›Schach von Wuthenow‹, als er in einem Brief über diese Details sagt, daß „doch alles bis auf den letzten Strohhalm von mir erfunden ist"; ebenso zählt er in einem anderen Brief ironisch alle unrichtigen Details in seinen Berliner Romanen auf und fügt hinzu, daß diese dennoch in ihren wesentlichen Zügen realistisch seien.

Fontanes schriftstellerische Tendenz ist also in der Hauptlinie realistisch, nicht naturalistisch, man kann sogar sagen, daß seine ästhetischen Grundüberzeugungen in der klassischen Periode des bürgerlichen Realismus wurzeln. Es ist keineswegs zufällig, daß er zeit seines Lebens ein treuer Anhänger der Kunst von Walter Scott bleibt. Und es ist für seine Kunstauffassung charakteristisch, daß ein Roman wie ›Heart of Midlothian‹ so stark auf ihn wirkt. Er schreibt darüber an seine Frau: „Durch das Ganze, hundert anderer Vorzüge zu geschweigen, zieht sich eine Gabe, Menschen das Natürliche, immer Richtige sagen zu lassen, die, wenn wir Shakespeare und Goethe aus dem Spiel lassen, kein anderer hat. Ich finde dies das Größte." Diese Überzeugung formuliert er wiederholt — insbesondere gegenüber Zola, dessen schriftstellerische Fähigkeit er sonst achtet — als Widerstand gegen jede Übertreibung, als schriftstellerisches Bestreben, „alles in jenen Verhältnissen und Prozentsätzen zu belassen, die das Leben selbst seinen Erscheinungen gibt".

Schon diese Bemerkungen zeigen, daß Maß und Proportion für Fontane nicht formalistische, sondern inhaltliche Begriffe waren, die aus dem Leben in die Kunst aufgenommen wurden und nicht von der Kunst dem Leben aufgedrängt werden sollten. Besonders die Abneigung gegen jedes Übertreiben ist bei Fontane primär ein Lebensprinzip. Er haßt, was er „Lärm in den Gefühlen" nennt; nach dem Tode seines ältesten Sohnes lehnt er sich gegen jene Menschen auf, die „zum Kolossalmut und zur Kolossalliebe ... auch den Kolossalschmerz" verlangen. „Und doch ist Maß nicht nur das Schöne, sondern auch das Wahre."

Von diesem Standpunkt sind auch seine Urteile über Schriftsteller und Werke bestimmt. Er ist mit Storm und Heyse nahe befreundet, aber er steht zu diesem sehr kritisch, „weil er nicht richtig empfindet", und jenen, dessen Lyrik er außerordentlich hochhält, ironisiert er doch wegen verlogener Momente in seiner Erotik als „Weihekußmonopolisten". Diese Art der Beurteilung erhebt Fontane zuweilen auf eine prinzipielle Höhe: „Es gibt kein Kunstwerk ohne Poesie, wobei nur zu bemerken bleibt, daß die vollendete *Wiedergabe der Natur* auch allemal einen höchsten Grad poetischer Darstellung ausdrückt. Nichts ist seltener als dieser höchste Grad, der absolute Gegenständlichkeit bedeutet. Die Regel ist, daß der Künstler in seinem Nachschaffen eben kein Gott, sondern ein Mensch, ein Ich ist, und von diesem ‚Ich‘ in seine Schöpfung hineinträgt. Und von diesem Augenblick an, wo das geschieht, dreht sich alles um die Frage: ‚*Wie ist das Ich?*‘" Und hier kommt es Fontane auf das Richtige, Maßvolle, Gesunde und Normale an; darin steht er im Gegensatz zu den meisten seiner Zeitgenossen, wieder in Übereinstimmung mit den alten Realisten. Als er das Ich des Dichters kritisiert, nennt er Freiligrath: „Etwas in ihm ist sonderbar. Es ruht etwas in seiner Seele, das nicht gesund ist. Daher sind alle Bilder mehr sensationell als poetisch. Auch die, die poetisch sind, sind wenigstens angekränkelt."

Fontanes Lebenskampf, die radikale Privatisierung seiner Weltanschauung, seine Ironie und Selbstironie hatten als Richtlinien der Lebenshaltung den Zweck: diesen Sinn für Maß und Proportion, für das Normale und Gesunde gegen die ungesunden Zeittendenzen in ihm zu bewahren, höherzuentwickeln.

Wir haben gesehen, daß dieser Weg für Fontane — infolge seiner persönlichen Anlagen, seiner Klassenlage und der Entwicklung Deutschlands — nur als Rückzug ins Private gangbar war. Darin liegt ohne Frage einerseits objektiv eine weltanschauliche reaktionäre, subjektiv eine philiströse Tendenz, andererseits, und damit eng verbunden, eine literarische Verarmung, das Verschwinden der direkt gesellschaftlichen Bestimmungen aus Handlung und Charakterzeichnung.

Dies letztere ist keineswegs eine ausschließlich deutsche Tendenz in der Entwicklung der bürgerlichen Literatur dieser Periode. Wir sehen in Frankreich in der Mitte des Jahrhunderts einen leidenschaftlichen und vielfach vergeblichen Kampf, den alten Reichtum, das alte, alles Gesellschaftliche umfassende Wesen der Literatur zu retten; vor allem bei Flaubert und Zola. In England gesteht Thackeray — einer der Lieblinge Fontanes — die Niederlage in diesem Streit mit der kapitalistischen Wirklichkeit offen ein. Seinem Roman ›The Virginians‹ fügt er eine längere Betrachtung ein, worin er klar ausspricht, daß die wirkliche Berufstätigkeit der Menschen nur einen sehr kleinen Teil des „Budgets des Romanschriftstellers" ausmachen kann. „Was kann ein Erzähler über die Berufsexistenz solcher Menschen aussagen? . . . Alles, was die Verfasser tun können, ist Menschen *außerhalb* ihres Berufs zu schildern — in ihren Leidenschaften, Lieben, Lachen, Amüsements, Haß und was noch." Obwohl also alle diese Gestalten ihren Beruf im Leben haben, können die Schriftsteller sie nur dort gestalten, wo sie von dieser Arbeit frei sind.

Es kann hier nicht unsere Aufgabe sein, ein wenn auch noch so kursorisches Bild dieses Kampfes der bürgerlichen Schriftsteller zu geben. Wir verweisen hier noch auf das philisterhaft-schmähliche Scheitern eines deutschen Zeitgenossen Fontanes, Gustav Freytag, der „das deutsche Volk bei der Arbeit suchen" wollte. Die Philistrosität im Scheitern ist hier nicht zufällig, sie ist die notwendige Folge der unüberwindlich trostlosen Prosa der liberal-verklärten bürgerlichen Berufstüchtigkeit. Fontane geht als reifer Schriftsteller im wesentlichen den Weg Thackerays.

Dies läuft parallel mit seiner Wendung im Betrachten der Geschichte und des historischen Heldentums; es steht im Gegensatz zu Fontanes Jugendballaden, zu den Themen seiner Frühzeit, einer Tragödie aus der englischen Revolution und eines Barbarossa-Epos und zu manchen Gedichten der späteren Periode. Und diese Richtungsänderung vollzieht sich nicht nur thematisch, sondern wird in den reifen Romanen auch als Polemik gegen die offizielle, gegen die traditionelle Geschichtsauffassung hervorgehoben. In ›Unwiederbringlich‹ wird über den großen Stil der Geschichte und ihre Gestaltung gesprochen. Die geistreiche Hofdame Ebba Rosenberg sagt: „Aber was heißt großer Stil? Großer Stil heißt soviel wie vorbeigehen an allem, was die Menschen eigentlich interessiert." Wie sehr dies der Standpunkt Fontanes selbst war, zeigt einerseits, daß Professor Schmidt in ›Frau Jenny Treibel‹, der einige Züge des Autors trägt, sehr ähnlich ausführt: „Die Geschichte geht fast immer an dem vorüber, was sie vor allem festhalten sollte ... das Nebensächliche, so viel ist richtig, gilt nicht, wenn es bloß nebensächlich ist, wenn nichts drinsteckt. Steckt aber was drin, dann ist es die Hauptsache, denn es gibt einem dann immer das eigentlich Menschliche." Andererseits gibt Fontane in einem Brief an seine Frau eine ziemlich deutliche Beschreibung der Zeitgebundenheit dieser Einstellung: „Ich behandle das Kleine mit derselben Liebe wie das Große, weil ich den Unterschied zwischen klein und groß nicht recht gelten lasse... Herwegh schließt eins seiner Sonette (An die Dichter) mit der Wendung:

Und wenn einmal ein *Löwe* vor euch steht,
Sollt ihr nicht das *Insekt* auf ihm besingen.

Gut. Ich bin danach Lausedichter, zum Teil sogar aus Passion; aber doch auch wegen Abwesenheit des Löwen."

Die letzte Bemerkung zeigt deutlich, wie stark Fontane seine Anschauung als Stellungnahme gegen die preußisch-deutsche Gegenwart empfunden hat. Allerdings nur empfunden, und auch das nicht immer. Und damit erhält dieser Standpunkt Fontanes einen doppelten Charakter; er ist, wie wir bei der Analyse seiner Werke sehen werden, nur insoweit fortschrittlich und dichterisch fruchtbar, als die antipreußische Tendenz in den Vordergrund tritt. Solche Polemik gegen den preußischen Heldenbegriff ist nicht selten. Im halbautobiographischen Roman ›Der Stechlin‹ heißt es: „Wenn ein Bataillon ran muß, un ich stecke mitten drin, ja, was will ich da machen? Da muß ich mit. Und baff, da lieg ich. Und nu bin ich ein Held. Aber eigentlich bin ich keiner. Es ist alles bloß ‚Muß‘, und solche Mußhelden gibt es viele. Das is, was ich die großen Kriege nenne." Ebenso arbeitet Fontane in ›Irrungen, Wirrungen‹ die ironische Parallele aus zwischen deutschen Adeligen, die im Siebenjährigen Krieg gefallen sind, und schottischen Pferdedieben, die im Zusammenhang mit Clanfehden von den Engländern als Diebe aufgehängt wurden. Hinter all dieser Ironie steckt freilich eine sehr ernste Anschauung. In seiner Autobiographie spricht Fontane von den echten und den falschen Helden der Märzkämpfe. Er sagt: „Heldentum ist eine wundervolle Sache, so ziemlich das Schönste, was es gibt, aber es muß echt sein. Und zur Echtheit, auch in diesen Dingen, gehört Sinn und Verstand. Fehlt das, so habe ich dem Heldentum gegenüber sehr gemischte Gefühle."

Sonst bleibt Fontane dabei stehen, die individuelle Moral, die in diesem Zusammenhang einen quietistisch-fatalistischen Charakter annimmt, der preußischen Disziplin, dem preußischen Strebertum, dem kapitalistischen „Kampf ums Dasein" gegenüberzustellen. Diese Gesinnung ist in der späten Poesie klar ersichtlich:

> Nur als Furioso nichts erstreben
> Und fechten, bis der Säbel bricht;
> Es muß sich dir von *selber* geben —
> Man hat es oder hat es nicht.
> Der Weg zu jedem höchsten Glücke,
> Wär das Gedräng auch noch so dicht,
> Ist keine Beresina-Brücke —
> Man hat es oder hat es nicht.

Daraus folgt notwendig, daß das richtige Verhalten im Leben ein Abseitsstehen, eine resigniert-skeptische Betrachter-Attitüde ist:

> Ein Chinese ('s sind schon an 200 Jahr)
> In Frankreich auf einem Hofball war.
> Und die einen frugen ihn, ob er das kenne?
> Und die anderen frugen ihn, wie man es nenne?
> „Wir nennen es tanzen", sprach er mit Lachen,
> „Aber wir lassen es *andere* machen."

Zwischen diesen Polen schwankt die Skepsis des alten Fontane, sein bekanntes „fünf gerade sein lassen". Es ist, wie wir gesehen haben, keineswegs ein Nihilismus der Moral überhaupt gegenüber. Im Gegenteil. Ohne seine Moral inhaltlich, das heißt gesellschaftlich, bestimmen zu können (und auch bestimmen zu wollen), hat Fontane ein starkes Gefühl für menschliche Echtheit, die er überall bewundert, in welcher Weise, mit welchen gesellschaftlichen Inhalten sie sich auch äußern mag. Sobald er freilich sein Bejahen nur halbwegs zu verallgemeinern sucht, muß er einem Formalismus der Moral verfallen. So betrachtet er im ›Stechlin‹ das Heldentum gesellschaftlich-nihilistisch: „Eigentlich kommt's doch immer bloß darauf an, daß einer sagt, ,dafür sterb ich'. Und es dann aber auch tut. Für was, ist beinah gleich."

Diese Einstellung enthält seine instinktive Anerkennung der Priorität des Seins vor dem Bewußtsein; eine Gestaltungsweise, in der die Handlungsart der Menschen durchgehend von ihrem gesellschaftlichen Sein bestimmt ist, und Anschauungen, Gefühle, Stimmungen, die damit in Widerspruch geraten, stets als sekundär, als oberflächliche Wellen behandelt werden. Als in ›Frau Jenny Treibel‹ die Heldin, eine aufgeblasene Bürgerliche, über die Absicht ihres Sohnes, eine „Mesalliance" mit der Tochter des Professors Schmidt zu schließen, außer sich gerät, schimpft sie ihr Mann energisch aus: „Alles, was du da so hinschmetterst, ist erstens unsinnig und zweitens empörend. Und was es noch außerdem alles ist, blind, vergeßlich, überheblich, davon will ich gar nicht reden..." In diesem Ton spricht der Kommerzienrat Treibel zu seiner Frau, die äußerst erschrocken ist, dann jedoch zufrieden und beruhigt, da sie weiß, daß ihr Mann, nachdem er sich ausgesprochen hat, am nächsten Tag ganz anders über die Sache denken wird.

Dies ist, wie vieles andere, gut beobachtet, richtig, die notwendige gesellschaftliche Heuchelei entlarvend dargestellt. Und diese Darstellungsweise ergibt beim alten Fontane ebenso notwendig eine intellektuelle oder wenigstens moralische Überlegenheit seiner plebejischen Figuren über jene aus dem Junkertum und der Bourgeoisie. Diese Überlegenheit ist aber nie rebellierend; sie besteht nur darin, daß Fontanes plebejische Gestalten keine verlogenen Illusionen, Selbsttäuschungen hegen, daß sie die gegenwärtige Gesellschaft, so wie sie ist, hinnehmen. (Und es muß hier noch einmal hervorgehoben werden, daß dies zur Zeit entwickelter Klassenkämpfe vor sich geht, die Fontane, wie wir gesehen haben, aufmerksam betrachtet hat. Daß diese völlig außerhalb seines Werkes liegen, auch in der Form der moralischen Reflexionen, bezeichnet wieder seine Grenzen.) Das Verhalten der plebejischen Gestalten Fontanes verdeutlicht am besten die Witwe Pittelkow in ›Stine‹. Als der junge Graf Haldern ihre Schwester heiraten will, sagt sie zu ihr: „Es hat nu mal jeder seinen Platz, un daran kannst du nichts ändern, un daran kann auch

das junge Grafchen nichts ändern. Ich puste was auf die Grafen, alt
oder jung, das weißt du, hast es ja oft genug gesehen. Aber ich kann
so lange pusten, wie ich will, ich puste sie doch nicht weg, un den
Unterschied auch nicht; sie sind nun mal da, un sind wie sie sind, un
sind anders aufgepäppelt wie wir, un können aus ihrer Haut nicht
raus. Un wenn einer mal raus will, so leiden es die anderen nich un
ruhen nich eher, als bis er wieder drin steckt."

Dieses Weltbild bestimmt auch die aus Begeisterung und Ablehnung gemischte Stellungnahme Fontanes zu seinen bedeutenden Zeitgenossen Gottfried Keller und Henrik Ibsen. Fontane ist im allgemeinen ein sehr feiner, verständnisvoller Beurteiler der Literatur.
Keller gegenüber versagt er völlig. Er nennt ihn stillos, er vergleicht
ihn mit manierierten Romantikern von der Art Arnims. Thomas
Mann zeigt sehr schön, daß dieser Einwand der Stillosigkeit, wie
ihn Fontane erhebt, in erster Linie Fontane selbst treffen würde.
Und es ist kaum zufällig, daß Fontane diesen Vorwurf der prägnant-
persönlichen Schreibart als Stillosigkeit, weil Vergewaltigung und
Gleichmachung der dargestellten Gegenständlichkeit, nur gegen Keller erhoben hat. Ich glaube, der wesentliche Einwand Fontanes gegen
Keller liegt ganz tief in seiner eigenen Persönlichkeit. Gerade weil
er seine menschliche und schriftstellerische Individualität nur auf der
Linie des „fünf gerade sein lassen" retten konnte, empfand er die
Grausamkeit des Humoristen Keller als eine gegen sich selbst gerichtete Anklage. Fontane versuchte ja ebenfalls die Konsequenzen
aus dem gesellschaftlichen Sein seiner Figuren und ihrer Situation zu
ziehen. Aber seine Skepsis umgibt doch alle Konflikte mit einer mil-
den, versöhnenden, verstehenden Atmosphäre, während Keller die
verhaßten Spießergestalten mit der Grausamkeit der alten großen
Humoristen in eine komische Vernichtung treibt. Dahinter steckt bei
Keller der feste gesellschaftliche Maßstab des radikalen Demokraten,
das — wie ich in meinem Keller-Aufsatz ausgeführt habe — jako-
binische Auf-die-Tagesordnung-Setzen der Tugend. Gerade dies aber
lehnt Fontane bei Keller letzten Endes ab.

Ganz anders ist seine viel öfter, ausführlicher und aufrichtiger
dargelegte Kritik an Ibsen. Fontane verehrt Ibsen als großen dramaturgischen Neuerer, als „segensreichen Revolutionär" des Dramas
und des Theaters im Sinne des Realismus, der Einfachheit, der Phra-

senlosigkeit, der Kritik an der Verlogenheit der bürgerlichen Ideale (›Wildente‹). Freilich auch hier nicht ohne Vorbehalt. Beim Auftreten Gerhart Hauptmanns ist seine Begeisterung weniger gedämpft. Hauptmann ist, schreibt er, „ein völlig entphraster Ibsen, mit anderen Worten, ist das wirklich, was Ibsen bloß sein will, aber nicht kann . . .“. Fontane fügt allerdings hinzu, daß er nicht wünschen würde, die Schreibart Hauptmanns als alleinherrschende der Zukunft zu sehen.

Seinen Haupteinwand gegen Ibsen formuliert er im eben zitierten Brief an seine Tochter dahin, daß Ibsen „mehr oder weniger verrückt ist und in zugespitzter Entwicklung dieser Verrücktheit ins ganz Phrasenhafte verfällt. Nicht in die Phrasenhaftigkeit des Wortes, aber in die des Gefühls, der Anschauung“. Das Prinzipielle dieses Vorwurfs ist uns bereits aus Fontanes Kritik an Heyse und Storm bekannt. Diese Kritik berührt eine der wichtigsten Seiten von Fontanes Stellung zu Kunst und Leben: den Kampf um das Normale. Fontane lehnt bei Ibsen die subjektiv-idealistische, abstrakt-moralisierende Kritik der bürgerlichen Gesellschaft, insbesondere der bürgerlichen Ehe, ab. Künstlerisch findet er deshalb viele Konflikte und Lösungen Ibsens ausgeklügelt, errechnet; er schreibt an Otto Brahm über den Schluß des Dramas ›Klein Eyolf‹, das er als „kolossale Leistung“ bewundert: „Es ist im *Maß* vergriffen. Natürlich, wer rechnet, ist immer in Gefahr, sich zu verrechnen. Die einfache, dumme Kuh trifft immer das richtige Gras.“ Und Paul Schlenther prophezeit er: „Nach dreißig Jahren (hochgerechnet) ist Ibsen der Komik verfallen.“

Das Zentrum dieser stets von Bewunderung begleiteten, leidenschaftlichen Ablehnung bildet, was Fontane Ibsens „Eheblödsinn“ nennt. Fontane und Ibsen nehmen in der Beantwortung der Frage von Liebe und Ehe in der bürgerlichen Gesellschaft die Positionen der beiden äußersten Extreme der bürgerlichen Auffassung ein. Bekanntlich steht Ibsen radikal auf dem Standpunkt der individuellen Liebe — geschaffen durch die bürgerliche Gesellschaft, aber in der alltäglichen Realität der Praxis von ihr ununterbrochen aufgehoben —, er verwirft mit rigoroser Strenge jede Ehe, die sich nicht ausschließlich auf Liebe gründet. Diese Forderung lehnt Fontane als überspannt, wirklichkeitsfremd, krankhaft ab. Er fordert hier die Anerkennung der Wirklichkeit, ja darüber hinaus — um die Termi-

nologie der deutschen klassischen Philosophie zu gebrauchen — die
Versöhnung mit ihr. Er meint, daß sich unter normalen sozialen
Umständen die Liebe einfindet, und „wenn sie sich nicht findet, so
schadet es nicht". Er bezieht einen, wenn auch konservativ gefärbten,
aber scheinbar wirklichkeitsnäheren, das gesellschaftliche Sein treuer
bewahrenden Standpunkt als Ibsen. Und indem er sich der bürgerlich dekadenten, blinden Verherrlichung einer jeden Leidenschaft
entgegenstellt, rettet er hier bis zu einem gewissen Grade seine Forderung nach dem menschlich Normalen als Grundlage von Maß und
Schönheit in der Kunst. Aber nur bis zu einem gewissen Grade.
Denn in dieser Polemik, die für ihn von zentraler Bedeutung ist,
übersieht Fontane erstens, daß die individuelle Liebe ebenso ein
Produkt der Gesetze der bürgerlichen Gesellschaft ist wie ihre prak-
tische Verhinderung durch diese, und zweitens, daß — gerade im
Sinne jenes menschlich Normalen, das Fontane anstrebt — das Sich-
Abfinden mit den Tatsachen des kapitalistischen Lebens unter keinen
Umständen als menschlich normal betrachtet werden kann.

Es ist ein Glück für Fontane, daß seine dichterische Darstellung
des Lebens sich nicht immer, nicht durchweg auf der Linie seiner
vielfach berechtigten Ibsen-Kritik bewegt. Wo dies der Fall ist, sinkt
er auf das Niveau einer bloßen, wenn auch guten Belletristik herab.
Daß Fontane in seiner Produktion stets von dieser Gefahr bedroht
war, ist für seine Grenzen ebenso charakteristisch wie Ibsens Verfallen in spitzfindige, die Dekadenz streifende Konstruktionen.
Fontane und Ibsen sind eben zwei Extreme in der Begrenztheit der
bürgerlichen Betrachtung gesellschaftlicher Probleme.

III

Woher dieser Rückfall in die Belletristik? Fontane hat als Künstler die allerstrengsten Anforderungen an sich gestellt; er schreibt
seine Werke um, feilt mit größter Sorgfalt; er ist stilistisch außerordentlich bewußt, von den großen Fragen der Komposition zur
sprachlichen Durcharbeitung der kleinsten Details; er arbeitet daran,
alles stets auf das für ihn erreichbare höchste Niveau zu bringen.
(Sehr interessant sind seine brieflichen Betrachtungen zum Beispiel

über den Zusammenhang des verschiedenen epischen Tones mit dem Gebrauch oder Vermeiden des „und" am Anfang der Sätze.) Fontane macht auch keine Konzessionen an den herrschenden Geschmack. Er entsetzt die Alten mit seinen unbefangenen moralischen Problemstellungen, mit seiner realistischen Darstellung von Lebenstatsachen, die für dieses Publikum bis dahin tabu waren. Andererseits ist er ebensoweit davon entfernt, inhaltlich oder stilistisch Konzessionen an die Geschmacksrichtung der Jungen, der naturalistischen Bewegung zu machen.

Wir haben bereits gesehen, daß Fontane die naturalistische, photographische „Echtheit" der Details ablehnt. Er macht in seiner Praxis keinerlei Konzessionen an die ebenfalls vom Naturalismus aufgebrachte Kraßheit des Dargestellten und der Darstellungsweise, die sich besonders stark in der Gestaltung des sexuellen Lebens auswirkt. Fontane weicht zwar nie davor zurück, wenn nötig, auch die physiologischen Grundlagen von Liebe oder Nicht-Liebe zu beleuchten. Er tut es aber mit so hoher künstlerischer Diskretion und Sparsamkeit, beschränkt sich immer so streng auf das menschlich Unerläßliche, daß weder die dekadenten Liebhaber des Sexualismus noch die der naturalistischen Brutalität bei ihm auf ihre Kosten kommen. (Man denke an die Darstellung des Ehelebens in ›Effi Briest‹.)

Diese Zurückhaltung ergibt beim alten Fontane keine Farblosigkeit, keine Monotonie. Im Gegenteil. Sie ist eine notwendige Folge seiner — in den gelungenen Werken — zugleich strengen und im Geiste der echten Epik freien, aber lose, locker scheinenden Komposition. Fontane ist auch in dieser Hinsicht eine gewisse deutsche Parallelerscheinung zu Thackeray, weil er ebenfalls die Modernität von Inhalt und Form mit einer starken Bewahrung der Traditionen des klassisch-realistischen Romans zu verbinden versucht. Entscheidend dabei ist eine weite und freie Übersicht der wechselseitigen Verknüpftheit der Gestalten. Der alte Roman hat sich in dieser Frage sehr wenig um die naturalistische Wahrscheinlichkeit gekümmert; seine Sorge war, ein solches Bild des Lebens zu entwerfen, in welchem das wahre Leben der Gestalten, der wirkliche gesellschaftliche Sinn ihrer Geschicke in der gesellschaftlich und darum menschlich richtigen Proportion zum Ausdruck kommt. Fontane verwendet diese typisch „alte" Methode mit großer Bewußtheit; zum Beispiel als die

Entdeckung von Effis Ehebruch gestaltet werden soll, wählt er absichtlich eine banale Variante, das zufällige Finden der Liebesbriefe, nur um nicht ein Motiv hineinzubringen, das irgendwie gesucht oder konstruiert wirken könnte.

Aus den früher angeführten Darlegungen Thackerays ist uns bekannt, daß seine wesentliche Kompositionsweise vom Stoff, von der Thematik bestimmt war, nämlich von der Verarmung des bürgerlichen Lebens infolge der kapitalistischen Arbeitsteilung, der Privatisierung des Seelenlebens des bürgerlichen Menschen, seines Abgerissen-Seins oder freiwilligen Rückzugs vom öffentlichen Leben. (Diese Beschaffenheit des Stoffes ergibt sich natürlich aus dem Leben im entwickelten Kapitalismus — nur vom bürgerlichen Klassenstandpunkt aus betrachtet.)

Bei Fontane tritt diese Tendenz womöglich noch prägnanter und konsequenter hervor als bei Thackeray. Es ist kein Zufall, daß Fontanes Romane stets einen relativ engen Kreis von Gestalten haben, daß sie bei aller Weitmaschigkeit der Komposition oft — novellistisch oder balladesk — um eine einzige entscheidende Begebenheit gruppiert sind. Fontane ist sich dieser novellistischen Tendenz seines Romanaufbaus bewußt, auch, daß die Ausschaltung der Berufstätigkeit und gar des öffentlichen Lebens aus der Gestaltung der Menschen die Gefahr eines allzu verengten Spielraums für ihr Ausleben entstehen läßt, die Gefahr eines blutleeren Psychologismus.

Deshalb ist also Fontane stets bestrebt, diesen real stark eingeschränkten Spielraum künstlerisch dadurch zu erweitern, daß die intellektuellen und moralischen Reflexe des hier nicht gestaltbaren Lebens einbezogen werden und auf das Schicksal der handelnden Menschen einen entscheidenden Einfluß ausüben. Daher die große Rolle der Gespräche in Fontanes Romanen. Diese Gestaltungsart weist natürlich auf die Zwiespältigkeit seiner Position zurück: sie beweist, daß der Rückzug vom öffentlichen Leben eben kein wirklicher Rückzug ist, sondern nur eine Illusion des bürgerlichen Intellektuellen in der beginnenden Niedergangsperiode des Kapitalismus. In diesen Gesprächen zeigt Fontane seine ganze schriftstellerische Meisterschaft. Sie sind durchweg geistreich, weit entfernt von der naturalistischen Öde der Dialoge, die Lafargue bei Zola kritisiert. Obwohl jede Gestalt den Fontaneschen Geist, seine prägnante Ausdrucksfähigkeit besitzt, drückt doch jede ihre eigene, persönliche und Klassenpsychologie aus; der Ausdruck ist stets fein individualisiert, freilich nicht im naturalistischen Sinne des Dialekts, der bloßen Wortwahl, der wiederkehrenden „charakteristischen" Ausdrücke usw., sondern vom Inhalt her, von der politischen und sozialen, von der intellektuellen und moralischen Physiognomie der Sprechenden.

Andererseits ist Fontane stets bestrebt, seinen Erzählungen jene „Totalität der Objekte" zu geben, ohne welche keine epische Welt, keine sinnfällig gewordene Wechselwirkung zwischen Mensch und Gesellschaft gestaltet werden kann. Dies ist freilich für Fontane eine äußerst schwere, beinahe unlösbare Aufgabe. Man muß nur an seine großen Zeitgenossen denken, um zu sehen, was gerade in der Frage der Totalität der Objekte etwa bei Gottfried Keller Volksfeste, öffentliche Veranstaltungen (Tell-Feier im ›Grünen Heinrich‹ usw.) bedeuten. Fontanes Stoff, das Preußen-Deutschland seiner Tage, und natürlich, verstärkend, seine Einstellung zu dieser gesellschaftlichen Wirklichkeit, schließt eine solche Fülle aus. Fontane kann nur abgerissene und kleine Momente des großstädtischen Privatlebens, wie Ausflüge, Gesellschaften, Theateraufführungen, benutzen, um seine Gestalten in sinnfälliger Wechselwirkung zu ihren Mitmenschen, zu ihrer Umwelt zu zeigen. Natürlich ist dies eine schmale Basis, ein dürftiger Stoff im Vergleich zu alledem, was Gottfried Keller — von Tolstoi gar nicht zu sprechen — in dieser Hinsicht ins Werk zu setzen imstande ist. Fontanes große Kunst äußert sich darin, wie er dieses an sich magere stoffliche Element ausnutzt, wie er — in seinen gelungenen Werken — mit dessen Hilfe fast den Schein eines gegenständlichen Reichtums hervorzuzaubern kann.

Dies ist mit der eben analysierten intellektuellen Höhe seiner Werke eng verknüpft. Der Reichtum an Geist der bei solchen Gelegenheiten geführten Gespräche, ihr zuweilen verdeckter, immer weitmaschig verbundener Zusammenhang mit den entscheidenden Schicksalswendungen im Leben der handelnden Menschen des Romans macht aus diesen an sich gesellschaftlich wenig substanzvollen Überresten einer einst weit reicher vorhandenen Totalität der Objekte dennoch wirksame Aufbaufaktoren einer echt epischen Welt.

Wenn aber all dies so steht: woher der — sogar nicht seltene — Rückfall Fontanes aus der realistischen Romangestaltung in eine

bloße, wenn auch stets stilistisch kultivierte Belletristik? Schon unsere bisherige Analyse hat gezeigt, daß es sich bei Fontane immer um
ein äußerst labiles Gleichgewicht der stofflichen und weltanschaulichen Elemente der Formung handelt, um ein Balancieren auf des
Messers Schneide, wobei das geringste Ausgleiten eine künstlerisch
katastrophale Verschiebung des realistischen Maßes hervorrufen
kann. Es sind verhältnismäßig einfache Fälle, wo Fontane sich von
seiner Virtuosität in der Führung des Dialogs hinreißen läßt, wo
deshalb ein an sich geistvolles Gespräch zum Selbstzweck wird und
aufhört, Motor der wesentlichen Handlung, der weiterführenden
Beleuchtung zentraler Konflikte zu sein. So zum Beispiel die Gespräche über altpreußische Geschichte in ›Cécile‹; teilweise — infolge
ihrer disproportionierten Weite — die an sich witzige Kontrastierung von Berliner und Hamburger Bourgeoisie in ›Frau Jenny
Treibel‹ usw.

Das Phänomen jedoch, von dem wir hier sprechen, ist mit solchen
Beispielen eines gelegentlichen Mißlingens der künstlerischen Proportionierung keineswegs erschöpfend beschrieben. Schon deshalb,
weil hinter solchen Fällen meistens das tiefere Problem steckt: wie
wirkt sich Fontanes Lebensprinzip, das „fünf gerade sein lassen", im
Aufbau seiner Handlung, in der inneren Gliederung seines jeweiligen Themas aus: als Polemik gegen die heuchlerische Härte der modernen bürgerlichen Moral und als Mitleid mit ihren Opfern, oder
als verständnisvolles Erdulden, als verzeihendes Zur-Kenntnis-Neh-
men von Lebenstatsachen der herrschenden Klassen, gegen die der
Stoff selbst ein härteres Auftreten fordert?

Ein solches allzu weit geführtes, allzu gemütliches „Alles verstehen, ist alles verzeihen" nähert trotz glänzender Beobachtungen,
trotz ausgezeichneter satirischer Einzelheiten ›Frau Jenny Treibel‹
doch der bloßen Bellestristik an. In anderen Fällen, besonders im
spätesten Alter, zeigt Fontane eine ebenfalls aus seiner Skepsis stammende Neigung, das von ihm aufgefundene Problem gestalterisch
nicht bis in die letzten, härtesten Konsequenzen zu verfolgen, vielmehr die Handlung gerade dort abzubrechen, wo die Gegensätze
sich ihrer äußersten satirischen Zuspitzung nähern, um dann durch
einen pragmatisch eventuell hinreichend begründeten Zufall den
Gang der Begebenheiten einer Art von ideologischen „happy end"

zuzuwenden. So in den ›Poggenpuhls‹. In dieser Erzählung beginnt Fontane die Anpassung einer notleidenden junkerlichen Offiziersfamilie an die jüdische Hautefinance zu schildern, um dann durch den rechtzeitigen Tod eines wohlhabenden Onkels die „Dynastie" Poggenpuhl vor jener „Schmach" zu retten. So in der nachgelassenen Erzählung ›Mathilde Möhring‹. Auch hier legt Fontane eine bei konsequenter Durchführung vielversprechende Satire an (ein in jeder Hinsicht mittelmäßiger Patriziersohn wird von einer kleinbürgerlichen, dürftig-klugen „filia hospitalis" in Berlin geheiratet; sie bugsiert ihn durch das Referendarexamen, verschafft ihm in einer kleinen Provinzstadt die Stelle des Bürgermeisters, macht dort aus ihm einen „Reformator", einen Mittelpunkt der „Gesellschaft"), um aber wiederum in dem Moment, wo die Satire beginnen würde — nämlich: die wirkliche Karriere des liebenswürdigen, aber total unfähigen Mannes mittels der primitiven Tricks seiner Frau —, mit Hilfe eines deus ex machina, dem Tod des Mannes, abzubrechen und die Geschichte einem (vom Standpunkt der herrschenden Klasse) „seelisch verinnerlichten" happy end zuzuführen. Es ist klar ersichtlich, daß in diesen Fällen Fontanes Zurückschrecken vor äußersten Konsequenzen, seine Ablehnung der Kellerschen humoristischen Grausamkeit, sein „fünf gerade sein lassen", gewichtige oder wenigstens interessante Vorwürfe in die Nähe der bloßen Belletristik herabsinken läßt.

Der alte Fontane ist ein sehr bewußter Künstler. Während in seiner Jugend diese Bewußtheit nur die formalen Seiten der Ausführung beleuchtete, erweitert sich beim alten Fontane das Erhellen der eigenen künstlerischen Tätigkeit immer stärker auf das Ganze, richtet sich immer mehr auf die Wechselbeziehung zwischen Thema und Formgebung. Es ist kein Zufall, daß Fontane jene für sein Schaffen zentrale dialektische Frage von der komplizierten Beziehung zwischen „Natur" und „Geschmack" — die wir als Motto angeführt haben — gerade in seinem ersten großen Roman, in ›Vor dem Sturm‹, Ende der siebziger Jahre, aufgeworfen hat. Natürlich müssen wir, wenn wir beim alten Fontane dieser Dialektik näher nachgehen, immer in Betracht ziehen, daß weder „Natur" noch „Geschmack" unveränderliche, metaphysische Potenzen sind, daß sie im Gegenteil sich ununterbrochen wandeln, daß, wie wir zu zeigen ver-

sucht haben, die „Natur" des alten Fontane eine allmählich entstehende, ständigem Wechsel unterworfene Resultante sehr komplizierter gesellschaftlicher und seelischer Prozesse war.

Zu diesen Tendenzen des Wachstums und der Vertiefung gehört
vor allem Fontanes stets zunehmende Fortschrittlichkeit, seine Demokratisierung. Aussprüche, die diese Entwicklung belegen, haben
wir bereits angeführt; sie beziehen sich in erster Linie auf die Erkenntnis, daß die wirkliche Zukunft nur bei der Arbeiterklasse zu
suchen ist. Der weitgehendste schriftstellerische Niederschlag dieses
Richtungswandels ist Fontanes Plan, einen Roman aus dem 15. Jahrhundert über Klaus Störtebeker zu schreiben (›Die Likedeeler‹).
Fontane selbst betont, daß ihn neben der pittoresken Romantik des
Milieus vor allem die „sozialdemokratische Modernität" des Stoffes
angezogen hat. Dieser Plan hat Fontane jahrelang beschäftigt (wir
finden Spuren in den Briefen zwischen 1887 bis 1896). Thomas
Mann nennt ihn einen „Plan des Ehrgeizes". Ohne Frage spielt auch
der Ehrgeiz eine Rolle. In einem der Briefe, in denen der Plan erwähnt wird, spricht Fontane tatsächlich davon, daß die Leute sehen
würden, daß er nicht nur das Berlin seiner Tage literarisch beherr-
sche, sondern auch eine große und bewegte Vergangenheit; er sei
kein Spezialist seiner bekanntesten Thematik.

Trotzdem glauben wir nicht, daß hierin das entscheidende Moment
für diesen Plan liegt. Vielmehr hat sich auch Fontanes „Geschmack"
gewandelt: ›Irrungen Wirrungen‹, ›Stine‹, auch die Roswitha-Episo-
de in ›Effi Briest‹ usw. zeigen diesen Mangel in seinen Werken. Jedoch der „Natur" Fontanes entsprach nur, die moralische und intellektuelle Überlegenheit plebejischer Gestalten so zu zeigen, daß
diese auf dasselbe — als unabänderlich geschilderte — gesellschaftliche Sein der bürgerlichen Gesellschaft moralisch höherwertig, weil
die Individualität ihres menschlichen Kerns besser bewahrend, rea-
gieren können; vor allem ohne Illusionen, ohne Heuchelei oder
Pseudotragik. Fontanes „Geschmack" kann die revolutionäre Aufhebung oft ästhetisch oder geistig bewundern, aber sich mit ihr so
weit zu identifizieren, um sie zu gestalten, das kann bei ihm nicht
mehr zur „Natur" werden. Mag seine Einsicht in die Gebrechlichkeit
des bürgerlichen Seins mitunter noch so scharf sein, gerade bei der
Gestaltung spricht dieses selbe Sein ein unerbittliches Veto.

Ebenso ist es eine freilich mehr episodische „Geschmacks"-Frage, wenn der alte Fontane zuweilen, um die kleinliche Niederträchtigkeit der deutschen Bourgeoisie seiner Zeit noch verächtlicher zu machen, nicht ohne Selbstironie von amerikanischen Multimillionären schwärmt. Die „Natur" des alten Fontane hat die Sieger und Beherrscher des modernen bürgerlichen Lebens stets abgelehnt; sie haben ihn als Schriftsteller nicht einmal vorübergehend inspiriert. Diese Ablehnung bezieht sich aber auch auf das Junkertum. Fontane bemerkt in seinem letzten, sehr subjektiv gehaltenen Roman, ›Der Stechlin‹, daß die Macht des preußischen Adels eher gewachsen als gesunken sei. Trotzdem taucht in seinem Werk kein Vertreter dieses siegreichen Junkertums auf, höchstens als ironisch behandelte Episodengestalt.

„Natur" und „Geschmack" befinden sich beim alten Fontane nur dann im Einklang, wenn, in vorübergehendem Widerstreit zwischen gesellschaftlichem Sein und Bewußtsein, der Triumph des ersteren gestaltet wird, und zwar so, daß der Widerstand gegen die Forderungen der Klassenlage von den besten, echten, menschlichen Neigungen des Individuums ausgeht, jedoch an der unwiderstehlichen Kraft der Klassenexistenz scheitern muß. Das gesellschaftliche Sein herrscht also unbeschränkt, hat aber hier aufgehört, zugleich auch eine moralische Macht zu sein. Der äußerlich vollkommene Junker oder Bourgeois ist deshalb bei Fontane oft nur ein Ergebnis dieses Kampfes; er wird menschlich gebrochen, um ein wirklicher Vertreter seiner Klasse sein oder bleiben zu können. Menschen, bei denen dies ohne Kampf vor sich geht, betrachtet der alte Fontane als triste Karikaturen; bei ihnen ist die Heuchelei, der Selbstbetrug bereits zum instinktiven Lebensprinzip geworden (›Frau Jenny Treibel‹).

Denn nach den Ansichten des alten Fontane sind alle diese Klassenanschauungen längst in Widerspruch zu den Prinzipien einer wenn auch noch so einfachen, aber doch einigermaßen menschlichen Existenz geraten. Die elementaren Lebensinstinkte eines nicht völlig erstarrten Menschen müssen deshalb mit den objektiven, gesellschaftlichen Grundlagen seiner Lebensführung ununterbrochen kollidieren. Es bestimmt nun den spezifischen Charakter solcher Zusammenstöße, daß diese „Helden" Fontanes keineswegs so weit gehen, die Grundlagen ihres gesellschaftlichen Seins in Frage zu stellen, gegen die An-

schauungen ihrer Klasse sich aufzulehnen, den Bruch mit ihr auch
nur ernsthaft in Erwägung zu ziehen. Der junge, kranke Graf Haldern, der „Held" der Erzählung ›Stine‹, spricht sich in dieser Hinsicht sehr deutlich aus: „Ich respektiere die herrschenden Anschauungen. Aber man kann in die Lage kommen, sich in tatsächlichen
Widerstreit zu dem zu setzen, was man selber als durchaus gültig
anerkennt. Das ist meine Lage." Und sein ebenfalls aristokratischer
Gesprächspartner charakterisiert ihr ganzes Milieu ebenso klar, wenn
er zusammenfassend sagt: „Je freier in der Theorie, desto befange-
ner in der Praxis, desto enger und ängstlicher in der Anwendung
auf das eigene Ich."

Mit alledem wirft der alte Fontane, als erster in Deutschland,
eine der zentralen Fragen der Literatur des beginnenden Nieder-
gangs der bürgerlichen Klasse auf. Er steht hier also trotz — oder
wegen — der preußisch-deutschen Art seiner konkreten Fragestellungen durchaus auf allgemein europäischem Boden, er ist einer der
ersten, die die deutsche Literatur der zweiten Hälfte des 19. Jahrhunderts aus ihrer provinziellen Enge herausheben. In dieser Hinsicht gehört er in die Reihe Turgenjew und Gontscharow, Jens
Peter Jacobsen und Pontoppidan, Flaubert und Thackeray, ohne
von diesen Schriftstellern wesentlich beeinflußt zu sein, teilweise
sogar, ohne sie gekannt zu haben. Diese Zusammenstellung ist natürlich von der zentralen Thematik, nicht vom literarischen Stil aus
bedingt: sie alle sind Gestalter jener Halbheit, die in verschiedenen
Ländern, in verschiedenen Entwicklungsetappen verschieden, jedoch
überall mit dem Beginn des Niederganges der bürgerlichen Klasse
zur typischen Erscheinung wird. Wir betonen den Beginn des Niederganges deshalb, weil auf dieser Stufe diese gesellschaftlich notwendige Halbheit in den menschlich anständigen Exemplaren der
herrschenden Klasse noch nicht jene Koketterie, Selbstbespiegelung,
Selbstzufriedenheit besitzt, die auf späterer Stufe dieser Entwicklung die Typen der dekadenten Literatur charakterisiert.

IV

Rang der Werke und Autoren, innerhalb der Gestaltung eines Typus, wird stets davon bestimmt, einen wie hohen Grad der gesellschaftlichen Verallgemeinerung sie schriftstellerisch erreicht haben, einen wie hohen Grad diese Halbheit als notwendig aus der Entwicklung der Gesellschaft, aus den Klassenkämpfen entspringend bei ihnen annimmt. Auch bei Fontane ist dieses Bedürfnis der Verallgemeinerung vorhanden. Sie hat jedoch bei ihm zwei Richtungen: eine extensive und eine intensive. Die erstere erscheint als eine Erweiterung des dargestellten Milieus über Preußen-Deutschland hinaus. Fontane will damit ohne Frage ausdrücken, daß das von ihm wahrgenommene Phänomen ein allgemein europäisches ist; so spielt ›Graf Petöfy‹ in Wien und Ungarn, ›Unwiederbringlich‹ in Dänemark, die zweite Hälfte von ›Quitt‹ sogar in Nordamerika.

Gerade hier tritt die Gefahr des bloßen Belletristisch-Werdens kraß hervor. Nicht nur deshalb, weil die meisten seiner Details unvermeidlich aus zweiter Hand genommen und darum oft oberflächlich sind. (Der zweite Teil von ›Quitt‹ ist der rein ausgeklügelte und falsch konstruierte Unterhaltungsroman, und zum Beispiel schon die Titelgebung ›Graf Petöfy‹ klingt ungefähr so, als ob man von Graf Büchner, Comte Béranger, Lord Burns sprechen würde.) Wichtiger ist, daß Fontane auf fremdem Boden die notwendige Verallgemeinerung nicht im konkreten Schicksal seiner Helden verankern kann. Theoretisch sieht er den hier gangbaren Weg richtig: die Halbheit der Gestalten muß als notwendige Wirkung ihres ganzen gesellschaftlichen Seins auf die Gesamtheit ihrer Individualität in Erscheinung treten. Nur bei einer solchen Gestaltung erscheint die durch die Halbheit des Charakters auftretende Kollision — die unmittelbar naturgemäß vorwiegend ein Ehe- oder Liebeskonflikt ist — nicht als nur persönlich, zufällig, exzentrisch, sogar pathologisch, sondern bei aller Individualität doch als gesellschaftlich notwendig.

In beiden hier erwähnten Eheromanen versucht nun Fontane eine solche Verallgemeinerung. Sein Graf Petöfy zum Beispiel soll als ungarischer Aristokrat zwischen Dynastie und Nation stehen, ohne sich für einen kämpfenden Teil resolut entscheiden zu können; Graf Holk in ›Unwiederbringlich‹ ist wiederum Schleswiger Separatist (der Roman spielt vor dem Kriege 1864) und doch gleichzeitig Kammerherr am dänischen Hof. Fontane ist aber in beiden Fällen — unmittelbar infolge wohl nur oberflächlicher Vertrautheit mit Gesellschaft und Geschichte der dargestellten Länder — nicht fähig, solche Züge mit der Halbheit des erotischen Handlungszentrums organisch und darum dichterisch sinnfällig und evident zu verbinden. So bewegt sich die wesentliche Handlung in beiden Fällen — trotz gesellschaftlich-geschichtlicher Einlagen — auf einer bloß psychologischen Ebene und bringt beide Romane, besonders ›Graf Petöfy‹ mit seinen ausgeklügelten Voraussetzungen, der bloßen Belletristik nahe. Aber auch die größere Feinheit der seelischen Linienführung in ›Unwiederbringlich‹, die C. F. Meyer sehr bewunderte, kann diesen Grundmangel nicht beseitigen. Fontane versucht hier, seinen Roman dem Typus der ›Wahlverwandtschaften‹ zu nähern, aber erstens wählte Goethe einen an sich viel allgemeineren und darum schon unmittelbar viel mehr gesellschaftlichen Ehekonflikt, andererseits kann er noch mit dem abstrakten Milieu der Literatur des 18. Jahrhunderts arbeiten. Darin, daß Fontane hier die Notwendigkeit des Konkretisierens im Schildern der Umwelt anerkennt, drückt sich das Eingeständnis aus: sein Ehekonflikt bedarf eines spezifizierten, gesellschaftlich-geschichtlichen Hintergrundes, um auch menschlich die richtige dichterische Verallgemeinerung zu erlangen. Diese vermag ihm jedoch Fontane nicht zu geben.

Nicht zufällig. Denn — und damit kommen wir zu dem früher aufgeworfenen Problem zurück — dichterisch fruchtbar kann nur die intensive Verallgemeinerung einer Kollision sein. Mag diese an sich noch so allgemein bürgerlich, noch so europäisch sein, ihre konkrete Erscheinungsform bleibt unlösbar mit einem bestimmten gesellschaftlichen Boden verknüpft. Die dichterische Verallgemeinerung besteht gerade darin, in eben dieser gesellschaftlich-geschichtlichen Konkretheit die in ihr enthaltenen allgemeinen Bestimmungen aufzufinden und herauszuarbeiten. Gontscharow ist als Gestalter gerade des russischen Adelslebens ein Schriftsteller von weltliterarischer Bedeutung geworden. Und auch für Fontane führt der Weg zur wirklich dichterischen Verallgemeinerung seiner Probleme nur durch das Konkret-Intensive hindurch, durch die Kritik des Preußentums.

Hier jedoch spitzt sich der Fontanesche Widerspruch zwischen „Geschmack" und „Natur" am stärksten zu und führt deshalb in der Produktion zu ganz entgegengesetzten Lösungen. Am Anfang und am Ende der schriftstellerischen Laufbahn des alten Fontane stehen Werke, in denen er an diese Frage von seinen subjektiven Neigungen, Sympathien von seinem „Geschmack" aus herantritt und — in sehr verschiedener Weise — scheitert: so in ›Vor dem Sturm‹ (1879) und in ›Der Stechlin‹ (1898).

Im historischen Roman, der seine epische Produktion einleitet, zieht ihn, wie früher Willibald Alexis, die exzentrisch-eigenwillige Figur des junkerlichen Reaktionärs Marwitz an, und um diese will er die Vorbereitungsperiode der Befreiungskriege gruppieren. Dieser — falsche, preußisch-konservative — Subjektivismus hat aber zur Folge, daß Fontane in seiner Gesamtdarstellung das wesentlichste Moment dieser Zeit, die Richtung Scharnhorst — Gneisenau zugunsten der junkerlichen Reaktion völlig vernachlässigt. Die damalige Absicht Fontanes, der phrasenhaften Vaterlandsliebe eine echte phrasenlose gegenüberzustellen, kann sich unmöglich durchsetzen, weil jene gesellschaftliche Realität, in der dieser echte Patriotismus, wenn auch noch so verworren, vorhanden war, infolge des falschen Zentrums, der kritiklos hingenommenen Hauptgestalt des reaktionären Junkers, in der Darstellung fehlen muß.

Raabe hat richtig gefühlt, daß in den Befreiungskriegen ohne nachwirkende Wellen der Französischen Revolution, ohne durch sie erweckte plebejische Elemente nichts Volkstümliches, nichts, was nur entfernt an Größe erinnert, vorhanden gewesen wäre. Fontane schafft auf seiner falschen Grundlage ein atmosphäreloses Bild, in welchem die wichtigsten Einzelschicksale nur lose und oft zufällig mit jenem historischen Hintergrund zusammenhängen, den sie eigentlich verlebendigen sollten. Gegen Schluß des Romans fühlt Fontane selbst diesen Mangel in der historischen Anlage seines Themas und läßt seinen exzentrischen Sonderling, den pensionierten General Bamme, sagen: „Kann mir nicht helfen, mir bedeutet der Mensch die Hauptsache, und ist dieser ganz allgemeine homo, von dem ich als guter Lateiner wohl sprechen darf, wirklich um einen Kopf gewachsen, seitdem sie drüben den armen König um ebensoviel kürzer gemacht haben, so scheint mir die Sache nicht zu teuer bezahlt. Le

jeu vaut la chandelle." Aber solche einzelnen Aussprüche, besonders
von einer Episodenfigur ausgesprochen, können natürlich nicht die
falsche Anlage, die daraus entstehende Luftlosigkeit, nachträglich
korrigieren. Nicht umsonst sagt Fontane schon einige Jahre später
von diesem Roman: daß er ihn „auch immer vergesse, geschrieben
zu haben".

Zwanzig Jahre später erscheint Fontanes letzter Roman, ›Der
Stechlin‹. Wieder ein Werk, das sein Entstehen den subjektiven Sympathien des Autors für die besten Exemplare des Junkertums verdankt, also ebenfalls dem „Geschmack". Freilich sind inzwischen
zwanzig Jahre vergangen, die Sympathie ist sehr viel kritischer geworden, mehr unterwühlt. Fontane gesteht sogar die zugespitzt
subjektive Art seines Herantretens an dieses Thema offen ein, wenn
er über den Roman sagt: „Gegenüberstellung von Adel, wie er bei
uns sein *sollte*, und wie er *ist*." Dieses Sollen wird unbewußt, lyrisch-
psychologisch so verwirklicht, daß eine Reihe der persönlich liebenswürdigen Züge des alten Fontane mit der Figur eines beiseite gescho-
benen, etwas schrullenhaften, alten Junkers in einer allzu lockeren,
nichts Wesentliches aufdeckende Handlung lose und unorganisch
verbunden wird. Die Verehrer des alten Fontane schätzen dieses
Werk gerade wegen solcher persönlichen Züge, übersehen aber dabei,
daß diese nicht ineinander greifenden, sondern nebeneinander her-
gehenden Widersprüche die alles entscheidende Hauptgestalt letzt-
hin physiognomielos machen. Wenn eine Nebengestalt vom alten
Stechlin sagt: „der hat ... das im Leibe, was die richtigen Junker
alle haben: ein Stück Sozialdemokratie. Wenn sie gereizt werden,
bekennen sie sich selber dazu", so charakterisiert dies bestimmte
Stimmungen Fontanes gar nicht übel, vom Standpunkt der Figur
des alten Stechlin aus sind das aber unpassende, weil den echten
Konturen seines Charakters widersprechende Einlagen. Nicht das
kompositionelle Zerfallen ist also die wirkliche Schwäche dieses Al-
terswerks, wie einige meinen; sein zentraler Mangel liegt darin, daß
Fontane hier nicht, wie sonst, vom Sein, sondern von einem sehr
verworrenen, grundfalschen Sollen aus gestaltet. Diese schiefe Anlage kann durch keine noch so geistreichen Dialoge zurechtgebogen
werden.

Der alte Fontane ist überall da ein bedeutender Schriftsteller, wo es ihm gelingt, diese Halbheit seiner Gestalten aus der spezifischen Entwicklung Preußen-Deutschlands herauswachsen zu lassen, wo er imstande ist, zu zeigen, daß der Sieg dieses gesellschaftlichen Seins über das Bewußtsein, über die Neigung, Lebensbestrebungen seiner Gestalten in den eigenartigen Bedingungen dieser Existenzweise verankert ist. Weil dadurch das Besondere dieses Seins und dieses Bewußtseins gestaltet wird, erlangen Menschen und Schicksale eine dichterische, eine intensive und konkrete Verallgemeinerung. Gerade weil Charakter und Geschick solcher Figuren preußisch-deutsch spezifiziert werden, erwachsen diese Typen in einem Sinne, der über das Preußisch-Deutsche hinaus eine allgemeine Geltung erlangen kann.

Es ist kein Zufall, daß die bedeutenden dichterischen Kritiker dieser deutschen Entwicklung — neben dem alten Fontane auch Raabe — immer wieder auf den Ausspruch Mirabeaus zurückgreifen, Preußen sei eine Frucht, die noch vor der Reife zu faulen beginne. Denn diese scharfsinnige Beobachtung trifft nicht nur auf das friderizianische Preußen zu. Auch das in den Imperialismus hineinwachsende Reich und insbesondere das Deutschland im Zeitalter des Imperialismus zeigen überdeutlich diese Züge. Und es ist wiederum nicht zufällig, daß die späteren hervorragenden Kritiker Deutschlands — vor allem Heinrich und Thomas Mann —, ohne Mirabeau ausdrücklich zu zitieren, ebenfalls dieser Ansicht sind; bei Thomas Mann wird sogar der unmittelbare Zusammenhang mit dem alten Fontane deutlich sichtbar.

Das dichterisch entscheidende und zugleich das Moment, wo gerade das richtige Erfassen des spezifisch Preußischen unmittelbar und scheinbar ohne bewußte Verallgemeinerung in eine treffende Kritik der ganzen modernen bürgerlichen Gesellschaft umschlägt, ist das unerbittliche Herrschen eines bereits völlig konventionell gewordenen gesellschaftlichen Seins über das Leben der Individuen, seine unbeschränkte Macht über Leben und Tod, die aber aufgehört hat, zugleich eine innerlich verpflichtende moralische Macht zu sein; das heißt eine Macht, die nicht nur das nach außen gerichtete Handeln der Menschen, sondern zugleich ihre Gesinnungen und Überzeugungen intellektuell und emotionell bestimmt. Freilich besteht hier ein entscheidender Unterschied zwischen den, wenn auch oft verarmten, Mitgliedern der herrschenden Klasse und denen der unterdrückten

Schichten. Diese — wir sprechen hier nicht über das Proletariat, da es in Fontanes Werk nicht gestaltet wird — nehmen den äußerlichen Zwang als rein äußerlich an, rechnen mit ihm ungefähr, wie man mit der Abfahrtszeit der Züge rechnen muß, ohne im geringsten innerlich engagiert zu sein. Bei jenen dagegen entsteht, wie wir bereits angedeutet haben, in der Wertung dieser Macht auch ein innerlicher Automatismus: der innere Horizont solcher Menschen ist von diesen Anschauungen unwiderstehlich begrenzt; zugleich tritt jedoch bei jeder Kollision, die notwendig entsteht, sobald jemand, selbst innerhalb der engsten Schranken des allerprivatesten Lebens, sich von diesem Klassenautomatismus nicht mit Haut und Haaren verschlingen lassen will, die unerbittliche Notwendigkeit einer Kapitulation vor diesen, von den Beteiligten als sinnlos empfundenen Geboten auf.

Die Bedeutung des alten Fontane beruht darauf, daß er diese Struktur im alten und im neuen Preußen dichterisch erkannt und gestaltet hat. Damit ist erst seine in einem langen Leben herangereifte „Natur" über seinen „Geschmack", über seine Sympathie für Friedrich II. und Bismarck, praktisch-schriftstellerisch hinausgewachsen — wenn er auch aus dieser Veränderung seiner „Natur" gedanklich nur selten und noch seltener folgerichtig bewußte Konsequenzen gezogen hat.

›Schach von Wuthenow‹ (1883) ist Fontanes kleines Meisterwerk in dieser Kritik des historischen Preußen, ein noch lange nicht in seiner vollen Bedeutung erkannter einsamer Gipfel der deutschen historischen Erzählungskunst. Es ist Fontane hier gelungen, die gesellschaftlich-moralischen Gründe der Vernichtung des friderizianischen Preußen in der Schlacht von Jena durch das Auf und Ab einer Liebesgeschichte in der Berliner „Gesellschaft" blendend zu beleuchten. Es ist das Preußen, dessen Offiziere, vor allem der „Held" der Erzählung, überzeugt sind, „die Welt ruht nicht sicherer auf den Schultern des Atlas als der preußische Staat auf den Schultern der preußischen Armee". Es gehört zur Gesamtatmosphäre, daß bei einer Revue ein alter Offizier traurig erklärt: „Prägen wir uns den Anblick ein, meine Damen. Denn, glauben Sie der Vorahnung eines alten Mannes, wir werden diese Pracht nicht wiedersehen, es ist die Abschiedsrevue der friderizianischen Armee." Der unzufriedene

Junkeroffizier von Bülow, der das Ausland gut kennt, spricht sogar von einer „Episode Preußen" in der Weltgeschichte und ergänzt diese Kritik noch dadurch, daß er auch die preußische Staatsreligion, das Luthertum, episodisch nennt. „Was hat Preußen der Welt geleistet? Was find ich, wenn ich nachrechne? Die großen Blauen König Friedrich Wilhelms I., den eisernen Ladestock, den Zopf und jene wundervolle Moral, die den Satz erfunden hat: ‚Ich hab ihn an die Krippe gebunden, warum hat er nicht gefressen?'" Und Luther? „Was hat er denn in Wahrheit in die Welt gebracht? Unduldsamkeit und Hexenprozesse, Nüchternheit und Langeweile. Das ist kein Kitt für Jahrtausende."

Die künstlerische Vollendung dieses Werkes liegt darin, daß sein konkreter Inhalt, die Liebesgeschichte, bei allen ihren individualisierten, ja zuweilen bizarren Zügen, die typische Erscheinungsweise dieser gesellschaftlich-geschichtlichen Grundlage ist. Der „Held" der Erzählung, Schach von Wuthenow, ist ein korrekter Durchschnittsmensch, nach Charakteristik der Victoire von Carayon „weder ein Mann von hervorragender geistiger Bedeutung noch von superiorem Charakter"; im wesentlichen dazu befähigt, „der Halbgott eines prinzlichen Hofes zu sein". Seine Liebes- und Ehegeschichte ist verhältnismäßig einfach; Schach hat lange Zeit Josephine von Carayon den Hof gemacht. Eines Abends entsteht ein Liebesverhältnis zwischen ihm und deren Tochter Victoire, einem geistvollen jungen Mädchen, dessen einstige Schönheit die Spuren einer Krankheit zerstört haben.

Die Tatsache ist einfach. Sie kompliziert sich psychologisch nur dadurch, daß kurz vorher auf einem Abend bei Prinz Louis Ferdinand von dieser Victoire die Rede gewesen ist und der Prinz von « beauté du diable » gesprochen hat. Und — merkwürdiger- oder besser natürlicherweise — spielen die leicht hingeworfenen Paradoxien des Prinzen eine entscheidende Rolle in der Verführungsszene. Fontane bemerkt in seiner diskreten Art, bevor das entscheidende Crescendo der Liebesszene beginnt: „Schach sah verwundert auf die Sprecherin. Manches, was der Prinz über sie gesagt hatte, ging ihm durch den Kopf." Und eine ähnliche Bemerkung macht der kritische von Bülow nach der Katastrophe. Diese entsteht nun daraus, daß eine solche leicht hingeworfene Bemerkung des Prinzen doch eine zu schmale Basis für eine Ehe selbst in den Augen eines Schach ist. Er fürchtet die Lächerlichkeit an der Seite einer solchen häßlichen, entstellten Frau und zieht sich zurück. Da aber Frau von Carayon bis zum König geht und dieser dem Offizier Schach von Wuthenow die Ehe befiehlt, heiratet er Victoire, um sich sofort nach formaler Eheschließung zu erschießen. Er gehorcht also — um wieder Bülows Formulierung zu gebrauchen — „nur, um im Moment des Gehorchens den Gehorsam in einer allerbrüskesten Weise zu brechen".

Bülow kommentiert nun die allgemeine Bedeutung des sich hier ausdrückenden falschen Ehrbegriffs in der friderizianischen Armee, „die statt der Ehre nur noch den Dünkel und statt der Seele nur noch ein Uhrwerk hat — ein Uhrwerk, das bald genug abgelaufen sein wird". Und er verallgemeinert diese Betrachtung bis zur Prophezeiung der notwendigen Niederlage eines Landes, wo eine solche Moral herrscht. „Da haben Sie das Wesen der falschen Ehre. Sie macht uns abhängig von dem Schwankendsten und Willkürlichsten, was es gibt, von dem auf Triebsand aufgebauten Urteile der Gesellschaft, und veranlaßt uns, die heiligsten Gebote, die schönsten und natürlichsten Regungen eben diesem Gesellschaftsgötzen zum Opfer zu bringen. Und diesem Kultus einer falschen Ehre, die nichts ist als Eitelkeit und Verschrobenheit, ist denn auch Schach erlegen, und Größeres als er wird folgen. Erinnern Sie sich dieser Worte. Wir haben wie Vogel Strauß den Kopf in den Sand gesteckt, um nicht zu hören und nicht zu sehen. Aber diese Straußenvorsicht hat noch nie gerettet . . . Der Krieg ist erklärt. Und was das bedeutet, steht in aller Deutlichkeit vor meiner Seele. Wir werden an derselben Welt des Scheins zugrunde gehen, an der Schach zugrunde gegangen ist."

Was Fontane hier dichterisch entdeckt, ist die Gebrechlichkeit der Menschen und des Gesellschaftssystems, deren Moral sich auf eine solche falsche Ehre gründet, auf die formalistische Anerkennung einer Konvention, die auch in der eigenen gesellschaftlichen Wirklichkeit keine moralische Macht ist. Vor Fontane taucht nur im ›Prinzen von Homburg‹ zuweilen — aber völlig unbewußt — die Ahnung dieses Zusammenhanges auf. Er erscheint in geistig weit entwickelter Form später in Thomas Manns ›Tod in Venedig‹. Das literarische Festhalten dieses Zusammenhanges bildet die Grundlage der bedeutendsten Gegenwartsromane Fontanes: ›Irrungen Wirrungen‹ und vor allem ›Effi Briest‹.

Es folgt aus der Natur des Stoffes sowie aus der Art, wie der alte Fontane seine Gegenwart betrachtet, daß jeder Hinweis auf eine kommende Katastrophe oder auch nur auf die gesellschaftlich-geschichtlichen Perspektiven der sich hier abspielenden Liebes- und Ehetragödien fehlt. Der innere Zusammenhang jedoch, der im Preußen vor Jena solche Perspektiven sichtbar und aussprechbar gemacht hat, ist in der Gestaltung selbst deutlich vorhanden. Darum wachsen diese Erzählungen — insbesondere der weitaus bedeutendere Eheroman — noch über jene Zone hinaus, wo die immer künstlerische, immer weise abgewogene epische Darstellungsart Fontanes doch die bloße Belletristik streift. ›Effi Briest‹ gehört in jene Reihe der großen bürgerlichen Romane, in denen die einfache Erzählung einer Ehe und ihres notwendigen Bruchs zu einer Gestaltung der allgemeinen Widersprüche der ganzen bürgerlichen Gesellschaft emporwächst, gehört in die Reihe von ›Madame Bovary‹ und ›Anna Karenina‹.

›Irrungen Wirrungen‹ hat innerlich ein geringeres Format. Dies ist vor allem thematisch bedingt; Ehe ist weit mehr ein zentrales Thema als das voreheliche Liebesverhältnis im Konflikt mit der — materiell bedingten — Nötigung zu einer „ebenbürtigen" Ehe. Dieser Konflikt verengt sich in seiner Allgemeinheit auf die herrschende Klasse, obwohl Fontane hier — mit Ausnahme der blasseren Schwestererzählung ›Stine‹ — die menschlich moralische Überlegenheit der plebejischen Figuren über die der herrschenden Klasse mit einer von ihm sonst nie erreichten Eindeutigkeit gestaltet. Die Totalität der gesellschaftlichen Bestimmungen ist aber im Eheroman schon an sich viel stärker angelegt.

Eine solche, das Schicksal der Werke entscheidende Bedeutung der Thematik ist sehr lehrreich. Sie zeigt gerade bei Fontane, wie stark — trotz seiner hohen Bewußtheit als Künstler, freilich auch infolge der Art seiner Bewußtheit — das Gelingen von glücklichen und unglücklichen „Zufällen" abhängt, von den Themen, die ihm in den Weg geraten. Das steht — unmittelbar — mit der immer stärker auf Formgebung gerichteten künstlerischen Bewußtheit der spätbürgerlichen Schriftsteller im Zusammenhang; diese Wendung beginnt mit Flaubert. Die spätbürgerlichen Schriftsteller betrachten die Thematik als etwas an sich Gegebenes, als eine Art Göttergabe, als ein Spiel des Zufalls. Ihr künstlerisches Bewußtsein dahin zu schulen, dahin zu entwickeln, daß es die innere Dialektik zwischen Thema und Form erhelle, wie dies noch bei Goethe und Schiller der Fall war, liegt ihnen um so ferner, je mehr diese Entwicklung fortschreitet. Fontane ist freilich noch lange kein Formalist: er sucht die jeweilige Form aus den konkreten Möglichkeiten des Stoffes herauszubilden. Er fühlt — und spricht es oft aus —, daß er als ehrlicher Arbeiter alles mögliche tue; der Erfolg sei aber nicht in seiner Hand. Hier zeigt sich unmittelbar die Zufallswirkung der Thematik.

Das wirklich Primäre ist jedoch nicht ein Mangel an ästhetischer Bewußtheit; das Versagen in der Erkenntnis des wirklichen dialektischen Zusammenhanges zwischen Thematik und Form weist letzten Endes dahin, daß Fontane — gesellschaftlich — nicht mehr imstande ist, die entscheidenden inhaltlichen Möglichkeiten seiner Thematik zu überblicken; darum fehlen ihm die konkreten Vermittlungen zwischen Thema und Form. Bei der Schwäche, bei der Verworrenheit der zeitgenössischen deutschen Gesellschaft ist es ein Glücksfall, wenn seine Weltanschauung mit einem Thema zusammentrifft, das ihr adäquat ist und zugleich wesentliche gesellschaftliche Zusammenhänge spiegelt.

Diese Zufälligkeit zeigt sich ganz deutlich in der Entstehungsgeschichte eines Meisterwerks wie ›Schach von Wuthenow‹. Fontane kennt bereits die Anekdote, die der Liebesgeschichte zugrunde liegt, schwankt aber noch, ob sie vor oder nach der Schlacht von Jena spielen soll, und will, um sich entschließen zu können, genau erfahren, wann die wirkliche Begebenheit stattgefunden hat. Denn, schreibt er: „Jede der beiden Epochen läßt sich gut verwenden; jede hat, novellistisch angesehen, ihre besonderen Vorzüge." Was also der Novelle ihre wirkliche Größe verleiht, die Verwesungsatmosphäre der Zeit vor Jena, verdankt seine Entstehung einem halben Zufall. Und auch nach ihrer Vollendung ist sich Fontane gerade des entscheidenden Gehalts keineswegs bewußt. In einem Briefe an seinen Verleger, in dem er die Frage des Titels behandelt, schreibt er über die Periode unmittelbar vor Jena: „Denn schließlich war die Zeit lange nicht so schlecht, wie sie gemacht wird . . . " Hier sieht man, wie wenig bewußt, wie spontan, Zufällen preisgegeben ein so bewußter Schriftsteller wie Fontane in dieser Frage der Thematik, des einem Thema innewohnenden Gehaltes war. ›Schach von Wuthenow‹ ist ein Geschenk des Zufalls.

Dies ist in ›Irrungen Wirrungen‹ und in noch höherem Grade in ›Effi Briest‹ der Fall. Der Inhalt beider Werke ist leicht zusammenzufassen. Im ersten: der Abbruch eines menschlich beglückenden Verhältnisses um einer Konventionsehe willen. Im zweiten: durchschnittliche Ehe, Ehebruch aus gelangweilter Unzufriedenheit, Entdeckung, Duell und Tod des Liebhabers, Scheidung usw. Gestalten und Schicksale gehen hier so gut wie nie über einen anständigen Durchschnitt hinaus, nur Fontanes Dialog erhebt alle Szenen auf das konkret höchste Niveau der hier erreichbaren Selbstbewußtheit und Ausdrucksfähigkeit.

Wie bei vielen modernen Schriftstellern erscheint diese menschliche Durchschnittlichkeit bei den männlichen Gestalten stärker als bei den weiblichen. Jene werden nur durch ihre Ausdrucksfähigkeit, durch das — praktisch ohnmächtige — Vermögen, die Dialektik ihrer Kapitulation vor den unerbittlichen Normen ihrer Klasse klar auszusprechen, aus dem Grau in Grau der Durchschnittlichkeit herausgehoben. Lene Nimptsch, die Heldin von ›Irrungen Wirrungen‹, erhebt sich dagegen in einer schlichten, völlig phrasenlosen, völlig illusionslosen Weise moralisch hoch über alle anderen Gestalten des Romans. Da man nun einmal bei Fontane akzeptieren muß, daß er nicht imstande ist, rebellierende Menschen zu gestalten, verkörpert dieses plebejische Mädchen das menschlich Beste, das in dieser dichterischen Welt vorhanden sein kann. Wie Philine Goethes spinozistische Ethik ins Alltagsleben brachte, so verkörpert und verlebendigt Lene Nimptsch das Beste an Fontanes Moral und Weltanschauung, ja, geht über deren allgemeinen Horizont hinaus: Der Haß Goethes gegen das Philistertum ist zwar im allgemeinen weitaus stärker, mächtiger und treffender als der Fontanes, hier aber wird der Haß gegen das Beherrschtwerden des individuellen Lebens von Furcht und Hoffnung — gerade in der schlichten Phrasenlosigkeit von Lene Nimptsch — lebendig und vorbildlich sinnhaft. Sie ist die bedeutendste Gestalt, die Fontane geschaffen hat; sie ist wie bei Goethe und Keller — den größeren Geistern — ein Triumph des Plebejisch-Volkshaften über die Bürgerlichkeit.

Effi Briest ist Fontanes liebenswürdigste Gestalt. Sie bleibt nicht nur geistig, auch moralisch im Grunde innerhalb des anständigen Durchschnitts eines Mädchens und einer jungen Frau aus dem Adel. Was sie zu einer unvergeßlichen Figur macht, ist die schlichte Vitalität, mit welcher sie in jeder Lage, sei diese idyllisch, gefährdet oder tragisch, die ihrem Charakter, ihren Fähigkeiten angemessene menschliche Äußerungsmöglichkeit sucht und findet. Trotz gesellschaftlicher Ambitionen sind ihre Ansprüche mehr als bescheiden. Sie müssen aber in dieser Gesellschaft doch zerstampft werden. Und daß diese Vitalität sich dennoch immer wieder, wenn auch immer schwächer flackernd, aufrichtet, daß Effi nur zu Boden geworfen, aber nicht menschlich entstellt werden kann, erhebt gerade in dieser Lautlosigkeit und Anspruchslosigkeit eine harte Anklage gegen die Gesellschaft, in der nicht einmal ein solcher bescheidener Spielraum der Menschlichkeit möglich ist. Zugleich zeigt jedoch Effis innere Unverzerrbarkeit jenes menschliche Kräftereservoir auf, das von dieser Gesellschaft unnütz verbraucht und verdorben wird, das in einer anderen, in einer die Humanität pflegenden Gesellschaft spontan die Möglichkeit eines schlichten und schönen Lebens entfalten könnte. Wie jeder echte Menschengestalter von dichterischem Rang in der bürgerlichen Literatur ist Fontane hier — ohne es bewußt zu wollen, ja zu wissen — ein Ankläger.

Worin liegt aber in diesen Romanen die dichterische Verallgemeinerung, die Verallgemeinerung der Kritik am alten Preußen auf die Gegenwart? Fontane zeigt hier, gerade mit Hilfe der Durchschnittlichkeit seiner Gestalten und ihrer Schicksale, wie die gesellschaftliche Moral des Bismarckschen Preußen-Deutschland sich im privaten Alltagsleben auswirkt. Er zeigt, daß jeder Mensch, in dem sich nur das geringste Bedürfnis nach einem menschenähnlichen Leben regt, mit dieser Moral in Konflikt geraten muß. Der Konflikt wird in der von uns bereits dargelegten Weise ausgetragen: äußerlich durch Einhalten aller Formforderungen der Konvention; innerlich so, daß jeder Beteiligte ein mehr oder weniger gebrochener Mensch wird, der nur unter Inanspruchnahme von „Hilfskonstruktionen", wie es in ›Effi Briest‹ heißt, weiterexistieren kann; daß er, obwohl äußerlich alles in Ordnung mit ihm zu sein scheint, obwohl die Karriere usw. regelmäßig, ja zuweilen überdurchschnittlich gelingt, doch die eigentliche moralische Widerstandskraft verliert, zu einer wirklichen Tat unfähig wird. Und jene, die nicht einmal bis zu einer solchen Kollision gelangen, sind — gesellschaftlich gesehen — aus einem noch schlechteren Holz.

Warum lebt man und stirbt man, warum tötet man in dieser Welt? Innstetten, Effis Mann, hat den Liebhaber seiner Frau im Duell erschossen. Schon vor dem Duell taucht im Gespräch mit seinem Freund Wüllersdorf die Frage auf: hat es einen Sinn, sich wegen einer Sache, die sechs Jahre zurückliegt, zu duellieren? Nach dem Duell läßt dieser Gedanke Innstetten keine Ruhe: „Es *muß* eine Verjährung geben, Verjährung ist das einzig Vernünftige; ob es nebenher auch noch prosaisch ist, ist gleichgültig; das Vernünftige ist meist prosaisch. Ich bin jetzt fünfundvierzig. Wenn ich die Briefe fünfundzwanzig Jahre später gefunden hätte, so wär ich siebzig. Dann hätte Wüllersdorf gesagt: ‚Innstetten, seien Sie kein Narr‘ ... Aber wo fängt es an? Wo liegt die Grenze? Zehn Jahre verlangen noch ein Duell, und da heißt es Ehre, und nach elf Jahren oder vielleicht bei zehneinhalb heißt es Unsinn. Die Grenze, die Grenze. Wo ist sie? War sie da? War sie schon überschritten? Wenn ich mir seinen letzten Blick vergegenwärtige, resigniert und in seinem Elend doch noch ein Lächeln, so hieß der Blick: ‚Innstetten, Prinzipienreiterei ... Sie konnten es mir ersparen und sich selber auch.‘ “

Innstetten weiß also genau, daß er nicht aus Rache, nicht aus moralischer Empörung, nicht in Erfüllung einer aufrichtig empfundenen Pflicht getötet hat: „So aber war alles einer Vorstellung, einem Begriff zuliebe, war eine gemachte Geschichte, halbe Komödie. Und diese Komödie muß ich nun fortsetzen und muß Effi wegschicken und sie ruinieren und mich mit ... “ Und diese Hohlheit der Ehrenkonvention, die eine ganze Reihe von Existenzen vernichtet, wird hier von Fontane noch mehr zugespitzt. Denn der Gedanke der Verjährung taucht, von Wüllersdorf aufgeworfen, schon vor dem Duell auf; macht auch auf Innstetten gleich einen starken Eindruck, kann ihn aber nicht mehr umstimmen. Wieder infolge des Automatismus jener „Moral“, die herrscht, ohne eine Macht zu sein. Innstetten sagt in diesem Gespräch: „Vor sechs Stunden, diese Konzession will ich Ihnen vorweg machen, hatt ich das Spiel noch in der Hand, konnt ich noch das eine und das andere, da war noch ein Ausweg. Jetzt nicht mehr, jetzt stecke ich in einer Sackgasse. Wenn Sie wollen, so bin ich selber schuld daran; ich hätte mich besser beherrschen und bewachen, alles in mir verbergen, alles im eigenen Herzen auskämpfen sollen. Aber es kam mir zu plötzlich, zu stark ... Ich ging zu Ihnen und schrieb Ihnen einen Zettel, und damit war das Spiel aus meiner Hand. Von dem Augenblick an hatte mein Unglück, und was schwerer wiegt, der Fleck auf meiner Ehre einen halben Mitwisser, und nach den ersten Worten, die wir hier gewechselt, hat es einen ganzen. Und weil dieser Mitwisser da ist, kann ich nicht mehr zurück."

Und doch geht diese Vernichtung und Selbstvernichtung von Menschenleben mit unerbittlicher Logik weiter. Die Karriere Innstettens kommt zustande, sein Leben ist aber morbid, innerlich widerstandsunfähig geworden. Freilich geht es in seiner menschentötend-automatisierten Weise weiter. Trotz solcher Reflexionen nach dem Duell, die wir eben angeführt haben, führt Innstetten konsequent durch, was er mit dem Duell begonnen hat. Er entfremdet das einzige Kind der Mutter, und als diese — infolge der Intervention einer Ministersgattin — doch eine Zusammenkunft mit ihrem Kinde erreicht, kommt auch in dem Kinde der anerzogene Automatismus so kraß zum Ausdruck, daß das leidenschaftlich ersehnte Wiedersehen zu einer tragikomischen Katastrophe erwächst, die schließlich Effis Leben gefährdet. Und auch Effis Eltern, obwohl sie die Tochter — in ihrer Art — aufrichtig lieben, handeln nach dem „Skandal" ähnlich: erst die sterbende Effi kann zu ihnen heimkehren.

Und in dieser Welt der maschinenmäßig gewordenen Konvention, der Zerstörung jeder Menschlichkeit zeigt allein Effis ungebildetes, abergläubisches Dienstmädchen Roswitha ein menschliches Empfinden für menschliche Schicksale. In einem sehr naiven Brief bittet sie Innstetten, daß man Effi doch den alten Hund, ihren einzigen Gefährten, überlasse. Innstetten hat daraufhin ein sehr bezeichnendes Gespräch mit seinem Freund Wüllersdorf, und zwar an dem Tage, an dem er wieder ein höheres Avancement erhält: „‚Ja‘, sagte Wüllersdorf, als er das Papier wieder zusammenfaltete, ‚die ist uns über.‘ — ‚Finde ich auch.‘ — ‚Und das ist auch der Grund, daß Ihnen alles andere so fraglich erscheint.‘ — ‚Sie treffen’s. Es geht mir schon lange durch den Kopf, und diese schlichten Worte mit ihrer gewollten oder vielleicht nicht gewollten Anklage haben mich wieder vollends aus dem Häuschen gebracht. Es quält mich seit Jahr und Tag schon, und ich möchte aus dieser Geschichte heraus; nichts gefällt mir mehr; je mehr man mich auszeichnet, je mehr fühle ich, daß dies alles nichts ist. Mein Leben ist verpfuscht . . .'" Und im Laufe dieses Gesprächs sagt Wüllersdorf, man könne überhaupt nicht ohne „Hilfskonstruktionen" seine Existenz zu Ende führen.

Es gehört zur ideellen Einheitlichkeit dieses Werkes, zu seiner künstlerischen Vollendung, daß seine leidende Heldin, Effi, eine wundervoll lebendige Frauengestalt, ebenfalls nicht über den Horizont dieser „Moral" hinausblickt. Bei aller menschlich echten Gefühlsspontaneität und Lebendigkeit, bei aller feinfühligen Klugheit und praktischen Schlauheit bleibt sie in Glück und Unglück ganz eine Gestalt dieser Adelswelt. Ihre Gefühlsproteste bei den härtesten Unmenschlichkeiten erhöhen sich nie auch nur zur Ahnung einer wirklichen Auflehnung gegen dieses System. Gerade dadurch erhält die Notwendigkeit ihres Zum-Opfer-Werdens eine so tiefe und ergreifende Wirkung.

Mit alledem prophezeit der alte Fontane hier ebenfalls — ohne sich darüber auch nur entfernt im klaren zu sein — seinem Bismarckschen Preußen-Deutschland ein neues Jena. Es ist freilich eine passive, eine skeptisch-pessimistische Prophezeiung. Die Kräfte der deutschen Erneuerung liegen völlig außerhalb seines dichterischen Horizontes. Die Lene Nimptsch, die Stine und andere plebejische Gestalten sind letzten Endes ebenso passive Opfer wie Effi Briest. In keiner solchen Gestalt sind auch nur menschliche, unbewußte Keime jener Kräfte sichtbar, die aus dieser Wüste einen fruchtbaren Boden machen könnten.

Es handelt sich dabei nicht nur um die soziale Beschaffenheit der Gestalten, sondern vor allem um die Art, wie Fontane selbst sie sieht und gestaltet. Weil Tolstoi — vor allem als Dichter — den Gärungsprozeß der russischen Bauernschaft sehen und widerspiegeln konnte, haben auch einzelne seiner adeligen Gestalten, die besten, etwas instinktiv Rebellisches; ihre Lebensäußerungen beschränken sich nicht auf ein bloßes Gebrochensein, auf eine von vornherein ohnmächtige Resignation. Natürlich können sie ihre sozialen Fesseln nicht brechen. Und streben sie einer Befreiung zu, so ist diese Befreiung nur individuell, nur für ihre eigene Person. (Eine Ausnahme bildet Pierre Besuchows Beziehung zur Vorbereitung des Dekabrismus.) Aber bei alledem rüttelte doch eine Gestalt wie Anna Karenina energisch an den Ketten, die auch sie zur Sklavin einer verfaulenden Konvention machen.

Fontane gehört zu den bedeutenden Realisten der zweiten Hälfte des 19. Jahrhunderts, weil er einerseits das Hassenswerte an seiner Gegenwart so darstellt, wie sie es verdient, weil er andererseits — bei aller Beschränktheit seines Weltbildes auf das Privat-Persönliche — hier nicht der Versuchung verfällt, solche notwendigen Kollisionen durch ihr Verschieben ins Pathologische scheinbar zu „vertiefen" und in Wirklichkeit vom Wesentlichen abzulenken. Denn jede Kollision kann nur dann gesellschaftlich und darum menschlich verallgemeinert werden, wenn die normalen gesellschaftlichen Bestimmungen (sie mögen in noch so extremen Formen erscheinen) mit normalen menschlichen Charakteren (mögen diese noch so extreme Vertreter ihres Typus sein) in Widerspruch geraten. Jeder pathologische Zug einer Gestalt, wenn er ihr Wesen berührt, nähert eine solche Figur der bloßen Singularität gesellschaftlicher Exzentrizität an; das völlig pathologische Individuum ist ein klinischer Einzelfall, der bestenfalls unter medizinische Allgemeingesetze subsumiert werden kann, nie aber als Typus, als Repräsentant dichterischer Verallgemeinerung erscheinen darf. Darum ist jede pathologische Anlage der Charaktere — bewußt oder unbewußt — ein Ausweichen vor der Gesellschaftlichkeit der Literatur, der gesellschaftlichen und darum menschlichen Verallgemeinerung der Gestalten und ihrer Kollisionen.

Dieser Sinn für das Normale als Grundlage des wahrhaft Dichterischen ist eine der größten Qualitäten Tolstois. Wie Tolstoi sieht aber auch der alte Fontane, daß seine Kollisionen um so stärker und echter hervortreten, je mehr von innerlich gesunden und normalen Menschen mit richtigen Lebensinstinkten die Rede ist. Der Abstand zwischen Fontanes und Tolstois schriftstellerischem Rang entsteht nicht nur aus dem Unterschied ihrer Begabung. Auch diese hat sich bei Tolstoi entfaltet oder wurde bei Fontane gehemmt durch die gesellschaftlichen Entwicklungen in Rußland beziehungsweise in Preußen-Deutschland. ›Anna Karenina‹ steht zu ›Effi Briest‹ wie der Große Oktober 1917 zum deutschen November 1918. Daß ein solcher Vergleich überhaupt gemacht werden darf und daß er so ausfällt, bestimmt — nach oben und nach unten — den literarischen Rang des alten Fontane.

Der Deutschunterricht. Beiträge zu seiner Praxis und wissenschaftlichen Grundlegung.
11 (1959), S. 59—81.

DER ZEITROMAN FONTANES

Von Paul Böckmann

Der Roman ist immer mehr zur bestimmenden Form des literarischen Lebens geworden, je mehr er dem Verlangen nach Wirklichkeitsnähe, nach psychologischer oder soziologischer Analyse entgegenkam und der Zeit- und Gesellschaftskritik zu dienen vermochte. Dabei geriet er zugleich in eine ihm eigene Zweideutigkeit, als gewinne er schon durch seine Lebensnähe dichterischen Rang. Die Beurteilung der deutschen Romanüberlieferung wurde noch dadurch erschwert, daß sie lange im Zeichen des persönlichkeitsbewußten Erziehungs- und Bildungsromans gestanden hat und nur zögernd eine besondere Form des Zeitromans zur Geltung brachte. Es mochte dann scheinen, als habe sie zur Entfaltung des neuzeitlichen Wirklichkeitsbewußtseins kaum etwas beigetragen.[1]

[1] Vgl. E. Auerbach: Mimesis. Dargestellte Wirklichkeit in der abendländischen Literatur. Bern 1946. Das Buch schildert die Geschichte der literarischen Eroberung der modernen Wirklichkeit. Es greift weit zurück und weiß in eindringlichen Interpretationen die ganz verschiedenen Auffassungs- und Darstellungsweisen zu verdeutlichen, mit denen seit der Antike und dem Mittelalter die alltägliche Wirklichkeit des gesellschaftlichen Lebens zur Geltung gebracht wurde. Aber je mehr Auerbach sich dem 19. Jahrhundert nähert, um so mehr scheint er geneigt, die Wirklichkeitsdarstellung des französischen Romans als beispielgebend anzusehen, so daß demgegenüber die deutschen Erzähler sehr in den Hintergrund treten. (409. 431. 457 ff.) — Zur Kritik an Auerbach und zur Problematik des Realismus-Begriffs vgl. Richard Brinkmann: Wirklichkeit und Illusion, Tübingen 1957, bes. 58 und 78. Es handle sich sowohl um die Frage der 'objektiven' Wirklichkeit wie die der Möglichkeit und Art ihrer 'Objektivation' in der Dichtung. B. unterscheidet damit in aufschlußreicher Weise die Frage, was in der Dichtung von objektiver Wirklichkeit zu finden sei, von der eigentlich dichtungsgeschichtlichen nach einer Strukturform, die den Namen 'realistisch' verdient. Aber ob nicht bei solcher Begriffsklärung die europäische

Man wird zugestehen können, daß die deutschen Erzähler um die Darstellung der gesellschaftlichen Wirklichkeit im Sinne Stendhals oder Flauberts zunächst kaum bemüht sind und daß erst im naturalistischen Roman um 1900 die soziale Analyse auch in Deutschland in den Vordergrund drängt. Es stellt sich aber die Frage, ob nicht der deutsche Roman eine andere, ebenfalls wichtige Seite des modernen Wirklichkeitsverhältnisses zur Geltung gebracht hat. Gewinnt nämlich der französische Roman durch die Beobachtung des Menschen in seinem Verhältnis zum politisch-ökonomischen Geschehen einen analytischen und psychologischen Charakter, so gehen die deutschen Erzähler viel stärker von der subjektiven Erfahrung aus und durchforschen den Raum der Erinnerung. Der sachliche Beobachter verharrt in einer größeren Distanz zum Dargestellten, um den verborgenen Motiven nachzuspüren; die erinnernde Erfahrung dagegen sucht die menschlich-persönliche Bedeutung der begegnenden Wirklichkeit festzuhalten. Offenbar sind diese beiden Pole der subjektiven Selbsterfahrung und der gegenständlichen Beobachtung für den modernen Wirklichkeitssinn gleich wichtig; so haben sich schließlich auch beide Formen des Romans gegenseitig befruchtet. Schon im frühen 19. Jahrhundert begannen auch in Deutschland die ersten Bemühungen um den Zeitroman, die zu bedeutsamen Werken führten. Auf welche Weise Fontane diese Versuche zu einer eigenen Romanform weiterentwickelte, soll unsere eigentliche Frage sein.

Zwischen 1880 und 1890 mehren sich die Anzeichen, daß die deutsche Literatur aus dem Bannkreis der Goethezeit herausstrebt. Im Sinne Nietzsches treten Geist und Leben in eine veränderte Zuordnung, sei es mit Hilfe naturalistischer oder symbolistischer Parolen. Neben den tastenden Versuchen einer jungen Generation gewinnen Fontanes Romane durch die überlegene Beweglichkeit und unpathetische Wachheit ihrer Prosa eine besondere Bedeutung.

Diskussion — vor allem bei den Franzosen — im Blick bleiben müßte? Das Problem einer 'realistischen' Dichtung wird in der Neuzeit offenbar bestimmend, sofern sie sich durch eine wissenschaftlich erforschbare und objektivierbare Wirklichkeit auch des gesellschaftlichen Daseins zugleich in Frage gestellt und herausgefordert sieht.

Erst als Sechzigjähriger ließ er seinen ersten Roman erscheinen. Er
fühlte sich dabei als Anwalt der 'realistischen Bewegung' und verteidigte als Vertreter einer viel älteren Generation die Bemühungen
der Jungen, der 'naturalistischen Schule'. Als 1889 Gerhart Hauptmanns ›Vor Sonnenaufgang‹ die Gemüter erschreckte, war Fontane
einer der wenigen, die die Bedeutung des Neuen öffentlich rechtfertigten; er rühmte nicht nur das „große" und „seltene Talent" dieses
„wirklichen Hauptmanns der schwarzen Realistenbande", sondern
wußte „ein stupendes Maß von Kunst" in diesem Stück zu finden,
„das dem Laien einfach als abgeschriebenes Leben erscheint".[2] Es sei
ein völlig entphraster Ibsen".[3] Und entsprechend sagte er 1890 über
die „Freie Bühne": „Ich verfolge all diese Erscheinungen mit dem
größten Interesse und finde, die Jugend hat recht. Das Überlieferte
ist vollkommen schal und abgestanden."[4] Dieser so ironische und
skeptische Alte, dessen Erzählungen den märkischen Adel besonders
liebenswert erscheinen ließen, konnte 1896 im Hinblick auf eine
englische Arbeiterzeitung sagen:

„Die neue, bessere Welt fängt erst beim vierten Stande an ... Das
was die Arbeiter denken, sprechen, schreiben, hat das Denken, Sprechen und Schreiben der altregierenden Klassen tatsächlich überholt.
Alles ist viel echter, wahrer, lebensvoller."[5]
In solchen Äußerungen kam es ihm nicht so sehr auf eine politische
Stellungnahme an, als vielmehr auf die ihm wesentliche Betrachtungsweise literarischer und gesellschaftlicher Vorgänge: es wird auf
eine zeitliche bedingte Einheit von Denken und Sprechen geachtet,
die über das Verhältnis des Alten zum Neuen ebenso entscheidet
wie über das der Kunst zur Phrase: das neue Wahre ist zugleich
das Lebensvoll-Dichterische und umgekehrt.

---

[2] Vgl. Fontane, Briefe an seine Familie, hrsg. von K. E. O. Fritsch, 2 Bde.
1905, zitiert als Briefe I, und Briefe hrsg. von O. Pniower und P. Schlenther, 2 Bde. 1910, zitiert als Briefe II — 14. Sept., 10. und 22. Okt. 1889;
Briefe I 2, 232 und Briefe II 2, 222.

[3] Briefe II 2, 250.

[4] Vgl. Fontane, Briefe an G. Friedlaender, hrsg. von K. Schreinert, 1954,
zitiert als Friedlaender-Briefe — 29. 4. 1890, 124.

[5] 22. 2. 1896; Briefe II 2, 380.

Man hat sein so persönlich geprägtes und überraschend hervortretendes Werk oft mit einer gewissen Verlegenheit betrachtet. Mit bestimmten literarischen Strömungen läßt es sich schlecht in Verbindung bringen; die üblichen literarhistorischen Epochenbegriffe wollen nicht recht passen. Es genügt aber auch nicht, seine dichterische Eigenart mit seiner Abstammung von französischen Hugenotten in Zusammenhang zu bringen und aus seinem 'romanischen' oder 'französischen Geisteserbe' zu erklären. Das bleibt eine Verlegenheitsauskunft, deren faktische Bedeutung schwer zu bestimmen ist und die die näher liegenden Fragen nur zu leicht verdeckt. Denn die poetischen Neigungen haben Fontane schon seit seiner frühen Jugend begleitet und brachten ihn mit der deutschen literarischen Situation in Austausch, seitdem er 1843 in Verbindung mit jener Berliner literarischen Gesellschaft kam, die als „Tunnel über der Spree" bekannt wurde. Wie dann aus dem Balladendichter der Journalist, der Berichterstatter über England und dann über die deutschen Einigungskriege wurde, wie die ›Wanderungen durch die Mark‹ die Romane vorbereiteten, all das ist in seinen Zusammenhängen und Motiven noch zu wenig erforscht und würde erst die eigene Konsequenz des Fontaneschen Weges sichtbar machen. Seine dichterische Leistung will als Ergebnis einer langen und oft sorgenvollen Entwicklung, einer geistigen Auseinandersetzung mit den Anforderungen der Epoche verstanden sein. Wir wollen diesen Weg nicht nachzeichnen, sondern uns an das Ergebnis halten und fragen, wie Fontane die gesellschaftliche Situation seiner Zeit gesehen hat, welche Möglichkeiten er für den Zeit- und Gesellschaftsroman gewinnt und in welcher Weise er sich damit den bisherigen Formen eines deutschen Zeitromans zuordnet.

Der Plan, einen Roman zu schreiben, reicht bei Fontane weit zurück. Wenn er mit der Ausführung zögert, steht dahinter die Frage, wie ein solches Buch dichterische Bedeutung gewinnen und „länger als ein Leitartikel oder eine Theaterrezension" leben kann.[6] Schon 1866 schreibt er über seine Erwartungen von seinem ersten Werk, ›Vor dem Sturm‹, das erst 1878 erschien:

„Ohne Mord und Brand und große Leidenschaftsgeschichten hab ich mir einfach vorgesetzt, eine große Anzahl märkischer ... Figuren

---

[6] 22. 8. 1874; Briefe I 1, 227.

aus dem Winter 1812 auf 1813 vorzuführen ... Es war mir nicht um
Konflikte zu tun, sondern um Schilderung davon, wie das große
Fühlen, das damals geboren wurde, die verschiedenartigsten Menschen vorfand, und wie es auf sie wirkte."[7]
Es geht ihm also von Anfang an um den Zusammenhang der Menschen mit einer geschichtlich bestimmten Situation und insofern um
die Bedeutung der Zeit. Seine Formulierung erinnert an entsprechende Kennzeichnungen Immermanns, der gelegentlich sagt, er möchte
in seinen Romanen zeigen, wie die allgemeine Geschichte durch das
Individuum hindurchzog.[8] Die die Romane bestimmende Thematik
entspricht sich bei beiden trotz aller Unterschiede in der Durchführung.

Immermann war zum ersten bedeutsamen Vertreter eines deutschen Zeitromans geworden, weil er seine eigenen Erfahrungen während und nach den Napoleonischen Kriegen aus der Verflechtung
mit den Zeitereignissen heraus zu begreifen suchte. Er war darauf
aufmerksam geworden, wie sehr die persönlichen Erwartungen und
Schicksale durch geschichtliche Situationen bestimmt werden. Er verstand das Individuum als ein Kampffeld alter und neuer Zeit, dessen Erfahrungen und Entscheidungen selber geschichtliches Gewicht
gewinnen, und stellte in seinen Romanen nur immer die Frage: In
welcher Zeit leben wir? Welche geschichtlichen Schicksale haben uns
bestimmt? Seine Gestaltungskraft zeigt sich viel weniger in der Charakterzeichnung oder der Handlungsentwicklung als vielmehr in der
Erfindung von kennzeichnenden Situationen, die die Kräftelagerung
der Epoche erkennen lassen. Er weiß die Zeitsituation durch wider-
spruchsvolle Bilder und kühn pointierte Arabesken fühlbar zu ma-

---

[7] 17. 6. 1866; Briefe II 1, 245.

[8] Vgl. Gustav zu Putlitz: Karl Immermann. Sein Leben und seine Werke, aus Tagebüchern und Briefen zusammengestellt, 2 Bde., 1870; Bd. 2,
121: „Vielfach keimte in diesen Zeiten in mir der Gedanke, meine Lebens-
erinnerungen aufzuschreiben, welche insofern einen eigenen Charakter haben, als fast jede meiner Lebensentwicklungen mit einer großen historischen
Weltwendung zusammenfiel und durch das Individuum gewissermaßen die
allgemeine Geschichte hindurchzog." Siehe ferner Immermann, Memorabi-
lien: „Ich werde nur erzählen, wo die Geschichte ihren Durchzug durch
mich hielt." (Werke, hrsg. von H. Maync, Bd. 5, 239)

chen und dadurch dem Zeitroman dichterisches Leben zu geben. Wenn er sich dabei der Mittel des Witzes und der Ironie bedient, so wirkt dieser Witz doch nicht nur als Gedankenspiel; vielmehr sucht er das zu greifen, was die Zeit selbst auf so eigentümliche Weise gemischt hat. So weist die Darstellung auf den fühlbaren Riß im Gefüge der Epoche hin und mahnt zur Selbstbesinnung. Fontane nimmt auf seine Weise die bei Immermann sichtbar gewordene Thematik des Zeitromans wieder auf, ohne sich freilich mit dessen Darstellungsform eines 'Romans in Arabesken' zufriedengeben zu können. Er bewältigt das für den Zeitroman typische darstellerische Problem, indem er den Menschen auf seine Zeitlichkeit zurückbezieht.

Der Roman findet sein eigentliches Thema wohl immer erst dadurch, daß er den Menschen in einem ihn umfangenden Geschehen zeigt, das auf seine Bewußtseinslage zurückwirkt; auch die Gesellschaftsanalyse wird erst bedeutsam, wenn sie sinnenfällig macht, wie der Mensch dem Geschehen ausgesetzt ist. Im Erzählen wollen die zugehörigen Bewußtseinsvorgänge jeweils neu entdeckt sein; sie geben dem Roman sein unerschöpfliches Thema. Wenn es von den gesellschaftlichen Zeitvorgängen her faßbar werden soll, entstehen besondere Schwierigkeiten. Die Zeit als solche entzieht sich dem Zugriff; sie ist in sich widerstreitend, vieldeutig und in ständiger Bewegung. Ihre Darstellung gelingt am ehesten dem Historiker, der sich auf den Motivationszusammenhang der Ereignisse richtet, aber deshalb das einzelmenschliche Geschick vernachlässigen muß. Den Erzähler dagegen beschäftigt gerade umgekehrt die Bedeutung der Zeitereignisse für den Menschen. Er kann eine Zeit nur dadurch zur Darstellung bringen, daß er sich von den persönlichen Situationen und Konflikten aus sichtbar macht. Damit droht er aber sein eigenes Verfahren wieder zu entwerten. Die dargestellten Figuren, die doch in sich lebendig und bedeutsam sein sollen, scheinen nur noch als Vertreter bestimmter Zeitkräfte wichtig zu sein und müssen derart zusammengeordnet werden, daß sie ein gewisses Totalbild der Zeit ergeben. Es soll ein Wechselverhältnis von Zeitbild und Menschenbild entstehen, das das Eigenrecht der Individualität aufzuheben droht und nach Darstellungsmitteln suchen läßt, die auf die zeittypischen, überpersönlichen Zusammenhänge hinzuweisen vermögen. Das Formgesetz

des Zeitromans scheint erst dann bewältigt zu sein, wenn die wechsel-
seitige Erhellung von Zeit und Mensch glückt und die Zeit so auf
den Einzelnen zurückweist, wie dieser auf die Zeit. Immermann
steigerte deshalb die Situationen und Motive zu Arabesken und
Hieroglyphen des Zeitgeschehens; er mischte das Realistische und
das Phantastische so witzig, wie es der abenteuernde Zeitgeist mit
den gegensätzlichen Zeitgestalten selber zu tun liebte. Er bediente
sich noch ähnlicher Mittel wie der romantische Roman, der den Zusammenhang des Menschen mit den überpersönlichen Mächten des
Geistes und Schicksals durch Symbole und hieroglyphische Zeichen
erläuterte. Aber diese Form verhinderte es offenbar, daß Immermanns Romane in Deutschland Schule machten, und so wurde sie
auch von Fontane nicht wieder erneuert. Ihn bestimmte statt dessen
ein neues Verhältnis zur Prosa des Alltags; im Miteinanderreden
der Figuren mußte zugleich ihre Gesellschaftssituation faßlich werden.

Denn inzwischen war mit dem Hervortreten der sog. Jungdeutschen ein neues Element in der deutschen Literaturentwicklung zur
Geltung gekommen, das besonders auf die Erwartungen vom Roman zurückzuwirken begann. Wenn bei ihnen alles Dichten sich nur
durch die Berufung auf das 'Leben' und die 'Wirklichkeit' rechtfertigen konnte, so sah es sich damit in neuer Weise auf die politisch-
sozialen Zustände und Aufgaben verwiesen. Es trat gewissermaßen
ein neuer Partner in die ästhetischen Diskussionen ein, sofern nach
dem Verhältnis von Literatur und Gesellschaft gefragt wurde. Es
ging nicht mehr allein um die Naturwahrheit der dichterischen Darstellung im Sinn ihrer menschlichen Bedeutsamkeit, sondern wesentlicher wurde ihre gesellschaftlich-politische Wirksamkeit. Es mag
offenbleiben, ob die Jungdeutschen schon echte Gestaltungskräfte
außer auf dem Felde der literarischen Parodie und Satire zur Geltung bringen konnten, ob sie nicht die Literatur vor allem den politischen Tendenzen dienstbar machten und den Journalismus zu einer
selbständigen Macht entwickelten. Aber trotz der fühlbaren Schranken ihrer Bemühungen entstand doch durch die Begegnung von
Literatur und Gesellschaft eine neue Situation von ständig wach-
sender Bedeutung, die vor allem der Ausbildung der Prosa zugute
kam.

Die 'Emanzipation der Prosa' hat z. B. Theodor Mundt in der ›Kunst der deutschen Prosa‹ 1837 als entscheidende Aufgabe der modernen Literatur bezeichnet, nicht nur in dem Sinn, daß der Roman als bevorzugte Gattung erscheint, sondern vor allem so, daß alles Dichten als Aussprache der das gesellschaftliche Leben bestimmenden Gedanken verstanden wird. Bei ihm heißt es:

„Das Verhältnis der deutschen Sprache zum wirklichen Leben ist noch ein unausgebildetes... Unsere Sprache fühlt und gebraucht ihre tiefsten Lebenskräfte in der Ausarbeitung unseres ideellen Menschen, sie ist ein Monolog unserer Gefühle... Aber in alle die äußerlichen Verbindungen unserer Wirklichkeit ist sie uns bis jetzt so verdrossen und nachlässig gefolgt."

Das öffentliche Leben, die gesellschaftliche Wirklichkeit soll fortan dem Gedanken und damit auch der Sprache die Richtung weisen, so daß sie nur noch als sachnahe Prosa berechtigt zu sein scheint. Die Erwartung, die Literatur in ein möglichst unmittelbares Verhältnis zum Leben, zur Wirklichkeit und den gesellschaftlichen Zuständen bringen zu können, führt zur Rechtfertigung einer gedanklich bestimmten realistischen Prosa, die auf dieses Leben zurückzuwirken vermag; das Eigenrecht der Dichtung droht demgegenüber zu versinken. Es ist nur folgerecht, daß man sich dem Journalismus zuwendet und hier die neuen Aufgaben ergreift.

Damit erhebt sich aber die Frage, ob unter dem Anruf des gesellschaftlichen Lebens nur die Hinwendung zu den sozialkritischen Wirkungsmöglichkeiten der Prosa für die Dichtung übrigbleibt oder ob ihr durch die Verbundenheit des Menschen mit seiner Zeit und bestimmten gesellschaftlichen Situationen eine besondere und eigenständige dichterische Aufgabe zufällt. Die Art, wie die Zeitbedingtheit der Menschen sich in ihrem Sprechen enthüllt, kann offenbar der Prosa eine über die aktuelle Wirkung hinausgreifende, erzählerische Bedeutung geben. Es ist Fontanes Leistung, daß er dem Zeitroman eine eigene Gestalt zu geben wußte, nachdem er als Journalist die Möglichkeiten der gesellschaftlich bezogenen Sachprosa sich angeeignet hatte, um dann in der Gesprächssituation der gesellschaftlich gebundenen Menschen ihr Verhältnis zur Zeit zu entfalten. Sein Urteil über Gutzkow, dem er eine relative Bedeutung nur für die literarischen Bemühungen der dreißiger Jahre des 19. Jahrhunderts zuzugestehen vermag, ist durch die Unterscheidung zwischen dem Journalisten und Dichter kennzeichnend für seine eigene Einstellung: „Er war ein brillanter Journalist, der sich das ‚Dichten' angewöhnt hatte und es ähnlich betrieb wie Korrespondenzen und Tagesartikelschreiben."[9] So wird zu klären sein, in welchem Sinn Fontane dem Zeitroman trotz des gesellschaftlich-aktuellen Bezugs eine eigentlich dichterische Aufgabe stellt.

Seine Werke gewinnen menschliche Fülle und Lebendigkeit, weil sie nicht nur Zeitsituationen reproduzieren wollen, sondern nach der Zeitlichkeit des Menschen fragen und sich nicht mit der Vertretung bestimmter Zeittendenzen begnügen. Die meisten Vertreter eines Zeitromans in Deutschland versuchten umsonst, dem Zeitthema eine allgemeinere Bedeutung zu geben. Sie suchten entweder zu direkt als Anwalt bestimmter Zeittendenzen zu sprechen oder vertrauten überkommenen poetischen Motiven, ohne sie aus den bedrängenden Zeitvorgängen selbst zu entwickeln. Gutzkows ›Ritter vom Geiste‹ (1850) wollten zwar ausdrücklich ein „Panorama unserer Zeit" entwerfen. Aber da der Erzähler sich als einer der „Missionäre der Freiheit und des Glaubens an die Zeit" fühlt, bewältigt er die Auseinandersetzung zwischen alter und neuer Zeit mehr propagandistisch als dichterisch. Demgegenüber bemühte sich Gustav Freytag in seinem Roman ›Soll und Haben‹ von 1855, sein „Verständnis der Zeit" in einer „poetischen Erzählung" auszusprechen; er möchte vermeiden, daß sich die „Tendenz in den Vordergrund" drängt und lieber die „Muse der Poesie" als alleinige Herrin gebieten lassen, wie er in den ›Erinnerungen aus meinem Leben‹ 1887 sagt. Durch diese Alternative von Tendenz oder Poesie droht die dem Zeitroman eigene Thematik zu verflachen und nur noch als Verlangen nach Aktualität oder kulturhistorischem Kolorit wirksam zu werden.

Bei Friedrich Spielhagen, dessen ›Problematische Naturen‹ 1861/ 62 erschienen, tritt der Romanschreiber zudem noch in Wetteifer mit dem naturwissenschaftlichen Beobachter. In seinen ›Beiträgen zur Theorie und Technik des Romans‹, 1882, heißt es, daß die epische Phantasie den Menschen so sehen soll, wie ihn die moderne Wissenschaft auch sieht, nämlich „auf dem Hintergrunde der Natur und in

---

[9] 29. IV. 73; Briefe II 1, 306 und 17. XII. 78; ebd. 400.

der Abhängigkeit von den Bedingungen der Kultur". Der Zeitroman soll deshalb die sozialen Voraussetzungen unter der „Observanz des Gesetzes der Objektivität" zur Geltung bringen und „den Stoff in eine ganz bestimmte Zeit verlegen". Die dichterischen Möglichkeiten werden einer vermeintlichen wissenschaftlichen Objektivität aufgeopfert. Erst bei Fontane können wir wieder in einem bedeutsamen und gewichtigen Sinn von einem Zeitroman sprechen, weil bei ihm der Mensch in seiner Zeitlichkeit zum bestimmenden Thema wird. Auch für ihn gibt es keine isolierten poetischen Motive mehr und so sagt er: „Für die ‚reine Schönheit' haben die Menschen allerorten den Sinn verloren; sie grenzt immer an Langeweile."[10] Aber gegen Spielhagens Forderung der erzählerischen Objektivität gibt er zu bedenken, daß es mitunter schwer festzustellen sein wird, „wo das Hineinreden beginnt": der Schriftsteller müsse doch als er selber eine Menge tun und sagen, auch wenn er sich des Urteilens und Predigens enthält.[11]

Man könnte vielleicht zu der Vorstellung neigen, daß Fontane es nur darauf angekommen sei, einen bestimmten Lebenskreis mit seinen besonderen gesellschaftlichen Situationen zu schildern. Sein Realismus bestünde dann darin, daß er ein Bild der märkischen Landschaft, des preußischen Adels und Berliner Bürgertums in der Reichsgründungszeit gegeben hat. Der Zeitroman würde sich mit der Reportage von Zeitzuständen begnügen und damit in seiner dichterischen Bedeutung fragwürdig bleiben. Gewiß hat Fontane sich als ein wacher Beobachter gesellschaftlicher Verhältnisse gefühlt und sich in langen Jahrzehnten eine reiche Anschauung von seiner Umwelt erworben. So hat er auch gelegentlich einer Besprechung von Gustav Freytags ›Die Ahnen‹ die Aufgaben des modernen Romans dahin erläutert, daß er im Unterschied zum romantischen wie zum historischen Roman „ein Bild der Zeit" sein sollte, „der wir selber angehören"; der Zeitroman als 'Zeitbild' scheint sich darauf beschränken zu können, das einer Zeit zugehörige Leben widerzuspiegeln.[12] Aber

[10] 22. II. 96, Briefe II 2, 380.

[11] 15. II. 96, ebd. 373,

[12] Vgl. Aus dem Nachlaß von Theodor Fontane, hrsg. von J. Ettlinger, ²1908, 241 f.

dichterischen Rang gewinnen seine Romane doch erst durch die besondere Art, wie sich sachliche Beobachtung, menschliche Anteilnahme, ironische Skepsis und Kulturkritik miteinander verbinden und in einer Prosa zur Geltung kommen, die fast ganz auf jede direkte Aussage verzichtet, dafür aber im Reden der Figuren ihr individuelles Verhältnis zur Zeit faßlich macht.

Je weniger Fontane in seinen Romanen mit seinen Gedanken und Erwartungen hervortritt, je mehr er sich mit der Haltung des Wissenden und Eingeweihten begnügt, der die Figuren, Motive und Konflikte für sich sprechen läßt, um so nützlicher ist es freilich, zunächst nach den ihm wesentlichen Vorstellungen und Absichten zu fragen, wie er sie in seinen Briefen kennzeichnet. Vor allem seine Briefe an Georg Friedlaender, die seit 1884 seine Romanproduktion begleiteten, lassen erkennen, mit welcher inneren Freiheit er den herrschenden Lebensformen gegenüberstand, wie er die Zeitgebundenheit des Menschen auffaßte und die darstellerische Aufgabe auf ein eigenberechtigtes ästhetisches Verhalten bezog.[13] Der Austausch mit dem Freunde war ihm wichtig, weil dieser ihm mancherlei Einblicke in gesellschaftliche Zustände und Vorfälle gab, ihm von Vertretern der herrschenden Schichten berichtete und ihn dadurch nötigte, sich über sein Verhältnis zu den überkommenen Ansprüchen des Adels klar zu werden. Er schreibt ihm:

„Ganz besonders interessieren mich immer die Mitteilungen aus dem High-life . . . Alles was der Zeitgeschichte dient und zugleich Aufschluß über wirkliche oder prätendierte ‚höhere Menschenseelen' gibt, hat einen ganz besonderen Reiz für mich."[14]

So lassen die Briefe etwas von dem Verhältnis erkennen, in dem seine Romane zur Lebenswirklichkeit seiner Zeit stehen, vor allem aber in welcher Weise er ihr gegenüber jene Unabhängigkeit gewinnt, um zwischen politisch-moralischem und ästhetischem Urteil unterscheiden zu können.

---

[13] Fontane hatte den in Schmiedeberg am Riesengebirge wohnenden Amtsrichter Friedlaender auf einer Ferienreise nach Krummhübel kennengelernt und seitdem mit ihm bis zu seinem Tode 1898 einen eifrigen Briefwechsel gepflegt, der erst 1954 von Kurt Schreinert herausgegeben wurde.
[14] Friedlaender-Briefe, 114; 25. II. 91.

Die bitterste Kritik an der politischen und sozialen Haltung des Adels geht mit einer ästhetischen Hochschätzung seiner einzelnen Vertreter Hand in Hand. Er spricht im Hinblick auf die literarische Uninteressiertheit des Adels von der „die feineren Dinge des Lebens betreffenden Beschränktheit" in den oberen Gesellschafts- und Regierungskreisen, die den „Verkehr mit diesen vielfach ausgezeichneten Menschen mehr oder weniger unerquicklich macht".[15] Er meint: „Mit dem Adel, hohen und niederen, bin ich fertig."[16] Es sei ihm klargeworden, „daß diese Form in die moderne Welt nicht mehr paßt, daß sie verschwinden muß und jedenfalls, daß man in ihr nicht leben kann".[17] „Der Prozentsatz der Ungebildeten ist zu groß."[18] Er sieht in den Vertretern des Adels eine Gefahr für das öffentliche Leben. In bezug auf einen Prinzen Reuß sagt er:

„Solche Personen haben eigentlich nur noch ein Recht, als privateste Privatleute zu existieren . . . Daß wir jetzt einen so schrecklich zurückgebliebenen Eindruck machen, hat darin seinen Grund, daß Tausende solcher aus der Steinzeit stammenden Persönlichkeiten herumlaufen, mit deren Anschauungen und in Egoismus wurzelnden Einbildungen die Regierung rechnen muß oder wenigstens nicht brechen will."[19]

So fällt er sein Urteil:

„Die Welt hat vom alten Adel gar nichts, es gibt Weniges, was so aussterbereif wäre wie die Geburtsaristokratie; wirkliche Kräfte sind zum Herrschen berufen, Charakter, Wissen, Besitz, — Geburtsüberlegenheit ist eine Fiktion und wenn man sich die Pappenheimer ansieht, sogar eine komische Fiktion."[20]

Er schilt über die „Borniertheit" und meint:

„Die Bülows und Arnims sind zwei ausgezeichnete Familien, aber wenn sie morgen von der Bildfläche verschwinden, ist es nicht bloß für die Welt (da nun schon ganz gewiß), sondern auch für Preußen und die preußische Armee ganz gleichgültig und die Müllers und

[15] Ebd., S. 114; 14. IX. 89.
[16] Ebd., S. 129; 29. V. 90.
[17] Ebd., S. 133; 2. IX. 90.
[18] Ebd., S. 191; 12. X. 92.
[19] Ebd., S. 246; 27. XII. 93.
[20] Ebd., S. 250; 1. II. 94.

Schultzes rücken in die leergewordenen Stellen ein. Mensch ist Mensch."[21]

Oder er sagt:

„Es gibt entzückende Einzelexemplare..., aber der ‚Junker‘, unser eigentlichster Adelstypus, ist ungenießbar geworden ... Eine schaudervolle Mischung von Borniertheit, Dünkel, Selbstsucht erfüllt die ganze Sippe."[22]
Sie seien unfähig, Individuen richtig einzuschätzen. Und schließlich heißt es:

„Preußen — und mittelbar ganz Deutschland — krankt an unseren Ost-Elbiern. Über unseren Adel muß hinweggegangen werden; man kann ihn besuchen, wie das ägyptische Museum ..., aber das Land ihm zu Liebe regieren, in dem Wahn: dieser Adel sei das Land, — das ist unser Unglück."[23]
Wenn man diese Urteile Fontanes sammelt, meint man einen Sozialrevolutionär zu hören, als könnte seine Schriftstellerei nur der Anklage und Satire dienen, als sollte der Zeitroman zum politischen Aktivismus aufrufen.

Aber offenbar ist das Verhältnis zwischen sozialkritischer Gesellschaftsanalyse und dichterischer Darstellung bei Fontane verwickelter und perspektivenreicher. Er spricht im Augenblick der Anklage zugleich von seiner alten Liebe zum Adel und begründet sie mit dessen Bedeutung für seine Schriftstellerei. Für diese „merkwürdigen Gewächse" bleibt eine „nach der ästhetischen und novellistischen Seite hin liegende Vorliebe"[24] bestehen, auch wenn Verstand, Rechtsund Selbstgefühl sich dagegen auflehnen. Es behauptet sich der „novellistische Reiz"[25] bei noch so fragwürdigen Gestalten. „Allem Aristokratischen, auch wenn es schon einen kleinen Stich hat, wohnt ein mich ästhetisch befriedigendes Element inne, das mich momentan ganz gefangen nimmt."[26] Es sei ihm für sein „Metier" von Vorteil

---

[21] Ebd., S. 254; 12. IV. 94.
[22] Ebd., S. 255; 14. V. 94 und S. 301; 14. VIII. 96.
[23] Ebd., S. 310; 5. IV. 97.
[24] Ebd., S. 133; 2. IX. 90.
[25] Ebd., S. 165; 14. XII. 91.
[26] Ebd., S. 171; 12. II. 92.

gewesen, den Landadel kennengelernt zu haben.[27] „All diese Personen und Institutionen finde ich novellistisch und in einem ‚Zeitbilde'
wundervoll."[28] Und selbst vom Junker heißt es: „Als Kunstfigur
bleibt er interessant und Historiker und Dichter können sich freun,
daß es solche Leute gab und gibt; sie haben einen Reiz wie alles
Scharfausgeprägte."[29] Freilich behält auch dieses Lob einen skeptischen Klang; denn „das high life ist interessant, nicht weil es an und
in sich sehr interessant wäre, sondern weil es high life ist"[30]. So ist
Fontane stets bereit, zwischen politisch-sozialer und künstlerisch-
ästhetischer Beurteilung des Adels zu unterscheiden.

Es stellt sich damit die Frage, in welcher Weise er diesen Unterschied rechtfertigt, wenn er doch der realistischen Bewegung nach-
rühmt, daß sie „den Geschmack dem Alten, Abgestandenen, Phrasenhaften abgewendet" habe und also die Flucht in eine künstlich
poetisierte Welt verhindert.[31] Das ästhetische Interesse am Adel muß
sich auf ein ihm Zugehöriges und Echtes richten, das trotz der politischen Kritik bestehen bleibt. Der Adel wird erst novellistisch bedeutsam, weil sich an ihm und durch ihn die Situation des der Zeit verhafteten Menschen enthüllt. Es geht nicht mehr um eine absolute
Norm; die Frage nach gut oder böse, richtig oder falsch im Verhalten
des Adels führt zu der Einsicht, daß die Wahrheit des Menschseins
nicht von ihrer zeitlichen Bestimmtheit abzulösen ist. So schätzt
Fontane die Berichte seines Freundes in dem Maße, wie sie als
„signatura temporis" gelten können.

Das läßt sich eindrucksvoll an einer Episode beobachten, durch die
Friedlaender selber in besondere Ungelegenheiten kam und die Fontane als Zeichen des um sich greifenden Byzantinismus und Militarismus auffaßte. Friedlaender hatte als Leutnant der Reserve am
Krieg teilgenommen und 1886 seine Erinnerungen ›Aus den Kriegstagen 1870‹ veröffentlicht. Dabei hatte er auch von einer wenig
militärischen Begegnung zwischen ihm als einem verschlafenen

[27] Ebd., S. 173; 28. II. 92.
[28] Ebd., S. 254; 12. IV. 94.
[29] Ebd., S. 255; 14. V. 94.
[30] Ebd., S. 324; 14. VII. 98.
[31] Ebd., S. 141; 8. I. 91.

Wachoffizier und dem kontrollierenden Oberst erzählt, der über die
Antwort seines Leutnants „verblüfft" war. Diese eine Bemerkung
sollte nun dem Erzähler einen Ehrengerichtshandel eintragen. Solch
groteske Wirkung eines harmlosen Wortes betrachtete Fontane durchaus als Zeitsymptom, das das Verhältnis von Gesellschaft und Person, von Anmaßung und echter Würde zu erkennen gibt:

„Für solche rein persönlichen Aufzeichnungen soll ich einem militärischen Gerichtshof oder einem Ehrengericht verantwortlich sein?
Unsinn. Ich finde, daß Staat und Behörden auf dem Punkt stehen,
in ihrem Übereifer sich beständig zu blamieren."[32]

„Daß man als freier Mann, auch wenn man noch so lange des
Königs Rock getragen, das Recht haben muß, so schreiben zu dürfen,
wie Sie geschrieben, das ist mir klar und wenn staatlicherseits das
bestritten werden sollte, so tut mir der Staat leid."[33]
Fontane fragt: „Sind wir in den Händen von Werbe-Offizieren oder
im Schutze freiheitlicher, uns unser Recht und unsere Würde garan-
tierender Gesetze?" Er spricht von einem „nie dagewesenen Byzantinismus" und von „des Militarismus Maienblüte". An die Stelle
selbständigen Denkens sei „Salamanderreiben und Nachplapperei"
getreten.[34] So sucht er im besonderen Ereignis das Typische einer
Zeitsituation, die die Wahrheit des Menschseins bedroht:

„Wenn Sie ... den Fall als signatura temporis und nicht als bloß
möglich in Preußen, sondern auch als charakteristisch für Preußen
ansehn, so muß man, und Sie mit, als Patriot und Mensch blutige
Thränen weinen ... Da war die Inquisition nichts dagegen ... Vor
Gericht seine Ehre einzubüßen, weil man nach 17 Jahren erzählt,
ein dämlicher Oberst habe ‚verblüfft' ausgesehn, das ist unerhört."[35]
Er faßt schließlich zusammen:

„Ich werde täglich an Ihre Ehrengerichtsgeschichte erinnert; freie
Menschen von natürlicher unbefangener Empfindung gibt es nicht
mehr; alles steckt, zum Teil ohne es zu wissen, in Staatspatentheit
und Offiziosität."[36]

[32] Ebd., S. 61; 8. XI. 86; vgl. Anm. S. 339 und 344.
[33] Ebd., S. 68; 19. II. 87; vgl. S. 88.
[34] Ebd., S. 70; 3. IV. 87.
[35] Ebd., S. 84; 7. XII. 87.
[36] Ebd., S. 98; 5. X. 88.

Im Hinblick auf solche, ihm durch Friedlaender vermittelten Geschichten heißt es:

„Je mehr wir verassessort und verreserveleutnantet werden, je toller wird es."[37]

„Alles, was jetzt bei uns obenauf ist,... ist mir grenzenlos zuwider: dieser beschränkte, selbstsüchtige, rappschige Adel, diese verlogene oder bornierte Kirchlichkeit, dieser ewige Reserveoffizier, dieser greuliche Byzantinismus."[38]

Die Kritik am Adel führt zur Kritik an der Zeit und ihrem gesellschaftlichen Verhalten weiter, so daß das Phänomen der Zeitlichkeit des Menschen dringlich wird.

Für die in den Friedlaender-Briefen begegnenden Urteile lassen sich denn auch in den Romanen mancherlei Entsprechungen finden, nur daß sie dort mit der jeweiligen Situation verknüpft und den Figuren in den Mund gelegt werden, denen solche Äußerungen zuzutrauen sind. In dem ersten Roman ›Vor dem Sturm‹ ist es der polnische Graf Bninski, der seine Meinung über den preußischen Adel mit äußerster Schärfe formuliert: „‚Und was herrscht nun hier? Der Vorteil, der Dünkel, die großen Worte!'... ‚Denn alles, was hier in Blüte steht, ist Rubrik und Formelwesen, ist Zahl und Schablone, und dazu jene häßliche Armut, die nicht Einfachheit, sondern nur Verschlagenheit und Kümmerlichkeit gebiert... und dabei die tiefeingewurzelte Vorstellung, etwas Besonderes zu sein. Und woraufhin? Weil sie jene Rauf- und Raublust haben, die immer bei der Armut ist." (Kap. LII) Wohl betont Bninski, daß er nur die „Rückseite der Medaille" lesen wolle und andere sich an der „obenaufliegenden Herrlichkeit" erfreuen mögen. Aber es gehört doch zu Fontanes Erzählstil, daß er die Ambivalenz der gesellschaftlichen Zustände von Anfang an im Auge behält. Dafür ist auch der General von Bamme des gleichen Romans ein kennzeichnendes Beispiel, wenn er allen Adelsstolz verleugnet und die Verbindung des jungen Vitzewitz mit Marie, des Schulzen Pflegetochter, gutheißt: „‚.... wir müssen mit dem alten Schlendrian aufräumen... Wie ging es bisher? Ein Zieten eine Bamme, ein Bamme eine Zieten. Und was kam

[37] Ebd., S. 295; 22. III. 96.
[38] Ebd., S. 305; 2. XI. 96.

schließlich dabei heraus? *Das* hier!' . . . ,und ich bin nicht dumm genug, Vitzewitz, mich für ein Prachtexemplar der Menschheit zu
halten.' ,. . . Mitunter ist es mir, als wären wir in einem Narrenhaus
großgezogen. Es ist nichts mit den zweierlei Menschen.'" (Kap.
LXXXI) Er gebraucht abschließend dasselbe Wort wie Fontane
sechzehn Jahre später in seinem Brief an Friedlaender (vom 21. 4.
1894): „Was heißt es am Ende anderes als Mensch ist Mensch."

Erst damit wird verständlich, in welchem Sinne Fontane dem
Zeitroman eine dichterische Aufgabe zuweist. Wohl fühlt er sich als
Beobachter sozialer Situationen, aber doch nicht als Revolutionär
oder um der Milieuschilderung und Gesellschaftsanalyse willen, sondern weil es ihm um die Möglichkeiten des Menschen in seiner Zeit
geht. Dadurch ergibt sich das Ineinander von Anteilnahme und
Distanz, das auch für seine Romane kennzeichnend ist. Er gebraucht
gelegentlich den Vergleich mit dem Theaterzuschauer, um seine Haltung zu kennzeichnen:

„Ich betrachte das Leben, und ganz besonders das Gesellschaftliche
darin, wie ein Theaterstück und folge jeder Szene mit einem künstlerischen Interesse wie von meinem Parkettplatz Nr. 23 aus."[39]
Die Distanz des kritischen Zuschauers ist ihm selbstverständlich: „Ich
bin auf beständiges scharfes Beobachten wie gedrillt"; er fühlt sich
als der Skeptiker, der wissen will, wie die „Menschen und Kräfte
aussehen, die die Dinge machen"[40]. Dadurch gerät die Anteilnahme
an den Menschen mit der Kritik ihres Verhaltens in einen Widerstreit, der sich erst durch die Darstellung löst:

„Mir, dem Verherrlicher des Märkischen, ist alles Märkische so
schrecklich . . .; es beobachten und schildern ist amüsant; aber mit
drunterstecken ist furchtbar."[41]

Er ist nicht mehr geneigt, bestimmte Prinzipien zu verteidigen
oder Reformprogramme zu entwickeln:

„Personen, denen irgend etwas absolut feststeht, sind keine
Genossen für mich; nichts steht fest, auch nicht einmal in Moral-

---

[39] Ebd., S. 40; 5. VII. 86; vgl. auch S. 140; 9. XII. 90 und S. 166; 14.
XII. 91.
[40] Ebd., S. 324; 14. VII. 98 und S. 214; 10. V. 93.
[41] Ebd., S. 105; 28. III. 89.

und Gesinnungsfragen und am wenigsten in sogenannten Tatsachen."[42]

Mit Prinzipienreitern könne er sich nicht vertragen; denn „sie nehmen nicht die Welt wie sie ist, sondern wie sie nach ihrer Meinung sein sollte"[43]. Die Haltung des Zuschauers erwächst aus der Offenheit für menschliche Situationen, in denen der Mensch seine zeitlich bestimmten Möglichkeiten ergreift oder verfehlt. — „Es kann nur darauf ankommen, daß man an der Stelle, wo man steht, seinen Platz ausfüllt."[44] Den Schwächen und Fehlern gegenüber gilt der Satz: „ja, so sind nun mal die Menschen und sogar die guten Menschen."[45] Ihn interessiert beim „Menschenstudium" eine Figur in „ihren Fehlern gelegentlich noch mehr als in ihren Vorzügen".[46] „Das Menschliche ist das Einzige, was gilt. Entgegengesetzte Anschauungen sind für die Jugend."[47] So verliert die Skepsis in dem Maße die Aggressivität, wie sie die Anteilnahme an allem Menschlichen stärkt.

Diese Skepsis aber weist auf die Zeitlichkeit des menschlichen Daseins zurück. Der Einzelne steht notwendig zwischen alter und neuer Zeit und läßt sich deshalb nicht nach allgemeinen Prinzipien beurteilen. Alle Kritik am Adel führt auf den Vorwurf zurück, daß er die Zeit nicht begreift:

„Der x-beinige Cohn, der sich ein Rittergut kauft, fängt an, mir lieber zu werden als irgend ein Lüderitz oder Itzenplitz, weil Cohn die Zeit begreift und alles tut, was die Zeit verlangt, während Lüderitz an der Lokomotive zoppt und ‚brr' sagt und sich einbildet, sie werde still stehn wie sein Ackergaul."[48]

Im Wechsel von alter und neuer Zeit kann das Überkommene zwar seinen eigenen menschlichen Rang bezeugen; aber es verliert sein Recht, wenn es das Neue aufzuhalten sucht.

„Ich habe nichts gegen das Alte, wenn man es innerhalb seiner Zeit läßt, und aus dieser heraus beurteilt . . .; aber diese toten Seifen-

[42] Ebd., S. 239; 7. XI. 93.
[43] Ebd., S. 242; 29. XI. 93.
[44] Ebd., S. 167; 14. I. 92.
[45] Ebd., S. 81; 20. IX. 87.
[46] Ebd., S. 100; 24. X. 88.
[47] Ebd., S. 275; 10. XI. 94.
[48] Ebd., S. 256; 14. V. 94.

sieder immer noch als tonangebende Kräfte bewundern zu sollen,
... das ist eine furchtbare Zumutung."[49]

Weil alle menschlichen Dinge an ihre Zeitstelle gebunden sind,
richtet sich die Beobachtung des gesellschaftlichen Lebens auf die
Zeitsymptome, erscheint es als wesentlich, daß „die moderne Menschheit zur Einsicht der Sachlage kommt"[50] und ihre neuen Aufgaben
begreift. Das Menschliche behauptet sich in seiner Wahrheit nur,
wenn es sich der neuen Zeit öffnet:

„Mein Haß gegen alles, was die neue Zeit aufhält, ist in einem
beständigen Wachsen und die Möglichkeit, ja die Wahrscheinlichkeit,
daß dem Sieg des Neuen eine furchtbare Schlacht voraufgehen muß,
kann mich nicht abhalten, diesen Sieg des Neuen zu wünschen. Unsinn und Lüge drücken zu schwer ... Die Regierenden glauben hier,
auf jedem Gebiet, das tote Zeug einpökeln zu können."[51]

So sieht sich Fontane durch die Beobachtung der gesellschaftlichen
Zustände auf die Frage nach dem Menschen zurückgeführt, der sein
Wesen nur im Wandel der Zeiten erfährt und alles Dauernde nur in
der Zeitlichkeit ergreifen kann. Erst damit ist der Horizont erkennbar, in dem Fontane dem Zeitroman eine dichterische Bedeutung zu
geben vermag, ohne sich mit der kulturhistorischen oder sozialkritischen Milieuschilderung zu begnügen.

Die Unterscheidung zwischen dem politischen und ästhetischen
Urteil über das Verhalten des Adels führt ihn in den Raum der
Dichtung zurück. Es geht ihm nicht um politische Tendenzen, weder
um konservative noch um liberalfortschrittliche, sondern um die
Wahrheit und Echtheit menschlicher Situationen im Andrang der
Zeitkräfte. Ebensowenig sucht er mit einer wissenschaftlichen Objektivität zu wetteifern, sondern er spricht aus einer wissenden und
teilnehmenden Überschau, die es unternimmt, die Zerbrechlichkeit
des menschlichen Glücks zu deuten. Ihn beschäftigt das Spannungsverhältnis zwischen der Macht der Konventionen und zeitbestimmenden Situationen einerseits und der Spontaneität des Herzens
und der Hinfälligkeit des Glücks andererseits. Der Zeitroman findet

[49] Ebd., S. 254; 12. IV. 94.
[50] Ebd., S. 147; 27. V. 91.
[51] Ebd., S. 284; 6. V. 95.

bei ihm sein Thema nur dadurch, daß er das Schicksal des Menschen in seiner Zeitlichkeit faßbar macht, nicht aber dadurch, daß er Zeitkräfte propagandistisch vertritt, wissenschaftlich analysiert oder poetisch illustriert.

Fontane bringt deshalb in seinen Romanen vor allem die unscheinbaren, alltäglichen Vorfälle des Lebens zur Geltung, die den Menschen in seine Zeit verstricken. Es gibt bei ihm keine gesteigerten Romanhelden mehr, keine heroischen oder abenteuerlichen Ereignisse, keine spannenden Vorfälle, sondern nur jene alltägliche Durchschnittslage einer üblichen Lebensführung, die in den einzelnen Gesellschaftsschichten verschieden sein mag, aber immer den Bedingtheiten des menschlichen Daseins Rechnung trägt. Schon 1861, als er seine ›Wanderungen durch die Mark Brandenburg‹ geschrieben hatte, rechtfertigt er seine Absicht damit, daß man sich um die Märker oder Preußen bisher „mehr historisch als menschlich" gekümmert habe. Man wußte wohl von den Taten der Männer, aber nicht wie sie gelebt haben. So möchte er dazu helfen, „Einblicke in das private Leben zu tun" und sich nicht bei den Schlachten und Staatsaktionen oder „allertrivialstem Klatsch" beruhigen.[52] Diese Absichten bleiben auch für seine Romane wesentlich. Als er 1866 deutlicher von seinen dichterischen Plänen spricht, heißt es:

„Ich beabsichtige nicht zu erschüttern, kaum stark zu fesseln. Nur liebenswürdige Gestalten, die durch einen historischen Hintergrund gehoben werden, sollen den Leser unterhalten, womöglich schließlich seine Liebe gewinnen, aber ohne allen Lärm und Eklat."[53]

Je mehr er sich auf dieses „private" Leben richtet und vor allem das „Berliner gesellschaftliche Leben" darzustellen sucht, um so deutlicher zeigt sich, wie die Nöte und Beglückungen des persönlichen Daseins mit den Mächten der Zeit in Zusammenhang stehen. Als er 1879 an einen neuen Roman denkt, kennzeichnet er ihn:

„Zeitroman, Mitte der siebziger Jahre, Berlin und seine Gesellschaft, besonders die Mittelklassen, aber nicht satirisch, sondern wohlwollend behandelt . . . Tendenz: es gibt vielerlei Glück . . . Das

---

[52] Briefe II 1, 222 f.; 31. X. 1861 an W. Hertz.
[53] Ebd., S. 246 f.; 17. VI. 1866.

Glück besteht darin, daß man da steht, wo man seiner Natur nach hingehört."[54]

Das Glück des einzelnen erwächst nicht nur aus ihm selbst, sondern aus der Übereinstimmung mit einer Situation, die selbst wieder zeitlich bestimmt ist und damit dem Wandel unterworfen bleibt. Als er 1897 seinen letzten Roman, den ›Stechlin‹, abgeschlossen hat, erläutert er noch einmal sein Verfahren; die Darstellung unscheinbarer, alltäglicher Vorfälle möchte er nun als die rechte Art des Zeitromans verstanden wissen:

„Zum Schluß stirbt ein Alter und zwei Junge heiraten sich; — das ist so ziemlich alles was auf 500 Seiten geschieht. Von Verwicklungen und Lösungen, von Herzenskonflikten oder Konflikten überhaupt, von Spannungen und Überraschungen findet sich nichts. Einerseits auf einem altmodischen märkischen Gut, andrerseits in einem neumodischen gräflichen Hause (Berlin) treffen sich verschiedene Personen und sprechen da Gott und die Welt durch. Alles Plauderei, Dialog, in dem sich die Charaktere geben, mit und in ihnen die Geschichte. Natürlich halte ich dies nicht nur für die richtige, sondern sogar für die gebotene Art, einen Zeitroman zu schreiben."[55]

Im täglichen Verhalten, in den üblichen Gesprächen soll doch zugleich zum Vorschein kommen, wie die Menschen von der Zeit beansprucht werden, wie sie sich alt-oder neumodisch geben und dadurch in ihnen die Macht der Geschichte wirkt.

Diese Gewalt der Zeit, der die Menschen überantwortet sind, stellt das Verlangen nach festen Ordnungen und dauernden Gesetzen der Lebensführung zutiefst in Frage, stärkt aber zugleich den Sinn für das menschlich Echte und Liebenswürdige der Charaktere. Fontane kann deshalb in seinen Darstellungen darauf verzichten, den Sinnzusammenhang des Geschehens ausdrücklicher zu bezeichnen oder eine bestimmte Partei zu vertreten. Er führt vor, wie die Menschen miteinander leben und sprechen, sucht sie in ihrer eigenen Lebenswirklichkeit zu verstehen und richtet sich auf den persönlichen Rang der Menschen, indem er in allen Gesellschaftsschichten zwischen

[54] 3. IV. 1879.
[55] Zitiert bei J. Petersen: Fontanes Altersroman. Euphorion, Bd. 29, 1928, 13 f.

Schein und Wesen zu unterscheiden weiß. Nicht das Alte oder Neue verbürgt von sich aus diesen Rang, sondern nur die Art, wie es vom einzelnen aufgenommen und gelebt wird. Die Bereitschaft zum Verstehen vereint sich mit einer Skepsis, die geneigt ist, alle Ansprüche und Vorurteile ironisch aufzulösen oder humorvoll zu umspielen; aber diese Freiheit der Ironie schlägt nicht in die Satire um, will nicht verletzen oder verzerren, sondern nur an das gemeinsame Menschenlos erinnern, an die Grenzen, die dem Wissen um die Rätsel des Lebens gesetzt sind, an die Vergänglichkeit aller irdischen Dinge. Diese skeptische Ironie durchzieht alle Romane Fontanes und macht es so schwer, sich auf irgendwelche Aussagen der Figuren als eigentliche Meinung des Autors zu berufen. Was sie sagen, gilt nur für den jeweils besonderen Menschen in der ihm zugehörigen Situation und läßt sich kaum verallgemeinern; das Wort bleibt an die Gesprächswirklichkeit gebunden, gewinnt nur in ihr sein Leben, grenzt sich ein durch die Antwort des Gesprächspartners und bleibt dadurch eigentümlich in der Schwebe. Sobald man es absolut setzen wollte, würde es verfälscht und entleert.

So zeugt das Gespräch in Fontanes Roman davon, wie dem Menschen sich die Wahrheit eröffnet; wie er sie niemals endgültig besitzen und festhalten kann, sondern sie nur im Augenblick des Sprechens ergreift und dann wieder losläßt, um sie in die Antwort des Gesprächspartners eingehen zu lassen. Das Gespräch wird zur entscheidenden Darstellungsform Fontanes, nicht nur als ein technisches Mittel, um die Figuren zu charakterisieren, sondern als die bestimmende Lebensform des Menschen, der nur im Antwortgeben sich seiner selbst vergewissert und zugleich in der Flüchtigkeit des Gesprächs dem Wandel der Zeit am unmittelbarsten begegnet.[56] Im Sprechen enthüllt sich nicht nur die Verschiedenheit der Menschen, ihre soziale Herkunft, ihre Oberflächlichkeit oder Echtheit; sondern das Sprechen gibt zugleich die Grundsituation des Menschen zu erkennen, die Art, wie er der Wahrheit begegnet und der Zeit anheimgegeben ist. Das Gespräch wird für Fontane zum bestimmenden Darstellungsmittel des Zeitromans, weil es zugleich als Element der

---

[56] Vgl. M. E. Gilbert: Das Gespräch in Fontanes Gesellschaftsroman. Palaestra Bd. 174, 1930.

Skepsis und Ironie wie der menschlichen Anteilnahme wirksam wird. Im ›Stechlin‹ soll der alte Dubslav auf das Wort der Bibel festgelegt werden, und da antwortet er:

„Gewiß, das Wort ist die Hauptsache. Das Wort ist das Wunder; es läßt uns lachen und weinen; es erhebt uns und demütigt uns; es macht uns krank und macht uns gesund . . . Alle Worte, die von Herzen kommen, sind gute Worte, und wenn sie mir helfen, so frag ich nicht viel danach, ob es sogenannte ‚richtige' Worte sind oder nicht."[57]

Aber kaum hat er diese Bekenntnisrede zu Ende gebracht, da fragt er schon wieder: „Überdies, was sind die richtigen Worte? Wo sind sie?", als wollte er auch mit seinen Worten nur eine neue Antwort hervorlocken und sie nicht absolut setzen. Das Gespräch verharrt im Licht einer Skepsis, die sich der Spannung zwischen Wort und Wahrheit bewußt bleibt und als entscheidende menschliche Haltung die Bereitschaft zur Duldung des anderen anerkennt. Denn — wie es gelegentlich heißt — „etwas ganz Richtiges gibt es nicht"[58].

Erst im Hinblick auf diese Ironie und Skepsis wird verständlich, in welchem Sinn Fontane seine Romane mit Vorliebe im Umkreis des preußischen Adels spielen läßt. Er zeigt ihn in den verschiedensten Lebensumständen, als Grundbesitzer auf den alten Familiengütern, als Offizier im preußischen Heer, als höheren Beamten im Dienste des Staates, aber auch als verarmten Adel in der Berliner Mietwohnung. Wohl spürt man oft seine menschliche Sympathie für die Vertreter dieses Standes, für ihre traditionsreiche, selbstbewußte Art; zugleich aber führt die Darstellung ständig auf die Bedingtheit und Grenzen ihrer Ansprüche hin, so daß von einer Glorifizierung des Adels als einer bestimmenden Gesellschaftsschicht keine Rede sein kann. An den menschlichen Schicksalen der einzelnen Adligen, an ihrer gesamten Lebenssituation erweist sich vielmehr die Macht der Zeit, die alle überkommenen Ordnungen ständig wieder in Frage stellt. Der Adel ist nicht dargestellt, weil er als gültige Lebensform anerkannt würde, sondern weil sich an ihm die Bedeutung

---

[57] Vgl. Th. Fontane: Gesamtausgabe der erzählenden Schriften, Erste Reihe in 5 Bänden, Zweite Reihe in 4 Bänden, 1925. Reihe II, Bd. 3, 383.
[58] Ebd., S. 356.

der geschichtlichen Wandlungen, das Verhältnis von alten und neuen Lebensformen am deutlichsten ablesen läßt. Die Adelsfamilien kommen von weit her und eröffnen insofern die Zeitperspektive, in der das menschliche Dasein gesehen sein will. Das Ringen des Neuen mit dem Alten wird vom Adel aus besonders faßbar, so daß er in einem zweideutigen, ironischen Licht erscheint und sehr skeptisch betrachtet wird. So heißt es im ›Stechlin‹: „Unsre Leute gefallen sich nun mal in der Idee, sie hingen mit dem Fortbestande der göttlichen Weltordnung aufs engste zusammen. In Wahrheit liegt es so, daß wir sämtlich abkommen können."[59] Oder, wie es die Gräfin sagt:

„Ich respektiere das Gegebene. Daneben aber freilich auch das Werdende, denn eben dies Werdende wird über kurz oder lang abermals ein Gegebenes sein. Alles Alte, soweit es Anspruch darauf hat, sollen wir lieben, aber für das Neue sollen wir recht eigentlich leben."[60]

Als schlimm gilt nur, wenn man die überkommenen Gesellschaftsformen „für etwas ewig zu Konservierendes ansieht". „Was mal galt, soll weiter gelten, was mal gut war, soll weiter ein Gutes oder wohl gar ein Bestes sein. Das ist aber unmöglich."[61] So bleibt es gefährlich, „dem Niedersteigenden eine künstliche Hausse zu geben". Der echte Adel des Menschen ist an keine Standeszugehörigkeit gebunden, sondern hängt allein von der Frage der persönlichen Haltung und Gesinnung ab. Nur insoweit als Fontane bei den Vertretern des Geburtsadels viel von diesem echten Adel wahrnimmt, gilt ihm seine besondere Sympathie. Und im übrigen wird er ihm beispielhaft für die Art, wie der Mensch dem Wandel der Zeit ausgesetzt ist.

Auch die sonstige Thematik der Fontaneschen Erzählungen hängt offenbar eng mit der Fragestellung und besonderen Form des Zeitromans zusammen. Die eigentlichen Handlungsvorgänge und Konflikte ergeben sich durchweg aus einer Liebesgeschichte und entsprechen damit den üblichen und beliebtesten Wegen der Romanschreiber. Aber wenn man genauer hinsieht, wird erkennbar, daß die Art, wie das Liebesthema in Ansatz gebracht wird, eng mit der Zeitgebun-

---

[59] Ebd., S. 123.
[60] Ebd., S. 316.
[61] Ebd., S. 318 f.

denheit alles Menschlichen in Verbindung steht. An den Liebesbeziehungen enthüllt sich, wie der einzelne mit seinen persönlichen Gefühlskräften und Liebeserwartungen sich zu den gesellschaftlichen Ansprüchen, Ordnungen und Konventionen verhält, wieweit das Echte und Unmittelbare sich behauptet oder mit den überkommenen Vorstellungen und wirtschaftlichen Notwendigkeiten des Standes in Konflikt gerät. Die individuellen Glücksmöglichkeiten hängen geradezu davon ab, ob und in welcher Weise die Vereinigung der widerstreitenden Kräfte gelingt, ob die persönlichen und gesellschaftlichen Erwartungen zusammentreffen oder Verzicht und Entsagung nötig machen. Gerade an den persönlichsten und menschlichsten Beziehungen zwischen Mann und Frau läßt sich also ablesen, wie die Zeitmächte das Schicksal des einzelnen mitbestimmen. Die Unwahrhaftigkeit und Scheinhaftigkeit der Standesansprüche wird an den Liebesverhältnissen offenkundig; oder es ergeben sich Kompromißformen zwischen dem gewohnten Alten und dem erwünschten Neuen; oder es kommt zu vernichtenden Katastrophen.

In mannigfachen Abwandlungen hat Fontane die Liebesbeziehungen so dargestellt, daß sie die Gesellschafts- und Adelsansprüche in ein fragwürdiges Licht rücken. In dem historischen Roman von 1883 ›Schach von Wuthenow‹ geht dieser an seiner Beziehung zu Victoire von Carayon zugrunde, weil er als Offizier schwach und abhängig vom Urteil seiner Kameraden bleibt und ihren Spott und Witz fürchtet; seine Verlobte ist von Blatternarben entstellt, und so wagt er es nicht, seinem Herzen zu vertrauen und „hinter dem anscheinend Häßlichen eine höhere Form der Schönheit"[62] zu erkennen und für sie einzutreten. An seinem Verhalten und Schicksal läßt sich das „Wesen der falschen Ehre" erkennen. „Sie macht uns abhängig von dem Schwankendsten und Willkürlichsten, was es gibt, von dem auf Triebsand aufgebauten Urteil der Gesellschaft, und veranlaßt uns, die heiligen Gebote, die schönsten und natürlichsten Regungen eben diesem Gesellschaftsgötzen zum Opfer zu bringen." So wird dieser Schach-Fall zum Symptom; er soll als eine 'Zeiterscheinung' verstanden werden, die die Situation der Friderizianischen Armee vor der Schlacht von Jena erhellt: das „beständige Sprechen von Ehre,

---

[62] Schriften Reihe I, Bd. 3, 208.

von einer falschen Ehre, hat die Begriffe verwirrt und die richtige Ehre totgemacht"[63].

In anderer Weise wirkt in ›Irrungen Wirrungen‹ von 1888 die Liebesbeziehung über die Standesgegensätze hinweg erhellend für die Gesellschafts- und Zeitsituation. Der junge Baron Botho von Rienäcker und Lene Nimptsch, die Pflegetochter einer Wasch- und Plättfrau, haben sich kennen- und liebengelernt, aber sie erfahren bald, daß ihre Liebe nicht dauern kann, daß ihnen das Glück nur eine flüchtige Stunde gönnt. Lene spricht es deutlich aus: „Daß ich dich habe, diese Stunde habe, das ist mein Glück. Was daraus wird, das kümmert mich nicht. Eines Tages bist du weggeflogen."[64] Und als es so weit gekommen ist, daß Botho den Erwartungen seiner Familie nachgeben muß und aus wirtschaftlichen Gründen sich standesgemäß verlobt, da sagt er: „Es liegt nicht in mir, die Welt herauszufordern und ihr und ihren Vorurteilen öffentlich den Krieg zu erklären; ich bin durchaus gegen solche Donquichotterien." Er erfährt, „daß das Herkommen unser Tun bestimmt", und meint: „Wer ihm gehorcht, kann zugrunde gehn, aber er geht besser zugrunde als der, der ihm widerspricht." Das Gefühl ist nicht 'souverän', sondern muß sich den 'Verhältnissen' unterordnen. So nötigt die Zeitgebundenheit des Menschen die Liebenden zum Verzicht; man darf nicht klagen, „daß der Traum aufhört und die Wirklichkeit wieder anfängt". Botho hat durch Lene „Natürlichkeit, Schlichtheit und wirkliche Liebe" kennengelernt, und so kann ihr Bild in seiner Seele nie ganz verblassen; aber er meint auch zu wissen, daß einer, der von Grund aus „mit Stand und Herkommen und Sitte" bricht, sich selbst ein Greuel und eine Last wird.[65] Wieder ist die Liebesgeschichte zum Symptom geworden, aber nun nicht eines falschen, entleerten Ehrbegriffs, sondern des Widerspiels von persönlichen und gesellschaftlichen Erwartungen, wie es in wechselnden Formen jede Zeit bestimmt. In anderen Romanen werden durch die Liebesgeschichte die Gesellschaftsspannungen in der Bourgeoisie deutlich: in ›L'Adultera‹, 1882, führt der Altersunterschied zwischen

[63] Ebd., S. 291.
[64] Reihe I, Bd. 5, 145.
[65] Ebd., S. 212 ff.; 218; 278 f.

dem Kommerzienrat und seiner 25 Jahre jüngeren Frau die Ehescheidung herbei, als handle es sich um ein naturalistisches Gegenstück zu Goethes ›Wahlverwandtschaften‹. In ›Frau Jenny Treibel‹, 1892, bewirken die Gegensätze zwischen Besitz und Bildung die humorvoll gezeichneten Verwirrungen.

So wird man sagen dürfen: je mehr Fontane sich auf die unscheinbaren, alltäglichen Vorgänge des privaten Lebens richtet und sie im Dialog entfaltet, je mehr er seine Skepsis walten läßt und die Zweideutigkeit der menschlichen Situationen beachtet, um so mehr gelingt es ihm, das lebendige Wechselverhältnis zwischen dem einzelnen, der Zeit und der Gesellschaft vorzuführen. Es erhält nicht einfach das Persönliche gegenüber dem Allgemeinen, das Neue gegenüber dem Alten recht, sowenig wie umgekehrt, sondern das ständige Ineinanderwirken des Bestehenden und des Werdenden bestimmt das Schicksal der Menschen und erscheint als das „ewig Gesetzliche", von dem der alte Stechlin spricht:

„Ein ewig Gesetzliches vollzieht sich, weiter nichts, und dieser Vollzug, auch wenn er ‚Tod‘ heißt, darf uns nicht schrecken. In das Gesetzliche sich ruhig schicken, das macht den sittlichen Menschen und hebt ihn."[66]

Die ausdrücklichen Berufungen auf die Zeit, wie sie in den Romanen mannigfach begegnen, rücken dadurch selbst nur wieder in ein ironisches Licht; denn nicht diese oder jene Erscheinung gibt das Wesen der Zeit zu erkennen; Bestehendes und Werdendes fordern den Menschen immer zugleich; in ihrem Widerstreit liegt seine Not begründet. Wenn Sidonie zu Effi Briest sagt: „Da liegt es. Keine Zucht. Das ist die Signatur unserer Zeit . . . !", oder wenn sie schilt „Geist der Zeit! Kommen Sie mir nicht damit. Das kann ich nicht hören, das ist der Ausdruck höchster Schwäche, Bankrotterklärung", dann verleugnet sie damit das Recht des Werdenden, rückt selber in eine ironische Beleuchtung und verrät ihre Enge und Starrheit.[67] Und wenn der alte Stechlin sagt: „Jeder will heutzutage hoch raus. Das ist, was sie jetzt die Signatur der Zeit nennen"[68], so klingt dar-

---

[66] Reihe II, Bd. 3, 434.
[67] Reihe II, Bd. 2, 289; 292.
[68] Reihe II, Bd. 3, 425.

in die Skepsis gegen den Fortschrittsglauben mit, als hätte nur das Neue recht und nicht auch das Alte, wenn es nur echt und lebendig geblieben ist.

So gelingt es Fontane, an die Doppelgesichtigkeit aller menschlichen Dinge heranzuführen. In dem Roman ›Effi Briest‹, 1895, kann man besonders eindringlich verfolgen, wie er sich nicht mit dem Zeitkolorit, nicht mit besonderen Zeitzuständen oder Zeitsignaturen begnügt, sondern wie er die inneren Situationen der Menschen auf ihre Teilhabe an der Zeitlichkeit zurückbezieht. Auch hier ist der Handlungsverlauf durch eine Liebesgeschichte bestimmt, diesmal durch eine Ehebruchsgeschichte, die doch eine besondere, sehr kennzeichnende Zuspitzung erhält. Der Roman beginnt in dem Augenblick, als Effi erfährt, daß Geert von Innstetten, der 38jährige Landrat und Jugendfreund ihrer ihm gleichaltrigen Mutter, um ihre Hand angehalten hat. Sie spricht noch wie ein Kind und ist plötzlich verlobt und fügt sich naiv und bedenkenlos in die neue Situation, die so ganz den gesellschaftlichen Konventionen ihres Standes entspricht. Ihr Gespräch mit den Freundinnen, mit denen sie wie ein reizender, ahnungsloser Backfisch redet, gibt das Unwirkliche ihrer Vorstellungen zu erkennen. Auf die Frage: „Ist es denn auch der Richtige?" antwortet sie: „Gewiß ist es der Richtige. Das verstehst du nicht, Hertha. Jeder ist der Richtige. Natürlich muß er von Adel sein und eine Stellung haben und gut aussehen."[69] Sie merkt gar nicht, wie sehr die Jahre zwischen ihr und ihrem Verlobten stehen, wie sehr sie erst heranreifen müßte, um ihn in seiner Eigenart auch nur zu erkennen oder zu verstehen. Es folgen die Vorbereitungen zur Hochzeit, die Hochzeitsreise, und dann findet sie sich plötzlich einsam und hilflos in dem kleinen pommerschen Landstädtchen an der Ostsee, in Kessin, wo sie als Frau Landrat in einer engen und bedrückenden Atmosphäre sich nicht zurechtzufinden weiß und von mancherlei Ängsten geplagt neben dem pflichtbewußten und ehrgeizigen Manne leben muß, der ihre Nöte seinerseits kaum wahrnimmt. Sie bleibt ohne einen Pflichtenkreis und gerät immer mehr in den Bann des Majors von Crampas, dem man

---

[69] Reihe II, Bd. 2, 140.

nachsagt, daß er ein „Mann vieler Verhältnisse, ein Damenmann"
sei, und der sie zum Ehebruch verführt:

„Sie fühlte, daß sie wie eine Gefangene sei und nicht mehr heraus-
könne ... So trieb sie denn weiter, heute, weil sie's nicht ändern
konnte, morgen, weil sie's nicht ändern wollte. Das Verbotene, das
Geheimnisvolle hatte seine Macht über sie."[70]
Aber dann meint es das Schicksal gnädig mit ihr: ihr Gatte wird
als Ministerialrat nach Berlin versetzt; sie fühlt sich wie erlöst und
kann fünfviertel Jahre nach ihrer Hochzeit die beengende Welt
Kessins wieder verlassen. Es scheinen alle Schwierigkeiten überwunden zu sein; sie lebt die nächsten sieben Jahre in zufriedener Ein-
tracht mit ihrem Mann zusammen. Da findet er eines Tages, als sie
zu einer Badekur nach Ems gefahren ist, durch einen Zufall ein
kleines Päckchen Briefe, die ihm von der lang vergangenen Beziehung seiner Frau zu Crampas Kunde geben. Innstetten meint es
dem Ehrenkodex der Gesellschaft schuldig zu sein, seine Frau zu
verstoßen und Crampas im Duell zu stellen, in dem dieser den Tod
findet. Effi sieht sich verfemt und siecht dahin, bald nachdem sie sich
mit den Eltern ausgesöhnt hat und zu ihnen zurückgekehrt ist.

Man könnte diese Geschichte wie einen Novellenstoff hinnehmen,
der die Sitte einer streng gefügten Gesellschaft rechtfertigt. Aber
Fontane setzt seine Akzente so, daß wir uns von den objektiven
Vorgängen auf die subjektiven Bedingungen zurückgewiesen sehen
und rasch merken, daß das von der Konvention geforderte moralische Urteil über den Ehebruch nicht an das Geschehen heranreicht,
weil es die Zeiterstreckung der Vorgänge nicht beachtet. Was besagt
es erzählerisch, daß das Mädchen noch als halbes Kind heiratet, daß
der Mann 20 Jahre älter ist, und vor allem, daß zwischen dem Ehebruch und seiner Entdeckung sieben Jahre einer ungestörten Ehe liegen? Wenn Innstetten gemäß dem starren Gebot der Ehre handelt,
so blickt er an der Macht der Zeit vorbei. Ist nicht die Schuld, die
er meint strafen zu müssen, längst verjährt? Ist nicht die Wirklichkeit ihres gemeinsamen Lebens über diese im Verborgenen gebliebene
Störung hinweggegangen? Er sagt selbst:

„Ich bin ohne jedes Gefühl von Haß oder gar von Durst nach

---

[70] Ebd., S. 310.

Rache. Und wenn ich mich frage, warum nicht? so kann ich zunächst nichts anderes finden als die Jahre ... Ich hätte nie geglaubt, daß die Zeit, rein als Zeit so wirken könne ... Aber jenes uns tyrannisierende Gesellschafts-Etwas, das fragt nicht nach Charme und nicht nach Liebe und nicht nach Verjährung."[71]

Nach dem Duell sagt er sich von neuem:

„Es muß eine Verjährung geben ... ich bin jetzt fünfundvierzig. Wenn ich die Briefe fünfundzwanzig Jahre später gefunden hätte, so wäre ich siebzig ... Wo liegt die Grenze? Zehn Jahre verlangen noch ein Duell, und da heißt es Ehre, und nach elf Jahren oder vielleicht schon bei zehneinhalb heißt es Unsinn. Die Grenze, die Grenze. Wo ist sie? War sie da? War sie schon überschritten?"[71]

Es zeigt sich: Fontane nimmt an dem novellistischen Fall nur Anteil, sofern sich von ihm aus die Macht der Zeit ermessen läßt. Die gesellschaftlichen Konventionen verlangen nach einem Urteil ohne Rücksicht auf diese Macht; sie wollen zeitlos gelten und werden gerade dadurch unwahr und richten sich gegen das Lebendige.

In alle menschlichen Beziehungen wirkt die Zeit hinein. So wird auch das Schicksal Effis erst dadurch erzählenswert, daß es gewissermaßen negativ die Zeitverstrickung des Menschen bestätigt und das starre Gesetz der Konvention in ein ironisches Zwielicht bringt. Das menschliche Handeln mag noch so sehr nach festen Normen verlangen; die Zeit als Lebenszeit des Menschen zwischen Geburt und Tod fordert ihr eigenes Recht. So sagt sich Effi:

„Er hatte recht und noch einmal und noch einmal, und zuletzt hatte er doch unrecht. Alles Geschehene lag so weit zurück, ein neues Leben hatte begonnen, — er hätte es können verbluten lassen, statt dessen verblutete der arme Crampas."[72]

In der Geschichte Effi Briests geht es um das Verhältnis von Bestehendem und Werdendem, von altem und jungem Leben; gerade deshalb kann hier der private Fall den Rahmen für einen echten Zeitroman abgeben. Die wechselnde Zeit kommt im individuellen Leben als der eigentliche Erfahrungsraum des Menschen zur Geltung. Sosehr Fontane sich von der traditionellen Form des Bildungsromans

[71] Ebd., S. 386 und 395.
[72] Ebd., S. 425.

entfernt, er bewahrt doch die Polarität von subjektiver Beteiligung und objektiver Erfahrung und gewinnt dadurch menschliche Weite und Fülle. Ob es ihm gelungen ist, dem deutschen Zeitroman auch europäische Geltung zu verschaffen, mag offenbleiben. Diese Frage führt auf Probleme der künstlerischen Wirkung, die über die besonderen Voraussetzungen des Zeitromans noch hinausführen und mit der Frage der Übersetzbarkeit des eigentlich Dichterischen zusammenhängen.

Wir werden uns damit begnügen müssen, daß Fontane dem Zeitthema eine echte dichterische Bedeutung zu geben wußte. Die mannigfachen Bemühungen des 19. Jahrhunderts um einen realistischen Zeitroman in Deutschland hat er auf sehr persönliche Weise für sich fruchtbar gemacht. Es genügt ihm nicht, Zeitfragen zu erörtern, ein Zeitkolorit zu geben oder Zeittendenzen zu vertreten. Sein wesentliches Thema ist der Mensch in seiner Zeitlichkeit, die Macht der Zeit im Wandel der politisch-gesellschaftlichen Zustände und Ordnungen. Insofern steht er trotz aller Verschiedenheit des dichterischen Verfahrens doch in einer geheimen Nähe zu Immermann. Beide bewegt das eigentümliche Wechselspiel von Zeit und Charakter. Deshalb möchte man auch bei beiden jenes Wirklichkeitsverständnis wirksam sehen, das sich nicht mit der Abschilderung oder Analyse eines Faktischen beruhigt, sondern jenes philosophisch-kritische Bewußtsein bewahrt, von dem Kant spricht: daß zwar alle Wirklichkeitserkenntnis mit der Erfahrung anfange, aber darum doch nicht aus der Erfahrung entspringt. Denn immer kommt es zugleich auf die menschlichen Auffassungsformen an, in denen sich Wirklichkeit erschließt. Im Hinblick auf Fontane wird man von einem deutschen Zeitroman des 19. Jahrhunderts sprechen dürfen, der eine echte wirklichkeitserschließende Kraft besitzt, weil er die Zeitdimension des menschlichen Daseins erzählerisch fruchtbar macht.

Theodor Fontane, Schriften zur Literatur. Herausgegeben von Hans-Heinrich Reuter.
Berlin: Aufbau-Verlag 1960, S. V—LXX.

ENTWICKLUNG UND GRUNDZÜGE DER LITERATURKRITIK THEODOR FONTANES*

Von Hans-Heinrich Reuter

> *Alles Alte, soweit es Anspruch darauf hat,
> sollen wir lieben, aber für das Neue sollen
> wir recht eigentlich leben.*
>
> (Theodor Fontane)

I

In einer der frühesten literaturkritischen Arbeiten Fontanes, in
dem 1853 anonym erschienenen, seither nie wieder gedruckten Aufsatz ›Unsere lyrische und epische Poesie seit 1848‹ steht der Satz:
„Der Realismus in der Kunst ist so alt als die Kunst selbst, ja, noch
mehr: *er ist die Kunst.*" Sucht man nach einem gemeinsamen Nenner, auf den die mannigfaltigen, über ein halbes Jahrhundert verstreuten und sich mitunter widersprechenden Äußerungen Fontanes
zur Literatur zu bringen wären, so bietet dieser Satz sich an. Er gibt
das Kriterium, das die Urteile des jungen Fontane bestimmt und zu
dem sich der Dichter auch im Alter noch bekennt — eine der wenigen
Maximen, die der von allen literarischen Dogmen, Konventionen
und Autoritäten stets in bemerkenswerter Weise unabhängige Literaturbetrachter Fontane gelten läßt. Auch die Inhaltsbestimmung,
die er im gleichen Aufsatz seinem Realismusbegriff — der für ihn
zugleich eine Realismus*forderung* ist — widmet, ist alles andere als
starr.

---

* Bei den folgenden Ausführungen handelt es sich um die Einleitung zu
dem Band ›Theodor Fontane, Schriften zur Literatur‹ (1960), die unter
dem vorangestellten Titel in den ›Weimarer Beiträgen‹ (5, 1959, S. 183 bis
223) vorabgedruckt worden ist.

Was versteht Fontane 1853 unter Realismus? Am Anfang seiner Bestimmung steht eine negative Abgrenzung. „Vor allen Dingen", so führt er aus, „verstehen wir *nicht* darunter das nackte Wiedergeben alltäglichen Lebens, am wenigsten seines Elends und seiner Schattenseiten. ... es ist noch nicht allzu lange her, daß man (namentlich in der Malerei) *Misere* mit Realismus verwechselte und bei Darstellung eines sterbenden Proletariers, den hungernde Kinder umstehen, oder gar bei Produktionen jener sogenannten Tendenzbilder (schlesische Weber, das Jagdrecht u. dgl. m.) sich einbildete, der Kunst eine glänzende Richtung vorgezeichnet zu haben. Diese Richtung verhält sich zum echten Realismus wie das rohe Erz zum Metall: die Läuterung fehlt." Fontanes Polemik richtet sich nicht gegen eine aus der künstlerischen Gestaltung mit überzeugender Notwendigkeit erwachsende *echte* Tendenz; diese vertritt er im Gegenteil entschieden, wie sein Urteil über Freiligraths Revolutionsdichtung im gleichen Aufsatz zeigen wird.

Die soziale Indifferenz der Polemik macht jedoch zwei charakteristische Schwächen des Kritikers Fontane deutlich. Noch ein Menschenalter später wird seine Auseinandersetzung mit naturalistischer Dichtung dadurch behindert werden, daß er die Frage nach dem gesellschaftlichen Inhalt des Kunstwerkes nicht stellt. Eng damit zusammen hängt die zweite Beschränktheit. Die soziale Funktion der Kunst als Waffe wird von dem Theoretiker Fontane nicht beachtet — von wenigen bezeichnenden Ausnahmen abgesehen.

Im weiteren Verlauf gibt Fontane — aufbauend auf der ästhetischen Norm der „Läuterung" — die positiven Elemente seiner Bestimmung. Sie klingen an das Programm des sogenannten „poetischen Realismus" an, das Otto Ludwig in den gleichen Jahren entwickelt, und erscheinen als bewußte Anknüpfung an die Ästhetik der deutschen Klassik: „Das Leben ist doch immer nur der Marmorsteinbruch, der den Stoff zu unendlichen Bildwerken in sich trägt; sie schlummern darin, aber nur dem Auge des Geweihten sichtbar und nur durch seine Hand zu erwecken. Der Block an sich, nur herausgerissen aus einem größeren Ganzen, ist noch kein Kunstwerk, und dennoch haben wir die Erkenntnis als einen unbedingten Fortschritt zu begrüßen, daß es zunächst des Stoffes, oder sagen wir lieber des *Wirklichen*, zu allem künstlerischen Schaffen bedarf."

Dieses „Wirkliche" umschreibt Fontane dann genauer, wobei er die Grenzen so weit zieht, daß innerhalb ihrer genügend Raum bleibt für die verschiedensten Gebiete und Gattungen der Poesie. „Der Realismus", so fährt er fort, „ist die Widerspiegelung alles wirklichen Lebens, aller wahren Kräfte und Interessen im Elemente der Kunst; er ist, wenn man uns diese scherzhafte Wendung verzeiht, eine ‚Interessenvertretung' auf seine Art. Er umfängt das ganze reiche Leben, das Größte wie das Kleinste: den Kolumbus, der der Welt eine neue zum Geschenk machte, und das Wassertierchen, dessen Weltall der Tropfen ist; den höchsten Gedanken, die tiefste Empfindung zieht er in sein Bereich, und die Grübeleien eines Goethe wie Lust und Leid eines Gretchen sind sein Stoff. Denn alles das ist *wirklich*. Der Realismus will nicht die bloße Sinnenwelt und nichts als diese; er will am allerwenigsten das bloß Handgreifliche, aber er will das *Wahre*. Er schließt nichts aus als die Lüge, das Forcierte, das Nebelhafte, das Abgestorbene ..."

Mit dem letzten Satze hat Fontane eine Kampfstellung bezogen, von der aus er im weiteren Ausfälle nach den verschiedensten Richtungen und mit unterschiedlicher Stärke und Tendenz führt. So ist die Kritik am klassischen Schiller, am jungen Heine und an Lenau, an Freiligrath und an Herwegh in einem Tone gehalten, der erkennen läßt, daß der Kritiker die beanstandeten, meist formalen Eigenheiten jener Dichter keineswegs verwechselt mit einer progressiven ideologischen Grundhaltung, die ihm selbst — seine Stellung zu Freiligrath beweist es hinlänglich — vertraut und sympathisch ist. Hat hier seine Kritik unverkennbar die Aufgabe, zu helfen und zu bessern, indem sie beim dichterischen Ausdruck ansetzt, so gilt das nicht mehr, wo sie sich gegen Werke richtet, die Fontane ihrem Inhalt nach als gefährlich und feindlich erkennt. Die Waffe der Kritik, mit der er gegen Verkünder einer rückwärtsgewandten, obskuren und frömmelnden Romantik wie Redwitz zu Felde zieht, hat vernichtende Wirkung. Die Vernichtung wird vom Kritiker gewünscht.

Daß in solcher bewußten Polemik keine undifferenzierte Verdammung des Romantischen schlechthin liegt, lassen die Schlußsätze erkennen. Fontane faßt zusammen: „Der Realismus läßt die Toten oder doch wenigstens das Tote ruhen; er durchstöbert keine Rumpelkammern und verehrt Antiquitäten nie und nimmer, wenn sie nichts anderes sind als eben — alt. Er liebt das Leben je frischer je besser, aber freilich weiß er auch, daß unter den Trümmern halbvergessener Jahrhunderte manche unsterbliche Blume blüht."

Fontane hat sich in den verschiedenen Epochen seines Lebens immer wieder zur Romantik bekannt, freilich zu einer „Romantik", die sich bei ihm — dem Literarhistorie und vor allem Literarhistoriker fremd und verdächtig waren — keineswegs mit der literarhistorisch üblich gewordenen zeitlichen Fixierung deckt. Fontanes „Romantik"-Vorstellung — eben seinem Wissen um die „unsterblichen Blumen unter den Trümmern halbvergessener Jahrhunderte" entspringend — umfaßt zuerst die *Volksdichtungen* der Vergangenheit, wie sie in den großen Sammlungen des 18. Jahrhunderts, den ›Reliques of Ancient English Poetry‹ (1765) des englischen Bischofs *Percy* und den ›Volksliedern‹ (1778/79) *Herders,* zusammengetragen worden waren. Es ist sehr auffällig, daß Fontane dagegen den Sammlungen der von der Literarhistorie als „Romantiker" bezeichneten deutschen Dichter und Wissenschaftler — von Arnim und Brentano bis zu den Gebrüdern Grimm — kaum Aufmerksamkeit schenkt. „Romantik" ist für Fontane keine historische, sondern eine poetische Kategorie. Als „romantisch" bezeichnet er daher alles das, was in Stoff, Thematik und Tonfall jenen ursprünglichen Volksdichtungen besonders nahe kommt. In erster Linie sind dies die Balladen Bürgers, Goethes und Herders, die in ihrer weltanschaulichen Grundhaltung der bürgerlichen Aufklärung weit näher stehen als der Romantik. Echter „romantischer" Dichter in diesem Sinne ist für Fontane ferner der liberale Demokrat Ludwig Uhland und — nicht zuletzt! — Fontane selbst in seinen Balladen, in denen er sich oft unmittelbar an das Vorbild einer Volksballade, meist aus dem Englischen oder Schottischen, anlehnt.

Zu dem Element des Volkstümlichen kommt in Fontanes „Romantik"-Vorstellung noch ein zweiter bestimmender Bestandteil; auch er ist in einer tiefen persönlichen Neigung des Dichters verankert: in seiner Vorliebe für die *Geschichte.* Volksüberlieferung und geschichtliche Tatsache fließen für Fontane im echten „romantischen" Werk zusammen. Romantische Gestalt schlechthin ist ihm daher Jeanne d'Arc, die französische Volksheldin; ihrem Gedächtnis gilt ein Ausflug, den er 1870, mitten im Kriege, „ins alte, romantische

Land" (auch dies das Zitat eines *Aufklärers,* Wielands) unternimmt und der ihn beinahe das Leben gekostet hätte. Auch die ›Jungfrau von Orleans‹ rechnet er folgerichtig — in Übereinstimmung mit den Intentionen Schillers, der das Werk eine *„romantische* Tragödie" nannte— zur „echten" Romantik.

Diese Romantik ist es, die Fontane in seinem Aufsatz von 1853 mit Recht der realistischen Poesie zuordnet; einzelne Urteilsschwankungen, wie im Falle der Schillerschen ›Jungfrau von Orleans‹, ändern an dieser Grundeinstellung nichts. Genau zwanzig Jahre später, im Alexis-Essay von 1873, nennt er Scott einen „Altromantiker"; und es ist zum großen Teil Fontanes eigenes literarisches Bekenntnis, wenn er von Scott rühmt, er habe es gehalten „mit der schottisch-englischen Ballade, mit dem Volksliede, mit den Romanciers des Mittelalters (unter den neueren war ihm Bürger der liebste)". Demgegenüber sei Alexis „Neuromantiker" gewesen, nach dem Muster von Tieck und Hoffmann. Zwischen beiden Richtungen fällt Fontane die Entscheidung nicht schwer; es ist eine Entscheidung *gegen* die „eigentliche" Romantik: „Die Altromantik, nach der Stellung, die ich zu diesen Dingen einnehme, ist ein Ewiges, das sich nahezu mit dem Begriff des Poetischen deckt; die Neuromantik ist ein Zeitliches, das kommt und geht — wir dürfen bereits sagen, das kam und ging. Die eine ist höchstes und frischestes Leben, die andere zeigt ein hektisches Rot, freilich auch gelegentlich den Zauber davon. Die eine ist ein Geist, die andere ein Spuk; die eine ist aus Phantasie und Wahrheit, die andere aus Überspanntheit und Marotte geboren. Die eine, zwischen den Glaubensschwestern wählend, geht mit der heiteren Frömmigkeit, die andere mit der dunkeläugigen Mystik."

Es nimmt nicht wunder, daß innerhalb einer derartigen, auf die progressiven und realistischen Elemente beschränkten „Romantik"-Vorstellung auch Platz für Hölderlin als Romantiker wird; gerade die Mischung aus „Phantasie und Wahrheit", die Fähigkeit, „das wie Wolken Ziehende scharf und genau festzuhalten und diesem Festgehaltenen doch zugleich auch wieder seinen zauberischen... Schwankezustand zu lassen", mache ihn zum Romantiker, so heißt es gelegentlich in ›Vor dem Sturm‹. In einem anderen Roman hinwiederum hat Fontane die Auseinandersetzung mit der Romantik geradezu zu einem Hauptmotiv gemacht. ›Schach von Wuthenow‹

gibt eine glänzend komponierte Persiflage des („neu"-)romantischen
Dichters Zacharias Werner. Ein „allerpfäffischster Pfaff" stecke hinter seinem Lutherdrama ›Die Weihe der Kraft‹; „alles ist Jesuitis-
mus oder Mystizismus und treibt ein unerlaubtes und beinahe kin-
disches Spiel mit Wahrheit und Geschichte", so wird gesagt. Fontane
selbst spricht aus dem Munde einer Romangestalt, wenn diese bekennt, der „pfäffische Zacharias Werner" sei ihr „in seinen mystisch-
romantischen Tendenzen einfach zuwider".

Fontane hat den Kampf gegen diese Tendenzen auch auf seine
eigene Gegenwart übertragen. So entspringt die Ablehnung, die
Hauptmanns Drama ›Hanneles Himmelfahrt‹ erfährt, seinem Widerwillen gegen die „Überspanntheit" und „dunkeläugige Mystik"
der Neuromantik, die er in diesem „Traumstück" gefährlich wieder-
erstanden sieht.

Betont jedoch hat Fontane auch in dieser späten Zeit — im Sinne
des Aufsatzes von 1853 — die Verbundenheit des Realismus mit
echter („alt"-)romantischer Dichtung hervorgehoben. Ein besonders
bezeichnender Beleg findet sich in einer Theaterrezension vom 3. Oktober 1889; er ist also geschrieben in den gleichen Wochen, in denen
Fontane in aufsehenerregender Weise für Hauptmanns Drama ›Vor
Sonnenaufgang‹ eintrat, für ein Werk mithin, das damals in Deutschland als letzter, radikalster Schrei der „*realistischen*" Richtung gilt.
Fontane schreibt: „Ich stelle das *Romantische* nicht nur sehr hoch, es
bleibt auch meine Lieblingsgattung in der Dichtung ... Der Sieg des
Realismus schafft die Romantik nicht aus der Welt. Und wäre es so,
so wäre es ein schrecklicher, gar nicht wieder einzubringender Verlust. Der Realismus schafft nur die *falsche* Romantik aus der Welt,
die Romantik, die keine ist ... Die Romantik kann nicht aus der
Welt geschafft werden, und in einer neuen Gestalt oder vielleicht
auch in ihrer alten oder nur wenig gemodelten wird sie (denn sie
verträgt sich sehr gut mit dem Realismus, was man an den *echten*
Romantikern studieren kann) aufs neue ihren siegreichen Einzug
halten ..."

Kehren wir noch einmal zu dem Aufsatz von 1853 zurück. Theodor Fontane schrieb ihn in der Epoche der Reaktion, die auf den
Zusammenbruch der Erhebungen der Jahre 1848/49 gefolgt war.

Auch Fontane selbst war von dieser Wandlung stark beeinflußt worden. Hatte er sich 1848 entschieden zur Revolution bekannt und war er noch im Sommer 1850 den von den preußischen Truppen im Stich gelassenen, verzweifelt um ihre Freiheit kämpfenden Schleswig-Holsteinern als Freiwilliger zu Hilfe geeilt (ohne freilich Schleswig-Holstein zu erreichen), so resignierte er in den folgenden Jahren mehr und mehr. Bereits im Januar 1851 schrieb er an Lepel: „Es bleibt einem nichts übrig, als sich mit dem Geist in die Vergangenheit und mit dem Herzen in den Freundes- und Familienkreis zu flüchten, — das geschieht denn auch und geschehe immer mehr . . .‟ Hinzu kam, daß Fontane — der 1850 geheiratet hatte — unter dem Druck materieller Not Ende 1851 Angestellter der reaktionären preußischen Regierungspresse geworden war; im April 1852 ging er als Korrespondent der ›Zeit‹ und der ›Preußischen Zeitung‹ nach England. So kommt es, daß er sich 1853 in jenem Aufsatze „einen eingefleischten Royalisten vom Wirbel bis zur Zeh‟ nennen zu müssen glaubt und sich bis zu der bösen These versteigt: „Haß gegen das Bestehende und Republikanismus mögen hierzulande eine Kugel vor den Kopf verdienen.‟ Auch die ostentative politische Indifferenz, mit der er revolutionäre wie reaktionäre Dichter nur „ästhetisch‟ werten zu wollen vorgibt, sie in einen Topf wirft und unterschiedslos verurteilt, entspricht der politischen Ratlosigkeit dieser Jahre: „Ich hab es rechts und links und in der Mitte versucht‟, so schreibt er an Lepel; „die Tollheit der Extreme und die Schwächlichkeit (meiner Meinung nach freilich *unverschuldet*) des juste milieu ekeln einen an. Nicht jeder hat die Geduld eines Esels oder — Ehrenmanns; hol's der Teufel!‟

In seinem Essay ›Fontanes erzählerisches Spätwerk‹ hat Paul Rilla vor Jahren in Abwandlung der berühmten Äußerung von Friedrich Engels über Balzac von einem „Triumph des Realismus‟ im Alterswerk Fontanes gesprochen, von einem Sieg seiner klaren Einschätzung der politischen und sozialen Entwicklung über seine Klassensympathien, die lange Zeit dem preußischen Adel gegolten hatten. Schon der literarkritische Aufsatz von 1853 bietet dazu ein Gegenstück. Denn alle jene zur Schau getragene politische Unparteilichkeit, auf die sich der Kritiker Fontane *theoretisch* soviel zugute tut, wird aufgegeben, wenn es sich um ihre *praktische* Bewährung an einem

Werke handelt. Gegenübergestellt sind *Freiligrath* und *Redwitz*. Und kein anderes Gedicht als ausgerechnet ›Die Toten an die Lebenden‹, den ergreifenden Mahnruf Freiligraths zur Revolution, eines der bedeutendsten Zeugnisse der gesamten deutschen politischen Lyrik, wählt Fontane aus, um daran zu zeigen, wie die künftige realistische Dichtung beschaffen sein müsse. Ganz sei hier Freiligrath „der Poet, den wir fordern"; das Gedicht sei „in Wahrheit ein Apostel des Realismus. Inhalt und Form decken hier einander: der Stoff aus dem vollsten Leben herausgerissen, die Behandlung einfach und doch schwungvoll, wahr und doch voll Phantasie". Dieses kühne Bekenntnis machte denn freilich — im Jahre 1853! — die sich anschließende Beteuerung nötig, daß „die politische Richtung dieses Gedichtes" nicht auf das Urteil des Betrachters „influiert" habe, daß er vielmehr lediglich „den ästhetischen Maßstab" habe gelten lassen.

Unmittelbar auf die Würdigung von Freiligraths Dichtung folgt die Kritik der süßlich-frömmelnden, ultramontan-reaktionären Verserzählung ›Amaranth‹ des Katholiken Oskar von Redwitz, die, 1849 erschienen, als typisches Produkt der wiedererstarkenden Konterrevolution einen gefährlichen Einfluß auch im protestantischen Bürgertum Norddeutschlands auszuüben begann. Zwar betont der Kritiker auch hier vorsichtig, er habe nur eine *„ästhetische"* Betrachtung im Sinne, aber eine Briefstelle erweist, wie genau Fontane um die *politischen* Hintergründe derartiger „Dichtungen" weiß. „Sie wollen", so schreibt er 1851, „meine Meinung über ›Amaranth‹ wissen. Das Buch ist im höchsten Grade widerwärtig und in der Poesie dasselbe, was die Leitartikel der ›Kreuzzeitung‹ in der Prosa sind — herzloses, gemachtes, kokettes Christentum. Ich wüßte nicht, was mich seit lange unter literarischen Arbeiten in dem Maße angewidert hätte wie diese Christentumsfratze mit Namen Amaranth."

So direkt äußert er sich freilich in der Kritik von 1853 nicht mehr; immerhin fällt diese — vor allem nach den zuvor entwickelten Kriterien einer realistischen Dichtung — noch so vernichtend aus, daß sie — aller vorgeblichen „Neutralität" zum Trotz — gültige Rückschlüsse auf den ideologischen Standpunkt des Kritikers erlaubt: entgegen Fontanes eigener, von ihm zeitweise vertretener Auffassung von der Möglichkeit unparteilicher Literaturbetrachtung erweist bereits seine erste größere und bedeutende kritische Arbeit die unabdingbare Verflochtenheit einer realistischen Literaturkritik mit einer progressiven ideologischen Entscheidung. Damit gewinnt jener frühe Aufsatz von 1853 auch unter diesem Gesichtspunkt programmatische Bedeutung für Theodor Fontanes gesamtes späteres literaturkritisches Schaffen.

Vorerst freilich steht jener Aufsatz ziemlich für sich allein. Die Entfaltung von Fontanes Literaturkritik vollzieht sich in auffälliger Übereinstimmung mit der Entwicklung seines Dichtertums. Wir wissen, daß nach dem frühen Ruhm, den Fontane mit seinen Romanzen und Balladen von 1847 bis 1851 (vor allem mit den ›Männern und Helden‹ von 1850) geerntet hatte, der *Dichter* Fontane über zwei Jahrzehnte fast vollkommen schwieg. Erst 1875 wandte er sich — mit der Wiederaufnahme der Arbeit an seinem ersten Roman ›Vor dem Sturm‹ — erneut der Dichtung zu. ›Vor dem Sturm‹ erschien 1878. Der umfangreiche Roman eröffnete eine Reihe epischer Werke, die bis zu Fontanes Tod nicht mehr abriß.

In der *Literaturkritik* Fontanes dominieren in seinem ersten „literarischen" Jahrzehnt, das etwa die Zeit von 1844 bis 1855 umfaßt — von seinem Eintritt in die Berliner Dichtervereinigung „Der Tunnel über der Spree" im Mai 1844 bis zum dritten, längsten Londoner Aufenthalt, der im September 1855 beginnt —, Kritiken in Briefen, gerichtet an Tunnelgenossen und an Freunde, so an Bernhard von Lepel, Friedrich Witte, Friedrich Eggers, aber auch an schon berühmte Zeitgenossen wie Paul Heyse und Theodor Storm. Entsprechend den Gepflogenheiten des „Tunnels" gehen diese brieflichen Kritiken oft sehr ins handwerklich-technische Detail und widmen den Fragen der Metrik, der Komposition und der Wortwahl besondere Aufmerksamkeit, ohne deshalb jedoch den Blick auf das „Ganze" — Tonfall, Stimmung, Stoffwahl und Gehalt — zu vernachlässigen. Gegenstand dieser Kritiken sind — ebenfalls entsprechend den „Tunnel"-Gepflogenheiten, aber auch analog den derzeitigen poetischen Neigungen Fontanes — überwiegend *Gedichte*. [...]

Ihnen gegenüber treten die zur Publikation bestimmten Kritiken Fontanes in diesem Jahrzehnt noch stark zurück. Es handelt sich — neben dem eingangs zitierten programmatischen Aufsatz von 1853 — vor allem um Rezensionen, die in dem von Fontanes Freund Eggers

redigierten ›Literaturblatt des Deutschen Kunstblattes‹ erscheinen:
zwei Besprechungen der ›Hermen‹ betitelten Verserzählungen und
der ersten „Novellen" Paul Heyses (1854 und 1855) und eine große
Rezension von Freytags Roman ›Soll und Haben‹ (1855). Fontane
bezeichnet darin als die Idee dieses Romans „die Verherrlichung des
Bürgertums und insonderheit des *deutschen* Bürgertums". Man hört
den Mitarbeiter der ›Kreuz-Zeitung‹ sprechen, wenn er einerseits die
dem „Germanismus" Freytags entspringende negative Beurteilung
des „Polentums" lobt, andererseits aber mit der kritischen Darstellung des preußischen Adels, die er für ungerecht hält, nicht einverstanden ist. In diesem Zusammenhang fällt ein Wort, das schon den
Fontane der ›Wanderungen durch die Mark Brandenburg‹ voraus-
ahnen läßt und das zugleich mit erklärt, warum er von nun an für
geraume Zeit als Kritiker der großen realistischen Leistungen der
deutschen Literatur — es sei an Gottfried Keller, Wilhelm Raabe
und Theodor Storm erinnert — ausfällt. Fontane schreibt: „Es läßt
sich über den Beruf und die Aufgabe des Adels in unserer Zeit verschieden denken — wir persönlich zählen zu seinen wärmsten Ver-
ehrern und haben unsere triftigen Gründe dazu . . ." Es sollte noch
Jahrzehnte dauern, bis Fontane dieses Urteil revidierte und erkannte, daß an dem Adelswahn „Preußen — und mittelbar ganz Deutschland — kranke", bis er forderte: „Über unsren Adel muß hinweggegangen werden" (1897 an Friedlaender).

Übrigens ist Fontane auch mit der abschätzigen Bewertung des
Judentums durch Freytag nicht einverstanden und fragt ängstlich:
„Wohin soll das führen? Die Juden sind mal da und bilden einen
nicht unwesentlichen Teil unserer Gesellschaft, unseres Staates."
Pflicht des Schriftstellers aber sei es — „und je höher er steht, um so
mehr" —, der Freiheit und Toleranz durch sein Werk zu dienen.

Schließlich fallen in das Jahrzehnt von 1844 bis 1855 noch eine
erste Storm-Rezension in der ›Preußischen (Adler-) Zeitung‹ von
1853, die in dem Preis von ›Immensee‹ gipfelt, und die Anfänge von
Fontanes Theaterkritik: während seines zweiten Londoner Aufent-
haltes im Sommer 1852 berichtet er für die ›Preußische (Adler-) Zeitung‹ über ein Gastspiel Emil Devrients in London; der Bericht, der
im Juni 1852 veröffentlicht wird, ist die erste gedruckte Theaterrezension Fontanes.

Überblicken wir abschließend noch einmal die Entwicklung von Fontanes Literaturkritik in ihrem ersten Jahrzehnt, so ist das Ergebnis im ganzen enttäuschend: die gründliche kritische Auseinandersetzung mit der zeitgenössischen Lyrik, die in den Briefen begonnen worden war, ebbt in dem Maße ab, wie sich Fontanes Beziehungen zum „Tunnel" lockern und er selbst mehr und mehr als Balladendichter verstummt. Die Hoffnungen, die der Aufsatz von 1853 erweckt hatte, erfüllen sich zunächst nicht, ja die ›Soll und Haben‹-Kritik wirkt stellenweise wie eine Zurücknahme jenes Aufsatzes: der ideologischen Fehlentscheidung entspricht die ästhetische. Im gleichen Jahr wie ›Soll und Haben‹ erscheint der letzte Band des ›Grünen Heinrich‹; Fontane nimmt jahrzehntelang keine Notiz von Kellers Werk und feiert Freytags konformistisch-beschönigenden Roman als „erste Blüte des modernen Realismus". In den übrigen Rezensionen schließlich sinkt er auf die Stufe eines vorwiegend kritiklos referierenden Betrachters herab; die ideologische Position, die Fontane am Vorabend der Bismarckschen Ära halb freiwillig, halb gezwungen bezieht, machen eine echte und schöpferische Literaturkritik, wie er sie selbst 1853 gefordert hatte, unmöglich.

II

Die folgenden zwei Jahrzehnte bestätigen dieses Ergebnis. Es ist die Zeit, da Fontane mit der Abfassung seiner Reisebücher über England und Schottland (1854—1860), der ›Wanderungen durch die Mark Brandenburg‹ (die vier Hauptbände erscheinen 1862, 1863, 1872 und 1882) und der Bücher über die Kriege von 1864, 1866 und 1870/71 (1866 bis 1873) beschäftigt ist. Und so wie in diesen Werken der *Dichter* Fontane vollkommen hinter dem *Berichter* zurücktritt, so beschränkt er sich auch in den nebenherlaufenden Rezensionen (das Wort „Kritiken" möchte man vermeiden) auf kurze referierende Besprechungen, in denen die Inhaltsangaben den größten Raum einnehmen. Diese Besprechungen aber, die Fontane als Redakteur der ›Kreuz-Zeitung‹ verfaßt (er hat diese Stellung von 1860 bis 1870 inne), gelten in erster Linie nicht mehr belletristischen Werken, sondern historischen und kulturhistorischen Büchern, Reisebeschreibun-

gen und Memoirenwerken; es scheint, als ob die Dichtung — in
Theorie und Praxis — fast ganz aus dem Gesichtsfeld Fontanes ver-
schwunden wäre. Eine der wenig erquicklichen Ausnahmen bilden
die Rezensionen der aus feudalreaktionärer Sicht geschriebenen hi-
storischen Romane George Hesekiels, eines Tunnelfreundes und
›Kreuz-Zeitungs‹-Redakteurs, dem Fontane seine Anstellung ver-
dankte. Das realistische Credo von 1853 scheint vergessen zu sein.
Die ideologische Position des Literaturbetrachters Fontane in dieser
Zeit erhellt aus zwei Sätzen, die sich beiläufig in einen Bericht aus
London vom Juli 1857 eingestreut finden: „Deutschland hat schwer
darunter zu leiden gehabt, daß es Heine und Herwegh als politische
Lehrmeister hinnahm. Eine gesunde Reaktion kam, aber sie kam
spät . . .“

Im übrigen tritt auch in den Reise- und Wanderbüchern Fontanes
die Literatur völlig zurück. Sein Interesse gehört Land und Leuten
in England und Schottland; wo er über Kulturelles referiert, haben
Architektur und Malerei, Presse und Theater (und zwar Theater als
Stätte *schauspielerischer* Leistung) bei weitem den Vorrang vor Literatur und Dichtung.

Als Fontane über einen Besuch in Abbotsford, Walter Scotts hi-
storischem Wohnsitz in Schottland, berichtet, registriert er sorgfältig
und interessiert jede bauliche Einzelheit, spürt ihren etwaigen Traditionen nach — über den Dichter selbst fällt kaum ein Wort. Thackeray und Dickens hinwiederum fesseln ihn vor allem wegen ihrer
politischen Wirksamkeit, wobei böse Worte gegen Dickens, den „Reformator und Politiker, der in Novellenform demokratisiert“, fallen.

Nach Fontanes Rückkehr aus England entstehen die ersten Bände
der ›Wanderungen‹. Auffällig ist es, wie schlecht auch in ihnen die
Literatur wegkommt. Die literarischen Traditionen der Mark (die
Gebrüder Humboldt, Heinrich von Kleist, Achim und Bettina von
Arnim, Fouqué, Chamisso, Tieck, Karl August und Rahel Varnha-
gen von Ense) werden nur am Rande berührt, soweit sie als Teil der
allgemeinen Landesgeschichte und Kulturhistorie in Betracht kommen, ohne daß auch nur einmal ein Wort zur kritischen Charakterisierung einer dichterischen Leistung fiele. Der Name E. T. A. Hoff-
manns beispielsweise wird in den vier Bänden der ›Wanderungen‹
nicht ein einziges Mal erwähnt.

Erst viel später, nach Erscheinen des vierten Bandes der ›Wanderungen durch die Mark Brandenburg‹, also wohl um die Mitte der achtziger Jahre, konzipierte Fontane eine Betrachtung ›Mark Brandenburg und ihre Darstellung in Lied, Drama, Roman‹, die indessen nicht über fragmentarische Vorarbeiten von einem Dutzend Seiten gedieh; sie wurde nie veröffentlicht. In den Kriegsbüchern findet sich begreiflicherweise vollends kein Platz für Literaturbetrachtung, will man nicht eine kurze Notiz über Alexander Dumas den Älteren — anläßlich eines Besuches an seinem Grabe im besetzten Frankreich — als solche rechnen.

Zwölf Jahre lang — von 1864 bis 1876 — habe er „fast nur in der Zeit- und Kriegsgeschichte gelebt", so sagt Fontane später einmal.

III

Indessen fällt doch in diese Zeit ein Ereignis, das Anlaß für die Wiederaufnahme einer selbständigen literaturkritischen Tätigkeit wurde. Im Mai 1870 gibt Fontane seine Stelle bei der ›Kreuz-Zeitung‹ auf, eine „in ihrem Kern perfide Stellung", wie er jetzt erkennt; „sie war das Freiheitsopfer nicht wert, das ich ihr so viele Jahre lang gebracht habe". Wieder einmal wird ihm mit erschreckender Deutlichkeit klar, welchem traurigen Los der Schriftsteller in Preußen-Deutschland ausgesetzt ist; die „warme Verehrung" für den preußischen Adel, die er noch anderthalb Jahrzehnte zuvor in der Freytag-Rezension ausgesprochen hatte, erhält durch die Erfahrungen mit dem Blatte der Adelspartei eine erste Trübung: „Es ist *gemein*", so schreibt Fontane am 11. Mai 1870 an seine Frau, „beständig große Redensarten zu machen, beständig Christentum und Bibelsprüche im Munde zu führen und nie eine *gebotene* Rücksicht zu üben, die allerdings von Juden und Industriellen, von allen denen, die in unsern biedern Spalten beständig bekämpft werden, oftmals und reichlich geübt wird."

In dem Maße, in dem in den nun folgenden Jahren und Jahrzehnten Fontanes geistige Unabhängigkeit gegenüber den herrschenden Mächten seiner Zeit und seines Landes zunimmt — in einem Briefe an Friedlaender von 1893 zählte er sie wie folgt auf:

„Geld, Adel, Offizier, Assessor, Professor" —, wächst auch die Erkenntnis von der bösartigen Geistwidrigkeit des „Borussismus".

Im Borussismus erkennt Fontane grundsätzlich richtig die Herrschaft des aggressiven und dünkelhaften ostelbischen Junkertums im Bündnis mit einer von blindem „Sechserehrgeiz" und rücksichtslosem Profitstreben erfüllten Bourgeoisie und deckt so eine der gefährlichsten Besonderheiten des sich herausbildenden deutschen Imperialismus auf. Bieten für diese prinzipielle gesellschaftliche Einsicht seine späteren Romane — von ›Frau Jenny Treibel‹ bis zum ›Stechlin‹ — eine Reihe von Beispielen, so verwirklicht sich im Bereiche des Ästhetischen für Fontane der Borussismus immer wieder in derjenigen leidvollen Erfahrung preußisch-deutscher Wirklichkeit, die er 1896 auf die knappe Formel bringt: „Kunst ist nichts, Geheimrat ist alles." Unser Band belegt diese Erfahrung in mehreren Zeugnissen. Sie stammen aus den beiden letzten Jahrzehnten des Dichters; ihr Höhepunkt ist die umfassende, in verzweifelter Utopie mehr abbrechende als endende Anklageschrift von 1891: ›Die gesellschaftliche Stellung der Schriftsteller‹.

Schon wenige Monate nach dem Bruch mit der ›Kreuz-Zeitung‹, im August 1870, trat Fontane — gezwungen zunächst durch die Notwendigkeit des Broterwerbs — in ein Vertragsverhältnis zu ihrer Konkurrentin, der freisinnigen ›Vossischen Zeitung‹, dem Blatt der „Juden und Industriellen". Für diese älteste und angesehenste Berliner Zeitung, an der einst Lessing als Redakteur gewirkt hatte, schrieb nun Fontane die Rezensionen der Theateraufführungen im Königlichen Schauspielhaus (Gendarmenmarkt). Zwanzig Jahre lang, bis zum 1. Januar 1890 (von zwei nur kurzen Unterbrechungen abgesehen), übte Fontane diese hochwichtige Funktion aus, blieb aber auch danach noch für einige Monate — bis zum Juni 1890 — in Verbindung mit der ›Vossischen Zeitung‹; ausdrücklich hatte er sich die Kritiken über die Aufführungen der ›Freien Bühne‹ bis zum Schluß ihrer für das deutsche Theater so bedeutungsvollen ersten Spielzeit ausbedungen; sie wurde eröffnet mit Ibsens ›Gespenstern‹ und Hauptmanns ›Vor Sonnenaufgang‹ im September und Oktober 1889 und schloß mit Hauptmanns ›Friedensfest‹ im Juni 1890. Vier Jahre später schrieb Fontane noch eine letzte Theaterkritik; sie galt Hauptmanns ›Webern‹ und wurde unter Fontanes Namen erst kurz nach seinem Tode veröffentlicht.

Fontanes Theaterkritik in der ›Vossischen Zeitung‹ eröffnet die zweite Periode seiner Äußerungen zur Literatur. Diese Periode, die bis zu Fontanes Tod reicht, setzt indessen voll erst ein in der Mitte der siebziger Jahre. Ein letztes Mal hatte Fontane — im Frühjahr 1876 — versucht, sich als Angestellter einer preußischen Institution zu etablieren, um den Nöten des herannahenden Alters, vor allem aber um den Sorgen seiner Frau zu begegnen. Im März 1876 wurde er zum Ersten Sekretär der Königlichen Akademie der Künste berufen, und bereits Ende Mai kam er wieder um seine Entlassung ein, die im August 1876 bewilligt wurde. „Ich hatte mich zu entscheiden", so schreibt er am 1. Juli 1876 an Mathilde von Rohr, „ob ich, um der äußeren Sicherheit willen, ein stumpfes, licht- und freudeloses Leben führen oder, die alte Unsicherheit bevorzugend, mir wenigstens die *Möglichkeit* heiterer Stunden zurückerobern wollte . . . Ich wäre entweder, wenn ich durchaus hätte aushalten müssen, tiefsinnig geworden oder hätte doch wenigstens eine traurige Wandlung aus dem Frischen ins Abgestandene, aus dem geistig Lebendigen ins geistig Tote durchgemacht." Fontane blieb freier Schriftsteller, und diese Entscheidung wurde so wichtig für sein weiteres Leben und Schaffen, daß man mit Conrad Wandrey in ihr „Fontanes Geburt als Romanschriftsteller" sehen muß.

Gleichzeitig aber mit dem Reifen des „alten Fontane" zum großen Epiker nimmt nun auch, was bisher weniger beachtet wurde, seine Literaturkritik ihren entscheidenden Aufschwung. Erst jetzt, in den letzten Lebensjahrzehnten Fontanes, fallen diejenigen Urteile, die seinen Rang auch als Literaturkritiker bezeichnen. Das gilt zum ersten von den *Theaterrezensionen*, die sich zu einer immer bewußteren und souveräneren Meisterung des kritischen Metiers erheben; man vergleiche etwa die erste ›Piccolomini‹-Rezension von 1871, die im wesentlichen auf allgemeine Bekenntnisse beschränkt bleibt, mit der zweiten von 1878, die bis zu einer subtilen charakterologisch-ethischen Analyse der Gestalt Wallensteins vorstößt. Von hier aus führt ein direkter Weg zu den großen vorurteilslos-kritischen Besprechungen der Ibsen- und Hauptmann-Dramen des folgenden Jahrzehnts.

Bereits in der Mitte der siebziger Jahre treten weiterhin *literarische Aufsätze* an die Seite der Theaterrezensionen. Am Anfang steht der umfangreiche Alexis-Essay von 1873. Der zwiespältige Eindruck, den er in seinen kritischen Partien hinterläßt — streckenweise tritt die Kritik noch ganz hinter Biographie, Bericht und Inhaltsangabe zurück —, hängt aufs engste mit dem eigentümlichen Reifeprozeß Fontanes zusammen; blitzartig erhellt der Essay die Ausgangspositionen der Literaturkritik Fontanes, läßt ihren Umfang wie ihre Grenzen am Beginn seiner großen Epoche deutlich werden.

Zwei Züge rügt Fontane unmittelbar nacheinander an Alexisschen Romanen: eine gefährliche („neu"-)romantische Mystik (›Der falsche Woldemar‹) und ein mangelndes poetisches Vermögen bei der Gestaltung historischer Ereignisse und Zustände (›Der Roland von Berlin‹).

Die erste Ausstellung beruht auf dem elementaren und konstanten Prinzip der Literaturkritik Fontanes, auf der Realismusforderung. Ihr entspringt die bereits erwähnte Konfrontierung Scott — Alexis. Der zweite Einwand, so berechtigt er *an sich* ist, wird bedenklich durch die Folie, die ihm Fontane gibt. Sowohl in dem Alexis-Essay wie vor allem in einer aus der gleichen Zeit stammenden Betrachtung über Scheffels ›Ekkehard‹ preist Fontane an *Scheffel* überschwenglich gerade diejenigen Fähigkeiten, deren Fehlen er bei *Alexis* beklagt. Die Entsprechungen — positive Kritik an Scheffel, negative Kritik an Alexis — lassen sich bis in den Wortlaut verfolgen; in den Anmerkungen zu dem Alexis-Essay werden sie durch Proben aus der ›Ekkehard‹-Rezension belegt.

„*Scheffel* als positives Gegenstück zu Alexis" — dieses fragwürdige Urteil kann nicht balanciert werden durch jene andere, richtige Entscheidung: „*Scott* als positives Gegenstück zu Alexis". Die Synthese Scheffel — Scott ist nicht vollziehbar; ein absurder Widerspruch wird deutlich. Wie ist er zu erklären?

Die fehlende gesellschaftliche Grundlage seiner Realismusforderung hindert den Kritiker Fontane geraume Zeit daran, die pseudorealistische Routine der Freytag, Scheffel, Heyse mit gleicher oder auch nur ähnlicher Sicherheit und Schärfe zu durchschauen wie die antirealistische Willkür romantisierender Mystiker.

Überwunden wird diese Beschränkung erst durch die Resultate

eines immer wacheren Erlebens der sich rapide wandelnden sozialen Situation und durch die Bekanntschaft mit den neuen künstlerischen Perspektiven, die die Wirklichkeitsauffassung der Naturalisten eröffnet. Erst dadurch gewinnt Fontanes Realismusbegriff diejenige Tiefe und Geschlossenheit, deren poetische Entsprechung wir in seinem Alterswerk bewundern. Ablesen läßt sich diese Entwicklung auch an anderen Symptomen; die kritische Distanzierung vom Werk Paul Heyses gehört zu ihnen. Der Kenner Zolas, Ibsens, Hauptmanns hätte in einer Widerlegung von Alexis durch Scheffel keine vertretbare kritische Möglichkeit mehr gesehen. Als Fontane wenige Jahre vor seinem Tode den erstaunlichen Plan zu dem historischen Roman ›Die Likedeeler‹ entwirft, da betont er ausdrücklich, sein Werk werde weder mit Freytag noch mit Scheffel etwas gemein haben; es weiche „von allem Dagewesenen" ab; am nächsten komme ihm noch Alexis mit seinen ›Hosen des Herrn von Bredow‹.

Bereits die wichtige Besprechung von Gustav Freytags ›Ahnen‹ aus dem Jahre 1875 aber kann in diesem Sinne als ein Fortschritt gegenüber dem Alexis-Essay von 1873 gewertet werden. Fontane unternimmt darin nichts weniger als den Versuch einer Typenlehre des Romans, auf Grund deren er — eine teilweise Zurücknahme der zwanzig Jahre zuvor geschriebenen ›Soll und Haben‹-Rezension — zu einer ebenso umfassenden wie gerechten Verurteilung des Freytagschen Zyklus gelangt, gipfelnd in der Feststellung, daß Freytag „kein Dichter ist". Im Tagebuch von 1881 wird Fontane noch drastischer: „Alles ist herausgeklügelt und dient einem doktrinären Zweck . . . Der ganze Kerl ist doch nur ein Lederschneider, noch viel lederner als Gutzkow." Auch Gutzkow — der Fontane unerträglich war durch seine Neigung zur Phrase — wird in der ›Uriel Acosta‹-Rezension von 1879 als „alles mögliche, nur kein wirklicher Dichter" bezeichnet.

Auch die folgenden kritischen Aufsätze Fontanes beschäftigen sich — der Richtung entsprechend, die er in seinem eigenen Schaffen immer ausschließlicher einschlägt — vorwiegend mit Romanen der Gegenwartsliteratur.

Lediglich eine Storm-Rezension von 1877 fällt aus dem Rahmen und enttäuscht durch ihre Dürftigkeit. Storm bleibt für Fontane „der größte Liebes*lyriker* seit Goethe"; diese Bestimmung aber ist für den alten Fontane nur noch Reminiszenz (nicht zuletzt seiner eigenen lyrischen Epoche), nicht Ergebnis kritischer Bemühung. Sein Verhältnis zu Storm ist das der *Erinnerung*; daß sie Altersgenossen sind, „vergißt" Fontane offenbar immer mehr. Auf Storms Alterswerk, seine Novellistik, ein ähnliches Urteil wie auf die Lyrik anzuwenden, davon ist Fontane weit entfernt. Es bleibt fraglich, wie viele von den letzten Novellen Storms er überhaupt noch kennt. Die Anforderungen, die Fontane an die Epik der Gegenwart und Zukunft stellt, gehen in andere Richtung.

Die übrigen Aufsätze demonstrieren das. In ihnen verbindet sich das subjektive Empfinden und Urteilen des Dichters Fontane immer deutlicher mit objektiven Kriterien. Ein zugrunde liegendes Gefüge einander bedingender Normen des Realismus — wobei an keinen Kodex fixierter Regeln gedacht werden darf — wird sichtbar. Es ist die organische Entwicklung des Programms von 1853, jetzt aber — wie etwa die Lindau-Aufzeichnung von 1886 zeigt — charakteristisch erweitert durch die Forderung *sozialer* Repräsentanz und Gültigkeit der Dichtung. Bereits das in einem Briefe vom Dezember 1878 an und gegen Heyse gerichtete Plädoyer für einen „Vielheitsroman", der „statt des Individuums einen vielgestaltigen Zeitabschnitt unter die Lupe" nehme (wie es Fontane in ›Vor dem Sturm‹ unternommen hatte), war ein erster Vorstoß in dieser Richtung gewesen.

Am freiesten und vielseitigsten entfalten sich die jenem Normengefüge entsprechenden Gedanken und Folgerungen in den *Briefen* Fontanes. Die Brieffolge von 1883, die von seinem Ringen um Zola zeugt, die umfangreichen Briefe von 1881 über Richard Wagner, die vielschichtigen, von 1886 bis 1896 reichenden Auseinandersetzungen über das „jüngste Deutschland", den Naturalismus und Gerhart Hauptmann und nicht zuletzt die Aufschlüsse und Bekenntnisse über sein eigenes Schaffen — von den frühen Balladen über ›Vor dem Sturm‹ bis zu dem Plan der ›Likedeeler‹ — machen Fontanes Briefwerk zu einer unentbehrlichen und autonomen Ergänzung seiner Theaterkritiken und seiner literarischen Aufsätze.

Fontane war sein Leben lang ein leidenschaftlicher Briefschreiber. Die meisten seiner Briefäußerungen erheben sich weit über das Improvisierte, Zweckbedingte, Momentane anderer Briefschreiber. 1889 bekennt er einmal: „In meinem eigensten Herzen bin ich geradezu

Briefschwärmer und ziehe sie, weil des Menschen Eigenstes und Echtestes gebend, jedem andern historischen Stoff vor."

Auch der Literaturbetrachter und Literaturkritiker Fontane hat allezeit sein „Eigenstes und Echtestes" in den Briefen gegeben; in den „Tunnel"-Briefen von 1846 bis 1853 nicht minder als in den großen Literaturbriefen an Otto Brahm und Paul Schlenther aus seinem letzten Lebensjahrzehnt. Es hängt jedoch mit dem eigentümlichen Reifeprozeß Fontanes zusammen, daß die für ihn bezeichnendsten und für uns wichtigsten Urteile in den Briefen seit 1875 fallen; ihnen gegenüber tragen die Äußerungen der 40er und 50er Jahre weit stärker autobiographisches und subjektives Gepräge. Indessen sind sie doch aufschlußreich für die Entwicklung des Literaturbetrachters Fontane. So steht bei den frühen Briefen dasjenige Genre — die Lyrik — im Mittelpunkt, das beim alten Fontane völlig hinter Epik und Dramatik verschwindet. Denn vieles von dem, was in den *späteren* Briefen anklingt, wird in den Theaterkritiken weiter ausgesponnen; in mehr als einem Falle mutet ein Brief geradezu als der freiere und kühnere, freilich auch kürzere Entwurf einer Rezension an, wie etwa die Ibsen- und Hauptmann-Briefe zeigen. Schließlich finden sich in den frühen Briefen oft bereits Vorstufen oder Keimformen der späteren literarischen Kriterien Fontanes; die vernichtende Urteile über Geibel aus dem Jahre 1851 lassen Zeile für Zeile schon den Kritiker der achtziger und neunziger Jahre ahnen, der gegen verlogenes Epigonentum und öden Konventionalismus Front machen wird.

Man hat mit Recht den Briefschreiber Fontane an die Seite des Dichters gestellt. Der Brief als *Kunst*form erreicht beim reifen Fontane eine für die deutsche Literatur der zweiten Hälfte des 19. Jahrhunderts einmalige, klassische Höhe. Auch in seinen sorglich auf die Mentalität, Aufnahmefähigkeit und Aufnahmebereitschaft des jeweiligen Empfängers abgestimmten Literaturbriefen zeigt sich der „Causeur" Fontane von seiner gewinnendsten Seite. Mancher Brief wird, unbeschadet seines Mitteilungscharakters oder seines theoretisch-kritischen Gehaltes, zum kleinen stilistischen Meisterwerk.

Die Verbindung von Literaturbetrachtung und Dichtung wird dort am innigsten, wo die Kritik übergeht in die besonderen Kunstformen der *Erinnerung* und des *Gedichtes*. Auch diese Stücke stammen aus Fontanes letzten Jahrzehnten; das ihnen Gemeinsame ist die belletristische Auswahl und Formung des Stoffes. Am stärksten theoretische Färbung weisen noch die Erinnerungen auf; ihr Hauptstück — « pièce de résistance » hätte Fontane gesagt — ist der große Abschnitt über Storm. Besonders diese Studie erweist, wie Fontanes Literaturbetrachtung sich die Kunstform der „Erinnerung" zu einem Ausdrucksmittel anverwandelt, in dem objektiver Tatbestand, subjektiver Eindruck und persönliches Bekenntnis eine Mischung eingehen, die von „zünftiger" Literaturkritik nur noch sehr wenig verrät, desto mehr von der liebenswürdigen Kunst ihres Urhebers. Am Ende seines Lebens gewinnt Fontane in der „Erinnerung" diejenige Möglichkeit einer essayistischen Literaturbetrachtung, die seiner dichterischen Natur am reinsten entspricht. In den Gedichten dominiert dann immer ausschließlicher das persönliche Bekenntnis über Betrachtung und Kritik — gipfelnd in der ergreifenden Konfession ›Fritz Katzfuß‹, in der ein lebenslanges literarisches Suchen und Ringen aufgehoben erscheint in der klassischen Klarheit Goethescher Dichtung.

IV

So einfach und problemlos indes, wie es dieses Gedicht darstellen möchte, haben sich die Beziehungen des Betrachters und Kritikers Fontane zur Literatur zu keiner Zeit seines Lebens gestaltet. Im Gegenteil. Wenn wir nach den Grundprinzipien seines Umganges mit Dichtung fragen, nach den einzelnen Normen des Realismus, von denen oben bereits andeutungsweise die Rede war, so ergibt sich ein auf den ersten Blick nahezu bestürzendes Durcheinander und Nebeneinander von Kriterien. Auch das noch recht lineare und vordergründige realistische Programm von 1853 hilft in den Windungen dieses Labyrinthes nicht weit.

Zuvörderst gilt es noch einmal zu begreifen: Fontane, als Schriftsteller Autodidakt in jedem Betracht, hat zeit seines Lebens keine andere Autorität, „Schule" oder Quelle höhergestellt als das Leben selbst; in seinen letzten, großen Jahrzehnten ist es ihm vollends das einzige Richtmaß. Bereits seine Stellung zur deutschen Klassik ist höchst differenziert; nichts wäre falscher, als die Goethe-Verehrung von Fritz Katzfuß ohne weiteres auf seinen Dichter zu übertragen. Zuerst ist diesem jede Art von Heroenkult in der Literaturbetrachtung verhaßt. Der Einundzwanzigjährige debütiert im ›Leipziger Tageblatt‹ mit einem Gedicht ›Shakespeares Strumpf‹, in dem er den Leipziger Schillerverein verspottet, der eine alte Weste Schillers wie eine Reliquie behandelt. Und noch der Greis empört sich über einen „Goethegötzenkultus", einen „Goethebann", aus dem man „herausmüsse". Ihren Grund haben diese Ausfälle nicht, wie man wohl mitunter gemeint hat, in einer Gegnerschaft Fontanes gegen die deutschen Klassiker; er weiß sehr genau, wieviel ihn mit ihnen, und besonders mit Goethe, verbindet. Verbunden aber ist er mit ihnen — um es zu wiederholen — durch sein unablässiges künstlerisches Ringen um das *Leben* in seiner Vielfalt und Schlichtheit, vor allem aber in seiner vorwärtsdrängenden Kraft, in seiner Entwicklung. So wie Herder hundert Jahre vor ihm die echte Homer-Nachahmung einzig darin erblickt, daß der deutsche Dichter *seine* Zeit und *seine* Nation so treu nachgestalte wie die Griechen die ihre, so ist es Fontanes legitime Goethe-Nachfolge, die ihn aufsässig werden läßt gegen einen kritiklosen, musealen und sterilen Goethe-Kult. Daß er seine Abneigung gegen diesen Kult mitunter auf dessen Gegenstand in überspitzter, einer historischen Kritik nicht standhaltender Weise überträgt — wie etwa in seinen Aufzeichnungen zu ›Wilhelm Meisters Lehrjahren‹ —, beeinträchtigt die grundsätzliche Tendenz seiner Stellung zur deutschen Klassik und insbesondere zu Goethe nicht. Als Literatur*historiker* hat sich Fontane nie gefühlt, wie schon an seiner Stellung zur „Romantik" deutlich wurde. Entscheidend ist für ihn — wie für Lessing, Herder und Goethe zu ihrer Zeit — der Blick auf *Gegenwart* und *Zukunft*. Charakteristisch dafür ist sein Schlußurteil über ›Wilhelm Meisters Lehrjahre‹, 1876 niedergeschrieben: „Daß wir ... ein solches zeitbildliches, die zweite Hälfte des vorigen Jahrhunderts vorzüglich charakterisierendes Werk haben, ist gewiß ein Glück; aber es ist gewiß noch mehr ein Glück, daß wir solche Zeit los sind und daß wir, wenn auch mit schwächeren Kräften, jetzt andere Stoffe bearbeiten."

Fontane kannte die Kunstfeindlichkeit des Junkertums und der Großbourgeoisie aus eigenen Erfahrungen zu gut, um sie nicht auch noch in der Maskierung des Kunstbetriebes im Königlichen Schauspielhaus zu durchschauen. Sein gesunder und vorwärtsdrängender Sinn empört sich gegen „pietätvoll"-verlogene Klassikeraufführungen, in denen er nichts Lebendiges, auf die Gegenwart Bezogenes mehr entdecken kann: „Hof- und Salongeschichten haben ihre Zeit", so schreibt er über ›Torquato Tasso‹, „und zu dem Gleichgültigsten von der Welt gehören Dichterreizbarkeiten."

Bei ›Egmont‹ trifft der Vorwurf scheinbar den Dichter selbst. Als Kritiker will Fontane den Primat der historischen Wahrheit gewahrt wissen. Lessing hatte in der ›Hamburgischen Dramaturgie‹ umgekehrt entschieden, Hebbel war an seine Seite getreten. Ein „Greuel, eine historische Sünde" nennt Fontane die Egmontgestalt Goethes, ein „Attentat gegen eins der schönsten Kapitel der Geschichte der Menschheit". Dennoch verkennt man die Intentionen Fontanes, wenn man in dieser Kritik zuerst ein Verdikt des *Historikers* sehen will. Aller Liebe zur Geschichte und aller Kenntnis unerachtet ist der reife Fontane weit von der peinlichen Historizität der Meininger entfernt. Es gibt Urteile, wo er die Frage „Dichtung oder historische Wahrheit?" recht läßlich behandelt. Der emotionelle Kern der vernichtenden ›Egmont‹-Kritik liegt anderswo, liegt auch hier in Fontanes Kampf gegen eine unduldsam-starre „Pietät", die jede schöpferische Kritik mit dem drohenden Hinweis auf das exzeptionelle „Recht des Genius" erstickt. Die Hüter dieser Pietät, „ein alter Geheimrat oder Gymnasialprofessor aus den Studienjahren 20—30", gehören zu den von Fontane bestgehaßten Typen im jungen Hohenzollernreich. (Professor Schmidt in ›Frau Jenny Treibel‹ ist die Abweichung vom Typus, die fast immer bei Fontane den Normalfall bestätigt.) Die borniert-chauvinistische Tendenz der oberlehrerhaften Phrase vom „Heros deutscher Nation" versperrt Fontane hier den Weg zum Dichter des ›Egmont‹, läßt ihn übersehen, wie weit gerade diese Dichtung seinen realistischen Forderungen entgegenkommt.

Noch schärfer als in den Rezensionen äußert sich Fontane in seinen Briefen; 1890 heißt es: „Das Überlieferte ist vollkommen schal und abgestanden; wer mir sagt: ‚Ich war gestern in ›Iphigenie‹, welch Hochgenuß!', der lügt oder ist ein Schaf und Nachplapprer." Im Tagebuch hatte er bereits 1883 über ›Don Carlos‹, dieses längst seines ursprünglichen heroischen Sinnes beraubte Idol eines unrevolutionär und kompromißlerisch gewordenen Bürgertums, notiert: „Wann wird die Welt einsehen, daß diese Schillerphrasen eine schillernde Seifenblase sind? ... Unerträglich sind mir in all diesen Stücken die Biederkeitsschwätzer ..." Fontanes Abscheu gegen die phrasenhafte Verlogenheit, mit der die Bourgeoisie Schiller-Worte wie „Seid umschlungen, Millionen!" zitiert, führt in einem Briefe vom gleichen Jahre 1883 sogar zu einem zynischen Ausfall gegen die Humanitätspostulate der deutschen Aufklärung und Klassik. Angesichts des krassen Widerspruchs, in dem sich die soziale Praxis der Bourgeoisie zu jenen ihren Lieblingszitaten befindet, verzweifelt Fontane an der Lösbarkeit dieser „Hoheitsaufgaben". Die historische Dialektik, die der Entwicklung des deutschen Bürgertums seit den Tagen Goethes und Schillers zugrunde liegt, vermag Fontane nicht zu durchschauen. Angesichts der kapitalistischen Entwicklung in Preußen-Deutschland nach 1871 verschärfen sich die Widersprüche in Fontanes Denken besonders.

Im Zusammenhang jener Briefstelle polemisiert Fontane auch gegen das „Unheil, das Lessing mit seiner Geschichte von den drei Ringen angerichtet" habe, und spricht vom „Bankerott der Afterweisheit des vorigen Jahrhunderts". Fontane erliegt der systematischen Verfälschung, der im Hohenzollernreich insbesondere die humanistischen Traditionen der deutschen Aufklärung ausgesetzt sind. Herder interessiert ihn ausschließlich als Sammler und Übersetzer von Volksliedern (weder die ›Ideen‹ noch die Humanitätsbriefe werden je erwähnt), auch Bürger ist lediglich der Schöpfer volkstümlicher Balladen. Auffällig kühl und fremd steht der alte Fontane vor allem dem Werk Lessings gegenüber. Der Einfluß der Lessing-Legende Erich Schmidts (einer der wenigen Literaturhistoriker, die Fontane gelten läßt) ist spürbar, wenn Fontane ›Minna von Barnhelm‹ und ›Nathan den Weisen‹ als „spezifisch preußische" Stücke bezeichnet. Im übrigen gelten seine Besprechungen der Dramen Lessings fast ausschließlich der Aufführung — ein Mittel, zu dem Fontane eingestandenermaßen immer dann greift, wenn er über das Stück selbst nichts zu sagen hat. Lessing gehört für Fontane der Literatur*geschichte* an. Offensichtlich interessiert er ihn nicht. Eine Verbindung zur Gegenwart vermag Fontane — anders als bei Goethe, bei Schiller — nicht zu sehen. Die brennende Aktualität von

Lessings sozialem Kampf ist für ihn durch die Lessing-Legende bis zur Unkenntlichkeit entstellt.

Immer wieder aber geschieht es, daß Fontane selbst inmitten eines entstellenden Pompes der hohen Schönheit und Reinheit klassischer Dichtung gewahr wird (so wie er ausdrücklich alles, was er gegen den „Iphigenienkultus" vorzubringen hat, nur auf die Aufführung, nicht auf das Stück selbst bezieht); dann ist er aufrichtig genug, seine tiefe Ergriffenheit zu gestehen. In der ›Piccolomini‹-Rezension von 1871 äußert er seine Sehnsucht, „aus der elenden Flachheit herauszukommen"; ein Verlangen sei da, „einen frischen Trunk Schiller zu tun . . . Die Seele sehnt sich nach Klarem, Schönem, Reinem". In einer ›Wilhelm Tell‹-Besprechung vom 17. Oktober 1889 (nur vier Tage also vor der spektakulösen Premiere von ›Vor Sonnenaufgang‹!) wendet er sich leidenschaftlich gegen ein im Publikum lautgewordenes Zischen, dessen Ursprung er bei den Anhängern des Naturalismus, „den Ultras der neuen realistischen Schule", vermutet: „Gott bewahre uns vor unsern Freunden!" Duldsam sei das Berliner Publikum, wer ihm aber „seinen Schiller nehmen will, der ist verloren".

Nachdrücklicher als in dieser zuerst aus taktischen Gründen eingegebenen Option für Schiller tritt der bürgerliche Realist Fontane dort auf, wo er in den Dramen der Vergangenheit den unmittelbaren Problemen und Nöten seiner eigenen Zeit begegnet. Das ist der Grund dafür, daß er von der „außerordentlichen dramatischen Gewalt" von ›Kabale und Liebe‹ immer wieder in seinen Bann gezogen wird; „denn mit all seinen Unglaublichkeiten ist das Stück so furchtbar wahr bis diesen Tag". Mit bitterer Resignation muß er 1884 erkennen, „daß die v. Kalb und v. Bock unsterblich sind und sich jedenfalls bis in unsere Tage herübergerettet haben. Alles wie vordem; nur die Millers sind eingegangen". Diese Hochachtung für die rebellische Gestalt Millers veranlaßt Fontane sogar, in einer anderen Rezension (1879) den Schluß des zweiten Aktes von ›Kabale und Liebe‹, der den Zusammenstoß Millers und Ferdinands mit dem Präsidenten bringt, über alles zu stellen, was Schiller sonst geschrieben; verglichen mit *dieser* Stelle wirkten auch die gefeiertsten Szenen in den anderen Stücken „kunstvoll angekränkelt".

Noch aufschlußreicher ist die Wandlung von Fontanes Stellung zu den ›Räubern‹. Zunächst beleuchtet ein Brief vom Jahre 1878 noch einmal in wenigen Sätzen die eigentümliche Problematik der Haltung Fontanes gegenüber der Dichtung der Vergangenheit und gibt zugleich ein erstaunliches Selbstbekenntnis, das auch jenes Urteil über den Musikus Miller als ein Innewerden geheimer Wahlverwandtschaft erscheinen läßt: „Im letzten empfinde ich (gerade *ich*) genau wie Karl Moor, aber alles, was er *sagt* und *tut,* erscheint mir unsinnig und lächerlich. Die Form von damals ist nicht mehr die Form von heut, und die ganze Karl-Moor-Stattlichkeit, die vor hundert Jahren die Stattlichkeit eines Helden war, ist heute die Stattlichkeit eines Wassersüchtigen. Alles geschwollen und aufgetrieben. Daß ich im übrigen meinen Schiller aufrichtiger liebe und bewundere als . . . das nachplappernde Phrasenvolk . . ., brauche ich Ihnen nicht erst zu versichern." Als aber Fontane unter dem Eindruck der sich häufenden Skandalaffären in der wilhelminischen Gesellschaft erkennen muß, daß die Kraßheiten und Ungeheuerlichkeiten in den ›Räubern‹ keineswegs nur ein Ausfluß von „Jugendlichkeit und Unreife" sein müssen, sondern sehr wohl ihre Entsprechung in der Wirklichkeit finden können, da revidiert er kurz vor seinem Tode sein Urteil. „Als ich vor beinah siebzig Jahren", so schreibt er 1898, „zuerst die ›Räuber‹ las und mich entsetzte, hieß es zu meiner Beruhigung: ‚Ach, das ist ja alles übertrieben; unreife Jugendarbeit' . . . Jetzt aber hat mich das Leben gelehrt, daß es *keine* Übertreibung ist und daß in jeder Provinz solche alten Moors zu Hunderten und Tausenden herumsitzen." Und als Fontane schließlich im höchsten Alter dazu ansetzt, den Roman der ›Likedeeler‹ zu schreiben, da führt er die „kommunistischen" Helden des geplanten Werkes bei seinem Verleger ein als „eine Gruppe von an Karl Moor und die Seinen erinnernden Seeräubern".

V

„Jetzt aber hat mich das Leben gelehrt . . ." Dieses Kriterium ist für den Dichter wie für den Literaturbetrachter Fontane maß- und ausschlaggebend; je älter er wird, je mehr. „Es soll sich die Dichtung nach dem Leben richten, an das Leben sich anschließen", so schreibt

Fontane kurz vor seinem Tode in ›Von Zwanzig bis Dreißig‹ nieder — zugleich mit leiser Kritik an Storm; „durchaus falsch" erscheine es ihm, umgekehrt eine Dichtung „als Norm für modernes Leben" nehmen zu wollen. „Dein Bestreben, Deine unablenkbare Richtung ist", so hatte Merck Goethe charakterisiert, „dem Wirklichen eine politische Gestalt zu geben; die andern suchen das sogenannte Poetische, das Imaginative zu verwirklichen, und das gibt nichts wie dummes Zeug."

Fontanes Eintreten für den *Naturalismus* — diejenige Tat seines Lebens, die ihn als Kritiker am überzeugendsten legitimiert, und zwar mit literarhistorischem Anspruch — hat ihren Grund in dem Mut und in der Konsequenz, womit er jene Überzeugungen auf die Praxis anwendet.

Am Anfang steht die Begegnung mit dem Werke Zolas. Auch hier legt Fontane wenig oder gar keinen Wert auf Theorien, Anschauungen oder „Tendenzen"; die Vorrede zu ›La fortune des Rougon‹, in der Zola ein kurzes theoretisches Programm seines zwanzigbändigen Romanzyklus skizziert, ist für Fontane „Unsinn und Anmaßung, also schließlich der reine Mumpitz". Und Fontane führt aus: „In Anschauungen bin ich sehr tolerant, aber Kunst ist Kunst. Da versteh ich keinen Spaß. Wer nicht selber Künstler ist, dreht natürlich den Spieß um und betont Anschauung, Gesinnung, Tendenz." Daß Zola „selber Künstler" sei, davon überzeugt sich Fontane schließlich und wird — halb widerstrebend — zum Bewunderer des großen französischen Romanciers. Besonders das titanische Ringen Zolas um die getreue Wiedergabe der Wirklichkeit, des „Lebens", nötigt Fontane Hochachtung ab. „Das Talent ist kolossal, bis zuletzt", so schreibt er über Zolas Roman ›La conquête de Plassans‹. „Er schmeißt die Figuren heraus, als ob er über Feld ginge und säte. Gewöhnliche Schriftsteller, und gerade die guten und besten, kommen einem arm daneben vor, Storm die reine Kirchenmaus."

Gewiß gehört der spontane Durchbruch solcher jünglingshaft anmutenden Begeisterung zu den vielen Zügen, die uns den „alten Fontane" liebenswert machen. Dennoch darf man nicht verkennen, daß Fontanes Begeisterung für Zola, wie später für Ibsen und Hauptmann, zuerst und vor allem *ästhetischen* Erwägungen entspringt. Wenn er die Naturalisten als „Revolutionäre" begrüßt, so

— ausgesprochen oder unausgesprochen — doch nur als Revolutionäre der Literatur, vor allem des Theaters. Wir wissen, daß diese Einschätzung im Endergebnis richtiger war, als sie dem Enthusiasmus vieler „Jungen" damals erscheinen mochte. Der Blick dafür jedoch, daß durch die Naturalisten eine neue *gesellschaftliche* Wirklichkeit für die Kunst erschlossen, das Industrieproletariat in die Weltliteratur eingeführt wird, fehlt Fontane offensichtlich (sosehr er immer wieder die allgemeine „Lebenswahrheit" der Naturalisten rühmt). Eines der ersten überzeugenden und künstlerisch geschlossenen Dokumente dieser neuen sozialen Qualität der Literatur — Zolas Bergarbeiterroman ›Germinal‹ — hat Fontane allen vorliegenden Zeugnissen nach nicht gekannt.

Fontanes Begegnung mit Zola fällt in den Frühling des Jahres 1883; bereits einige Monate vorher bekennt er sich ausdrücklich zu derjenigen kritischen Maxime, die ihm den Maßstab auch zur Beurteilung eines ihm ursprünglich so fernliegenden Schriftstellers wie Zola gibt und die er zugleich — er steht am Beginn seines epischen Schaffens — auf das eigene Werk anwendet. In einem Briefe an seine Frau zitiert Fontane einen Satz Goethes: „Die Produktion eines anständigen Dichters entspricht allemal dem Maß seiner *Erkenntnis.*" Und Fontane repliziert: „Furchtbar richtig. Man kann auch ohne Kritik mal was Gutes schreiben ... *Einmal* im Jahr, und das Jahr hat 365 Tage. Für die verbleibenden 364 entscheidet die Kritik, das Maß der Erkenntnis."

Dieses „Maß der Erkenntnis" beruht auf den persönlichen Erfahrungen des Dichters. Lange Zeit ist es bei Fontane in Hinsicht auf die soziale Realität eingeschränkt. Der Begrenztheit des Blickes, die wir bei dem Kritiker der Naturalisten feststellen, entspricht in auffälliger Übereinstimmung der tote Winkel im Repertorium des Dichters: Fontane hat eine Reihe lebenswahrer plebejischer Gestalten geschaffen, jedoch keine einzige aus den Reihen des Proletariats.

Auf die Bekanntschaft mit Zola folgt die mit Ibsen und kurz darauf die mit Gerhart Hauptmann und den deutschen Naturalisten. Wie bei Zola wendet sich Fontane zunächst auch bei Ibsen gegen bestimmte vorgefaßte programmatische „Thesen", so in den ›Gespenster‹-Kritiken gegen den „gesellschaftlich-reformatorischen

Schemen der Sittlichkeitsprätension" (an Schlenther, 9. 1. 1887) und gegen die „Lehre von der Heimsuchung der Sünden der Väter an ihren Kindern, diese These von der Erbkrankheit in ihren schrecklichsten Formen" (1889). Unbeschadet dieser Kritik aber bekennt Fontane bereits 1887 öffentlich seine „rücksichtslose Bewunderung" für die „Kunst und Technik" Ibsens. Darüber hinaus läßt der Vergleich der beiden ›Gespenster‹-Rezensionen vom Januar 1887 und vom September 1889 — und darin liegt vor allem ihre Bedeutung — die tiefgreifende Wandlung erkennen, die Fontane in diesen zweieinhalb Jahren in grundsätzlichen ästhetischen Auffassungen durchgemacht hat. Ihren Niederschlag findet diese Wandlung in den Besprechungen der Aufführungen der ›Freien Bühne‹ aus dem Jahre 1890: von Tolstois ›Macht der Finsternis‹, Holz' und Schlafs ›Familie Selicke‹ und Anzengrubers ›Viertem Gebot‹ — letztere in dem Bekenntnis zum „demokratischen Zug auch in der Kunst" gipfelnd —, vor allem aber in den Hauptmann-Rezensionen.

Die Besprechung von Ibsens ›Wildente‹ (Oktober 1888) mit Fontanes Frage „Muß es denn durchaus Erhebung sein?" zeigt jene Auffassungen bereits mitten im Umbruch. Nie hat sich Fontane je Ibsen so nahe gefühlt: „Wohin wir blicken, Phrasen, die wir uns gewöhnt haben ‚Ideale‘ zu nennen, Lügenideale, mit denen — so versteh ich Ibsen — als nächstes Menschheitsziel aufgeräumt werden muß." Vor allem aber ist es die Lebensechtheit des Dramas, in der — in Verbindung mit der *Kunst* des Dichters — Fontane den Erweis für die Berechtigung dieses und ähnlicher Stücke sieht. Die folgenden Sätze aus der Rezension der ›Wildente‹ werden zu einer ästhetischen Konfession Fontanes; geschrieben sind sie kurz nach der Vollendung von ›Irrungen Wirrungen‹ und ›Stine‹ — über beiden Werken könnten sie als Motto stehen: „Was hier gepredigt wird, ist echt und wahr bis auf das letzte Tüttelchen, und in dieser Echtheit und Wahrheit der Predigt liegt ihre geradezu hinreißende Gewalt. ... das Leben als solches feiert seinen künstlerischen Triumph. Es sei nichts, ein Stück Leben aus dem Leben herauszuschneiden, behaupten die, die's nicht können, und behandeln die Sache so ziemlich nach der Analogie von Kattun und Schere. Aber weit gefehlt. Es ist das Schwierigste, was es gibt (und vielleicht auch das Höchste), das Alltagsdasein in eine Beleuchtung zu rücken, daß das, was eben noch Gleichgültigkeit und Prosa war, uns plötzlich mit dem bestrickendsten Zauber der Poesie berührt."

Im weiteren Verlauf der Besprechung hebt Fontane Ibsens Kunst in der Darstellung des Details noch besonders hervor; auch dies, die „Liebe zu den kleinen Dingen", ist ein wesentliches Element in Dichtung und Kritik des reifen Fontane. Allerdings darf diese Schätzung nicht verwechselt werden mit einer Neigung zu idyllisierender Kleinmalerei, die den Zusammenhang mit der Totalität des Lebens verliert.

„Bedeutend" (im doppelten Sinne Goethes) ist für Fontane das „Kleine", „Nebensächliche" nur dann, wenn es transparent wird für die „Hauptsache", wenn es der Dichter — nach Fontanes Worten — zum Symbol des „eigentlich Menschlichen" zu steigern vermag. Der reife Fontane ist von dem Wahrheitsgehalt wie dem Erkenntniswert dieser poetischen Symbolsprache tief überzeugt. Ein kurzes Zwiegespräch in ›Frau Jenny Treibel‹ demonstriert beispielhaft diese Einsicht:

Gymnasialdirektor Distelkamp sagt zu seinem Freunde Professor Schmidt (in dem Fontane ein geheimes Selbstporträt schuf): „Du warst immer fürs Anekdotische, fürs Genrehafte. Mir gilt in der Geschichte nur das Große, nicht das Kleine, das Nebensächliche."

„Ja und nein, Distelkamp. Das Nebensächliche, soviel ist richtig, gilt nichts, wenn es bloß nebensächlich ist, wenn nichts drinsteckt. Steckt aber was drin, dann ist es die Hauptsache, denn es gibt einem dann immer das eigentlich Menschliche."

„Poetisch magst du recht haben."

„Das Poetische — vorausgesetzt, daß man etwas anderes darunter versteht als meine Freundin Jenny Treibel —, das Poetische hat immer recht; es wächst weit über das Historische hinaus ..."

In dem Roman ›Unwiederbringlich‹ (erschienen 1892, im gleichen Jahre wie ›Frau Jenny Treibel‹) formuliert Fontane die Option für das „Kleine" — die zugleich eine Parteinahme gegen erkünsteltes Pathos und unwahren historischen Pomp ist — noch aggressiver: „Aber was heißt großer Stil? Großer Stil heißt soviel wie vorbeigehen an allem, was die Menschen eigentlich interessiert."

Dem wahrhaft Großen in Leben und Schicksal der Menschen dagegen — auch und gerade da, wo es äußerlich anspruchslos und alltäglich auftritt — begegnet Fontane mit einer Ehrfurcht, die nur noch übertroffen wird durch seine künstlerische Behutsamkeit. Die reifsten Stellen in seinem poetischen Werk verdanken wir der Anwendung des von ihm wiederholt im Sinne eines ästhetischen Aperçus zitierten Hamletwortes: „Der Rest ist Schweigen." Grundsätzlich abschließend äußert sich Fontane in einem Brief an seine Frau vom Jahre 1883: „Ich behandle das Kleine mit derselben Liebe wie das Große, weil ich den Unterschied zwischen klein und groß nicht recht gelten lasse; treff ich aber wirklich mal auf Großes, so bin ich ganz kurz. Das Große spricht für sich selbst; es bedarf keiner künstlerischen Behandlung, um zu wirken. Gegenteils: je weniger Apparat und Inszenierung, um so besser."

„Das Gebäude der überkommenen Ästhetik kracht in allen Fugen", so lautet das Fazit der Ibsen-Rezension von 1888, und als im nächsten Jahre Hauptmann mit ›Vor Sonnenaufgang‹ erscheint, um das, was an dieser „überkommenen Ästhetik" morsches, epigonales Requisit ist, vollends zu zertrümmern, da jubelt ihm der siebzigjährige Fontane begeistert zu. Wieder sind dieselben Kriterien im Spiele, die schon Fontanes Eintreten für Zola und Ibsen bestimmt hatten: „Das Leben scharf beobachten und das Beobachtete kraftvoll darstellen, das können zwar nicht sehr viele, aber doch eine ganze Menge; was aber diese glücklichen Beobachter und Darsteller *nicht* können, das ist: ein Kunstwerk herstellen..." Fontane wird nicht müde, gerade diese Seite am Werk des „Revolutionärs" Hauptmann hervorzuheben, seine Kunst, seinen „Stil" zu betonen. Es kommt ihm darauf an, nachzuweisen — gemäß seiner eigenen ästhetischen Konzeption —, aus welch legitim-schöpferischer Anverwandlung des „klassischen" Erbes Hauptmanns Werk entsprang: „... vor allem spricht sich in seinem Stück ein stupendes Maß von *Kunst* aus, von Urteil und Einsicht in alles, was zur Technik und zum Aufbau eines Dramas gehört", so schreibt er an den Chefredakteur der ›Vossischen Zeitung‹. — „Dabei (und das ist der Hauptwitz und der Hauptgrund meiner Bewunderung)", so lautet es im Brief an seine Tochter, „spricht sich in dem, was dem Laien einfach als abgeschriebenes Leben erscheint, ein Maß von Kunst aus, wie's nicht größer gedacht werden kann." — „Es ist töricht", so heißt es schließlich in der ›Vossischen Zeitung‹, in der längsten Theaterkritik, die Fontane in zwanzig Jahren verfaßt hat, „in naturalistischen Derbheiten immer Kunstlosigkeit zu vermuten. Im Gegenteil, richtig angewandt (worüber dann freilich zu streiten bleibt), sind sie ein Beweis höchster Kunst." Von den Fehlern Ibsens aber sei Hauptmann frei: „Kein von philosophisch romantischen Marotten gelegentlich angekränkelter Realist, sondern ein stilvoller Realist, d. h. von Anfang bis Ende derselbe."

Es fällt auf, daß Fontane den Ausdruck „naturalistisch" nur selten setzt; meist schreibt er dafür „realistisch" — Gerhart Hauptmann ist für ihn der „Hauptmann der schwarzen Realistenbande" —, und die „neue Richtung" (eine Bezeichnung, die Fontane übrigens ebenfalls ablehnt) betrachtet er nicht als eine literarische Modeströmung, sondern als eine gesetzmäßige Not-Wendigkeit, in der er die Erfüllung seines eigenen realistischen Strebens begrüßt: „Die klassischen Aufführungen schaffen seit geraumer Zeit das Seitenstück zu den leeren Kirchen. Der Aufführungspomp ist ein trauriger Notbehelf. Und in dieser Not sprang der Realismus ins Dasein . . ."

Dieser *kultur*politischen Einsicht folgt schließlich — fünf Jahre nach der ersten Hauptmann-Rezension — die letzte Theaterkritik Fontanes überhaupt, die Besprechung der ›Weber‹, in der der fünfundsiebzigjährige Kritiker sich unverhohlen zu der *sozial*politischen Tendenz des Dramas bekennt; es ist dasselbe Jahr 1894, in dem Fontanes Ausruf fällt: „Einige der allergrößten Sachen sind doch Tendenzdichtungen." Und so übertrifft er auch den jugendlichen Dichter noch an revolutionärer Konsequenz: „Die ›Weber‹ wurden als Revolutionsdrama gefühlt, gedacht, und es wäre schöner und wohl auch von unmittelbar noch mächtigerer Wirkung gewesen, wenn es sich ermöglicht hätte, das Stück in dieser seiner Einheitlichkeit durchzuführen." Im weiteren Verlauf der Rezension rechtfertigt jedoch Fontane selbst den unrevolutionären Schlußakt der ›Weber‹ — und zwar mit dramaturgischen Überlegungen. Wie ein Jahrzehnt zuvor bei der Beschäftigung mit Zola gibt auch jetzt noch ein *ästhetisches* Räsonnement schließlich den Ausschlag.

Dennoch wissen wir heute, daß ein solches einlenkendes ästhetisches Räsonnement beim greisen Fontane in immer stärkeren Konflikt gerät mit Überzeugungen ganz anderer Herkunft. In diesem Sinne darf man den Wunsch, mit dem Fontane seine ›Weber‹-Rezension einleitet, als Keimzelle und zugleich Quintessenz der ganzen

Besprechung ansehen. Denn das, was ihn hier nach der „einheitlichen" revolutionären Handlung verlangen läßt, was ihm nach vierjährigem Schweigen noch einmal die Feder des Rezensenten — und zwar anonym! — in die Hand drückt, findet seine Entsprechung in Erkenntnissen, die eine immer wachere Beobachtung der gesellschaftlichen Entwicklung in Deutschland ausgelöst hat: „Die neue, bessere Welt fängt erst beim vierten Stande an . . . *Das,* was die Arbeiter denken, sprechen, schreiben, hat das Denken, Sprechen und Schreiben der altregierenden Klassen tatsächlich überholt. Alles ist viel echter, wahrer, lebensvoller." — „Wir brauchen einen ganz anderen Unterbau . . . Daß Staaten an einer kühnen Umformung, die die Zeit forderte, zugrunde gegangen wären — dieser Fall ist sehr selten . . . Aber das Umgekehrte zeigt sich hundertfältig." Diese Sätze, geschrieben 1896 und 1897, enthalten den Schlüssel zur ›Weber‹-Rezension. Sie schlagen den Bogen um fast ein halbes Jahrhundert zurück zum Aufsatz von 1853. Am Ende seines Lebens wie am Anfang seiner Literaturbetrachtung erweist sich Fontanes ästhetisches Bekenntnis zum Realismus bedingt und aufgehoben in der grundsätzlichen Entscheidung für den gesellschaftlichen Fortschritt.

Die tiefe und organische Verbundenheit mit der realistischen Kunst Gerhart Hauptmanns bewahrte Fontane auch hier vor einer kritiklosen Bewunderung; die Urteile über ›Das Friedensfest‹ und ›Florian Geyer‹, vor allem aber über ›Hanneles Himmelfahrt‹ belegen das eindringlich. Noch weniger konnte Fontane zu einem blinden Parteigänger der Naturalisten werden; das Neue nur deshalb zu bewundern, weil es neu sei, überließ er den Literatursnobs, die damals — am Vorabend des Imperialismus — sich in den Berliner Salons breitmachten. So durfte er 1891 offen in einem Briefe an Otto Brahm, einen der theoretischen Bahnbrecher des Naturalismus in Deutschland, bekennen, mit „klingendem Spiel in das Lager der ‚Neuen‘ überzugehen" wäre ihm zwar „moralisch unbedenklich", aber dazu fehlten ihm „einige Zentner Überzeugung". Bedürfte es noch eines Beweises, wie konsequent sich Fontane auch in seiner Begeisterung für die „Jungen" — der gewiß tiefgreifendsten Emotion seiner Entwicklung als Literaturbetrachter — von allem ferngehalten hat, was nach Clique oder Koterie aussah, so würde dieser Beweis erbracht durch die vernichtenden Urteile über Max Kretzer und seine Anhänger. Kretzer, der gefeierte Romancier der deutschen Naturalisten, ist für Fontane nichts „als bloß ein talentierter Saupeter".

Die „einigen Zentner Überzeugung", die Fontane zum Naturalismus fehlen, hängen aufs innigste mit seiner gesamten ästhetischen Grundanschauung zusammen. Joachim Biener hat in seiner Schrift ›Theodor Fontane als Literaturkritiker‹ (Rudolstadt 1956) ausführlich dargestellt, welche Rolle der „Primat des Schönen" in der Ästhetik Fontanes spielt. Immer wieder wendet sich Fontane gegen den oberflächlichen Kult mit dem Abstoßenden und Häßlichen, der von den Naturalisten getrieben wird: „*So ist* das Leben nicht, und wenn es so wäre, so müßte der verklärende Schönheitsschleier dafür geschaffen werden", schreibt er bereits 1883 im Zusammenhang mit seiner Zola-Lektüre. „Aber dies ‚erst schaffen‘ ist gar nicht nötig; die Schönheit ist *da*, man muß nur ein Auge dafür haben oder es wenigstens nicht absichtlich verschließen. Der *echte* Realismus wird auch immer schönheitsvoll sein . . ."

Es ist evident, in welche Nähe Fontane mit derartigen Bekenntnissen zu der klassischen Ästhetik Goethes und Schillers rückt. Fontanes eigenes dichterisches Werk wie auch seine Literaturkritik beweisen, daß der „verklärende Schönheitsschleier", nach dem er verlangt, nichts zu tun hat mit einer verlogenen Schönfärberei und „Harmonisierung" der die Wirklichkeit bestimmenden Widersprüche. Je älter er wird, desto mehr häufen sich in seinen Schriften die Angriffe auf die idealistische Phrasenhaftigkeit der Bourgeoisie; Prototyp in seiner Dichtung dafür ist Jenny Treibel. 1881 bespricht Fontane das Drama ›Idealisten‹ von Putlitz und bemerkt, hier finde man „unsern deutschen Idealisten from top to toe". Die satirische Rezension wird noch übertroffen durch eine Tagebuchnotiz vom gleichen Tage: „Deutsches Haus, deutsche Familie, deutsche Idealität, 1870, Gravelotte, ‚Deutschland Deutschland über alles‘ und zwei lederne Liebespaare, c'est tout. Und solch Mann glaubt ganz ernsthaft, er vertrete die bessere, sittlichere Seite deutscher Kunst." Fontanes Protest gipfelt in dem drastischen Satz: „Dann bin ich für Unsittlichkeit und Schweinerei."

Nein, die Forderung nach dem „verklärenden Schönheitsschleier" ist für Fontane eine elementare *künstlerische* Forderung, so wie Goethe „der Dichtung Schleier aus der Hand der Wahrheit" erhält.

Dort, wo diese Fähigkeit zur „Verklärung" fehlt, glaubt Fontane ein mangelndes künstlerisches Vermögen oder doch ein „Verkennen des eigensten innersten Wesens der Kunst" konstatieren zu müssen. Die Kritiken an Zola und Turgenjew belegen dies hinlänglich. Umgekehrt schweigt dort, wo Fontane vom Vorhandensein hoher künstlerischer Fähigkeit und Verantwortung überzeugt ist, seine Kritik am „Häßlichen" vollkommen. Sehr aufschlußreich ist auch dafür die Rezension von ›Vor Sonnenaufgang‹, einem Drama, das doch wahrhaftig genug des Abstoßenden und Trostlosen bietet — mehr als Turgenjew in seinem gesamten Werk geschaffen hat. Fontane aber tadelt Hauptmann deswegen mit keiner Silbe. Zugleich beweist diese Rezension, was es mit dem Element der mitunter mißverstandenen „Verklärung" in Fontanes Ästhetik auf sich hat. Zunächst hebt Fontane hervor, der echte Dichter bekunde sich am besten dadurch, „daß er den Wirklichkeiten ihr Recht und zugleich auch ihren rechten Namen gibt". Sodann aber entscheide der „Ton" über alles Weitere. „Übt der Ton nicht seine heiligende, seine rettende Macht, *verklärt er nicht das Häßliche* (hervorgehoben von mir, H.-H. R.), so hat der Dichter verspielt..." Daß der „Ton" hier von Fontane in unmittelbarer Verbindung mit der „Kunst" gesehen wird, zeigt der Fortgang der Rezension. Hauptmann wird bescheinigt, „er hat nicht bloß den rechten Ton, er hat auch den rechten Mut und zu dem rechten Mute die rechte Kunst". „Rechter Ton", „rechter Mut" und „rechte Kunst" bewirken die von Fontane geforderte „Verklärung des Häßlichen", ohne daß den „Wirklichkeiten ihr Recht" auch nur um ein Tüpfelchen gemindert würde. (In Fontanes Roman ›Unwiederbringlich‹ findet sich eine Reflexion, die diese prinzipielle Überzeugung nochmals beispielhaft demonstriert. Über ein Gedicht heißt es: „Es hat den Ton, und wie das Kolorit das Bild macht, ... so macht der Ton das Gedicht.")

Jenes ästhetische Grundpostulat Fontanes beruht auf einer zutiefst gesunden, lebens- und fortschrittsgläubigen Weltanschauung. Mit dem chauvinistischen Optimismus des Kaiserwortes: „Herrlichen Zeiten führe ich euch entgegen!" hat diese Haltung nichts gemein. Aber auch der von Gustav Radbruch in seiner Schrift ›Theodor Fontane oder Skepsis und Glaube‹ (Leipzig 1945) unternommene Versuch, Fontanes Lebensgläubigkeit umzudeuten in eine latente christliche „Rechtgläubigkeit", wohl gar in den Glauben an eine „säkularisierte Prädestination" calvinistischer Provenienz, erscheint verfehlt. Zu viele gewichtige Zeugnisse stehen ihm entgegen.

Eine tiefe Sorge um die Zukunft seiner Nation erfüllt den alten Fontane je länger, je mehr. Seine gesellschaftlichen Einsichten reichen bei weitem nicht aus, um ihn erkennen zu lassen, auf welche Art allein die ihn beängstigenden Widersprüche überwunden werden können. Den Marxismus hat er nicht gekannt; das verworrene sozialreformatorische Pathos der Naturalisten indes, ihre utopischen Heilslehren und ihren Messianismus lehnt er ab — sie sind unvereinbar mit seiner nüchternen Einschätzung der Gegenwart. So werden Skepsis und schließlich Resignation immer stärker in ihm, ohne je zur Verzweiflung führen zu können. Denn es ist eine humanistische, gleichsam *goethesche* Resignation, aufgehoben in der tapferen Zukunftsgewißheit des „Dennoch".

Verzweiflung und Pessimismus sind es denn auch, die er in seiner Literaturkritik unterschiedslos überall bekämpft, wo er sie antrifft. Bereits in dem Aufsatz von 1853 hatte er sich — freilich sozial völlig richtungslos — gegen das „nackte Wiedergeben" des „Elends" und der „Schattenseiten" des Lebens gewandt; in der ›Tiberius‹-Rezension von 1878 gibt er den „sechsmal geschopenhauerten Pessimismus" des Stückes einem ätzenden Spott preis, in dem Verantwortungsbewußtsein und Sorge des Humanisten deutlich mitschwingen. Dieses Verantwortungsbewußtsein löst in ihm schließlich heftigen Widerstand aus gegen einen ausweglosen Pessimismus, wie er ihn bei einander so ausschließenden literarischen Erscheinungen wie Otto Ludwig, Paul Heyse, Iwan Turgenjew und den Naturalisten findet. Mit Absicht werden gerade diese Beispiele gewählt, denn es handelt sich hier um Dichter und Werke, denen Fontane im ganzen — das mindeste zu sagen — sehr wohlwollend gegenübersteht. So schreibt er 1885, er blicke zu Menzel und Turgenjew als zu seinen „Meistern und Vorbildern" auf. Dennoch tadelt er heftig an Turgenjews Roman ›Neuland‹ den „trübseligen Eindruck", den das Buch hinterlasse: „... wie traurig, wie unbefriedigend! Es fehlt alles Versöhnliche, kaum eine Zukunftsperspektive." Fontane hat in seinen eigenen Meisterwerken gezeigt, daß das „Versöhnliche" sehr wohl mit einer unverhüllten Wiedergabe der tragischen Widersprüche des Lebens vereinbar sei; man vergegenwärtige sich die Schlußszenen von ›Irrungen Wirrungen‹, von ›Effi Briest‹.

Auch in seiner Tragik-Auffassung steht Fontane hier auf dem Boden der klassischen Ästhetik, vor allem der Ästhetik Schillers. Über Turgenjews ›Mumu‹ schreibt er 1881: „Es ist die Muse in Sack und Asche, Apollo mit Zahnweh. Das Leben hat einen Grinsezug. Er ist der richtige Schriftsteller des Pessimismus, und man kann in diesem ausgezeichneten Talente wahrnehmen, welch häßliches Bild diese pessimistische Weltanschauung ist ... Das Tragische ist schön, und selbst das bloß Traurige will ich mir unter Umständen gefallenlassen; er gibt uns aber das Trostlose." Ähnlich heißt es in der Rezension von Alexander Kiellands Roman ›Arbeidsfolk‹ (1881): „Das Buch macht einen unerquicklichen und im einzelnen einen häßlichen Eindruck. Ist das Aufgabe der Kunst? Ich glaube nicht, daß der Pessimismus überhaupt eine besondere Berechtigung hat." Und er bestreitet, „daß diese Trostlosigkeitsapostel irgendein Recht haben, sich im sonnigen Reiche der Kunst hören zu lassen".

Erst die Bekanntschaft mit Zola, Ibsen und den deutschen Naturalisten — im Zusammenhang mit dem Erleben der ständigen Zuspitzung der Klassengegensätze am Vorabend des Imperialismus — führt Fontane zu einer gerechteren Einschätzung der „pessimistischen" Literatur, ohne daß er jemals dem Pessimismus grundsätzliche Konzessionen gemacht hätte. Hatte das „stupende Maß von Kunst" in ›Vor Sonnenaufgang‹ alle Bedenken verstummen lassen, so gilt das nicht mehr für Hauptmanns nächstes Drama, ›Das Friedensfest‹ (1890): „Neben dem, was niederdrückt, fehlt das, was erhebt, neben dem Schatten das Licht ... Luft, Licht und Freude fehlen ... Auch das hat seinen Reiz, aber es darf nicht zu lange dauern. Und da liegt das Bedrohliche. Die Tristheit in unserm jungen Realismus dauert zu lange, beherrscht zu ausgesprochen die Situation." Fontane schließt diese Rezension, seine letzte offizielle Theaterkritik überhaupt, mit dem Ausruf: „Wenn einer die natürliche Fähigkeit mitbringt, dem Niederdrückenden ein Ende zu machen und lichtere Wege zu gehen, so ist es Gerhart Hauptmann ... Er hat nur sich selbst zu betätigen."

VI

Noch eine andere Ausstellung an Turgenjews Roman ›Neuland‹ ist charakteristisch für den Literaturkritiker Fontane. Er fragt sich vergebens, „was der Verfasser denn eigentlich für Ideale hat, wofür er schwärmt, was ihm Herzenssache ist". Diese Forderung nach dem „Ideal", das für Fontane in realen und irdischen Erfüllungen besteht — ihr überzeugendster Vorkämpfer ist Lorenzen im ›Stechlin‹ —, entspringt der humanistischen Grundhaltung Fontanes. Stets ist die Frage nach dem „Wozu?", die Forderung nach einer menschlichen Sinngebung des Lebens, für ihn zugleich auch ein ästhetisches Postulat. Bereits 1873 fällt in einer Rezension der Satz: „Der schönste Realismus in der Kunst wird aus dem Idealen heraus geboren." Es ist offenbar, daß eine solche, an Goethe anklingende, in der Nachbarschaft von Otto Ludwigs „*poetischem* Realismus" angesiedelte Begründung des Realismus in Zeiten des verschärften Klassenkampfes zu einer Unterschätzung der kritisch-kämpferischen Funktionen der Kunst führen muß. Tatsächlich ist Fontane erst während der Herausbildung des Imperialismus, in der Endzeit des Sozialistengesetzes und nach seiner Aufhebung, zu einigem Verständnis für den *kritischen* Realismus gelangt, ohne jemals die gesellschaftskritischen Aufgaben und Möglichkeiten der Literatur grundsätzlich zu erörtern oder gar zu einer Erkenntnis vom Klassencharakter und Klasseninhalt zu kommen.

Erreichen die *theoretischen* Möglichkeiten Fontanes hier eine Grenze, über die zu dringen ihm als Literaturkritiker verwehrt ist, so beweist andererseits das reife *dichterische* Werk Fontanes, daß diese Grenze im Bereiche des Gestalterischen für ihn nicht mehr besteht. Der Autor von ›Irrungen Wirrungen‹, ›Frau Jenny Treibel‹ und ›Effi Briest‹, der Schöpfer der Gestalt des siebenfachen Mühlenbesitzers und Bourgeois-Parvenus von Gundermann im ›Stechlin‹ erhebt sich zu einer Schärfe kritischer Durchleuchtung und Verurteilung der in Preußen-Deutschland herrschenden Gesellschaft — ihrer geistigen Nichtigkeit wie der Verwerflichkeit ihrer sittlichen Prinzipien — deren dichterische Überzeugungskraft im deutschen Roman zu Ende des 19. Jahrhunderts ohne Beispiel ist und nur ein Seitenstück findet in gleichzeitigen Dramen des jungen Gerhart Hauptmann. Die Kunst wird zu einer Waffe in den Händen des alten Fontane.

Oft ist erörtert worden, ob dies seinen Absichten und Einsichten entsprach; meist hat man es verneinen zu müssen geglaubt. Indessen fallen in den späten Briefen Fontanes gelegentlich spontane Äußerungen, die auf das Gegenteil hindeuten. Ein Dokument von hervorragender Bedeutung sind die Panizza-Briefe an Maximilian Harden aus dem Jahre 1895, die erst 1956 bekannt wurden.

Oskar Panizza, Verfasser eines kritisch-satirischen Dramas ›Das Liebeskonzil‹, war wegen Gotteslästerung zu einem Jahr Gefängnis verurteilt worden. Fontane tritt entschlossen auf seine Seite. Grundsätzlich bejaht er den Kampf gegen theologische Bevormundung des Denkens, klerikale Gängelung der Literatur, betrachtet die Kritik des Dichters als eine ebenso legitime wie notwendige Waffe: „Panizzas Buch hat seine Berechtigung in der zum unerbittlichen Dogma erhobenen Legende. Wer mir zumutet, daß ich die Zeugungsgeschichte Christi glauben soll, wer von mir verlangt, daß ich mir den Himmel in Übereinstimmung mit den präraphaelitischen Malern ausgestalten soll . . . — wer mir *das* zumutet, der zwingt mich zu Panizza hinüber . . ." Auch der *Form* dieses literarischen Kampfes stimmt Fontane zu: „Hohn war immer eine berechtigte Form geistiger Kriegführung."

Entschieden verficht der greise Dichter das Recht auf *Unglauben* und fordert Freiheit für die Literatur von den religiösen Idolen der herrschenden Klassen, vom Dogmenzwang: „Unser Publikum müßte endlich lernen, daß der Unglauben auch seine Helden und Märtyrer hat." Und fünf Tage später schreibt er: „Wer sich zu Gott und zur Unsterblichkeit seiner eigenen werten Seele bekennt, ist ein ‚Edelster‘ . . ., wer da nicht mitmacht, ist ein Lump, reif für Lex Heinze." In der sich anschließenden Forderung gipfelt Fontanes Brief: „Mit diesem furchtbaren Unsinn muß gebrochen werden."

Diese brieflichen Äußerungen blieben über ein halbes Jahrhundert unbekannt. Sehr bald aber, noch zu Lebzeiten des Dichters, spürte der Gegner die Gefährlichkeit der in Fontanes poetischen Werken enthaltenen Kritik heraus — eher als der Dichter selbst. Ehrlich erstaunt ist der vorgebliche Adelsfreund zunächst über die verletzende

Nichtachtung, mit der ihm das preußische Junkertum in zunehmendem Maße begegnet. Denn im Ästhetischen wie im Politischen eilt der *Dichter* Fontane dem *Theoretiker* voraus. ›Schach von Wuthenow‹ nimmt in der epischen *Gestaltung* jenes Anathema über die Lebenslüge des preußischen Adels und seiner Armee vorweg, das in der brieflichen *Reflexion* erst viele Jahre später zum·ersten Male erklingt.

Für die Begrenztheit der theoretischen Einsichten des Literaturkritikers erscheint es übrigens symptomatisch, daß der Name *Balzacs* im gesamten dichterischen und kritischen Werk Fontanes nur ganz selten fällt. Weniger verwunderlich ist, daß Fontane auch *Stendhal* nicht gekannt zu haben scheint (wie übrigens auch die großen Romane *Tolstois* nicht).

Allerdings ist das, was Fontane in der Literatur der 80er Jahre an Romanen zur „sozialen Frage" entgegentritt, meist nicht so beschaffen, daß es ihn für diese Gattung erwärmen könnte. *Ein* Beispiel dafür ist Kiellands Roman ›Arbeidsfolk‹ — zu deutsch „Arbeiter". Der Titel ist satirisch gemeint, denn die Helden des Romans sind nicht die „wirklichen Arbeiter", vielmehr korrupte oder träge Beamte und Angestellte — „falsche Arbeiter". Der einzige „wirkliche Arbeiter" des Romans — und das fordert Fontanes besonderen Tadel heraus — ist als Romangestalt mißglückt: „Aber was sehen wir von der Arbeit dieses wirklichen Arbeiters? Nichts. Er ist einfach dumm, querköpfig und rechthaberisch."

Der kleinbürgerlichen Behandlung der „sozialen Frage" in Kiellands Roman entspricht die mangelnde Gestaltungskraft. Fontane tadelt an Kiellands Roman: „Er hat etwas von einem Psychologen, aber durchaus nicht von einem Charakteristiker. Warum nicht? Weil er nur das einzelne sieht, nicht die Totalität. So werden die Dinge bloß nebeneinandergestellt, oft sehr widerspruchsvoll, und das einheitliche oder Einheit schaffende Band fehlt. Es bleibt bei den Teilen. So kommt es, daß das, was Charaktere sein sollen, entweder nur Typen sind oder unwahre Gestalten."

Auch in der Kritik an Freytags ›Ahnen‹ und in dem Alexis-Essay wendet sich Fontane gegen das „*bloß* Typische": „Alles Interesse steckt im Detail; erst das Individuelle bedingt unsere Teilnahme; das Typische ist langweilig." Die Einheit des Charakteristischen und des Typischen ist für Fontane ein Merkmal realistischer Kunst. „Ich persönlich bin sehr für Gestalten in der Kunst", so schreibt er 1891, „die nicht bloß Typ und nicht bloß Individuum sind." Und in einer kritischen Notiz über Zola verlangt er „Durchschnittsmenschen, die nur durch eine besondere Verkettung von Umständen in ‚Ausnahmefälle' hineingeraten".

Ebenso stört Fontane in den „sozialen Romanen", die das Berliner Leben der Gründerzeit und der 80er Jahre darstellen, bei Frenzel, Kretzer, Mauthner u. a., das Ausgefallene, das „Outrierte, Haarsträubende, Abstoßende". In der Lindau-Aufzeichnung von 1886 stellt er fest: „Es fehlt all diesen Schilderungen etwas. Was? Was fehlt diesem Realismus?" Die Antwort Fontanes auf diese Frage erhebt sich zur Forderung nach dem großen realistischen Gegenwartsroman, „der die Gesamtheit unseres Lebens ... in einer alle Klassen umfassenden Weise" darstellen soll: „Aber das ist nicht Aufgabe des Romans, Dinge zu schildern, die vorkommen oder wenigstens jeden Tag vorkommen *können*. Aufgabe des modernen Romans scheint mir die zu sein, ein Leben, eine Gesellschaft, einen Kreis von Menschen zu schildern, der ein unverzerrtes Widerspiel *des* Lebens ist, das wir führen." Fontane weiß genau, daß ein derartiges „unverzerrtes Widerspiel" nur in einer zum Repräsentativen vorstoßenden Gestaltung zu finden ist; daher schließt er die Einschränkung an, „daß zwischen dem erlebten und erdichteten Leben kein Unterschied ist als der jener Intensität, Klarheit, Übersichtlichkeit und Abrundung und infolge davon jener Gefühlsintensität, die die verklärende Aufgabe der Kunst ist". Offensichtlich involviert in diesem Schlußsatz der Begriff der „Verklärung" — ein zentraler Begriff in den ästhetischen Anschauungen Fontanes, wie wir wissen —, verbunden mit den Begriffen der „Intensität, Klarheit, Übersichtlichkeit und Abrundung", die Forderung nach dem *Typischen*.

Daß Fontane in seiner Reifezeit die Kategorie des Typischen vorwiegend als gesellschaftliche Kategorie faßt, belegt — neben seinen Romanen — eine Briefstelle aus dem Jahre 1894; zugleich ist sie ein Beweis für Fontanes Erkenntnis von der gesetzmäßigen Wechselbeziehung zwischen Typischem einerseits und Charakteristischem und Detail andererseits: Fontane wird wegen des Romans ›L'Adultera‹ der Indiskretion bezichtigt; er habe aus intimer Kenntnis der

Verhältnisse in einer bestimmten Familie der Berliner Hochfinanz geschrieben. Mit Recht kann Fontane diesen Vorwurf zurückweisen. „Verwunderlich war nur, daß auch in bezug auf die Nebenpersonen alles, in geradezu lächerlicher Weise, *genau* zutraf. Aber das erklärt sich wohl so, daß vieles in unsrem gesellschaftlichen Leben so typisch ist, daß man, bei Kenntnis des Allgemeinzustandes, auch das Einzelne mit Notwendigkeit treffen muß."

Trotzdem ist unverkennbar, daß der Begriff des Typischen für Fontane nicht diejenige scharf fixierte Bedeutung gesellschaftlicher Repräsentanz hat (und auch nicht haben kann), die die marxistische Ästhetik seit Engels damit verbindet. Ebenso wie Fontanes Realismusbegriff geht auch seine Vorstellung vom Typischen grundsätzlich nicht über vormarxistisches Denken hinaus. Die Erkenntnis von der klassenmäßigen Determiniertheit typischer Charaktere und typischer Verhaltensweisen — und damit typischer Situationen und typischer Schicksale — als Grundvoraussetzung einer realistischen Widerspiegelung der Wirklichkeit fehlt dem Kritiker Fontane, so sehr er als *Gestalter* darum gewußt hat.

Diese mangelnde Klarheit in der Inhaltsbestimmung des Realismusbegriffes erklärt die mannigfachen, mitunter spontan wirkenden Variationen, die sich Fontane bei seiner Anwendung gestattet. Der Kritiker Fontane, der — wie wir sahen — die Realismusforderung mit solcher Konsequenz zum Ausgangs- und Mittelpunkt seiner Literaturbetrachtung macht, ist als Theoretiker dennoch weit von der Errichtung eines festen *Systems* realistischer Literaturkritik entfernt. Der feuilletonistischen *Form* der meisten seiner Äußerungen, die — oft zu sprachlicher Brillanz gesteigert — einen ihrer Hauptreize ausmacht, entspricht im *Inhalt* des öfteren eine Unverbindlichkeit, die es verbietet, sie in jedem einzelnen Falle für gültige Münze zu nehmen.

Überwunden auf höherer Ebene wird die Unverbindlichkeit durch den Rückgriff auf Fontanes poetisches Werk. Es vermittelt nicht nur — wie mehrfach gezeigt wurde — bedeutende theoretische Einsichten in Form eingestreuter Aphorismen und Reflexionen, sondern ist vor allem durch die greifbare Wirklichkeit seiner *Gestaltung* das maßgebende Korrektiv für die Urteile des Theoretikers Fontane. Der unverbindliche dichterische Einschlag seiner Kritiken wird aufgehoben durch das gültige kritische Element seiner Dichtungen. Die Einheit des poetischen und des theoretischen Werkes bei Fontane (wie übrigens auch bei Thomas Mann) kann nicht begriffen werden im Sinne einer Gleichwertigkeit beider Teile. Diese Einheit verwirklicht sich vielmehr erst in einer Ergänzung oder Bestätigung der zentralen dichterischen Gestaltung durch das periphere theoretische Werk.

VII

Die weitere Entwicklung Gerhart Hauptmanns entsprach den in der ›Friedensfest‹-Rezension geäußerten Hoffnungen nur zum Teil. Wir sahen bereits, daß, als Hauptmann in ›Hanneles Himmelfahrt‹ zu „schwärmen" begann, dies Fontanes heftiges Mißfallen erregte; die in der ›Neuland‹-Kritik erhobene Forderung, es müsse beim Dichter erkennbar sein, was er „denn eigentlich für Ideale hat, wofür er schwärmt", zielte in eine ganz andere Richtung, als Hauptmann mit seiner „levée en masse unter den himmlischen Heerscharen" einschlug. Fontanes gesunder Sinn empört sich gegen den Salto mortale des Realisten Hauptmann in die religiöse Mystik der Neuromantik. Auch hier fühlt man sich Zeile für Zeile an Goethe erinnert; man denke etwa an dessen Verdikte gegen die Kunst der sogenannten „Nazarener".

Findet also Fontane weder bei Hauptmann noch bei den übrigen Naturalisten seine Forderung nach „realistischen Idealen" erfüllt, so vermißt er bei ihnen etwas anderes in womöglich noch stärkerem Maße. In der Besprechung des ›Friedensfestes‹ von 1890 heißt es: „Was an Humor da ist . . ., ist zu knapp bemessen." Denn die „Verklärung", die Fontane fordert, kann — wenn sie schon nicht von dem „Maß der Kunst", dem „Ton" oder von der Macht einer Idee ausgelöst wird — auch durch den Humor erfolgen. „Der Realismus wird ganz falsch aufgefaßt", so schreibt Fontane 1889 über Gerhart Hauptmann, „wenn man von ihm annimmt, er sei mit der Häßlichkeit ein für allemal vermählt. Er wird erst ganz echt sein, wenn er sich umgekehrt mit der Schönheit vermählt und das nebenherlaufende Häßliche, das nun mal zum Leben gehört, verklärt hat. Wie und wodurch? . . . Der beste Weg ist der des Humors."

Fontane bekennt einmal, humorlose Menschen seien ihm schrecklich; in seiner Literaturbetrachtung ist ähnliches festzustellen. Die umfangreiche Kritik an Richard Wagner beginnt damit, daß Fontane dessen „totalen Mangel an Witz und Humor" beklagt. Auch die Kritik an Turgenjew mündet in der Feststellung: „Er hat Esprit und Geist, aber durchaus keinen erquicklichen Humor, überhaupt keinen Tropfen Erquicklichkeit." Andererseits hat die ausgesprochene Vorliebe Fontanes für die englische Dichtung von Shakespeare — in dem er sein Leben lang die „Vollendung des Realismus" bewundert — über Sterne bis zu Thackeray und Dickens eine wesentliche Ursache in deren Humor; ja selbst Scott ist für Fontane ein „Großhumorist", an dem er das „Darüberstehen, das heitersouveräne Spiel mit den Erscheinungen dieses Lebens" preist. Auch den Verfasser von ›Soll und Haben‹ nennt er einen „Humoristen par excellence"; die zustimmende Rezension von 1885 ist auch auf diese Eigenschaft des Romans zurückzuführen.

Ende August 1890 veröffentlicht Ernst von Wolzogen einen Aufsatz ›Humor und Naturalismus‹. Darin vertritt er die Meinung, „daß ohne eine starke Dosis Humor eine tief eindringende und gerechte Beurteilung menschlicher Dinge gar nicht möglich" sei. Mit Nachdruck stimmt ihm Fontane zu: „Mir aus der Seele gesprochen auch alles, was Sie über den Humor und seine verklärende Macht sagen . . . Mir persönlich ist die humoristische Betrachtung auch die liebste."

Daß es Fontane ernst mit diesem Bekenntnis ist, das beweist nicht nur seine Dichtung, sondern auch seine Literaturkritik, ein Gebiet mithin, auf dem es nach herkömmlichem deutschem Vorurteil — trotz Lessing, trotz Heine — nicht trocken genug zugehen kann. Viele Theaterkritiken und noch mehr kritische Briefe Fontanes glänzen durch übermütigen Humor und Witz. Am übermütigsten wird Fontane dort, wo er dem Leser die Augen über das Kunstwidrige oder gar Schädliche eines Literaturproduktes öffnen will. Mit größerem Erfolg war in Deutschland seit Heine nicht mehr die Wahrheit des Satzes „Lächerlichkeit tötet" in der Literaturkritik demonstriert worden.

Bereits 1875 hatte Fontane in einer Besprechung des Londoner Witzblattes ›Punch‹ geschrieben: „Der Witz muß im Dienst der

Wahrheit stehen; er muß eine ethische Berechtigung haben; er muß dasselbe wollen wie der Ernst, nur auf entgegengesetztem Wege." In diesem Sinne greift Fontane aus humanistischer Verantwortung zur Waffe des Spottes, wenn es gilt, ein indifferentes Spielen mit Unmenschlichkeit und Barbarei — wie etwa in Grosses ›Tiberius‹ — zurückzuweisen: „Wir wollen nicht fünf Akte lang durch Blut waten, um schließlich den Trost mit nach Hause zu nehmen, daß Tiberius sel. Erbe da sei und mit frischem Cäsarenwahnsinn das Geschäft fortzusetzen gedenke." Dahns Machwerk ›Skaldenkunst‹ wird ebenso mit souveränem Humor abgetan wie die Routine der Trägödienfabrikanten, „einen beliebigen alten römischen Kaiser in fünffüßige Jamben einzuschlachten", oder wie Geibels Virtuosentum — „und doch den kalten Frosch im Leibe!" Vor allem aber wird Fontane dort spöttisch, wo er einem Pathos begegnet, das ihm nach seiner skeptisch-nüchternen Weltbeobachtung zu dick aufgetragen zu sein scheint. Dieser Haltung entspringt sein Spott über Hebbels ›Herodes und Mariamne‹ und die „Leistungsfähigkeit höher potenzierter Naturen", vor allem aber seine Kritik an Richard Wagners ›Ring des Nibelungen‹ (als *Dichtung*, wohlgemerkt). Diese Kritik gipfelt — köstlichstes Zeugnis jener humorvollen Skepsis — in den Briefen, in denen Fontane über seinen großartig gescheiterten Besuch einer ›Parsifal‹-Aufführung in Bayreuth berichtet.

Natürlich kann man nicht hinter jeder humorvollen Bemerkung Fontanes eine kultur- oder sozialpädagogische Absicht suchen; sehr oft sind ihm Humor und Witz nicht Mittel zum Zweck, sondern Selbstzweck, notwendige Elemente seiner Kunst der „Causerie", in der er sich auch als Kritiker bewährt. Vielfach dienen sie dann zugleich — nach dem Vorbild der bewunderten Engländer — zur Charakteristik. Unübertroffen und unübertrefflich in dieser Hinsicht ist seine Erinnerung an Storm und den Spaziergang Unter den Linden. Auch seine natürliche Freude an berlinischen „Bummelwitzen", Kalauern und drastischen Gleichnissen mag Fontane nicht unterdrücken. Questenberg in den ›Piccolomini‹ wünscht er sich so alt wie einen „Mooskarpfen"; von Scribes Lustspiel ›Ein Glas Wasser‹ wird bemerkt, es habe „bekanntlich einen Ozean von Stücken gezeugt"; über Heros toten Geliebten ulkt er: „Leander in Oleander"; und vom Harfenspieler in ›Wilhelm Meister‹ heißt es, er halte sich „mit

Hilfe seiner Lieder gerade über Wasser. Man streiche die Lieder, so sinkt er klanglos auf den Grund."

Fraglos hat sich Fontane — wie vor ihm Heine — von der Freude, etwas „schön zu sagen", des öfteren weiter verlocken lassen, als mit einer exakt-pedantischen Handhabung des kritischen Metiers vereinbar ist. Zugespitzte, ja überspitzte Formulierungen und Übertreibungen sind keine Seltenheit in Fontanes kritischen Betrachtungen, und je älter er wird, desto häufiger werden sie. Die Verbindung zu seinen Romanen ist unverkennbar; man erinnere sich nur an den ›Stechlin‹ mit Aperçus wie „Alle Klosteruhren gehen nach", „Die Musiker sind die boshaftesten Menschen", „Frauen mit Sappeurbartmännern sind fast immer kinderlos", „Alle Portiersleute sind eitel" usw. Dieser dichterische Einschlag in seinen Kritiken verbietet es, sie in jedem Falle *wörtlich* ernst zu nehmen — sosehr sie stets Ausdruck eines starken und reinen, ethischen wie künstlerischen Ernstes sind. *Gespielt* hat Fontane mit seinem kritischen Berufe nie.

Übrigens wußte er selbst sehr genau über das Schwierige und Fragwürdige einer restlosen Synthese von Kritik und Humor Bescheid: „Ein ganz voller Humor aber", so schrieb er im Juni 1879 an seine Frau, „kann mit und vor der Kritik selten bestehen. Es gehört eine wenigstens momentane Kritik*los*igkeit dazu, einerseits um humoristisch zu sein, anderseits um den Humor andrer zu genießen. Von dieser Regel wird es nur ganz, ganz wenige Ausnahmen geben." Wir wissen heute, daß Fontane zu diesen Ausnahmen gehört hat.

VIII

Seine Erfahrung habe ihn belehrt, so schreibt Fontane 1858 einmal in einem Briefe aus London, „wie die Geschmäcker in nichts so verschieden sind wie über den *guten Humor*". Die eigene kritische Praxis Fontanes sollte diese Erfahrung bestätigen. Seltsame Urteile unterlaufen ihm bei zwei deutschen Schriftstellern, in deren Schaffen der Humor ebenfalls eine bestimmende Rolle spielt. Diese Urteile bestehen einmal in dem, was Fontane über Gottfried Keller sagt, zum andern in dem, was er über Wilhelm Raabe *nicht* sagt. Es ist zu bemerken, daß er sich über den allgemeinen *Rang* beider wohl im klaren ist. 1883 schreibt er über Keller, er sei „ein ausgezeichneter Schriftsteller, noch mehr ein bedeutender Künstler", und Raabe nennt er im gleichen Jahre in einem Atemzug mit Keller und Storm.

Dennoch — oder vielmehr: gerade deshalb — ist auffällig, daß Fontane, der das Erscheinen sämtlicher großen Werke *Raabes* erlebt hat, keines von ihnen je erwähnt mit Ausnahme des ›Horns von Wanza‹ — und auch dieses zuerst und vor allem als Lieblingslektüre seiner Frau und seiner Tochter. Einzig über ein Nebenwerk wie ›Fabian und Sebastian‹ (Fontane lernt es ebenfalls durch seine Frau kennen) findet sich eine kurze Notiz im Tagebuch von 1881, die recht aufschlußreich ist: „Ganz Raabe; glänzend und geschmacklos, tief und öde." Man darf füglich aus Fontanes Schweigen folgern, daß er, der in seinen Briefen und Tagebüchern genau Rechenschaft über seine literarischen Eindrücke bis hinab zu den Eintagsfliegen der Trivialliteratur ablegt und auch auf solche Eindrücke immer wieder zu sprechen kommt, einer Beschäftigung mit Raabes Gesamtwerk geflissentlich ausgewichen ist. Allerdings ist zu bedenken, daß Wilhelm Raabe — und dieses Schicksal teilt geraume Zeit der Erzähler Fontane mit ihm — lebenslang nur geringe Popularität in Deutschland besitzt.

In jedem Betracht anders liegen die Dinge bei *Keller*. Über ihn hat sich Fontane denn auch ebenso oft wie ausführlich geäußert; einmal in Briefen und Tagebüchern, zum andern in einigen Aufsätzen. Ja, sogar der *Sekundär*literatur über Keller schenkt Fontane — der im allgemeinen von der Literaturwissenschaft seiner Zeit wenig hält — ungewöhnliche Aufmerksamkeit, wie die große Rezension von Brahms Keller-Buch (1883), aber auch die mehrmalige Erwähnung von Baechtolds Keller-Biographie (1894—1897) beweisen.

Bei der Betrachtung der Einwände, die Fontane gegen Keller erhebt, sollte man beim Gegensatz zwischen den beiden Dichter*persönlichkeiten* beginnen. Dieser Gegensatz erhellt zugleich wesentliche Grundzüge von Fontanes Literaturkritik.

Fontane, der kritisch-skeptische Berliner — vor allem im Alter um eine weltoffene Weite in Leben und Dichtung bemüht —, steht allem Sonderlingstum in der Literatur mißtrauisch gegenüber. Das gilt einmal von dem eigentlichen Poetendünkel — einem Erbteil aus der „unechten" Romantik —, den Fontane stets kräftig verspottet hat. In seinem Essay ›Der alte Fontane‹ zeigt Thomas Mann bereits 1910, wie es Fontanes „Bürgersinn für Zucht und Ordnung" sei, mehr aber noch „jener redliche Rationalismus, von dem die Feierlichen, die Priester und Schwindler unter den Künstlern nichts wissen wollen", wodurch seine Abneigung sich erkläre.

So wird auch Fontanes Kritik an Storm ausgelöst durch dessen Auffassungen von der exzeptionellen sozialen Stellung des „echten Dichters". Gerade in der Zeit, in der Fontane am engsten mit ihm verkehrt, während Storms Potsdamer Exil, trägt Storm solchen Poetenstolz am sichtbarsten und wohl auch am aggressivsten zur Schau. Denn gewiß hat es sich dabei nicht zuletzt um eine Form der Abwehr des in seinen heiligsten Empfindungen — seiner Heimatliebe — getroffenen sensiblen Lyrikers gegen eine gehaßte preußische Wirklichkeit gehandelt. Fontane, dem ein gleiches Schicksal erspart blieb und dem ein gewisses Maß von „Schnoddrigkeit" auch eine größere Robustheit verlieh, hat diese geheimen Ursachen nicht verstanden.

Ebensowenig vermag er zu begreifen, daß auch der Rückzug in die Provinz, in die „Husumerei", den Storm im Alter immer deutlicher vollzieht, vor allem eine Form der Selbstexilierung aus Protest gegen die neudeutsch-preußische Reichsherrlichkeit ist. Als lyrisch-romantische „Provinzialsimpelei" gibt der „frivole" Berliner Fontane das, was ihm an diesem Verhalten übertrieben erscheint — die Pietät für den Teekessel der Großmutter —, der Lächerlichkeit preis. Ernster zu nehmen sind Fontanes Einwände, wo er auf das *Werk* Storms zu sprechen kommt. Als arme „Kirchenmaus" erscheint ihm Storm — und er hat dabei wohl vor allem die großen Altersnovellen im Sinn —, wenn er an die lebendige Gestaltenfülle in Zolas Romanen denkt. Ohne Zweifel spürt Fontane, daß die deutsche Literatur den Aufgaben der Zukunft auf dem Wege Storms nicht mehr gerecht werden kann. In diesem Sinne fürchtet er die Verarmung und warnt vor ihr. Der junge Autor der ›Buddenbrooks‹ — Fontane lebt noch, als die ersten Teile des Romans geschrieben werden — beweist, daß er die Warnung verstanden hat und sie beherzigt. Wieviel auch Thomas Mann mit Storm verbindet, die von Fontane beschworene Gefahr literarischer Abkapselung ist endgültig überwunden.

Der andere große Protestierende im freiwilligen Exil ist Wilhelm Raabe. So verwundert es nicht, daß Fontanes Verhalten zu der reifen Novellistik Storms fast wie ein Gegenstück zu seinem Schweigen gegenüber dem Werk Wilhelm Raabes anmutet. Denn auch bei Raabe und bei Keller — gegen die sich freilich der Vorwurf der Poeteneitelkeit nicht erheben läßt — ist für Fontane eine Art „Husumerei" im Spiele, wenn er auch deren aus einer ihm fremden politisch-sozialen Tradition erwachsende Ursachen nicht durchschaut. Zwar erkennt Fontane (1893) an: „Manche Menschen gedeihen in der Einschränkung besser — ich kann mir z. B. nicht denken, daß Gottfried Keller oder Wilhelm Raabe in Berlin gut gediehen wären —", aber nur, um sofort hinzuzufügen: „aber die meisten kriegen doch was vom Knieholz."

Dieses „Knieholzartige", das sich bei Keller — und mehr noch bei Raabe — im knorrigen, mitunter fast kauzigen Eigenwuchs der Persönlichkeit äußert, ist es, das Fontane den Zugang zu ihm so erschwert, daß er sich zu ungerechten Äußerungen hinreißen läßt. „Keller war ein herrlicher Schriftsteller, ganz Nummer eins", so schreibt er noch 1894, „aber als Mensch befangen, fragwürdig und ungenießbar; ich wenigstens hätte nicht fünf Minuten mit ihm zusammensein können."

Wie weit eine solche Abneigung auf Gegenseitigkeit beruhte, ist mit Sicherheit nicht mehr zu ermitteln. Einigen Aufschluß indes dürfte die merkwürdige Tatsache geben, daß der Name Fontane in Kellers gesamtem Werk wie in seinen Briefen nur ein einziges Mal fällt. Am 29. Juni 1853 erwähnt er ihn ganz kurz auf eine Anfrage hin in einem Briefe aus Berlin — in einem literarisch übrigens gleichgültigen Zusammenhang. Angefügt ist die Bemerkung, Fontane scheine „ungefälliger, launenhafter und preußischer als je zu sein". Der alte Keller schweigt sich über Fontane völlig aus, eine Erscheinung, die doppelt auffällig ist, wenn man einmal die lebhafte Urteilsfreude Kellers über das Werk anderer schreibender Zeitgenossen bedenkt und zum anderen berücksichtigt, daß wichtige und bedeutende Korrespondenzpartner Kellers zugleich zum engeren Bekanntenkreis Fontanes gehören. Wilhelm Hertz, Kellers Verleger in Berlin, ist auch der Verleger Fontanes. Zweifellos ist so Keller dem Namen Fontanes immer wieder begegnet — jede Resonanz indessen fehlt.

Die Gründe für dieses Verhalten wird die Keller-Forschung zu untersuchen haben; hier geht es um die Stellung des Literaturbetrachters *Fontane* zu Keller. Es überzeugt nicht, wenn Georg Lukács (und Joachim Biener pflichtet ihm darin bei) die Kritik Fontanes an Keller im letzten darauf zurückführt, daß der „feste gesellschaftliche Maßstab des radikalen Demokraten" von Fontane abgelehnt werde. An Radikalismus übertrifft der alte „verdemokratisierte" Fontane Keller ebensosehr, wie sein (freilich gedanklich nicht völlig bewältigter) Demokratismus seinem sozialen Inhalt nach über das bürgerlich-demokratische Bekenntnis Kellers hinausgeht. Sätze wie der folgende wären beim alten Keller undenkbar: „Mein Haß gegen alles, was die neue Zeit aufhält", so schreibt Fontane im Mai 1895 an Friedlaender, „ist in einem beständigen Wachsen, und die Möglichkeit, ja die Wahrscheinlichkeit, daß dem Sieg des Neuen eine furchtbare Schlacht voraufgehen muß, kann mich nicht abhalten, diesen Sieg des Neuen zu wünschen." Knapp ein Jahr später fällt dann der Satz, der belegt, worin Fontane jenes „Neue" sieht, dessen Sieg er wünscht: „Sie, die Arbeiter, packen alles neu an, haben nicht bloß neue Ziele, sondern auch neue *Wege*."

Bereits ein Jahrzehnt zuvor aber, noch zu Kellers Lebzeiten, im Sommer oder Herbst 1886, hatte Fontane in seinem Roman ›Quitt‹ Sätze niedergeschrieben, die belegen, wie bejahend der alte Fontane prinzipiell den demokratischen Traditionen der schweizerischen Literatur gegenübersteht und wie sehr man in die Irre geht, wenn man seine gleichzeitige Kritik am Preußentum mit Georg Lukács als „halb zufällig", „wenig bewußt", „spontan", „ungewollt" oder ähnlich auffaßt. In ›Quitt‹ wird nach einer Vorlesung aus Pestalozzis Roman ›Lienhard und Gertrud‹ der „republikanische Geist" des Werkes gerühmt. „Und daß derselbe hier lebendig ist", so fährt der Sprecher, ein Amerikaner deutscher Herkunft, fort, „hier in dieser herrlichen alten Schweizergeschichte, das ist ein Vorzug, dessen sich nur wenig deutsche Bücher rühmen dürfen. Über allen deutschen und namentlich über allen preußischen Büchern, auch wenn sie sich von aller Politik fernhalten, weht ein königlich preußischer Geist, eine königlich preußische privilegierte Luft; etwas Mittelalterliches spukt auch in den besten und freiesten noch, und von der Gleichheit der Menschen oder auch nur von der Erziehung des Menschen zum

Freiheitsideal statt zum Untertanen und Soldaten ist wenig die Rede. Darin ist die schweizerische Literatur, weil sie die Republik hat, der deutschen überlegen, und alle Deutsche, die wir das Glück haben, Amerikaner zu sein, haben Grund, sich dieses republikanischen Zuges zu freuen."

Es ist in diesem Zusammenhang bezeichnend, daß unter den wenigen Werken Kellers, die Fontane ohne Einschränkung lobt (zum Teil im auffälligen Widerspruch zu der herkömmlichen Einschätzung), diejenigen Dichtungen an erster Stelle stehen, in denen einmal Kellers demokratischer Patriotismus, zum andern seine Kritik und sein Zweifel an der bürgerlich-kapitalistischen Gesellschaft ihren stärksten Ausdruck finden: ›Das Fähnlein der sieben Aufrechten‹, ›Das verlorne Lachen‹ und ›Martin Salander‹.

Erst die genauere Bekanntschaft mit ihm bisher verborgenen Wesenszügen Kellers, wie sie Baechtolds Biographie vermittelte, führte eine allmähliche Änderung in Fontanes Haltung herbei. Auch Berliner Bekannte Fontanes, die Keller im Gegensatz zu ihm persönlich kannten, setzten sich für Keller ein, so Otto Brahm und Fritz Mauthner; der Verleger Hertz und der Literaturhistoriker Erich Schmidt traten ihnen zur Seite. „Meine Abneigung gegen den *Menschen* Keller", schreibt Fontane Ende 1896 mit Bezug auf die Lektüre von Baechtolds Buch, „läßt doch . . . allmählich nach." Kurz vorher fällt auch — vierzig Jahre nach der Erstveröffentlichung und immer noch ein halbes Menschenalter nach dem Erscheinen der Endfassung — das erste anerkennende Wort Fontanes über den ›Grünen Heinrich‹. Und erst vier Wochen vor seinem Tod kommt er zu einem enthusiastischen Schlußurteil, indem er zugleich jetzt — zum ersten Male — die Schuld für die Gegensätzlichkeit zwischen ihren beiden Persönlichkeiten großzügig-verbindlich bei sich selbst sucht: „Mit Gottfried Keller hätte ich gern Freundschaft geschlossen, denn er ist in meinen Augen der bedeutendste deutsche Erzähler, wie Storm der bedeutendste Liebeslyriker seit Goethe. Dennoch wäre trotz besten Willens auf meiner Seite wohl nie was daraus geworden. Ich fürchte, daß ich ihm gründlich mißfallen hätte."

Die Urteile Fontanes über Kellers *Werk* liegen meist über ein Jahrzehnt vor diesen späten Einsichten. Es ist nicht Aufgabe dieser Betrachtung, sie in ihren — öfters einander widersprechenden — Einzelheiten zu verfolgen, zudem sie lückenlos im Text und in den Anmerkungen enthalten sind. Es sei nur auf einige Grundzüge hingewiesen, die einmal Fontanes eigene Position umreißen, zum andern sein (so scheint mir) mitunter absichtliches Verkennen der Kunst Kellers belegen.

Fontane bezeichnet Keller wiederholt als Humoristen, einmal stellt er ihn sogar mit Sterne zusammen. Ungeachtet aber der Bedeutung, die Fontane in seiner sonstigen Literaturkritik dem Humor zumißt, befriedigt ihn der Kellersche Humor nicht. Entweder ist dieser Humor nicht „humoristisch genug" und wird mit seinen „Launen und Einfällen" als „Künstelei" empfunden (beim ›Sinngedicht‹), oder er wird zwar anerkannt, zugleich aber als Verstoß gegen den „Stil" gebrandmarkt.

Mit dem letzten Vorwurf zielt Fontane keineswegs auf sprachliche Härten; nicht Verstöße gegen den *Sprach*-Stil (wie bei Gutzkow), sondern gegen den *Sach*-Stil moniert er bei Keller: „Ein Werk ist um so stilvoller, je objektiver es ist, d. h. je mehr nur der Gegenstand selbst spricht." In diesem Sinne lasse sich bei Keller „eher von Stilabwesenheit als von Stil" sprechen: „Erbarmungslos überliefert er die ganze Gotteswelt seinem Keller-Ton." In dem erwähnten Essay hat bereits Thomas Mann darauf aufmerksam gemacht, in welchem kritischen Dilemma sich Fontane mit diesem Urteil gegenüber Keller befinde. Unabhängig von der Frage der Berechtigung der Kritik in diesem Einzelfalle ist jedoch von Bedeutung, welche Position der Kritiker auch in der Stilfrage grundsätzlich vertritt: es ist die Position des Realismus. Er sei ein Schriftsteller, so schreibt er 1881 in einem Briefe an Gustav Karpeles, „der den Dingen nicht seinen altüberkommenen Marlitt- oder Gartenlaubenstil aufzwängt, sondern umgekehrt einer, der immer wechselnd seinen Stil aus der Sache nimmt, die er behandelt".

Der Vorwurf der Stillosigkeit fällt im Zusammenhang mit einer Erörterung der ›Sieben Legenden‹; sie enthält die härtesten Urteile Fontanes über Keller. Keller falle, so heißt es, durch seinen „humoristisch-spöttischen und zugleich stark liberalisierenden Keller-Ton völlig aus dem Legendenton" heraus. Wird so Keller hier eines, sagen wir freisinnigen Tones beschuldigt (und diese Beschuldigung ist es vor allem, die Georg Lukács zu seiner obenerwähnten Annahme geführt hat), so stellt ihn Fontane in der gleichen Rezension wiederum in eine Reihe mit Arnim, Tieck und Eichendorff — die wohl noch von niemandem des „Freisinns" bezichtigt worden sind — und beweist dadurch, daß er die atheistische Grundhaltung in den ›Sieben Legenden‹ nicht erfaßt hat. Dadurch versperrt er sich selbst den Zugang zum Verständnis dieser Dichtung.

Auch an anderen Stellen unternimmt Fontane wiederholt den Versuch, Kellers Werke aus einer innigen Verwandtschaft mit den Romantikern, besonders mit Arnim, zu erklären. Wir wissen, daß eine solche Parallele zu den („Neu"-)Romantikern im Munde des Kritikers Fontane, vor allem wenn es sich um Werke der Gegenwartsliteratur handelt, alles andere als ein Lob darstellt. Um die Verwirrung zu vollenden, widerruft Fontane 1891 dann auch noch expressis verbis jene Behauptung von der angeblichen Stillosigkeit Kellers in den ›Sieben Legenden‹, indem er — freilich keineswegs glücklicher — kurzweg erklärt, bei Keller sei „alles Legendenstil". Vorbereitet worden aber ist diese Behauptung schon früher in der Kritik über die ›Leute von Seldwyla‹, in der es heißt, Keller sei „au fond ein Märchenerzähler" und habe „für seine Darstellung eine im *wesentlichen sich gleichbleibende Märchensprache*". Fontane faßt sein Urteil zusammen: „Je mehr nach dem bewußten Wollen Gottfried Kellers . . . seine Erzählungen *Märchen* sind, desto besser sind sie auch" (Hervorhebungen von Fontane).

Diese und eine Reihe ähnlicher Äußerungen belegen hinreichend, daß Fontane den tiefen Wahrheitsgehalt der Dichtungen Gottfried Kellers nicht erkannt hat, sosehr Keller im Prinzipiellen die Forderung nach einer humorvollen Verklärung der Wirklichkeit, ohne daß dadurch der Wahrheit Abtrag geschehe, erfüllt hat. Wie Fontane steht auch Keller in einer schöpferischen Goethe-Nachfolge. Der Weg indessen, den der schweizerische bürgerliche Demokrat dabei einschlagen kann, ist für Fontane nicht nur ungangbar, sondern auch unverständlich. „Märchenhaft" muß er dem erscheinen, der so wie Fontane von den politischen, sozialen und kulturellen Bewegungen erfaßt wird, die das Ende des bürgerlichen Zeitalters heraufführen. Kellers dichterisches Vermögen nimmt in dem Maße ab, als er sich zu einer überwiegend *kritischen* Gestaltung der sozialen Realität gezwungen sieht (›Das verlorne Lachen‹, ›Martin Salander‹). Umgekehrt nimmt Fontanes dichterisches Vermögen in dem Maße zu, als er sein eigentliches Gebiet in der *kritischen* Gestaltung der sozialen Realität erkennt und dieses Gebiet mehr und mehr durchdringt (›Irrungen Wirrungen‹, ›Effi Briest‹).

Man sollte nicht verkennen, daß auch der *Kritiker* Fontane, so sehr er sich in seinen Keller-Kritiken in Widersprüche verwickelt und so ungerecht er in ihnen im einzelnen vielfach urteilt, im Grundsätzlichen die Position eines Anwaltes des Realismus behauptet. Wie seine Abneigung gegen das, was er als provinzielles Sonderlingstum bei dem *Menschen* Keller beargwöhnt, so entspringt auch bei Kellers *Werk* sein Kampf gegen ein vorgebliches „Hineingeraten aus mit realistischem Pinsel gemalter Wirklichkeit in romantische Sentimentalität" (›Romeo und Julia auf dem Dorfe‹), gegen die Verquickung des „Realistischen" mit dem „märchenhaft Romantischen" (vgl. die Rezension von Otto Brahms Essay ›Gottfried Keller‹) seiner Auffassung von der Notwendigkeit und den Aufgaben einer realistischen Gegenwartsliteratur.

Zwei Stellen mögen dies belegen. Die detaillierte, in der Quintessenz vernichtende Kritik am ›Landvogt von Greifensee‹ schließt mit folgender Feststellung: „In kleinen Städten, wo die geistige Zufuhr geringer ist, tritt dieser Zustand des Erschöpftseins eher ein als dort, wo die Schriftsteller viel sehen und erleben." Sein Urteil von 1881 über Raabe — „glänzend und geschmacklos, tief und öde" — hätte Fontane gewiß ähnlich begründet. Wenn Fontane schließlich — ebenfalls 1881 — an Kellers ›Sinngedicht‹ das „Willkürliche" und „Launenhafte" tadelt, die „sonderbare Komposition" bemängelt — die er „romantisch willkürlich" nennt — und alles mehr auf „Künstelei" als auf „Kunst" zurückführt, so ließe sich ähnliches auch in einer (nicht geschriebenen) Raabe-Kritik Fontanes denken. Fontanes Notiz über Kellers ›Sinngedicht‹ erschöpft sich nicht in der negativen Kritik, sondern führt zu der positiven, außerordentlich bezeichnenden Forderung: „Eine exakte, natürlich in ihrer Art auch den Meister verratende Schilderung des wirklichen Lebens, das Auftretenlassen wirklicher Menschen und ihrer Schicksale, scheint mir doch das Höhere zu sein. Ein echtes ganzes Kunstwerk kann ohne Wahrheit nicht bestehen . . ."

In seinem Keller-Essay schreibt Otto Brahm, in der von Keller vorgezeichneten Verschmelzung des „Realistischen" und des „Phantastischen" liege „der Weg, den die Dichtung der Zukunft wird beschreiten müssen, wenn sie sich nicht einseitig bescheiden will, entweder auf das spezifisch ,Poetische' zu verzichten oder auf die Gestaltung des spezifisch ,Modernen' ".

Mit diesem Zitat eröffnet Fontane seine Brahm-Rezension von 1883. Wie Fontane — auch ganz abgesehen von seiner Kritik an Keller — über die („neu"-romantische) „Verschmelzung" von Realistischem und Phantastischem dachte, sahen wir bereits. Das Phantastische ist ihm entweder integrierender Bestandteil einer realistischen Kunst (wie bei der „alt"-romantischen ›Lenore‹ Bürgers), oder aber es zerstört als nicht nur un-, sondern antirealistisches, von außen herangetragenes Element die Einheit und Wirkung des Kunstwerkes überhaupt (wie bei Hauptmanns „neu"-romantischem Drama ›Hanneles Himmelfahrt‹ und wie — nach Fontanes Meinung — bei Kellers ›Romeo und Julia auf dem Dorfe‹). Die schon auf die spätere naturalistische Karriere Otto Brahms vordeutende Unterscheidung und Trennung eines „spezifisch Poetischen" von einem „spezifisch Modernen" weiterhin hat Fontane durch sein dichterisches Werk und in seinen kritischen Schriften stets entschieden bekämpft. Es bleibt die Frage nach dem „literarischen Zukunftsweg". Fontane umgibt sie zwar zunächst mit ironischer Wendung, aber seine ganze Besprechung ist eine einzige Widerlegung dieser These — gipfelnd in der Feststellung, Keller habe nirgends „den Vorhang von einer neuen Welt fortgezogen".

In diesem Satz liegt die tiefste und wichtigste Rechtfertigung von Theodor Fontanes Kritik an Keller, die damit — unabhängig von ihrem Gegenstand — umgreifende Bedeutung gewinnt und abermals beispielhaft das zentrale Anliegen der Literaturkritik des alten Fontane erhellt. Kellers Werk (wie das Raabes und Storms) war nicht ein Neubeginn auf einem Wege, der in die Zukunft führte, sondern ein monumentaler, herrlicher Schlußstein. Der deutsche Gegenwartsroman der Epoche des Übergangs zum Sozialismus erreichte seinen Hochstand und damit seinen Anschluß an die großen realistischen Leistungen der Weltliteratur nicht, indem er an Keller oder Raabe anknüpfte, sondern indem er den Weg fortsetzte, auf dem in

Deutschland als einer der ersten — unbeirrbar in seinem Feingefühl für den Fortschritt — Theodor Fontane stand.

IX

Fassen wir abschließend die wichtigsten Merkmale der Literaturkritik Fontanes zusammen.

Fontane hat als Kritiker wie als Dichter eine lange Entwicklung durchlaufen. Ihren Höhepunkt erreicht seine Literaturkritik in seinen beiden letzten Lebensjahrzehnten. Sie beruht nicht auf einem einheitlichen System, wird jedoch von bestimmten Normen geleitet. Ihr Ausgangs- und Mittelpunkt ist die Realismusforderung.

Der Begriff „Realismus" ist nicht überall gleichmäßig gefaßt. Als Grundlage findet sich bereits 1853 die Bestimmung: „Der Realismus ist die Widerspiegelung alles wirklichen Lebens." Die gesellschaftliche Struktur und Bedingtheit dieses „wirklichen Lebens" wird von dem Kritiker Fontane nur andeutungsweise erkannt. Die gesellschaftskritischen Funktionen und Möglichkeiten der Literatur erörtert er — von schwachen Ansätzen abgesehen — theoretisch nicht. In der Praxis der dichterischen Gestaltung überwindet er diese Beschränktheit. Das poetische Werk Fontanes ist unentbehrliches Korrektiv seiner Literaturkritik.

Der formale Reiz der theoretischen Äußerungen besteht in ihrer sprachlichen Brillanz. Die scheinbare Leichtigkeit und Zufälligkeit der Formulierungen bei äußerst stilistischer Präzision wird gedanklich ermöglicht durch die in seltenem Maße entwickelte Fähigkeit, veraltete Vorstellungen und Konventionen — gesellschaftliche Tabus der herrschenden Klassen — kritisch zu betrachten und nötigenfalls aufzugeben. In diesem Sinne ist Vorurteilslosigkeit zwar nicht das wichtigste, aber doch das markanteste Merkmal auch des Literaturbetrachters Fontane. Sie beruht auf der rationalistischen Grundhaltung seines Urteilsvermögens. Das ausgeprägte Verantwortungsbewußtsein des Kritikers schützt sie vor dem Abgleiten in Willkür oder Zynismus.

Vorurteilslosigkeit unterscheidet Fontane von den bedeutendsten bürgerlichen Kritikern seiner Zeit, gibt seinem Blick dort Schärfe,

wo geistig hervorragende Zeitgenossen versagen. Im Ästhetischen
äußert sie sich als Kampf gegen sterile Konventionen und gegen
theologische Bevormundung, als freimütiges Eintreten für die künstlerischen Erneuerungsbestrebungen der achtziger und neunziger Jahre. Im Politisch-Sozialen ermöglicht sie eine immer kritischere
Distanzierung vom Adel, die Entlarvung der Zwecklügen der Bourgeoisie und die Erkenntnis der Zukunftsträchtigkeit des Proletariats.
Diese Einsichten verleihen den Äußerungen des alten Fontane Aggressivität, zeitweise revolutionäres Gepräge. Sein besonderer Haß
gilt der Kunstfeindlichkeit der herrschenden Klassen in Preußen-
Deutschland am Vorabend des Imperialismus. Fontanes Position ist
die des fortschrittlichen Bürgers. Die marxistische Erkenntnis der
Gesetzmäßigkeit der gesellschaftlichen Entwicklung fehlt.

Fontanes Polemik gegen den „Goethegötzenkult" entspricht seiner
Hochachtung vor den Traditionen der deutschen Klassik. Diese Traditionen will er schöpferisch angewandt und lebendig weiterentwik-
kelt, nicht museal konserviert wissen. Sie bestehen für ihn in Lebenswahrheit, Daseinstüchtigkeit und Gegenwartsbezogenheit. Mit diesen
Gehalten hat der Dichter sein Werk künstlerisch zu durchdringen,
nur sie verleihen Überzeugungskraft. Darin liegt das klassische „Maß
der Kunst". Gestalterisch verwirklicht es sich in einer zum Repräsentativen vorstoßenden, „verklärenden" Prägung menschlicher
Charaktere und Schicksale sowie in der auf scharfer Beobachtung
beruhenden Echtheit des Details. Das Detail steht nicht um seiner
selbst willen, sondern wird transparent für die großen Tatsachen
und Zusammenhänge des Lebens. Poetische Verklärung und Symbolik mindern den Wahrheitsgehalt einer Dichtung nicht, steigern
ihn im Gegenteil.

„Klassisch" ist vielfach ein Synonym für „realistisch". Wer das
„realistische Maß der Kunst" verletzt, den trifft Fontanes Kritik.
Sie kann sich zu vernichtender Polemik steigern. Ihr Gegenstand
sind erstarrter Konventionalismus, pseudorealistische Routine und
verlogene Schönfärberei ebenso wie Lebensflucht und Mystizismus
der („Neu"-)Romantiker und Verzweiflungsmache der Pessimisten.
Fontane stellt ihnen seinen trotz aller Skepsis dominierenden Zu-
kunftsglauben entgegen. Die Äußerungen dieses Glaubens sind be-
sonnen und nüchtern. Die Phrase ist Fontane in jeder Form verhaßt.

Fontane lehnt die bürgerliche Literaturwissenschaft seiner Zeit ab. Er unterschätzt ihre philologischen Leistungen, beurteilt die Unfruchtbarkeit ihrer Bemühungen um Gehalt und Inhalt einer Dichtung im wesentlichen richtig. Die von der Literaturhistorie aufgestellten Maßstäbe beachtet er nicht. Wie bei der Bestimmung des Klassischen spielen auch für das Romantische formale oder epochale Kriterien eine untergeordnete Rolle.

Volkstümlichkeit und treuer historischer Sinn sind Wesenszüge echter romantischer Dichtung. Vorbilder sind Bürger, Herder, Scott, Uhland. Eine Verschmelzung dieser „echten Romantik" mit dem klassischen Realismus hält Fontane für erstrebenswert. In der Vergangenheit sieht er sie erreicht bei Shakespeare. Shakespeare ist die einzige Autorität, der er sich nahezu bedingungslos beugt.

Das Element des Humors, das Fontane in der englischen Literatur begegnet, bildet einen konstitutiven Bestandteil seiner ästhetischen Auffassungen. Auch Humor ist ein Mittel zur „Verklärung" der Wirklichkeit. Der Stil von Fontanes kritischen Betrachtungen wird immer stärker durch eine humoristische oder spöttische Schreibweise bestimmt. Sie dient oft einer kultur- oder sozialpädagogischen Absicht; oft ist sie Selbstzweck, „Causerie". Fontanes dichterische Vorliebe für humoristische Übertreibungen verbietet es, seine kritischen Äußerungen in jedem Falle wörtlich zu nehmen. Verantwortungsbewußtsein und Ernst seiner kritischen Grundhaltung werden dadurch nicht beeinträchtigt.

Im Gegensatz zu der Sympathie, mit der der alte Fontane die Entwicklung der jüngsten progressiven deutschen und außerdeutschen Literatur verfolgt, steht seine Zurückhaltung gegenüber den großen epischen Leistungen seiner Altersgenossen in der deutschen Literatur. Insbesondere bei Keller werden seine Urteile teilweise ungerecht und falsch. Er erkennt die realistische Grundhaltung Kellers nicht oder nur widerwillig an. Entscheidend ist nicht das ephemere Einzelurteil. Entscheidend ist die Position des Kritikers.

Der alte Fontane bereitet einer Literatur den Weg, die den Anforderungen der Zukunft gerecht wird, wie er sie voraussieht. Er weiß, daß der realistische Roman des 20. Jahrhunderts auf den Wegen der bürgerlichen deutschen Literatur des 19. Jahrhunderts nicht weiterschreiten kann. Fontanes Position als Dichter wie als Kritiker ist —

aller Abweichungen im einzelnen unerachtet — die eines der Zukunft zugewandten Anwaltes des Realismus. Darin liegt seine Bedeutung für die Gegenwart.

Heidelberger Jahrbücher. Band IV, 1960, S. 108—127.

GESELLSCHAFT UND MENSCHLICHKEIT
IM ROMAN THEODOR FONTANES*

Von Walter Müller-Seidel

„Die Form des Meisters, wie überhaupt jede Romanform, ist schlechterdings nicht poetisch", schreibt Schiller am 20. Oktober 1797 in einem Brief an Goethe[1]. Die Einschränkung, die der Roman als dichterische Ausdrucksform darin erfährt, ist deutlich ausgesprochen. Sie ist der Poetik des 18. Jahrhunderts geläufig, und noch weit bis ins 19. Jahrhundert hinein behält sie ihre Gültigkeit.[2] Von solchen Auffassungen bezüglich der Kunstform des Romans unterscheidet sich Theodor Fontane. An seine Frau schreibt er am 17. August 1882: „Ich sehe klar ein, daß ich eigentlich erst beim 70er Kriegsbuche und dann bei dem Schreiben meines Romans ein *Schriftsteller* geworden bin, d. h. ein Mann, der sein Metier als eine *Kunst* betreibt, als eine Kunst, deren *Anforderungen* er kennt."[3] Die zitierte Äußerung ist symptomatisch für den inzwischen zu Glanz und Ansehen gelangten Roman. Schillers Brief an Goethe aus dem Jahr 1797 und Fontanes Brief an seine Frau aus dem Jahre 1882 umgrenzen den Zeitraum, in dem er sich die beherrschende Stellung im literarischen

---

* Der vorliegende Aufsatz stellt die überarbeitete Fassung eines Vortrags dar, der am 26. 10. 1958 unter dem gleichen Thema im Marianne-Weber-Kreis in Heidelberg gehalten wurde. Ein kurzes Resumé findet sich in der Festgabe für Georg Poensgen ›Der Marianne-Weber-Kreis‹, 1958, S. 141—144.

[1] Johann Wolfgang von Goethe: Gedenkausgabe der Werke, Briefe und Gespräche. Hrsg. von Ernst Beutler, 1949 ff. Bd. XX (1950), S. 443.

[2] Vgl. Friedrich Sengle: Der Romanbegriff in der ersten Hälfte des 19. Jahrhunderts, in: Festschrift für Franz Rolf Schröder, 1959, S. 214 bis 218.

[3] Theodor Fontane: Briefe an seine Familie. Zweiter Band, 1924, S. 17.

Leben Europas eroberte.[4] Aber der deutsche Anteil an diesem einzig-
artigen Aufstieg nimmt sich bescheiden aus.[5] Im Grunde vollzieht
erst Fontane den Anschluß an die europäische Entwicklung. Sie erfolgt mit einer bemerkenswerten Verspätung. Das Ende seiner Lebenszeit fällt mit den Anfängen des modernen Romans fast zusammen.[6] Daß ein schon in hohem Lebensalter stehender Schriftsteller
nachholt, was auf diesem Gebiet in Deutschland versäumt worden
war, macht seine Leistung erst recht bedeutungsvoll. Von diesem
Versäumnis haben wir zunächst zu sprechen.

Versäumt worden war in Deutschland nicht der Roman überhaupt.
Es gibt ihn in einer Leistung von fast kanonischer Gültigkeit. Es gab
Goethes ›Wilhelm Meister‹. An der Form dieses Romans, und das
heißt am deutschen Bildungsroman, hat sich die Romantik und die
nachfolgende Epoche noch weithin orientiert.[7] Alles drängte am Ende des 18. Jahrhunderts zu dieser Romanform hin. Aber alles
drängte im Laufe des 19. Jahrhunderts über sie hinaus. Schon in Arnims unvollendet gebliebenem Roman ›Die Kronenwächter‹, dessen
erster Teil 1817 erschien, verbindet sich die Idee der Bildung mit der
Idee des Volkes und seiner Erneuerung. Der Bildungsroman berührt
sich aufs engste mit dem aufkommenden historischen Roman. Selbst
Gottfried Kellers ›Grüner Heinrich‹ bezieht in einem Maße schon
die sozialen Probleme ein, daß es schwerfällt, ihn noch auf die überkommene Sonderform des Bildungsromans festzulegen, der er ohne
Zweifel in entscheidenden Zügen verpflichtet bleibt. Die Entwicklung näher zu verfolgen, ist hier nicht der Ort. Aber die Frage ist
nicht abwegig, ob der überlieferte Bildungsroman den Umschich-

---

[4] Vgl. Max Rychner: Der Roman im 19. Jahrhundert, in: Propyläen-
Weltgeschichte, hrsg. von Golo Mann VIII (1960) S. 337—366.

[5] Von dieser Auffassung ist vor allem die Darstellung bestimmt, die
Roy Pascal in seinem lesenswerten Buch ›The German Novel‹ (Manchester,
1956) gegeben hat. Max Rychners Beitrag ›Der deutsche Roman‹ (Merkur,
X, 1956, S. 1158—1171) beschäftigt sich kritisch mit den dort formulierten
Thesen.

[6] Der Begriff des modernen Romans im Sinne der Romane von Proust,
Joyce, Virginia Woolf u. a.

[7] Vgl. Wolfgang Baumgardt: Goethes Wilhelm Meister und der Roman
des 19. Jahrhunderts, in: ZfdtPh. Bd. 69 (1944/5) S. 132 ff.

tungen des gesellschaftlichen Lebens überhaupt noch entsprach und entsprechen konnte. Weit mehr wurde der europäische Gesellschaftsroman der „Forderung des Tages" gerecht. Und dieser Forderung folgte der deutsche Roman mit mancherlei Verspätungen, als ihm Theodor Fontane ein Ansehen verschaffte, um das sich in Deutschland Gutzkow wie Spielhagen vergeblich bemüht hatten.

Zur Form des Gesellschaftsromans gehört ein bestimmtes Maß von Gesellschaftskritik. Für die deutsche Situation, die Fontane vorfand, ist kennzeichnend, wie sehr sich bei ihm diese Kritik mit der Kritik an der Bildungsidee verknüpft, die längst ihre schöne Fraglosigkeit von ehedem eingebüßt hatte. Wachen Sinnes verfolgt Fontane die Veränderungen des gesellschaftlichen Lebens. Er gewahrt die damit verbundene Veräußerlichung der Bildungsidee und stellt es im Roman dar. Lene Nimptsch kommt über das bloße Silbenentziffern einer englischen Unterschrift nicht hinaus, sie ist denkbar ungebildet; und doch steht sie als Mensch turmhoch über den Angehörigen der Adelsschicht: „Alles was sie sagte, hatte Charakter und Tiefe des Gemüts. Arme Bildung, wie weit bleibst du dahinter zurück", sagt Botho von ihr.[8] Dergleichen Äußerungen sind kritisch gegen die Klasse gerichtet, die sich im Besitz der Bildung wähnt; und solche Äußerungen gewinnen an Schärfe, wenn sich Gesellschaftskritik in Gesellschaftssatire verwandelt. Das geschieht höchst eindrucksvoll in dem leider Fragment gebliebenen Roman ›Allerlei Glück‹[9]. Dort heißt es in einem Abschnitt, der die regierende Klasse schildern sollte: „Nicht blos die Stellen sind ihr Erbtheil, sondern sie erben das Wissen und die Weisheit gleich mit. Sie sind alle gebildet, und ihre Bildung wird nur noch von ihrer Einbildung übertroffen."[10] In der Frau Kommerzienrätin Treibel hat diese Bildung — in der Form der Einbildung — ihre unvergeßliche Gestalt angenommen. Wenn indessen solche Kritik im Roman durch die Erzählweise Fontanes noch immer gemildert erscheint, so spricht sie sich in den Briefen

---

[8] Theodor Fontane: Gesamtausgabe der erzählenden Schriften. Erste Reihe, V, 271.

[9] Julius Petersen: Fontanes erster Berliner Gesellschaftsroman, Sitzungsberichte der Preußischen Akademie der Wissenschaften, 1929.

[10] Ebd. S. 56.

um vieles drastischer aus. An Mathilde von Rohr schreibt Fontane
1888: „Es wird so viel von Fortschritt gesprochen, und die Bildung
soll alles besorgen. Es wird aber mit Hilfe dieser Bildung nur noch
schlimmer."[11] Die verfluchte Bildung habe alles natürliche Urteil
verdorben, lesen wir andernorts.[12] Fontane nennt sie ein Monstrum[13]; seine Verachtung ist radikal: „Ich bin fast zu dem Satze
gediehn: ‚Bildung ist ein Weltunglück.' "[14] Der so spricht, war ein
geistreicher und gebildeter Causeur. Er war mit bedeutenden Gelehrten seiner Zeit befreundet. Man wird seine Äußerungen daher
nicht mißverstehen. Hier wird nicht vereinfachend den Ungebildeten das Wort geredet. Fontanes Kritik zielt auf den Bildungshoch-
mut der Wilhelminischen Epoche. Was ihn herausfordert, ist die
Entartung des Begriffs zur bloßen Phrase. In staatliche Obhut genommen und zum Monopol einer Klasse degradiert, ist Bildung
nicht mehr das, was sie ehedem in der Vorstellung Einzelner war:
„Man dachte in ‚Bildung' den Ersatz gefunden zu haben und glorifizierte den ‚Schulzwang' und die ‚Militärpflicht', Jetzt haben wir
den Salat."[15]

Fontanes Kritik am deutschen Reserveoffizier und am Dünkel des
Militärs ist nur eine Variante seiner allgemeinen Bildungskritik.
Aufschlußreich ist in diesem Zusammenhang ein Vorfall, der ihn
lange beschäftigt. Der mit ihm befreundete Amtsgerichtsrat Georg
Friedlaender hatte 1886 ein Erinnerungsbuch unter dem Titel ›Aus
den Kriegstagen 1870‹ veröffentlicht. Auf eine harmlose Bemerkung
hin fühlte sich ein Offizier, der dabei erwähnt worden war, in seiner
Ehre verletzt. Dem Verfasser wurde seine Publikation durch die
nachfolgenden Beschwerden gründlich verleidet. Als Fontane davon
erfährt, antwortet er mit Äußerungen unverhüllter Empörung: „Ich
finde es geradezu gräßlich, und außer Ihnen werde ich wohl der am
meisten Empörte sein. Man erlebt etwas und beschreibt es 16 Jahre

---

[11] Vom 23. Mai 1888 (Briefe Theodor Fontanes. Zweite Sammlung. Hrsg.
von Otto Pniower und Paul Schlenther. Zweiter Band, 1909, S. 154).

[12] Briefe an seine Familie (Bd. II, S. 241 vom 17. Februar 1891).

[13] „ . . . so kann man das Monstrum von Bildung nicht niedrig genug
taxieren" (Briefe an seine Familie, II, S. 293 vom 25. August 1893).

[14] Ebd., S. 311 (vom 9. August 1895 mit Bezug auf Nietzsche).

[15] Briefe an seine Familie (I, S. 249 vom 3. Juni 1878).

später, so viel mir gegenwärtig ist, niemandem zu Leide, und für solche rein persönlichen Aufzeichnungen soll ich einem militärischen Gerichtshof oder einem Ehrengericht verantwortlich sein? Unsinn. Ich finde, daß Staat und Behörden auf dem Punkt stehen, in ihrem Uebereifer sich beständig zu blamieren. Wenn man *solch* Buch, wie das Ihrige, nicht mehr publiciren darf ohne den ‚Staat‘ an irgend einer Stelle zu kränken, so kann mir der ganze Staat gestohlen werden."[16] Die Äußerungen des Unmuts, vor allem über die Militärs, machen hinfort fast den Grundtenor dieser Korrespondenz aus: „Wo sind wir mit unsrem Staats- und Militair-Popanz angelangt", heißt es am 15. November 1886;[17] und ähnlich am 3. April: „Von dieser militärischen Welt gilt: ... im Ganzen glänzend, im Einzelnen jämmerlich."[18] Es ist immer wieder „die bis zur Karrikatur getriebene Militäranschauung", der gegenüber Fontane seine uneingeschränkte Verachtung bezeugt.[19] Die Kritik am Bildungsdünkel der herrschenden Klassen nimmt dabei gelegentlich Formen an, die einen Parteigänger der Linken vermuten lassen.[20] Aber wer Fontane festlegen will, sieht sich widerlegt. Seine Kritik ist nicht einseitig gemeint: „Alles, was jetzt bei uns obenauf ist, entweder *heute* schon oder es doch vom *morgen* erwartet, ist mir grenzenlos zuwider: dieser beschränkte, selbstsüchtige, rappschige Adel, diese verlogene oder bornirte Kirchlichkeit, dieser ewige Reserve-Offizier, dieser greuliche Byzantinismus. Ein bestimmtes Maß von Genugtuung verschafft ei-

---

[16] Theodor Fontane: Briefe an Georg Friedlaender. Hrsg. und erläutert von Kurt Schreinert, 1954, S. 61/2 (vom 8. November 1886).

[17] Ebd., S. 62.

[18] Ebd., S. 70.

[19] Ebd., S. 101.

[20] Vgl. an James Morris (22. Februar 1896): „Der Bourgeois ist furchtbar, und Adel und Klerus sind altbacken, immer wieder dasselbe. Die neue, bessere Welt fängt erst beim vierten Stande an" (Briefe 2. Sammlung, II, S. 380). — An seine Frau vom 5. Juni 1878: „Millionen von Arbeitern sind gerade so gescheit ..." (Briefe an seine Familie I, S. 252); „Die Menschheit fängt nicht beim Baron an, sondern nach unten zu, beim vierten Stand ..." (Ebd., II, S. 316). — Hierzu auch Ingeborg Schrader: Das Geschichtsbild Fontanes und seine Bedeutung für die Maßstäbe der Zeitkritik in den Romanen. Diss. Göttingen, 1943, S. 92.

nem nur Bismarck und die Sozialdemokratie, die beide auch nichts
taugen, aber wenigstens nicht kriechen."[21] Der gesellschaftskritische
Akzent ist kaum zuvor so deutlich vernommen worden wie in den
Briefen an Friedlaender.[22] Sie wurden vollständig erst 1954 bekannt;
und sie vor allem widerlegen jenes harmonisierende Bild von Theodor Fontane, das man noch heute vielerorts antrifft. Die ungerecht-
fertigte Rede vom „Pläsierlichen" geht möglicherweise auf das Kli-
schee dieses Bildes zurück.[23]

Welchen Umfang die Gesellschaftskritik im Werk Fontanes aber
auch annehmen mag — es bleibt zu sagen, daß aus ihr allein noch
nicht die Kunst des Romans entsteht. Gesellschaftskritik könnte sogar einer Dichtung von Rang im Wege sein. Sie ist zugleich Kritik
an der Zeit des Autors. Gesellschaftsroman und Zeitroman sind daher eng aufeinander bezogen.[24] Andererseits sind die Probleme einer
Zeit schon für die nächste Generation diese Probleme nicht mehr.
Sie sind nicht selten historisch geworden in einem Maße, als gingen
sie uns, den späteren Leser, nicht mehr viel an. Das Historische tritt
zum Roman in eine besondere Beziehung. Es wirkt in gewisser Weise
störend, wie der historische Roman zumal in Deutschland wiederholt bestätigt. Das „Historische" in diesem Sinn verträgt sich nicht
ohne weiteres mit dem Wesen der Dichtung; denn die hat es — wie
jede Darstellung vergangenen Lebens — mit einer Form der „Vergegenwärtigung" zu tun.[25] Wo in einem Roman die Kritik an der

[21] Briefe an Friedlaender, S. 305 (7. November 1896).

[22] Die Briefe an Friedlaender werden in neueren Beiträgen zur Fontane-
Literatur eingehend gewürdigt, so von Richard Samuel (Theodor Fontane,
in: Australian Universities Modern Language Association, 1954, Nr. 2,
besonders S. 7) oder von Paul Böckmann (Der Zeitroman Fontanes, in:
Der Deutschunterricht, 1959, Heft V, S. 59—81, besonders S. 67 ff.).

[23] Vom Pläsierlichen bei Fontane spricht gelegentlich Gottfried Benn
(Ausdruckswelt. Essays und Aphorismen, 1949, S. 80/2).

[24] Vgl. den oben erwähnten Beitrag P. Böckmanns.

[25] Es ist nicht der Ort, auf die Verwendung dieses Begriffs und die damit verbundenen Thesen bei Käte Hamburger (Die Logik der Dichtung,
1957) einzugehen. Selbstverständlich hat es auch der darstellende Historiker mit einer bestimmten Form der Vergegenwärtigung zu tun, woraus
schon folgt, daß der terminus nicht ausschließlich temporal verstanden
werden darf.

Zeit zum A und O der Darstellung gemacht wird, bleibt zumeist
nicht viel mehr als Tendenzdichtung zurück, die den späteren Leser
wenig interessiert; und wo das Vergangene um seiner selbst willen
wichtig wird, entgleitet die Kunst des Romans ins kulturhistorische
Detail. Damit wird keineswegs behauptet, daß zeitlose Dichtung
einzig dort vorliegt, wo jeder Bezug zur Zeit oder zur Geschichte
vermieden wird. Eher das Gegenteil ist richtig. Nur bedarf die Gebundenheit an Zeit und Geschichte jeweils der künstlerischen Integration. Wer das Tragische in Schillers bürgerlichem Trauerspiel
›Kabale und Liebe‹ ausschließlich auf die sozialen Mißstände des
18. Jahrhunderts reduziert, sieht am Wesen dieser Tragödie vorbei.
Ohne Zweifel sind in Schillers Drama soziale Konflikte zeitgebun-
dener Art dargestellt. Aber sie sind nicht der Zeitpunkt der Dichtung. Am Beispiel solcher Konflikte deckt Schiller vielmehr eine Not
des handelnden Menschen auf, die seiner Dichtung die überzeitliche
Bedeutung gibt, in der wir sie aufnehmen. Auch bei Fontane geht
aus der Gesellschaftskritik echte Dichtung hervor, weil die dargestellten Spannungen und Konflikte das bloß Zeitbedingte „transzen-
dieren". Im Prozeß der epischen Integration erscheint das Leid nicht
ausschließlich als das soziale Leid politischer Miseren. Es begegnet
im Horizont menschlichen Leides überhaupt; und einzig dort, wo
sich dieser Horizont abzeichnet, siedelt sich das Dichterische an. Das
ist der Bereich des Allgemein-Menschlichen, wenn es erlaubt ist, sich
des schon fast vulgären Begriffs zu bedienen.[26] Seine Verwendung

---

[26] Die Negation des Allgemein-Menschlichen scheint zu den Grundge-
setzen der marxistischen Literaturdoktrin zu gehören. Jedenfalls stimmen
in diesem Punkt Bert Brecht und Georg Lukács — bei zahlreichen Unterschieden sonst — auffällig überein. Von der herrschenden Ästhetik des ari-
stotelischen Theaters sagt Brecht, daß „im Zuschauerraum auf der Basis des
allen Zuhörern gemeinsamen ‚allgemein Menschlichen' für die Dauer des
Kunstgenusses ein Kollektivum" entsteht; und an der Herstellung dieses
Kollektivums ist die nichtaristotelische Ästhetik nicht interessiert (Bert
Brecht: Schriften zum Theater, 1957, S. 59). Womit ja ausgesprochen ist,
daß die Ästhetik des „Allgemein-Menschlichen" wenigstens von der Antike
bis in die spätbürgerliche Epoche hineinreichen müßte. Georg Lukács reduziert dieselbe Ästhetik auf bestimmte Anschauungen der Aufklärung und
der Goethezeit; vgl. besonders ›Der historische Roman‹, S. 14 und S. 58:

mag man beanstanden. Das ändert nichts daran, daß es sich dabei der Sache nach um die conditio sine qua non jeder echten Dichtung handelt. Von hier aus ist das Verhältnis von Gesellschaftskritik und Dichtung in einem prinzipiellen Sinne zu bestimmen; und zwar so, daß die im Roman vorhandene Gesellschaftskritik in dem Maße überzeugt, als in ihr zugleich ein Allgemeines im Dasein des Menschen sichtbar wird. Die Frage nach dem Verhältnis von Gesellschaft und Menschlichkeit, die wir verfolgen, betrifft zugleich das Verhältnis des Zufälligen und Zeitbedingten zum Menschlich-Allgemeinen.

An einem uns vertrauten Thema wollen wir erläutern, was uns beschäftigt. Wir gehen vom Thema der Standesgegensätze aus. Solche Gegensätze gab es seit je, und vielleicht wird es sie immer geben. Doch zögern wir, sie sub specie aeternitatis zu betrachten. Standesgegensätze sind heute nicht mehr das, was sie noch am Ende des 18. Jahrhunderts waren. Selbst im Blick auf die im Roman Fontanes dargestellte Epoche gewahren wir in diesem Punkt die Wandlungen, die uns von ihr trennen. Wiederholt greift Fontane solche Gegensätze als Motiv seiner Erzählungen auf. In ›Irrungen Wirrungen‹ insistieren Bothos Mutter und deren Bruder auf die Verbindung mit der vermögenden Käthe von Sellenthin. In ›Stine‹ sieht sich der alte Graf Haldern von seinem Neffen gründlich mißverstanden, als dessen Beziehungen zu einem einfachen Mädchen verbindliche Formen annehmen, die der Onkel unter keinen Umständen zuzubilligen bereit ist. Daß Botho von Rienäcker schließlich den Forderungen seiner Familie nachgibt, mag schon im Hinblick auf die Vermögenslage verständlich sein. Wenn sich indessen das Glück der Liebe wie hier über alle Standesgegensätze hinweg bezeugt, so fragen wir, warum nicht alles getan wird, es zu realisieren. Warum die Resignation? Ein Zwiespalt wird sichtbar, der auf den ersten Blick befremden könnte. Er beruht darin, daß Rienäcker — wie auch Haldern — eine unstandesgemäße Ehe eingehen möchten und doch ihrerseits

„Für Goethe handelt es sich im wesentlichen um das Herausarbeiten des Durchbruchs der allgemein-menschlichen, der humanistischen Prinzipien…" Man hat nicht den Eindruck, daß in der marxistischen Literaturtheorie über die Zuständigkeit dieser Prinzipien des Allgemein-Menschlichen allenthalben Klarheit herrscht.

nicht bereit sind, an der Beseitigung der Gegensätze mitzuarbeiten, die ihren Plänen entgegenstehen. Im Motiv dieser Gegensätze gewahrt man deutlich die Kritik an der Zeit und ihrer Gesellschaftsordnung. Aber diese Kritik wird nicht im Sinne irgendwelcher Thesen und Programme auf eine bestimmte politische Konzeption hin entwickelt. Sie läßt durchaus die Vision einer Gesellschaftsordnung vermissen, in der sich ähnliche Konflikte nicht wiederholen können. Rienäcker wie Haldern sind weit entfernt, Vorkämpfer einer solchen Gesellschaftsordnung zu sein. Hören wir Botho selbst: „Nein. Es liegt nicht in mir, die Welt herauszufordern und ihr und ihren Vorurteilen öffentlich den Krieg zu erklären; ich bin durchaus gegen solche Donquichotterien. Alles, was ich wollte, war ein verschwiegenes Glück, ein Glück, für das ich früher oder später, um des ihr ersparten Affronts willen, die stille Gutheißung der Gesellschaft erwartete."[27] Und nicht grundsätzlich anders verhält sich der junge Graf Haldern: „Ich respektiere die herrschenden Anschauungen. Aber man kann in die Lage kommen, sich in tatsächlichen Widerstreit zu dem zu setzen, was man selber als durchaus gültig anerkennt. Das ist meine Lage."[28] Wir spüren es längst: das Thema der Standesgegensätze wird hier nicht zum Zielpunkt der Erzählung gemacht. Wäre dies Fontanes Absicht gewesen, so hätte er andere Figuren benötigt als Rienäcker und Haldern. Schwach ist der eine und krank der andere. Das sind nicht die Vorkämpfer einer besseren Gesellschaftsordnung. Dennoch besteht nicht der geringste Zweifel, daß Fontane die beiden Adligen so gewollt hat, wie sie hier dargestellt sind. Die gesellschaftskritisch verstandenen Standesunterschiede, an denen die unstandesgemäßen Bindungen scheitern, sind nicht das „Problem" dieser Erzählungen. Sie sind nicht mehr als die Erscheinungsformen des gesellschaftlichen Lebens, die in der herrschenden Klasse nur besonders kraß hervortreten, aber sie bleiben auf diese Klasse nicht beschränkt. Trotz aller Standesunterschiede, die Adel und Kleinbürgertum voneinander trennen, gibt es im gesellschaftlichen Verhalten beider Klassen Gemeinsamkeiten, die womöglich wichtiger sind als das, was sie voneinander scheidet. Es

[27] Erste Reihe, V, S. 213.
[28] Ebd., S. 65.

handelt sich darum, daß die Menschen in allen Klassen von der Gesellschaft in bestimmter Weise geprägt werden, gleichwohl ob sie sich dessen bewußt sind oder nicht. Das was sie als Menschen sind, wird überdeckt von dem, was die Gesellschaft aus ihnen macht. Dieser Einfluß hat eine Minderung des Menschen zur Folge, die zur Kritik herausfordert. Aber die Darstellung eines solchen Sachverhalts geht über die bloße Gesellschaftskritik bereits hinaus. Ein solches Verhalten im Bereich des gesellschaftlichen Lebens darzustellen, setzt künstlerische Mittel voraus.

Eines dieser Mittel, das Fontane als Erzähler meisterhaft beherrscht, ist das Gespräch[29]. Es ist seinem Wesen nach auf Geselligkeit gerichtet. Und sofern die Darstellung gesellschaftlichen Lebens im Mittelpunkt dieser Romane steht, bietet es sich in bevorzugter Weise an. Im Gespräch ist es möglich, die Gebundenheit an die Gesellschaft in den Formen der Sprache sichtbar zu machen. Bezeichnend für diese Gebundenheit ist die Art, wie man in Gesellschaft über andere Menschen spricht. Unter den „Gebildeten" und den Angehörigen des Adels dominiert bei Fontane zumeist der geistreiche Gesprächston, hinter dem sich zugleich der gewandte Causeur verbirgt, der er zeitlebens war. Oft auch verbindet sich in solchen Causerien das Espritvolle mit dem leicht Frivolen. An der Grenze des gerade noch Erlaubten hält sich der joviale Graf Haldern im Gespräch mit Vorliebe auf, wenn er etwa die Vorzüge der Witwenschaft herauskehrt und die Witwe Pittelkow als seine Mohrenkönigin, als seine Königin der Nacht feiert.[30] Es ist der Gesprächston einer gewissen Lieblosigkeit, der in solchen Plaudereien mitschwingt. Bothos Freunde schätzen dessen spätere Frau, aber im Kreise der jungen Offiziere nimmt man es mit dem Menschlichen nicht so genau; man bevorzugt den bestimmten Jargon: „sie war damals wie 'ne Bachstelze, und wir nannten sie so und war der reizendste Backfisch, den Sie sich denken können. Ich seh noch ihren Haardutt, den wir immer den Wocken nannten. Und den soll Rienäcker nun abspinnen."[31] Im Ton dieser gewissen Lieblosigkeit pflegt aber auch

[29] Vgl. Mary-Enole Gilbert: Das Gespräch in Fontanes Gesellschaftsromanen. Diss. Berlin, 1930.
[30] Erste Reihe, V, S. 31.
[31] Ebd. V, S. 164.

Frau Dörr über ihren Mann, den geizigen Gärtner, zu sprechen; nur
daß ihr dabei das Espritvolle weniger zu Gebote steht. Über seine
äußere, nicht eben vorteilhafte Erscheinung macht sie sich lustig.
Wenig taktvoll erwähnt sie, daß er ihr alles bereits verschrieben
habe, wenn ihn eines Tages der Schlag rühren sollte. Das ist indes so
zynisch nicht gemeint, wie es sich anhört. Vielmehr entspricht ihre
Redeweise einer Gepflogenheit, die sie mit anderen Frauen ihres
Standes teilt: „Sie sprach dann, nach Art aller Berliner Ehefrauen,
ausschließlich von ihrem Manne, dabei regelmäßig einen Ton an-
schlagend, als ob die Verheiratung mit ihm eine der schwersten Mes-
alliancen und eigentlich etwas halb Unerklärliches gewesen wäre."[32]
Dennoch wünscht sie ihren Mann nicht anders, als er ist. Aber daß
sie nach Art aller Berliner Ehefrauen sprach, heißt doch zugleich,
daß sie weniger ihre eigene Sprache spricht als vielmehr die ihres
Standes. Und wenn sie auch nicht wie der Adel über den geistreichen
Ton verfügt, so hat sie immerhin den Hang zum leicht Anzüglichen
mit einigen Angehörigen dieser Klasse gemeinsam. Sie bringt mit
solchen Anzüglichkeiten Lene Nimptsch nicht selten in Verlegenheit.
Derartige Nuancen des Dialogs dienen nicht unbedingt der individuellen Charakteristik der Personen. Weit mehr gewahrt man in
der Art dieses Sprechens den Typ des Menschen, den man als Ge-
sellschaftsmenschen bezeichnen könnte. Er findet sich in allen Schichten der Bevölkerung, auch im Kleinbürgertum. Der Frau des Gärt-
ners Dörr ist die Gesellschaft keineswegs nebensächlich. Sie legt Wert
auf das, was die Leute sagen. Darum hat sie sich auch mit der stan-
desamtlichen Trauung nicht begnügt: „Und drum bin ich auch in die
Kirche mit ihm gefahren und nicht bloß Standesamt. Bei Standesamt reden sie immer noch."[33] Wiewohl sich also in der Erzählung
der Konflikt aus den Standesgegensätzen ergibt, sollen wir nicht
übersehen, was beide Stände gemeinsam haben. Biswelen wird in
der Erzählweise unauffällig auf solche Gemeinsamkeiten angespielt,
so wenn die Behausung der Gärtnersleute als Schloß bezeichnet wird,
obschon mit Anführungszeichen: „Ja, dies ‚Schloß'! In der Dämme-
rung hätt es bei seinen großen Umrissen wirklich für etwas Derarti-

[32] Ebd. V, S. 234.
[33] Ebd., S. 117.

ges gelten können, heut aber, in unerbittlich heller Beleuchtung da-
liegend, sah man nur zu deutlich, daß der ganze bis hoch hinauf mit
gotischen Fenstern bemalte Bau nichts als ein jämmerlicher Holzkasten war ... Früher, in vordörrscher Zeit, hatte der ganze riesige
Holzkasten als bloße Remise ... gedient."[34] In solchen Wendungen
äußert sich die Ironie des Erzählers, der sich mit Humor von seinen
Figuren distanziert. Er sieht, was jene nicht sehen, und durchschaut
deren Befangenheit im gesellschaftlichen Milieu. Von der vordörr-
schen Zeit wird hier gesprochen, als handele es sich um die Regie-
rungszeit einer berühmten Dynastie. Indem der Erzähler das vermeintlich Historische mit dem Alltäglichen konfrontiert, entsteht
jene Komik, auf die er es angelegt hat. In ihr verbirgt sich eine der
gesellschaftskritischen Komponenten, aber umgesetzt nunmehr in
die Kunst des Romans. Solche in den Formen der Erzählkunst sich
bezeugende Kritik bleibt abermals auf die Angehörigen der regierenden Klasse nicht beschränkt. Sie wird bei Fontane — und nicht
nur bei ihm — zum Charakteristikum des Gesellschaftlichen schlechthin.

Züge menschlicher Komik finden sich in jedem Roman Fontanes.
In der dürftigen Wohnung der kleinen Leute werden die Gepflogenheiten der vornehmen Welt imitiert. Botho fordert zum Tanze auf,
und Vater Dörr schlägt mit dem Knöchel zum Takt ans Kaffeebrett.
Die Komik der Situation läßt nichts zu wünschen übrig. Nicht minder komisch wirkt es, wenn der Gärtner seine nicht eben zart be-
saitete „bessere Hälfte" Suselchen nennt — ein Name, der zu ihrer
fülligen Erscheinung nicht unbedingt paßt. Das Menschlich-Intime
verträgt nicht das Licht der Öffentlichkeit, es wirkt lächerlich. Das
meint auch Effi, wenn sie bemerkt: „Wenn man zu zärtlich ist ...
und dazu der Unterschied der Jahre ... da lächeln die Leute bloß."[35]
Aber Komik zeigt sich in diesen Erzählungen in vielerlei Gestalt.
Unter Bothos Verwandten ist vor allem der Onkel zu erwähnen.
Er pflegt nach Berlin nur zu kommen, wenn er einen neuen Sattel
benötigt. Sein schon merklich verschrobenes Standesbewußtsein wird
in der Optik des Menschlichen bloßgestellt. Er ist, wie Botho bei-

---

[34] Ebd., S. 119.
[35] Gesamtausgabe, Zweite Reihe, II, S. 255.

läufig erzählt, in dem Winkel zu Hause, wo Bentsch, Rentsch, Stentsch liegen — „lauter Reimwörter auf Mensch, selbstverständlich ohne weitere Konsequenz und Verpflichtung"[36]. Zum Komischen hat aber vor allem Bothos spätere Frau eine unverkennbare Affinität. Die jungen Eheleute sind nach Dresden zur Hochzeitsreise aufgebrochen. Botho ist an allem Sehenswürdigen interessiert, Käthe dagegen hing „lediglich am Kleinen und Komischen"[37]. Er fragt, was ihr denn in Dresden am besten gefallen habe. Sie nennt unter anderem das Sommertheater, „wo wir ›Monsieur Herkules‹ sahn und Knaak den Tannhäusermarsch auf einem klapprigen alten Whisttisch trommelte. So was Komisches hab ich all mein Lebtag nicht gesehn und du wahrscheinlich auch nicht. Es war wirklich zu komisch."[38] Das Komische ist eine fast stereotype Wendung ihrer Redeweise, die sie benutzt, ohne sich sonderlich viel dabei zu denken. Sie charakterisiert sich durch den häufigen Gebrauch dieser Redensart von selbst. An dem Ort Kötzschenbroda bei Dresden fällt ihr das Komische des Namens auf, und Namen sind es immer wieder, in denen sich Züge der Komik verbergen. Auch in dem Namen von Hankels Ablage sind sie enthalten, worauf im Gespräch ausdrücklich angespielt wird. Besonders reizvoll aber sind die Personennamen, die Fontane um ihrer Komik willen wählt. Seine Figuren heißen Grützmacher, Rehbein oder Wedderkopp; Schmolke, Uncke oder Bürstenbinder; Seidentopf, Bamme oder Rosentreter. Auch den Adelsnamen haften nicht selten Züge des Komischen an, so im Falle der Pogge von Poggenpuhl oder Schach von Wuthenow. Als Innstetten zum erstenmal in Hohencremmen eintrifft, machen sich Effis Spielgefährtinnen über den Namen lustig: „Ach, Effi, wir wollen dich ja nicht beleidigen, und auch den Baron nicht. Innstetten sagtest du? Und Geert? So heißt doch hier kein Mensch. Freilich, die adeligen Namen haben oft so was Komisches."[39] Mit einem Gespräch über die Komik der Namen klingt auch ›Irrungen Wirrungen‹ aus. Käthe liest beim Frühstück ihre Lieblingszeitung und entdeckt die Anzeige der Verlobung

---

[36] Erste Reihe, V, S. 152.
[37] Ebd., S. 221.
[38] Ebd., S. 222.
[39] Zweite Reihe, II, S. 130.

von Lene Nimptsch mit Gideon Franke: „Nimptsch. Kannst du dir
was Komischeres denken? Und dann Gideon!" Worauf Botho erwidert: „Was hast du nur gegen Gideon, Käthe? Gideon ist besser
als Botho."[40]

Wiederholt auch wird die Komik des Menschen mit den Rollen in
Verbindung gebracht, die er in Gesellschaft spielt. Die symbolische
Bedeutung des Schauspielertums hängt damit eng zusammen. Franziska Franz in ›Graf Petöfy‹, Wanda Grützmacher in ›Stine‹ oder
Herr von Klessentin in ›Die Poggenpuhls‹ sind Schauspieler aus Beruf oder Liebhaberei. Das gesellschaftliche Leben schlechthin wird
vom Erzähler im Spiegel des Theaters gesehen: „Sowie wir aus unserer Stube heraus sind, sind wir in der Öffentlichkeit und spielen
unsre Rolle", heißt es gelegentlich.[41] Graf Petöfy ist ein enthusiasti-
scher Freund des Theaters. Er begeistert sich für Frankreich, weil
man seiner Meinung nach dort das Theater höher schätzt als in anderen Ländern. Der Franzose, sagt er, fülle die Hälfte seines Lebens
mit Fiktionen aus: „und wie die Stücke sein Leben bestimmen, so
bestimmt das Leben seine Stücke. Jedes ist Fortsetzung und Konsequenz des andern, und als letztes Resultat haben wir dann auch
selbstverständlich ein mit Theater gesättigtes Leben und ein mit Leben gesättigtes Theater."[42] Leben und Theater werden eins, aber das
Leben wird dabei versäumt. Es ist vom Standpunkt des Erzählers
nicht das wirkliche Leben, dem dieser Adlige huldigt. Graf Petöfy
besitzt nicht die Distanz, die der Erzähler besitzt, wenn er sich der
Bilderwelt des Theaters bedient, um den Schein des gesellschaftlichen
Lebens mit dem Sein des Menschlichen zu konfrontieren. Auf die
Unterschiede zwischen Schein und Sein aber kommt es an, wo immer
wir dem Bild vom Leben als einem Welttheater begegnen. Dem
Zeitalter des Barock war dieses Bild besonders vertraut. Es kehrt
nun im modernen Gewande wieder — nicht nur bei Fontane. Doch
war es in seinem Fall von den Anschauungen des erlebten Lebens
erfüllt. Über zwei Jahrzehnte hatte er als Theaterrezensent von seinem Parkettplatz 23 aus die Aufführungen des Königlichen Schau-

---

[40] Erste Reihe, V, S. 294.
[41] Zweite Reihe, II, S. 71.
[42] Erste Reihe, III, S. 479.

spielhauses verfolgt und in der ›Vossischen Zeitung‹ angezeigt. So lag es nahe, die Bilder der Bühne auf das Leben der Gesellschaft zu übertragen, nicht ohne dabei die gesellschaftskritischen Momente in die Formen der epischen Distanz zu verwandeln. Die Kritik zielt auf das nicht ganz echte und wirkliche Leben. Sie zielt auf Erkennung des Scheins. Und wo Schein ist, da spielt zumeist auch die Komik des Menschlichen hinein.

Es besteht kein Anlaß, solche Züge als nirgends sonst zu findende Eigenheiten Fontanescher Erzählkunst hervorzuheben. Sie finden sich allenthalben im Roman des 19. Jahrhunderts; und Fontane steht dem europäischen Roman dieses Zeitraums näher als die meisten deutschen Schriftsteller sonst. Es genügt, an wenige Werke zu erinnern, um darzutun, was ihn in diesem Punkt mit anderen verbindet. Erbarmungslos wird Charles Bovary sogleich bei seinem Eintritt in die neue Schule der Lächerlichkeit preisgegeben, wenn er zwanzigmal die Wendung ridiculus sum niederschreiben muß; und unverhüllte Komik ist es erst recht, wenn er das ausschweifende Leben seiner Ehefrau nicht entdeckt. ›A comedy in narrative‹ heißt der Untertitel des Romans ›The Egoist‹ von George Meredith, der bezeichnenderweise mit Beobachtungen über die Komödie beginnt: „Die Komödie ist ein Spiel, das das Leben der Gesellschaft spiegeln will. Ihr Gegenstand ist die menschliche Natur, wie sie sich in den Salons kultivierter Männer und Frauen offenbart."[43] Das Vorwort Thackerays zu ›Vanity Fair‹ erinnert an den Spielleiter, der von seinen Brettern auf den Jahrmarkt der Eitelkeiten hinabsieht: „Szenen aller Art gibt es da, schreckliche Kämpfe, großartige elegante Ritte, Bilder aus der Welt der Vornehmen und auch manche recht gemischte Darstellung, ein paar Liebesgeschichten für die Gefühlvollen und ein paar leichte Komödiantenszenen."[44] Komödie und

---

[43] Deutsche Übersetzung von Hans Reisiger o. J. S. 9. — "Comedy is a game played to throw reflections upon social life, and it deals with human nature in the drawing-room of civilized men and women" (G. Meredith, Memorial Edition, London 1910, I, p. 1).

[44] Deutsche Ausgabe, Winkler-Verlag, 1958, S. 8. — "There are scenes of all sorts; some dreadful combats, some grand and lofty horse-riding, some scenes of high life, and some of very middling indeed; some love-

Komik haben ihren festen Ort in der europäischen Literatur des 19. Jahrhunderts. Aber sie sind der Erzählkunst fast geläufiger als der dramatischen Literatur. Vorzüglich im Roman spielt die „comédie humaine" — nicht nur bei Balzac. Wenn gesagt worden ist, daß zunehmend in dieser Zeit das Tragische in die Kunstform des Romans eingeht, so gilt dies vom Phänomen des Komischen in entsprechender Weise.[45] Ähnlich wie in der Geschichte des Lustspiels sind Komik und Tragik im Gesellschaftsroman des 19. Jahrhunderts miteinander vermischt. Aber anders als im Lustspiel überwiegt die Neigung zum Tragischen im Roman, der auf das glückliche Ende verzichtet. In der Darstellung menschlicher Komik sind bereits die Strukturen des Tragischen enthalten, die auch vielen Erzählungen Fontanes das Gepräge geben, um nur an den Ausgang von ›Effi Briest‹ zu erinnern. Alles war „einer Vorstellung, einem Begriff zuliebe, war eine gemachte Geschichte, halbe Komödie", erkennt Baron von Innstetten nach allem, was geschehen.[46] Aber die halbe Komödie ist längst ins Tragische umgeschlagen. ›Effi Briest‹ ist, wie Goethes ›Wahlverwandtschaften‹, ein tragischer Roman.

Auch die Nähe zum Tragischen ist ein Grund dafür, daß die gesellschaftskritischen Tendenzen in der künstlerischen Gestalt integriert erscheinen. Die Darstellung menschlicher Komik enthält oft eine Richtung zur Satire, zur Lehrhaftigkeit, zur eindeutigen Stellungnahme. Sie steht echter Dichtung bisweilen eher hindernd im Wege. Wo sich dagegen im Umkreis der Komik Momente des Tragischen ankündigen, haben wir es mit einem Dilemma zu tun, das sich der eindeutigen Stellungnahme entzieht. Es gilt zu sehen, daß der Erzähler Fontane im Verzicht auf eindeutige Stellungnahmen den Gesellschaftskritiker in sich überspielt. Nirgends bei Fontane gibt es den Standort, der unverrückbar festgehalten würde, wie ihn der Gesellschaftskritiker wohl wahrt. Daher fehlt auch aller Kritik

making for the sentimental, and some light comic business..." (Vanity Fair, ed. by M. Elwin, London, 1958, p. X).

[45] Vgl. Fritz Martini: Drama und Roman im 19. Jahrhundert. Perspektiven auf ein Thema der Formengeschichte, in: Gestalt-Probleme der Dichtung. Festschrift für Günther Müller, 1957, S. 207—237; dort S. 217 mit Beziehung auf Fontane.

[46] Zweite Reihe, II, S. 396.

und allen Urteilen die einseitige Richtung. Fontanes Kritik in der Form epischer Distanz richtet sich nicht ausschließlich auf die herrschende Klasse, den Adel. Sie bezieht das Bürgertum ein, vereinzelt auch den vierten Stand. Alle können sie in den Umkreis menschlicher Komik geraten, ungeachtet der Standesgegensätze, die sie voneinander trennen. Die Gebundenheit an die Gesellschaft ist allgemein; und nicht nur sie wird der Komik überantwortet. Auch die Stimme des Herzens, das Absehen von Konvention, Gesetz und Ordnung werden nicht eindeutig verherrlicht, obschon zunächst der Eindruck entstehen könnte, als ergreife der Erzähler Fontane für diejenigen seiner Figuren Partei, in denen diese Stimme des Herzens noch deutlich vernehmbar spricht. Die vermeintliche Parteinahme äußert sich unter anderem darin, daß sich die Distanz gegenüber diesen Gestalten der Dichtung verringert. Dementsprechend treten auch die Züge des Komischen zurück, sofern sie nicht überhaupt verschwinden.

Zu diesen Menschen gehört Lene Nimptsch. Sie ist nicht komisch dargestellt, sowenig wie die Stine der gleichnamigen Erzählung. Lene liebt Botho von ganzem Herzen. Keinerlei gesellschaftliche Erwartungen mischen sich ein. Weil sie sich hinsichtlich ihrer Zukunft keine Illusionen macht, meint sie dem Augenblick leben zu sollen. Das Glück ihrer Liebe sucht sie hier. Mit jedem deutlicher ausgesprochenen Gedanken an die Zukunft könnte sie in das Zwielicht gesellschaftlicher Vorstellungen geraten. Sie könnte sich dem Verdacht aussetzen, daß ihr die gesellschaftliche Stellung des Geliebten wichtiger ist als die Liebe zu ihm. Deshalb läßt sie auch den Gedanken an eine künftige Ehe nicht aufkommen. Zwar ist die Ehe nicht allein eine gesellschaftliche Institution. Aber in gewisser Hinsicht ist sie es doch auch: das Natürliche der Liebe kann leicht vom Uneigentlichen der Konvention und des gesellschaftlichen Ansehens überdeckt werden. Lene hat solche Nebengedanken nicht, wenn sie liebt. Aber gerade die Natürlichkeit der Liebe erweist sich als ambivalent. Bothos Geliebte folgt ganz der Stimme des Herzens, wenn sie sich am Glück der Stunde freut. Und doch muß sie aus derselben Natürlichkeit heraus die Dauer der Liebe erstreben. Indem sie zunächst meint, einzig dem Augenblick zu leben, gerät ihre Liebe unversehens in das Zwielicht der Liebelei. Ihr Tun erinnert von außen gesehen an das Verhalten jener Offiziersdamen, die sich auf leichtfertige Weise dem

Reiz der Stunde überlassen. Es ist daher nur folgerichtig, wenn sie insgeheim, abermals ihrer Natürlichkeit folgend, die Dauer der Liebe begehrt, wie es im Symbol der Immortellen anklingt. Damit aber sieht sie sich, ob sie es will oder nicht, an die gesellschaftliche Institution der Ehe verwiesen. Es sind echte Antinomien, die sich im Gang der schlichten Erzählung auftun. Sie wären vermeidbar, wenn es einen gleichsam paradiesischen Bereich außerhalb der Gesellschaft gäbe. Botho wie Lene sind dieses Glaubens, als sie sich für kurze Zeit in das entlegene Ausflugslokal zurückziehen. Sie genießen das Glück ihres Alleinseins. Aber sie genießen es nur so lange, als niemand sie behelligt. Noch sind die Spreedampfer nicht in Sicht, die neue Besucher bringen. Von ihrem Eintreffen spricht Botho einstweilen noch im Konjunktiv: „Das wäre dann freilich die Vertreibung aus dem Paradiese."[47] Die aber läßt nicht lange auf sich warten; dabei wird deutlich, daß es das Paradies, das man sich erhoffte, nicht gibt. Die Gesellschaft ist überall; daher gibt es auch das völlig reine, vom Gesellschaftlichen ungetrübte Glück des Natürlichen nicht.[48] Die Natürlichkeit in ihrer reinsten Ausprägung, unvermischt von allem Gesellschaftlichen, bleibt ein Traum. Das hat Fontane in ›Irrungen Wirrungen‹ mit beispielloser Konsequenz entwickelt. Die Standesgegensätze sind dabei nur die mehr oder weniger zufälligen Formen, in denen sich das Gesellschaftliche in Erinnerung bringt. Es bleibt an solche Gegensätze nicht gebunden, wie sogleich ein Blick auf ›Effi Briest‹, den wohl bekanntesten Roman Fontanes, erweist. Von den bisher behandelten Erzählungen unterscheidet sich dieser Roman vorzüglich darin, daß nunmehr der Konflikt innerhalb der herrschenden Gesellschaftsklasse selbst aufbricht.

Das Spannungsverhältnis von Gesellschaft und Menschlichkeit beschäftigt uns hier in besonderem Maße. Doch könnte wohl der Eindruck entstehen, als hätten wir es vornehmlich mit zwei unterschiedlichen Charakteren zu tun, die zueinander nicht passen. Es sieht aus, als ginge es nur um die Psychologie dieser Charaktere. Indes ist bereits der Begriff des Charakters deutlich auf die gesellschaftliche

---

[47] Erste Reihe, V, S. 194.
[48] Vgl. Gerhard Friedrich: Die Frage nach dem Glück in Fontanes „Irrungen, Wirrungen", in: Der Deutschunterricht, Heft 4, 1959, S. 76—87.

Sphäre bezogen. Als ein Mann von „Charakter, von Stellung und guten Sitten" wird Baron von Innstetten bezeichnet.[49] Er sei ein „Mann von Charakter und Schneid", hören wir.[50] Ähnlich charakterisiert ihn der Pastor von Hohencremmen: „Ja, der Baron! Das ist ein Mann von Charakter, ein Mann von Prinzipien."[51] Man kann Staat mit ihm machen, wie Effi in jugendlich unbekümmerter Weise ausdrückt.[52] Dergleichen Äußerungen bestätigen, daß es sich nicht um Urteile der Psychologen, sondern um solche der Gesellschaft handelt. Und von der Gesellschaft her sind diese Urteile eindeutig positiv gemeint. Als Leser dagegen gewahren wir besser ihre Ambivalenz. Ohne Menschen von Charakter wie Innstetten wäre auf die Dauer eine Gesellschaftsordnung nicht wohl denkbar. Aber im Wert des festen Charakters und der festen Prinzipien, deren die Gesellschaft zu ihrer Erhaltung bedarf, ist zugleich ein Zug zum Unmenschlichen enthalten. Andererseits gewahrt man verwandte Ambivalenzen auch an der Gestalt des Majors Crampas. Seine Frische, seine Kühnheit und sein Wagemut heben sich wohltuend von den reifen Manieren und der Pedanterie Innstettens ab. Das weiß Effi zu schätzen. Ohne Gestalten wie Crampas müßte die Gesellschaft im Unmenschlichen erstarren. Aber ohne die Innstettens lösen sich Ordnung und Sitte auf. Wenn der Baron die starren Prinzipien der Gesellschaft verkörpert und Crampas das Menschlich-Natürliche im Absehen von unnötigen Konventionen, so läßt sich dieses Verhältnis bis in einzelne Züge hinein verfolgen. Bezeichnend ist Effis Angst vor der Spukgestalt des Chinesen. Es ist eine ganz natürliche, ein fast kreatürliche Angst. Aber Verständnis findet sie in diesem Punkt nicht bei ihrem Gemahl, sondern bei Crampas. Innstetten sieht diese Angst ausschließlich im Spiegel der Gesellschaft. Er ist bemüht, ihr in erster Linie mit Erziehungsmaßnahmen zu begegnen und sieht sich aus gesellschaftlichen Rücksichten hierzu genötigt: „Und dann, Effi, kann ich hier nicht gut fort, auch wenn es möglich wäre, das Haus zu verkaufen oder einen Tausch zu machen ... Ich kann hier in der Stadt

---

[49] Zweite Reihe, II, S. 138.
[50] Ebd., S. 147.
[51] Ebd., S. 157.
[52] Ebd., S. 156.

die Leute nicht sagen lassen, Landrat Innstetten verkauft sein Haus, weil seine Frau den aufgeklebten kleinen Chinesen als Spuk an ihrem Bette gesehen hat. Dann bin ich verloren, Effi. Von solcher Lächerlichkeit kann man sich nie wieder erholen ... Und dann bin ich überrascht, solcher Furcht und Abneigung gerade bei dir zu begegnen, bei einer Briest."[53] Innstetten appelliert an Effis Adelsstolz und geht mit gesellschaftlichen Argumenten über das Menschliche dieser Angst hinweg. Sein Verhalten muß enttäuschen, und Effi hält mit ihrer Enttäuschung nicht zurück: „Das ist ein geringer Trost. Ich finde es wenig und um so weniger, als du dir schließlich auch noch widersprichst und nicht bloß persönlich an diese Dinge zu glauben scheinst, sondern auch noch einen adligen Spukstolz von mir forderst. Nun, den hab ich nicht."[54] Dennoch haben beide Ehepartner auf ihre Weise recht. Innstetten würde sich in der Tat lächerlich machen, wenn bekannt würde, daß er um einiger Spukgeschichten willen das Haus räumt. Andererseits ist Effis Angst etwas Menschlich-Natürliches. Ihr ist mit gesellschaftlichen Rücksichten nicht geholfen. Man gewahrt die gewisse Unvereinbarkeit der Bereiche. Im Lichte der Gesellschaft verkehrt sich das Menschlich-Natürliche in Lächerlichkeit und Komik. Erst recht aber haften dem Gesellschaftlichen Züge des Komischen an, wenn man es unter dem Blickwinkel des Menschlichen betrachtet. Die doppelte Komik im Wechsel der Perspektiven bestätigt die vorhandenen Antinomien. Und daß in der Optik des Menschlichen die gesellschaftlichen Rücksichten einen Zug zum Lächerlichen erhalten, geht Innstetten am Ende mit erschreckender Deutlichkeit auf: „Treibt man etwas auf die Spitze, so übertreibt man und hat die Lächerlichkeit ... Ja, wenn ich voll tödlichem Haß gewesen wäre, wenn mir hier ein tiefes Rachegefühl gesessen hätte... Rache ist nichts Schönes, aber was Menschliches und hat ein natürlich menschliches Recht."[55] Rache sei etwas Menschliches, sagt Innstetten; sie ist etwas Menschliches wie der Haß, den Effi gegenüber ihrem Gemahl hegt, als er ihr das von seinen Erziehungsprinzipien zugerichtete Kind ins Haus schickt. Aber weder jene Rache noch dieser

[53] Ebd., S. 208/9.
[54] Ebd., S. 209.
[55] Ebd., S. 395/6.

Haß behalten im Blick auf das Ganze des Romans das letzte Wort. Weder diese Ordnung noch das Menschlich-Natürliche außerhalb dieser Ordnung sind eins mit dem Standort des Erzählers. Weder gilt das eine allein, noch gilt ausschließlich das andere. Daß beide Bereiche ihr gewisses Recht fordern, führt zum Konflikt auf dem Hintergrund einer tragischen Konstellation, die jederzeit etwas zuletzt Unabänderliches hat.

Etwas Unabänderliches liegt denn auch im Konflikt, der Effi zugrunde richtet. Schon deshalb wäre es verfehlt, den Altersunterschied für das Scheitern dieser menschlichen Gemeinschaft verantwortlich zu machen. Wir hätten von unserem Thema her wenig Anlaß, auf einen Roman wie ›Effi Briest‹ einzugehen, wenn die Tragik sich einzig aus dem Zufälligen der Altersunterschiede ergeben sollte. Wir hätten keine Veranlassung, das Menschliche in der Bedingtheit des Gesellschaftlichen zu sehen, wie wir es tun. Aber die Altersunterschiede sind nicht zufällig gemeint. Sie sind von symbolischer Bedeutung und weisen über sich hinaus. Wir bemerken, daß die Jugendlichkeit menschlichen Verhaltens nicht durchweg an das Lebensalter gebunden ist; sie bleibt auf Effi nicht beschränkt. Etwas Jugendliches haftet auch dem Major Crampas an, der sich eben deshalb über gesellschaftliche Rücksichten um so leichter hinwegsetzt. Andererseits ist Innstetten nicht nur Effi gegenüber der Ältere an Jahren. Er vertritt zugleich die Prinzipien einer veralteten Gesellschaftsordnung, die er am Ende selbst für überlebt hält. Er vertrat sie in seiner Jugend kaum anders als jetzt: „Crampas, ein guter Causeur, erzählte dann Kriegs- und Regimentsgeschichten, auch Anekdoten und kleine Charakterzüge von Innstetten, der mit seinem Ernst und seiner Zugeknöpftheit in den übermütigen Kreis der Kameraden nie recht hineingepaßt habe, so daß er eigentlich immer mehr respektiert als geliebt worden sei."[56] Wichtiger also als das Lebensalter Innstettens ist das Alter der Gesellschaftsform, der er sich bedingungslos unterordnet. Indem Fontane den Altersunterschied zum Gesellschaftlichen hin erweitert, wird der Eheroman zum Gesellschaftsroman. Alter und Jugend stellen sich zuletzt als die spezifischen Erscheinungsformen des geschichtlichen Lebens in seiner allgemeinen Bedeutung dar. Ge-

[56] Ebd., S. 266.

sellschaftsformen aber bedürfen von Zeit zu Zeit der Erneuerung, weil das ehedem Neue alt wird und in Erstarrung übergeht. Damit ist ein Thema berührt, das zu den zentralen Themen Fontanes gehört; und wo sich der Roman weniger an der Entwicklung des Individuums orientiert, als vielmehr die Darstellung überpersönlichen Lebens anstrebt, bieten sich Themen und Motive dieser Art an. Vorzüglich von dieser Thematik her versteht sich auch bei Fontane die innere Nähe des historischen Romans zur Reihe der späteren Gesellschaftsromane, in denen der Schauplatz der Handlung in die unmittelbare Gegenwart verlegt wird. Die Erneuerung Preußens steht im Mittelpunkt des historischen Romans ›Vor dem Sturm‹, mit dem Fontane als Romanschriftsteller beginnt. Hier bereits wird im Thema der Erneuerung überlebter Gesellschaftsformen das Spannungsverhältnis von Gesellschaft und Menschlichkeit variiert, wobei sich die Idee der Erneuerung zugleich als ein Symbol der menschlichen Wahrheit erweist. Sie wird verkörpert in der Gestalt der Marie, einer fast schon märchenhaften Figur, von der es heißt: „Inmitten einer Welt des Scheins war ein Menschenherz erblüht, über das die Lüge nie Macht gewonnen hatte."[57] Im ›Schach von Wuthenow‹ wird das Thema zum novellistischen Fall zugespitzt, der die altgewordene Ordnung in ihrer Brüchigkeit enthüllt. Die Gestalt Luthers erhält von hier aus ihre Bedeutung. Er hatte einstmals eine Erneuerung des religiösen Lebens eingeleitet; jetzt aber ist das Luthersche erstarrt wie sein Pendant, das Preußische. Daß es Schach nicht erkennt, wird ihm zum Verhängnis. Im ›Stechlin‹ endlich ist die Gegensätzlichkeit fast leitmotivisch durch den ganzen Roman zu verfolgen.

Altes und Neues erscheint hier in vielerlei Gestalt. Vor allem die Unterschiede in der politischen Konstellation der Zeit sind mit dieser Gegensätzlichkeit gemeint. Dabei ist das Neue vorwiegend mit der aufstrebenden Sozialdemokratie identisch, die einen Umsturz der bestehenden Gesellschaftsordnung erstrebt. Das Motiv des Revolutionären ist damit verbunden. Demgegenüber wird das Alte leidenschaftlich von dem neureichen Mühlenbesitzer Gundermann verteidigt, für den jedes Nachgeben „Wasser auf die Mühlen der Sozial-

---

[57] Erste Reihe, I, S. 498.

demokratie" bedeutet. Indes versteckt sich hier in der Verteidigung des Alten lediglich der persönliche Nutzen. Das Eintreten für das eindeutig Alte erscheint zwielichtig und zweideutig. Andererseits setzt sich der junge Hirschfeld für das Neue auch deshalb ein, weil er sich von der Sozialdemokratie bessere Geschäfte verspricht. Abermals enthüllt sich das Eindeutige im Zweideutigen persönlichen Profits. Von diesen und verwandten Auffassungen unterscheidet sich der Kreis um Dubslav von Stechlin. Als Konservativer steht Herr von Stechlin allem Revolutionären skeptisch gegenüber. Doch gibt es Züge in seiner Persönlichkeit, die ihn mit der Sozialdemokratie verbinden könnten: „Und der alte Dubslav, nun, der hat dafür das im Leibe, was die richtigen Junker alle haben: ein Stück Sozialdemokratie."[58] Über das revolutionäre Gehabe seiner Globsower macht er sich seine Gedanken. Er wirft ihnen vor, daß sie gemütlich die Werkzeuge für die große Generalweltanbrennung liefern und fährt fort: „Und ich muß Ihnen sagen, ich wollte, jeder kriegte lieber einen halben Morgen Land von Staats wegen und kaufte sich zu Ostern ein Ferkelchen." Worauf Lorenzen repliziert: „Aber Herr von Stechlin ... Das ist ja die reine Neulandtheorie. Das wollen ja die Sozialdemokraten auch."[59] Daß Pastor Lorenzen seinen Herrn als Sozialdemokraten „verdächtigt", beruht indessen durchaus auf Gegenseitigkeit; denn daß wiederum Lorenzen beinahe ein Sozialdemokrat sei, stellt gelegentlich Herr von Stechlin fest. Anlaß hierzu gibt dessen Neigung zum Christlich-Sozialen. Lorenzen ist es gewohnt, sich mit dem Begründer der christlich-sozialen Bewegung, dem Hofprediger Stöcker, in Parallele gesetzt zu sehen.[60] Doch sind die Unterschiede augenfällig. Stöcker ist Agitator und dem Neuen im Sinne einer Parteirichtung verschworen. Er hat solche Eigenschaften mit der Sozialdemokratie gemeinsam, die er im übrigen bekämpft. Bei Lorenzen dagegen handelt es sich um ein Ja und Nein. Seine Sympathie für das Christlich-Soziale läßt sich nicht in Parteipro-

---

[58] Zweite Reihe, III, S. 243.

[59] Ebd., S. 82.

[60] Das Verhältnis des Pastors Lorenzen zum Hofprediger Stöcker ist zu einem guten Teil auch ein Selbstporträt Fontanes. Er hat sich über den Hofprediger wiederholt reserviert geäußert; vgl. die Anmerkungen K. Schreinerts in: Briefe an G. Friedlaender, S. 386.

gramme ummünzen. Und wenn Fontane gelegentlich bemerkt, daß
sein neuer Roman einem veredelten Bebel- und Stöckertum sich zu-
neige, so wird man den Akzent auf das Wort „veredelt" zu legen
haben und im übrigen nicht übersehen dürfen, daß hier zwei sich
befehdende Parteirichtungen in der Gesinnung eines einzelnen vereinigt werden, ohne daß aus dieser Synthese deswegen eine dritte
Parteirichtung entsteht.[61] Überdies ist derselbe Lorenzen, der sich
dem Neuen — sei es in Richtung Stöckers oder sei es in Richtung
Bebels — zuneigt, ein intimer Freund des alten Stechlin, von dem
gesagt wird, daß er noch das sympathische Selbstgefühl derer verkörpert, „die schon vor den Hohenzollern da waren"[62]. Pastor Lorenzen hält es nicht grundsätzlich anders als Herr von Stechlin: er
hält es mit dem Konservativen und dem Revolutionären, wenn es
denn sein muß — „sei's mit dem Alten, sei's mit dem Neuen"[63]. Woldemar ist vorübergehend im Begriff, sich bedingungslos dem Neuen
zu verschreiben, aber Lorenzen schränkt ein: „Nicht so ganz unbedingt mit dem Neuen. Lieber mit dem Alten, soweit es irgend geht,
und mit dem Neuen nur, soweit es muß."[64] Beide — Dubslav wie
Lorenzen — unterscheiden sich in diesem Punkt vom Botschaftsrat
Barby allenfalls insofern, als dieser mehr noch dem Neuen zugetan
ist. Überdeutlich erkennt er die Zeichen der Zeit, und es ist kein Zufall, daß ihm die fast visionäre Vorwegnahme der künftigen Welt-
lage in den Mund gelegt wird: „Das moderne Leben räumt erbarmungslos mit all dem Überkommenen auf. Ob es glückt, ein Nilreich
aufzurichten, ob Japan ein England im Stillen Ozean wird, ob Chi-
na mit seinen vierhundert Millionen aus dem Schlaf aufwacht und,
seine Hand erhebend, uns und der Welt zuruft: ‚Hier bin ich', allem
vorauf aber, ob sich der vierte Stand etabliert und stabilisiert ... das
alles fällt ganz anders ins Gewicht als die Frage ‚Quirinal oder Vati-

---

[61] An Friedrich Paulsen vom 29. November 1897 (Theodor Fontane.
Briefe an die Freunde. Letzte Auslese 1943; jetzt auch in: Briefe an Friedrich Paulsen, Bern, 1949, S. 5): „Er ist auch patriotisch ... und neigt sich
mehr einem veredelten Bebel- und Stöckertum, als einem Zieten- und Blü-
chertum zu."

[62] Zweite Reihe, III, S. 12.

[63] Ebd., S. 37.

[64] Ebd., S. 37.

kan.'"[65] Im Weltbild dieser weltläufigen Menschen hat das Neue seinen fest umrissenen Ort. Es wird illusionslos betrachtet, und oft auch wird es entschieden begrüßt. Doch gilt, trotz der deutlicheren Betonung des Neuen, das Ja und Nein auch hier. Melusine gibt dem Ausdruck, wenn sie bemerkt: „Ich respektiere das Gegebene. Daneben aber freilich auch das Werdende, denn eben dies Werdende wird über kurz oder lang abermals das Gegebene sein. Alles Alte, soweit es Anspruch darauf hat, sollen wir lieben, aber für das Neue sollen wir recht eigentlich leben."[66] Die Ehe zwischen Woldemar aus dem Hause Stechlin und zwischen Armgard aus dem Hause Barby ist symbolisch auch darin, daß sich das Altmärkisch-Alte, das es zu bewahren gilt, mit dem Weltläufig-Offenen vermählt. Weder bei den Barbys noch bei den Stechlins wird indessen dem eindeutig Alten oder dem eindeutig Neuen das Wort geredet. Ihre Gesinnung ist nicht mit Parteirichtungen identisch.

Das Symbol solcher Unbestimmtheit als einer Gesinnung, die in keiner Parteirichtung eindeutig aufgeht, ist der See. Auch er hat es mit Umsturz und Revolutionen zu tun. Von Zeit zu Zeit wird es an bestimmten Stellen lebendig: „Das ist, wenn es weit draußen in der Welt, sei's auf Island, sei's auf Java, zu rollen und zu grollen beginnt."[67] Dieser See ist, wie Pastor Lorenzen bemerkt, ein richtiger Revolutionär, „der gleich mitrumort, wenn irgendwo was los ist"[68]. Aber derselbe See ist zugleich das still in sich ruhende Gewässer, das die Zeiten überdauert. Sogleich die einleitende Schilderung vermittelt diesen Eindruck: „Zwischen flachen, nur an einer einzigen Stelle steil und kaiartig ansteigenden Ufern liegt er da, rundum von alten Buchen eingefaßt, deren Zweige, von ihrer eigenen Schwere nach unten gezogen, den See mit ihrer Spitze berühren. Hie und da wächst ein weniges von Schilf und Binsen auf, aber kein Kahn zieht seine Furchen, kein Vogel singt, und nur selten, daß ein Habicht drüber hinfliegt und seinen Schatten auf die Spiegelfläche wirft. Alles still hier . . ."[69] Altes und Neues fließt in diesem See zusammen. Er ist

[65] Ebd., S. 167.
[66] Ebd., S. 316.
[67] Ebd., S. 9.
[68] Ebd., S. 64.
[69] Ebd., S. 9.

offen für beides. Er ist ein Revolutionär und ein Bewahrer zugleich.
Im Grunde bewahrt er, indem er von Zeit zu Zeit revolutioniert.
Seine Ambivalenz — sei's mit dem Alten, sei's mit dem Neuen —
ist abermals ein Ausdruck der vorhandenen Antinomien, wonach
weder Ordnung und Gesetz allein, noch ausschließlich das Menschlich-Natürliche außerhalb jeder Ordnung im Recht bleiben.

Erst von hier aus wird verständlicher, was es auf dem Hintergrund
solcher Spannungen mit der Menschlichkeit des Menschen auf sich hat.
Um dieser Menschlichkeit willen, die im Prozeß des geschichtlichen
Lebens immer aufs neue erstickt zu werden in Gefahr steht, wird
die Gesellschaftskritik in den künstlerischen Formen entfaltet, von
der mehrfach die Rede war. Diese Kritik ist auf die bestehende Gesellschaftsordnung bezogen. Nirgends aber wird diese Ordnung
völlig negiert — etwa zugunsten einer idealen Gesellschaftsordnung
der Zukunft. Daß in gewisser Weise auch die bestehende Ordnung
gültig bleibt — trotz aller Kritik an ihr — darf nicht mißverstanden
werden, wie es freilich oft geschieht. Die voraufgegangene Gesellschaftskritik wird damit nicht zurückgenommen, wohl aber wird
das Menschlich-Natürliche nicht minder eingeschränkt. Wer sich wie
Crampas über die Ordnung hinwegsetzt, bedroht das Menschliche
doch auch. Obwohl wir den Schritt vom Wege, in den Effi hinein-
gleitet, niemals nach dem Moralkodex eindeutiger Prinzipien verurteilen, bleibt es ein Ehebruch, der die Ordnung gefährdet; und
obgleich Lene Nimptsch durch eine Kluft von den leichtfertigen Offiziersdamen getrennt ist, haftet dem Aufenthalt in Hankels Ablage
etwas Zweideutiges, etwas nicht ganz Wahres an. Man spürt es,
wenn Lene von der Wirtin mit gnädige Frau angeredet wird. Fontanes Skepsis bewahrt ihn davor, einer Natürlichkeit außerhalb
jeder gesellschaftlichen Ordnung das Wort zu reden, die es nicht gibt.
Sie bewahrt ihn vor der Flucht in die sentimentale Idyllik des „einfachen Lebens". Er behandelt als Erzähler Spannungen und Konflikte der Gesellschaft. Er stellt sie dar — im Grunde als unvermeidbar. Erst auf dem Hintergrund des Unvermeidbaren erhebt sich die
Frage nach der Möglichkeit des eigentlich Menschlichen, das mit
jener Natürlichkeit nicht identisch ist, die es nirgends mehr gibt. Erst
von hier aus erscheint das Menschliche in der für Fontane charakteristischen Form. Diese Form heißt Resignation. Die Konflikte werden

in ihr nicht gelöst, sie bleiben bestehen. Aber weil sie zuletzt unvermeidbar gedacht werden, beruht das Menschliche dieser Resignation wesentlich darin, sich ins Unvermeidliche zu schicken, wie es Lene Nimptsch tut. Illusionslos sieht sie nach allem, was geschehen ist, den Dingen auf den Grund. Sie klagt nicht an. Von jeder Schuld spricht sie den Geliebten frei: „Du hast mir kein Unrecht getan, hast mich nicht auf Irrwege geführt und hast mir nichts versprochen. Alles war mein freier Entschluß. Ich habe dich von Herzen liebgehabt, das war mein Schicksal, und wenn es eine Schuld war, so war es *meine* Schuld."[70] Lenes Verhalten ist die Antwort auf die letztlich unvermeidbaren Konflikte, in welcher Gestalt sie auch immer auftreten mögen. In ihrer Antwort liegt das menschlich Überzeugende dieser Figur. Auch Effi Briest wächst durch ihre Resignation über ihre Mitmenschen hinaus. Als nach längerer Trennung das von den Erziehungsgrundsätzen Innstettens entstellte Kind in ihrer Wohnung erscheint, entlädt sich noch einmal das Menschlich-Natürliche ihres Hasses auf die Götzen der Gesellschaft. Aber das Tiefste ihres Menschentums bezeugt sich dort, wo sie sich in das letztlich Unabänderliche schickt, ohne anzuklagen oder sich von der Schuld auszunehmen: „Und dann, womit er mich am tiefsten verletzte, daß er mein eigen Kind in einer Art Abwehr gegen mich erzogen hat, so hart es mir ankommt und so weh es mir tut, er hat auch darin recht gehabt. Laß ihn das wissen, daß ich in dieser Überzeugung gestorben bin. Es wird ihn trösten, aufrichten, vielleicht versöhnen. Denn er hatte viel Gutes in seiner Natur und war so edel, wie jemand nur sein kann, der ohne rechte Liebe ist."[71] Man lasse die Klischees aus dem Spiel und spreche nicht vom heiteren Darüberstehen; denn es ist ein physisch gebrochener Mensch, der solches sagt. Dennoch geht es im Positiven darum, die humanen Züge dieser Resignation zu vernehmen. „Ist nicht auch Resignation ein Sieg?" heißt es bei Fontane gelegentlich.

Vor Mißverständnissen zumal ideologischer Art ist diese Resignation zu bewahren — nicht anders als die für Fontane charakteristische Skepsis. Resignation und Skepsis sind auf dem Hintergrund der

[70] Erste Reihe, V, S. 218.
[71] Zweite Reihe, II, S. 454.

gesellschaftlichen Spannungen die Züge jener Menschlichkeit, die
seiner Erzählkunst das Gepräge geben. Im Grunde ist die Resignation ohne ein bestimmtes Maß an Skepsis nicht denkbar. Von hier
aus versteht sich das eigentümlich Unheldische und Unkämpferische
so vieler Figuren. Alle diese Gestalten, voran Botho von Rienäcker
oder der junge Graf Haldern, sind nicht von dem Wunsche beseelt,
das Übel an der Wurzel zu packen, aus dem die Konflikte resultieren. Sie mißtrauen allen prinzipiellen Weltveränderungen und Welt-
verbesserungen; sie mißtrauen und resignieren. Aber ihr Mißtrauen
ist zugleich dasjenige Fontanes. Seine Kritik an der bestehenden Gesellschaftsordnung ist nicht zu trennen von der Skepsis gegenüber
jeder Gesellschaftsordnung, die solche Konflikte als vermeidbar in
Aussicht stellt. In solchem Verzicht liegt das in vieler Hinsicht Unbequeme seiner Erzählkunst. Allen Versprechungen dieser Art behauptet sich seine und seiner Figuren Skepsis, und sie ist nicht selten
überaus pessimistisch getönt.[72] In ihr ist angelegt, daß man sich offen
hält gegenüber den Fixierungen der Ideologien, des Glaubens, der
Weltanschauungen, wie immer sie heißen mögen. Es ist angelegt,
daß man hinter alles ein Fragezeichen setzt, wie es Dubslav von
Stechlin tut.[73] In seiner Person hat die Skepsis Fontanes die dichterisch überzeugendste Gestalt angenommen. Alle unanfechtbaren
Wahrheiten erregen sein Mißtrauen: denn wenn es solche je gibt, so
sind sie, wie er überzeugt ist, langweilig.[74] Daher ist er auch als Parteigänger der Konservativen denkbar ungeeignet. Das Ja und Nein
verhilft nicht zum Erfolg. Mit solcher Einstellung ist keine Politik
zu machen. Es ist nur folgerichtig, daß er bei den Wahlen unterliegt.
Aber nicht zufällig treten die sympathischen Züge dieser Gestalt in
seinem Scheitern nur noch deutlicher hervor. Indessen ist hier auch
der Punkt, an dem die auf Parteirichtungen eingeschworenen Leser
dem Schriftsteller Fontane die Gefolgschaft verweigern. Sie sind un-
vermögend, die Humanität dieser Skepsis zu würdigen. Sie vermissen das „Positive", das eindeutige Weltbild, die klar fixierte Welt-

---

[72] Vgl. hierzu die reizvolle Schrift Gustav Radbruchs: Theodor Fontane
oder Skepsis und Glaube, 2. Aufl. 1948, dort S. 47 ff. das Kapitel „Pessimismus".

[73] Zweite Reihe, III, S. 12.

[74] Ebenda.

anschauung. Womöglich reden sie in radikaler Verkennung der eigentlich dichterischen Leistung gar noch vom Nihilismus Fontanes, wie es Georg Lukács in bestürzender Kurzsichtigkeit tut.[75] Er bedauert, daß Fontane zu einer schwankenden Gestalt wird — „zu einem Menschen und Schriftsteller, der für keine der kämpfenden Klassen oder Parteien zuverlässig ist"[76]. Und in der Tat: weder die Konservativen noch die Sozialdemokraten, weder die Bismarckgegner noch die Bismarckfreunde können sich auf ihn verlassen. Aber der „unzuverlässige" Fontane ist der Dichter Fontane. Im „Unzuverlässigen" liegt ein gut Teil seiner dichterischen wie menschlichen Substanz. Seine Gesellschaftskritik erfolgt nicht von einem Standort aus, der das Bild einer neuen, einer künftigen und besseren Gesellschaftsordnung impliziert. Dieser Dichter blickt über die Illusionen jeder Utopie hinaus. Auch der ›Stechlin‹ ist von dem utopischen Entwurf einer neuen Gesellschaftsordnung weit entfernt. Der Adel, wie er sein soll: das ist ja nicht die reale Fixierung eines politischen Programms. Es ist jene sich erneuernde Humanität, in der sich zugleich das Alte bewahrt. Fontanes Verzicht auf alle utopischen Rezepte verbindet sich mit der Überzeugung, daß sich trotz aller Wandlungen die Menschen nicht grundsätzlich ändern: „. . . die Menschen waren damals so wie heut", sagt die alte Nimptsch.[77] Die Idee von der Wiederkehr des Gleichen zeichnet sich ab, worauf Pastor Lorenzen gelegentlich hindeutet: „In gewissem Sinne freilich kehrt alles einmal wieder."[78] Und weil sich zuletzt die Menschen nicht wesentlich ändern, werden auch die aus der Gesellschaft je und je hervorgehenden Konflikte nicht zu vermeiden sein. Nicht auf sie kommt es daher im letzten an, sondern darauf, wie die Menschen auf sie antworten. Das ist nicht die Frage eines besseren politischen Konzepts, sondern die Frage des Dichters Fontane.

In der Menschlichkeit des Menschen, in der Gesinnung des Humanen beruht die Antwort, die Fontane als Erzähler gibt. Das ist eine

---

[75] Georg Lukács: Theodor Fontane, in: Deutsche Realisten, 1953, S. 276: „Wir sahen eine Art Skepsis, die zuweilen bis zum Nihilismus geht, ist der Ausweg Fontanes . . ."

[76] Ebd., S. 272.

[77] Erste Reihe, V, S. 176.

[78] Zweite Reihe, III, S. 319.

der Erzählkunst durchaus gemäße Antwort. Sie erinnert an die Bestimmung des Romans, die Goethe im ›Wilhelm Meister‹ gegeben
hat: „Im Roman sollen vorzüglich Gesinnungen und Begebenheiten
vorgestellt werden. Der Roman muß langsam gehen, und die Gesinnungen der Hauptfigur müssen ... das Vordringen des Ganzen
zur Entwicklung aufhalten."[79] Es ist kein Zweifel, daß sich diese
Bestimmung an der Form des Entwicklungsromans orientiert, in
deren Mitte die sich entwickelnde Hauptfigur steht. Alle dargestellten
Begebenheiten sind auf sie bezogen. In diesem Punkt geht Fontane
als Romanschriftsteller andere Wege. Die erzählten Begebenheiten
haben einen anderen Sinn: es sind die aus der Gesellschaft resultie-
renden Konflikte. Um sie gruppieren sich die meisten seiner Gesellschaftsromane. Die Konflikte sind auch die Voraussetzung für die
eigentümlich humane Gesinnung der Menschen, die sie erfahren.
Aber schon in ›Vor dem Sturm‹ erhalten diese Konflikte eine untergeordnete Bedeutung, wie neben dem Roman selbst der bekannte
Brief an den Verleger bezeugt. Fontane schreibt: „Es war mir nicht
um Konflikte zu tun, sondern um Schilderung davon, wie das große
Fühlen, das damals geboren wurde, die verschiedenartigsten Menschen vorfand, und wie es auf sie wirkte. Es ist das Eintreten einer
großen Idee, eines großen Moments in an und für sich sehr einfachem
Lebenskreise."[80] Hier bereits stehen die Gesinnungen im Mittelpunkt. Ein späterer Brief aus dem Jahre 1878 weist noch einmal
ausdrücklich darauf hin: „Der Schwerpunkt des Buches liegt nicht
im ‚Landschaftlichen' ... Der Schwerpunkt liegt vielmehr in der
Gesinnung, aus der das Buch erwuchs."[81] Im Grunde wird schon im
Roman ›Vor dem Sturm‹ vorweggenommen, was sich dann im ›Stechlin‹ wiederholt: daß um der unvermeidlichen Konflikte willen die
dargestellten Gesinnungen wichtiger sind. Sie sind jetzt, im ›Stechlin‹, recht eigentlich thematisch geworden, und dies in einer Weise,
daß sich eine erzählbare Fabel kaum noch entwickelt. In der Art,
wie hier die Handlung, deren Reichtum ehedem das Charakteristikum dieser Gattung war, zurücktritt, könnte man sich an verwandte

---

[79] Gedenkausgabe VII, S. 330.
[80] Briefe. Zweite Sammlung, I, S. 247.
[81] Ebd., S. 395.

Züge im modernen Roman erinnert fühlen. Aber Gesinnung — was ist damit gemeint? Gewiß nicht eine als Weltanschauung isolierbare Lehre. Sie müßte als diese fixierte Lehre nur ihrerseits den Charakter einer vermeintlich „unanfechtbaren Wahrheit" annehmen, die zur Skepsis herausfordert. Gesinnung ist durchaus ein künstlerischer Bestandteil des Ganzen. Sie ist gegenwärtig immer nur in den Gestalten der Dichtung selbst, und was über sie zu sagen ist, bleibt an deren Tun und Denken gebunden. Eine der reizvollsten Gestalten, die solche Gesinnungen verkörpern, ist Dubslav von Stechlin: „Sein schönster Zug war eine tiefe, so recht aus dem Herzen kommende Humanität . . ."[82] Die Skepsis ist, wie angeführt, ein bezeichnender Zug dieser Humanität, und so manche liebenswürdige Schwäche gehört im übrigen zum Bild dieses Menschen, dem nichts weniger ansteht, als das völlig korrekte und widerspruchsfreie Verhalten. Eine andere und durchaus dichterisch gesehene Gestalt, in der solche Gesinnungen lebendig werden, ist Fontanes Vater, dem in dem autobiographischen Buch ›Meine Kinderjahre‹ ein eigenes Kapitel gewidmet wird. Man erinnert sich der dort geschilderten Zusammenkunft in dem Kapitel ›Vierzig Jahre später‹. Es geht im Gespräch um sehr nebensächliche Dinge; es geht um das Materielle einer Kalbsbrust. Sie wird zum Anlaß des folgenden Dialogs:

„›Und nun komm in die Vorderstube. Ich merke, Luise hat schon aufgetragen, und wenn mich meine Sinne nicht täuschen, übrigens bin ich auch ein bißchen eingeweiht, so ist es eine geschmorte Kalbsbrust. Erster Gang. Ißt du so was?‹

›Gewiß eß' ich so was. Kalbsbrust ist ja das allerfeinste, besonders was so dicht dran sitzt.‹

›Ganz mein Fall. Es ist doch merkwürdig, wie sich so alles forterbt. Ich meine jetzt nicht im großen, da ist es am Ende nicht so merkwürdig. Aber so im kleinen.

Kalbsbrust ist doch am Ende was Kleines.‹

›Ja und nein.‹

›Das ist recht. Daran erkenn' ich dich auch. Man kann nicht so ohne weiteres sagen, Kalbsbrust sei was Kleines. Und nun wollen wir anstoßen . . .‹ "[83]

[82] Zweite Reihe, III, S. 12.
[83] Zweite Reihe, I, S. 476.

Was Fontane auszeichnet, ist in diesem kleinen Prosastück verdichtet enthalten: das Ja und Nein zu den Dingen des Daseins, das ganz und gar Unpathetische, der Blick für das Wesentliche im Nebensächlichen, die Freude an der Anekdote, der liebenswürdige Humor und endlich die im Bild dieses Vaters sich bezeugende Gesinnung des Humanen. Das alles sind im Hinblick auf die „Gesinnungen" durchaus künstlerische Vorzüge, aber wenn irgendwo, so wird hier evident, daß sie vom Menschlichen nicht zu trennen sind. Wer die Wahrheit des Menschen in solchen Porträts darzustellen imstande ist, muß als Mensch selbst etwas darstellen. Er muß außerhalb jener Entwicklung gedacht und gedichtet haben, die über die Nationalität zur Bestialität führen konnte.

Herman Meyer, Das Zitat in der Erzählkunst. Zur Geschichte und Poetik des europäischen Romans. Stuttgart: J. B. Metzlersche Verlagsbuchhandlung ²1967 (1961), S. 155—185 (= Kapitel 8).

THEODOR FONTANE
›L'ADULTERA‹ UND ›DER STECHLIN‹[*]

Von HERMAN MEYER

Im sechsten Kapitel von Theodor Fontanes Gesellschaftsroman ›Cécile‹ machen die Titelheldin und ihr älterer Gatte von St. Arnaud einen Spaziergang, auf dem der junge Herr von Gordon, mit dem sie soeben Bekanntschaft gemacht haben, sie begleitet. Ihr Eintreffen im ›Hotel zur Roßtrappe‹ wird von zwei jovialen Berliner Herren beobachtet, deren vorlaute Reden der Leser schon vorher flüchtig belauscht hat. In bester Dinerstimmung, die sich unter dem Einfluß einiger Kaffeekognaks gesteigert hat, halten sie auch jetzt mit ihrem Kommentar nicht zurück.

„ ›Da sind sie wieder‹, sagte der Ältere, während er auf das St. Arnaudsche Paar und den unmittelbar folgenden Gordon zeigte. ›Sieh nur, schon den Schal überm Arm. Der fackelt nicht lange. Was du tun willst, tue bald. Ich wundere mich nur, daß der Alte . . .‹ " (I 4, 255)[1].

Der knappe Gesprächsfetzen mutet uns als ungeheuer lebenswahr an. Das ist ganz der freche und schnodderige Ton irgendeines Berliner Lebemannes. Und ganz in diesen Ton aufgenommen das Bibelzitat: die Worte, die Jesus beim letzten Abendmahl zu Judas spricht.[2] Wir spüren, was für ein respektloser, ja ruchloser Geist aus dieser Anwendung der erschütternden Bibelworte auf die Avancen irgendeines jungen Courmachers spricht. Aber es wäre natürlich lächerlich,

---

[*] Erstmals veröffentlicht in: Wirkendes Wort 10 (1960), S. 221—238, unter dem Titel ›Das Zitat als Gesprächselement in Theodor Fontanes Romanen‹.

[1] Zitiert wird mit Reihe, Bandziffer und Seitenzahl nach Theodor Fontane ›Gesammelte Werke‹, 1905—1911.

[2] Evangelium des Johannes 13 v. 27.

diese Haltung dem Erzähler anzukreiden. Vielmehr bewundern wir die unbestechliche Treffsicherheit, mit der er durch diese Gesprächswiedergabe ein Stück Wirklichkeit, hier eben gemeine Wirklichkeit, blitzartig aufleuchten läßt. Der Erzähler nimmt keineswegs Stellung zu den von seiner Romanfigur gesprochenen Worten. Zwar gehen wir vielleicht nicht fehl, wenn wir aus dieser Stelle nachdenklichernste Zivilisationskritik heraushören, aber sie ist nicht ausgesprochen. Was wirklich vorliegt, ist bloß die objektive Gegebenheit der gesprochenen Worte.

„Was soll ein Roman?", so fragt Fontane einmal in einer Buchbesprechung, und die Kernsätze seiner Antwort lauten: Der Roman soll uns „eine Geschichte erzählen, an die wir glauben", er soll uns „eine Welt der Fiktion auf Augenblicke als eine Welt der Wirklichkeit erscheinen lassen" (II 9, 238 f.). Aus einer langen Reihe von hauptsächlich brieflichen Selbstzeugnissen geht hervor, daß Fontane hinsichtlich dieser Glaubwürdigkeit zwar auch an den erzählten Inhalt denkt, aber an erster Stelle doch sein Augenmerk auf die Darbietungsform richtet oder, was für ihn fast mit dieser identisch ist, auf die spezifische Sprechweise seiner Romangestalten. Kurz und bündig bekennt er: „Meine ganze Aufmerksamkeit ist darauf gerichtet, die Menschen so sprechen zu lassen, wie sie wirklich sprechen" (II 7, 22 f.). Natürlich ist es leicht einzusehen, daß hier eine Art von Zirkel vorliegt. Das „wirkliche" Sprechen einer Romangestalt ist ja ebensowenig im voraus gegeben wie diese selbst; vielmehr bestimmt erst die Art und Weise, wie der Autor seine Menschen sprechen läßt, was sie als Romangestalten *sind*. Es hat aber wenig Sinn, Fontanes Selbstzeugnis solchermaßen auf die Folter der Logik zu spannen. Lassen wir, übrigens ganz im Geiste unseres Dichters selbst, fünf nur ein bißchen gerade sein, so muß gesagt werden: Fontanes Selbstzeugnis besteht mit Recht, denn seine Romane sind in ihrer Gesamtheit ein imposantes Zeugnis dafür, daß es ihm gelungen ist, die Menschen sprechen zu lassen, „wie sie wirklich sprechen"[3]. Das klingt so einfach; aber in Wirklichkeit handelt es sich hier gar nicht um etwas Einfaches, sondern um ein sehr subtiles und schwer durch-

---

[3] Vgl. hierzu: Mary-Enole Gilbert, Das Gespräch in Fontanes Gesellschaftsromanen (Palaestra, 174), 1930.

schaubares Wunder erzählerischer Technik. Die folgende Untersuchung soll dazu beitragen, dieses einigermaßen begreiflich zu machen.

Die Lebensechtheit von Fontanes Romangesprächen bewirkt, daß der Leser den Eindruck bekommt, sie wären dem Autor ebenso leicht aus der Feder geflossen, wie sie seinen Romanfiguren über die Lippen kommen. Das ist aber eine Täuschung. Fontane war im Gegenteil ein höchst gewissenhafter und sogar, wenn wir seinen Worten glauben dürfen, ein schwerfälliger Arbeiter. So schnell und fast mühelos die Inhaltsentwürfe seiner Romane zustande kamen, so mühsam und zeitraubend war das Ausfeilen, die „Pularbeit", auf die er immer wieder zu sprechen kommt. „Gott sei's geklagt. Aber diese Langsamkeit resultiert nur aus Stilgefühl, ‚aus Feile'. Das, was ich hingeschrieben habe, genügt mir nicht. Und das Basteln, das nun nötig wird, kostet dreimal mehr Zeit als die erste Niederschrift und zwanzigmal so viel Zeit als der erste Entwurf" (II 9, 289). Wir horchen auf und staunen, wenn es gleich darauf heißt: „Aber zu dieser äußeren Raschheit meiner Phantasieschöpferkraft gesellt sich eine unendlich schwache *Treffkraft für den Ausdruck,* ich kann das rechte Wort nicht finden." Subjektiv ist die Aussage sicher ehrlich, aber dennoch ist „unendlich schwache Treffkraft für den Ausdruck" wohl das letzte, was wir Fontane zugestehen wollen. Der Sachverhalt ist wohl vielmehr der, daß sein besonders feines Sinnesorgan für Treffkraft der Worte überhaupt die Ansprüche steigert, die das Werk hinsichtlich des jeweils zu treffenden Ausdrucks erhebt.

Bei einem so bewußten und umsichtigen Schaffensverfahren kann es wichtig sein, einen Blick in die Werkstatt zu werfen, um zu versuchen, das Sein der Werke auch von ihrer Entstehung her zu begreifen. Auf diesem Wege können wir auch Einsicht in das Wesen und die Rolle der Zitate in Fontanes Romanen gewinnen. Besonders aufschlußreich ist in dieser Hinsicht das Material, das Julius Petersen in seiner Arbeit ›Fontanes erster Berliner Gesellschaftsroman‹ und in den dort reichlich beigegebenen Textproben vorgelegt hat.[4] Es handelt sich um den Plan und die umfangreichen Vorarbeiten zu einem Roman, an dem Fontane in den Jahren 1877/79 arbeitete und

---

[4] Julius Petersen, Fontanes erster Berliner Gesellschaftsroman, in: Sitzungsberichte der Preuß. Ak. der Wiss., 1929, Phil.-Hist. Kl., S. 480—562.

der ›Allerlei Glück‹ heißen sollte. Diese Vorarbeiten — es tut hier
nichts zur Sache, weshalb der Roman nicht vollendet wurde, —
stellen nach Petersens glücklicher Formulierung den „Steinbruch"
dar, aus dem die Bausteine zu einer Reihe von neuen Werken genommen wurden, und sie enthalten ein Arsenal von Motiven, die in
fast jedem der folgenden Erzählwerke Verwendung fanden. Von
wesentlicher Bedeutung ist nun für uns Petersens durch eine Fülle
von Material gestützte Feststellung, daß die Konzeption der Romangestalten in vielen Fällen vorwiegend von der *Redeweise* ausgeht. Besonders deutlich wird dies für eine der geplanten Hauptgestalten, die aus dem Kleinbürgertum stammende und zur gefeierten
Schauspielerin aufsteigende Bertha Pappenheim. Zuerst wird auf
einem Blatt die spezifische Redeweise festgelegt, wobei aber der Träger noch unbestimmt bleibt; sogar die Frage, ob Herr oder Dame,
ist noch unentschieden. „Eine *berlinisch* sprechende Person (Herr
oder Dame), aber höheres, gebildetes Berlinisch, das heißt Hoch-
deutsch mit Berliner Ausdrücken gespickt: ,Lotterig. Verbiestert.
Oh Jerum jerum Löffelstiel. Unter der Kanone. Fauler Zauber.
Nicht ein Schimmer. Er ist mit einer Tante behaftet. Man kann nicht
vorsichtig genug in der Wahl seiner Eltern sein.'"[5] Es folgt noch
eine lange Reihe von ähnlichen Berolinismen. Hinzukommt dann
ein zweites Blatt, das schon ›Bertha Pappenheim‹ überschrieben ist:
die Redeweise hat sich gleichsam zur Gestalt verdichtet. Auf diesem
zweiten Blatt sind die vulgären Redensarten mit Zitaten aus der
klassischen Dichtung gemischt. Ein Beispiel hierfür: „ ,Der Mensch
ist frei und wär er in Köthen geboren.' In *diesem* Stil müssen, neben
ihren wirklich pathetischen Citaten, all ihre humoristischen Citate
sein." Hier und in vielen anderen Fällen wird Fontanes Verfahren
völlig deutlich: Vorgängig wird gleichsam ein Steckbrief aufgestellt,
der die genaue Beschreibung der Redeweise der betreffenden Person
enthält. In dieser Beschreibung spielen die zu verwendenden Zitate
und Zitattypen eine auffällig große Rolle. Dabei fällt auf, daß das
Zitat nicht an erster Stelle wegen seines Inhalts interessiert, sondern
von vornherein als Symptom der individuellen Redeweise und dadurch als Mittel zur Gestaltung der Romanfigur verstanden wird.

[5] Ebd., S. 504.

Der Ausdruck des Individuellen ist aber mitbedingt durch die soziale Schicht, zu der die Romanfigur gehört. Das gilt für die Hauptgestalten und stärker noch für die Nebengestalten, für die im wesentlichen dasselbe Steckbriefverfahren angewandt wird. Berthas Vater wird in einen Kegelklub eingeführt. „Zu diesem gehören sechs, sieben Personen, *meist Bourgeois*." (Von mir kursiviert) . . . „Ein Herr von Mitte 50 ist der lebhafteste; er citiert immer. Dadurch wird der Registrator an seine Tochter Bertha erinnert. Alle Citate sind aber dem Kegelspiel angepaßt: ,Fällt der Mantel, fällt der Herzog mit.' ,Die Kugel geht vorbei.' ,Grüß mir mein Lottchen.' ,Vier Elemente regiren die Welt.' ,Die letzten vier vom 10. Regiment.' ,Umstanden die sieben den Herrscher der Welt.' ,Sechse treffen, sieben äffen.' ,Denn drei macht eins und vier macht keins, das ist das Hexen-Einmaleins.' ,Du mußt es zweimal sagen.' "[6] Die Reihe wird noch fortgesetzt und beläuft sich auf insgesamt zwanzig Zitate. Es ist uns nicht überall deutlich, wie der Erzähler sie dem Kegelspiel anzupassen gedachte, aber das ist seine, nicht unsere Sache. Aber wohl ist es unsere Sache, zu erkennen, daß das Zitat hier dazu dient, nicht bloß das Individuelle zum Ausdruck zu bringen, sondern auch den Geist einer bestimmten gesellschaftlichen Gegebenheit, nämlich des Kegelklubs der Bourgeois. Das parodistische Zitieren ist ein sprechender und integrierender Zug der darzustellenden sozial-kulturellen Wirklichkeit. Es steht im Dienste des Strebens, die Menschen so sprechen zu lassen, wie sie wirklich sprechen.

Dies alles bedeutet: das Zitat in Fontanes Gesellschaftsroman ist wesentlich Konversationszitat, es hat seinen festen Platz in den Gesprächen der Romanfiguren. (Die wenigen Fälle, wo der Erzähler von sich aus Zitate anbringt, sind so unerheblich, daß wir sie getrost außer Betracht lassen dürfen.) Diese resolute Beschränkung auf das Gespräch bedeutet eine starke Einschränkung des *Spielraums,* in dem das Zitat seine Wirkung entfalten kann. Wir werden dessen inne, wenn wir uns vergegenwärtigen, zu was für reichen Spielfiguren das Zitieren durch den Erzähler selbst besonders bei Rabelais, Sterne und Wieland auswachsen konnte! Bei Raabe wird uns wieder Ähnliches begegnen. Der Reichtum von Fontanes Zitierkunst ist anderer

[6] Ebd., S. 536 f.

Art. Er besteht in einer subtilen Nuancierung innerhalb der Schranken des reduzierten Spielraums. Das Erstaunliche und Bewundernswerte ist aber, daß der innere Reichtum durch diese Reduktion nicht verringert wird. Eigentlich müßten wir, um dies unter Beweis zu stellen, Fontanes sämtliche Gesellschaftsromane berücksichtigen. Die Auswahl eines einzigen Romans, die wir uns bisher zur Regel gemacht haben, würde hier etwas willkürlich ausfallen. Denn diese Romane wirken, darin der Balzacschen ›Comédie Humaine‹ nicht unähnlich, ja vor allem durch ihre imposante Gesamtheit. Unter diesen Umständen dürfte die angemessenste Prozedur in einem Kompromiß bestehen, nämlich darin, daß wir alles Licht auf Anfang und Ende dieser Romanreihe fallen lassen, auf den Erstling ›L'Adultera‹ und auf den die Reihe abschließenden ›Stechlin‹. Indem wir so vom einen Eckpfeiler zum anderen einen Bogen schlagen, hoffen wir zu Ergebnissen zu gelangen, die für die ganze Reihe von Fontanes Gesellschaftsromanen ihre Gültigkeit haben.

Auf ›L'Adultera‹ ist die literarische Kritik im allgemeinen ziemlich schlecht zu sprechen, und man darf ihr darin nicht in jeder Hinsicht unrecht geben. Gegen Ende, im letzten Drittel oder Viertel, fällt der Roman ab, und besonders der Schluß ist matt und wenig überzeugend. Das hängt ganz offenbar damit zusammen, daß dann die Gestalt, die das Werk recht eigentlich trägt und ihm sein Leben verleiht, von der Bildfläche verschwunden ist. Denn nicht die Hauptgestalt und Titelheldin Melanie van der Straaten, sondern ihr Ehepartner ist die unsterbliche Figur dieses Romans. Kommerzienrat van der Straaten, Fontanes erster „klassischer Berliner"[7], ist ein ganzer Charakter, und dieser Charakter ist einmalig. Versucht man, seine einzelnen „Eigenschaften" aufzuzählen, so ergibt sich eine Zusammenstellung, die einen ziemlich unausgeglichenen Eindruck macht: Witz und Sentimentalität, rasches Dreingreifen und dumpfer Fatalismus, rechthaberische Selbstgefälligkeit und Selbstironie, Gutmütigkeit und tückischer Argwohn, Bildung und Gewöhnlichkeit. In ihrer erzählerischen Gestaltung bilden diese scheinbar disparaten Züge aber eine höchst überzeugende Einheit, wobei zu bemerken ist, daß diese Gestaltung durchaus durch die Redewiedergabe bestritten

---

[7] Conrad Wandrey, Theodor Fontane, 1919, S. 177.

wird. Freilich schickt Fontane dieser im ersten Kapitel eine Art von psychologischem Porträt in der Form direkter Beschreibung voraus. Aber es ist höchst bezeichnend, welch einen großen Anteil die Charakterisierung der Redeweise schon gleich an diesem Porträt hat. Da wird der Leser schon im voraus informiert über van der Straatens „Vorliebe für drastische Sprichwörter und heimische ‚geflügelte Worte' von der derberen Observanz", über seine „Lieblingswendungen", seine „Berolinismen", „Bonmots" und „scherzhafte Repartis" (I 3, 3 f.). In diese Beschreibung ist auch das erste Zitat eingebettet. Van der Straaten ergeht sich gerne und oft darüber, daß er keine Lust habe, sich selber irgendwelchen Zwang aufzuerlegen. „Und wenn er so gesprochen, sah er sich selbstzufrieden um und schloß behaglich und gebildet: ‚o rühret, rühret nicht daran', denn er liebte das Einstreuen lyrischer Stellen, ganz besonders solcher, die seinem echt-berlinischen Hange zum bequemen Gefühlvollen einen Ausdruck gaben. Daß er eben diesen Hang auch wieder ironisierte, versteht sich von selbst" (I 3, 4). Ebenso wie in den Vorarbeiten zu ›Allerlei Glück‹ wird das Zitat ausdrücklich als Element der ganzen Redeweise und als Ausdruck des Charakters angeführt und kommentiert. Dabei hat auch der Bereich, dem das Zitat entnommen wird, kennzeichnende Bedeutung, während umgekehrt Emanuel Geibels Gedicht, das mit den Worten anfängt: „Wo still ein Herz voll Liebe glüht, / O rühret, rühret nicht daran!"[8], mittelbar durch den „Hang zum bequem Gefühlvollen" des Kommerzienrates nicht übel charakterisiert wird. Daß seine Zitierfreudigkeit „gebildet" genannt wird, ist ein wichtiger Zug, auf den wir noch zurückkommen.

Die Verwendung des Zitats als Gesprächselement geschieht naturgemäß am häufigsten in jenen von Fontane bevorzugten Situationen, wo sich die Konversation als gesellschaftliches Phänomen am üppigsten entfaltet, nämlich beim Diner und auf der Landpartie. Beide sind in ›L'Adultera‹ voll ausgebildet, und Fontanes Kunst, Gespräche ganz als „tranches de vie" zu gestalten, feiert hier Triumphe, die von den späteren Romanen nicht überboten werden. Wir können

---

[8] Emanuel Geibel, Werke, hrsg. v. R. Schacht, Leibzig o. J., S. 140: „Rühret nicht daran."

dieser Zitierkunst nur gerecht werden, wenn wir sorgfältig beobachten, wie die Zitate in den gesamten sprunghaften und zickzackartigen Duktus der Gespräche aufgenommen sind. Wiedergabe des
Kontextes sind daher unvermeidlich. Sehen wir uns zunächst ein Gesprächsfragment aus dem Diner-Kapitel an, wo sich die übermütige
Jovialität beständig am Abgrund der Gereiztheit und der Verstimmung bewegt. Einmal läßt van der Straaten es in seiner Unverfrorenheit fast zu einer Szene zwischen ihm und seinem Schwager, dem
Major Gryczinski, kommen. Dieser will das Gewitter beschwören,
und es kommt ihm zu Hilfe, daß gerade der Pfropfen von einer der
bereitstehenden Champagnerflaschen springt. Er bricht inmitten des
Satzes ab und sagt nur, während er seines Schwagers Glas füllt:
„Friede sei ihr erst Geläute!" Freilich ein Dutzendzitat, ganz dem
Wesen des korrekten und etwas faden Majors angemessen, aber es
wirkt.

„Solchem Appell zu widerstehen, war van der Straaten der letzte.
,Mein lieber Gryczinski', hob er in plötzlich erwachter Sentimentalität an, ,wir verstehen uns, wir haben uns immer verstanden. Gib
mir deine Hand. Lacrimae Christi, Friedrich. Rasch. Das Beste daran ist freilich der Name. Aber er hat ihn nun mal. Jeder hat nun
einmal das Seine, der eine dies, der andre das.'

,Allerdings', lachte Gabler.

,Ach, Arnold, du überschätzt das. Glaube mir, der Selige hatte
recht. Gold ist nur Chimäre. Und Elimar würd' es mir bestätigen,
wenn es nicht ein Satz aus einer überwundenen Oper wäre. Ich muß
sagen, leider überwunden. Denn ich liebe Nonnen, die tanzen. Aber
da kommt die Flasche. Laß nur Staub und Spinnweb. Sie muß in
ihrer ganzen unabgenutzten Heiligkeit verbleiben. Lacrimae Christi.
Wie das klingt!"" (I 3, 37 f.).

Wunderbar der rapide Stimmungswechsel und das Schlag auf
Schlag von Rede und Antwort in dem kurzen Zeitintervall, in dem
der Hausknecht die Flasche Lacrimae Christi — der Champagner
ist zur Versöhnung nicht gut genug — herbeiholt. Die Sentimentalität schlägt plötzlich wieder in Ironie um, in der für Fontanes sprachbewußte Romangestalten so charakteristischen Form des ironischen
Kommentars auf Namen und Ausdruck. Gleich darauf die für Fontane ebenso typische verallgemeinernde Sentenz, „Jeder hat . . .",

die wie ein Zitat klingt, vielleicht eine freie Abwandlung des alten, schon im Altertum verbreiteten „Suum cuique", wobei in unserem Zusammenhang erwähnenswert ist, daß Friedrich I. von Preußen diesen Spruch zum Motto des 1701 gestifteten Ordens vom Schwarzen Adler wählte und daß er seitdem Preußens Wahlspruch blieb.[9] Was meint aber der Maler Arnold Gabler mit seinem lachend hingeworfenen „Allerdings" und was bedeutet die rasche Antwort „du überschätzt das"? Bräche das Gespräch hier ab, so könnten wir die Lösung dieses Rätsels höchstens ahnen. Dasselbe würde gelten für „der Selige hatte recht". Daß mit dieser Beziehung Giacomo Meyerbeer gemeint ist, verstehen wir nämlich erst durch die Verwendung des geflügelten Wortes aus dessen Oper ›Robert der Teufel‹[10]. Und jetzt erst können wir auch rückwärts folgern, daß jenes „Allerdings" auf einem witzigen 'double entendre' beruhte: Gabler bezieht das „jeder hat nun einmal das Seine" nicht auf die Weinflasche, sondern auf van der Straatens vollen Geldbeutel. Van der Straaten versteht dies aber offenbar gleich, sein Auffassungsvermögen ist nicht weniger rasch als sein Mundwerk. Im Feuerwerk der Rede erfolgen die Aussagen nicht in logischer Reihenfolge, sondern das Kommende wirft seinen Schatten voraus, und es entsteht dadurch ein rebusartiges Hysteron proteron, wobei erst das Zitat dem Leser den Schlüssel bietet, das Rebus im Krebsgang zu enträtseln. Bei allem Tempo sind überdies van der Straatens Worte fast überreich an beziehungsvollen Nebentönen. Sein „Du überschätzt das" parodiert nebenbei die stehende Redensart des ewig nörgelnden Tischgenossen Duquede, daß etwas „überschätzt wird". Und die Bezeichnung „der Selige" hat einen doppelten Boden: „selig" ist Meyerbeer zunächst einmal als Verstorbener, aber auch sonstwie im Gegensatz zum unseligen „Hexenmeister" von Bayreuth, dem „Tannhäuser und Venusberg-Mann", gegen dessen „faulen Zauber" van der Straaten sich soeben

---

[9] Ich danke Herrn Dr. G. N. Knauer für den freundlichen brieflichen Hinweis auf diesen Sachverhalt.

[10] Die Bezeichnung „der Selige" paßt nämlich weder zum Titelhelden noch zu dessen teuflischem Freund Bertram, denen beiden das Wort „Gold ist nur Chimäre" in den Mund gelegt wird (›Robert der Teufel‹, 1. Akt), und kann sich wohl nur auf Meyerbeer beziehen.

maßlos ereifert hatte (I 3, 35). Wir sehen: auch im reduzierten Spielraum der „realistischen" Gesprächsgestaltung bleibt echtes Spiel möglich!

Das Zitat gewinnt eine funktionale Dimension hinzu, wenn es an einem Angelpunkt der Romanhandlung auftritt und deren Verlauf mitbestimmt. Zu den Elementen, die Melanies Abkehr von ihrem Gatten und ihren Ehebruch motivieren, gehören wesentlich van der Straatens ewige Schraubereien und Sticheleien über die Ehemoral der Frauen, wodurch er so richtig den Ehebruchsteufel an die Wand malt. Diese Sticheleien erreichen ihren Gipfel auf einer Land- und Wasserpartie während der Rast im Kaffeehaus. Er erlaubt sich ziemlich gewagte Witze über die robuste Wirtin. Ihre weiße Schürze bietet ihm den wohl sehr herbeigezerrten Anlaß zu den „in einer absichtlich spöttischen Singsangmanier" gesprochenen Reimzeilen: „Aber sei weiß wie Schnee und weißer noch: Ach, die Verleumdung trifft dich doch" (I 3, 72). Woher diese albernen Verse? Allem Anschein nach liegen van der Straaten die grausam-kalten Worte im Ohr, die Hamlet zu Ophelia spricht: „... sei so keusch wie Eis, so rein wie Schnee, du wirst der Verleumdung nicht entgehn."[11] Er modelt dieses Zitat ins Populäre und Kindische um. Hierzu paßt es auch gut, daß er durch die Änderung von „rein wie Schnee" in „weiß wie Schnee" die damals als geflügeltes Wort kursierende Wendung „Lämmchen, weiß wie Schnee" aus einem reichlich einfältigen Kinderlied von Friedrich Justin Bertuch[12] hineinklingen läßt. (Diese Wendung kehrt, wie wir sehen werden, später an verhängnisvoller

---

[11] Hamlet III, 1; Schlegels Übersetzung.
[12] Der Nachweis des Zitats „Lämmchen, weiß wie Schnee" schon bei Büchmann, Geflügelte Worte, 8. Auflage 1874. Ich verdanke die Vermittlung des heute vergessenen und schwer aufzutreibenden Gedichtes ›Das Lämmgen‹ (in: Friedrich Justin Bertuch, Wiegenliederchen, Altenburg 1772, S. 30 f.) Herrn Dr. K. H. Hahn vom Goethe-und-Schiller-Archiv in Weimar. Die erste Strophe lautet:

> Ein junges Lämmgen, weiß wie Schnee,
> Gieng einst mit auf der Weyde,
> Und sprung muthwillig in dem Klee
> Mit ausgelassner Freude.

Stelle zurück.) Der solchermaßen aus zwei zusammenhanglosen Zitaten zusammengestoppelte Singsang hat eine folgenschwere Wirkung. Melanie sieht, daß Rubehn sich unwillig abwendet. „Ihres Gatten Art und Redeweise hatte sie, durch all die Jahre hin, viel Hunderte von Malen in Verlegenheit gebracht, auch wohl in bittere Verlegenheiten, aber dabei war es geblieben. Heute, zum ersten Male, schämte sie sich seiner" (I 3, 72).

Was jetzt unmittelbar folgt, ist danach angetan, ihre Scham und Entrüstung noch erheblich zu steigern. Noch immer glossiert van der Straaten die Körperlichkeit der Wirtin:

„›Wir haben hier, wenn ich richtig beobachtet, oder sagen wir, wenn ich richtig geahnt habe, eine Vermählung von Modernem und Antikem: Venus Spreavensis und Venus Kallipygos. Ein gewagtes Wort, ich räum es ein. Aber in Griechisch und Musik darf man alles sagen. Nicht wahr, Anastasia? Nicht wahr, Elimar? Außerdem entsinn ich mich, zu meiner Rechtfertigung, eines wundervollen Kallipygosepigramms . . . Nein, nicht Epigramms . . . Wie heißt etwas Zweizeiliges, was sich reimt . . .‹

›Distichon.‹

›Richtig. Also ich entsinne mich eines Distichons . . . bah, da hab ich es vergessen . . . Melanie, wie war es doch? Du sagtest es damals so gut und lachtest so herzlich. Und nun hast du's auch vergessen. Oder *willst* du's bloß vergessen haben? . . . Ich bitte dich . . . Ich hasse das . . . Besinne dich. Es war etwas von Pfirsichpflaum, und ich sagte noch ‚man fühl ihn ordentlich‘. Und du fandst es auch und stimmtest mit ein . . . Aber die Gläser sind ja leer . . .‹ " (I 3, 73).

Es ist wirklich ein bestehendes Distichon, worauf Fontane van der Straaten hier anspielen läßt, aber der alte Fuchs hat sorgfältig die Spur verwischt, durch die der Leser es ohne viel Mühe identifizieren könnte. Meine Suche wäre auch wohl vergeblich geblieben, hätte nicht schließlich die Handschrift Auskunft gegeben. Ein auf Blatt 26r der Handschrift aufgeklebter Vorentwurf unseres Passus lautet:

„Venus Kallipygos. Kenen Sie das Epigram von Heyse? Nein nicht Epigram. Potz . . . wie nent man doch etwas Zweizeiliges, das sich nicht reimt.

Distichon.

Richtig; Distichon . . . Aber nun hab ichs doch vergessen. (Er citiert dann bloß die 2. Zeile von den Pfirsichen.) Wundervoll... Pfirsich... der Pflaum. Man fühlt ihn ordentlich."[13]

Also Paul Heyse. Aber auch mit Hilfe dieses Hinweises läßt sich die Vorlage noch nicht so leicht feststellen. Das Distichon findet sich, soviel ich sehe, nur in dem Band ›Verse aus Italien. Skizzen, Briefe und Tagebuchblätter‹ (1880), in der dortigen Gedichtreihe ›Kunst und Künstler‹. Bei der späteren Zusammenstellung seiner umfassenden Sammlung ›Gedichte‹[14] hat Heyse diese Gedichtreihe neu redigiert und dabei gerade den uns angehenden Zweizeiler unterdrückt. Er lautet:

Göttliches Weib! — „O pfui, die Hetäre!" — Warum so entrüstet?
Hast du doch selbst wohl schon „göttliche Pfirsich!" gesagt.[15]

Man kann sich Gedanken darüber machen, ob van der Straatens „Interpretation" des Distichons die „richtige" ist, wie auch über die Frage, weshalb Heyse es schließlich aus seiner Gedichtsammlung ausgeschlossen hat. Letztere Frage ist literatursoziologisch sicher nicht uninteressant. Wichtiger in unserem Zusammenhang ist jedoch die Einsicht, die der Entwurf uns hinsichtlich des Fontaneschen Integrationsverfahrens vermittelt. Im Entwurf kommt die Erwähnung und Deutung des Distichons bloß auf van der Straatens Rechnung, sie gehört also nur in die Erzählgegenwart. In der Endfassung wird das Motiv in die Erzählvergangenheit eingelassen und fest in der zwischenmenschlichen Situation verankert. Van der Straaten appelliert in höchst indelikater Weise an ein früheres intim-freisinniges Gespräch mit seiner Gattin und macht sie solchermaßen zur Komplizin seines jetzigen schlechten Benehmens. Da wendet sich ihr Herz

---

[13] Die Hs. befindet sich im Märkischen Museum zu Berlin. Für die Abschrift dieser und der folgenden Stellen bin ich Herrn Dr. Hans Werner Seiffert von der Deutschen Akademie der Wissenschaften zu aufrichtigem Dank verpflichtet.

[14] Verglichen wurde die 5. Auflage von 1893.

[15] Paul Heyse, Verse aus Italien, Skizzen, Briefe und Tagebuchblätter, 1880, S. 35. — Zur Frage, ob Venus oder Hetäre, vgl. Pauly-Wissowa, Bd. 10 (1917), S. 1668: „Die Kallipygos genannte Statue in Neapel wird jetzt allgemein als eine Hetäre erklärt."

vollends von ihm ab, und auf der Heimfahrt im Kahne leiht sie, verwirrt und erschüttert, Rubehns verhülltem Liebesgeständnis ein williges Ohr.

Trotz aller bedenklichen Züge empfindet der Leser, daß van der Straaten als Charakter ein gewisses Format hat. Und das bestätigt sich vollauf in seinem letzten, nächtlichen Gespräch mit Melanie im Kapitel ›Abschied‹. Es ist eines der schönsten Gespräche, die Fontane geschaffen hat. Jetzt keine Konversation, sondern offene und ehrliche Aussprache zweier Menschen auf dem Höhepunkt ihrer gemeinsamen Lebenskrise. Er weiß um ihren Ehebruch und um das Kind, das sie erwartet. Und in diesem Wissen macht er den Vorschlag zur Güte, der wirklich auch von seiner Güte und seinem Großmut zeugt. Nichts aber von großen Worten über Sünde und Vergebung, nichts von idealistisch geschwollenen Tönen. Im Gegenteil, die Worte, mit denen er seinen Vorschlag einleitet, sind eher hausbakken-derb und zeugen von relativistischer, fast nihilistischer Skepsis:

„›Bah, die Nachmittagsprediger der Weltgeschichte machen zuviel davon, und wir sind dumm genug und plappern es ihnen nach. Und immer mit Vergessen allereigenster Herrlichkeit, und immer mit Vergessen, wie's war und ist und sein wird. Oder war es besser in den Tagen meines Paten Ezechiel? Oder als Adam grub und Eva spann? Ist nicht das ganze Alte Testament ein Sensationsroman? Dreidoppelte Geheimnisse von Paris! Und ich sage dir, Lanni, gemessen an *dem*, sind wir die reinen Lämmchen, weiß wie Schnee. Waisenkinder. Und so höre mich denn. Es soll niemand davon wissen, und ich will es halten, als ob es mein eigen wäre. Dein ist es ja, und das ist die Hauptsache. Und so du's nicht übel nimmst, ich liebe dich und will dich behalten. Bleib. Es soll nichts sein. *Soll* nicht. Aber bleibe‹.“ (I 3, 118 f.)

Das sind tiefernste Worte, und unerhört echt ist die Form, in die sich dieser Ernst kleidet. Van der Straaten kann schlechterdings seiner ureignen Redeweise nicht untreu werden; auch wo es ihm um Alles oder Nichts geht, treibt er sein virtuoses Spiel mit Redensarten und literarischen Allusionen weiter. Das alte Wort „Als Adam grub und Eva spann, Wer war dann der Edelmann?“ klingt an, und in rascher Assoziation wird das Alte Testament als Übertrumpfung von Eugène Sues Sensationsroman ›Les Mystères de Paris‹ bewertet.

Unser Mitgefühl wird kräftig angesprochen, und dennoch will der Dichter uns verstehen lassen, daß Melanie durch diesen Ton abgestoßen werden muß. „Alles, was er sagte, kam aus einem Herzen voll Gütigkeit und Nachsicht, aber die Form, in die sich diese Nachsicht kleidete, verletzte wieder. Er behandelte das, was vorgefallen, aller Erschütterung unerachtet, doch bagatellmäßig obenhin und mit einem starken Anfluge von cynischem Humor" (I 3, 119). Gewiß nicht ohne Absicht hilft Fontane unserem Verständnis dadurch nach, daß er van der Straaten ausgerechnet wieder jene Wendung „Lämmchen, weiß wie Schnee" aus dem Bertuchschen Kinderlied einflechten läßt, deren Anwendung in entgegengesetztem Sinnzusammenhang damals auf der Landpartie Melanies schamvolle Entrüstung erregt hatte, und man braucht auch kaum zu zweifeln an des Dichters Absicht, daß sie jetzt durch eben diese Worte an jene peinliche Szene erinnert werden soll. Die Wiederholung des Zitats bedeutet somit zwar eine weitere Motivierung, aber diese hat fast kryptischen Charakter, weil nur der sehr aufmerksame Leser das Zitat erkennen, die Wiederholung feststellen und ihre Bedeutung für Melanies Verhalten begreifen wird.

Fontane entlehnte seine Stoffe oft dem wirklichen Leben. Wir wissen, daß ein nur wenige Jahre zurückliegender Gesellschaftsskandal in der Berliner Hochfinanz ihm den Stoff zu ›L'Adultera‹ lieferte. Van der Straatens „Urbild" — sehr cum grano salis! — war der Großindustrielle Geheimrat Louis Ravené, dessen Frau Therese von Kusserow im Jahre 1874 mit dem Bankier Gustav Simon geflohen und zwei Jahre später mit diesem eine glückliche Ehe eingegangen war.[16] An einem wichtigen Wendepunkt von Fontanes Erzählung können wir indessen sehen, welch eine merkwürdige Symbiose Wirklichkeit und Literatur als anregende Momente miteinander eingehen. Der Schauplatz des eigentlichen Ehebruchkapitels ist van der Straatens luxuriöses Palmenhaus, und wir wissen, daß eine Zeitungsannonce über die Pflanzenauktion im Ravenéschen Palmenhaus nach dem Tode des Besitzers hierzu die Anregung bot: Der auf Blatt 29r der Handschrift aufgeklebte Zeitungsausschnitt läßt genau erkennen,

---

[16] Theodor Fontane, Briefe an Georg Friedlaender, hrsg. und erl. von Kurt Schreinert, 1954, S. 351.

wie Fontane die einzelnen Realia („Palmen", „Farren", „Dracaenen") seiner Phantasie zu Hilfe kommen ließ. Der Titel des Kapitels lautet aber ›Unter Palmen‹, und dies ist ein — anfangs noch
kryptisches — Zitat, das sich erst gegen Ende des Kapitels als ein
solches enthüllt. Als Melanie und Rubehn das Palmenhaus verlassen,
finden sie draußen die Freundin Anastasia, die auf sie gewartet hat.

„›Wo du nur bleibst!‹ fragte Melanie befangen. ›Ich habe mich
geängstigt um dich und mich. Ja, es ist so. Frage nur. Und nun hab
ich Kopfweh.‹

Anastasia nahm unter Lachen den Arm der Freundin und sagte
nur: ›Und du wunderst dich über Kopfweh! Man wandelt nicht ungestraft unter Palmen‹ " (I 3, 97).

Man darf mindestens vermuten, daß die assoziative Verbindung
zwischen jenem wirklichen Palmenhaus irgendwo in Moabit und
dem bekannten, damals schon als geflügeltes Wort verbreiteten Zitat
aus den ›Wahlverwandtschaften‹: „Es wandelt niemand ungestraft
unter Palmen"[17] die Keimstelle der Konzeption dieses Kapitels oder
zumindest des Schauplatzes desselben gewesen ist. Und Fontane hat
mit dem Pfunde seiner Assoziation gewuchert. Das wird deutlich,
wenn wir auch hier die Endfassung mit dem Entwurf vergleichen.
Letzterer lautet:

„Unter Palmen.

Die Schilderung eines Palmenhauses. Die Palmen, die Farren, die
Dracaenen, — dazwischen die Orchideen. Die weiche hot-house Atmosphäre; der Duft der Blumen; Springbrunnen; Berieselung; dann
die Cupola mit etwas frischerer Luft. Hier und in den Gängen die
Liebesszene. Als sie das Palmenhaus verließen, sagte sie: ›Man wan-
delt . . .‹ ‚nicht'. Aber er küßte sie und verschloß ihr den Mund. Und
so trennten sie sich."[18]

Hier legt Fontane das Zitat also noch Melanie in den Mund. Das
ist einfach, aber wohl auch reichlich banal. Die Übertragung auf die
Freundin Anastasia ermöglicht ein viel raffinierteres und zugleich
schlüssigeres Spiel. Erstens paßt das Zitat jetzt haargenau in den

[17] Buch II, Kap. 7: ›Aus Ottiliens Tagebuche‹; Jub. Ausg. 21, S. 212.
Als „geflügeltes Wort" schon bei Büchmann, 8. Aufl., 1874.
[18] Blatt 28r der Hs.

wunderbar geschlossenen Nexus der Handlungsmotivierung. Es wird ausgelöst durch und bezieht sich auf Melanies Kopfweh, und dieses ist wiederum motiviert worden durch den „berauschenden Duft" der Orchideen, durch die „weiche hot-house Atmosphäre", die in der komplexen Motivierung des Ehebruchs eine so wichtige Rolle spielt. In dieser Motivierungssorgfalt erschöpft sich aber die Leistung des Zitats nicht. Seine eigentliche Würze erhält es in der Endfassung durch die ironische Doppelperspektive, in der es erscheint. Anastasias Ton ist an und für sich schon leicht ironisch, aber ihre Bemerkung ist dennoch harmlos-naiv und ihr Unwissen kontrastiert mit der Einsicht des Lesers, der ihren Worten durch sein Wissen um den wirklichen Tatbestand einen anderen und schwereren Inhalt geben muß. Die subjektive Ironie der Sprecherin wird somit durch die objektive Ironie der Situation überlagert. Die Wirkung dieses ironischen Doppelsinns wird noch dadurch unterstützt, daß eine grundsätzlich identische Stilfigur den Ausklang des Kapitels bildet und mit Anastasias Palmenzitat in ein Responsionsverhältnis tritt. Van der Straaten kehrt heim von einem Gang zum Minister. Überglücklich über seine Berufung in irgendeine Staatskommission, ironisiert er doch sein Glücksgefühl durch Stilisierung ins literarisch Hochtrabende und spricht: „von diesem Tag an datiert sich eine neue Ära des Hauses van der Straaten" (I 3, 97). Kein Zitat freilich, aber es hat den Anschein, daß der Satz gemodelt ist nach Goethes jedem Schulkind bekanntem Ausspruch nach der Kanonade von Valmy: „Von hier und heute geht eine neue Epoche der Weltgeschichte aus ..."[19] und daß seine ironische Würze in dem Mißverhältnis von Weltgeschichte und Haus van der Straaten besteht. Nicht der Sprecher, aber wohl der Leser versteht indessen, was es mit dieser „neuen Ära" wirklich auf sich hat!

Die eigentliche Leistung von Fontanes Zitierkunst, so dürfen wir die bisherigen Ergebnisse wohl zusammenfassen, beruht auf ihrer realistischen Treffkraft. Seine Zitierkunst ist vor allem ein sich unterordnendes Element seines erzählerischen Vermögens, das individuell und gesellschaftlich Charakteristische und gleichsam Physiognomische zu greifbarer Darstellung zu bringen. Daneben hat das

---

[19] Goethe, Campagne in Frankreich, Jub. Ausg. 28, S. 60.

Zitat die — freilich viel weniger ausgeprägte — Funktion, über seine Wirkung an Ort und Stelle hinaus Brücken zu schlagen und dadurch zur tektonischen Bindung der Erzählung beizutragen. Solche Bindung konnten wir schon im zentralen Ehebruchkapitel beobachten, wo die Beziehung zwischen dem Titel und dem gegen Ende auftretenden Goethe-Zitat eine ähnliche „rundere Rundung" bewirkt, wie Fontane sie sich mit Recht von dem Romantitel ›L'Adultera‹ versprach.[20] Noch stärker ist diese Wirkung, wo das Zitat zum regelrechten Leitmotiv erhoben wird. Die Wirkung solcher Leitmotive ist weniger „treffend" als poetisierend und lyrisierend, und dem entspricht es auch, daß sie vorwiegend dem Bereiche des romantischen Liedes entnommen werden. Auf der abendlichen Kahnfahrt im Kapitel ›Wohin treiben wir?‹ — auch dieser Titel wird später leitmotivisch aufgenommen — hören Melanie und Rubehn vom anderen Boote her Lieder herüberklingen, die in ihrem heimlichen Bezug auf ihre Situation eine deutliche Steigerungsreihe bilden: ›Long long ago‹, ›O säh ich auf der Heide dort‹ und schließlich ›Schön Rohtraut‹. Der Kehrreim des Mörikeschen Liedes löst ein sehr verhülltes Liebesgeständnis aus. „ ,Schweig stille, mein Herze‘, wiederholte Rubehn und sagte leise: ,soll es?‘ Melanie antwortete nicht" (I 3, 79). Im Kapitel ›Unter Palmen‹ greift dann die Anspielung auf denselben Kehrreim in die Motivierung ein. Rubehn erinnert Melanie an jene Lieder während der Kahnfahrt, und als sie dann leise das Wort „Rohtraut" (Fontane schreibt übrigens „Rohtraut") ausspricht, kommt die bisher verschwiegene Liebe zu offenem Durchbruch (I 3, 96). Viel später, schon vermählt mit Rubehn und Mutter seines Kindes, findet Melanie mit den Worten „Schweig stille, mein Herze" die Kraft zu lächelndem Verzicht, als ihre engstirnigen Verwandten für sie „nicht zu Hause" sind (I 3, 139). Zu Hause tröstet sie ihr neuer Gatte mit der zweiten Zeile jenes Mendelssohnschen Liedes, das gleichfalls von der Kahnfahrt her in ihrem Herzen nachhallt: „Mit meinem Mantel vor dem Sturm beschütz ich dich, beschütz ich dich" (I 3, 141). Es scheint mir nicht ganz gerecht zu sein, in diesen und ähnlichen Fällen von „leitmotivischem

[20] Brief 11. 9. 1881 an S. Schottländer; GW II, 11, 56.

Mißbrauch"[21] zu sprechen. Aber es muß zugegeben werden, daß Fontanes größte Kraft nicht nach dieser poetisch-lyrisierenden Seite liegt. In seinen späteren Romanen tritt dieser an und für sich schon etwas rudimentäre Gestaltungszug denn auch immer mehr zurück. Das Konversationszitat gewinnt die Alleinherrschaft.

Der Redeschmuck des Zitats und der literarischen Anspielung ist ein allgemeiner Zug des Gesprächsstils im gesellschaftlichen Milieu unseres Romans. Zwar stehen die anderen Romanfiguren weit hinter van der Straatens virtuoser Redensartlichkeit zurück, aber auch für sie ließe sich zeigen, wie sehr ihre Zitatverwendung je nach ihrem Charakter differenziert ist. Sehen wir von dieser Differenzierung ab, so bleibt ein Gemeinsames übrig, das in literatursoziologischer Hinsicht sicher nicht ohne Interesse ist. Das Zitieren gehört als durchaus integrierendes Element zur „gebildeten" Umgangs- und Gesprächsform des hier dargestellten wohlhabenden Bürgertums. Und wir brauchen nicht daran zu zweifeln, daß Fontane hier einen echten Zug der ihn umgebenden sozial-kulturellen Wirklichkeit eingefangen hat. Dieser Zug ist ihm freilich persönlich nicht ungemäß — man vergleiche das häufige Spiel mit Zitaten in seinen Briefen und Theaterkritiken! —, aber andererseits läßt sich beobachten, daß er diese Erscheinung in objektiv-kulturkritische Distanz rückt. Gerade in dieser Hinsicht ist die Gestalt des Kommerzienrats van der Straaten von symptomatischem Wert. Wir entsinnen uns, daß im Anfangskapitel sein Zitieren eines Geibel-Verses als „gebildet" bezeichnet wird, und gleichfalls, daß dort seine Vorliebe für „geflügelte Worte" ausdrückliche Erwähnung findet. Beides hängt eng zusammen. Die Kultur dieses Bourgeois ist eine „geflügelte Worte"-Bildung, und als solche hat sie zeit- und gesellschaftstypische Bedeutung. Das Erscheinen von Georg Büchmanns Sammlung ›Geflügelte Worte‹[22] im Jahre 1864 und die gewaltige Verbreitung dieses immer wieder aufgelegten Buches — ›L'Adultera‹ erschien 1882,

[21] Conrad Wandrey, Theodor Fontane, S. 176.
[22] Als Bezeichnung für gangbare Zitate ist der Begriff „geflügelte Worte" (ursprünglich Vossens Übersetzung der Homerischen Wendung Ἔπεα πτερόεντα) eine Neuprägung Büchmanns, die dann gleich selber zum „geflügelten Wort" wurde.

gleichzeitig mit Büchmanns 13. Auflage — sind eminent symptomatisch für den Pegelstand und die innere Beschaffenheit der Bildung des deutschen Bürgertums im letzten Jahrhundertdrittel. Der Pegelstand ist hoch, die Beschaffenheit trotzdem fragwürdig. Die Bildung wird nicht mehr, wie noch in der Goethezeit, als der dynamische Prozeß organischer Persönlichkeitsentfaltung verstanden, sondern eher als ein fester Zustand oder genauer noch als ein fester Vorrat, aus dem man beliebig schöpfen kann. (Prüft man einmal mit saurem Fleiß nach, wie viele der in ›L'Adultera‹ verwandten Zitate in einer alten Auflage des ›Büchmann‹ vorkommen — ich benutzte hierzu die 8. Auflage vom Jahre 1874 —, so erweist sich der Prozentsatz als erstaunlich hoch.) Aus brieflichen Zeugnissen geht klar hervor, daß Fontane von der Fragwürdigkeit der in Konformismus erstarrten und zugleich zersplitterten und unverbindlich gewordenen zeitgenössischen Bildung tief durchdrungen war. Schon 1878 erscheint bei ihm das Wort „Bildung" zwischen ironischen Anführungszeichen: „Massen sind immer nur durch Furcht oder Religion, durch weltliches und kirchliches Regiment in Ordnung gehalten worden, und der Versuch, es ohne diese großen Weltprofoße leisten zu wollen, ist als gescheitert anzusehn. Man dachte in ‚Bildung' den Ersatz gefunden zu haben und glorifizierte den ‚Schulzwang' und die ‚Militärpflicht'. Jetzt haben wir den Salat." . . . „der Schulzwang hat alle Welt lesen gelehrt und mit dem Halbbildungsdünkel den letzten Rest von Autorität begraben." . . . „Rousseau hat recht behalten, der schon 1750 schrieb: ‚Künste und Wissenschaften zwingen es nicht.' "[23] Entsinnen wir uns in diesem Zusammenhang der gräßlichen Ehrfurchtlosigkeit, die aus dem Bibelzitat jenes Berliner Protzers in ›Cécile‹ sprach.[24] Auch van der Straatens Bildung, so erheblich sie uns vorkommen mag, ist bei Lichte besehen dünkelhafte und respektlose Halbbildung; unzählige kleine Züge beweisen, daß dies auch Fontanes Auffassung war.[25] — In Fontanes spätesten Jahren

[23] Brief 3. 6. 1878 an seine Frau; GW II, 6, 249.

[24] s. o. S. 201

[25] Man vergleiche besonders Melanies bittere Worte: „Aber er kennt kein Geheimnis, weil ihm nichts des Geheimnisses wert dünkt. Weil ihm nichts heilig ist" (I 3, 78). Zur Halbbildung gehört nach Fontanes Auffassung wohl auch der fragwürdige Kunstgeschmack dieses begeisterten

hat sich seine Bildungskritik noch radikalisiert; jedenfalls äußert sie sich dann ungleich schärfer. Die altfränkisch-solide Lebensform in Mecklenburg spielt er aus gegen den Borussismus, „diese niedrigste Kulturform, die je da war"[26]. „Die Leute [in Mecklenburg] sind . . . weniger ‚gebildet‘, aber auch weniger ‚verbildet‘, was sich darin zeigt, daß aus kaum einem andern deutschen Landesteile so viele Talente hervorgehen. In Berlin sind die Menschen infolge des ewigen Lernens und Examiniertwerdens am talentlosesten — eine Beamtendrillmaschine."[27] Das krasseste und einprägsamste Zeugnis aber lautet: „Ich bin fast bis zu dem Satze gediehen: ‚Bildung ist ein Weltunglück.‘ Der Mensch muß klug sein, aber nicht gebildet. Da sich nun aber Bildung, wie Katarrh bei Ostwind, kaum vermeiden läßt, so muß man beständig auf der Hut sein, daß aus der kleinen Affektion nicht die galoppierende Schwindsucht wird."[28] Fontane zitiert in diesem Zusammenhang das Nietzschewort vom „Herdenvieh". Tatsächlich ist eine gewisse — nicht sosehr ideologische, aber wohl

Bildersammlers. Daß er sich einen Tintoretto kopieren läßt, eben das L'Adultera-Bild, mutet uns leicht als positives Zeichen seines guten Geschmacks an. Es fällt aber auf, daß Fontane sich in seinen Briefen während der kurzen Italienreise vom Jahr 1874 über keinen italienischen Maler so abfällig (und zugleich so ausführlich) äußert wie gerade über Tintoretto. Ein Christuskopf von Albrecht Dürer „repräsentiert in meinen Augen *mehr* wahre Kunst als alle Tintorettos zusammengenommen". Das kolossale Paradiesbild im Saal des Großen Rates im Dogenpalast ist „ein Salat von Engelbeinen" (!); und über die Kreuzigung in der Scuola San Rocco lautet sein Urteil: „der Mangel an Innerlichkeit ist geradezu erschrekkend"* (!). Auch die „Murillomanier" schätzt Fontane offenbar nicht hoch ein (II 10, 341). Van der Straatens Lob der Murillo-Madonnen zeugt von niederem, ganz im Sensuellen befangenem Kunstverständnis und balanciert auf der Messerschneide des allzu Gewagten (I 3, 35). Sosehr Fontanes Kunsturteil uns befremden mag, muß es uns deutlich sein, daß van der Straatens Vorliebe für Tintoretto und Murillo nach der Absicht des Dichters auf derselben Ebene liegt wie seine Schwärmerei für Piloty und für Meyerbeers Schaueroper (I 3, 72). Sein Geschmack wird charakterisiert als ein Talmi-Geschmack.

* Brief 10. 10. 1874 an Karl und Emilie Zöllner; GW II, 10, 339 f.
[26] Brief 6. 6. 1897 an Wilhelm Hertz; GW II, 11, 424.
[27] Brief 13. 7. 1897 an James Morris; GW II, 11, 426.
[28] Brief 9. 8. 1895 an Meta; GW II, 7, 311.

situationsmäßige und klimatische — Verwandtschaft mit Nietzsches Kulturkritik unverkennbar. Was Fontane gegen die „Bildung" auf dem Herzen hat, das ließe sich nicht unpassend auf den Nietzscheschen Nenner „Bildungsphilisterei" bringen![29]

Die zuletzt mitgeteilten Zeugnisse führen uns schon in Fontanes späteste Schaffenszeit. Seine Bildungskritik ist tatsächlich geeignet, die Überleitung von seinem ersten zu seinem letzten Gesellschaftsroman herzustellen. Zum Verständnis der im ›Stechlin‹ in Erscheinung tretenden Menschenwelt ist es angemessen, zu fragen: In welchem Sinne sind diese Menschen gebildet, und welche Einstellung zum Phänomen der Bildung bekundet sich in ihrem Sprechen und Handeln? Da ist zunächst darauf hinzuweisen, daß hier im wesentlichen ein einziges gesellschaftliches Milieu dargestellt wird: das Milieu der altadligen preußischen Aristokratie, derer, die „schon vor den Hohenzollern" da waren. Ob Landadel oder Stadtadel, ob verarmt wie die Stechlins oder wohlhabend wie die Barbys, diese Unterschiede spielen gegenüber der Gemeinsamkeit des gesellschaftlichen Klimas eine höchst unwichtige Rolle. Und dieses Gemeinsame hebt sich scharf ab von der seelischen Atmosphäre und dem Lebensstil der reichen Bourgeoisie, wie wir sie in ›L'Adultera‹ und in ›Frau Jenny Treibel‹ kennenlernen. In dem durch alle Unterschiede hindurchgehenden gemeinsamen Ton, der eine starke atmosphärische Geschlossenheit und Rundung bewirkt, spricht sich eine ganz eigene und eigentümliche Beschaffenheit der Bildung aus. Die echte Geisteskultur dieser Adligen — ob wir ihre Darstellung als unentwegten Realismus oder doch lieber als Idealrealismus auffassen sollen, ist eine Frage für sich — gibt sich lässig, sie setzt sich nicht in Positur und begegnet sturem Bildungsstolz mit lächelnder Skepsis. Natürlich gibt es Randfälle. Assessor Rex ist sicher nicht frei von einem Gran Bildungseitelkeit, wenn er sie auch taktvoll im Zaum zu halten weiß. Als er einmal „das Höhere" — das ist: die höhere Bildung — der norddeutschen Menschen gegen die Süddeutschen ausspielt, da

[29] Vgl. meine Abhandlung ›Nietzsches Bildungsphilister und der Philister der Goethezeit‹, in: Verzamelde Opstellen, Festschrift für J. H. Scholte, Amsterdam 1947.

antwortet Hauptmann Czako: „Gott bewahre. Alles, was mit Grammatik und Examen zusammenhängt, ist nie das Höhere. Waren die Patriarchen examiniert, oder Moses oder Christus? Die Pharisäer waren examiniert" (I 10, 275 f.). Eher gilt es als gebildet, seine eigenen Bildungsmängel ironisch hervorzuheben. Czako spricht mit gewinnender Selbstironie von seiner „Panoptikumsbildung" (I 10, 139), und in derselben Haltung gesteht Woldemar von Stechlin gerne seine Verwechslung zweier fast gleichnamiger Maler ein. Das wirkt feiner und zugleich gebildeter als der pedantische Ernst, mit dem der Malerprofessor Cujacius ihn über den Unterschied zwischen Millais und Millet belehrt (I 10, 318. 322). Zur allgemeinen geistigen Atmosphäre gehört ein gewisser Überdruß am Schulwissen, und es gehört zum guten Ton, Schabernack damit zu treiben. In einem recht verspielten Gespräch sagt Czako: „Versteht sich, Melusine ist mehr. Alles, was aus dem Wasser kommt, ist mehr. Venus kam aus dem Wasser, ebenso Hero . . . Nein, nein, entschuldigen Sie, es war Leander." Woldemar antwortet: „Egal. Lassen Sie's, wie's ist. Solche verwechselte Schillerstelle tut einem immer wohl" (I 10, 285 f.). Er ist darin der echte Sohn seines Vaters, der es auch an Glossen gegen die Schulbildung nicht fehlen läßt. Es wäre aber weit gefehlt, wollte man diese Skepsis im Sinne nihilistischer Bildungsfeindlichkeit auffassen. Diese Aristokraten beziehen die Bildungsinhalte auf ihre persönliche Lebenssituation und passen sie ihrem eigenen Geistesniveau an, über dessen relativ bescheidene Höhe sie sich durchaus im klaren sind. Bedeutet dies schon eine Herabminderung der hohen Bildungsinhalte, etwa des Idealismus der Goethezeit, so steckt in dieser Anpassung doch ein menschlich echter Kern. Die solchermaßen reduzierten Bildungsinhalte sind für sie echtes Lebensgut, mit dem sich leben läßt. Als Reaktion auf den Bildungskonformismus stellt sich eine subjektivistische Auflockerung ein. Woldemars Englandreise steht unter dem Leitsatz: „. . . die Dinge an sich sind gleichgültig. Alles Erlebte wird was durch den, der es erlebt" (I 10, 288). Das Wie des Erlebens wird wichtiger als die erlebten Bildungsinhalte selbst.

Von den Gesprächen — unser Roman besteht fast nur aus solchen — gilt ganz allgemein etwas Ähnliches: Die Art und Weise des Sprechens interessiert die Gesprächspartner ebensosehr und oft sogar

mehr als die faktischen Gesprächsinhalte. Dieser hervorstechende
Zug ist es recht eigentlich, der den Gesprächen ihren Causeriecharakter verleiht. Auf die leisen Töne kommt es an. Diese Menschen
sind fast ausnahmslos sehr sprachbewußt, sie horchen auf den Ausdruckswert ihrer Worte und kommentieren dessen Nuancen in kurzen Nebensätzen und Parenthesen, die sich auf die Richtigkeit, aber
mehr noch auf den Stilwert, die kulturelle Atmosphäre des Wortes
und besonders auch auf ihre eigene subjektive Einstellung zu bestimmten Worten beziehen. Solche die sachliche Aussage unterbrechenden Parenthesen wie: „wenn ich das verdammte Wort nicht
haßte", „wenn das das richtige Wort ist", „denn ich erschrecke vor
solchem Worte nicht", „wie man, glaub' ich, jetzt sagt", „ich muß
leider zu diesem Berolinismus greifen" usw. gibt es hier unzählige,
und sie sind je nach dem Sprechenden unglaublich subtil nuanciert.
Der eigentliche Meister solchen Redekommentars ist der alte Dubslav Stechlin. Seine sprachlichen Überlegungen geben sich meistens in
der Form, daß er zwei konkurrierende Ausdrücke gegeneinander
abwägt. Als er einmal den Ausdruck „zweites Frühstück" gebraucht,
fügt er hinzu: „eine altmodische Bezeichnung, die mir aber trotzdem
immer besser klingt als Lunch. ,Zweites Frühstück' hat etwas ausgesprochen Behagliches und gibt zu verstehen, daß man ein erstes schon
hinter sich hat . . ." (I 10, 68). Nicht weniger treffend und unterhaltsam sind seine Überlegungen über den unterschiedlichen Gefühlswert von Hydropsie und Wassersucht, Schmöker und Roman,
Schniepel und Frack. Solche Beleuchtung der kulturhistorischen
Atmosphäre kann auch einmal ein Zitat oder geflügeltes Wort betreffen. „Ich persönlich bleibe lieber bei Kaffee, ,schwarz wie der
Teufel, süß wie die Sünde, heiß wie die Hölle', wie bereits Talleyrand gesagt haben soll. Aber, Pardon, daß ich Sie mit so was überhaupt noch belästige. Schon mein Vater sagte mal: ,Ja, wir auf dem
Lande, wir haben noch die alten Wiener Kongreßwitze.' Und das
ist nun schon wieder ein Menschenalter her" (I 10, 64). Es ist deutlich, daß der Dichter Fontane hier einen wesentlichen Zug seines
eigenen kritischen Sprachbewußtseins auf seine Gestalten und besonders auf seine Lieblingsgestalt Dubslav Stechlin überträgt. Wir
werden sehen, daß diese Empfindlichkeit für die Art des Sprechens
und diese Vorherrschaft des Wie über das Was auch für die Zi

tatverwendung der Sprechenden von bestimmender Bedeutung sind.

Im ›Stechlin‹ treten Zitate und zitatähnliche Wendungen nicht in so dichter Häufung auf wie in ›L'Adultera‹. Und auch qualitativ macht sich ein Unterschied spürbar, der aber nicht ohne weiteres zugunsten des früheren Romans ausfällt. Ein so üppiges, aber auch etwas verkrampftes Zitier-Virtuosentum wie das des Kommerzienrats van der Straaten wird man hier vergebens suchen. Die reifere Kunst (wenn man will: das höhere Virtuosentum) unseres Dichters besteht jetzt gerade darin, das Virtuose etwas herabzudämpfen, dafür aber die individuellen Nuancen noch subtiler herauszuarbeiten. Der wichtigste Träger des Zitats ist ohne Zweifel Dubslav Stechlin, und auch seine Zitatverwendung bleibt innerhalb der Grenzen des Maßvollen. Auf ihn richten wir hauptsächlich, wenn auch nicht ausschließlich, unser Augenmerk. Beim ersten Tischgespräch auf Schloß Stechlin wirft Czako die nur als Reizmittel der Konversation gemeinte Frage auf, wie sich die Karpfen im Stechlin-See verhalten mögen, wenn der See beim Anpochen großer Weltereignisse in Aufruhr kommt und der rote Hahn aus ihm emporsteigt. Dubslav geht ganz auf den legeren Ton ein. „Mein lieber Herr von Czako, die Beantwortung ihrer Frage hat selbst für einen Anwohner des Stechlin seine Schwierigkeiten. Ins Innere der Natur dringt kein erschaffener Geist. Und zu dem innerlichsten und verschlossensten zählt der Karpfen; er ist nämlich sehr dumm" (I 10, 31). Was hier vorliegt, ist eigentlich ein Zitat in zweiter Potenz. Die Sentenz stammt letztlich aus dem Lehrgedicht ›Die Falschheit menschlicher Tugenden‹ von Albrecht von Haller, wo sie als korrekt alternierender Alexandriner: „Ins Innre der Natur dringt kein erschaffner Geist" lautet.[30] Ihre Bekanntheit im 19. Jahrhundert verdankt sie aber Goethe, der sie in seinem Spruchgedicht ›Allerdings‹ (im Zyklus der Weisheitsgedichte ›Gott und Welt‹) zitiert, um sich zugleich mit ihr (oder genauer: mit denen, die das von Hallersche Wort gedankenlos nachplapperten) polemisch auseinanderzusetzen. Der Anfang des Gedichtes lautet:

[30] Albrecht von Haller, Gedichte, hrsg. von L. Hirzel, 1882, S. 74.

> *„Ins Innre der Natur"* —
> O du Philister! —
> *„Dringt kein erschaffner Geist."*
> Mich und Geschwister
> Mögt ihr an solches Wort
> Nur nicht erinnern!
> Wir denken: Ort für Ort
> Sind wir im Innern.[31]

Die Tatsache dieser Zitat-Potenzierung ist in unserem Zusammenhang aber nicht so wesentlich, weil nicht anzunehmen ist, daß Dubslav (und vielleicht nicht einmal Fontane) sich dieses Umstandes bewußt ist. Auch ist es ohne weiteres deutlich, daß sich die objektive Weisheitssubstanz der Sentenz in ihrer Verwendung als Würze der Konversation sehr verflüchtigt hat, während sie sich auch der Form nach durch die Aufhebung des starren Alexandrinermetrums („Innere", „erschaffener") der Konversationsprosa angleicht. Aber was für ein erzählerisches Meisterstück subjektivierender Anschmiegung an die Geistesbeschaffenheit des Sprechenden! In diesem gleitenden Übergang der Begriffe: „das Innere" — „innerlich" — „verschlossen" — „dumm", und in der darin enthaltenen Wertsetzung spricht sich durch die Blume ganz das Wesen dieses geborenen Causeurs aus, der schon kurz vorher seine Vorliebe für nach außen gewandtes Menschentum auf eine geistreiche Formel gebracht hatte: „Schweigen kleid't nicht jeden. Und dann sollen wir uns ja auch durch die Sprache vom Tier unterscheiden. Also wer am meisten red't, ist der reinste Mensch" (I 10, 24). — Im selben Plauderstil wendet Dubslav sich gegen Bismarcks Meinung, daß Rotwein „das natürliche Getränk des norddeutschen Menschen" sei, und spricht seine Vorliebe für Mainwein und Bocksbeutelflasche aus. „Sehen Sie, meine Herren, verhaßt sind mir alle langen Hälse; das hier aber, das nenn' ich eine gefällige Form. Heißt es nicht irgendwo: ,Laßt mich dicke Leute sehn', oder so ähnlich. Da stimm' ich zu; dicke Flaschen, die sind mein Fall" (I 10, 83 f.). Natürlich hätte Fontane die Worte des Shakespeareschen Julius Cäsar — „Laßt wohlbeleibte Leute um mich

---

[31] Goethe, Jub. Ausg. 2, S. 259.

sein"[32] — auch genau wiedergeben können. Die betonte Ungenauigkeit („oder so ähnlich") suggeriert aber vorzüglich die lässige Behaglichkeit des Tischgesprächs. Dubslav gibt sich gar keine Mühe,
zu verhehlen, daß der genaue Wortlaut ihm nicht gegenwärtig ist.
Gerade durch diese Abweichung vom Wortlaut wird das Zitat zum
lebensechten Konversationselement.

In den vorigen Kapiteln konnten wir manchmal — etwa bei E. T.
A. Hoffmann und Immermann — der Ungenauigkeit im Zitieren
keinen positiven Sinn abgewinnen, und wir mußten folgern, daß sie
wohl nur auf der Sorglosigkeit des Dichters beruhe. Bei Fontane ist
es anders. Die Abweichungen vom Wortlaut sind so funktionell und
dabei so fein nuanciert, daß wir mit Gewißheit auf bewußte Dosie-
rung schließen können. Nur bei sehr aufmerksamem Hinhören lassen
sich indessen die psychologisch-stilistischen Gründe der jeweiligen
Abweichungen erraten. Ein kleines Meisterwerk der Integration
stellt folgender Gesprächspassus dar. Dubslav hat sich diskret nach
Woldemars etwaigen Verlobungsplänen erkundigt, aber dieser will
noch keinen Namen nennen, weil er seiner Sache noch nicht sicher
genug ist und weil er sein Glück nicht „verreden" will. Dem stimmt
der Vater bei:

„Brav, brav. Das gefällt mir. So ist es. Wir sind immer von neidi-
schen und boshaften Wesen mit Fuchsschwänzen und Fledermausflügeln umstellt, und wenn wir renommieren oder sicher tun, dann
lachen sie. Und wenn sie erst lachen, dann sind wir schon so gut wie
verloren. Mit unsrer eignen Kraft ist nichts getan, ich habe nicht den
Grashalm sicher, den ich hier ausreiße. Demut, Demut... Aber trotzdem komm' ich dir mit der naiven Frage (denn man widerspricht
sich in einem fort), ist es was Vornehmes, was Pikfeines?" (I 10, 63).

Das sind durchaus weltliche Überlegungen über ein ebenso weltliches Thema: Heirat und Gesellschaftsfähigkeit. Die Sprache hat
aber hie und da eine gewisse archaische Patina, und mit einiger Aufmerksamkeit spüren wir die Nähe des Lutherdeutsch und spezieller
die Anklänge an Luthers ›Ein feste Burg‹ heraus. „Mit unsrer eignen
Kraft ist nichts getan" ist offenbar freies Zitat nach der Anfangs-
zeile der zweiten Strophe: „Mit unser Macht ist nichts getan." Aber

[32] Julius Cäsar I, 2; Schlegels Übersetzung.

wie virtuos ist dieses Zitat atmosphärisch vorbereitet! Die „boshaften Wesen mit Fuchsschwänzen und Fledermausflügeln": das ist zunächst einmal bloß eine humoristische Versinnlichung des diesseitigmenschlichen, gesellschaftlichen Neides. Die Bildlichkeit gehört aber in den Bereich des spätmittelalterlichen und reformatorischen Teufelsglaubens, unwillkürlich denkt der Leser etwa an den Isenheimer Altar und an Luthers Tintenfaß. In Dubslavs Seele klingt hier bewußt oder unbewußt der Anfang der dritten Strophe des Reformationsliedes mit: „Und wenn die Welt voll Teufel wär, Und wollt uns gar verschlingen." Von eigentlichem Zitieren ist hier noch keine Spur. Aber über dem Sprechen gerät Dubslav noch stärker in Luthersches Fahrwasser, so daß der Schluß des folgenden Satzes „... so gut wie *verloren*" schon wörtlich den Schluß des zweiten Verses der zweiten Strophe „Wir sind gar bald verloren" aufnimmt. Erst dann folgt in leichter Abwandlung der ganze erste Vers der zweiten Strophe. Der Weg führt also vom assoziativen Anklang über den vereinzelten Zitatsplitter zum eigentlichen Zitat, wobei sich die Reihenfolge der Liedstellen genau umkehrt. Dabei ist die Verschmelzung mit dem Gesprächsduktus so stark, daß man leicht übersehen könnte, welche zitathafte Bewandnis es mit Dubslavs Worten hat. Aber diese Verschmelzung berührt uns gerade hier als höchst lebenswahr. Ein handschriftlicher Entwurf lautet: „Dubslav. In seinen politischen Anschauungen ganz Junker, Königthum, Lutherthum, Adel, Armee. Aber seine Ansichten sind doch erschüttert, ..."[33] Um seine Rechtgläubigkeit ist es nicht zum besten bestellt, er ist ein Skeptiker und ein aufrichtiger Verehrer des Alten Fritz, aber das „Luthertum" steckt ihm in Fleisch und Blut und färbt sein Denken und Sprechen. Wir dürfen ihm zutrauen, daß er die Verszeile „Mit unser Macht ist nichts getan" wörtlich wiedergeben könnte. Wir verstehen aber auch, daß er das eben nicht tut. Wörtliches Zitieren wäre hier zu aufdringlich und zu pathetisch. Weil es wirklich sein persönlicher Geistesbesitz ist, kann er frei mit dem Zitat schalten, er kann es dem Fluidum seines Sprechens und seiner leisen Ironie anpassen, es herabmindern und ins Weltliche umbiegen, ohne daß dies im minde-

---

[33] Vgl. Julius Petersen, Fontanes Altersroman, in: Euphorion 29, 1928, S. 55.

sten einen parodistischen Eindruck macht. Man vergleiche mit seiner
ironischen aber auch bescheidenen Herabminderung den sturen Ernst,
mit dem Katzler in seiner Wahlrede den Vers „Und wenn die Welt
voll Teufel wär" ins Politische umbiegt und der rechthaberische
Professor Cujacius das Luthersche „Hier steh ich" für sich selbst in
Anspruch nimmt (I 10, 222. 320). Dubslav ist kein „Hier steh ich"-
Mann, aber seine Skepsis ist auch nicht absolut und selbstgenügsam.
Sein Sinnieren über die kirchliche Lehre in den Tagen seiner letzten
Krankheit und in der Vorahnung des Todes zeugt von ehrlichem
Streben nach gültiger Einsicht. In diesem Zusammenhang funktio-
niert folgender kleiner Gedankenmonolog als ein köstlicher Stim-
mungsakkord. Dubslav sieht nach der Uhr mit dem Hippenmann
hinauf und zählt die Schläge. „Zwölf", sagte er, „und um zwölf ist
alles aus, und dann fängt der neue Tag an. Es gibt freilich zwei
Zwölfen, und die Zwölf, die da oben jetzt schlägt, das is die Mit-
tagszwölf. Aber Mittag! . . . Wo bist du Sonne geblieben!" (I 10,
440). Der Leser versteht den zugrundeliegenden Gegensatz von
Mittag und Mitternacht und die symbolische Verbindung mit Leben
und Tod, obgleich dies alles, in den verschwimmenden Umrissen
dieses Sinnierens, nicht mit ausdrücklichen Worten ausgesagt wird.
Jene symbolische Verbindung ist aber christliches Gedankengut, dem
Bewußtsein der Gläubigen fest eingeprägt. Wie sehr das alles hier
mitschwingt, bezeugt der Satz, in dem der kleine Gedankenmonolog
ausklingt. Die zweite Strophe von Paul Gerhardts Abendlied hebt
an: „Wo bist du, Sonne, blieben? / Die Nacht hat dich vertrieben, /
Die Nacht, des Tages Feind." Nirgends ist der beständige Übergang
von unbildlicher zu bildlicher Verwendung von Tag und Nacht so
kunstvoll durchgeführt wie gerade in diesem Kirchenlied. Wieder
zitiert Dubslav so verhalten, daß man fast über das Zitat hinweg-
liest. Und wieder hat die — hier minimal kleine — Abänderung
ihren guten Sinn. Die Hinzufügung der einen Vorsilbe zerstört das
Metrum, macht den Vers zur Prosa und assimiliert ihn dadurch
völlig dem Denken des Alten und der Prosa seines Gedankenmono-
logs.

In einem Aufsatz über den ›Stechlin‹ erblickt Julius Petersen das
Charakteristische von Fontanes Altersstil darin, „daß die meisten
Personen mehr oder weniger . . . in der ihrem Verfasser selbst eige-

nen Redeweise zusammentreffen; sie ist der einheitliche Grundton, von dem die feineren Schattierungen sich abheben. . . . Was Fontane die ‚Bummel- oder Geistreichigkeitssprache des Berliner Salons‘ nennt, ist die fast einheitliche Ausdrucksform seiner Gesellschaftsromane geworden — ein Instrument, das keine großen Intervalle, aber unendlich feine Modulationen hergibt."[34] Petersens Belege dafür betreffen dann freilich mehr den gemeinsamen Grundton als die individuellen Modulationen. Wie treffend richtig seine Bemerkung über letztere indessen ist, läßt sich an der Zitatverwendung im ›Stechlin‹ gut aufzeigen. Immer wieder, bei den Haupt- und auch bei den Nebenfiguren, muß man bewundernd feststellen, wie genau das Zitat und die Art seiner Verwendung ihrem Geiste und dem Habitus ihres Sprechens angepaßt sind. Professor Cujacius, der Peter-Cornelius-Enthusiast, ergeht sich in Invektiven gegen die moderne Malerei. „Der Zug (. . .) liegt jetzt neben den Schienen und pustet und keucht. Und ein Jammer nur, daß seine Heizer nicht mit auf dem Platze geblieben sind. Das ist der Fluch der bösen Tat . . . ich verzichte darauf, in Gegenwart der Damen das Zitat zu Ende zu führen" (I 10, 319). Das völlig nutzlose Abbrechen des ohnehin allbekannten und grundanständigen ›Wallenstein‹-Zitats wirkt als lächerliche Prüderie und entbehrt dennoch nicht eine gewisse schneidige Eleganz, die für des Professors gesamte Redeweise charakteristisch ist. — Als es durch seine Schuld zum Wortstreit mit dem nicht weniger rechthaberischen Musiklehrer Wrschowitz kommt, beantwortet dieser die Anspielung auf seine Nationalität mit den schlagkräftigen Worten: „Ich bin Tscheche. Weiß aber, daß es ein deutsches Sprichwort gibt: ‚Der Deutsche lüggt, wenn er höfflich wird' " (I 10, 407). Die Einstellung der Worte des Baccalaureus im ›Faust‹ („Im Deutschen lügt man, wenn man höflich ist"[35]) ist wieder genau dosiert und charakterisiert sowohl die aufgeregte Gesprächssituation wie den Ausländer, der in deutscher Literatur weniger Bescheid weiß. Mit dem Feststellen solcher individuellen Modulationen könnte man lange fortfahren. Dabei würde sich auch ein leiser Unterschied zwischen Stechlin- und Barby-Milieu, zwischen ländlicher

[34] Ebd., S. 68 f.
[35] Goethe, Faust II, v. 6771.

und städtischer Atmosphäre herausstellen. Gewiß, das Gemeinsame ist stärker als der Unterschied. Dennoch paßt die Formulierung „Bummel- oder Geistreichigkeitssprache" besser für Melusine und ihren Kreis als für Dubslav und seine Umgebung. Beschränken wir uns auf ein — letztes — Beispiel. Melusine gibt in einem Gespräch die spöttischen Worte eines kritischen Zunftbruders des Professor Cujacius über dessen stereotype Christusdarstellungen und fromme Geschäftstüchtigkeit wieder. „Seit fünfundvierzig Jahren malt er immer denselben Christus und bereist als Kunst-, aber fast auch schon als Kirchenfanatiker, die ihm unterstellten Provinzen, so daß man betreffs seiner beinah' sagen kann: ‚Es predigt sein Christus allerorten, ist aber drum nicht schöner geworden' " (I 10, 323). Die witzige Medisance setzt ein sehr feines Ohr des Gesprächspartners voraus! Man fragt sich: Woran klingt das doch an?, bis man sich etwas mühsam der Worte des Mephistopheles in der Schülerszene erinnert: „Das preisen die Schüler aller Orten, / Sind aber keine Weber geworden."[36] Beibehalten sind, neben dem syntaktischen Gefüge, der Reim und der Knittelvers, aber weil ersterer unrein und letzterer so prosanah ist, liest sich der Satz wie normale Prosa. Der eigentliche Inhalt des Zitats ist völlig verschwunden, und wir haben es wohl so zu verstehen, daß gerade in dieser Entleerung die salonfähige Feinheit der parodistischen Variation bestehen soll. Das Beispiel scheint mir besonders geeignet, um zu erhellen, was es mit der Fontaneschen Modulation der Redeweisen auf sich hat. Bei aller generellen Verwandtschaft wäre diese etwas überspitzte Geistreichigkeit etwa bei Dubslav Stechlin schlechterdings undenkbar!

In noch ausschließlicherem Sinne als in Fontanes frühestem Gesellschaftsroman geht die Bedeutung des Zitats in seinem spätesten Roman völlig in seiner Funktion als Gesprächselement auf. Die leitmotivische Funktion, schon in ›L'Adultera‹ rudimentär, hat das Zitat im ›Stechlin‹ ganz aufgegeben. Es ist eines der erzählerischen Mittel unter anderem, um „die Menschen so sprechen zu lassen, wie sie wirklich sprechen". Wir dürfen jetzt getrost zu dieser Formel zurückkehren, denn es wird inzwischen durch unsere Analyse deutlich geworden sein, daß sie nicht als Bekundung eines naiven und

---

[36] Goethe, Faust I, v. 1934 f.

unentwegten Realismus aufzufassen ist. Daß er seine Menschen sprechen läßt, wie sie wirklich sprechen, verhindert nicht, daß sie eminent Fontanisch sprechen. Thomas Mann hatte recht, als er ein von
Fontane auf Gottfried Keller gemünztes Wort auf Fontane selbst
anwandte und — in durchaus lobendem Sinne — urteilte, Fontane
habe „die ganze Gotteswelt seinem Fontane-Ton überliefert"[37]. Und
wir dürfen auch ruhig annehmen, Fontane wäre mit diesem Urteil
sehr einverstanden gewesen. Fontanes Realismus ist, wenn wir eine
bekannte Goethesche Unterscheidung auf ihn anwenden, keine „einfache Nachahmung der Natur", sondern „Manier" und „Stil" oder
etwas zwischen diesen beiden.

Die Aufgeschlossenheit des alten Fontane dem jungen Naturalismus gegenüber ist bekannt. In einer Besprechung der ›Familie Selicke‹ von Holz und Schlaf (1890) spricht er die Vermutung aus,
daß „diesen Stücken, die nach alter Anschauung eigentlich keine
Stücke sind", „diesen ‚Ausschnitten' aus dem Leben" — Übersetzung
von „tranches de vie" — doch die Zukunft gehören werde. Noch
mehr als dieses günstige Urteil selbst läßt die Begründung desselben
uns aufhorchen. Er endet seine Besprechung mit den Worten: „Denn
(!) es bleibt nun mal ein gewaltiger Unterschied zwischen dem Bilde,
das das Leben stellt, und dem Bilde, das die Kunst stellt; der Durchgangsprozeß, der sich vollzieht, schafft doch eine rätselhafte Modelung, und an dieser Modelung haftet die künstlerische Wirkung, die
Wirkung überhaupt. Wenn ich das kleine Lieschen Selicke bei Nach-
barsleuten im Hinterhause hätte sterben sehen, so ist es mir zweifelhaft, ob ich geweint hätte; dem kleinen Lieschen, das gestern auf der
Bühne starb, bin ich unter Tränen gefolgt. Kunst ist ein ganz be-
sondrer Saft."[38] Die für Holz' und Schlafs „konsequenten Naturalismus" festgestellte Eigenständigkeit der künstlerischen Formung dürfen wir in noch stärkerem Maße dem Fontaneschen „Realismus"
zusprechen. Es kam uns darauf an, die ganz eigenartige und neuar-

[37] Thomas Mann, Der alte Fontane, in: Adel des Geistes, 1945, S. 559.
[38] Hans Mayer, Meisterwerke deutscher Literaturkritik, Bd. 2, 1956,
S. 896. — Der Schlußsatz, frei nach ›Faust I‹, v. 1740, bietet uns zugleich
ein Beispiel für Fontanes Vorliebe für parodistisches Zitieren in seinem
essayistischen Werk.

tige realistisch-mimetische Kraft von Fontanes Zitierkunst aufzudecken, dabei aber auch die „rätselhafte Modelung", die das Kunstwerk erst zum Kunstwerk macht, ins volle Licht zu rücken.

Peter Demetz, Formen des Realismus: Theodor Fontane. Kritische Untersuchungen (Literatur als Kunst). München: Carl Hanser Verlag 1964, S. 115–145.

DER ROMAN DER GUTEN GESELLSCHAFT

Von PETER DEMETZ

a) Mondäner Ort. Entzauberte Reise. Gestellte Natur

Im Roman der guten Gesellschaft erfüllt sich, auf geradezu sprunghaft moderne Art, die instinktive Neigung des Genres zur Pragmatik, Nüchternheit und praktischen Anthropologie. Was ihm vorangeht, vom ›Lazarillo de Tormes‹ bis zu Wieland und Richardson, bleibt von Glanz und Ferne der Literaturgeschichte umwittert; erst mit Jane Austen öffnet sich eine epische Welt, die keiner Wörterbücher, Kommentare und nur sehr geringer historischer Einfühlung bedarf. Ich lese ›Pamela‹ (1740) in der Bibliothek, aber ›Emma‹ (1816) zum Vergnügen an Ferientagen. Der Zug ins Zivile, der im Roman der guten Gesellschaft mit einem Male zu dominieren beginnt, kündigt sich in der Theorie von fernher an; die Kategorien wechseln, aber die fundamentale Tendenz schlägt unverkennbar durch den Wechsel der Terminologien. Der gelehrte Bischof Pierre Daniel Huet, der erste Apologet des Romans, unterscheidet in seiner ›Traité de l'origine des romans‹ (1670) das neue Genre scharf vom traditionellen epischen Gedicht (les Poèmes): im Epos die Maschinerie, die Orakel, und die Eingriffe der Götter als unberechenbare Ursächlichkeit; im Roman aber „die genaue und treue Erzählung"[1]. Im epischen Gedicht die Hegemonie des Wunderbaren und geringe Wahrscheinlichkeit, im Roman aber gesteigerte Wahrscheinlichkeit und ein Gran Wunderbares. Im Epos die großen Geschehnisse (une action militaire ou politique)[2] und gelegentlich die Liebe; im Roman hingegen die Liebe als entscheidender Gegenstand, und nur gelegent-

---

[1] Pierre-Daniel Huet, Traité de l'origine des romans, hrsg. A. Kok (Amsterdam 1942), S. 116.

[2] Ebenda.

lich Krieg und große Politik.[3] Hegel hat, als er dem Epos die geschichtliche, dem Roman die private Welt zuwies, keine grundsätz-
lichere Scheidung getroffen. Gegen Ende des achtzehnten Jahrhunderts, da sich der neue Gesellschaftsroman mit Fanny Burney zu
emanzipieren beginnt, analoge Distanzierungen, aber an Stelle des
schon historischen Epos tritt das wuchernd-populäre Romaneske.
Der Roman (novel) wird nun, in Clara Reeves ›The Progress of Romance‹ (1785), nicht mehr vom epischen Gedichte, sondern von der
'romance', dem literarischen Territorium des Trivialromans, geschieden. In der 'romance' die „heroische Fabel" von „wunderbaren Personen und Dingen"; im Roman aber „ein Bild des realen Lebens (a
picture of real life) jener Epoche, in welcher der Roman entsteht"[4].
Im Romanesken eine hektische Sprache, die anzeigt, was nie geschah
und nimmer geschehen wird; im Roman die „vertraute (familiar)
Erzählung solcher Geschehnisse, die jeden Tag vor unseren Augen
vorüberziehen und unseren Freunden oder uns selbst geschehen mögen"[5]: sehr früh (obgleich nach Diderots ›Essai sur la peinture‹, 1765)
Nachdruck auf dem definitorischen Adjektiv 'real', das sich als besonders zukunftsträchtig erweisen soll. In Deutschland findet indessen Blankenburg in seinem ›Versuch über den Roman‹ (1774), in
dem sich der traditionelle Moralismus mit einem sehr modernen Historismus mischt, eine glückliche Formulierung, die ungewöhnliche
Einsicht verrät; der Romanschriftsteller, fordert Blankenburg, zeige
uns „die möglichen Menschen der wirklichen Welt"[6] — eine Forderung des Realismus, die, entscheidend verschärft, aber in analoger
Syntax, in Zolas ›Le Roman expérimental‹ (1881) wiederkehrt:
« faire mouvoir des personnages réels dans un milieu réel. »[7]

Im Roman der guten Gesellschaft vollzieht sich die lange ange-
kündigte Wendung ins Tägliche und Zivile mit einer bewunderns-
werten Ökonomie und Sparsamkeit der Mittel. Von geradezu büh-
nentechnischer Präzision der genau umschriebene Schauplatz: seine

[3] Ebd., S. 116—17.
[4] Clara Reeve, The Progress of Romance (London 1785), S. 111.
[5] Ebenda.
[6] Christian Friedrich von Blankenburg, Versuch über den Roman (Leipzig 1774), S. 257.
[7] Emile Zola, Le Roman expérimental (Paris 1909), S. 208.

Grenzen sind sehr eng gezogen; „alle Ausgänge sind geschlossen" (Edwin Muir)[8]. Das erzählerische Interesse richtet sich allein auf den mondänen Ort, an dem man nicht arbeitet und handelt, sondern gesellig spricht: Salons, Ballsäle, Speisezimmer, Veranden; geschlossene, nicht offene Räume, rein, ohne Gedränge und Geruch, und die Dienerschaft so selbstverständlich im Hintergrund, daß man von ihr schweigen darf. Die literarische Geographie des mondänen Ortes gründet sich auf die empirische Demographie der guten Gesellschaft: kleine Orte in der näheren Umgebung Londons mit reger Verbindung zur Hauptstadt, nach Bath und Brighton (Jane Austen); vornehme Residenzen am Russell Square, die Güter des Landadels, selbst das aristokratische Chelsea (Thackeray); die über das flache Land verstreuten Villen der Großgrundbesitzer und die eleganten Empfangszimmer und Restaurants Moskaus (Tolstoj); die 'Hôtels' der Aristokratie und die Salons des Faubourg St-Germain (Octave Feuillet); Landhäuser bei Boston und Stadtresidenzen in Paris, Florenz, London (Henry James); bei Paul Lindau und Fontane die eleganten Wohnviertel Berlins, Tiergarten, Nähe Schloß, Westen, von denen sich die Wohnorte der dubiosen Kleinbürger (Tieckstraße 27a) ironisch abheben: nur in ›Graf Petöfy‹ die Wiener und ungarische Topographie, leblos, aus dem Reisehandbuch. Es ist, von Jane Austen bis Fontane, die Welt der „richtigen Adresse". Erzähler und Leser sind über das gesellschaftliche Normensystem verständigt; sie kennen die Schichtungen, Abweichungen und Nuancen; es bedarf allein der Anspielung, nicht der ausführlichen Beschreibung und Lokalfarbe. Thackeray weiß genau, daß seinem Leser der Aufriß eines eleganten Londoner Hauses vertraut ist (die Küche unten; der Salon im Parterre; darüber die Schlaf- und Kinderzimmer) und darf deshalb seine Topographie in einem Spiel entfalten, in dem er das Komische, das Mondäne und das Idyllische geradezu nach Stockwerken lokalisiert;[9] und wenn eine einst elegante Familie vom Russell Square in die Vorstadt Brompton übersiedelt (wie die armen Sedleys in

---

[8] Edwin Muir, The Structure of the Novel (New York 1929), S. 59.

[9] Vgl. W. M. Thackeray, Vanity Fair (London 1848), Kap. LXI. Ähnliche Fragen werden auch von Virginia Woolf in ›Mr. Bennett and Mrs. Brown‹ (London 1924), S. 11—12 aufgeworfen.

›Vanity Fair‹) kündigt sich darin eine Tragödie an, welcher Erzähler und Leser auszuweichen suchen; das happy end (identisch mit dem Status quo ante) wird durch die neuerliche Übersiedlung in die Stadtmitte gesichert. Der Erzähler vergeudet seine Energie nicht (wie der dingbesessene Balzac in seiner Beschreibung der Pension Vaucquer) an Individualität, Architektur, Lokalfarbe; das Gesellschaftliche, nicht das Vereinzelte, bleibt das Entscheidende; deshalb genügt es, die Straße oder das Stadtviertel zu nennen; damit ist der Ort hierarchisch bestimmt. Max Tau meint, aus der epischen Art Fontanes, den Wohnort seiner Berliner Heldinnen nur eben anzudeuten, auf ein assoziatives Grundgesetz seiner Arbeit schließen zu dürfen.[10] Ich fürchte, die stenographische Kürze der Adresse ist nichts als literarische Konvention, die tief ins Jahrhundert zurückreicht.

Der Roman der guten Gesellschaft besitzt (im Gegensatz zum historischen und romanesken Roman) eine ausgeprägte Antipathie gegen Ortswechsel, Szenenänderung, ungewisses Reisen. Der eine mondäne Ort wird so rasch wie möglich gegen den anderen eingetauscht; von London reist man nur nach Brighton oder unternimmt die traditionelle Rheinreise (wenn man nicht, wie Trollopes reiche Pastoren, eine Villa in Lausanne mietet); von Berlin reist man nur nach Schwalbach, Baden-Baden oder (ein wenig unter dem Niveau) in den Harz. Die Reise selbst, die den älteren Erzähler so fesselte und zum Verweilen lud, wird als bedauernswerte Störung empfunden. Das gesellschaftliche Ritual ist, leider, für eine Zeitlang außer Kraft gesetzt, und die Natur nur von sehr geringem Interesse; die bekannten Orte bedürfen der Schilderung nicht, und das Unbekannte und Überraschende bleibt, da es das gesellschaftliche Ritual bedroht, mit schonender Absicht ausgespart. „Es ist nicht das Ziel dieses Buches", meint Jane Austen sehr trocken in ›Pride and Prejudice‹ (1813), „eine Beschreibung Derbyshires zu bieten noch irgendeines jener bemerkenswerten Orte, durch welche der Weg der Reisenden führte: Oxford, Blenheim, Warwick, Kenelworth, Birmingham, etc. sind genügend bekannt."[11] Ich glaube, Jane Austen ist sich durchaus bewußt, wie sehr

[10] Max Tau, Der assoziative Faktor in der Landschafts- und Ortsdarstellung Theodor Fontanes (Oldenburg 1928).

[11] Jane Austen, Pride and Prejudice, hrsg. R. W. Chapman (London 1952), S. 240.

sich ihr mangelndes Interesse von Neigungen ihrer Vorgänger, vor allem im Trivialroman, unterscheidet. In ›Northanger Abbey‹ (1818), zum Teil angelegt als Parodie der überlebten Romanform, wird gerade die Darstellung der Reise, die ohne hektische Ereignisse verläuft, zum Angriff gegen das Sentimentale, das „Gothische" und das falsche Überraschende genützt. „Die Reise verlief", meint die kühle Erzählerin, „friedlich wie es sein soll und in ereignisloser Sicherheit. Weder Räuber noch Stürme drängten sich an unsere Reisenden; noch schlug der Wagen auf so glückliche Art um, daß der Held der Geschichte sogleich seine Aufwartung machen durfte. Nichts Schlimmeres geschah, als daß Mrs. Allen fürchtete, einmal ihre Pantoffeln in einem Wirtshause vergessen zu haben, und diese Besorgnis erwies sich, zum Glück, als grundlos."[12] Bei Jane Austen und Fontane fährt man ab und kommt an; die Reisen fallen, wie auf der Komödienbühne, in die Pausen; selbst dort noch, wo die Reise für die Entwicklung der Figuren von Bedeutung ist, wie in Fontanes ›Cécile‹, vermag sie keinerlei besondere Aufmerksamkeit zu erregen. Der Erzähler begnügt sich, wie Jane Austen, mit einer sachlichen Aufzählung der Orte und ganz wenigen landschaftlichen Markierungen: „Und nun wurde das Signal gegeben, und die Fahrt ging weiter über die Havelbrücken hin, erst über die Potsdamer, dann über die Werdersche. Niemand sprach..." (II 143) „in immer rascherem Fluge ging es erst an Brandenburg mit seiner Sankt Godehards Kirche, dann an Magdeburg und seinem Dome vorüber. In Oschersleben schloß sich der Leipziger Zug an... Das Land, das man passierte, wurde mehr und mehr ein Gartenland, und wie sonst Kornstreifen sich über den Ackergrund ziehen, zogen sich hier Blumenbeete durch die weite Gemarkung" (II 144—45). Ortsnamen, jeder mit seiner Kirche als Sehenswürdigkeit; ein landschaftlicher Kontrast ohne Farbe: das ist alles so eintönig, daß es die Monotonie des Reisens suggeriert. „Niemand sprach" ... nichts Problematischeres darf in der mondänen Welt geschehen. Die Reise erweist sich als unwillkommene Unterbrechung des gesellschaftlichen Daseins; nur die 'Excursion' oder 'Landpartie', in der sich, im wahrsten Sinne des Wortes, ein Gesellschaftskreis 'geschlossen' auf Reisen begibt, bleibt

[12] Austen, Northanger Abbey, hrsg. R. W. Chapman (Oxford 1923), 19.

episch interessant. Überblickt man die epischen Konventionen, heißt
das: die Reise, eines der erregendsten Momente des alten Trivialromans, wird ihrer Überraschungen, ihrer 'Romantik' beraubt; auf
ihre Weise entheroisiert, wird sie in der Landpartie in eine wiederholbare gesellschaftliche Funktion verwandelt.

Die Kehrseite der Konzentration auf die genau umrissene Bühne
der Gesellschaft zeigt sich in dem traditionellen Desinteresse an der
Natur, vielgestalten Landschaften, geheimen Zusammenhängen von
Natur und Menschen. Im Romane der guten Gesellschaft überlebt
der klassizistische Humanismus auf besondere Art: deutsche Wälder,
magische Schluchten, ragende Gebirge sind dieser Form ebenso wesensfremd wie der anakreontischen Lyrik; nur die Ratlosen, Irren-
den und Abwegigen dürfen in problematischer Einsamkeit in Garten
oder Park ihren trüben Gedanken nachhängen, ehe sie in die hell-
erleuchteten Räumlichkeiten, in den Kreis des 'status quo' zurückkehren und dort ihren Seelenfrieden finden. Die englischen Romantiker haben diese klassizistische Sympathie für die gesellschaftliche
Norm und die damit verbundene Antipathie gegen die wuchernd-
organische Natur instinktiv erfühlt. Wordsworth, der poetische Denker der Seen und Hügel, bemühte sich nicht, seine Abneigung gegen
Jane Austen zu verhehlen.[13] Charlotte Brontë, die in ihren Romanen auch vor bewegenden Leidenschaften nicht zurückschreckte,
klagte in einem berüchtigten Brief an George Henry Lewes über die
Enge und Beschränktheit Jane Austens: „alles ist [sagte sie] ein
sorglich umzäumter und sehr gepflegter Garten, mit reinlichen Rän-
dern und feinen Blumen; nirgends aber der Anblick einer helleuch-
tenden, lebendigen Physiognomie, keine weithinrollende Landschaft,
keine frische Luft, kein blauer Hügel . . ."[14] Selbst das ist noch tolerant, sobald man sich mit dem Texte selbst beschäftigt: die Erzählerin hat, in ›Pride and Prejudice‹ etwa, selbst für Garten und Park
nur geringes Interesse. Sie spricht, in Andeutungen, über Ausmaß
und Lage, über Hecke und Zaun, den Spazierweg, den man wählen
darf. Wie in Stendhals ›Le Rouge et le Noir‹ fehlt auch bei ihr jede

---

[13] Vgl. Ian Watt in seiner ›Introduction‹, Twentieth Century Views:
Jane Austen (Englewood Cliffs 1963), S. 3. Nach Sara Coleridge.
[14] Vgl. Ian Watt, Introduction, S. 4.

individualisierende Einzelheit: mit der Ausnahme einer 'Lorbeer-hecke'[15] wird weder Blume noch Baum bei Namen genannt. Das Ganze bleibt schematisch, abstrakt, ohne organische Nuance; nur die Pfosten des Zaunes sind als 'grün'[16] bezeichnet — Gras, Gebüsch, Gezweig sind gestalt- und farblos. An einem einzigen Tage nur blickt Elisabeth in die weite Landschaft, aber auch das geschieht durch das Fenster aus dem Inneren des Hauses. Jede Unmittelbar-keit fehlt; es scheint der Erzählerin nur bemerkenswert, daß sich die Perspektive ändert, je nachdem man von Zimmer zu Zimmer wan-delt und den gleichen Blick wiederholt: "as they passed into other rooms, these objects were taking different positions."[17] Aber selbst die Blicke durch Fenster sind nur deshalb erzählenswert, weil Elisa-beth die Werbung Darcys (dem Haus und Park gehören) zunächst abgelehnt hat, und die 'objects' (Fluß, Baum, Tal) ihren intimen, aber auch gesellschaftlichen Verlust im Augenblick nur bestätigen.

In Fontanes Gesellschaftsroman ergreift ein klassizistisches Tem-perament die ihm gemäße Form. Das Gesellschaftlich-Normative, nicht das Organisch-Gewachsene beschäftigt den Erzähler; wo er sich dennoch bemüßigt fühlt, Natur und Landschaft zu entfalten, tut er es ohne tieferes Interesse und gegen sein Talent. Er selbst hat sich über die üblichen Landschaftsschilderungen sehr skeptisch ausge-sprochen: „Eine Sonne auf- oder untergehen, ein Mühlwasser über das Wehr fallen, einen Baum rauschen zu lassen, ist die billigste lite-rarische Beschäftigung, die gedacht werden kann ... [sie] gehört zu den Künsten, die jeder übt und die deshalb längst aufgehört haben, als Kunst zu gelten; [sie] wird bei der Lektüre von jeder regelrech-ten Leserin einfach überschlagen und in neunundneunzig Fällen von hundert mit völligem Recht, denn [sie] hält den Gang der Erzäh-lung nur auf" (1873).[18]

Patriotische und heimatkundlich interessierte Leser Fontanes sind selten bereit, den Text selbst zu befragen; sie sind bezaubert von der heimischen Lokalität, die sie in seinen Arbeiten wiederfinden, und

[15] Austen, Pride and Prejudice, S. 155.
[16] Ebenda.
[17] Ebd., S. 246.
[18] Fontane: Schriften zur Literatur, S. 63.

vergessen darüber die nüchterne Frage zu stellen, wie denn Landschaft und Schauplatz literarische Gestalt gewinnen. Ich glaube, es wäre sehr schwierig, die Vorherrschaft der nuancierten Lokalfarbe (wie bei Balzac oder Dickens) aus dem Texte seiner Gesellschaftsromane zu belegen. Nur in ›Grete Minde‹, einer der Kriminalgeschichten, sind (in der Nachfolge Storms) ausgedehnte und eindrucksvolle Naturschilderungen zu entdecken;[19] selbst in den ›Wanderungen‹ schlägt Natur und Landschaft sogleich in Geschichte und Sehenswürdigkeit um; und im eigentlichen Gesellschaftsroman arbeitet Fontane, wie Max Tau textkritisch dargelegt hat, mit einer Technik 'gestellter' Landschaften und wiederkehrender Motive, die der Individualisierung des Landschaftsbildes entscheidend entgegenwirken.[20] Wie Elisabeth in Jane Austens ›Pride and Prejudice‹ steht auch der Beobachter in Fontanes Gesellschaftsroman außerhalb der Landschaft und blickt auf ein Bild, oder in eine Szenerie, die sich ihm bühnengerecht, wie ein Guckkasten, auftut; auch die Landschaft ist zu einem 'Zimmer' gemodelt. „Nun aber war man oben und sah in die Landschaft hinaus. Was in der Ferne dämmerte, war mehr oder weniger interesselos; desto freundlicher aber wirkte das ihnen unmittelbar zu Füßen liegende Bild: erst das Gasthaus, das mit seinem Dächergewirr wirklich an eine mittelalterliche ‚Burg Rodenstein‘ erinnerte, dann weiter unten der Fluß, über den links abwärts ein schlanker Brückensteg, rechts aufwärts aber eine alte Steinbrücke führte" (II 227—28). Vordergrund und Hintergrund, links und rechts sind präzise unterschieden. Fontane macht, wie Max Tau bemerkt, „Aussagen über Landschaftszeichnungen und Landschaftsgemälde"[21], und fügt, sobald das optische Bild entworfen ist, in der Regel einige akustische Details hinzu. „Links hin lagen die Häuser und Hütten in der malerischen Einfassung ihrer Gärten, während nach rechts hin ... der Hochwald anstieg, auf dessen Lichtungen das Vieh weidete. Das Geläut der Glocken tönte herüber, und dazwischen klang das Rauschen des über Kieselgeröll hinschäumenden Flusses" (II 222).

---

[19] Vor allem in Kap. 12 („während Mückenschwärme wie Rauchsäulen über ihnen standen").

[20] Tau, Der assoziative Faktor, S. 11—12.

[21] Ebd., S. 11.

Diese abstrakte Symmetrie von links und rechts, von Optik und Akustik, wird noch unterstützt durch bereitwillig wiederkehrende Motive: Rittersporn und Dill in allen Gärten; roter Ampfer und Ranunkel auf allen Wiesen; Segelschiffe, die Morgendämmerung belebend; und die Wasservögel streichen, im Harz, in Ungarn, in Tangermünde und in Wuthenow aus dem immer gleichen Schilf.[22] Fontane ist kein Dichter der Landschaft — aber er soll es auch gar nicht sein. Die Konventionen der Form, in der er sein besonderes Talent glücklich verwirklicht, lieben den Menschen im Kreis mit anderen Menschen, aber außerhalb der grünenden Natur.

b) Das Vornehme. Kleinbürger und Pedanten

Die helle Enge des Schauplatzes, die Abneigung gegen häufigen Ortswechsel und wuchernde Natur folgt aus dem Interesse der Form für eine bestimmte gesellschaftliche Sphäre, die, energisch aus der empirischen Vielfalt der Welt gelöst, durch ein System von Ein- und Ausschlüssen des Erzählenswerten gefiltert wird. Die traditionelle Unterscheidung von Bürger und Adel (wie sie in der deutschen Literaturgeschichte erscheint) ist wenig geeignet, nuancierte Unterscheidungen zu treffen; ich bin geneigt zu glauben, die 'gute Gesellschaft' des internationalen Romans sei nicht sosehr eine starre soziologische als vielmehr eine bewegliche ästhetische Kategorie, die sich allerdings mit lokalen soziologischen Elementen maskiert. Konstitutiv bleibt die Möglichkeit und Freiheit in einem von der Norm bestätigten, vorbildlichen, wünschenswerten 'Stil' zu leben: Urbanität, Bildung, Witz, 'Form'; das alles bedarf eines gesicherten Bereiches ohne Gedränge, Masse und Druck. Vielleicht sind die literarischen 'gens du bon ton' zunächst negativ zu umschreiben. Sie zählen weder zu den höchsten Spitzen der Aristokratie, die sich unmittelbar um Thron und Altar scharen, noch stehen sie (das wird besonders bei Fontane sichtbar) im bedrängten Schatten wirtschaftlicher Interessen, Verhältnisse und Arbeiten. Schwebend zwischen dem fernen, aber gefährlichen Glanz des Hofes und dem befleckenden Dunkel der öko-

[22] Ebd., S. 114—30.

nomischen Unterwelt, halten sie sich frei für Stil, Heiterkeit und spielerische Eleganz. Man kassiert Renten, Mitgiften, Erbschaften, oder empfängt die Abrechnungen des Gutsinspektors; die schöne Arbeitslosigkeit ist weder von Streik noch von Baisse bedroht. Friedrich Theodor Vischer, der sich über diese Romanwelt einige Gedanken machte, kam jedenfalls in seiner *Ästhetik* zu dem geistvollen Schluß, daß literarische Bemühungen solcher Art dem Interesse entsprängen, „etwas der erhabenen Tätigkeit der Heroen im ursprünglichen Sinne Ähnliches als Stoff zu ergreifen" und „ein Äquivalent in der feinsten Bildung und freiesten Lebensbewegung, wie sie den bevorzugten Ständen sich öffnet, zu schaffen" (Par. 881). Diese Dichtart, meint er, „war ein verspäteter Versuch, auf der Linie des Epos zu bleiben: das Heroische soll als das Vornehme konserviert werden" (Par. 881).

Soziologisch ist das Vornehme reich nuanciert und durchaus nicht uniformer Art. In der Welt Jane Austens dominieren die guterzogenen Gentlemen und Ladies bürgerlicher Herkunft. Sie sind dem wirtschaftlichen Druck schon entronnen und zehren von ihren Renten und Erbschaften, aber die problematische Verwandtschaft bleibt noch im Handel tätig und den jungen Erbinnen entsteht daraus manche Herzensnot. In Thackerays ›Vanity Fair‹ sind die bürgerlichen Verhältnisse verhüllt, aber nicht ganz unsichtbar: die hohe Aristokratie erscheint sittenlos, dekadent, überaltert; das eigentliche Interesse gilt den wohlhabenden Familien der City-Kaufleute, jüngeren Söhnen der 'gentry', Offizieren; der eigentliche Held der Geschichte, Major Dobbin, entstammt leider dem Kramladen und wird von den Snobs gründlich verachtet. In einer noch von der feudalen Landwirtschaft mehr als von der industriellen Produktion bestimmten Zivilisation bleibt Fontane bemüht, seine eigentliche Sphäre dem Bürgerlich-Ökonomischen zu entrücken; die Sympathie des Romanschriftstellers, nicht immer des preußischen Untertans, gilt vor allem dem Landadel und den adeligen Angehörigen des Offizierskorps und der höheren Bürokratie: hochgebildeten, feinnervigen, nervösen Grafen, Baronen oder Gesellschaftsdamen wie Lewin von Vitzewitz, Schach von Wuthenow, Melanie von Caparoux, Graf Adam Petöfy, Effi von Innstetten, Graf Holk von Holkenäs, Baronin Christine von Arne, Therese von Poggenpuhl, Baron Botho von

Rienäcker, Graf Waldemar von Haldern, Cécile von Zacha, Dubslav von Stechlin und Melanie von Barby. Jene Frauen und Mädchen, die nicht zu dieser von schönem Lichte überglänzten Welt gehören, wie die robuste Pittelkow, Lene, die Leidende, Stine, das süße Berliner Mädel, sind der höheren Welt in ihren intimsten Erfahrungen verbunden; nicht um ihrer selbst willen, sondern in ihrem Verhältnis mit und zur höheren Gesellschaft treten sie in Fontanes Figurenkreis. Gewiß: auch bürgerliche Figuren treiben ihr Spiel: aber, um Erich Auerbachs fruchtbare Wendung zu brauchen, Fontane kann sich mit ihnen nicht 'allen Ernstes' beschäftigen. Der Künstler Fontane hat seine echte Heimat nur dort, wo man einen 'Chablis' von einem 'Pommard' unterscheiden kann; dort, wo man seine Mahlzeiten mit ererbten schweren Silbergabeln zum Munde führt. Sobald er sich den bescheideneren bürgerlichen Sphären nähert, wird Fontane zum Humoristen (das trübe Bürgerliche bedarf offenbar des verklärenden Humors) oder er attackiert das Vulgäre, schonungslos und ohne Rücksicht. Diese Haltung tritt zum ersten Male im berüchtigten Hulen-Kapitel (40.) in ›Vor dem Sturm‹ (1878) zutage. Im Gegensatz zur ernsthaft-substantiellen Welt der Junker erscheint der Lebensbezirk der Berliner Bürger und Kleinbürger in schäbigen, ja lächerlichen Gestalten; das ganze Kapitel, Fontanes erste Darstellung kleinbürgerlicher Lebensformen, ist als Travestie eines aristokratischen Banketts konstruiert; man putzt die Messer am Tischtuch, legt artistische Empfindsamkeit an den Tag, indem man ein Straßburger Münster aus Pappe bewundert, und delektiert sich zuletzt an Hering und Kartoffelsalat. Fontane, der Speisenfolgen nur sehr selten nennt, verurteilt diese Gesellschaft durch das bloße Menü.

›Frau Jenny Treibel‹ (1893) bietet dem Leser die versöhnlich gestimmte Komödie des 'Gründer-Parvenu': Frau Treibels Villa ist ja, man erinnert sich, allzu eng an den Fabriksbetrieb gebaut; wenn gerade windiges Wetter herrscht, muß Frau Jenny alle Gesellschaften absagen, denn der Geruch der Chemikalien ist allzu deutlich fühlbar — die Tatsache, daß der politisch interessierte Kommerzienrat in der Hauptsache patriotisches 'Preußischblau' fabriziert, mindert den üblen Geruch leider ganz und gar nicht. Zuletzt, im ›Stechlin‹ (1898) kehrt Fontane noch einmal zu seiner unversöhnlichen Attacke gegen das kommerzielle Bürgertum zurück. Die von Gundermanns, Mann und Frau, behandelt er (trotz oder eben wegen des erst unlängst erworbenen Prädikats) mit frostiger Verachtung. Während des Banketts auf Schloß Stechlin weiß Frau von Gundermann kein besseres Gesprächsthema als die Millionen Ratten in den Kanälen von Paris (nur Dubslav verhindert ein weiteres Eingehen auf die Interessen Zolascher Romankunst); Herr von Gundermann, Mühlen- und Sägenbesitzer, wiederum weiß, sobald er sich an einer der geistvollen Konversationen beteiligen will, nur eine einzige Phrase von sich zu geben: das ist „Wasser auf die Mühlen der Sozialdemokratie" (GW, 1/10, 29). In einer Gesellschaft, in der Menschlichkeit identisch ist mit brillanter Konversationskunst, charakterisiert ihn das monotone Cliché (eine übrigens töricht schiefe Metapher) als ein Wesen unterhalb der Schwelle jeglichen Menschentums; er, von Gundermann, nicht der berühmte Apotheker in ›Effi Briest‹, ist der eigentliche Joseph Prudhomme der Fontaneschen Welt. Jedenfalls hat Fontane nur sehr selten versucht, die wenig elegante Welt des Bürgertums in künstlerisch-sachlichem Ernste zu gestalten. Bezeichnend genug, daß ›Mathilde Möhring‹ (1891) und ›Allerlei Glück‹ (1876—79) Fragmente geblieben sind. Als ob Fontane selbst gefühlt hätte, daß es nicht seine Sache war, in die Welt der Bürgerstuben, Büros und Kramläden hinabzusteigen, ließ er seine konsequent „realistischen" Romane im Entwurf liegen — nicht er selbst, die Verwalter seines Nachlasses haben die Skizzen publiziert.

Fontane also, ähnlich wie die Schriftsteller des siebzehnten und achtzehnten Jahrhunderts, glaubt noch nicht an die artistische Würde der Arbeitswelt, wie sie das neunzehnte Jahrhundert so hartnäckig rühmte und zum Gegenstand epischer Studien erhob: nichts liegt Fontane ferner, als im Sinne Julian Schmidts „das deutsche Volk bei der Arbeit" zu suchen oder gar, wie es Gustav Freytag in ›Soll und Haben‹ (1855) getan, die Tüchtigkeit der arischen Großhandelsfirma Schröter und Co. im Konflikt mit der jüdischen Konkurrenz zu heroisieren. Schöne Menschlichkeit entfaltet sich in Fontanes Welt immer noch jenseits täglich plagender Pflichten; Beruf, geregelte Tätigkeiten, alltägliche Verrichtungen führen notwendig in die Enge, in eine bedauernswerte Verengung, in die häßliche Verbildung des menschlichen Charakters. Diese klassizistisch-höfische Abneigung des Künstlers Fontane gegen die alltägliche Arbeitswelt geht so weit, daß sie auch die Sphäre intellektueller Bemühungen erfaßt: — dort nämlich, wo der freie Intellekt am Zügel täglicher Plackerei liegt; dort, wo man den Notwendigkeiten eines Berufes genügt; dort, wo der ursprünglich freiwaltende Geist zum Spezialistentum hinabsinkt. Deshalb bei Fontane die vielen komischen Intellektuellen- und Gelehrtenfiguren, die sich merkwürdig abheben von den mit heroischem Ernste dargestellten Figuren gleichen Berufs bei den Jungdeutschen, bei Freytag oder Friedrich Spielhagen. In der ›Verlorenen Handschrift‹ (1864) präsentiert Gustav Freytag, im Geiste der Epoche, den hochspezialisierten Akademiker Werner als eine 'ernste' Figur, die, der Sympathie des Lesers gewiß, heroisch-melodramatische Abenteuer bestehen darf. Fontane, ganz im Gegensatz zu seinen Zeitgenossen, glaubt noch daran, daß der Spezialist (als Gegenbild des honnête homme) nicht gesellschaftsfähig sei, und präsentiert seine Historiker, Gelehrten und Kunstsachverständigen als aufgeblasene Kampfhähne, skurrile Figuren mit böhmischem Akzent, oder, wie den Historiker Eginhard aus dem Grunde, als närrische Steckenpferdreiter.

In der Figur dieses Historikers (›Cécile‹) reicht noch die alte Standessatire in die Welt des Gesellschaftsromans; Fontane, der Autodidakt und geprüfte Apotheker (dem es seit je der traditionellen Ehrerbietung vor Gymnasium, Professor und Universität ermangelte) kontrastiert das Enge, Verschrobene und Törichte mit der mondänen Urbanität eines feinsinnigen Kreises, in dem „aller historischer Notizenkram einen höchst geringen Rang behauptete" (II 204). Die Unzulänglichkeiten des Gelehrten verraten sich in der Kleidung; wie eine Figur aus dem ›Simplizissimus‹ trägt er „ziemlich defekte Gamaschen und eine Manchesterweste, deren Schöße länger waren als seine Joppe, dazu Strippenhaar, Klapphut und Hornbrille". Ihm fehlt die selbstverständliche Eleganz und in ihr die Einheit der Person; „seinem unteren Menschen nach", meint der Erzähler, „hätte man ihn ohne weiteres für einen Trapper, seinem oberen nach ebenso zweifellos für einen Rabulisten und Winkeladvokaten halten müssen" (II 152). Schlimmer noch: seine Wissenschaft ist nichts als Steckenpferd und Pedanterie; er versucht die Entwicklung der deutschen Geschichte nicht von den Hohenzollern, sondern von den Askaniern herzuleiten. Das ist sein einziger Gesprächsstoff; in einer

Sphäre des frei entfalteten Geistes ist es ein merkwürdiger Ehrgeiz, ein 'Spezialissimus' (II 212), und nichts als das, zu sein. Der Philosemit Fontane hat die Gelehrtenkarikatur durch ein antisemitisches Element gefärbt: der Pedant, der sich *Eginhard aus dem Grunde* nennt, gesteht nämlich, aus anderen Weltrichtungen zu stammen: „mein Urgroßvater kam glaubenshalber aus Polen und hieß ursprünglich Genserowsky" (II 211); deshalb die „beständigen Gestikulationen" (II 152)? Erst in der Zeichnung des Malerprofessors Cujacius (›Stechlin‹) macht sich Fontane von diesen groben und sehr problematischen Mitteln frei. Zwar ist auch hier noch die Kleidung von Bedeutung; der alternde Cujacius trägt, seit seinen fernen Romtagen, „ein[en] Radmantel" und einen „Kalabreser von Seidenfilz" (GW I 10, 321); er wird aber der Gesellschaft vor allem deswegen zur Last, weil er sich jedermann überlegen fühlt und kleine Fehler mit barbarischer Rücksichtslosigkeit korrigiert. Er verletzt die gute Lebensart; nichts ist schwerwiegender als die Warnung Melusinens vor dem Eintritt ins Haus: „er wird über Kunst sprechen; bitte, widersprechen Sie ihm nicht; er gerät dabei so leicht in Feuer oder in mehr als das" (GW I 10, 317). Ein ferner Abglanz der höfischen Haltung liegt noch über diesen Worten, die den gelehrten Barbaren an die Peripherie der Menschheit verweisen.

c) Das Szenische. Tugenden des Gesprächs
Stil der Konversation. Ereignis und Figur. Zeitroman

Das Szenische dominiert im historischen wie im Gesellschaftsroman, aber die analoge Struktur funktioniert auf andere Art. Sie hat andere Wünsche zu erfüllen. Der historische Roman befreite sich durch das Szenische von den Beschränkungen der panoramatischen Methode: — das Szenische war das 'Realere', in dem der vergangene Charakter, nicht nur der problematische Erzähler, zu authentischem Worte kam. Der Gesellschaftsroman leitet sich nicht zuletzt vom Briefroman her; das Szenische, ja Dramatische, das in ihm zur Vorherrschaft gelangt, beschwichtigt nicht sosehr die skeptische Frage nach der Glaubwürdigkeit des Erzählers als vielmehr das instinktive Verlangen nach dem Menschen als redendem Wesen: dort richtete sich das Szenische gegen den berichtenden Erzähler, hier gegen die Brechung der Realität im Brief. Dem Gesellschaftsroman geht Richardson als erster Meister der häuslichen Erzählung voran; er war, wie Walter Scott bestätigte, vielleicht der erste, der sich, in „dieser Entwicklungslinie der fiktiven Erzählung des romanesken Mummenschanzes" begab und unmittelbar zu „den echten Leidenschaften des menschlichen Herzens" sprach;[23] er verachtete „die Stelzen des Bombasts" und vertraute „dem Gang der Natur".[24] Aber die briefliche Epik besaß ihre Tugenden und Untugenden; je mehr man dem Vorbilde folgte, desto freundlicher traten die Grenzen des Epistolarischen hervor; die Konvention, die die Mitteilung zunächst förderte, wurde zur Fessel. Scott bestimmte Soll und Haben dieser Erzählweise mit der nüchternen Genauigkeit des Praktikers. Dem Briefschreiber, meinte er, ist alles jüngste Vergangenheit (recent), alles ist reich an Detail, frisch, eben geschehen, unmittelbar lebendig — aber zugleich ist alles allzu nah, der faszinierende Blick trifft keine Unterscheidungen zwischen Vordergrund und Distanz;[25] der Briefschreiber bleibt der Gefangene des eben verflossenen Augenblicks, der ihm die Sicht in die Zukunft verstellt.

Die besondere Fruchtbarkeit des brieflichen Erzählens ruht allerdings in der vielgestaltigen Entfaltungsmöglichkeit der individuellen Charaktere. Sie dürfen das gleiche Geschehnis in ihren Mitteilungen polyperspektivisch reflektieren und ihre ganze Natur in steter Nuancierung enthüllen — das heißt aber auch, meint Scott, daß die Geschehnisse selbst an Bedeutung und Bewegung verlieren; die Handlung steht still, „während die Charaktere, wie Pferde in der Zirkusmanege, alle ihre Gangarten vorführen ohne sich auf nur eine Elle vom Orte zu rühren"[26]. Die Tugenden des Briefromans sind also teuer erkauft. Die überzeugende Nähe der Vorgänge hat die kompositorische und temporale Distanzlosigkeit zur Folge; und die rühmenswerte Möglichkeit, nuancierte Charaktere zu bilden, wird bedroht durch die mangelnde Bewegung der Geschehnisse. Proble-

---

[23] Scott, Prose Works, III 65.
[24] Ebenda.
[25] Ebd., III 68—69.
[26] Ebd., III 69.

matischer noch: der Briefroman setzt eine epistolarische Besessenheit
voraus; seine Charaktere schreiben, wenn es natürlicher wäre zu
handeln;[27] die unmittelbare Überzeugungskraft der Wirklichkeit,
die sie mitteilen, wird bedroht durch die Unnatur ihrer Monomanie;
der Briefschreiber, der weder redet noch handelt, erweist sich zuletzt
wieder als eine unnatürliche 'Fiktion', die das Vertrauen und das
Interesse des Lesers verliert. Scott war nicht der einzige, der die
Fesseln des Epistolarischen sah; mehr als eine Generation vor ihm
plädierte schon der kluge Blankenburg (1774) für die literarischen
Rechte des redenden Menschen, zumindest im Augenblicke des na-
türlich-leidenschaftlichen Affekts: „Warum sollte, in heftigen Situationen, dem Romandichter der Dialog, — wenigstens der Monolog,
verwehrt sein? Die Äußerung der Leidenschaften fordert Worte,
fordert Rede: soll der Dichter eher der Natur, als den willkürlichen
Einrichtungen der Kunst entsagen?"[28]

Der Gesellschaftsroman hat nicht genug an der Sprache. Er will
das Gespräch, denn die Substanz des Menschen verwirklicht sich im
Miteinander und nicht im Monolog, in den er rhythmisch zurück-
weicht. Das Vereinzelte und Einsame ist nicht erzählenswert, denn
es ist das Problematische, Bizarre und Unhöfliche. Jane Austens
Elisabeth und Emma sind nur dann auf ihren einsamen Spaziergängen zu finden, wenn sie über ihren nächsten Entschluß nachden-
ken, der wieder in die Gesellschaft zurückwirken soll. In Thackerays
›Vanity Fair‹ ist, trotz aller spielerischen Zweifel an der Eitelkeit der Welt, Einsamkeit geradezu lächerlich; der Junggeselle Joseph
Sedley, der sich zweimal täglich umkleidet, und dann keine Gesellschaft findet, wird zur komischen Figur: "when dressed at length, in
the afternoon, he would issue forth to take a drive with nobody in
the Park; and then would come back in order to dress again and go
and dine with nobody at the Piazza Coffee-house."[29] In Fontanes
Gesellschaftsroman grenzt die Einsamkeit an das Tragische: Lewins
Isolation entspringt seiner Verwirrung der Gefühle und endet in
Fieber und Krankheit; Gordon (›Cécile‹) verfällt höchst problema-

---

[27] Ebd., III 71.
[28] Blankenburg, Versuch über den Roman, S. 99.
[29] Thackeray, Vanity Fair, S. 19.

tischer Melancholie; Schach von Wuthenows Entschluß, im Boote allein einen trägen Flußarm herabzugleiten, deutet zum erstenmal auf seinen Entschluß zum Selbstmord voraus. Das Gesunde ist im heiteren und geselligen Kreise zu finden; das Einsame ist krank, grotesk, oder schwanger von Leid und Tod.

Fontane erarbeitet geradezu eine konsequente Theorie des geselligen Gesprächs; die Sitte selbst wird Literatur. „Das Menschlichste, was wir haben, ist doch die Sprache" (II 654): nicht allein deshalb, weil sie das Menschliche vom sprachlosen Tiere unterscheidet, sondern weil sie das Unterscheidungsvermögen des Menschen artikuliert und seine Sensibilität verrät. Nur der Stumpfe, Ungelenke und Törichte schweigt; „der ist nicht bloß langweilig, der ist auch gefährlich" (ibd.). Der Stumpfe und Unartikulierte negiert die Humanität; „es liegt etwas Unmenschliches darin" (ibid.), meint die dänische Prinzessin; der gleiche Gedanke kehrt, in einer allerdings überspitzten Formulierung, im Munde des Stechlin wieder: „Also wer am meisten red't, ist der reinste Mensch" (GW I 10, 24); zwar „darf" man „zugespitzte Sätze nie wörtlich nehmen" (GW I 10, 316), aber der Wahrheit Fontanes steht der epigrammatische Satz sehr nah. Dazu kommt, daß die Sprache die Welt erträglicher macht: die einzelnen Dinge tauchen in ihr unter, sie verbindet sie und „relativiert" sie durch Kommunikation; sie allein verwirklicht jene Ironie, die sich aus der zerstörten Starre der Dinge und Ideologien herleitet: „viel sprechen", meint Holk, „ist überhaupt ein Glück und unter Umständen die wahre diplomatische Klugheit; es ist dann das einzelne nicht mehr recht festzustellen oder noch besser, das eine hebt das andere wieder auf" (II 637). Deshalb der immer wiederkehrende Nachdruck auf der spielerischen, assoziativen, tänzerischen Natur des Gesprächs; die Abneigung gegen das Dogmatische, Unbewegte und Didaktische; « la parole . . . c'est un instrument dont on aime à jouer et qui ranime les esprits » (Madame de Staël).[30] Die Anekdote steht über der Geschichte; das Geplauder, nicht der Vortrag ist lobenswert; die wechselnden „Einhake-Ösen" der Konversation, nicht die barbarische Monothematik, diese Zuflucht der Toren und Barbaren.

Daß in Fontanes Gesprächen so viele französische Worte oder

---

[30] Mme. de Staël, De l'Allemagne (Paris 1958), I 160.

Idiome erscheinen, ist in der literarischen Tradition begründet. Es ist weder überzeugend noch notwendig, einen 'französischen' Fontane zu konstruieren. Der Gesellschaftsroman war seit jeher von Adern französischer Konversation durchzogen; und obwohl schon Thackeray den französischen Snobismus der Gesellschaft parodierte (ein verarmter Lord hat „pommes de terre au naturel" auf dem Menu)[31], schlägt er doch, bis in die langen französischen Dialoge und Gespräche Tolstojs und Thomas Manns, in unverwüstlicher Beständigkeit durch das Jahrhundert. Ich glaube nicht, wie Ursula Wiscott und andere, an Fontanes 'französische Wesenszüge'[32]. Im Blute kann das Französische nicht liegen; und nichts deutet darauf hin, Fontane wäre das Französische geläufiger gewesen als das Englische (im Gegenteil) oder er hätte die französische Literatur mit leidenschaftlicherem Anteil verfolgt als die englische. Selbst die Anglizismen seiner Sprache („in Front von" . . . „eine Welt von" . . .) sind von bedeutender Auffälligkeit im Vergleich zu seinen Gallizismen. Gewiß: er entstammt der französischen „Kolonie", aber das lag Generationen zurück; er gestand selbst, fremde Hilfe in Anspruch genommen zu haben, als er einen koloniefranzösischen Dialog zu schreiben versuchte.[33] Im übrigen ist das Französisch seiner Dialoge weder reich nuanciert noch von besonderer Individualität. Es ist, mit gutem Grunde, das internationale Vokabular der 'gens du bon ton', das längst in die lokale Umgangssprache eingegangen ist ('cercle intime', 'pièce de résistance', 'je ne sais quoi') oder sich im Sentenzenhaften (c'est le premier pas qui coute) erschöpft.

Die französische Maserung der Gespräche im kosmopolitischen Gesellschaftsroman von Jane Austen bis Thomas Mann bestätigt auf ihre Art, daß die Form (von ihrem Ursprunge her) keinerlei Neigung hegt, den charakteristischen Ton und das besondere Vokabular des 'individuellen' Charakters naturalistisch 'nachzuahmen'. Das einzelne ist der gesellschaftlichen Norm der Sprache gegenüber im Unrecht; das Gespräch entsteht, in Leben und Roman, aus dem sinn-

[31] Thackeray, Vanity Fair, S. 70.
[32] Vgl. Ursula Wiskott, Französische Wesenszüge in Theodor Fontanes Persönlichkeit und Werk (Leipzig 1938).
[33] Fontane: Schriften zur Literatur, S. 281 (15. Februar 1888).

vollen Zusammenwirken und zielt, wie Madame de Staël genau wußte, auf einen liebenswürdigen, aber uniformen Stil (manières agréables mais uniformes)[34]. Die Idiosynkrasien des einzelnen sind, solange sie sich der Norm der Gesellschaft hartnäckig entgegenstellen, bizarr und komisch; der ganz individuelle Sprecher wird — sei es durch seinen Dialekt oder seine berufliche Terminologie — zur Komödienfigur. Anthony Trollope, Fontane durch sein nüchternes Temperament und seine rechtschaffene Männlichkeit eng verwandt, definiert den erstrebenswerten Konversationston des Gesellschaftsromans mit einem Blick auf die Tradition und die eigene Arbeit als schwebende und stilisierte Mittellage zwischen der Charybdis der Präzision und der Scylla des Chaos. Nicht das „Reale" ist rühmlich, sondern das mitgeteilte Gefühl der Wirklichkeit (a sense of reality).[35] „Der Romanschriftsteller muß", meint Trollope in einem berühmten Kapitel seiner Autobiographie, „in der Konstruktion seines Dialogs die absolute Genauigkeit der Sprache (die ihm etwas Pedantisches verleihen würde) ebenso meiden wie die lässige Ungenauigkeit (slovenly inaccuracy) des alltäglich Sprechenden; wollte er ihr folgen, er würde durch den Anschein einer sprachlichen Fratze beleidigen."[36] Also selbst im viktorianischen England des realistischen Romans nichts von Kopie oder Dialog-Stenographie, sondern, wie einst bei Jane Austen und Thackeray, die Forderung nach Reinheit und Stil. Spielhagen, als Theoretiker seinem eigenen Romanwerk überlegen, beobachtet mit Recht die gleiche Tendenz in den Dialogen Fontanes: „er gibt die Quintessenz der Alltagssprache, sie unmerklich stilisierend"[37].

Theorie und schriftstellerische Praxis Fontanes stehen allerdings in ironischem Konflikt. Als Theoretiker tritt Fontane nicht selten als robuster Realist auf, der die individualisierte und „spezifische" Sprache fordert; in der Praxis entwickelt er sich, nach einem Kompromiß mit dem Zeitgeist, zu seinem charakteristischen 'Fontanisieren' hin,

[34] De Staël, De l'Allemagne, I 155.

[35] The Works of Anthony Trollope, ed. Michael Sadleir (Oxford 1929), XIV 172.

[36] Ebenda.

[37] Vgl. Mary-Enole Gilbert, Das Gespräch in Fontanes Gesellschaftsromanen (Leipzig 1930), S. 32.

das durch seinen Glanz und seine Weisheit Struktur und Ökonomie
der Alterswerke ersetzt. Erstaunlich Fontanes Kritik an ›Hermann
und Dorothea‹, die sich ganz an naiven Wirklichkeitsforderungen
orientiert: „während langer Passagen ging mir der in künstlerischen
Dingen entscheidende Glaube an die Wirklichkeit der vor mir stehenden Person verloren. So spricht kein pfälzisches Mädchen."[38]
Ähnlich der Vorwurf gegen Gottfried Keller: die „im wesentlichen
sich gleichbleibende Märchensprache"[39] der ›Leute von Seldwyla‹.
Keller gibt, meint Fontane, „eben all und jedem einen ganz bestimmten, allerpersönlichsten Ton, der mal paßt und mal nicht paßt,
je nachdem ... Er kennt kein Suum cuique ... Erbarmungslos überliefert er die ganze Gotteswelt seinem Keller-Ton"[40]. Zehn Jahre
später überliefert der Kritiker Kellers, zum Glück der Leser, seine
ganze Gesellschaftswelt dem Fontane-Ton. Diese Entwicklung des
Schriftstellers Fontane zu seiner „manière agréable mais uniforme"
(Mme. de Staël)[41] hat Mary Gilbert in ihrer vorbildlichen Arbeit
beschrieben: die erste Zeit des noch ungelenken Suchens (ca. 1878 bis
1882); die darauf folgende mittlere Epoche (1883—1895) der sprachlichen Lockerung, der plötzlichen Natürlichkeit der Sprache, aber
auch der behutsamen realistischen Nuancierung nach Stand, Beruf,
Temperament; zuletzt die Spätzeit (1895—1898) der fontanisieren-
den Charaktere. Ich fürchte nur, Fontanisieren heißt eigentlich
zweierlei: einmal die stärker hervortretenden, ja bald dominierenden Idiosynkrasien der Sprache (Ellipse, Aposiopese, Zitat, Sentenz,
Aphorismus, Konzessiv-Syntax), zugleich aber auch die wuchernde
Causerie, die sich immer selbstherrlicher aus dem Zusammenhang
des Romanes löst. Das Fontanisieren restauriert die ursprünglich
stilisierte Gesprächslage des Gesellschaftsromans, bedroht aber die
Strenge der Anlage durch die Autonomie der Plauderei. Distanzier-
te Weisheit und artistische Erschlaffung sind im Alterswerke eins.
   Das eigentliche artistische Problem des Gesellschaftsromans liegt
nicht sosehr im Szenischen als im Verhältnis von Charakter und Er-

---

[38] Fontane: Schriften zur Literatur, S. 70 (1876).
[39] Ebd., S. 93 (1883).
[40] Ebd., S. 98 (1883).
[41] Gilbert, Das Gespräch, Kap. IV.

eignis, das in der Szene zur Darstellung gelangt. Ich glaube, die historische Form des Gesellschaftsromans stützt sich, in ihren einzelnen Erscheinungen, auf mehr als eine einzige kompositorische Möglichkeit. Die eine, artistisch vielleicht unbefriedigendere, begnügt sich damit, den redenden Charakter in einer fortsetzbaren Reihe von Szenen deutlicher zu nuancieren; weil sich aber (wie Edwin Muir in seiner Definition der 'character novel' darlegt) die Figuren in einem Zustande dauernder Vollständigkeit befinden, bedarf es keiner Wendungen noch der Vollständigkeit der Ereignisse[42]. Die andere, artistisch reizvollere Struktur des Gesellschaftsromanes gründet sich auf das engverschlungene, das dialektische Verhältnis von Geschehnis und Figur: „die gegebenen Eigenschaften der Figuren bestimmen die Aktion, und die Aktion verändert ihrerseits in ihrem Fortschreiten die Charaktere ... Charakter ist Handlung, Handlung Charakter.“[43] Entscheidend ist (wie Muir in seiner Definition der 'dramatic novel' betont, die ambivalente Natur der Handlung, von strenger Logik und überlegener Spontaneität zugleich: 'logisch', weil die Menschen aus ihrem Kerne auf Situation und Mitmenschen antworten; dennoch überraschend, weil die durch den Charakter veränderte Lage verändernd auf den Charakter zurückschlägt, der dann seinerseits neue Situationen schafft.

Edwin Muir kristallisiert die dialektische Struktur aus Jane Austens ›Pride and Prejudice‹; ich glaube, Fontanes Roman von Corinna Schmidt und Leopold Treibel ist in ähnlich souveräner Artistik konstruiert. Elisabeths erste Begegnung mit Darcy bestimmt die Richtung der folgenden Entwicklung. Sie fühlt sich, leider, als Tochter einer nicht ganz mondänen Familie; Darcy hingegen inkarniert das aristokratische Pathos der Distanz; gerade weil sie so bestimmten Charakters waren, mußten sie einander von Anbeginn an abgeneigt sein.[44] In Fontanes Roman das Spiegelbild der gleichen Lage: Corinna Schmidt, gescheit, emanzipiert, eigensinnig, spielerisch, von ihrem Vater verwöhnt und eigenen Gedanken über die Wrasen- und Karbonadeluft der väterlichen Wohnung nachhängend; die arrivierte

[42] Muir, Structure of the Novel, S. 24—26.
[43] Ebd., S. 41, 43.
[44] Ebd., S. 45.

Kommerzienrätin und ihr Sohn Leopold, die gute Partie. „Ich bin durchaus für die Jugend, aber für Jugend mit Wohlleben und hübschen Gesellschaften", meint Corinna (IV 301); das bestimmt die erste Folge der Szenen. Während des Dîners bei Treibel (Kap. 2—4) kreist sie ihr Wild ein; auf der Landpartie (Kap. 10—12) provoziert sie durch ihre kluge Gesprächskunst Leopold zum heimlichen Verlöbnis mit ihr.

Jane Austens Elisabeth bewegt sich auf dem entgegengesetzten Weg. Darcys Distanz steigert ihr Vorurteil; sie verdächtigt ihn sogar, seinem Freund Bingley von der Verlobung mit ihrer Schwester Jane abgeraten zu haben, und fällt allerlei Klatschgeschichten zum Opfer. Als Darcy seine Werbung vorbringt, weist sie ihn unwillig ab. Hier, in beiden Romanen, die entscheidende Wendung: Elisabeth wird durch einen ausführlichen Brief Darcys umgestimmt; dem Briefe entspricht bei Fontane das Streitgespräch der Kommerzienrätin mit Corinna (Kap. 13). Die unerwarteten Geschehnisse zielen von nun an in eine neue Richtung: Darcy erscheint Elisabeth als liebenswert; „und die Genauigkeit, die ihn vorher absurd und unangenehm erscheinen ließ, macht ihn nun, in besseren Umständen liebenswürdig"[45]. Die analoge „Kehre" bei Fontane: im Gespräch mit der Kommerzienrätin wird Corinna sich ihres Schmidtschen bewußt; sie begreift, daß die Kommerzienrätin den Gedanken an die Verlobung nicht zurückweist, weil es ihr an Herz oder Liebe mangelte, sondern weil „sie nicht dazu angetan [ist] das Treibelsche Vermögen zu verdoppeln" (IV 455). Elisabeth, ebenso wahr in ihrem Vorurteil wie in ihrer Neigung, heiratet Darcy; Corinna, in ihrer ›Treibelei‹ sich selbst nicht weniger treu wie in ihrer Selbsterkenntnis, löst die Verlobung und heiratet den Archäologen Marcel, der sie schon lange liebt.

Durch die intime Verflechtung von Ereignis und Charakter unterscheidet sich eine solche Romanstruktur wesentlich von der Kunst der Portraits; wo (wie in Thackerays ›Vanity Fair‹ und in Fontanes ›Stechlin‹) das Neben- und Miteinander der Charaktere dominiert, enthüllt die Zeit, ohne eigentlich zu überraschen, nuancierte Fülle; wo (wie in Jane Austens ›Pride and Prejudice‹ oder Fontanes ›Frau

[45] Ebenda.

Jenny Treibel‹ oder ›Unwiederbringlich‹ die artistisch höchst reizvolle Dialektik von Charakter und Handlung klarer hervortritt,
wird die Zeit selbst zu verändernder Wendung und bewegter
Widersprüchlichkeit. Dort tritt dem Leser ein interessanter
Charakter in einer Addition von Szenen immer überzeugender
und „runder" entgegen: hier bewegt sich alles, Charakter und
Situation, und wird erst im letzten und notwendigen Worte gänzlich transparent.

Merkwürdig, wie geringer Gunst sich diese scharfumrissene und
artistisch so reizvolle Romanform unter den deutschen Literatur-
historikern erfreute; fast glaubt man, sie schämten sich des Gesellschaftsromanes und suchten seine Gegenwart durch die Nebel eines
anachronistischen Hegelianismus und der wiederkehrenden Geistesgeschichte zu verdecken. Die Germanistik, die in der Epoche einer
französischen Okkupation Deutschlands entstand, mißtraut dem
Urbanen; man hat sich der Tiefe, nicht dem Glanz verschrieben;
Provinzialismus und Ratlosigkeit im Formalen wirken einträchtig
neben antiliterarischer Philosophie. Heinrich Spiero spricht vom
'Roman des bürgerlichen Bewußtseins'[46] oder 'norddeutschem Spät-
realismus‹[47]; Walter Linden meint im nationalbewußten ›Sachwörterbuch zur Deutschkunde‹, die Normen des Gesellschaftsromanes
verkörperten sich dem typischen Deutschen „niemals im Gesellschaftlichen, sondern in geistig-metaphysischen Werten"[48]; und
Fritz Martini besteht auf „zwischenmenschlicher Bezugsentfrem-
dung"[49].

Selbst wenn ich nicht daran dächte, Madame de Staëls geistvoll
zugespitzte und polemische Unterscheidungen zwischen französischem und deutschem Wesen für bare Münze zu nehmen, vermag ich
mich dem Gran Wahrheit, das ihre Antithetik umschließt, nicht ganz
zu versagen. Ohne staatliche Einheit keine Hauptstadt, ohne Haupt-

---

[46] Heinrich Spiero, Geschichte des deutschen Romans (Berlin 1950).

[47] Ebd., S. 365.

[48] Sachwörterbuch der Deutschkunde, ed. W. Hofstaetter und U. Peters
(Leipzig und Berlin 1930), I 467.

[49] Martini, Deutsche Literatur im bürgerlichen Realismus (Stuttgart
1962), S. 771.

stadt keine vorbildliche gesellschaftliche Norm; deshalb ein Mangel
an Welthaftigkeit und kosmopolitischer Kontur; deshalb die Wu-
cherungen des Individuellen, Einsamen, Selbstgesetzlichen: « il y
avoit sorte d'anarchie douce et paisible, en fait d'opinions littérai-
res et métaphysiques, qui permettoit à chaque homme le développe-
ment entier de sa manière de voir individuelle. »[50] Eine enge Gesellschaft um kleine Fürstenhöfe eifersüchtig versammelt; das Volk in
der Dumpfheit zwischen Öfen, Bier und Tabak; und die Dichter
und Denker in zauberhafter Waldeinsamkeit und wie Bergleute in
die tiefen Schächte der immer eignen Imagination niederfahrend ...
« Les Allemands trouvent une sorte de charlatanisme dans l'expres-
sion brillante »[51] — wie wollte man ein fruchtbares Verhältnis zur
internationalen Form des Gesellschaftsromanes finden?

Aber es ist noch anderes im Spiel. Der alte Puritanismus, der dem
unterhaltsamen Roman mißtraut, war in Deutschland ebenso lange
lebendig wie im viktorianischen England; der bedauernswerte Spielhagen demonstrierte die Würde des Romans noch in der Epoche
Flauberts. Aber der fundamentale Puritanismus wird in Deutschland noch potenziert durch die antiliterarischen Elemente der He-
gelschen ›Aesthetik‹: wenn man den Roman überhaupt gelten läßt,
dann geschieht es im Dienste der 'bewegenden Interessen', die seine
Substanz garantieren. Daraus folgt dann, daß man den Gesellschaftsroman nur als 'Zeit'roman anerkennt und, anstatt die reizvollste
Kunst der Implikation zu bewundern, grobschlächtig nach Abbil-
dung der Geschichte sucht. "Novels are in the first place about
people", sagt Virginia Woolf[52], findet aber wenig Gehör. Es ist die
alte Inhumanität: Zivilisation, Urbanität, das gespannte aber un-
aufhebbare Widerspiel des einzelnen und seines Kreises, das alles ist
nicht genug; man greift, mit verkrampfter Hand, nach 'Kräften'
Masse und Gewalt.

---

[50] De Staël, De l'Allemagne, I 38.
[51] Ebd., I 186.
[52] Virginia Woolf, Mr. Bennett and Mrs. Brown (London 1924), S. 19.

*d) Die Polemik gegen das Romaneske. Gesellschaftsritual als
Realität. Dîner und Landpartie. Die Auffächerung der
Nachgespräche*

Ich habe mich bisher bemüht, die Form des Gesellschaftsromans
als ein folgerichtiges System erzählerischer Interessen und komposi-
torischer Neigungen in seinen ersten Elementen zu charakterisieren.
Der Gesellschaftsroman schneidet seinen mondänen Ort, an dem er
gerne festhält, aus der Natur und (wie ich noch darzulegen hoffe)
der bewegten Geschichte. Sein Interesse richtet sich auf die Welt der
Vornehmen, die, wie einst die epischen Helden, in einem ungestörten Raum ihren eigenen Stil entfalten dürfen, und verweist die
Einseitigen, Pedanten und Kleinbürgern als unästhetische Gegenbil-
der des erneuerten 'honnête homme' an die Daseinsperipherie. Der
Mensch erscheint ihm als heiteres, geselliges und gesprächiges Wesen;
deshalb liebt es auch der Gesellschaftsroman, dem szenischen Prinzip
zu vertrauen und die artistisch anziehende Dialektik von Charakter
und Ereignis in bühnenähnlichen Auftritten darzustellen; der Sitte
und ihrer Implikation, nicht der Zeit und ihrer Gewalt, gilt sein
erzählerisches Augenmerk. Die Frage allerdings, wie es mit dem
Realismus dieser Form bestellt sei, bedarf noch der Antwort; mag es
auch zunächst den Anschein haben, daß Realismus und Gesellschaftsroman niemals zu vereinen sind, der Schein erweist sich als trügerisch,
sobald man die Geschichte der Romanformen und die Natur ihrer
Konvention befragt.

Historisch gesehen, erscheinen der Gesellschaftsroman (der sich
aus dem Epistolarischen emanzipiert) und der historische Roman in
gemeinsam-unversöhnlichem Konflikt mit einem anderen System
fester Romankonventionen — den Konventionen des romanesken
Romans, der gegen Ende des achtzehnten Jahrhunderts immer mehr
an Resonanz verliert. In der Epoche des Wiener Kongresses sind die
neuen Möglichkeiten deutlich sichtbar. Scott setzt in seinen ›Waver-
ley‹-Romanen (seit 1814) dem Romanesken das Historische entgegen; und Jane Austen konzipiert ihren Roman ›Northanger Abbey‹
(1818) als systematische Parodie auf die Unarten des „Gothischen"
und allzu Pittoresken. Eine Generation später verrät sich die Unge-
duld der eleganten Leserschaft in aller Klarheit. Man fühlt immer

weniger Sympathie mit dem blassen byronischen Helden, der lässig
an verfallenden Klosterruinen lehnt; lange genug verfolgte man die
Fährnisse blonder Jungfrauen über geheimen Falltüren; nur die
Kammerzofen, meint Stendhal (1832), verschlängen noch diese Art
von Literatur.[53] Kein Geringerer als Flaubert überschüttet die ab-
sterbende Welt des 'romanhaften Romans' mit seinem Hohne: „es
wimmelte nur so", schreibt er im 6. Kapitel seiner ›Madame Bovary‹,
„von Liebschaften, Liebhabern, Geliebten, auf jeder Poststation
wurde zumindest ein Postillion ermordet, auf jeder Station ein Post-
pferd zuschanden geritten; dunkle Wälder, Seelenkämpfe, Schwüre,
Schluchzen, Tränen und Küsse, Gondelfahrten im Mondschein,
Nachtigallen in den Büschen, Männer hart wie Löwen und zart wie
Lämmer, unwahrscheinlich tugendhaft, stets tadellos gekleidet und
elegisch wie Trauerweiden . . ." Dem französischen Schriftsteller antwortet zu gleicher Zeit von Deutschland her Friedrich Theodor Vischer und bestätigt in seiner Ästhetik die unwiderrufliche Abneigung
gegen eine alogische Welt, in der es genügte, „in dem nächsten
besten Postwagen zu sitzen, um eine verkappte Prinzessin darin zu
finden, die man von einem Schock Räuber befreit" (§ 879).
    Der 'Roman der guten Gesellschaft', den Stendhal die eigentliche
Lektüre der gebildeten Stände nannte,[54] fegt diese Papiermaché-Welt
der Unwahrscheinlichkeit und des Arrangements beiseite. Er ersetzt
sie durch eine sehr nüchterne, höchst zivile, 'comme-il-faut' Gegen-
Welt, in der das Regelmäßige und das Geordnete des menschlichen
Lebens erzählenswert werden: Frühstück, 'Lunch', Ball, Empfang,
Besuch, Abendessen und Abschied. Eine epische Welt entsteht, nicht
mehr beherrscht von den Um- und Gegenschlägen eines frenetischen
Schicksals, sondern vom täglichen Stundenplan der 'gens du bon
ton'. Krisen, Ausbrüche der Leidenschaft, Revolutionen und Katastrophen sind in die Erzählpausen verbannt; es ist nur folgerichtig,
daß Ritual und Etikette selbst die Grundlagen der Erzählphasen
und Kapiteleinteilung zu formen beginnen.
    Das alles bestimmt auch die epische Welt Theodor Fontanes. Fein-
sinnige Beobachter der Fontaneschen Kunst, wie Gottfried Kricker

---

[53] Vgl. ›Sur le Rouge et Noir‹, 18. Okt. — 3. Nov. 1832.
[54] Ebenda.

und Mary-Enole Gilbert[55] haben längst erkannt, die Architektur der Fontaneschen Romane sei in überraschender Häufigkeit von den Erzählphasen des festlichen 'Dîners' und der 'Landpartie' bestimmt: eben diese Elemente aber verbinden Fontane mit der Konvention; da man die historische Konstellation dieses Konventionssystems überblickt, wird man wenig geneigt sein zu glauben, Fontane hätte (wie Kricker und Mary Gilbert anzunehmen scheinen) seine charakteristischen Erzählphasen gleichsam aus dem Nichts geschaffen. Nirgends ist Fontane der Tradition inniger verbunden als gerade in diesen Kern-Phasen seiner epischen Organisation. In ›Vor dem Sturm‹ (1878) schon kontrastiert er die bescheidene Lebenssphäre des Landpastors mit der nuancierten Lebenskunst auf Schloß Guse im Nacheinander zweier Bankette, die — jedes eine bestimmte Lebenssphäre repräsentierend — in jeweils fünf deutlich korrespondierenden Kapiteln vor sich gehen. Die fundamentale Ordnung leuchtet klar durch die Variation. Hier wie dort nimmt die Erzählphase mit der Auffahrt der Gäste, der 'Wartehalbestunde' und dem zeremoniellen Gang der Gäste zur kunstvoll gerichteten Tafel ihren Anfang (I); der Autor lüftet das Geheimnis der Tischordnung und der (ihren Gesetzen folgenden) Gespräche korrespondierender Partner (II); ein formeller Toast und die launige Antwort folgen (III); nach den Honneurs bilden die Gäste, Herren und Damen, zunächst getrennte Gesprächsgruppen, um später gemeinsam zu Kaffee und musikalischen Darbietungen zurückzukehren (IV); zuletzt begleitet man die Gäste auf der Heimfahrt und verfolgt ihre Gespräche, die sich noch einmal zu den eben beendeten Plaudereien zurückwenden: Konversation über Konversation (V). Die gesellschaftliche Etikette bestimmt das Fundament der Erzählstruktur; die einzelnen Phasen des Gesellschaftsrituals verwandeln sich zu Romankapiteln; man könnte fast sagen, Freiherr von Knigge eher als der individuelle Schriftsteller bestimme die Konturen der Roman-Architektur. Auch in Fontanes späteren Arbeiten wird sich daran nur wenig ändern: immerhin, Fontane kehrt sich vom altmodischen dreibändigen Roman ab, um die moderne einbändige Form zu pflegen, und komprimiert die fest-

---

[55] Gottfried Kricker, Theodor Fontane — Von seiner Art und epischen Technik (Berlin 1912); Gilbert, vgl. oben, Fußnote 41.

lichen Bankette gelegentlich in vier, oder gar drei Kapitel. Im ›Stechlin‹, seiner letzten Arbeit aber (in der er 'Dîner' und 'Landpartie' auf das launigste verschränkt) kehrt er wiederum zu seinen frühsten Kompositionsprinzipien zurück und erneuert den Fünf-Kapitel-Rhythmus, der ihm am ehesten der eigentümlichen Bewegung des gesellschaftlichen Ereignisses zu entsprechen scheint.

Das erzählerische Element der 'Landpartie' erfüllt ähnliche Aufgaben wie das festliche Bankett. Richard Moses Meyer[56] wies schon vor mehr als fünfzig Jahren darauf hin, daß Fontane die Landpartie im Berliner Unterhaltungsroman der vierziger Jahre vorgebildet finden konnte; im Berliner Roman (auch in Alexis' ›Ruhe ist die erste Bürgerpflicht‹) tritt in der bescheideneren preußischen Sphäre die Landpartie an Stelle der eleganten englischen Jagden oder französischen Bälle, um die Vordergrundfiguren in gleichsam lässig-natürlicher Weise und mit einem Schlage zu versammeln. Fontane fügt die Elemente (die er ähnlich in Turgenjew fand) zu einer Ordnung, die sich schon in seinem ersten echten Gesellschaftsroman (in ›L'Adultera‹) durchzusetzen beginnt. Ihr Rhythmus ist ebenso einfach wie wirkungsvoll: in einem *ersten* Kapitel beobachtet der Leser jeweils die Vorbereitungen und das Eintreffen der Teilnehmer; in einer *zweiten* Phase erfreut man sich, nachdem man eines reizenden Spazierganges genossen, an einem ländlichen Mahl (zumeist Schlei mit Dill, Fontanes Lieblingsgericht); im *dritten* Kapitel schickt man sich zur Heimfahrt an und bildet neuerlich kunstvoll geordnete Gesprächsgruppen. Entscheidend ist, daß sich Fontane sehr bald gezwungen sieht, diesen drei Erzählelementen noch ein konstitutives viertes — das rückblickende Kommentargespräch — hinzuzufügen. Im ›Schach von Wuthenow‹ (1883) wird die Landpartie in einer erinnernden Korrespondenz reflektiert (Kap. V); im ›Graf Petöfy‹ (1884) versammelt Fontane die Teilnehmer der Landpartie noch einmal im intimen Gespräch (Kap. VI), um die Freuden des Ausfluges und der einstigen Plaudereien noch einmal zu kommentieren. Die vier Erzähl-Phasen der Landpartie — Vorbereitung, Mahlzeit, Rückkehr, reflektierendes Kommentargespräch — verbinden sich zu einer äußerst filigranen Erzählstruktur, die dem Drucke des vielfäl-

---

[56] Vgl. Allgemeine Deutsche Biographie (Leipzig 1904), 48, 617—624.

tigsten Materials standzuhalten vermag. Die Landpartie mag Anlaß zu mancher Verlobung geben; sie mag insgeheim Liebenden die Möglichkeit zu innigen Gesprächen eröffnen; politische Frondeure mögen gegen Bismarck wettern — dennoch, die Fährnisse menschlicher Existenz, die Krise, die im romanesken Roman so autonom hervortrat, wird hier in gesellschaftlichem Dekorum diszipliniert, und das Ungebändigte, das frenetisch Subjektive, kann das Wiederholbare des gesellschaftlichen Rituals nicht entscheidend durchbrechen oder gar zerstören. Im Grunde wird die Erzählstruktur zum Ausdruck einer mächtigen Ordnung menschlichen Beisammenseins, die nur der unhöfliche Romantiker zu stören wünschte.

Fontane beweist im 10. Kapitel seiner ›Frau Jenny Treibel‹, mit welcher Eleganz und Ökonomie er die ererbten Konventionen zu nutzen und zu verfeinern weiß; selbst Thomas Manns vergnügliche Landpartie in den Buddenbrooks (VI. Teil, Kap. 6) vermag sich den Beschränkungen der Konvention nicht ähnlich souverän zu entziehen. Sobald Fontanes Gesellschaft ihre Kräfte im Gasthof restauriert hat, entschloß man sich zu einem Spaziergang, um „zu beiden Seiten des Sees auf den schon im halben Dämmer liegenden Grunewald zuzuschreiten" (IV 406). Die Gesellschaft teilt sich in zwei Kolonnen (Fontane liebt die ironische Armee-Metapher); die Hauptkolonne — Kommerzienrat Treibel und Tenor Krola; Otto, Treibels älterer Sohn, und seine Gattin Helene; ein Quartett von Referendaren und jungen Kaufleuten; das Ehepaar Felgentreu — wählen den Weg am rechten Ufer entlang; die andere Gruppe (vorn Professor Schmidt und Jenny Treibel, hinter ihnen Corinna und Leopold) den Weg linkshin. Die Gespräche aller beschäftigen sich in schöner Einmütigkeit mit der Ehe. Der Tenor glaubt, mit einem Blick auf Otto Treibel und seine propre Hamburger Ehefrau, von einer idealen Gemeinschaft sprechen zu dürfen, aber der Kommerzienrat ist nicht gewillt, Illusionen zu nähren; er weiß von der „Kriegsführung mit Sammethandschuhen ... wo man sich, wie beim römischen Karneval, Konfetti ins Gesicht wirft" (IV 408). Er spricht also nicht nur von Otto und Helene, sondern auch von seiner eigenen Ehe, und nimmt, im gleichen Atemzug, die möglichen zukünftigen Nöte seines jüngeren Sohnes Leopold voraus — sollte er töricht genug sein, Corinna ins Netz zu gehen. Indessen, auf anderem Ufer, analoge Re-

flexionen. Frau Jenny Treibel, geborene Bürstenbinder, gefällt sich
wie so oft in der Rolle der unverstandenen 'geistigen' Frau, deren
ideale Träume in der Ehe mit dem prosaischen Kommerzienrat leider nicht in Erfüllung gingen; „es fehlt", meint sie, „jene hohe Freude der Unterordnung, die doch unser schönstes Glück ausmacht" (IV
410). Professor Schmidt, der diese Rolle zur Genüge kennt, greift
zu dem erprobten 'Rettungsmittel' und spricht, mit „verschleierter"
Stimme, um seine Anteilnahme zu bekunden, von den Kindern; leider erwähnt er dabei (halb die Lage erforschend) eine mögliche Eheschließung Leopolds und Hildegards (der Schwester Helenes) und
stört Frau Treibel gründlich in ihrer Sentimentalität, denn eigentlich
ist ihr selbst die reiche Hildegard für ihren Leopold nicht gut genug.
Aber Jenny ist die Gefangene ihrer sentimentalen Rolle, und sie
versteigt sich deshalb zur gefühlvollen Behauptung, das Mondäne
sei nicht genug; Leopold soll vor allem eine 'kluge' Frau haben:
„Wissen und Klugheit und überhaupt das Höhere — darauf kommt
es an" (IV 413). Sie spräche wahrscheinlich anders, wüßte sie, daß
wenige Schritte hinter ihr Corinna eben im Begriffe steht, diesen
Gedanken zu verwirklichen, indem sie den armen Leopold zwingt,
ihr, der 'klugen' Frau, Herz und Hand anzutragen. Vielerlei tritt
also in der kompositorischen Einheit der Gespräche zusammen. Die
Geschehnisse tun, indem Leopold seine Werbung vorträgt, einen
entscheidenden Sprung, und dennoch vollzieht sich alles in lockeren
Gesprächen, die alle das eine Thema der Ehe, zugleich aber auch die
Meinung der jeweils anderen synchronisch reflektieren. Gegensätze,
Parallelen und Anspielungen korrespondieren in höflicher, aber un-
überhörbarer Ironie.

Fontanes künstlerische Leistung ist eben dort zu suchen, wo er die
ererbten Konventionen ins Reine und Schwerelose verfeinert und
sich, wie Lessing, als der souveräne Meister der 'verdeckten Funktion' (Max Kommerell) erweist. Mehr als einmal richtet sich dabei
seine artistische Taktik auf das vierte und abschließende Element
der 'Dîner-' und 'Landpartie-Erzählphasen': — auf jenes Nach-
und Kommentargespräch, welches (wie schon bei Jane Austen) das
eben vergangene gesellschaftliche Ereignis und seine Gespräche noch
einmal zum Gesprächsgegenstand erhebt. Man kann bei Fontane
immer wieder eine künstlerisch zielbewußte Auffächerung der Nach-

gespräche entdecken: sie werden so entfaltet, so in eine synchrone Konstellation miteinander verknüpfter Elemente aufgelöst, daß ihnen zuletzt mehr an charakterisierender Bedeutung zukommt als den reflektierenden Ereignissen selbst. So in ›L'Adultera‹ (1882): nach dem festlichen 'Dîner', bei dem sich der schwelende Konflikt zwischen Kommerzienrat van der Straaten und Melanie in einem fortwirkenden Wortwechsel angedeutet hat, begeben sich die Gäste — in drei Gruppen, getrennt nach Stand und Verwandtschaftsgrad — auf den Heimweg (Kap. VI). Dabei geschieht es, daß man in jeder der drei Chaisen, in denen man sich nach Hause begibt, gleichzeitig die eben beendeten Konversationen noch einmal „durchhechelt". In van der Straatens Wagen stellt der Maler Elimar dem langjährigen Faktotum des Hauses manche Frage über die Zukunft des kommerzienrätlichen Paares; in der Intimität ihrer leichtgefederten Chaise berühren Jacobine, die Schwester der ›L'Adultera‹ und Otto von Gryczinski, Jacobines Gatte, die ehelichen Sorgen van der Straatens in ebenso ironischen wie selbstzufriedenen Kommentaren; und in einer Mietskutsche analysieren der Polizei- und der Legationsrat van der Straatens Eheprobleme nicht nur auf das Gründlichste, sondern kommentieren auch noch, auf ihre mittelbare Art, die Gespräche Elimars und Jacobinens. Das heißt also, daß das Nach- oder Kommentargespräch (ähnlich wie die Landpartie-Konversationen in ›Frau Jenny Treibel‹) in eine synchronische Dreizahl von Elementen aufgefächert erscheint; die Tischgespräche des eben beendeten 'Dîners' erscheinen nicht allein in einem, sondern in drei verschiedenen Spiegeln — deren letzter und hellster wiederum nicht nur den eigentlichen Gegenstand, sondern auch noch seine Spiegelungen reflektiert. Der eigentliche Stoff hat jede Schwere und Bedeutung eingebüßt; an seine Stelle tritt das gänzlich Unstoffliche der wiederholten Spiegelung, das luftige Echo, ja der immaterielle Reflex des Widerhalls. Anstatt Fontane wegen seiner angeblich antirealistischen Strategie zu tadeln (wie es Hans Mayer versucht),[57] bin ich eher zu glauben geneigt, Fontane vollziehe in seiner Auffächerung synchroner Nachgespräche künstlerische Prozesse, die selbst Flauberts Bei-

---

[57] Hans Mayer, Von Lessing bis Thomas Mann (Pfullingen 1959), S. 28—29.

fall gefunden hätten. Offenbar richtet sich auch die Entfernung der Kommentargespräche auf jene von Flaubert geforderte Entstofflichung des Stoffes, jenes 'affranchissement de la matérialité'[58], in der realistische Kunst den Ballast ihres Stoffes zu mindern sucht. Je konsequenter und feiner die Auffächerung der Gespräche, desto näher Flauberts erträumtes 'livre sur rien'[59], in dem die Arbeit des Künstlers über Schwere und Masse triumphiert.

---

[58] Flaubert, Correspondance (Paris 1900), II 71 (1852).
[59] Ebd., II 70 (1852).

Walther Killy, Wirklichkeit und Kunstcharakter. Neun Romane des 19. Jahrhunderts.
München: C. H. Beck'sche Verlagsbuchhandlung 1963, S. 193—211 (= Kapitel IX).

ABSCHIED VOM JAHRHUNDERT

Fontane: ›Irrungen, Wirrungen‹

Von WALTHER KILLY

In einem Aufsatz über den Erzähler Willibald Alexis rügt Fontane
dessen Neigung, Angehörige verschiedener Stände „als bloße Gat-
tungsgestalten" vorzuführen. „Sie sind Begriffe, nicht Menschen.
Aber nur Menschen wecken unser Interesse."[1] Zuvor hatte er dies
Interesse noch näher bestimmt: „. . . alles Interesse steckt im Detail;
erst das Individuelle bedingt unsere Teilnahme; das Typische ist
langweilig."[2] Damit war ein für die Zeit keineswegs originelles Programm formuliert, das jedoch auf die glücklichste Weise befolgt
wurde, so, als ob der Sechzig- und Siebzigjährige die theoretischen
Überlegungen des Fünfzigjährigen hätte verwirklichen wollen, wie
man ein gegebenes Wort einlöst. Die späten Romane Fontanes stek-
ken voller Detail und dies voller Interesse. Ihre Menschen bringen
sich in Erinnerung wie lebendige — Dubslav und Krippenstapel,
Effi, Lene, Cécile, die oberförsterliche Prinzessin, Botho und Crampas, Gießhübler, Eginhard Aus dem Grunde, obwohl der Dichter
von letzterem meinte, daß er zu sehr der Karikatur sich nähere.[3]
Wie dem auch mit Eginhard sei: die anderen haben alle Wahrheit
des Lebens, welche Wendung dem Autor als das höchste Lob galt,
ohne daß er sich je unterfangen hätte, einem so unergründlichen Begriffe nähere Bestimmung zu geben. Das Theoretische lag ihm nicht,
und die Wirklichkeit seiner Poesie betrachtete er mit der ihm eigentümlichen, liebenswürdig gelassenen Skepsis: „Es bleibt auch hier
bei den Andeutungen der Dinge, bei der bekannten Kinderunter-

[1] Fontane, Gesammelte Werke, II, Bd. 9, S. 189.
[2] Ebenda, S. 188 f.
[3] Vgl. Nr. 372 an Theodor Fontane (8. 9. 1887): Fontane, Jubiläums-
ausgabe (JA), II, Bd. 5. S. 168.

schrift: ‚Dies soll ein Baum sein.‘ "⁴ Sehe man genau hin, so meint er
im Zusammenhang von ›Irrungen, Wirrungen‹, so „stimme" nichts:
„. . . ich bin überzeugt, daß auf jeder Seite etwas Irrtümliches zu
finden ist. Und doch bin ich ehrlich bestrebt gewesen, das wirkliche
Leben zu schildern. Es geht halt nit. Man muß schon zufrieden sein,
wenn wenigstens der Totaleindruck der ist: ‚Ja, das ist das Leben.‘ "⁵

Wenn irgendwo, so wird in dem Roman ›Irrungen, Wirrungen‹
solcher Totaleindruck bewirkt, und zwar durch die Mittel der An-
deutung, des bestimmbaren Details und der Teilnahme, die das
wahrhaft Individuelle zu erwecken vermag. Es bedarf nicht des
Blickes auf die Hauptpersonen, den sehr märkischen Premierleutnant
Botho von Rienäcker und das Mädchen Lene Nimptsch, um die Verfahrensweise des Erzählers deutlich zu machen. Es genügt die Beschäftigung mit einer jeden, nur gelegentlich erscheinenden „Neben"-
Figur oder scheinbaren Episode in dem menschlich so erfüllten, aber
nach seiner „Machart" überaus ökonomischen Buch. Das siebente
Kapitel umfaßt in der weiträumig gedruckten ersten Ausgabe⁶ 12
der insgesamt 284 Seiten; es ist für den Fortgang der Handlung
wichtig, weil Botho darin durch seinen Onkel, den Baron Osten, mit
der Notwendigkeit einer standesgemäßen Heirat konfrontiert wird,
welche, seit Jahren stillschweigend vereinbart, nun die stillschweigende Zustimmung findet. Insofern ›Irrungen, Wirrungen‹ das alte
Thema der nicht standesgemäßen Liebe behandelt, bestätigt der Abschnitt die Vermutung des Lesers wie die Ahnung Lenes, daß das
Glück der Liebenden nicht lange dauern könne. Was sonst darin
vorgeht, könnte von Ungeübten für stoffliche Zugabe gehalten werden, „Milieu", wie es in der zweiten Jahrhunderthälfte allgemein in
die Erzählkunst eindringt, Hintergrund, der die Wahrscheinlichkeit
der Fiktion zu stützen bestimmt wäre. Das Restaurant Hiller gäbe
die Berliner Folie ab, Bothos auf dem Wege aufgegabelter Kamerad
von Wedell einen Partner für den zur Entwicklung notwendigen
Dialog, der alte Onkel schließlich wirkte als Promotor der Handlung, ein „typischer" märkischer Junker, dessen Standes- und Fa-

⁴ Nr. 379 an Emil Schiff (15. 2. 1888): ebenda, S. 176.
⁵ Ebenda, S. 177.
⁶ Irrungen, Wirrungen. Roman von Theodor Fontane. Königsberg,
Ostpr., o. J. [1888].

milienvorstellungen auch bei Ganghofer einen Konflikt in Gang setzen könnten.

Aber es kommt Fontane nicht auf das Typische an, und die stoffliche Betrachtungsweise, die Ganghofer ganz erfassen würde, begreift vom Kunstwerk ›Irrungen, Wirrungen‹ wiederum nichts. Noch einmal wird gegen Ende des Jahrhunderts der Begriff der künstlerischen Notwendigkeit brauchbar, der sich am Anfang bei der Betrachtung des klassischen Romans als nützlich erwiesen hatte. Es ist, als ob Fontane mit sorgfältigem Kunstverstand und märkisch-karger Bedachtsamkeit die Summe der Kunstmittel zum letzten Male anwendete, die das Jahrhundert entwickelt hat. Sie werden mit ihm dahingehen, so wie die Welt dahingegangen ist, welche sich hier im Detail verwirklicht. Dies hat, wie sich zeigen wird, einen notwendigen und einen geschichtlichen Charakter, der schon in geringen Zügen hervortritt und den „Totaleindruck . . . ‚Ja, das ist das Leben‘ “ ebenso begründet wie den Satz: „Alles Interesse steckt im Detail.“ Der letztere war von Fontane ausdrücklich im Hinblick auf das Geschichtliche ausgesprochen worden, das im Detail auch zuerst hervortritt; etwa, wenn Botho und sein Begleiter die Linden hinuntergehen:

„Unter solchem Gespräche waren sie bei Hiller angelangt, wo der alte Baron bereits an der Glastür stand und ausschaute, denn es war eine Minute nach eins. Er unterließ aber jede Bemerkung und war augenscheinlich erfreut, als Botho vorstellte: ‚Leutnant von Wedell.‘ “[7]

In diesen wenigen Sätzen ist eine ganze Welt gleichsam abgekürzt enthalten, wie denn die Abbreviatur komplexer Realität zu Fontanes vorzüglichsten Eigenschaften gehört. Er übt sie auf sehr kunstlose Weise („Unter solchem Gespräche waren sie . . .“), aber auch auf sehr kunstvolle. Zunächst scheint es, als ob das Warten an der Glastüre nur den ungeduldigen alten Herrn charakterisiere, einen wohlmeinenden Choleriker, der mit Bismarck auf dem Kriegsfuße steht. Aber der kleine Zug enthält mehr — die dem Preußen anerzogene Pünktlichkeit und die Lässigkeit einer jüngeren Generation; eine Gesinnung, die auch eine Minute des Aufhebens wert hält, aber

---

[7] Irrungen, Wirrungen, S. 158.

großzügig genug ist, für diesmal darauf zu verzichten. Die Wendung „augenscheinlich erfreut" erklärt sich aus dem Zusammenhang der märkischen Geschlechter und der Anhänglichkeit an eine Uniform, die der Alte vor vierzig Jahren selbst getragen hat. „Der Alte schwärmt noch immer für Dragonerblut mit Gold und ist Neumärker genug, um sich über jeden Wedell zu freuen"[8], so expliziert Botho die Situation seinem Kameraden. Es ist mehr als Situation. Ein ganzer Stand mit seinen Vorstellungen und Lebenssphären deutet sich an, die Welt, aus der Botho kommt und die der gewaltige Bismarck — „ein gewisser Kürassieroffizier aus der Reserve"[9] — überholt hat. Eine andere Zeit kommt herauf, in der nicht mehr ein märkischer Junker den andren kennt, in der geschichtliche Erinnerung nicht mehr (wie bei dem Onkel) über mehrere Generationen zurückreicht, in der, kurz gesagt, das hier noch so gegenwärtige Preußische vergangen sein wird.

Vermutlich kam es Fontane darauf an, in dem Gespräch der drei Herren den von ihm erkannten Zustand geschichtlichen Übergangs zu zeigen. Schon die im Hofpredigerton der Wilhelminischen Zeit getane Äußerung Wedells „nur der Reine darf alles"[10] entstammt anderen, keineswegs festeren Überzeugungen und Gesinnungen, als sie der wackere Baron Osten hegt. Seine Abneigung gegen den Kanzler kommt nicht um des bloßen Zeitkolorits willen zur Sprache, so sehr sie den strengen Konservativen damals eigentümlich war. Sie bezeichnet zugleich den tiefen Bruch, den die Gründung des Reiches verursacht hat; was einmal galt, gilt nicht mehr lange, die einfachen Regeln früherer Staatsraison sind über den Haufen geworfen, und sogar ein Arnim (denn auf den Fall des Grafen Harry wird angespielt) kann wegen politischer Delikte vor den Richter gezerrt werden. „Solchen Mann . . . aus unsrer besten Familie . . . vornehmer als die Bismarcks und so viele für Thron und Hohenzollerntum gefallen . . ."[11] Die Klage des Junkers über Harry Arnim macht die außerordentlichen gesellschaftlichen Spannungen deutlich, vor deren noch kaum erkanntem Hintergrund die Liebe zwischen Botho und

[8] Ebenda.
[9] Ebenda, S. 160.
[10] Ebenda, S. 163.
[11] Ebenda, S. 162.

Lene scheitert. Botho wird sich Erfordernissen und Sitten unterwerfen, deren Kraft und Gültigkeit nicht mehr unbestritten sind, wie das schon der bloße Gedanke „,wenn sie doch eine Gräfin wäre' "[12] verrät. Die von dem Baron Osten beklagten Neuerungen werden von den gleichen Kräften in Bewegung gesetzt, die jenen Gedanken möglich machen und dem biederen Agrarier die Berliner Luft verderben: „Sie haben keine Luft hier. Verdammtes Nest."[13] Insofern enthält das auf die Heiratspläne für Botho führende politische Gespräch in seiner Abkürzung einen ganzen Geschichts-Augenblick. Es vermittelt eine Wahrheit, die nach Meineckes Wort[14] der Zeitschriftsteller in besonderem Maße zu erfassen vermag, welcher weiß, was seine Zeit bewegt. Aber die derart einbezogene allgemeine Geschichte, in die wenigen Seiten eines Gesprächs verkürzt, bedarf zugleich der Beziehung auf das Kunstwerk selbst. Als Horizont der Erzählung mag sie zu seiner Wahrscheinlichkeit beitragen; wenn sie ihr zum Motor wird, erweist sie sich als notwendig.

Beides leistet die Unterhaltung im Restaurant, die damit weit über eine plausible Kulisse hinausgeht. Sie entspricht im kleinen der großen Forderung, welche Fontane mit aller Entschiedenheit vorgetragen hat: „der moderne Roman soll ein Zeitbild sein, ein Bild *seiner* Zeit."[15] Es lohnt sich, zu beobachten, auf welche Weise der Autor diese Forderung realisiert, genauer gesagt, wie er sie aus dem stofflichen in den Bereich der Kunst überführt. Für sich genommen wäre das siebente Kapitel eine Art zeitgeschichtlicher Genreszene; doch ist es gerade dadurch ausgezeichnet, daß es nicht für sich genommen werden kann. Die von Stendhal durchgesetzte Aktualität wird den Bedingungen unterworfen, die ein vortrefflicher Kunstverstand als notwendig erkennt. Er ist entgegen der landläufigen Meinung auch am Klassischen geschult und beherrscht die von Fontane am ›Wilhelm Meister‹ so gepriesene „Kunst des Anknüpfens, des Inbeziehungbringens, des Brückenschlagens"[16]. Besäßen wir nur das siebente Kapitel, so hätten wir neben dem geschichtlichen auch

[12] Ebenda, S. 150.
[13] Ebenda, S. 161.
[14] Vgl. Meinecke, Bd. 4, S. 216.
[15] Fontane, Gesammelte Werke, II, Bd. 9, S. 242.
[16] Ebenda, S. 224.

ein hübsches kulturgeschichtliches Dokument. Man könnte ihm entnehmen, daß Hummer und Chablis bei einem solchen Treffen auf
der Speisekarte standen; daß der Pfarrer sich mit dem Gutsherrn
um Äcker stritt und wie vor alters als Hauslehrer anfing, um zum
pastor loci zu arrivieren; daß man ein brauchbares Gut so wie Bothos Vater durch Spiel und unkluge Wirtschaft herabbringen konnte;
daß es im Landadel noch üblich war, frühe Absprachen über die Ehen
der Kinder zu treffen; auch die scheinbare Bagatelle, daß charmante
Damen von Stand nach Norderney ins Bad fuhren.

All dies, oder beinahe alles, hat seine über das nur Geschichtliche
hinausgehende Funktion im Roman. Das politische Gespräch, welches in das persönliche übergehen soll, verursacht Wedells pastorale
Bemerkung über den „Reinen". Sie bringt in einleuchtender Assoziation dem Baron seinen Pfarrer in den Sinn, an welchen sich wiederum Botho erinnert: „Du wirst schon nachgeben in der Pfarr-
ackerfrage . . . Kenn' ich doch Schönemann (den Pfarrer) noch von
Sellenthins her."[17] Eine Sellenthin — die Bemerkung war unvor-
sichtig, so sehr die Kette der Assoziationen das psychologische Bewußtsein des Lesers befriedigt —, Käthe Sellenthin also soll Botho
heiraten. Nun kann der Baron ohne Gewalt endlich zum Thema
kommen, und alles, was folgt, scheint nur noch dem eigentlichen
Handlungsvorgang zugehörig. Aber gerade hier zeigt sich der Kunstcharakter erst recht. „Du bist doch so gut wie gebunden", hält der
Alte seinem Neffen vor, erinnert ihn an die Vorzüge der Zukünftigen („Eine Flachsblondine zum Küssen") und sieht sich von Wedell
unterstützt, der auf Norderney Gelegenheit zu eigenem Urteil er-
hielt: „Die Sellenthinschen Damen sind alle sehr anmutig, Mutter
wie Töchter . . ."[18] Diese wenigen, auf zehn Zeilen verteilten Sätze,
so harmlos und dem Moment verhaftet, haben ihren festen Platz
im Kunstzusammenhang des Buches und helfen, ihn zu begründen.

Die „Kunst des Anknüpfens, des Inbeziehungbringens, des Brük-
kenschlagens" kennt die verschiedensten Stufen, von der einfachen,
rückerinnernden Wiederholung bis zum bedeutenden Geflecht der
proportionierenden und Einsicht schaffenden Entsprechungen. „Eine

---

[17] Irrungen, Wirrungen, S. 163.
[18] Ebenda, S. 164.

Flachsblondine zum Küssen" ist zunächst bloße Beschreibung, allerdings im Kasinoton, den der Onkel keineswegs verloren hat. Die Wendung kehrt wenige Seiten später wieder, im Offiziersklub, als Wedell über Bothos „glänzende Partie" Rede stehen muß: „Wunddervolle Flachsblondine mit Vergißmeinnichtaugen ... mit vierzehn schon umkurt und umworben."[19] Die simple Wiederholung stempelt Käthe ab, noch ehe sie auftritt. Sie macht sie zum Objekt sozusagen fachmännischer Betrachtung und nimmt ihr die Individualität, von der Lene so bestimmt ist. Zu Käthe, niemals zu Lene, wird Botho sagen können: „Puppe, liebe Puppe."[20] Zugleich deutet sich in der Wiederkehr des terminus technicus die Redeweise einer ganzen Gesellschaftsschicht an, ein wenig von ihrem Verhältnis zur Frau, im ganzen genommen sogar eine Hindeutung auf den Zustand „konventioneller Lüge, der „Heuchelei" und des „falschen Spiels"[21], gegen die Fontane sein Buch gerichtet wissen wollte. Der Dichter weiß, aufs Maul schauend, nicht nur den spezifischen Jargon der Offiziere wiederzugeben, schöner und lebendiger noch den des Berliner Volkes. Das geschieht nicht um eines „realistischen Ticks" willen und ist von jeglichem naturalistischen Selbstzweck weit entfernt. In der sprachlichen Schichtung drückt sich die gesellschaftliche aus, die Bothos und Lenes Schicksal bestimmt; die rückerinnernde Wiederholung führt sie dem Leser vor, so wie der Hinweis auf Norderney viel mehr als ein Hinweis auf die Reisegewohnheiten der höheren Kreise ist.

Er nimmt einen Ton auf, der schon vorher erklungen war. Botho, der als Märker mit schlichten Leuten wohl umzugehen weiß, hat in der warmen Stube der Frau Nimptsch zum Entzücken der ganzen Versammlung eine vornehme „Tischunterhaltung" nachgeahmt. „... denke dir also", so sagt er zu Lene, „du wärst eine kleine Gräfin."[22] Und dann stürzt er sich in einen Redeschwall über *Reisewetter* und *Sommerpläne*, führt die konventionellen Wechselreden vor („... gnädigste Komtesse, da begegnen sich unsere Geschmacksrich-

[19] Ebenda, S. 170.
[20] Ebenda, S. 302.
[21] Nr. 372 an Theodor Fontane (8. 9. 1887): Fontane, (JA), II, Bd. 5, S. 168.
[22] Irrungen, Wirrungen, S. 139 f.

tungen ... sächsische Schweiz! Himmlisch, ideal!"[23]) und ahnt noch nicht, daß ihm seine eigene Frau in nicht zu ferner Zeit aus dem nicht minder modischen Schlangenbad in den gleichen Tönen schreiben wird. Wenn Wedell von den Sellenthinschen Damen sagt: „...ich war vorigen Sommer mit ihnen in Norderney..."[24], so stellt sich die Beziehung zu der Bade-Unterhaltung von selbst her, und Lenes erstaunt-erschreckter Ausruf „Und so sprecht ihr!"[25] findet seinen verspäteten Widerhall in Bothos Betrachtungen bei der Lektüre von Käthes Reisebriefen: „Welch Talent für die Plauderei!... Aber es fehlt etwas. Es ist alles so angeflogen, so bloßes Gesellschaftsecho."[26] Dieser Satz aber weist zurück auf die Charakteristik der feinen Konversation, die Botho für Lene, Frau Nimptsch und die höchlich erheiterte Frau Dörr bereithielt: „... eigentlich ist es ganz gleich, wovon man spricht... Und ‚ja' ist gerade so viel wie ‚nein'." „Aber," sagte Lene, „wenn es alles so redensartlich ist, wundert es mich, daß ihr solche Gesellschaften mitmacht."[27] Die außerordentliche Genauigkeit der derart im Roman verborgenen Anspielungen und Beziehungen wird leicht von ihrer gelegentlichen, immer wohlbegründeten und überaus echten Erscheinungsweise verdeckt. Man findet sich an das Netz von Korrespondenzen erinnert, mit denen Goethe den Hergang der ›Wahlverwandtschaften‹ begreiflich zu machen suchte. Allein es besteht ein wichtiger Unterschied zwischen dem klassischen und dem neueren Werk, nicht sosehr in der Technik als in dem, was sie zu bewirken und zu offenbaren vermag. In beiden Fällen kommen die Worte und Dinge, an welchen sich Zusammenhänge realisieren, mit Notwendigkeit vor; das heißt, sie sind nicht allein um der Entsprechung, sondern auch um der Handlung willen da, sie bewirken Geschehen und machen die Veränderungen deutlicher, denen die Personen sich ausgesetzt sehen. Im Falle von ›Irrungen, Wirrungen‹ dienen sie überdies dazu, mit einem Minimum von Mitteln ein Maximum historischer Wirklichkeit zu entwerfen; das Gelegent-

---

[23] Ebenda, S. 140.
[24] Ebenda, S. 164.
[25] Ebenda, S. 140.
[26] Ebenda, S. 267.
[27] Ebenda, S. 141 f.

liche gewinnt durch den Kunstcharakter Leben. Fontane nannte dies in bescheidener Formulierung „den berlinschen ‚flavour' der Sache". Und er tat sich viel zugute „auf die tausend Finessen ..., die ich dieser von mir besonders geliebten Arbeit mit auf den Lebensweg gegeben habe"[28].

Es sind mehr als Finessen, und sie rechtfertigen die Liebe des Lesers wie des Autors, wenn sie zum Besonderen des Geschichtlichen noch die in der Erzählkunst so selten erlangten Qualitäten hinzugewinnen, die das Wort „symbolisch" mit allzuviel Betonung umschreibt. Auch davon findet sich ein Beispiel in dem kurzen Stück verborgen, das aus dem Tischgespräch im Restaurant angeführt wurde. „Du bist doch so gut wie gebunden", lautete eines der nachdrücklichsten Argumente des Onkels gegen den Neffen. „Nun bist du gebunden"[29], sagt Lene am glücklichsten ihrer Tage, als sie dem Geliebten einen Strauß gibt, den eines ihrer Haare zusammenhält. Sie hatte sich aus einer Furcht gesträubt, die Botho vergebens als abergläubisch abzutun versuchte, denn „‚Haar bindet' "[30]. Lange Zeit später, als das Glück längst vergangen ist, erinnert sich Botho des letzten schönen Tages, der letzten glücklichen Stunde und seiner Bitte, den Strauß zu binden. „. . . warum bestand ich darauf? Ja, es gibt solche rätselhaften Kräfte, solche Sympathien aus Himmel oder Hölle und nun bin ich gebunden und kann nicht los."[31] Der Leser weiß, daß er sich entschließt, ein Ende damit zu machen, Strauß und Briefe auf einem kleinen Herd zu verbrennen, dem die lebensvolle Wärme des Herdes der alten Frau Nimptsch fehlt. Die Sätze sind berühmt, die Botho spricht, als die kleine Flamme verlischt: „Ob ich nun frei bin? . . . Will ich's denn? Ich will es *nicht*. Alles Asche. Und *doch* gebunden."[32] Die Verhältnisse des Lebens haben ihr Recht gefordert, und Botho hat sich ihnen gebeugt, wie sich unter erregenderen Umständen Isabel Archer gebeugt hat. Die Liebesgeschichte ist zu Ende, und die Geschichte eines Lebens an Käthes Seite zu er-

---

[28] Nr. 370 an Emil Dominik (14. 7. 1887): Fontane, JA, II, Bd. 5, S. 165.

[29] Irrungen, Wirrungen, S. 192.

[30] Ebenda.

[31] Ebenda, S. 287.

[32] Ebenda, S. 289.

zählen, entbehrt des Interesses. Aber was heißt zu Ende? „... ich will ein Ende damit machen. Was sollen mir diese toten Dinge...“[33], hatte Botho noch eben gesagt und wenig später die Kraft des Bandes empfunden, das schon verbrannt war. Denn die Dinge sind nicht tot, mit denen sich ein Schicksal identifiziert hat. Auf die zarteste Weise wird erkennbar, daß sich auch in ›Irrungen, Wirrungen‹ eine Tragödie abspielt. Sie fällt ihr ironisches Urteil über den Helden in dem einfachen Satz: „Gideon ist besser als Botho.“[34]

Aber ehe es dahin kommt, bietet Fontane dem Leser genug Gelegenheit, die Ursachen kennenzulernen, welche die Konsequenzen in Gang setzen, und die als realistisch gern gerühmten Realien entfalten dabei ihre ganze poetische Verweisungskraft, so wie Strauß und Band. Das Buch enthält zahllose Spiegelungen, die zuweilen nur ein sanftes erinnerndes Licht aufsetzen, zuweilen ein scharfes und enthüllendes werfen, manchmal aber den Blick in die ganze verdämmernde Lebenstiefe locken. Die Liebesinnigkeit ist unverkennbar, wenn Lene anfangs sich durch Botho eine schöne Erdbeere vom Mund pflücken läßt. Viel später, als der Ausflug nach Hankels Ablage durch die Dazwischenkunft der anderen Offiziere mit ihren zweifelhaften Damen schließlich mißglückt, sagt eine von ihnen zu Lene: „Aber da sind ja noch Erdbeeren... Die steck’ ich ihm dann in den Mund, und dann freut er sich.“[35] Dieselbe Handlung ist nicht dieselbe; die beinahe professionelle Routine läßt die Gartenszene erst in ihrer Unschuld erscheinen — so denkt man. Aber dann macht die Wiederholung klar, daß dieselbe Handlung auch dieselbe ist. Die ganze fragwürdige Endlosigkeit des Liebeswesens zeigt sich an, das ewig Gleiche, vor dessen beängstigender Repetition das einzelne Schicksal gleichgültig wird. Von solchen Erwägungen steht nichts in dem Roman, der wohl die volkstümlichen Gemeinplätze liebt (und ihnen oft ihren Sinn zurückgibt), nicht aber die Reflexion. „Zuletzt ist einer wie der andere“[36], „Aber die Menschen waren damals so wie heut’“[37], „Aber die Länge hat die Last. So von fuffzehn an und noch

33 Ebenda, S. 287.
34 Ebenda, S. 313.
35 Ebenda, S. 213.
36 Ebenda, S. 178.
37 Ebenda, S. 184.

nich 'mal eingesegnet"[38] — das sind die in ›Irrungen, Wirrungen‹ zugelassenen Lebensweisheiten. Sie sind möglich, weil das Volk so spricht und die anspruchslose Richtigkeit des Gesagten mit der geschichtlichen Richtigkeit der Art, wie es gesagt wird, zusammentrifft. Es kommt Fontane auf den „ ,flavour' der Sache" an, auf die natürliche Leichtigkeit, mit der sie gesagt wird. Sie ist nie so groß, als wenn durch die bloßen Dinge im Leben angedeutet wird, was im Begriff das Leben verliert.

Im Zusammenhang solcher bedeutenden Realien sind die Erdbeeren ein verhältnismäßig grobes Beispiel. Fontane ist ein Meister der Kunst, das Schwere leicht und das Irdische auf eine menschlich-geistreiche Weise erscheinen zu lassen, ohne ihm die Realität zu nehmen. Er erhält dieser eine gewisse objektive Neutralität, welche sie unbestimmt bleiben läßt, solange sie nicht in die Perspektiven menschlichen Schicksals gerät. Dann fängt sie auf ihre eigentümliche Weise an zu sprechen, stimmungsvoll (was nicht sentimental heißt) und unbestimmbar — was nur heißt, daß der Dichter nicht mit bloßen Worten spricht. Für diese Redeweise gilt allgemein, was Fontane im Hinblick auf die Landschaftsdarstellung bei Scott und Alexis im besonderen gesagt hat: „. . . das Unbestimmte darf nicht das Produkt der Ohnmacht, es muß das Resultat feinsten Empfindens sein."[39] Worauf es ankommt, das steht nicht auf den Zeilen, und es wird nicht formuliert. Es wird angedeutet, und ganze Kapitel leben von Andeutungen. Das Neunte ist von solcher Art, wenn es erzählt, wie Lene und Botho mit Frau Dörr den Feldweg nach Wilmersdorf gehen. Wiederum wird auf engem Raume „ein eigentümliches Vorstadtsleben"[40] zum Genrebild, ohne daß dies der Zweck des Dichters wäre. Wiesengrün und Nesseln, Teppichgerüste und der „Schutt einer Bildhauerwerkstatt"[41], Sumpf, Fernblick, Korn- und Rapsfelder, eine „Kegelbahntabagie"[42] und ihre Geräusche produzieren ein überzeugendes Ganze — „Ja, das ist das Leben". Aber eigentlich

[38] Ebenda, S. 213.
[39] Fontane, Gesammelte Werke, II, Bd. 9, S. 214.
[40] Irrungen, Wirrungen, S. 173.
[41] Ebenda.
[42] Ebenda, S. 176.

Leben gewinnt es durch die Beziehung auf Lene, deren Anmut, Tiefe
und Heiterkeit sich darstellen, indem die Menschen sich an den Dingen explizieren.

Vor allem hilft die naive Redseligkeit der Frau Dörr dazu, denn
die Sachen erscheinen nicht in statuarischem Symbolismus, welcher
etwa einem Kranz die ganze zudringliche Würde eines poetischen
Mittels zudiktiert, sondern sie treten in lebendige Relationen zu
menschlichen Situationen und Gefühlen, welche Anspielungen ermöglichen und potentiellen Sinn hervorrufen. „Jott, das macht immer so viel Spaß (so sagt Frau Dörr beim Butterblumen-Pflücken),
wenn man den einen Stengel in den andern piekt, bis der Kranz
fertig is oder die Kette."[43] Die harmlose Bemerkung verschafft der
empfindlichen Lene wieder eine ihrer „kleinen Verlegenheiten"[44],
nicht zuletzt durch die Formulierung. Das „Nun bist du gebunden"
wird von ihr antizipiert und zugleich die Hoffnungslosigkeit, jemals
für Botho den Brautkranz zu tragen. In knappster Abbreviatur
wird die Assoziation Jungfernkranz möglich, und die Heldin, die
gerade wegen der Leidenschaftlichkeit ihres Gefühls nichts mehr un-
schuldig zu hören vermag, drängt weiter: „Aber nun kommen Sie,
Frau Dörr; hier geht der Weg."[45] Aus dem realen Feldweg selbst
wird ein andeutendes Lokal. Kurz vorher, in anderen Verlegenheiten, angesichts so verfänglicher Themen, wie sie Sprungfedern und
Störche darstellen, hieß es: „ ‚Wir müssen am Ende doch wohl umkehren', sagte Lene verlegen, und eigentlich nur, um etwas zu sagen."[46] Schon durch die Lösung solcher Stellen aus ihrem Kontext
verändert sich das Gewicht der Zitate und gewinnt eine Schwere, die
ihnen „in Wirklichkeit" fehlt, wo sie funktionierender Teil eines
einfachen Vorgangs sind. Das Mädchen, dessen Empfindlichkeit ins
Ausgelassene umschlägt, wettet bei der Kegelbahn mit dem Liebsten,
„daß ich, wenn ich die Kugel bloß aufsetzen höre, gleich weiß, wieviel sie machen wird"[47]. Zwischen Verlust („Sandhase"[48]) und Ge-

[43] Ebenda, S. 175.
[44] Ebenda.
[45] Ebenda.
[46] Ebenda.
[47] Ebenda, S. 176.
[48] Ebenda.

winn („Alle neune"[49]) erstreckt sich die richtige Prognose; Lene weiß, was gespielt wird. Der ruhige Spaziergang, der eben noch zwischen Weitergehen und Umkehren schwankte, endet im übermütig kommandierenden „Parademarsch ... frei weg"[50]. Aber die imitierte kraftvolle Zielstrebigkeit läuft in „Weichheit und Rührung"[51] aus. Man will singen, naheliegende, gefühlvolle Lieder, deren Inhalt zumeist über dem Gesang vergessen wird. *Morgenrot* wird von Lene verworfen: „,Morgen in das kühle Grab', das ist mir zu traurig. Nein, singen wir: ,Übers Jahr, übers Jahr' oder noch lieber: ,Denkst du daran'."[52]

Der Leser weiß wiederum, was übers Jahr sein wird — nur noch Erinnerung an den vergänglich glücklichen Moment. Lene und Botho ahnen es voraus, und der Dichter mit der ihm eigenen andeutenden Genauigkeit wird das Lied nochmals anklingen lassen, wenn der verheiratete Botho weit hinaus auf den Vorstadtfriedhof fährt, um der alten Frau Nimptsch den in glücklichen Tagen versprochenen Immortellenkranz auf das Grab zu legen. Das schwarzgekleidete Fräulein, das ihn verkauft (sie hat mit ihrer Gärtnerschere „etwas ridikül Parzenhaftes"[53]), versäumt den Hinweis nicht: „Immortellenkränze sind ganz außer Mode"[54], als ob Dinge, die so viel sagen, außer Mode kommen könnten. Fontane ist der einzige deutsche Erzähler nach Goethe, dem es gelingt, in ihnen zeichenhafte Kräfte zu wecken, ohne ihnen die scheinbare Zufälligkeit der natürlichen Erscheinung zu nehmen. Aber sie haben eine Dimension mehr, als sie Goethe gewähren konnte. Sie stehen in geschichtlichem Zusammenhang und sind Teile einer komplexen, einmaligen und wiedererkennbaren Realität, so sehr, daß ein Fontanescher Roman die Vergegenwärtigung einer vergangenen Lokalität und Epoche zuwege bringt. Weg und Kranz, Band, Feuer und Herd zeigen an, worum es in der Liebe von Botho und Lene eigentlich geht: um einfachste und menschlichste Verhältnisse. Ganz unvermerkt — bewußt verhüllt von

[49] Ebenda, S. 177.
[50] Ebenda.
[51] Ebenda, S. 178.
[52] Ebenda.
[53] Ebenda, S. 279.
[54] Ebenda, S. 280.

ephemeren Erscheinungen und Vorgängen — werden Zeichen noch
einmal im gegenwärtigen Leben fruchtbar, die man längst in Volks-
lied und hoher Poesie verbraucht oder in Träume und Gassenhauer
verdrängt geglaubt hätte. Fontanes Credo, daß die Wahrheit im
Detail liege, gewinnt einen alles andre als „realistischen" Nebensinn,
sobald man die enthüllende, verweisende und schon durch die Wiederholung Verhältnisse schaffende Funktion der Einzelheiten im
Kunstzusammenhang wahrgenommen hat.

Von Spielhagen, den Fontane als Theoretiker schätzte, gibt es
einen Aufsatz mit der Überschrift ›Die Wahlverwandtschaften und
Effi Briest‹. Das Thema überrascht am Ende des 19. Jahrhunderts,
welches Goethes Alterswerk so oft verkannt und das Fontanesche
nicht eigentlich erkannt hat. Goethe wird wegen der „Unarten einer
falschen Technik" gerügt, Fontane vergleichsweise gelobt, weil er
sich „von Manier und Künstelei glücklich befreit hat"[55]. Lob und
Tadel aber werden durch die Überlegung wieder einigermaßen auf-
gewogen, daß man Kinder und Sperlinge fragen müsse, wie Kirschen
schmecken, die Zeitgenossen jedoch, wie ein Roman munde. Das vom
Historismus bestimmte Bewußtsein wirft das Problem auf, ob nicht
Goethes Zeitgenossen für wahr und wirklich gehalten haben könnten, was der nun schon lange vergangenen Gegenwart der achtziger
Jahre als unnatürliche Manier erscheinen wollte. Indem Spielhagen
so den „realistischen Dichter" gegen den „idealistischen"[56] ausspielt,
wird ein wichtiger Sachverhalt gesehen, ein nicht minder wichtiger
aber verkannt. Zwischen den ›Wahlverwandtschaften‹ und ›Effi
Briest‹ (und man könnte ebensowohl ›Irrungen, Wirrungen‹ zum
Vergleich einsetzen) liegt die ganze Entwicklung beschlossen, die dies
Buch dem Leser in einigen Stationen gewiß nicht vollständig anzudeuten sucht. Die Einzelheiten der empirischen und das spezifische
Totale der geschichtlichen Welt werden kunstwürdig. Psychologische
Zusammenhänge und der Gesichtspunkt der Wahrscheinlichkeit gewinnen ein Ansehen, das sie vorher nicht gehabt haben oder nicht
haben konnten. Die Objektivität der Erzählkunst — für den Zeitgenossen Fontanes von unzweifelhaftem Wert — erlangte eine Macht,

[55] Spielhagen, S. 122.
[56] Ebenda, S. 110.

die sich in den Theorien des Naturalismus selbst ad absurdum führte, in Sätzen wie Zolas von der « méthode scientifique appliquée dans les lettres »[57]. Aber schon waren Proust und Joyce geboren, um eine ganz andere Epoche zu eröffnen, welche sich von den „Errungenschaften der modernen Erzählungskunst"[58] (Spielhagen) viel weiter entfernen sollte, als Fontane je von Goethe entfernt war.

Denn der Sachverhalt, der damals dem Blick noch verstellt war, besteht in der einfachen Tatsache, daß bei aller in die Augen springenden Unvergleichbarkeit zwischen den ›Wahlverwandtschaften‹ und ›Irrungen, Wirrungen‹ dennoch eine echte Verbindung erkennbar ist. Sie liegt gewiß nicht im Bereiche der sogenannten „Einflüsse", und Fontane hat auch, sosehr er Goethes „Kunst des Anknüpfens, des Inbeziehungbringens, des Brückenschlagens" bewunderte, so manches Fehlurteil seiner Zeit über den größeren Dichter sich zu eigen gemacht. Sie liegt vielmehr in dem noch von der Klassik bestimmten Kunstbewußtsein des zu Ende gehenden bürgerlichen Zeitalters, das ohne einen — ebenfalls zu Ende gehenden — Begriff von Sittlichkeit nicht zu denken ist. „Es ist so manches hineingelegt, das wie ich hoffe den Leser zu wiederholter Betrachtung auffordern wird"[59], hatte Goethe 1809 an Cotta bei Übersendung seines Manuskripts geschrieben und noch nach zwanzig Jahren Eckermann das Wort gesagt, es stecke mehr darin, „als irgend jemand bei einmaligem Lesen aufzunehmen imstande wäre"[60]. Fontane hingegen hat sich (der Satz wurde schon zitiert) gegen den Redakteur Emil Dominik der „tausend Finessen" gerühmt, „die ich dieser von mir besonders geliebten Arbeit mit auf den Lebensweg gegeben habe". Die Gemeinsamkeit liegt im Kunst- und Verweisungscharakter der Realien und in den Konsequenzen einer Handlung, die mit ihrer Hilfe dargestellt werden. ›Irrungen, Wirrungen‹ ist in vieler Hinsicht mit dem älteren Kunstwerk der Form nach verwandt, ja es teilt sogar den Grundstoff mit ihm: „... es gibt solche rätselhaften Kräfte, solche Sympathien aus Himmel oder Hölle und nun bin ich gebunden und

[57] Zola, S. 270.
[58] Spielhagen, S. 118.
[59] Nr. 5830 an Cotta (1. 10. 1809): Goethe, WA, IV, Bd. 21, S. 99.
[60] Zu Eckermann (9. 2. 1829): Goethe, Gedenkausgabe, Bd. 24, S. 310.

kann nicht mehr los." Auch in ›Irrungen, Wirrungen‹ wird der Zusammenstoß einer rätselhaften, ursprüngliche Sympathien erregen-
den Macht mit den Geboten der Sitte zum Gegenstand, auch hier
geht es um die Folgen der Handlungen. In beiden Fällen ist das Ende
tragisch, wenn dies auch manchem Leser des neueren Romans entgehen mag. Denn wo dort das Verhängnis in dämonischer Weise
hervortritt und sich schrecklicher Zeichen und vernichtender Zufälle
bedient, ist hier alles herabgestimmt auf den vernünftigen Ton einer
sich für aufgeklärt haltenden Zeit und in das Licht einer Geschichte
gerückt, welche an die Stelle einer heroischen Vernichtung den Untergang durch die alltägliche Nichtigkeit setzt.

Der tragische Vorgang ist also verflacht, aber er ist nicht geschwun-
den. Er hat seinen Charakter geändert, nicht sein Ergebnis. Botho
lebt mit seiner „Puppe" weiter und Lene („... sie hatte die glücklichste Mischung und war vernünftig und leidenschaftlich zugleich"[61])
mit einem älteren, zwar redlichen, aber sektiererischen Mann. Die
Gestalt Gideon Frankes ist meisterhaft, weil sie möglich und abwegig ist, und weil das Abwegige zu niemand weniger „paßt" als zu
Lene. Zugleich ist der bei Goethe noch an das Übernatürliche gren-
zende Raum des Geschehens auf eine bürgerliche Enge reduziert.
Die sozialen Gebote, welche der himmlischen oder höllischen „Sympathie" zum Trotz die Vereinigung der Liebenden unmöglich machen, sind ein Ausdruck gegenwärtig geltender Konventionen. Sie
entstammen nicht mehr ewig gültigen Gesetzen, die der Mensch in
sich trägt. Die Alternative, die in den ›Wahlverwandtschaften‹ zwischen übermenschlichen Mächten bestand, lautet jetzt so, wie sie Botho gegen Rexin formuliert: „Spielen Sie den Treuen und Aushar-
renden oder was dasselbe sagen will, brechen Sie von Grund aus mit
Stand und Herkommen und Sitte, so werden Sie, wenn Sie nicht
versumpfen, über kurz oder lang sich selbst ein Gräuel und eine Last
sein ..."[62] Der Hinweis auf Stand und Herkommen weist auf den
geschichtlichen Charakter der Sitte. Nicht absolute, sondern relative
Maßstäbe gilt es abzuwägen. Für Botho wie für Fontane selbst geht
es um ein Sichabfinden mit dem Herkömmlichen, das man mit „Mo-

---

[61] Irrungen, Wirrungen, S. 288.
[62] Ebenda, S. 297.

ral" nicht verwechseln sollte. Die gegenwärtig geltenden Bedingungen, nach denen sich das Leben ordnet, das ist die Sitte. „Die Sitte gilt und muß gelten." „Aber daß sie's muß, ist mitunter hart. Und weil es so ist, wie es ist, ist es am besten: man bleibt davon und rührt nicht dran. Wer dies Stück Erb- und Lebensweisheit mißachtet — von Moral spreche ich nicht gern —, der hat einen Knax für's Leben weg."[63]

Unter den so auf einen säkularen, historischen Bereich verengten Voraussetzungen läuft der gemilderte tragische Vorgang ab. „Denn alles hat seine natürliche Konsequenz, dessen müssen wir eingedenk sein. Es kann nichts ungeschehen gemacht werden . . ."[64] Die Konsequenzen in den ›Wahlverwandtschaften‹ waren, sosehr es sich um die *eine* Natur handelte, zugleich übernatürlicher Art, insofern eine unbegreifliche höhere Hand in ihnen sichtbar wurde. Fontane dagegen legt auf die *„natürlichen Konsequenzen"* so viel Wert, daß er die Wendung in einem Brief an den Sohn Theodor ausdrücklich wiederholt.[65] Sie resultieren aus übersehbaren Bezirken: „. . . die Verhältnisse werden ihn zwingen . . . Es tut weh, und ein Stückchen Leben bleibt dran hängen"[66], so sagt Wedell schon früh von Botho, der selbst den Vorgang in die Worte faßt: „Und dann kam das Leben mit seinem Ernst und seinen Ansprüchen. Und das war es, was uns trennte."[67] Das Leben als die Summe der sozialen, historischen und auch psychologischen Konditionen hat die Rolle des Verhängnisses übernommen, welches erklärbar oder wenigstens erklärbarer erscheint. Sie werden von Lene und Botho akzeptiert, wie Ottilie und Eduard ihr Schicksal hinnehmen: „So muß Ottilie καρτεϱieren, und Eduard desgleichen, nachdem sie ihrer Neigung freien Lauf gelassen. Nun erst feiert das Sittliche seinen Triumph."[68] In ›Irrungen, Wir-

[63] Nr. 371 an Friedrich Stephany (16. 7. 1887): Fontane, JA, II, Bd. 5, S. 166.

[64] Irrungen, Wirrungen, S. 298.

[65] Nr. 372 an Theodor Fontane (8. 9. 1887): Fontane, JA, II, Bd. 5, S. 169.

[66] Irrungen, Wirrungen, S. 171.

[67] Ebenda, S. 272 f.

[68] Nr. 931 zu Riemer (6./10. 12. 1809): Goethe, Gedenkausgabe, Bd. 22, S. 575

rungen‹ gibt es keinen wie immer gearteten Triumph, so wie es überhaupt kein Äußeres gibt. „Es hilft nichts. Also Resignation. Erge-
bung ist überhaupt das Beste. Die Türken sind die klügsten Leute."[69]
Der Satz verliert nicht, sondern gewinnt ein für Fontane bezeichnendes Gewicht dadurch, daß Botho ihn spricht, als er vergeblich
eine Fliege gejagt hat — „Diese Brummer sind allemal Unglücksbo-
ten ..."[70] Aus der historischen Welt scheinen die Dämonen gewi-
chen, die natürlichen Dinge haben ihre irritierende Funktion übernommen. Der Dichter zeigt das Leben in mildem Licht und kann
sich darauf beschränken, Ursache und Wirkungen mit Ruhe vorzuweisen. Vierzehn Tage hat Fontane im Mai des Jahres 1884 in Hankels Ablage verbracht, um den Ort an der wendischen Spree zu
studieren und acht Kapitel seines Romans zu schreiben. Von dort
aus faßte er zusammen: „Meine ganze Produktion ist Psychographie
und Kritik, Dunkelschöpfung im Lichte zurechtgerückt."[71]

Psychographie und Kritik — damit ist ein wichtiger Unterschied
im Verfahren des jüngeren Autors bezeichnet, und man könnte ein-
wenden, daß er die Behauptung hinfällig mache, auch ›Irrungen,
Wirrungen‹ habe tragische Züge. Wo der Zusammenhang der seelischen Vorgänge evident wird und ein kritisches Vermögen die Bedingungen gegenwärtiger Realität analysiert, fehlen „die Spuren
trüber, leidenschaftlicher Nothwendigkeit"[72], welche bei Goethe bewirken, „daß es zu bösen Häusern hinausgehn muß"[73]. Von Anfang
an weiß Lene, daß ihr Glück geborgt und vergänglich ist, und Botho
nicht minder. Auch wird das von Fontane bei aller moralischen Toleranz sehr hoch geachtete Band der Ehe nicht verletzt, die Kollision
zwischen den natürlichen Kräften ursprünglicher Sympathie und den
nicht minder ursprünglichen sittlichen Bindungen findet nicht statt
— so scheint es. „In Wirklichkeit" verhält es sich anders. An die
Stelle des Prinzips der Ehe ist die geschichtliche Gesellschaft getreten,

[69] Irrungen, Wirrungen, S. 219.

[70] Ebenda, S. 218.

[71] Nr. 318 an Emilie Fontane (14. 5. 1884): Fontane, JA, II, Bd. 5,
S. 102.

[72] Nr. 747 (1./21. 8. 1809): Gräf, I, Bd. 1, S. 389.

[73] Nr. 868 zu F. J. und Johanna Frommann (nach dem 24. 1. 1810):
ebenda, S. 436.

das, was man tut und läßt als ein zu bestimmter Zeit Schickliches. Es gibt kein Ausbrechen aus der eigenen Zeit. Mit Ottilie war das Schickliche geboren, hier ist es ein Produkt aus Tradition und Gegenwart, wodurch es dem Dichter gewiß nicht herabgewürdigt erschien. „Psychographie" und historische Kritik als die vom Jahrhundert der Erzählkunst hinzugewonnenen Dimensionen haben nur deren Aktionsradius erweitert. „Natürlich kann man eine höhere Idealität der Gemüther ebensowenig wieder herbeizaubern wie die ‚Religiosität', die der gute alte Wilhelm seinem Volke wiedergeben wollte . . ."[74] So geschieht denn die Schuld, ohne die das Wort tragisch des Sinnes entbehren würde, nicht als ein Verstoß gegen höhere Ordnungen, auch nicht als Verletzung jener sozialen Schicklichkeit allein. Es gibt nur e i n vollkommenes, von Botho gegen Rexin formuliertes Gebot: „Vieles ist erlaubt, nur nicht das, was die Seele trifft, nur nicht Herzen hineinziehen und wenn's auch bloß das eigne wäre."[75] Aber solange es „solche rätselhaften Kräfte, solche Sympathien aus Himmel oder Hölle" gibt, ist das Herz schon hineingezogen und das Gebot unausweichlich verletzt. Deshalb ist auch ›Irrungen, Wirrungen‹ ein „tragischer Roman"[76] und seine Sühne ein Leben „ohne Glück"[77]. Lene, die das früher und klarer gesehen hat als Botho, weiß das Fehlen des Glückes wie die Schuld zu temperieren: „Ich habe dich von Herzen liebgehabt, das war mein Schicksal, und wenn es eine Schuld war, so war es *meine* Schuld. Und noch dazu eine Schuld, deren ich mich, ich muß es dir immer wieder sagen, von ganzer Seele freue, denn sie war mein Glück. Wenn ich nun dafür zahlen muß, so zahle ich gern."[78] Psychographie und Kritik haben auch die felix culpa in ihre Welt einbezogen, „Dunkelschöpfung im Lichte zurechtgerückt".

Bothos Gebot lebt von der Überlieferung klassischer Sittlichkeit, die einer Welt der Bedingtheiten angepaßt wurde. Der Roman lebt

[74] Nr. 148 (27. 5. 1891): Fontane, Briefe an Georg Friedlaender, S. 147.
[75] Irrungen, Wirrungen, S. 298.
[76] Goethe, JA, Bd. 37, S. 226.
[77] Irrungen, Wirrungen, S. 230.
[78] Ebenda.

noch von klassischen Form-Vorstellungen. Auch Fontane versucht, mit den überlieferten Mitteln ein Ganzes zu bewerkstelligen und verfährt mit der äußersten Gewissenhaftigkeit gegen die Kunst, der Goethe die Natur untergeordnet wissen wollte. Es gelingt ihm gleichsam, die geschichtliche Welt in der Kunstwelt aufzuheben — die höchste Annäherung zwischen „Naturwirklichkeit und Kunstwahrheit"[79], deren die deutsche Literatur fähig war, ist hier erfolgt. Der Kunstcharakter der Wirklichkeit wird durch die dauernde Beziehung der Erscheinungen auf das Kunstganze des Romans ermöglicht. Fontanes Kunstsinn meidet den Fehler, den er manchem Zeitgenossen vorzuwerfen hatte, der „nur das einzelne sieht, nicht die Totalität", oder dem das „einheitliche oder Einheit schaffende Band fehlt"[80]. Das Band besteht für ihn nicht im Zusammenhang der Handlung, sondern in dem ganzen Reichtum der Beziehungen, der von Dingen und Worten hergestellt wird und den die Summe der Teile weit übertreffenden „Totaleindruck" hervorruft. Die Strenge des Verfahrens ist groß und von der Aktualität der Gegenstände nicht beirrt, welche der Dichter wollte und liebte. Aber sie waren ihm im einzelnen nur Mittel und ihre Richtigkeit untergeordnet der höheren Wahrheit, mit der die geschichtliche „Totalität" als Kunstganzes, als „Totaleindruck" hervortreten sollte. Das Reportertum in der Literatur betrachtete er zwar mit berufsständischem Respekt, aber es hatte nichts mit Kunst zu tun; die Wiedergabe wirklicher Welt war ihm der „erste Schritt", kein Ziel, und die „Berichterstattung"[81] ein Fundament, nicht mehr, mochte sie noch so zutreffend oder gar berühmt sein, wie Zolas Schilderungen. Im Grunde verfuhr Fontane mit der seit Goethe so unerwartet differenziert erscheinenden Realität immer noch in Goethescher Weise. Auch er hätte sagen können, in ›Irrungen, Wirrungen‹ sei „kein Strich enthalten, der nicht erlebt, aber kein Strich so, wie er erlebt worden"[82].

Allerdings hat er allerlei bemerkenswerte Modifikationen dieses Satzes zu Papier gebracht, als er sich über die „besonders geliebte

[79] Goethe, JA, Bd. 33, S. 116.
[80] Fontane, Gesammelte Werke, II, Bd. 9, S. 277.
[81] Ebenda, S. 275.
[82] Zu Eckermann (17. 2. 1830): Goethe, Gedenkausgabe, Bd. 24, S. 395.

Arbeit" äußerte. Gegen Emil Schiff hat er hervorgehoben, was alles in dem Buche nicht mit der Realität übereinstimme — vermutlich könne man aus der Landgrafenstraße die Charlottenburger Kuppel gar nicht sehen, der alte Jakobikirchhof sei immer noch benutzbar, die Gewächse im Dörrschen Garten widersprächen der Jahreszeit und so weiter. Diese Abweichungen der Fiktion von der empirischen Wirklichkeit mochten in den achtziger Jahren bemerkenswert sein; heute sind sie gleichgültig, gemessen an der Merkwürdigkeit des Satzes: „alles was wir wissen, wissen wir überhaupt mehr historisch als aus persönlichem Erlebnis. Der ‚Bericht' ist beinah alles."[83] Wohlgemerkt: wenn es um die Gewinnung der Materialien geht, die vorgeblich aus objektiveren Quellen bezogen werden, als sie die leidensvolle eigene Erfahrung fließen läßt. Mag hier ein im geschichtlichen Bewußtsein begründeter Unterschied zur Verfahrensweise der Goetheschen Imagination liegen, im Kunstverfahren ist der Unterschied geringer. Entsprechungen, Anspielungen und Spiegelungen, abwandelnde Wiederholung, symbolisches Lokal und bedeutende Realien werden von Fontane mit der gleichen strengen Ökonomie gebraucht, wiewohl mit den Farben seiner Gegenwart versehen. Und auch sie machen das „Kunstwerk" noch nicht aus. In der Besprechung eines lange vergessenen „naturalistischen" Romans entschlüpft Fontane noch eine weitere Voraussetzung, fremd und rührend in der Welt vor der Jahrhundertwende. Ein „Kunstwerk", so meint er, entstehe erst, „wenn eine schöne Seele das Ganze belebt. Fehlt diese, so fehlt das Beste"[84]. Mit dem so unversehens verwandten Goetheschen Begriff ist der Dichter an die Grenze dessen gelangt, was man über die Poesie zu sagen vermag, und vermutlich auch an die Grenze eines Zeitalters, dessen Ende er wahrer dargestellt hat, als je ein Geschichtsschreiber es vermöchte. Er wird ein Zeuge vergangener Menschlichkeit.

---

[83] Nr. 371 an Friedrich Stephany (16. 7. 1887): Fontane, JA, II, Bd. 5, S. 167.
[84] Fontane, Gesammelte Werke, II, Bd. 9, S. 275.

Humor als dichterische Einbildungskraft. Studien zur Erzählkunst des poetischen Realismus von Wolfgang Preisendanz. München: Eidos Verlag [Wilhelm Fink Verlag] 1936, S. 214—241. 337—339. (= Theorie und Geschichte der Literatur und der schönen Künste. Texte und Abhandlungen, Band 1.) Mit Genehmigung des Wilhelm Fink Verlages, München.

DIE VERKLÄRENDE MACHT DES HUMORS IM ZEITROMAN THEODOR FONTANES

Von Wolfgang Preisendanz

Während der Sommerfrische 1881 in Thale liest Theodor Fontane Turgenjew und schreibt darüber an seine Frau:

„Dabei les' ich viel, Turgenjew und Lessing abwechselnd. Gestern eine der berühmten T.schen ‚Jägergeschichten'. Er beobachtet alles wundervoll; Natur, Tier und Menschen; er hat so'was von einem photographischen Apparat in Aug' und Seele, aber die Reflexionszutaten, besonders wenn sie nebenher auch noch poetisch wirken sollen, sind *nicht* auf der Höhe. Diese Geschichten sind alle dreißig Jahre alt, und es ist ganz ersichtlich, daß ihm damals noch die Reife fehlte, die er jetzt hat. Diese Reife find' ich denn wirklich in ‚Rauch', das etwa 1865 oder 1866 geschrieben wurde, gerade so wie in ‚Neuland', aber ich werde dieser Schreibweise nicht froh. Ich bewundere die scharfe Beobachtung und das hohe Maß phrasenloser, aller Kinkerlitzchen verschmähender Kunst; aber eigentlich langweilt es mich, weil es im Gegensatz zu den teils wirklich poetischen, teils wenigstens poetisch sein wollenden Jägergeschichten so grenzenlos prosaisch, so ganz *unverklärt* die Dinge wiedergibt. Ohne diese Verklärung gibt es aber keine eigentliche Kunst, auch dann nicht, wenn der Bildner in seinem bildnerischen Geschick ein wirklicher Künstler ist. Wer *so* beanlagt ist, muß *Essays* über Rußland schreiben, aber nicht Novellen."[1] (24. Juni 1881)

„Ich war heut' ein bißchen 'runter, was ich auf Turgenjews ‚Rauch' schieben muß, womit ich gestern fertig geworden. Es ist in seiner Art doch ersten Ranges. Nur solche Leute laß' ich überhaupt noch als Schriftsteller gelten. Alles ist klug, bewußt, sorgfältig und in seinem

---

[1] Die Hervorhebungen in dieser und den folgenden Briefstellen stammen von Fontane selbst.

Kunstmaß einfach meisterhaft. Dennoch ist es ein Irrweg und ein Verkennen des eigensten *innersten* Wesens der Kunst. Es wirkt alles nur aufregend, verdrießlich, abspannend. Schließlich ist er auch ein Russe und grenzt an die Gesellschaft, die er perhorresziert. Die schönen Kapitel im ,Horn von Wanza' sind ein wahres Evangelium dagegen daneben." (25. Juni 1881)

„Gestern und heute habe ich wieder eine kleine Turgenjewsche Erzählung gelesen. Immer dieselbe Couleur in grün. Der Künstler in mir bewundert alle diese Sachen. Ich lerne daraus, befestige mich in meinen Grundsätzen und studiere russisches Leben. Aber der Poet und Mensch in mir wendet sich mit Achselzucken davon ab. Es ist die Muse in Sack und Asche, Apollo mit Zahnweh. Das Leben hat einen Grinsezug. Er ist der richtige Schriftsteller des Pessimismus und man kann in diesem ausgezeichneten Talente wahrnehmen, welch' häßliches Bild diese pessimistische Weltanschauung ist. Er hat Esprit und Geist, aber durchaus keinen erquicklichen Humor, überhaupt keinen Tropfen Erquicklichkeit. Das Tragische ist schön, und selbst das bloß Traurige will ich mir unter Umständen gefallen lassen; er gibt uns aber das Trostlose." (9. Juli 1881)

Dieselbe Mischung von Respekt und Reserve zeigt sich fast genau zwei Jahre später hinsichtlich der ersten Bände der ›Rougon-Marquardt‹; wir greifen aus den diesbezüglichen Bemerkungen in den wieder an die Gattin gerichteten Briefen wiederum nur drei Passagen heraus:

„Nach Rückkehr von meiner Promenade begann ich gestern *Zola* zu lesen ... Als Mann vom Fach interessiert mich die Sache sehr, aber von Bewunderung keine Rede ... Die Vorrede zu ,La fortune des Rougon' ist Unsinn und Anmaßung, also schließlich der reine Mumpitz. Nun kommt das erste Kapitel. Was hierin erzählerisches Talent ist, erkenn' ich gern an — manches (aber auch nur manches) ist scharf beobachtet, die Darstellung lebhaft, farbenreich, fesselnd, aber nichtsdestoweniger alles nur Schmöker. Höchster oder auch nur höherer Schmöker sein, ist vielleicht das Romanideal, aber mittlerer Schmöker mit ein paar Spitzen ist mir nicht genug ... Es wimmelt von Fehlern, Muscheleien, Ungehörigkeiten und Unsinnigkeiten — lesbar, auch für unsereins, aber ohne *Kunst* und Bildung. Er *tut* gebildet, ist es aber nicht." (8. Juni 1883)

„Mit Zola rück' ich jetzt rascher vorwärts, weil die Fehler, die mir anfangs haarsträubend erschienen, fast verschwinden; die zuletzt gelesenen Kapitel sind wie die mir bekannten aus ‚L'assomoir‘, gewandt, unterhaltlich, oft witzig und erheiternd, alles in allem aber doch eine traurige Welt. Darauf leg' ich indes kein großes Gewicht, das ist Anschauungs-, nicht Kunstsache. In Anschauungen bin ich sehr tolerant, aber Kunst ist Kunst. Da versteh' ich keinen Spaß. tont Anschauung, Gesinnung, Tendenz." (12. Juni 1883)

Wer nicht selber Künstler ist, dreht natürlich den Spieß um und be-

„Mit ‚La fortune des Rougon‘ bin ich durch und fange heute noch ‚La conquête de Plassans‘ an. Das Talent ist groß, aber unerfreulich. Besonders bemerkenswert ist sein Witz. Von Unsittlichkeit oder auch nur von Frivolität *keine* Spur (es ist grenzenlos dumm, daß gerade *das* diesen Büchern vorgeworfen wird), und selbst von Zynismus ist kaum was zu finden; es ist aber durchaus *niedrig* in Gesamtanschauung von Leben und Kunst. *So* ist das Leben nicht, und wenn es so wäre, so müßte der verklärende Schönheitsschleier dafür geschaffen werden . . ." (14. Juni 1883)

Zwei Gesichtspunkte ergeben also die kritische Einstellung zu Turgenjew wie zu Zola: einmal der Vorwurf, so sei das Leben nicht, das Triste, Trostlose, Häßliche werde übertrieben, die dargestellte Wirklichkeit entspreche in ihren Proportionen und Prozentsätzen nicht der Empirie. Aber in dieser Hinsicht gesteht Fontane ja zu: „das ist Anschauungs-, nicht Kunstsache." (Anm. 1) Er läßt den Unterschied der Auffassung von Leben und Welt dahingestellt sein und hebt nur mehr darauf ab, wieweit die Werke der beiden anderen Autoren dem Wesen der Kunst gemäß seien. Der wichtigere Vorbehalt besteht also nicht gegen Stoffwahl, Motive, Thematik des Russen und des Franzosen, nicht gegen das Realitätsvokabular der dargestellten Wirklichkeit, sondern gegen den Kunstcharakter dieser Schreibweise. Allerdings scheint dieser Vorbehalt zunächst verwirrend oder widersprüchlich zu sein. Dem Künstler in Fontane sagt zu, was den Poeten und Menschen in ihm abstößt; er bewundert das meisterhafte Kunstmaß einer Schreibweise, die er im selben Atemzug „ein Verkennen des eigensten innersten Wesens der Kunst" nennt. Ein solcher Irrweg, ein solches Verkennen führe zu grenzenlos prosaischer, unverklärter Darstellung, verleihe dem Leben „einen

Grinsezug", lasse den „verklärenden Schönheitsschleier" vermissen. Verwischen diese Einwände nicht doch wieder den Unterschied zwischen Anschauungs- und Kunstsache? Oder bezeugen sie nicht sogar eine bedenkliche Auffassung vom Verhältnis von Kunst und Wahrheit?

Das scheinbar Verwirrende fällt dahin, wenn man sich klarmacht, daß der Einwand gegen die ganz unverklärte Wiedergabe der Dinge der Kernpunkt dieser Auseinandersetzung ist. „Ohne diese Verklärung gibt es aber keine eigentliche Kunst, auch dann nicht, wenn der Bildner in seinem bildnerischen Geschick ein wirklicher Künstler ist. Wer so beanlagt ist, muß Essays ... schreiben, aber nicht Novellen." Verklärung wird das genannt, was eine poetische Mimesis verbürgt, was sich mit Beobachtungsschärfe, Phrasenlosigkeit, bildnerischem Geschick verbinden muß; diese Verklärung gewährt, daß die dargestellte Wirklichkeit nicht in eins fällt mit dem, was auch für „das alltägliche Bewußtsein im prosaischen Leben" ist, daß die Kunst nicht zum Vehikel „anderweitiger Intentionen" wird.

Allerdings müssen wir die Metapher „Verklärung" recht verstehen. Das Wort ist religiöser Herkunft und meinte zuerst die transfiguratio, die verwandelte Erscheinung Christi auf dem Berg Tabor. Man darf also bei einer verklärenden Wiedergabe der Wirklichkeit nicht an ein euphorisches Verdrängen oder Ausklammern, an ein unredliches Beschönigen oder Vergolden denken. Selbst wenn Fontane den „verklärenden Schönheitsschleier" verlangt, so meint er wohl doch nicht ein verfälschendes Retuschieren des „Grinsezugs". Zwei Bemerkungen Fontanes können vor einem Mißverständnis bewahren. Eine Reflexion aus dem handschriftlichen Nachlaß lautet: „Aufgabe des modernen Romans scheint mir die zu sein, ein Leben, eine Gesellschaft, einen Kreis von Menschen zu schildern, der ein unverzerrtes Widerspiel *des* Lebens ist, das wir führen. Das wird der beste Roman sein, dessen Gestalten sich in die Gestalten des wirklichen Lebens einreihen, so daß wir in der Erinnerung an eine bestimmte Lebensepoche nicht mehr genau wissen, ob es gelebte oder gelesene Figuren waren, ähnlich wie manche Träume sich unser mit gleicher Gewalt bemächtigen wie die Wirklichkeit. — Also noch einmal: darauf kommt es an, daß wir in den Stunden, die wir einem Buche widmen, das Gefühl haben, unser wirkliches Leben fortzu-

setzen und daß zwischen dem erlebten und dem erdichteten Leben
kein Unterschied ist, als der jener Intensität, Klarheit, Übersichtlichkeit und Abrundung und infolge davon jener Gefühlsintensität, die
die verklärende Aufgabe der Kunst ist."[2] Die andere Bemerkung
steht am Ende der bekannten Kritik der ›Familie Selicke‹ vom
7. April 1890. Auch da zeigt sich zunächst der Vorbehalt Fontanes gegen eine dem modernen Realismus eigene „traurige Tendenz nach dem
Traurigen hin". Den Rang des Kunstwerks aber gesteht er dem „realistischen Jammerstück" vorbehaltlos zu, und er begründet sein
Urteil mit dem Satz: „Denn es bleibt nun mal ein gewaltiger Unterschied zwischen dem Bilde, das das Leben stellt, und dem Bilde, das
die Kunst stellt; der Durchgangsprozeß, der sich vollzieht, schafft
doch eine rätselvolle Modelung, und an dieser Modelung haftet die
künstlerische Wirkung, die Wirkung überhaupt."[3]

Ob Modelung, ob Verklärung: beide Metaphern zeigen zusammen
mit den zitierten Briefstellen, worauf es ankommt, wenn das eigenste innerste Wesen der Kunst nicht verkannt werden soll: auf den
Unterschied zwischen dem vom Leben und dem von der Kunst gestellten Bilde. Mit Verklärung ist in allererster Linie eine Verwandlung gemeint, die der dargestellten Wirklichkeit den Charakter des
Gebildes, den Charakter des „Gedichts" sichert. Verklärung meint
Verwandlung ins Gedicht im selben Sinn, wie es der in einer der
Briefstellen apostrophierte Verfasser des ›Horns von Wanza‹ meint,
wenn er im Anschluß an die Lektüre Zolas und Ibsens schreibt: „Eines will ich Ihnen aber doch schreiben, nämlich daß sehr viele dieser
Bücher die Menschen *zu mir* treiben müssen und werden. Aus der
physiologischen, psychologischen, pathologischen Abhandlung heraus in das Gedicht, die Dichtung; — aus der verdunkelten Kranken-
stube mit ihrem Eiter- und Typhusdunst, aus der Irrenhausatmo-
sphäre und -beleuchtung in den Garten und das Haus der Kunst...".[4]
Auch hier sind Anschauungs- und Kunstsache geschieden; auch hier
mischt sich in die Kritik der Einseitigkeit der Stoff- und Motivwahl
der Vorwurf, die Abhandlung verdränge die Dichtung, d. h. die

[2] Theodor Fontane, Aus dem Nachlaß, hrsg. v. Joseph Ettlinger, S. 269.
[3] Ges. Werke, 1904, 2. Serie Bd. 8, S. 316.
[4] Brief an Edmund Sträter vom 21. 9. 1892.

Darstellung stehe nicht unter einem eigentlich poetischen Struktur-
gesetz, sondern werde zur Funktion wissenschaftlichen Wirklich-
keitsbezugs. Raabes „Heraus aus der Abhandlung", Fontanes „Wer
so beanlagt ist, muß Essays über Rußland schreiben": beides meint
eine Tendenz, durch die das Werk aufhört, „nur seiner selbst wegen
dazusein", durch die es „seinem Begriffe zuwider nur als ein Mittel
verbraucht und damit zur Zweckdienlichkeit herabgesetzt" wird.
Wir wollen hier nicht darüber urteilen, ob dieser Kritik des von
Turgenjew, Ibsen und Zola vertretenen „modernen Realismus" ein
zureichendes Verständnis zugrunde liegt. Es geht uns lediglich darum,
die Voraussetzungen und Konsequenzen dieser Kritik deutlich zu
machen, und es zeigt sich wohl klar, daß die Auseinandersetzung mit
diesem modernen Realismus erst in zweiter Linie von der Fragwürdigkeit der Stoffwahl, der Motive, der Thematik, in erster Linie
aber von der Frage nach der Selbständigkeit dichterischer Welt-
erfahrung, nach der Selbstherrlichkeit der Einbildungskraft, nach der
„Reichsunmittelbarkeit der Poesie" bestimmt ist. Der Anspruch auf
„Verklärung" gründet nicht im Ethischen oder Weltanschaulichen;
er bezieht sich vor allem auf die spezifisch poetische Struktur der
dargestellten Wirklichkeit.

Fontane nun hat mehrfach den Humor als das nächstliegende
Prinzip solcher Verklärung bezeichnet. „Der Realismus wird ganz
falsch aufgefaßt, wenn man von ihm annimmt, er sei mit der Häßlichkeit ein für allemal vermählt. Er wird erst ganz echt sein, wenn
er sich umgekehrt mit der Schönheit vermählt und das nebenherlaufende Häßliche, das nun mal zum Leben gehört, verklärt hat. Wie
und wodurch? Das ist seine Sache zu finden. Der beste Weg ist der
des Humors." So schreibt er am 10. Oktober 1889 an Friedrich Stephany; am 7. Januar 1891 gesteht er Ernst von Wolzogen: „Mir aus
der Seele gesprochen auch alles, was Sie über den Humor und seine
verklärende Macht sagen . . ."; am 16. Februar 1897 schreibt er
Friedrich Spielhagen, er könne nicht begreifen, „wie unsere Realisten
nicht *instinktiv* auf die Hülfen verfallen, die der Humor ihnen leisten würde." (Anm. 2)

Nimmt man indessen zu diesen andeutenden Bemerkungen zwei
weitere Äußerungen hinzu, in denen vom Humor die Rede ist, so
scheint es doch wieder, als meine Fontane mit diesem Humor im

Grunde die Manifestation einer Weltanschauung. In einem recht frühen Brief vom 3. Januar 1851 an Witte ist Fontane „fast der Meinung, daß der Humor bündig in dem Spruche ‚ride si sapis‘ charakterisiert ist. Das Leben muß einen so weit geschult haben, daß man für die tollsten und schlimmsten Sachen nur das bekannte ‚alles schon dagewesen‘ und ein Lächeln in Bereitschaft hat. Es ist das göttliche Durcheinanderschmeißen von Groß und Klein, ein keck-lustiges Auf-den-Kopf-Stellen unserer Satzungen . . .“ Und in einem Brief vom 20. Juni 1879 an seine Frau wendet er gegen deren Urteil über Dickens und Reuter ein: „was Du trivial, gröblich, kritiklos nennst, nenn’ ich humoristisch.“ Sie sei zu feinnervig und kritikvoll. „Ein ganzer voller Humor aber kann mit und vor der Kritik selten bestehen. Es gehört eine wenigstens momentane Kritiklosigkeit dazu, einerseits um humoristisch zu sein, andrerseits um den Humor andrer zu genießen. Von dieser Regel kann es nur ganz wenige Ausnahmen geben.“

Danach wäre Humor der Verzicht, den Widerspruch festzuhalten zwischen dem was ist und dem was sein sollte, könnte; Humor wäre der Mangel dessen, was nach Hegel die Satire ermöglicht, wenn er sagt: „Es gehören feste Grundsätze dazu, mit welchen die Gegenwart in Widerspruch steht.“[5] Und seinen Ursprung hätte der Humor darin, daß selbst die tollsten und schlimmsten Sachen relativ werden vor dem Hintergrunde eines Totalbewußtseins, daß die Wahrnehmung des konkreten Tollen und Schlimmen immer verbunden ist mit der Erinnerung einer Totalbestimmung des Lebens und der Welt. Analog fast zu Kierkegaards Begriff des Humors wäre der Humorist derjenige, der das Tolle und Schlimme mit dem Leben und der Welt in eins faßt und der über das Einzelne lachen kann, weil er die Totalbestimmung darin wiedererkennt.

Wie gut diese Erläuterung in das Bild des Menschen Fontane paßte, braucht kaum näher belegt zu werden; Skepsis, Resignation, melancholische Heiterkeit oder heitere Melancholie sind ja schon immer als Hauptzüge Fontanes hervorgehoben worden. Ganz wenige, aus einer Fülle herausgegriffene Äußerungen in seinen Briefen mögen daran erinnern:

---

[5] G. W. F. Hegel, Ästhetik, hg. Fr. Bassenge, Berlin 1955, S. 494.

„Man muß es durchaus verstehen, fünf gerade sein zu lassen."
(21. 2. 64 an die Mutter)

„Independenz über alles! Alles andere ist zuletzt nur Larifari."
(28. 5. 70 an die Frau)

„Sieht man von ganz wenigen Ausnahmefällen ab, so läuft überhaupt unser ganzer Verkehr im Leben entweder auf ein reines, schändliches Komödienspiel, oder da, wo im ganzen genommen Ehrlichkeit herrscht, auf Kompromisse, Waffenstillstände, stillschweigende gegenseitige Abmachungen hinaus." (27. 8. 82 an die Frau)

„Wir stecken schlimm drin; das heißt Mensch sein." (13. 8. 88 an Mete Fontane)

„Das oft gewählte Bild von der Beresina-Brücke wird immer wahrer. Indessen, es ist wie es ist, und wehe dem, der sein Herz darüber mit Trauer füllen will; man kann seinen Pessimismus auch in rot, ja in zeisiggrün kleiden und ihn auf Heiterkeit abrichten."
(9. 5. 88 an Theo Fontane)

„. . . und allen Plänen gegenüber begleitet mich die Frage: ‚was soll der Unsinn?' Eine Frage, die überhaupt ganz und gar von mir Besitz zu nehmen droht." (3. 8. 88 an Mete)

„Resignieren können ist ein Glück und beinahe eine Tugend." (21. 8. 91 an die Frau)

Meint demnach das Wort von der verklärenden Macht des Humors nicht doch allein eine Möglichkeit, die dargestellte Wirklichkeit in der Beleuchtung einer solchen Weltanschauung, eines solchen Lebensgefühls zu zeigen? Ehe man sich damit zufriedengibt, sollte man sich doch daran erinnern, daß das Wort Verklärung vor allem dort auftaucht, wo von einem „Verkennen des eigensten innersten Wesens der Kunst" die Rede ist. Wo also der Humor dieser Verklärung zugeordnet wird, liegt denn doch nahe, in der humoristischen Verklärung nicht den Ausdruck subjektiver Voraussetzungen zu suchen, sondern ein Darstellungsprinzip, das Gewähr einer eigenständigen poetischen, d. h. einer erst durch Imagination und Sprache der Dichtung wahren Wirklichkeit ist.

Wir setzen an bei einem Ausschnitt aus den ›Poggenpuhls‹, einem Werk, das 1891 zusammen mit ›Effi Briest‹ begonnen und 1896, ein Jahr nach dem berühmteren anderen Roman veröffentlicht wurde. Die Gründe dieser Wahl werden im Laufe der Analyse noch darge-

legt werden; einer davon ist der, daß Paul Heyse in seinem sehr
enttäuschten Brief vom 16. Februar 1897 an Schott meint, man be-
komme wirklich nur einen „coin de réalité vu par un tempérament"
(sic!) aufgetischt, daß er also gerade dieses kleine Werk ausdrücklich
als ein Beispiel des „modernen Realismus" Zolascher Prägung kennzeichnen will.

„Wie sich von selbst versteht, war auch die Poggenpuhlsche Wohnungseinrichtung ein Ausdruck der Verhältnisse, darin die Familie
nun mal lebte; von Plüschmöbeln existierte nichts und von Teppi-
chen nur ein kleiner Schmiedeberger, der mit schwarzen, etwas aus-
gefusselten Wollfransen vor dem Sofa der zunächst am Korridor
gelegenen und schon deshalb als Empfangssalon dienenden ‚guten
Stube' lag. Entsprechend diesem Teppiche waren auch die schmalen,
hier und dort gestopften Gardinen: alles aber war sehr sauber und
ordentlich gehalten, und ein mutmaßlich aus einem alten märkischen
Herrenhause herstammender, ganz vor kurzem erst auf einer Auktion
erstandener, weißlackierter Pfeilerspiegel mit eingelegter Goldleiste
lieh der ärmlichen Einrichtung trotz ihres Zusammengesuchtseins
oder vielleicht auch um dessen willen etwas von einer erlöschenden,
aber doch immerhin mal dagewesenen Feudalität.

Über dem Sofa derselben ‚guten Stube' hing ein großes Ölbildnis
(Kniestück) des Rittmeisters von Poggenpuhl vom Sohrschen Hu-
sarenregiment, der 1813 bei Großgörschen ein Karree gesprengt und
dafür den Pour le Mérite erhalten hatte — der einzige Poggenpuhl,
der je in der Kavallerie gestanden. Das halb wohlwollende, halb
martialische Gesicht des Rittmeisters sah auf eine flache Glasschale
hernieder, drin im Sommer Aurikeln und ein Vergißmeinnichtkranz,
im Winter Visitenkarten zu liegen pflegten. An der andern Wand
aber, genau dem Rittmeister gegenüber, stand ein Schreibtisch mit
einem kleinen erhöhten Mittelbau, drauf, um bei Besuchen eine Art
Gastlichkeit üben zu können, eine halbe Flasche Kapwein mit Likörgläschen thronte, beides, Flasche wie Gläschen, auf einem goldge-
ränderten Teller, der beständig klapperte."[6] (S. 11 f.)

Die Wohnungseinrichtung als selbstverständlicher Ausdruck der
Verhältnisse: es handelt sich hier um ein im Roman des 19. Jahr-

---

[6] Zit. nach: Theodor Fontane, Ges. Werke, 1915, IV. Bd.

hunderts kaum einmal ausbleibendes, um ein zur Darstellung der Wechselwirkung von Mensch und Milieu kaum entbehrliches Motiv. Auch ist die Schilderung so konkret und detailliert, daß niemand Anstand nehmen wird, sie realistisch zu nennen. Von *impersonnalité* freilich ist keine Spur; der Erzähler verbirgt, verschweigt sich keineswegs. Theoretisch hat Fontane in diesem Punkte einander entgegengesetzte Ansichten geäußert. Zur Zeit seiner späten ersten Schritte als Romancier, am 14. 1. 1879, schreibt er in einem Brief an W. Herz in bezug auf Spielhagens Romantheorie: „Nur die Stelle (bei Spielhagen; W. P.), daß der Erzähler nicht mitsprechen darf, weil es gegen das epische Stilgesetz sei, erscheint mit als reine Quakelei. Gerade die besten, berühmtesten, entzückendsten Erzähler unter den Engländern haben es immer getan. Dies beständige Vorspringen des Puppenspielers in Person hat für mich einen außerordentlichen Reiz und ist recht eigentlich das, was jene Ruhe und Behaglichkeit schafft, die sich beim Epischen herstellen soll." Ein Satz aus dem Nachlaß aber verkündet ein anderes Ideal: „Ein Werk ist um so stilvoller, je objektiver es ist, d. h. je mehr nur der Gegenstand selbst spricht, je freier es ist von zufälligen oder wohl gar der darzustellenden Idee widersprechenden Eigenheiten und Angewohnheiten des Künstlers."[7] Nun wird man an der zitierten Textstelle gewiß kein Vorspringen des Puppenspielers bemerken, aber der frühen Briefstelle scheint sie doch eher zu entsprechen. Die Polarität von Objektivem und Subjektivem ist da, der Erzähler spricht mit. Das einleitende „Wie sich von selbst versteht" oder die Marginalie: „— der einzige Poggenpuhl, der je in der Kavallerie gestanden" sind einzelne Indizien. Wichtiger aber ist, daß in der ganzen Schilderung eine bestimmte subjektive Perspektive zur Geltung kommt. Denn der Schildernde unterstellt gleichsam eine Norm, ein Schema standesgemäßer Wohnungseinrichtung, und er bemißt die Poggenpuhlsche Wohnung nach einer solchen Norm, einem solchen Schema. Zuerst wird erwähnt, was zwar vorhanden sein müßte, aber gar nicht oder nur sehr unzureichend vorhanden ist: von Plüschmöbeln keine Spur, und der „kleine Schmiedeberger" bleibt nur ein Surrogat, das höchstens das Bestreben, der Norm zu entsprechen, aus-

---

[7] Aus dem Nachlaß, S. 256.

drücken, sie aber nicht einmal approximativ erfüllen kann. So unmerklich der Erzähler hier zunächst sein mag, so deutlich zeigt sich,
daß nicht die beschriebene Einrichtung als solche, sondern erst ein
Norm und Wirklichkeit vergleichender Blick das Dingliche zum Ausdruck der Verhältnisse macht. Die Schilderung registriert und beschreibt nicht nur, sondern sie schließt ein kritisches Taxieren des
Verhältnisses von standesgemäßem Standard und Vorhandenem ein,
und sie impliziert genauso eine wohlwollende Anerkennung, Billigung der sichtbaren Bemühungen, der Norm so gut als möglich zu
genügen, das Mißverhältnis zwischen Standesgemäßem und eigenen
Möglichkeiten so wenig als möglich hervortreten zu lassen.[8] Damit
sind wir aber allein durch diesen ersten der beiden zitierten Ab-
schnitte über viel mehr informiert, als zunächst zu erwarten war;
nicht nur über die Verhältnisse der Familie Poggenpuhl, sondern
auch schon über das Grundproblem dieser Familie: auf welche Weise
auch immer den aus ihrem Stand und gegenüber ihrem Stand er-
wachsenden Ansprüchen und Erwartungen zu genügen, solange diese
Weisen nur redlich und moralisch einwandfrei sind.

Aber warum dieses Bemühen, standesgemäß zu sein? Darüber erfahren wir im zweiten Abschnitt unserer Textstelle weiteres, wenngleich keineswegs expressis verbis. Die Anmerkung, der „Sohrsche",
wie er in der Folge genannt wird, sei der einzige Kavallerist dieser
Offiziersfamilie gewesen, zeigt jedem in der damaligen Hierarchie
der Waffengattungen Bewanderten die obere Grenze der immerhin
mal dagewesenen Feudalität. Und was dieses exzeptionelle Kavalle-
ristentum zusammen mit der Tat und der Auszeichnung für die Familie bedeutet, wie wenig die Verpflichtung des Standesgemäßen
aus bloßem Dünkel, sondern aus einem tiefer aufgefaßten „no-

---

[8] Es liegt also durchaus an der wenn auch noch so unscheinbaren subjektiven Brechung, daß wir schon in dieser Schilderung erfassen, was dann
eine Seite weiter ausdrücklich formuliert wird: „So wohnten die Poggenpuhls und gaben der Welt den Beweis, daß man auch in ganz kleinen Verhältnissen, wenn man nur die rechte Gesinnung und dann freilich auch die
nötige Geschicklichkeit mitbringe, zufrieden und beinahe standesgemäß
leben könne . . ." Die Perspektive dieser „Welt", der die Poggenpuhls den
Beweis erbringen wollen, ist es, die wenigstens an dieser Stelle als subjektiver Reflex zur Geltung kommen soll.

blesse oblige" erwächst, das ist dem Vergißmeinnichtkranz in der flachen Glasschale wohl zu entnehmen. Im Winter aber, während der Saison, füllt sich die Schale mit Visitenkarten; das zeigt uns, wem — mindestens fürs Gefühl der Familie — die Besuche gelten, was in den gesellschaftlichen Kontakten immer mitgemeint ist. Wir wissen, und später wird es ausdrücklich gesagt, daß die Gesellschaft in dieser Familie immer zugleich ihre Tradition respektiert; indem es heißt, der „Sohrsche" blicke auf die Schale mit dem Vergißmeinnichtkranz oder mit den Visitenkarten herab, erscheinen diese Dinge wie etwas auf dem Altar Niedergelegtes, und so müssen wir die Anstrengungen, der Norm standesgemäßer Einrichtung zu genügen, die Bemühung, eine Art Gastlichkeit zu üben, als das Bestreben verstehen, der aus der Geschichte der Familie erwachsenen Verpflichtung gerecht zu werden.

Mag sich auch Fontane darüber mokiert haben, daß sein Jahrgangsgenosse die ganze Gotteswelt in seinen allerpersönlichsten Keller-Ton getaucht habe; er selbst kommt hier doch der Art, wie Keller alles Sinnliche, Sicht- und Greifbare in vollgesättigter Empfindung mitgenießen läßt, recht nahe. Es gemahnt doch lebhaft an das Zimmer und ans Mobiliar der „Armen Baronin", wenn hier eine *halbe* Flasche Portwein mit Likörgläschen *thront*, und zwar auf einem gold*geränderten* Teller, der beständig *klappert*.

Die Tat des „Sohrschen", des Kavalleristen, war eine Sternstunde der Familie, der sich die lebenden Glieder trotz aller Misere verpflichtet fühlen bis zur nächsten Sternstunde. Leo, der Jüngste, könnte sie am Ende heraufführen; damit endet das erste Kapitel. Zwar ist er nur Infanterieleutnant und zudem das Angstkind, weil seine beständig wachsenden Schulden das Gespenst der Entlassung heraufbeschwören. Ihn davor zu bewahren, ist die Hauptsorge der Familie. „Kein Opfer erschien zu groß, und wenn die Mutter auch gelegentlich den Kopf schüttelte, für die Töchter unterlag es keinem Zweifel, daß Leo, ‚wenn es nur möglich war, ihn bis zu dem entsprechenden Zeitpunkt zu halten‘, die nächste große Russenschlacht, das Zorndorf der Zukunft, durch entscheidendes Eingreifen gewinnen würde. ‚Aber er ist ja nicht Garde du Corps‘, sagte die Mama. ‚Nein. Aber das ist auch gleichgültig. Die nächste Schlacht bei Zorndorf wird durch Infanterie gewonnen werden.‘ " (S. 16) Nehmen

wir hinzu, daß die Poggenpuhls in einer Straße wohnen, die den
Namen der Schlacht trägt, in der sich der „Sohrsche" auszeichnete —
wir kommen darauf zurück —, dann wird vollends deutlich, daß
wir in die Schilderung der Wohnung nichts Willkürliches hineinge-
tragen haben. Die verpflichtende Tradition, die Anstrengung, um
dieser Tradition willen standesgemäß oder beinahe standesgemäß
zu leben, die Hoffnung auf künftige glänzende Bestätigung der Tradition kennzeichnen die Lage der Familie, die durch die Schilderung
der guten Stube vergegenwärtigt wird, ohne daß dabei der gemeinte
Zusammenhang irgendwie ausdrücklich ausgesprochen wäre.

Aber damit nicht genug. Wir haben bislang erfahren, wie sich die
gegenwärtigen Poggenpuhls zur Tradition der Familie verhalten.
Man kann diese Tradition auch etwas anders sehen, und erst dann
wissen wir alles über „Die Poggenpuhls". Das zweite Kapitel beginnt mit der Schilderung der Morgenverrichtung des langjährigen
treuen Dienstmädchens Friederike. Sie kauft das Frühstück ein, mahlt
Kaffee, heizt den Ofen an und macht sich dann ans Abstauben, zunächst einiger Photographien von Zeitgenossen, von Leo dennoch
„die Ahnengalerie des Hauses Poggenpuhl" genannt.

„Aber diese ‚Ahnengalerie' war doch nicht alles, was hier hing.
Unmittelbar über ihr präsentierte sich noch ein Ölbild von einigem
Umfang, eine Kunstschöpfung dritten oder vierten Ranges, die den
historisch bedeutendsten Moment aus dem Leben der Familie dar-
stellte. Das meiste, was man darauf sehen konnte, war freilich nur
Pulverqualm, aber inmitten desselben erkannte man doch ziemlich
deutlich noch eine Kirche samt Kirchhof, auf welch letzterem ein
verzweifelter Nachtkampf zu toben schien.

Es war der Überfall von Hochkirch, die Österreicher bestens ‚aju-
stiert', die armen Preußen in einem pitoyablen Bekleidungszustande.
Ganz in Front aber stand ein älterer Offizier in Unterkleid und
Weste, von Stiefeln keine Rede, dafür ein Gewehr in der Hand.
Dieser Alte war Major Balthasar von Poggenpuhl, der den Kirchhof
eine halbe Stunde hielt, bis er mit unter den Toten lag. Eben dieses
Bild, wohl in Würdigung seines Familienaffektionswertes, war denn
auch in einen breiten und stattlichen Barockrahmen gefaßt, während
die bloß unter Glas gebrachten Lichtbilder nichts als eine Goldborte
zeigten.

Alle Mitglieder der Familie, selbst der in Kunstsachen etwas skeptische Leo mit einbegriffen, übertrugen ihre Pietät gegen den ,Hochkircher' — wie der Hochkirch-Major zur Unterscheidung von vielen andern Majors genannt wurde — auch auf die bildliche Darstellung seiner ruhmreichen Aktion, und nur Friederike, sosehr sie den Familienkultus mitmachte, stand mit dem alten, halb angekleideten Helden auf eine Art Kriegsfuß. Es hatte dies einfach darin seinen Grund, daß ihr oblag, mit ihrem alten, wie Spinnweb aussehenden Staublappen doch mindestens jeden dritten Tag einmal über den überall Berg und Tal zeigenden Barockrahmen hinzufahren, bei welcher Gelegenheit dann das Bild, wenn auch nicht geradezu regelmäßig, so doch sehr, sehr oft von der Wand herabglitt und über die Lehne weg auf das Sofa fiel. Es wurde dann jedesmal beiseite gestellt und nach dem Frühstück wieder eingegipst, was alles indessen nicht recht half und auch nicht helfen konnte. Denn die ganze Wandstelle war schon zu schadhaft, und über ein kleines, so brach der eingegipste Nagel wieder aus, und das Bild glitt herab.

,Gott' sagte Friederike, ,daß er da so gestanden hat, nun ja, das war ja vielleicht ganz gut. Aber nu so gemalen, . . . es sitzt nich und sitzt nich'.

Und nachdem sie dies Selbstgespräch geführt und die Ofentür, was immer das letzte war, wieder fest zugeschraubt hatte, tat sie Handfeger und Wischtuch wieder in den Holzkorb und trat leise durch die lange Schlafstube hin ihren Rückzug in die Küche an. Es war aber nicht mehr nötig, dabei so vorsichtig zu sein, denn alle vier Damen waren bereits wach, und Manon hatte sogar den einen nach dem Hof hinausführenden Fensterflügel halb aufgemacht, davon ausgehend, daß vier Grad unter Null immer noch besser seien als eine vierschläfrige Nacht- und Stubenluft." (S. 18 f.)

Die auffällig ausgedehnte Beschreibung des Bildes und seiner Bewandtnis scheint lediglich Kunstwert und Familienaffektionswert ironisch zu konfrontieren und die sehr verständliche Grenze von Friederikens Teilnahme am Familienkult zu zeigen. Aber dann stellt sich zwischen dem Selbstgespräch der alten, treuen Perle und der Tatsache, daß das ewig herabgleitende Prunkstück den historisch bedeutendsten Moment aus dem Leben der Familie darstellt, eine so klare wie merkwürdige Beziehung her. Friederike freilich weiß nicht,

was sie uns sagt mit ihrer Klage: „Gott, daß er da so gestanden hat,
das war ja vielleicht ganz gut. Aber nun so gemalen, ... es sitzt nich
und sitzt nich." Denn vordergründig bezeugen diese Worte nur das
aus Respekt vor jedem Familienmitglied und aus Verdruß über die
mit diesem verbundene Plage gemischte Verhältnis des Dienstmädchens zu dem bemerkenswertesten aller Poggenpuhls. Aber hinter-
gründig werden die Worte zur Formel für die ganze Geschichte dieser Familie und für das Problematische in ihrem Verhältnis zur
Tradition. Denn dastehen, seinen Mann stehen, sich opfern war und
bleibt ihr Teil, sowie aber dieses selbstverständlich und durchschnitt-
lich Standesgemäße sich monumental — „gemalen" — präsentieren
will, dann sitzt es nicht und sitzt nicht. Erst wenn wir die scheinbar
genrehafte Episode in diesem Lichte sehen, erfassen wir auch den
Sinn des vom Bilde selbst Erwähnten. Daß eine Kunstschöpfung
dritten oder vierten Ranges den bedeutendsten Moment aus dem
Leben der Familie festhält, daß das meiste, was man auf dem Bild
sehen kann, freilich nur Pulverqualm ist, daß der Major am Ende
„mit unter den Toten lag", daß diese hinsichtlich ihres Kunstwertes
fragwürdige „bildliche Darstellung seiner ruhmreichen Aktion" in
einen „breiten und stattlichen Barockrahmen gefaßt" ist, die Bilder
der Zeitgenossen aber nichts als eine Goldleiste zeigen: all diese mo-
kanten Bemerkungen zu dem Bild des Hochkirchers helfen mit, die
Unangemessenheit solcher Monumentalisierung und damit die Befangenheit des Familienkultus, die Familienaffektion ins Licht zu
setzen. Soll man am Ende so weit gehen, das Nichthalten der immer
wieder eingegipsten Nägel und die Ursache, die ganz schadhafte
Wand, in diesem Sinn zu lesen und auf das Verhältnis von Familienkultus, Traditionsbewußtsein und poveren Umständen der Lebenden beziehen? Der Fortgang der Episode legt es jedenfalls nahe.
Friederike bekommt mangelnde Achtsamkeit vorgehalten, sie entschuldigt sich: „aber er sitzt immer so wacklig ... Un mir is immer,
als ob er vielleicht seine Ruhe nicht hätte". Das bringt nun Therese — ihr ist „ihrer ganzen Natur nach die Aufgabe zugefallen, die
Poggenpuhlsche Fahne hochzuhalten" — in Ärger: „Der, gerade
der ... Ich sage dir, der hat seine Ruhe. Wenn nur jeder seine Ruhe
so hätte. Gut Gewissen ist das beste Ruhekissen ... Und das gute
Gewissen, na das hat er ... Aber wo hast du nur wieder die Sem-

meln her? Die sehn ja wieder aus wie erschrocken . . ." Trotz allem Hochhalten der Poggenpuhlschen Fahne sind wir gleich wieder bei der Misere der eben nur beinahe standesgemäßen Verhältnisse.

„Man kann nicht Fleiß und Kritik genug auf das erste Kapitel verwenden, um der Leser willen, aber vor allem um der Sache willen; an den ersten drei Seiten hängt immer die ganze Geschichte."[9] Bewahrheitet sich dieses Wort Fontanes in den „Poggenpuhls"? Ich suchte zu zeigen, daß man selbst von jener einen, die Wohnung schildernden Passage — sie steht im ersten Kapitel und gehört noch zu den ersten drei Seiten — behaupten kann, an ihr hänge die ganze Geschichte. Die banale, alltägliche, ganz und gar prosaische Wirklichkeit, die der Erzähler im ersten und zweiten Kapitel bis zu Friederikens Staubwischerei ausbreitet, könnte nur oberflächlichem Lesen als bloße Genremalerei oder selbstgenugsame Milieustudie erscheinen. Schon der Begriff Genremalerei läßt an das Gespräch zwischen Distelkamp und Schmidt in ›Frau Jenny Treibel‹ (1892) denken, in dessen Verlauf Distelkamp dem Kollegen seinen Hang zum Anekdotischen, Genrehaften, Kleinen, Nebensächlichen vorhält. „Das Nebensächliche, soviel ist richtig", entgegnet Schmidt, „gilt nichts, wenn es bloß nebensächlich ist, wenn nichts drin steckt. Steckt aber was drin, dann ist es die Hauptsache, denn es gibt einem dann immer das eigentliche Menschliche." Und wie Distelkamp zugibt, Schmidt möge poetisch recht haben, fährt dieser fort: „Das Poetische — vorausgesetzt daß man etwas anderes darunter versteht als meine Freundin Jenny Treibel — das Poetische hat immer recht, es wächst über das Historische hinaus." (III, S. 369) Wir können mehreren Briefen Fontanes entnehmen, daß Schmidt hier ganz Sprachrohr des Autors ist. (Anm. 3) Das Nebensächliche enthält das eigentlich Menschliche, wenn es poetisch dargestellt, wenn es verklärt wird; oder das richtig verstandene Poetische ist das im an sich Nebensächlichen aufgedeckte eigentlich Menschliche. Auch dies erinnert sehr an Kellers Auffassung von der *einen* Poesie, an seine Aufforderung, das „ganz Nahe, Bekannte, Verwandte" als das Poetische zu erschließen und dieses Poetische nicht zu einem Jenseits im Diesseits zu machen, wie dies Frau Jenny Treibel tut. So steckt denn auch für den

---

[9] Briefe an Georg Friedlaender, 1954, S. 260.

Leser der ›Poggenpuhls‹ im Nebensächlichen das eigentlich Menschliche, die Schilderung der banalen Gegebenheiten und Vorgänge verläuft sich keineswegs ins Genrehafte, sondern enthüllt aufs kunst-
vollste eine problematische menschliche Situation: eine Situation, in
der Standesbewußtsein und ökonomische Lage, Traditionsanspruch
gesellschaftliche Relationen, Gesinnung und äußere Lebenswirklichkeit dauernd in Spannung oder Konflikt geraten. Von mehr als von
dieser andauernden Situation und ihren individuellen Ausfaltungen
handelt der Roman nicht, denn sie repräsentiert ja vollkommen, was
Fontane das eigentlich Menschliche war und deshalb zum fundamen-
talen Thema all seiner Romane ward: die durch die eigene Zeitbedingtheit und durch die Zeitbedingtheit aller menschlichen Ordnungen beständig in Frage gestellte Existenz. Aber dieses Thema — der
immer in der Spannung von Herkömmlichem und Zukünftigem,
Altem und Neuem, verfestigter Ordnung und sich wandelnder
Wirklichkeit lebende Mensch — hat Fontane bis dahin stets im Erzählen runder, geschlossener Begebenheiten, handfester Liebes-, Ehe-
bruchs- oder Kriminalgeschichten zur Sprache gebracht, während er
über ›Die Poggenpuhls‹ in bezug auf eine Besprechung dieses Werkes
am 14. 2. 1897 an S. Schott schreiben konnte: „Dieses Buch ist kein
Roman und hat keinen Inhalt. Das ‚Wie‘ muß für das ‚Was‘ eintreten — mir kann nichts Lieberes gesagt werden." Ähnlich hatte er
schon vor anderthalb Jahrzehnten seiner Frau zugegeben, daß er bei
Nichtstoff in der Regel besser schreibe als bei viel Stoff. Aber die
Romane der Zwischenzeit hatten doch alle einen handfesten *plot*,
der als solcher schon den Bezug zum eigentlichen Thema in sich trug,
sei es der Standesunterschied zweier Liebenden, seien es die im Ehebruch und seinen Folgen wirksamen gesellschaftsbedingten Momente.
In den ›Poggenpuhls‹ dagegen sind die Begebenheiten so geringfügig
und trivial, tritt das Ereignishafte so sehr zurück hinter dem Konti-
nuum eines Zustandes, daß das „Was" nicht mehr den Inhalt einer
Geschichte, sondern nurmehr den einer Milieustudie oder eines Gen-
rebildes abzugeben scheint. Nur die Art der Vermittlung kann hier
also verhindern, daß Wirklichkeitsdarstellung zu bloßer Bestands-
aufnahme wird, daß die Modelung geschieht, die das von der Kunst
gestellte Bild doch anders sein läßt als das Bild, welches das Leben
stellt. Insofern weist das Zugeständnis, das „Wie" müsse für das

„Was" eintreten, besonders deutlich auf die Notwendigkeit einer Verklärung hin.

Aber in welchem Sinne sollen wir hier von Verklärung sprechen? Sorgt sie für die richtigen Prozentsätze, für die rechten Proportionen von Schönem und Häßlichem, Heiterem und Traurigem, Erquicklichem und Unerquicklichem im Ganzen der dargestellten Wirklichkeit? Sollen wir es Verklärung nennen, daß in den ›Poggenpuhls‹ der Mensch trotz seiner Misere in rosigerem Lichte erscheint als bei Zola? Daß wir erfahren, wie auch unter recht tristen Umständen und in einem ganz von der Sorge um die banalsten Notwendigkeiten eingenommenen Dasein Liebe und Wohlwollen, Redlichkeit und Würde, Heiterkeit und sogar eine Art von Glück zu ihrem Recht kommen können? Zielt die Verklärung dahin, daß wir am Ende jene Demut, von der die Mutter im letzten Kapitel spricht, als die wahrhaft vornehme Gesinnung erkennen, daß uns also gerade vor dem Hintergrund ärmlicher Verhältnisse und banaler Sorgen das Wesen wahren Adels deutlich wird?

Oder besteht die Verklärung in dem versöhnlichen Lächeln, das der Erzähler für den Grinsezug der dargestellten Wirklichkeit bereit hat? Heißt Verklärung die „subjektive Überwindung"[10] dieser Wirklichkeit seitens des Autors? Zeigt sich die verklärende Macht des Humors darin, daß die Bilanz von Menschlichem und Allzumenschlichem, von Noblem und Niedrigem, Herzerquickendem und Peinlichem trotz allem günstig ausfällt, oder objektiviert sich „das subjektive Gefühl der Disharmonie zur Distanz der verstehenden und ertragenden Resignation, die auch eine sich ergebende Versöhnung mit dem Weltschicksal bedeutet"[11]?

Mir scheint, all diese fragend angedeuteten Möglichkeiten lassen nicht recht erkennen, inwiefern eine so verstandene Verklärung Gewähr bieten kann für den Unterschied zwischen dem Bild, welches das Leben, und dem, das die Kunst stellt. Denn ob man die Verklärung für die Proportionen der dargestellten Wirklichkeit verantwortlich macht, oder ob man sie als psychisches Moment im Autor

[10] F. Martini, Zur Theorie des Romans im deutschen „Realismus", in: Festgabe für E. Berend, 1959, S. 278.
[11] Ebd., S. 283.

versteht: in beiden Fällen bleibt sie „Anschauungs-, nicht Kunstsache". Und in beiden Fällen wäre ein solches Verklären dem Vorwurf mit Fug und Recht ausgesetzt, den man — oft genug geleitet vom Mißverständnis dieses Begriffs Verklärung — immer wieder gegen den poetischen Realismus erhoben hat, dem Vorwurf der Verschleierung, der Vergoldung, der unredlichen Beschwichtigung oder Harmonisierung.

Aber erinnern wir uns doch des zweiten der zitierten Textausschnitte, in dem uns von Friederikens fast täglichem Ärger mit dem Bilde des Hochkirchers berichtet und im Zusammenhang damit eine Beschreibung dieses Bildes gegeben wird. Es mag komisch sein, wie des Dienstmädchens Teilnahme am Familienkultus im Umgang mit diesem Bilde an eine Grenze kommt, weil ihr dieser Poggenpuhl soviel Verdruß bereitet. Es mag auch komisch wirken, wie die Beschreibung des Bildes dessen künstlerischen Wert mit seinem Affektionswert konfrontiert. Das Humoristische der ganzen Passage liegt indessen, wie wir sahen, nicht im vorliegenden Objekt als solchem, sondern darin, wie dieses vorliegende Objekt reflektiert, welche Bewandtnis es mit den Poggenpuhls überhaupt hat. Im Nebensächlichsten, im Genrehaften und Anekdotischen steckt für den poetischen Blick das eigentlich Menschliche, hörten wir den Professor Schmidt sagen. Wenn das Wesen des Anekdotischen darin besteht, im punktuellsten, konkretesten, zufälligsten Faktum, im ganz Besonderen ein Allgemeines zur Sprache zu bringen, wenn im Anekdotischen die Spannweite zwischen dem Allgemeinen und dem Besonderen nie groß genug sein kann, so dürfen wir in der Tat sagen, daß für Fontane das Wesen des Anekdotischen zum Spielraum der humoristischen Verklärung wird. Denn eine möglichst große Spannweite zwischen dem vorliegenden Objekt und dem gemeinten, evozierten Ganzen ermöglicht ihm, scheinbar ein Lebensbild zu geben und dabei doch jene Produktivität des sprachlichen Weltverhaltens zu entfalten, die auf Modelung, auf Transfiguration zielt und alle Mimesis aufgehen läßt in einem poetischen Bilde, das nur die Kunst stellen kann.

Freilich ist diese humoristische Verklärung des Anekdotischen und Genrehaften kein selbstgenugsames Stilprinzip. Denn wenn Fontane immer wieder, getreu der nach Jean Paul für alle Humoristen verbindlichen Devise „Vive la bagatelle!", das zufälligste, flüchtigste, nebensächlichste Einzelne und Konkrete zum Ort des eigentlich Menschlichen macht, so entspricht das tief seiner Vorstellung von Wesen, Thema und Struktur des Zeitromans. Nicht die geschichtsbildenden Kräfte und Bewegungen als solche soll dieser darstellen, sondern wie sie sich im durchschnittlichen und privaten Leben der Menschen brechen, wie der Mensch seine Zeit als bedingende Macht erfahren und bewältigen muß. Das eigentlich Menschliche als die ständig im Horizont der Zeit erscheinende Existenz aber wird darstellbar, wo selbst das private Leben in all seinen Aspekten immer zugleich die — mit Keller zu sprechen — Dialektik der Kulturbewegung reflektiert. Gerade im Nebensächlichen manifestiert sich, wie der Mensch „sein Wesen nur im Wandel der Zeiten erfährt und alles Dauernde nur in der Zeitlichkeit ergreifen kann"[12]. Wenn Fontane einmal über Ibsens ›Wildente‹ schreibt, es sei das Schwierigste und vielleicht auch das Höchste, was es gibt, „das Alltagsdasein in eine Beleuchtung zu rücken, daß das, was eben noch Gleichgültigkeit und Prosa war, uns plötzlich mit dem bestrickendsten Zauber der Poesie berührt"[13], so erinnert dieser Satz zunächst noch einmal an das Postulat der Modelung, der Transfiguration, der Verklärung, einer Verklärung, die in diesem Fall weiß Gott nichts mit einem Retuschieren des „Grinsezugs" zu tun haben kann. Er könnte aber auch sowohl auf Fontanes Auffassung vom Poetischen wie auf seine Form des Zeitromans bezogen werden, sofern es sich darum handelt, auch und gerade in der Prosa und Gleichgültigkeit des Alltagsdaseins die beständige Polarität von Person und Zeit als das eigentlich Menschliche darzustellen.

Diese Zusammenhänge muß man wohl einsehen, um zu erkennen, welche Rolle der Humor und seine verklärende Macht in Fontanes Erzählkunst gewinnt. Fontanes Meinung, das Gebilde der Kunst müsse autonom und wesentlich verschieden sein von dem Bilde, welches das Leben stellt, seine Tendenz, im Nebensächlichen das eigentlich Menschliche poetisch zu erschließen, seine Überzeugung

---

[12] Paul Böckmann, Der Zeitroman Fontanes, in: Der Deutschunterricht 11/1959, S. 72. [Vgl. in diesem Band S. 98.]
[13] Ges. Werke, 2. Serie, Bd. 8, S. 190.

von der unerläßlichen Polarität von Realismus und Verklärung: all diese Momente müssen zusammen gesehen werden, wenn vom Humor als Prinzip seiner Erzählkunst die Rede sein soll.

„... Zola ist noch einen Schritt weiter gegangen und hat das Reportertum zum Literaturbeherrscher gemacht. Und eine gute Strecke Weges gehe ich dabei mit ihm. Ich erkenne in dem Heranziehen des exakten Berichtes einen ungeheuren Literaturfortschritt ..." Dies schreibt Fontane in einem seiner „Roman-Reflexe", fügt dann aber gleich hinzu, solch exakter Bericht dürfe nur das Fundament, nicht die Rustica sein, sonst werde der Polizeibericht der Weisheit letzter Schluß. Zolas Meisterstücke der Berichterstattung versagten, so meint er, wenn nicht „eine schöne Seele das Ganze belebt"[14]. So beschränkt auch dieses Urteil über Zola sein mag, und so fatal der Ausdruck „schöne Seele" klingen mag: es ist interessant zu beobachten, wieweit Fontane selbst den Weg des sogenannten exakten Berichts mitgeht und wie dann mit einem Male jenes dem humoristischen Erzählen eigentümliche Verhältnis von Bezeichnetem und Gemeintem einsetzt, das wir bei Zola vergebens suchen würden. Wenn wir an die berühmte Schilderung des *passage du Pont-Neuf* in ›Thérèse Raquin‹ denken, so ist selbstverständlich auch bei Zola die Deskription nicht bloß präzise Wiedergabe von Details, nicht nur Veranschaulichung des Schauplatzes, sondern ein Aufreißen eines Hintergrundes, Verdichtung einer Atmosphäre, die irgendwie zu dem künftigen Geschehen gehören. Wir sagen irgendwie, weil das Wesen des genannten Durchgangs keineswegs in einem erklärbaren Kausalzusammenhang mit den Begebenheiten des Romans steht; wer diese Begebenheiten auf den *passage du Pont-Neuf* als Milieu zurückrechnen wollte, betröge sich so gut wie der, der Thereses Rolle in diesen Begebenheiten auf ihre nordafrikanische Abstammung zurückführte. Dennoch gründet das Verhältnis von Erscheinung und Bedeutung in diesem Meisterstück Zolas niemals in der humoristischen Vermittlung zweier an sich inkommensurabler Bewandtnisse, in jener Doppelsinnigkeit, die dort entsteht, wo es dem Humor auf die Gestaltung des Objekts innerhalb seines subjektiven Reflexes ankommt. Bei Zola gibt es kein Moment der dargestellten Wirklichkeit, dessen poetische Bewandtnis sich erst

---

[14] Aus dem Nachlaß, S. 275.

dadurch herstellte, daß eine spezifisch humoristische Einbildungskraft das an sich Inkommensurable so aufeinander bezöge, wie wir dies am Anfang der ›Poggenpuhls‹ gut beobachten können:

„Die Poggenpuhls — eine Frau Majorin von Poggenpuhl mit ihren drei Töchtern Therese, Sophie und Manon — wohnten seit ihrer vor sieben Jahren erfolgten Übersiedlung von Pommersch-Stargard nach Berlin in einem gerade um jene Zeit fertig gewordenen, also noch ziemlich mauerfeuchten Neubau der Großgörschenstraße, einem Eckhause, das einem braven und behäbigen Manne, dem ehemaligen Maurerpolier, jetzigen Rentier August Nottebohm gehörte. Diese Großgörschenstraßen-Wohnung war seitens der Poggenpuhlschen Familie nicht zum wenigsten um des kriegsgeschichtlichen Namens der Straße, zugleich aber auch um der sogenannten ‚wundervollen Aussicht‘ willen gewählt worden, die von den Vorderfenstern aus auf die Grabdenkmäler und Erbbegräbnisse des Matthäikirchhofs, von den Hinterfenstern aus auf einige zur Kulmstraße gehörige Rückfronten ging, an deren einer man, in abwechselnd roten und blauen Riesenbuchstaben, die Worte ‚Schulzes Bonbonfabrik‘ lesen konnte. Möglich, ja sogar wahrscheinlich, daß nicht jedem mit dieser eigentümlichen Doppelaussicht gedient gewesen wäre; der Frau von Poggenpuhl aber, einer geborenen Pütter — aus einer angesehenen, aber armen Predigerfamilie stammend —, paßte jede der beiden Aussichten gleich gut, die Frontaussicht, weil die etwas sentimental angelegte Dame gern vom Sterben sprach, die Rückfrontaussicht auf die Kulmstraße aber, weil sie beständig an Husten litt und aller Sparsamkeit ungeachtet zu gutem Teile von Gerstenbonbons und Brustkaramellen lebte. Jedesmal, wenn Besuch kam, wurde denn auch von den großen Vorzügen dieser Wohnung gesprochen, deren einziger wirklicher Vorzug in ihrer großen Billigkeit und in der vor mehreren Jahren schon durch Rentier Nottebohm gemachten Zusicherung bestand, daß die Frau Majorin nie gesteigert werden würde." (S. 9 f.)

Nur auf sachliche Information scheint dieser Anfang aus zu sein; gleichwohl läßt sich der „Anflug von Humor", um eine Lieblingswendung Fontanes zu gebrauchen, wohl kaum überhören. Es mag auffallen, wie wichtig dem Erzähler die Wohnlage der Poggenpuhls ist und wie lang er sich bei ihr aufhält, noch ehe wir von der Woh-

nungsbelegschaft mehr als die Namen kennen. Nun, der Einzug in
die noch ziemlich mauerfeuchte Wohnung sagt natürlich etwas über
die finanzielle Situation der Einziehenden: die Poggenpuhls erweisen sich als „Trockenwohner", und jeder Fontaneleser weiß, auch
wenn er es anderswoher nicht wüßte, daß ein solches Trockenwohnen
in der damaligen Zeit für eine Familie der Gesellschaft mehr oder
weniger degradierend sein konnte. Der Straßenname (aus Gründen,
die wir schon kennen, wegen des „Sohrschen") und die schöne Aussicht müssen also herhalten, um die Tatsache des Trockenwohnens
für die eigenen Augen wie für die Augen der Gesellschaft möglichst
in den Hintergrund treten zu lassen. Auch die prekäre psychische
Situation der Poggenpuhls zwischen Traditions- und Standesbewußtsein auf der einen, bedrängenden ökonomischen Verhältnissen auf
der anderen Seite ist also gleich im ersten Satz gegenwärtig. Man
durfte bei der Wohnungssuche nicht penibel sein, mußte nehmen,
was andere mieden, durfte nur auf den Mietpreis sehen und möchte
doch nicht wahrhaben, daß alles notgedrungen geschah: das alles
steht psychologisch wie soziologisch gesehen in durchaus plausiblem
Zusammenhang. Aber wie verhält es sich nun mit der „eigentümlichen Doppelaussicht"? Sie scheint doch in keinerlei Zusammenhang
mit solchen psychologischen oder soziologischen Aspekten zu stehen.
Und dennoch reflektiert gerade sie, welche Bewandtnis es mit dem
inneren und äußeren Leben dieser Familie hat. Denn so wie ganz
zufällig die Vorderfront der Wohnung den Grabdenkmälern und
Erbbegräbnissen, die Rückfront aber einer Süßwarenfabrik zuge-
wandt ist, so stehen Tun und Denken der Familie vom Anfang bis
Ende mitteninne zwischen Herkömmlichem und Neuem, zwischen
der Welt, die ihr Name repräsentiert, die aber allmählich zu Grabe
getragen ward und wird, und einer neuen, durch die Emanzipation
der Wirtschaft bestimmten Welt, an die „Schulzes Bonbonfabrik"
erinnert. Und selbst ihre Einstellung zu diesen beiden Welten ist
durchaus so durch Selbstverständlichkeit einerseits und Bedenklich-
keit andrerseits geprägt, daß man darin Vorderfront und Rückfront
unterscheiden könnte. Die Frage, wie sich der Anspruch des Herkömmlichen mit den nützlichen Beziehungen zu der in „Schulzes
Bonbonfabrik" gegenwärtigen Welt vermitteln lasse, taucht dauernd
auf angesichts Manons Verkehr im Hause des reichen jüdischen Ban-

kiers Bartenstein und vor allem angesichts der beständigen Gedan-
kenspiele Leos, ob ihn nicht die eheliche Verbindung mit solch einem
Hause aus aller Misere heben könnte. Besonders deutlich läßt uns
im 8. Kapitel ein Gespräch zwischen Manon und Leo an die „eigentümliche Doppelaussicht" auf Erbbegräbnisse, Grabdenkmäler hier
und auf die Riesenbuchstaben eines Firmennamens dort zurückden-
ken. Manon warnt den Bruder, seiner ewigen Schulden halber falsche
Schritte zu tun: „Du weißt, daß ich in dieser delikaten Sache nicht
wie Therese denke; sie hält die Poggenpuls für einen Pfeiler der
Gesellschaft, für eine staatliche Säule, was natürlich lächerlich ist;
aber du deinerseits hast umgekehrt eine Neigung, zu wenig auf
unsern alten Namen zu geben oder, was dasselbe sagen will, auf den
Ruhm unsres alten Namens. Ruhm und Name sind aber viel." Das
ist, trotz der Abgrenzung von Thereses Übertreibung, ein klarer
Hinweis auf die Frontaussicht des Hauses in der Großgörschenstraßen-Wohnung. Und genauso klar verweist Leos Entgegnung,
freilich ohne seine Absicht, auf die Rückfrontaussicht: „Kann ich zu-
geben, Manon; aber wer hat heutzutage *nicht* einen Namen? Und
was *macht* nicht alles einen Namen? Pears Soap, Blookers Cacao,
Malzextrakt von Johannes Hoff. Rittertum und Heldenschaft stehen
daneben weit zurück ... nehmen wir da beispielsweise den großen
Namen Hildebrand. Es gibt, glaub ich, drei berühmte Maler dieses
Namens, der dritte kann übrigens auch ein Bildhauer gewesen sein,
es tut nichts. Aber wenn irgendwo von Hildebrand gesprochen wird,
wohl gar in der Weihnachtszeit, so denkt doch kein Mensch an Bilder und Büsten, sondern bloß an kleine dunkelblaue Pakete mit
einem Pfefferkuchen obenauf und einer Strippe drum herum. Ich
sage dir, Manon, ich habe meine Poggenpuhlgefühle gerade so gut
wie du und fast so gut wie Therese; wenn ich dieses Hochgefühls
aber froh werden soll, brauche ich zu meinem Poggenpuhlnamen,
der, trotz aller Berühmtheit, doch leider nur eine einstellige Zahl ist,
noch wenigstens vier Nullen. Eigentlich wohl fünf." (S. 66)

Die Wohnung in der Großgörschenstraße, die Grabdenkmäler und
Erbbegräbnisse des Matthäifriedhofs, Schulzes Bonbonfabrik in der
Kulmstraße: das hinsichtlich der inneren, der gesellschaftlichen, der
ökonomischen Situation der Bewohner völlig kontingente Faktum
der eigentümlichen Doppelaussicht reflektiert also schon das „Was"

dieses ganzen Romans, der keiner ist, reflektiert das Thema des dem
Wandel der Wirklichkeit ausgesetzten Menschen, weil für die verklärende Macht des Humors, für den Humor als Einbildungskraft,
für sein Prinzip, das Auseinanderfallen von äußerer Gestalt und
innerer Bedeutung zu vermitteln durch die Gestaltung des Objektiven innerhalb seines subjektiven Reflexes, auch noch das Ausgefal-
lenste und Disparateste zum Relator eines poetischen Beziehungsge-
flechts wird. Wir bemerken dies ja auch, wenn weiterhin davon die
Rede ist, warum der Frau von Poggenpuhl jede der beiden Aussichten paßte: sie spricht genauso gern vom Sterben, wie sie sich
ihres chronischen Hustens wegen Gerstenbonbons und Brustkaramellen einverleibt. Auch dieses seltsame „Passen" evoziert wieder
eine tiefere poetische Bewandtnis, nämlich das ebenfalls den ganzen
Roman hindurch gegenwärtige Spannungsverhältnis zwischen dem
mehr sentimentalen Bezug zu Vergangenheit und Herkommen der
Familie einerseits, dem Lebenswillen, der auf die in den Riesenbuchstaben eines Firmennamens vertretene verwandelte Wirklichkeit
Rücksicht nimmt und sich über Wasser zu halten vermag, andrerseits;
denn selbst von Therese heißt es, daß sie „zwar kritisch zu den Bartensteins stand, aber schließlich auch froh war, daß sie existierten"
(S. 20).

Aber bewegten wir uns nicht ganz am Rande der Erzählkunst
Fontanes? Wer sich mit ihr befaßt, muß sich doch wohl vor allem
auf die Gestaltung des Gesprächs richten; der Dialog gewinnt hier
eine Ausdehnung und Bedeutung wie bei keinem andern deutschen
Erzähler vorher, und zumal in den spätesten Romanen dominieren
die Gesprächssituationen vollkommen. Hinsichtlich des ›Stechlin‹ hat
sich Fontane darüber selbst geäußert; er sagt über dieses 1897 abge-
schlossene und 1898 posthum erschienene Werk: „Zum Schluß stirbt
ein Alter und zwei Junge heiraten sich; — das ist so ziemlich alles,
was auf 500 Seiten geschieht. Von Verwicklungen und Lösungen,
von Herzenskonflikten oder Konflikten überhaupt, von Spannungen
und Überraschungen findet sich nichts. Einerseits auf einem altmodischen märkischen Gut, andererseits in einem neumodischen gräflichen Hause (Berlin) treffen sich verschiedene Personen und sprechen
da Gott und die Welt durch. Alles Plauderei, Dialog, in dem sich
die Charaktere geben, mit und in ihnen die Geschichte. Natürlich

halte ich dies nicht nur für die richtige, sondern sogar für die gebotene Art, einen Zeitroman zu schreiben."[15] Damit kennzeichnet der Autor einmal den Verzicht auf alles, was man noch eine Fabel nennen könnte, einen Verzicht übrigens, der schon ›Die Poggenpuhls‹ wie eine Rampe zu dem größeren letzten Roman erscheinen läßt. Und zum andern zeigt diese Äußerung, daß die Preisgabe der Fabel und die beherrschende Rolle der Gespräche in Wechselwirkung stehen und daß dies wieder eine Konsequenz der eigentümlichen Vorstellung vom Wesen des Zeitromans ist. Mary E. Gilbert und vor allem Paul Böckmann und Herman Meyer haben seither die Funktion der Gespräche über Gott und die Welt dargelegt und gezeigt, wie es gelingen konnte, durch die Vergegenwärtigung von Gesprächssituationen, deren Anlaß und Gegenstände zum überwiegenden Teil ganz in der privaten, alltäglichen Sphäre bleiben, doch immer das Verhältnis von Einzelnem, Gesellschaft und Zeit darzustellen.[16] Es mag angesichts dieser Studien nicht mehr nötig scheinen, zu zeigen, wie gerade die Darstellung der unmittelbaren Gesprächswirklichkeit jeden Unterschied zwischen erlebter und erdichteter Wirklichkeit verschwinden läßt und wie sie dennoch jene „Intensität, Klarheit, Übersichtlichkeit und Abrundung" bezeugt, die nach der oben zitierten Nachlaß-Bemerkung Fontanes „die verklärende Aufgabe der Kunst ist". Jedoch kann vielleicht eben die Gestaltung der Dialoge beweisen, daß auch in ihr das humoristische Vermögen, Beziehungen zu gestalten, doppelte Bewandtnis zu erzielen, zur Grundlage der epischen Integration wird und dazu beiträgt, das scheinbar diffuse Plaudern über Gott und die Welt zum „Zeitbild", zum „Bild seiner Zeit" zu machen.

Das erste Gespräch im ›Stechlin‹ finden wir im ersten Kapitel dort, wo im Zuge einer Orientierung über Landschaft, Schloß und Herr-

---

[15] Zit. nach: J. Petersen, Fontanes Altersroman, in: Euphorion 29 (1928), S. 13 f.

[16] M. E. Gilbert, Das Gespräch in Fontanes Gesellsaftsromanen (Palaestra 174), 1930; P. Böckmann, Der Zeitroman Fontanes, in: Der Deutschunterricht 11 (1959), S. 59 ff. [In diesem Band S. 80 ff.]; Herman Meyer, Das Zitat als Gesprächselement in Theodor Fontanes Romanen, in: Wirkendes Wort 10 (1960), S. 221 ff. (aufgenommen in: Das Zitat in der Erzählkunst, 1961 (²1967) [In diesem Band S. 201 ff.].

schaft von den häufigen finanziellen Sorgen und Verlegenheiten des derzeitigen Schloßherrn die Rede ist und der alte Baruch Hirschfeld aus dem benachbarten Gransee als gewöhnlicher Ausweg aus solchen Schwierigkeiten erwähnt wird:

„Dieser Alte, der den großen Tuchladen am Markt und außerdem die Modesachen und Damenhüte hatte, hinsichtlich deren es immer hieß, ‚Gerson schicke ihm alles zuerst' — dieser alte Baruch, ohne das ‚Geschäftliche' darüber zu vergessen, hing in der Tat mit einer Art Zärtlichkeit an dem Stechliner Schloßherrn, was, wenn es sich mal wieder um eine neue Schuldverschreibung handelte, regelmäßig zu heikeln Auseinandersetzungen zwischen Hirschfeld Vater und Hirschfeld Sohn führte.

‚Gott, Isidor, ich weiß, du bist fürs Neue. Aber was ist das Neue? Das Neue versammelt sich immer auf unserm Markt, und mal stürmt es uns den Laden und nimmt uns die Hüte, Stück für Stück, und die Reiherfedern und die Straußenfedern. Ich bin fürs Alte und für den guten, alten Herrn von Stechlin. Is doch der Vater von seinem Großvater gefallen in der großen Schlacht bei Prag und hat gezahlt mit seinem Leben.'

‚Ja, der hat gezahlt; wenigstens hat er gezahlt mit seinem Leben. Aber der von heute . . .'

‚Der zahlt auch, wenn er kann und wenn er hat. Und wenn er nicht hat, und ich sage: ‚Herr von Stechlin, ich werde schreiben siebeneinhalb', dann feilscht er nicht und dann zwackt er nicht. Und wenn er kippt, nu, da haben wir das Objekt: Mittelboden und Wald und Jagd und viel Fischfang. Ich seh es immer so ganz klein in der Perspektiv, und ich seh auch schon den Kirchtum.'

‚Aber Vaterleben, was sollen wir mit'm Kirchturm?' " (V, S. 15 f.)

Das Erheiternde dieses Gesprächs läßt sich analysieren: da ist der Kontrast zwischen dem vagen Neuen, für das der fortschrittgläubige Sohn plädiert, und dem ganz konkreten Bild, das sich der skeptische Alte von diesem Neuen macht; da ist weiter der Kontrast zwischen konservativer Haltung und dem Geschäftsinteresse, den letzten Schrei der Damenmode vorrätig zu haben; da ist ferner die Zwiespältigkeit, einerseits wohl fürs Alte und den guten alten Herrn zu sein, andererseits aber doch schon mit dessen Fall zu liebäugeln und das Alte in dieser Perspektive zu sehen; da ist endlich die sarkastische Differenzierung der Zahlungsfähigkeit der beiden Stechline seitens des Sohnes und dessen Frage, was der zur Perspektive des Vaters gehörende Kirchturm für die Kreditsicherung bedeute.

Solche gleichsam à propos eingeblendeten Gespräche finden wir bei Fontane ungemein häufig, und gerade sie zeigen das humoristische Vermögen, im Nebensächlichen und Beiläufigen das eigentlich Menschliche darzustellen. Denn so parekbatisch dieses Gespräch eingeschaltet ist und deshalb nur wie eine Illustration des alten Baruch Hirschfeld anmuten mag: es enthält doch keine Stelle, die sich nicht auf das Spannungsverhältnis zwischem Altem und Neuem, Herkömmlichem und Zukünftigem und damit auf das eigentliche Thema des Romans bezöge. Dieses Spannungsverhältnis kennzeichnet und bestimmt ja den Weltzustand in diesem Roman, und dieser Weltzustand tritt im Gespräch der beiden Hirschfelds vollkommen in Erscheinung. Das nächste Gespräch finden wir etwa zwei Seiten weiter wieder ganz beiläufig eingeblendet, wo die Aussicht geschildert wird, die sich Dubslav von seiner Veranda bietet:

„Rechts daneben lief ein sogenannter Poetensteig, an dessen Ausgang ein ziemlich hoher, aus allerlei Gebälk zusammengezimmerter Aussichtsturm aufragte. Ganz oben eine Plattform mit Fahnenstange, daran die preußische Flagge wehte, schwarz und weiß, alles schon ziemlich verschlissen.

Engelke hatte vor kurzem einen roten Streifen annähen wollen, war aber mit seinem Vorschlag nicht durchgedrungen. ,Laß. Ich bin nicht dafür. Das alte Schwarz und Weiß hält gerade noch; aber wenn du was Rotes dran nähst, dann reißt es gewiß.' " (V, S. 18)

Sein schon ziemlich zerschlissenes Flaggentuch wird dem alten Märker zum Sinnbild — freilich zum ausgesprochenen humoristischen Sinnbild — der inneren Verfassung Preußens, und das Vorhaben des Dieners gibt ihm Gelegenheit, auf humoristische Weise zu sagen, was er für Preußen aus der Reichsgründung Bismarcks befürchtet. Das charakterisiert den Schloßherrn und verrät seine politische Auffassung, aber zudem verweist die Episode wieder darauf, daß der Ort des Menschen immer zwischen dem Alten und dem Neuen ist und daß dies die menschliche Existenz problematisch macht.

Mit den folgenden Gesprächen steht es nicht anders. Der alte Stechlin mag die neue Errungenschaft des Telegramms nicht, dann

hat er Bedenken, ob er sich den Kameraden seines Sohns „vorsetzen"
könne: „Czako, das ginge vielleicht noch. Aber Rex, wenn ich ihn
auch nicht kenne, zu so was Feinem wie Rex pass' ich nicht mehr; ich
bin zu altmodisch geworden." Czako, den Adelsnamen aus den öst-
lichen Grenzgebieten Preußens, verbindet er mit der ihm vertrauten
Welt; Rex kann er nicht unterbringen, der Name deutet ihm auf
neue Elemente der Oberschicht, vor denen er Scheu empfindet. Die
beiden Genannten erreichen mittlerweile mit Woldemar die auf
Schloß Stechlin zuführende Avenue:

„Hier ließen alle drei die Zügel fallen und ritten im Schritt weiter.
Über ihnen wölbten sich die schönen, alten Kastanienbäume, was
ihrem Antritt etwas Anheimelndes und etwas beinah Feierliches gab.

,Das ist ja wie ein Kirchenschiff', sagte Rex, der am linken Flügel
ritt. ,Finden Sie nicht auch, Czako?'

,Wenn Sie wollen, ja. Aber Pardon, ich finde die Wendung etwas
trivial für einen Ministerialassessor.'

,Nun gut, dann sagen Sie was Besseres.'

,Ich werde mich hüten. Wer unter solchen Umständen was Besseres
sagen will, sagt immer was Schlechteres.' " (S. 21)

Am Ende der Avenue setzt das Gespräch wieder ein; Czako bewundert das Bild, das sich den Anreitenden nun bietet:

„ ,Aber die zwei schwarzen Riesen, die da grad in der Mitte stehn
und sich von der gelben Wand abheben (,abheben' ist übrigens auch
trivial; entschuldigen Sie, Rex), die stehen ja da wie die Cherubim.
Allerdings etwas zu schwarz. Was sind das für Leute?'

,Das sind Findlinge.'

,Findlinge?'

,Ja, Findlinge', wiederholte Woldemar. ,Aber wenn Ihnen das
Wort anstößig ist, so können Sie sie auch Monolithe nennen. Es ist
merkwürdig, Czako, wie hochgradig verwöhnt im Ausdruck Sie
sind, wenn Sie nicht gerade selber das Wort haben . . .' " (V, S. 21 f.)

Dreimal geht es darum, ob gewisse Wendungen nicht zu trivial
sind, dreimal zeigt sich in diesem Geplänkel, wie man bereit oder
gezwungen ist, die eigene Sprache den gerade geltenden Normen
der Gesellschaft anzubequemen. Das nächste Gespräch zeigt dann,
daß es der alte Stechlin in dieser Hinsicht gerade umgekehrt hält.
Er begrüßt die Ankömmlinge in der Hoffnung auf einen ganzen

Sack voll Neuigkeiten, aber Czako wehrt ab und erinnert an die Konkurrenz der Zeitungen:

„,Ein Glück, daß manche prinzipiell einen Posttag zu spät kommen. Ich meine mit den neuesten Nachrichten. Vielleicht auch sonst noch.'

,Sehr wahr', lachte Dubslav. ,Der Konservatismus soll übrigens, seinem Wesen nach, eine Bremse sein; damit muß man vieles entschuldigen. Aber da kommen Ihre Mantelsäcke, meine Herren. Engelke, führe die Herren auf ihr Zimmer.'

Engelke hatte mittlerweile die beiden von Dubslav etwas altmodisch als ,Mantelsäcke' bezeichneten Plaidrollen in die Hand genommen und ging damit, den beiden Herren voran, auf die doppelarmige Treppe zu . . . (V, S. 23)."

So zeigt schon der Eingang des ›Stechlin‹, wie alle diese Gespräche zu Spiegeln einer Totalbestimmung des Menschlichen werden, d. h. wie sie unabhängig von Anlaß und Gegenstand manifestieren, daß alles Menschliche in Zusammenhang, in Kommunikation mit der aktuellen Geschichtszeit steht. Und zwar manifestiert sich dies gerade dort, wo die Gespräche nicht unmittelbar und ausdrücklich auf die politische und soziale Situation, auf die Probleme des öffentlichen und gesellschaftlichen Lebens bezogen sind, sondern wo völlig private, belanglose oder abseitige Dinge zur Sprache kommen. Denn gerade wenn die privaten, alltäglichen, banalen und trivialen Momente der menschlichen Wirklichkeit als Gesprächsanlässe und -gegenstände plötzlich die Dimension des Aktuellen aufweisen, wenn sie plötzlich bezeugen, wie alles Menschliche in wesentlichem Bezug zur Gesamtsituation steht und diesen Bezug gleichsam impliziert, erweist sich die Zeitbedingtheit des Menschlichen als Totalbestimmung. Dabei brauchen wir aber nur an die bisherigen Beispiele zu denken, um einzusehen, wieviel die humoristische Vermittlung von Gestalt und Bedeutung dieser Gespräche dazu beiträgt, gleichzeitig den realen Ort der Gespräche im pragmatischen Zusammenhang und die realisierende Kraft der Zeitbedingtheit des Menschen darzustellen, oder konkret: das Bedenken eines jungen Offiziers, ob man statt Findlinge nicht lieber Monolithe sagen solle, nicht als privates Problem zu erzählen, sondern den Grund dieses Bedenkens in dem Verhältnis des Sprechers zu überindividuellen Mächten und Konstellationen zu zeigen. Denn eine solch unscheinbare Stelle kann ja nur deshalb interessieren und amüsieren, weil man als Leser unversehens gewahr wird, welche komplexe Wirklichkeit das winzige, punktuelle und scheinbar ganz und gar isolierte Detail reflektiert. Derart das ganz Unscheinbare, Nebensächliche, Bagatellmäßige, den Mikrokosmos des menschlichen Alltags in all seinen Aspekten zum Reflex der Gesamtsituation der Zeit zu machen, ist auch bei der Gestaltung der Gespräche die Funktion der humoristischen Einbildungskraft im Zuge jener „Modelung", die den Unterschied zwischen den vom Leben und den von der Kunst gestellten Bildern ergibt.

Unauffällige Beispiele sind oft die besten. Da schreibt im 10. Kapitel der ›Poggenpuhls‹ Sophie der Mutter von ihrer Ankunft in Adamsdorf unter anderem: „Außer der Tante war nur noch eine Katze da, ein wunderschönes großes Tier, das spinnend um mich herumging und mir dann auf den Schoß sprang. Ich erschrak; aber die Tante beruhigte mich und sagte: das sei eine Liebeserklärung, womit Bob (es wird wohl ein Kater sein) sonst sehr zurückhalte. Er sei mißtrauisch und eifersüchtig (IV, S. 79)." Dann ist von einem Eierpunsch die Rede; im nächsten Brief wird das Attachement des Bob nochmals erwähnt. Warum in aller Welt läßt Fontane die mittlere der Schwestern ausgerechnet dies berichten? Handelt es sich da nur um Causerie und das Bestreben, durch den Griff nach dem Zufälligen der Erzählung das Ansehen des Lebensbildes zu geben? Nun, alles Gewicht liegt in der zitierten Briefstelle auf dem eingeklammerten Satz „es wird also wohl ein Kater sein". Sophie hat demnach keinerlei Recherchen zur Klärung der Geschlechtsfrage angestellt, oder sie muß wenigstens, nachdem sie von einer Katze namens Bob schrieb, den Eindruck erwecken, sie habe die Frage dahingestellt sein lassen. Und darauf kommt es dem Autor an. Sophie ist ein resolutes Mädchen, sie ist längst nicht so prüde wie Therese, die sich über die moderne „Vorliebe fürs Natürliche" ärgert, die sich erregt über alles, was man im Tiergarten sieht, weil es geradezu zynisch sei: die Statuen und Reliefs, die lebendigen Szenen und Bilder auf den Bänken, sogar die spielenden Kinder, alles im Tiergarten kehrt nach Thereses Meinung „das Zynische heraus". So also ist Sophie keineswegs. Aber die Frage nach dem Geschlecht der Katze würde doch ein Tabu verletzen: die unverheiratete Sophie Pogge von Poggenpuhl hat sich

nun mal keine Gewißheit darüber zu verschaffen, noch überhaupt
ein Interesse in dieser Richtung zu bekunden; daher die Parenthese
„es wird also wohl ein Kater sein". Ein winziges Detail, ein beiläufig ausgesprochenes Vermuten, wo leicht Gewißheit zu schaffen
wäre, reflektiert einen ganzen Komplex der gesellschaftlichen Wirklichkeit, nicht anders als wenn bei Dickens die unverheirateten jungen Damen in eine obligatorische Ohnmacht sinken, weil am Them-
sekai ein Kohlentrimmer mit nackter Brust ins Blickfeld gerät. Auch
die sicherste und zupackendste der Poggenpuhlschwestern hat gegenüber gewissen Aspekten des Natürlichen desinteressiert und
ahnungslos zu sein. Die mögliche Folge dieser gesellschaftlichen Norm
kommt in einem anderen Gespräch, in dem Nachlaßroman ›Mathilde
Möhring‹, zur Sprache, wenn die Schmädicke ihr Hochzeitsgeschenk,
eine rosafarbene Ampel an drei Ketten, erläutert: „Ich hab es mir
lange überlegt, was wohl das beste wäre, da mußte ich dran denken, wie duster es war, als Schmädicke kam. Ich kann wohl sagen,
es war ein furchtbarer Augenblick und hatte so was, wie wenn ein
Verbrecher schleicht. Und Schmädicke war doch so unbescholten,
wir nur einer sein kann. Und seitdem, wenn 'ne Hochzeit ist, schenk
ich so was. Zuviel Licht ist auch nicht gut, aber so gedämft, da geht
es." Vielleicht kann gerade diese Stelle verdeutlichen, was Fontane
mit der verklärenden Macht des Humors meint. Das Penible, Häßliche, Triste, Brutale muß nicht ausgeklammert werden, und es wird
auch nicht hinweggescherzt oder gar vergoldet. Es soll nur nicht unmittelbar, sondern im Reflex dargestellt werden. „Zuviel Licht ist
auch nicht gut, aber so gedämpft, da geht es": man könnte dieses
Wort der Schmädicke geradezu auf die Funktion des Humors bei
Fontane beziehen und damit kennzeichnen, wie er auf seine Weise
der Maxime Goethes entspricht: „Die Kunst soll das Penible nicht
vorstellen."[17]

Unsere bisherigen Gesprächsbeispiele lassen wohl schon erkennen,
daß der Autor seine Figuren weithin humoristisch sprechen läßt, und
zwar humoristisch wieder in dem Sinne, daß das Allgemeinste, Kom-
plexeste, Prinzipiellste im ganz Nebensächlichen, Zufälligen, Episo-

[17] Artemis-Gedenkausgabe 9. Bd., S. 640.

dischen oder Bagatellmäßigen reflektiert wird. Das Geistreiche der
Gespräche ist, soweit es sich um „Causerie" und nicht um „Simplizi-
tätssprache"[18] handelt, ein ausgeprägter Zug. Aber ein Hauptmerk-
mal dieses Geistreichen ist nun immer wieder, daß die Gesprächspartner Wirklichkeiten, die eigentlich ein weites Feld sind, in äußerst
punktueller und daher scheinbar ganz unangemessener Konkretion
zur Sprache bringen. Am Ende des 33. Kapitels des ›Stechlin‹ etwa
kommen die Baronin und Melusine vom Bahnhof; die Baronin beklagt, daß die eben verabschiedeten Hochzeitsreisenden ihr Abteil
mit einem Sachsen und einem vermeintlichen Russen oder gar Ru-
mänen teilen müssen. Melusine aber seufzt beim Gedanken an ihre
Schwester nur „Wohl ihr!" und antwortet auf das Befremden der
Baronin:

   „›Ich verheiratete mich, wie Sie wissen, in Florenz und fuhr an
demselben Abende noch bis Venedig. Venedig ist in einem Punkte
ganz wie Dresden: nämlich erste Station bei Vermählungen. Auch
Ghiberti — ich sage immer noch lieber ›Ghiberti‹ als ›mein Mann‹;
›mein Mann‹ ist überhaupt ein furchtbares Wort — auch Ghiberti
also hatte sich für Venedig entschieden. Und so hatten wir denn den
großen Apennintunnel zu passieren.‹

   ›Weiß, weiß. Endlos.‹

   ›Ja, endlos. Ach, liebe Baronin, wäre doch da wer mit uns gewesen,
ein Sachse, ja selbst ein Rumäne. Wir waren aber allein. Und als ich
aus dem Tunnel heraus war, wußte ich, welchem Elend ich entgegen-
lebte.‹

   ›Liebste Melusine, wie beklag ich Sie; wirklich, teuerste Freundin,
und ganz aufrichtig. Aber so gleich ein Tunnel. Es ist doch auch wie
Schicksal!‹ " (V, S. 345 f.)

   Natürlich ist das die Selbstpersiflage einer Frau, deren Name und
Wesen sich seltsam entsprechen, einer Frau, die für die Liebe oder
wenigstens für die bei Tunneldurchfahrten hervortretende Dimension der Liebe nicht eben geschaffen ist. Aber die Art, wie Melusine
ihre Tunnelerfahrung aufs Ganze ihrer Ehewirklichkeit bezieht,
liegt doch auf derselben Ebene wie Dubslavs Worte über seine Flagge
oder wie die Art, in der Anfang des 34. Kapitels der Doktor Pusch

----

[18] Vgl. Brief vom 24. 8. 82 an Mete Fontane.

von seinem Nonkonformismus und seinem Mangel an Prestigebe-
dachtheit spricht:

„Als wichtigstes Ereignis seiner letzten sieben Jahre galt ihm sein
Übertritt vom Pilsener zum Weihenstephan. ,Sehen Sie, meine Her-
ren, vom Weihenstephan zum Pilsener, das kann jeder; aber das
Umgekehrte, das ist etwas. Chinesen werden christlich, gut. Aber
wenn ein Christ ein Chinese wird, das ist doch immer noch eine
Sache von Belang.'" (V, S. 347)

Und nicht anders begegnet uns solch humoristische Konkretisierung komplexer Zusammenhänge im punktuellen Detail, wenn der
sterbende Hausbesitzer Schickedanz seiner Gattin die Warnung vor
einer gewissen Mieterkategorie vermacht: „Du darfst bloß vornehme
Leute nehmen; reiche Leute, die bloß reich sind, nimm nicht; die
quengeln bloß und schlagen große Haken in die Türfüllung und
hängen eine Schaukel dran." (V, S. 141) Das Gemeinsame, auf das
wir hinaus wollen, ist leicht ersichtlich: in allen Fällen ist von recht
umfassenden Aspekten der Wirklichkeit die Rede, aber diese Aspekte werden an sehr partikularen oder bagatellmäßigen Details vergegenwärtigt; das Nächste wird mit dem Fernsten verbunden, das
scheinbar Kontingente steht für Zusammenhänge, die Spannweite
zwischen Allgemeinem und Besonderem, Gemeintem und Bezeichnetem ist extrem. Wie für ihren Autor, so steckt auch für die Personen
des Romans weithin die Hauptsache im Nebensächlichen. Aber darf
man das wirklich mit dem Humor in Zusammenhang bringen? Im
›Stechlin‹ selbst finden wir eine Bestätigung. „Schulze Kluckhuhn
war überhaupt eine humoristisch angeflogene Persönlichkeit . . .",
heißt es im 17. Kapitel, und was ihn zu einer solchen macht, können
wir den anschließenden Äußerungen Kluckhuhns über den Unterschied der Kriege anno vierundsechzig und siebzig entnehmen. Düppel ist ihm, weil ja aller Anfang schwer ist, ein Geschichtsdatum,
mit dem sich kein Faktum der folgenden Kriege messen könne. Und
weiter heißt es:

„Eine Folge dieser Anschauung war es denn auch, daß in den Augen Kluckhuhns der Pionier Klinke, der bei Düppel unter Opferung
seines Lebens den Palisadenpfahl von Schanze drei weggesprengt
hatte, der eigentliche Held aller drei Kriege war und alles in allem
nur einen Rivalen hatte. Dieser e i n e Rivale stand aber drüben

auf Seite der Dänen und war überhaupt kein Mensch, sondern ein Schiff und hieß Rolf Krake. ‚Ja, Kinder, wie wir nu da so rüber gondelten, da lag das schwarze Biest immer dicht neben uns und sah aus wie'n Sarg. Und wenn es gewollt hätte, so wär es auch alle mit uns gewesen und bloß noch plumps in den Alsensund. Und weil wir das wußten, schossen wir immer drauflos, denn wenn einem so zu Mute ist, dann schießt der Mensch immerzu.'

Ja, Rolf Krake war eine fatale Sache für Kluckhuhn gewesen. Aber dasselbe schwarze Schiff, das ihm damals so viel Furcht und Sorge gemacht hatte, war doch auch wieder ein Segen für ihn geworden, und man durfte sagen, sein Leben stand seitdem im Zeichen von Rolf Krake. Wie Gundermann immer der Sozialdemokratie das ‚Wasser abstellen' wollte, so verglich Kluckhuhn alles zur Sozialdemokratie Gehörige mit dem schwarzen Ungetüm im Alsensund. ‚Ich sag euch, was sie jetzt die soziale Revolution nennen, das liegt neben uns wie damals Rolf Krake; Bebel wartet bloß, und mit eins fegt er dazwischen.' " (V, S. 196 f.)

Gewiß gehört zum Anflug des Humoristischen bei Kluckhuhn, daß er derart vom Schema, von den Konventionen und üblichen Wertungen abweichende Auffassungen hegt und damit fast zu einem der von Dubslav so geschätzten „Paradoxenmacher" wird. Aber vor allem äußert sich das Humoristische doch wieder darin, wie er das unheimliche, bösartige schwarze Ungetüm von Panzerschiff zum Nenner all dessen macht, was für ihn der Lauf der Zeit an Drohendem und Gefährlichem in sich birgt. Man könnte das formal Witz nennen, ein Entdecken überraschender Ähnlichkeit oder, nach Jean Paul, ein Ähnlichfinden inkommensurabler Größen.[19] Melusine aber, als man ihr den Spitznamen Kluckhuhns erklärt, ist über den Humor und die Ironie enchantiert, in die sich der Patriotismus des Schulzen kleidet. Und mit Recht spricht sie von Humor. Denn wenn Kluckhuhns Leben im Zeichen des Rolf Krake steht, wenn ihm dieses schwarze Schiff zur Signatur der Zeit wird, so zeigt sich darin das Bedürfnis, das Allgemeine, Prinzipielle, die Tendenzen und Zusammenhänge der Zeit in eine konkrete Vorstellung zu versammeln, zugleich aber auch das Gefühl oder Wissen, wie unangemessen oder

[19] ›Vorschule‹, § 43.

unzulänglich solche „Zeichen" bleiben. Das Humoristische in den Gesprächen bedeutet nicht nur ein heiteres Darüberstehen, es stellt sich vor allem dort ein, wo sich das Eigentliche der Dinge und Zusammenhänge der Sprache entzieht, wo Totalaspekte sprachlich nicht recht in den Griff kommen wollen, wo etwas als ein „zu weites Feld" erscheint: dort bewährt sich die humoristische Vermittlung von Bedeutung und Gestalt, weil sich in ihr paradoxerweise das Nebensächlichste, Unscheinbarste, das Punktuellste und Abseitigste als das Zulänglichste und Angemessenste erweist.

Damit geraten wir aber wieder auf die Darstellungsproblematik, ohne die die Rolle des Humors in Fontanes Erzählkunst kaum ganz zu begreifen ist. Fontane will Zeitromane schreiben, sich dabei aber ganz auf die Darstellung des Menschen in seinem privaten Leben richten. Und er will „Lebensbilder" geben, die sich durchaus nicht von der Erfahrungswirklichkeit des Lesers unterscheiden sollen, die aber doch, anders als die Empirie, einen totalen und geschlossenen Sinnkreis wahrnehmen lassen. Beide Intentionen stehen natürlich in Wechselwirkung, und beide Intentionen ergeben das Problem, wie im Privaten zugleich die Zeit, wie in den Zügen des Lebensbilds die begründenden und bedingenden Faktoren, wie im Realen stets das Realisierende dargestellt werden könne. Und zwar im wörtlichen Verstand dargestellt, nicht durch Analyse oder Reduktion begreiflich gemacht. Auch nicht durch Symbolik, weil ein Symbolisieren die dargestellte Wirklichkeit schon wieder zu sehr von der alltäglichen Wirklichkeitserfahrung außerhalb des Buchs unterschiede, weil die Radikalität der Absicht Fontanes, die Illusion des Lebensbilds zu geben, eine symbolische Vermittlung von Wesen und Erscheinung, Realisierendem und Realem, Hintergrund und Vordergrund weitgehend ausschließt. Was unter solchen Voraussetzungen der Humor leistet, können wir uns nochmals an einem Beispiel aus den ›Poggenpuhls‹ klarmachen.

Durch das ganze Buch spielt Leo mit dem Gedanken, durch die Hand einer reichen jüdischen Tochter aus seiner Schuldenmisere zu kommen. Schon im 5. Kapitel deutet er der alten Friederike an, er habe in der Garnison mit einer schönen schwarzen Esther, einer fast orientalisch anmutenden „Pomposissima" mit Mandelaugen angebandelt. Manon, die jüngste Schwester, nimmt ihn dann ins Gebet:

„Ich bitte dich, Leo, was soll das? In Thorn!... Wie heißt sie denn eigentlich?'

‚Esther.'

‚Nun, das ginge. Viele Engländerinnen heißen so. Und ihr Vatername?'

‚Blumenthal.'

‚Das ist freilich schon schlimmer. Aber am Ende mag auch das hingehen, weil es ein zweilebiger Name ist, sozusagen à deux mains zu gebrauchen, und wenn du Stabsoffizier bist (leider noch weit ab), und es heißt dann bei Hofe, wo du doch wohl verkehren wirst: ‚die Frau Majorin oder die Frau Oberst von Poggenpuhl ist eine Blumenthal', so hält sie jeder für eine Enkelin des Feldmarschalls. Ein Poggenpuhl, der eine Blumenthal heiratet, soviel Vorteil muß man am Ende von einem alten Namen haben, rückt sofort auf den rechten Flügel der Möglichkeiten.' " (IV, S. 67)

Manon billigt den von Leo erwogenen Schritt zwar grundsätzlich, denkt aber viel eher an ihre Freundin Flora aus dem Bankierhause Bartenstein; mit der verglichen bleibe an Esther wenig akzeptabel, zumal Manon hinsichtlich des Vaters Bartensein sicher ist, „daß er bei der nächsten Anleihe geadelt wird" (IV, S. 68). Indessen bezeugt im 11. Kapitel ein Brief Leos sein anhaltendes Interesse an der „Pomposissima", so daß Manon erneut warnen und am Ende des Briefes resümieren muß: „Deine ganze Zukunft, soviel wird mir immer klarer, dreht sich um die Frage: Esther oder Flora. Flora, Gott sei Dank, ist blond, sogar hellrotblond. Lebe wohl..." (IV, S. 86) Und drei Tage später wiederholt sie ihre Besorgnis:

„Ich weiß, daß dunkler Teint Dir immer gefährlich war. Und Esther! Es ist merkwürdig, daß manchem Namen etwas wie eine mystische Macht innewohnt, eine Art geistiges Fluidum, das in rätselhafter Weise weiter wirkt. Raffe Dich auf, sei stärker als Ahasverus war (ich meine den Perserkönig), der auch der Macht der Esther erlag. Eben habe ich Deine Zeilen noch einmal überflogen und wieder den Eindruck davon gehabt, als hättest Du Dich bereits engagiert. Ist dem so, so weiß ich sehr wohl, daß die Welt darüber nicht zugrunde gehen wird, aber mit Deiner Karriere ist es dann vorbei. Denn in der Provinz, und speziell in D e i n e r Provinz, ist das religiöse Gefühl — oder, wie sie bei Bartensteins immer sagen, das ,Konfessionelle' (sie wählen gern solche sonderbar verschränkten Ausdrücke) — von viel eigensinnigerem Charakter, und der Übertritt wird von den Eltern einfach verweigert werden. In diesem Falle bliebe Dir also nur Standesamt, ein, so aufgeklärt ich bin, mir geradezu schrecklicher Gedanke. Solch ein Schritt würde Dich nicht nur von der Armee, sondern, was mehr sagen will, auch von der ,Gesellschaft' ausschließen und Du würdest von da ab in der Welt umherirren müssen, fremd, abgewiesen, ruhelos. Und da hätten wir dann den a n d e r e n Ahasverus. Tu uns das nicht an. Therese würd es nicht überleben. Deine Manon." (IV, S. 87)

Und wieder drei Tage darauf folgen die beschwörenden Zeilen:

„Ja, Du fügst hinzu, Blumenthal führe seit Jahr und Tag den Kommerzienratstitel, und solche Staatsapprobation durch eine doch immerhin christliche Behörde sei zwar nicht die Taufe selbst, aber doch nahe daran, und so sei denn Haus Blumenthal dem Hause Bartenstein um einen Pas voraus. Ach, lieber Leo, das klingt ganz gut, und als einen Scherz will ich es gelten lassen, aber in Wahrheit liegt es doch anders. Bei Bartensteins war der Kronprinz, Bartenstein ist rumänischer Generalkonsul, was höher steht als Kommerzienrat, und bei Bartensteins waren Droysen und Mommsen (ja, einmal, kurz vor seinem Hinscheiden, auch Leopold von Ranke), und sie haben in ihrer Galerie mehrere Bilder von Menzel, ich glaube einen Hofball und eine Skizze zum Krönungsbild. Ja, lieber Leo, wer hat das? In einem Damenkomitee für das Magdalenum sitzt Frau Melanie, das ist der Vorname der Frau Bartenstein, seit einer Reihe von Jahren, Dryander zeichnet sie bei jeder erdenklichen Gelegenheit aus ... Und dann Esther und Flora selbst! Es i s t ein Unterschied, m u ß ein Unterschied sein." (IV, S. 88)

Er möge aber seine Chancen bei Flora nicht zu hoch einschätzen und auch nicht zuviel auf das Gewicht der historischen Berühmtheit der Poggenpuhls geben. „Demungeachtet ist auch diese ein durchaus in Rechnung zu stellender Faktor, ganz besonders Flora gegenüber, die, im Gegensatz zu beiden Eltern, einen ausgesprochen romantischen Sinn hat und mir erst vorgestern wieder versicherte, daß ihr, als sie neulich in Potsdam die Grenadiermützen vom I. Garderegiment gesehen hätte, die Tränen in die Augen gekommen seien."
Dann muß sie abbrechen, denn „da kommt eben Flora, um mich

zum ‚shopping' (sie wählt gern englische Wendungen) abzuholen..."
(IV, S. 89).

Daß hier Stilisierung soviel heißt wie das Bemühen um äußersten
Verismus, um unmittelbarste Lebensbildlichkeit in allen Details und
Nuancen, wird niemand bestreiten. Und niemand wird leugnen, daß
hier ein komplexes und vieldimensionales Stück Wirklichkeit zur
Darstellung kommt. Eine Analyse dessen, was an sozialen, psychi-
schen und zeitgeschichtlichen Faktoren und Momenten wahrnehm-
bar wird, dürfte sehr schwierig, müßte jedenfalls recht ausgedehnt
sein. Und selbst wenn man den Versuch machte, fiele es wohl schwer,
zu entscheiden, ob etwa der Hinweis auf die blonde, sogar hellrot-
blonde Flora mehr darauf zu beziehen ist, daß Manon die mandel-
äugige Pomposissima als Frau unheimlich ist, oder ob sie mehr daran
denkt, daß das Hellrotblond die Herkunft noch besser tarnt als der
Name Blumenthal, oder ob ihr schließlich vielleicht diese Haarfarbe
besser zu den Tränen zu passen scheint, die der Trägerin über die
Mützen des I. Garderegiments kommen und soviel romantischen
Sinn bezeugen. Nein, eine Analyse, eine Reduktion des Erscheinungs-
haften aufs Wesentliche tut sich schwer; das Dargestellte ist kaum in
zureichende Begriffe zu fassen, es entzieht sich derartigen Zugriffen.
Und dennoch verweist alles scheinbar so Vordergründige auf Hintergründe, die nicht ausdrücklich zur Sprache kommen, dennoch haben wir bei den punktuellsten Details nie den Eindruck, sie seien
nur um der Wirklichkeitsillusion des Lesers willen da. Alles Dargestellte scheint symptomatisch zu sein, nicht nur stimmig. Aber darf
man denn von Symptomatik sprechen? Man muß doch beachten,
daß Leo und Manon keineswegs nur Exponenten sind, mögen sie
sich auch selbst manchmal als solche vorkommen. Die mannigfachen
Aspekte des mehr oder weniger assimilierten jüdischen Gesellschafts-
elements, die mannigfachen Aspekte des Verhältnisses der alten Gesellschaft zu diesem relativ neuen Gesellschaftselement: all das ist
doch wieder in sehr individuelle Perspektiven gerückt. Alles was der
Autor Manon sagen oder schreiben läßt, ist ja gerade so gehalten,
daß Individualität, gesellschaftliche Situation und Geschichtszeit
kaum voneinander abzuheben sind. Und alles ist auf eine Weise
wahr, für die weder der Psychologe noch der Soziologe noch der
Historiker noch alle zusammen aufkommen könnten. Die angedeu-

tete und leicht nachprüfbare Schwierigkeit einer reduzierenden Analyse zeigt ja, daß sich die dargestellte Wirklichkeit nicht in ihrem symptomatischen Wert erschöpft: denn Darstellung und Wirklichkeit sind eben in Fontanes Zeitromanen als in einem Bilde, das die Kunst stellt, nicht zweierlei.

Diese Einsicht aber läßt doch noch einmal abschließend bedenken: bezeugt sich darin, wie Fontane Vordergründiges und Hintergründiges vermittelt, wie er in so punktuellen und partikulären Fakten wie der Unterhaltung über die Namensfrage die doch keineswegs komischen Probleme und Spannungen gewisser Gesellschaftselemente darstellt, nicht eine ausgesprochen humoristische Einbildungskraft? Und ist es nicht auf Schritt und Tritt diese Art der Vermittlung, die den Unterschied zwischen dem vom Leben und dem von der Kunst gestellten Bilde ausmacht? Ist es also nicht weithin der Humor, der hier dazu beiträgt, daß Erzählkunst Dichtung bleibt und nicht in den Bann der Schreibweise gerät, die Fontane als Photographie, Reportertum und Essayistik zu kennzeichnen sucht?

ANMERKUNGEN

1. Zola-Kritik als Anschauungssache: Soweit es sich um die „Anschauungssache" handelt, sind Fontanes Vorbehalte im Einklang mit vielen Stimmen, die sich damals in Deutschland mit Zolas Romantheorie und Romanwerk auseinanderzusetzen versuchten. Repräsentativ für die Brüchigkeit der Zola-Kritik auf deutscher Seite ist der Aufsatz von Irma von Troll-Borostyani ›Die Wahrheit im modernen Roman‹, der 1886 im zweiten Jahrgang der ›Gesellschaft‹ erschien. Die Verfasserin verwahrt sich zunächst wohl dagegen, daß nach Zola der Roman „nicht in das Reich der Kunst, sondern in jenes der Wissenschaft gehöre", daß „die Romandichtung eine Wissenschaft sein" und „als solche betrachtet und behandelt werden" müsse, sie verwahrt sich kurzum gegen die Formel „romancier expérimentateur". (S. 220 f.) Insoweit scheint sich die Kritik aus der Einsicht in die Bedrohtheit der „Reichsunmittelbarkeit der Poesie" zu ergeben. Aber dann zeigt sich, daß es der Verfasserin letztlich doch nicht um den Kunstcharakter, um die poetische Struktur des

Experimentalromans geht, sondern daß sie anders als Fontane nur die angeblich unstimmigen Proportionen innerhalb der dargestellten Wirklichkeit ins Auge faßt; Zola sei in seinen Werken zugleich wahr und unwahr: „Wahr in den Détails, indem alles Erzählte und Geschilderte der Wirklichkeit nachgebildet ist; unwahr im Ganzen, da das Gesamtbild der im Romane dargestellten Welt der Totalität der wirklichen Welt nicht entspricht, in welcher es weder durchwegs Schurken noch durchwegs Biedermänner gibt." (S. 224) Oder noch konkreter: „Mit welchem Rechte nennt man gerade die Darstellung des Häßlichen, des Platten und Ordinären Naturalismus? Ist etwa nur jener Dichter Naturalist, der blind ist für alles Edle, Schöne und Gute, das in der Menschenseele wohnt? Ist der Genius der Menschheit, der sie nach erhabenen, idealen Zielen ringen, im Leben der Völker wie der einzelnen Individuen herrliche Taten der Selbstbefreiung aus den Ketten niedriger Leidenschaften vollziehen läßt, tot oder von der Erde verbannt, weil es einigen Romanciers gefällt, den idealen Gehalt der Menschenseele zu leugnen und den einzigen Grund ihres Handelns in dem Trieb nach Befriedigung tierischer Begierden zu suchen?" (S. 219) Zolas Irrtum bestehe darin, daß er Idealismus und Wahrheitsliebe für unvereinbar halte. Aber was hier Idealität und künstlerischer Idealismus genannt wird, hat nichts mehr zu schaffen mit dem, was Otto Ludwig noch in die gleichen Begriffe faßte, denn diese beziehen sich nun nicht mehr auf den Kunst-, auf den Gebildecharakter der dargestellten Wirklichkeit, sondern auf rein weltanschauliche Voraussetzungen: auf die bei Zola vermißte Erfahrung, „daß das Menschenherz noch anderer Regungen fähig ist, als der im tierischen Organismus des Menschen begründeten sinnlichen Impulse; daß die Ideen des Guten und Schönen, des Edlen und Erhabenen — trotzdem Anatomie und Physiologie ihnen kein Ursprungszeugnis auszustellen vermögen — der Menschenseele tief innewohnen..." (S. 222). Derjenige Romancier, der diese Tatsache außer acht lasse, sei in der Darstellung der Erscheinungswelt einseitig und unwahr, und das Außerachtlassen dieser Tatsache nennt Irma von Troll-Borostyani die „Kunstprinzipien" Zolas. Aber von Kunstprinzipien ist tatsächlich gar nicht mehr die Rede; der beklagte „Bruch der Romandichtung mit dem Idealismus" bleibt ein weltanschaulicher Vorgang, die Auseinandersetzung der Verfasserin mit Zola erweist sich beispielhaft als „Anschauungs-, nicht Kunst-sache".

2. Angelsächsische Kritik des Naturalismus: Nicht nur in der deut-schen Literatur verbindet sich derart die Kritik am Naturalismus mit dem Hinweis auf das poetische Prinzip des Humors. 1882, also im Jahre zwischen Fontanes Äußerungen über Turgenjew und denen über Zola, erschien in der ›Fortnightly Review‹ ein Aufsatz von Andrew Lang über Zola, der, eingedenk der Erzählkunst Fieldings, Scotts und Thackerays, als Hauptaspekt der Kritik feststellt, Zola und seinesgleichen "lack the breath and humour", und der an Fiel-dings Anruf der Muse im Eingangskapitel des 13. Buches von ›Tom Jones‹ erinnert, wo es heißt: "Fill my pages with humour . . ." Und schon ein Halbjahrzehnt vorher erschien ›The Egoist‹ von George Meredith — geboren 1828, im selben Jahr also wie Taine, Ibsen und Tolstoi —; darin preist das berühmte Präludium den Humor als Hilfsmittel der Kunst gegen die realistische Methode der skrupulö-sen, dem Geist der Wissenschaft verhafteten Beschreibung alles Sicht-baren und Wiedergabe alles Hörbaren, als Hilfsmittel gegen eine literarische Methode, aus der wie aus einem abflußlosen Moor die Zeitkrankheit der Monotonie und Langeweile empordampfe. Die ›Letters of George Meredith‹ (New York 1910) enthalten vor allem im zweiten Band entsprechende Bemerkungen. Vgl. zum ganzen Komplex die Arbeit von Clarence R. Decker, The aesthetic Revolt against Naturalism in Victorian Criticism, in: Publications of the Modern Language Association of America 53 (1938), S. 844—856.

3. Vorzug des Nebensächlichen: „Das Beiwerk aber — mir die Hauptsache . . .", heißt es in einem Brief vom 24. 5. 1890 an Theo-dor Wolff, und weiter: „Das soll gewiß nicht sein, und der eigent-liche Fabulist muß der Geschichte als solcher gerecht werden. Aber das steckt nun mal nicht in mir. In meinen ganzen Schreibereien suche ich mich mit den sogenannten Hauptsachen immer schnell ab-zufinden, um bei den Nebensachen liebevoll, vielleicht zu liebevoll verweilen zu können. Große Geschichten interessieren mit in der *Ge-schichte;* sonst aber ist mir das Kleinste das Liebste." Dem entsprechen zwei Stellen aus Briefen an die Frau: „Was Du . . . sagst, ‚daß ich bei *Nicht*stoff in der Regel besser schriebe als bei viel Stoff', ist gewiß richtig." (17. 8. 1882) Und: „Ich behandle das Kleine mit derselben Liebe wie das Große, weil ich den Unterschied zwischen klein und groß nicht recht gelten lasse; treffe ich aber wirklich auf Großes, so bin ich ganz kurz. Das Große spricht für sich selbst; es bedarf keiner künstlerischen Behandlung, um zu wirken." (18. 8. 1883) Schließlich faßt das oft zitierte Wort der Ebba aus ›Unwiederbringlich‹ (1891) innerhalb eines aufschlußreichen Kontextes die Auffassung Fontanes bündig zusammen: „Aber was heißt großer Stil? Großer Stil heißt soviel, wie vorbeigehen an allem, was die Menschen eigentlich interessiert." (II, S. 558)

Zeitschrift für deutsche Philologie. 82 (1963), S. 152—171.

„MAN IST NICHT BLOSS EIN EINZELNER MENSCH"

Zum Figurenentwurf in Fontanes Gesellschaftsromanen

Von Kurt Wölfel

Im Verhältnis der drei Hauptfiguren von ›Irrungen Wirrungen‹ zueinander zeigt sich eine Konstellation, in welcher mit modellhafter Deutlichkeit ein Grundproblem und -konflikt der Gesellschaftsromane Fontanes sichtbar wird. Lene Nimptsch und Käthe von Rienäcker repräsentieren zwei Welten, die sich so wesensfremd sind, daß eine unmittelbare Begegnung beider gar nicht zustande kommt. Botho von Rienäcker steht zwischen ihnen, durch die Liebe zur einen, durch die Ehe zur andern gehörend. Die beiden Frauen haben ihr Wesen, und zugleich ihren Platz innerhalb der erzählten Welt, durch das, was sie sind. Botho muß beides, Wesen und Platz, endgültig erst erwerben durch das, was er tut. Das Geschehen gibt ihm die Möglichkeit, sich zu dem zu entscheiden, was er sein will.

Wir können, ja wir müssen genauer sagen: das Geschehen stellt ihn vor die Notwendigkeit, sich zu dem zu entscheiden, was er sein *wird*. Mit dieser Präzisierung geraten wir in die Dialektik des Fontaneschen Figuren- und Weltentwurfs. Der fraglosen Selbstverständlichkeit gegenüber, mit der die beiden Frauen das sind, was sie sind, steht die Ambiguität der Person Bothos. Sie beweist sich im Moment seiner Entscheidung, und er nimmt sie auch noch mit in das durch die Entscheidung gewählte Leben hinüber. Er gewinnt durch seine Entscheidung zwar seinen eindeutigen Platz innerhalb der Welt der Erzählung, aber sein Wesen bleibt zweideutig, ja enthüllt sich gerade in und mit der Entscheidung in seiner Zweideutigkeit.

Bothos subjektives Verlangen, das, was sein Ich will, steht nie in Frage: das Leben mit Lene. Was er wählt, ist das, was das Ich nicht will. Die Lösung dieses Widerspruchs liegt darin, daß das wollende Ich und die wählende Person zwei disparate Größen sind. Im Moment der Entscheidung tritt neben das Ich eine zweite Instanz. Botho nennt sie „das Herkommen". Sie ist es, die „unser Tun bestimmt"[1], und zwar unabhängig und gleichgültig gegenüber dem, was das Ich verlangt, ihm nicht feindlich gesinnt, aber es dort rücksichtslos mißachtend, wo es im Widerspruch zu ihr steht.

Was Botho mit „Herkommen" bezeichnet, ist die gewordene und bestehende Ordnung der menschlichen Welt, im besonderen die der Gesellschaft, in der die Person lebt. Deren Verhältnis zu dieser Ordnung ist, wie der Begriff „Gesellschaftsroman" bereits ankündigt, *das* Thema Fontanes. Die Art und Weise, wie er es behandelt und gestaltet, ändert sich im erzählerischen Spätwerk nicht nur von Fall zu Fall, je nach der Problemstellung des einzelnen Werkes; es lassen sich bei einem Gesamtüberblick über das Erzählwerk einige grundsätzlich zu unterscheidende Weisen der Problemstellung und -beantwortung erkennen. Der erste Berliner Roman Fontanes, an dem er in den 70er Jahren arbeitet, ohne ihn abzuschließen, zeichnet sich durch eine relativ konfliktlose Behandlung des Themas aus.[2] Schon der vorgesehene Titel, ›Allerlei Glück‹, läßt den optimistisch-heiteren Grundton anklingen, auf den alle Figuren und Schicksale gestimmt sind. Soweit sich überhaupt Konflikte zwischen den Individuen und der Ordnung der Gesellschaft ergeben, werden sie aufgelöst durch die Herstellung einer Kongruenz von innerer und äußerer Forderung, von subjektivem Selbstverwirklichungswillen und Gesellschafts-Anspruch. Das Individuum begehrt, was die Welt ihm zu gewähren bereit ist, und umgekehrt: die Welt ist bereit zu gewähren, was das Individuum begehrt. Diese Harmonie ist für Fontane der Inbegriff des „Glücks". Sie wird von ihm mit einer Formel bezeichnet, die sich bis zu seinem Lebensende nicht mehr aus seinen Werken und Briefen verliert: „Das Glück besteht darin, daß man *da* steht, wo man seiner Natur nach hingehört."[3]

---

[1] Ich zitiere nach der von E. Gross besorgten Ausgabe der Sämtlichen Werke, München 1959 ff. Zitat: Bd. III, S. 171.

[2] Vgl. das von Julius Petersen analysierte und veröffentlichte Material in: Fontanes erster Berliner Gesellschaftsroman. Sitzungsberichte d. Preuß. Ak. d. Wiss. 1929. Phil.-Hist. Klasse, S. 480—562.

[3] Im Brief an G. Karpeles vom 3. 4. 79. Das „Allerlei Glück" des Romans ruht also letztlich auf dem Grunde von „einerlei Glück", aber Fon-

Als Wunschbild taucht diese Übereinstimmung von subjektivem Wollen und Anspruch der Gesellschaft auch vor den späteren Romanfiguren Fontanes immer wieder auf. Sie ist das Ziel ihrer innigsten „Hoffnung", ihre Verwirklichung wird als Erfüllung des individuellen Daseins vorgestellt.[4] Bei Botho geschieht das in der Form des Wunsches, daß seiner Liebe zu Lene „die stille Gutheißung der Gesellschaft" werde.[5] Aber es ist in den späteren Romanen eine utopische Hoffnung geworden. Nur in ›L'Adultera‹, dem ersten der veröffentlichten, modernen Gesellschaftsromane Fontanes, läßt sie der Erzähler sich noch erfüllen. Später rückt neben „Hoffnung" das Wort „Traum", wie eine Fata Morgana zergehen solche Träume vor der „Wirklichkeit", und vor die Wahl gestellt, dem Willen der individuellen Natur oder dem Anspruch der Gesellschaftsordnung zu folgen, erkennt die Figur, daß ihr nur mehr die Kapitulation oder der Untergang bleibt. Der Selbstverwirklichungswille des Ich und die Forderung der Gesellschaftsordnung sind aus dem früher möglichen, konträren in einen kontradiktorischen Gegensatz geraten.[6]

Botho deutet, wie andere Figuren bei Fontane, seine Kapitulation vor der „Ordnung" mit Begriffen, deren scheinbare Identität mit Begriffen der kantisch-preußischen Sittenlehre manche Interpreten zu dem Schluß hat kommen lassen, es handle sich bei Bothos Unterwerfung in Wahrheit um eine moralische Entscheidung zwischen Pflicht und Neigung, um die Negation der Willkür des Herzens zugunsten des moralischen Gesetzes. Geht es Fontane, im „typisch preußischen" Widerwillen gegen eine eudämonistische Lebensauffassung, um die Absage an die „Bummelei des Glücks", um die Op-

tanes stets in Partikularitäten denkender Geist drückt sich charakteristisch im gewählten Titel aus.

[4] „Hoffnung" ist wie „Glück" ein Grundbegriff im Erzählwerk Fontanes. Beide treten meist zusammen auf und setzen sich der Ordnung gegenüber, deren Hoffnungs- und Glücklosigkeit unterstreichend. (Ganz deutlich im Abschiedsbrief Waldemar von Halderns an Stine.)

[5] III 170.

[6] Eine in den Werken der letzten Lebensjahre Fontanes, besonders in ›Mathilde Möhring‹, ›Poggenpuhls‹, ›Stechlin‹, auch in ›Frau Jenny Treibel‹ erkennbare abermalige Veränderung der Problemstellung soll in unserer Studie unberücksichtigt bleiben.

tion für die „Zucht" — mit Dr. Überbein zu reden? Diese Deutung
vereinfacht das Problem ebensosehr, wie die entgegengesetzte Annahme es verfehlt, Fontane halte, sich zur Humanitätsidee des 18./
19. Jahrhunderts bekennend, an der Bestimmung des Individuums,
sich selbst und damit die in ihm angelegte Idee der Humanität
zu verwirklichen, fest und zeige dessen Untergang oder Korrum-
pierung in einer inhuman gewordenen Welt. Die erstgenannte Deutung übersieht, daß Begriffe wie „Pflicht" oder „Zucht" bei Fontane
sich aus ihrer Beziehung auf eine absolute moralische Idee gelöst
haben und im Zusammenhang mit dem verräterischen Begriff „Haltung" ein Ethos bezeichnen, durch welches das Individuum seine
Selbstentfremdung und Selbstaufgabe innerhalb einer inhumanen
Ordnung zu rechtfertigen versucht. Sie übersieht weiterhin, daß die
Ordnung, der gegenüber das Individuum sich zum Opfer des individuellen Selbstverwirklichungswillens verpflichtet fühlt, keine moralische Idee repräsentiert, daß ihr Geltungsanspruch in ihrer bloßen
Faktizität, in der Tatsache, daß sie *ist* und daß sie übermächtig ist,
gründet.

Die andere Annahme aber wird auf Schritt und Tritt vom Erzählwerk Fontanes widerlegt, dadurch nämlich, daß der genannte Ant-
agonismus zwischen Individuum und Gesellschaft gar nicht als
Konflikt zweier autonomer Größen ausgetragen wird. Die Bedeutung dieser Feststellung zeigt ein vergleichender Blick auf das Werk
von Fontanes Zeitgenossen Wilhelm Raabe. Wählen wir das Beispiel
›Die Akten des Vogelsangs‹ (1896): der Held, auf die Idee der Humanität gerichtet, findet sich in einer Welt, die deren krasses Widerspiel ist. Eine Umgestaltung der Welt nach Maßgabe der Idee liegt
jenseits der Möglichkeiten des Helden. Was ihm bleibt, wenn er sich
in seinem Selbst-Sein bewahren und zur Geltung bringen will, ist
die protestierende résistance oder die äußere und innere Emigration.
Aber auch noch in seinem Untergang behauptet der Held seinen
Willen zu sich selbst. Die Welt mag dem die Idee vertretenden Helden den Daseinsgrund unter den Füßen wegziehen, seine Übereinstimmung mit sich selbst, gegen die Welt, vermag sie nicht in Frage
zu stellen.

Fontanes spätere Romane kennen keinen Helden mehr, der die
Idee der Humanität gegen die Welt verficht. Seine unheldisch ge-

wordenen Helden bringen es nicht mehr fertig, mit der Unbefangenheit und Selbstgewißheit des raabeschen Helden ihr So-Sein dem Anders-Sein der Gesellschaft entgegenzustellen. Das hat seinen Grund darin, daß die Unterscheidung dieser beiden Seinsweisen im Sinne eines reinen Gegenüber für Fontane nicht gilt. Wir können diesen Sachverhalt auf die Formel bringen: bei Raabe stimmt der Held nicht mit der Welt, bei Fontane auch mit sich selbst nicht mehr überein. Was bedeutet das?

Im 27. Kapitel von ›Effi Briest‹ beginnt Innstetten seine Argumentation über die Notwendigkeit des Duells mit dem Verführer seiner Frau mit dem Satz: „Man ist nicht bloß ein einzelner Mensch, man gehört einem Ganzen an."[7] Wenn wir Innstettens folgende Räsonnements und Handlungsweise betrachten, sind wir versucht, den Satz zusammenzudrängen auf die drei Wörter: *man* ist *man.* Zunächst für sich allein genommen besagt er, daß die Person über ihr individuelles Sein hinaus auch am kollektiven Sein teilhat, und zwar so, daß beide, obwohl sie sich widersprechen, ja sogar negieren, erst zusammen die Ganzheit der Person ausmachen. Solange die Person sich nur als Individuum weiß, ist sie noch nicht bis zu dem Punkt gelangt, wo sie sich in ihrer Ganzheit weiß. Diese Ganzheit begreift sie dann, wenn sie über ihr Selbst hinaus auch das diesem Selbst Fremde, d. h. ihre Selbstentfremdung, als personkonstituierendes Teil erkennt. Wenn die Person bei Fontane nach sich selber fragt, dann findet sie nicht nur ihr individuelles Sein, sondern überall sitzt, wie Swinegel im Wettlauf mit dem Hasen, auch das, was Innstetten das „Ganze" nennt, und ruft: ich bin schon da. „Daß das Herkommen unser Tun bestimmt", wie Botho feststellt, ist daraus erklärlich, daß es vor dem *Tun* auch bereits das *Sein* bestimmt hat. Das „uns tyrannisierende Gesellschaft-Etwas", von dem Innstetten spricht, „nach dessen Paragraphen wir uns gewöhnt haben, alles zu beurteilen, die andern und uns selbst", ist nicht nur ein von außen Wirkendes, es lebt auch im Innern der Person. Seine „Paragraphen" treten nicht nur durch die Stimme der Gesellschaft dirigierend und befehlend vor die Person, sondern tönen aus der Person selbst heraus, weil sie konstitutive Elemente deren Personbewußtseins sind. Die bei so

[7] VII 373. Das folgende Zitat ebd., S. 374.

vielen Figuren Fontanes vollzogene Kapitulation des individuellen
Selbstverwirklichungswillens vor der Gesellschaftsordnung bringt
nur etwas an den Tag, was in der Person bereits vorhanden war: die
mit der Kapitulation offenbar werdende Selbstentfremdung ist von
der Person schon „vor-geleistet", und um zu ihrem Triumph über
den individuellen Willen zu gelangen, braucht sich die Ordnung nur
mehr dessen zu versichern, was als ihr „natürlicher" Bundesgenosse,
als „man", in der Person selbst bereits auf ihrer Seite steht.

Es wäre falsch, diese Gespaltenheit der Person als einen Gegensatz
von Fühlen und Denken, von Herz und Kopf aufzufassen, so, als
käme allein dem, was als „Natur" auf individuelle Selbstverwirklichung zielt, Spontaneität zu, während das dieser Natur und ihrem
Willen zu sich selbst Entgegenstehende nur durch die Reflexion
Eingang in das Selbstbewußtsein der Person fände. Wir könnten
Innstettens Satz eventuell so zu lesen versucht sein: als „einzelner
Mensch" fühle, als Angehöriger des „Ganzen" aber urteile und handle
er. Aber wäre es so, was erlaubte Botho zu sagen, es könne, wer dem
„Herkommen" gehorche, zugrunde gehen, „aber er geht *besser* zu-
grunde als der, der ihm widerspricht"? Wie dürfte er Rexin prophe-
zeien: „Brechen Sie von Grund aus mit Stand und Herkommen und
Sitte, so werden Sie, wenn Sie nicht versumpfen, über kurz oder lang
sich selbst ein Gräuel und eine Last sein"[8]? Wie könnte Innstetten als
das Resultat eines Verstoßes gegen das befehlende „Gesellschafts-
Etwas" die Selbstverachtung ansehen — „und [wir] können es nicht
aushalten und jagen uns die Kugel durch den Kopf"[9]? In diesen
Erklärungen drückt sich die radikale Abhängigkeit auch des inneren
Menschen von der ihn umgreifenden Ordnung aus, der Verlust seiner
Autonomie und seine Selbstentfremdetheit. Im Namen der „Ord-
nung" ist die Person bereit, ihr eigener Richter, ja sogar ihr eigener
Henker zu werden.

„Die Menschen so sprechen zu lassen, wie sie wirklich sprechen",
hat Fontane selbst als das Merkmal, das seine Erzählkunst besonders
auszeichnet, hervorgehoben.[10] Wenn ihm nicht ein in der Wirklich-

[8] III 171 (Kursivierung von mir); 221.
[9] VII 374.
[10] Brief v. 24. Aug. 1882 an Mete Fontane.

keit geschehener Vorfall die eigene Erfindung einer Fabel überhaupt abnimmt, dann sind es die Figuren, nicht eine Fabel, was sich seine Phantasie zuerst vorstellt. Die Figur aber entsteht in Fontanes Phantasie aus oder doch zusammen mit einem „Sprech-Bild"[11]. Mag bei anderen Erzählern eine sinnliche Gestalt, eine Gebärde oder Lage, ein Problem oder Schicksal am Anfang der schaffenden Tätigkeit der Einbildungskraft stehen, bei Fontane ist es eine Redeweise, die sich, durch das Hinzutreten einer Person als deren Träger, zur Figur entfaltet.

Mehr als irgendein anderer großer deutscher Erzähler überläßt denn auch der Erzähler Fontane den Figuren das Wort zur Selbstdarstellung im Gespräch. Vor allem tritt bei ihm der in der Gesellschaft und der Geselligkeit sprechende Mensch auf, der Plauderer, der Causeur. M.-E. Gilbert hat in ihrer Studie über ›Das Gespräch in Fontanes Gesellschaftsromanen‹[12] daraus die „gewisse Grenze" hergeleitet, die der psychologischen Analyse Fontanes gezogen sei: es könnten nämlich „nur *die* seelischen Regungen und Gefühle der Menschen zur Darstellung gelangen, die sich in Äußerungen an die Umwelt umsetzen". Bei J. Schillemeit lesen wir etwas Ähnliches, verbunden mit dem Hinweis auf „die Unergründlichkeit des Menschenwesens" bei Fontane, bei dem es „keine Behauptungen über ein ‚An-Sich‘ des Menschen gibt", da „er immer nur als der erscheint, der er für seine Mitmenschen ist"[13]. Das Grund-Folge-Verhältnis, das von beiden Autoren gesetzt wird, müssen wir nach unseren vorausgegangenen Überlegungen ablehnen: beides, Form und Inhalt, sind zwei Seiten derselben Sache, und die psychologische Beschaffenheit seiner Figuren, mögen wir sie als Untiefe oder als Unergründlichkeit bezeichnen, steht zwar offenbar im Zusammenhang mit der vorherrschenden Form des Gesellschaftsgesprächs, wird aber nicht durch sie bedingt. Hinzu kommt noch, was der Bemerkung Gilberts auch ihre sachliche Stichhaltigkeit nimmt, daß „der Mensch vor dem

[11] Vgl. das bei H. Meyer, Das Zitat in der Erzählkunst, Stuttgart 1961, S. 158, im Anschluß an das von Petersen zugänglich gemachte Material zu ›Allerlei Glück‹ Gesagte; [in diesem Band S. 203 f.].
[12] Palaestra 174, Leipzig 1930, S. 185.
[13] J. Schillemeit, Theodor Fontane. Geist und Kunst seines Alterswerkes (Zürcher Beiträge, H. 19), Zürich 1961, S. 30.

Spiegel, im kritischen Selbstgespräch, der durch seine Rolle zum
wahrhaft persönlichen Dasein hindurch will und daran scheitert,
... eine für Fontane typische Situation" ist,[14] in welcher dem Erzähler Gelegenheit die Fülle geboten wäre, die Figur sich über das
gesellschaftlich Mitteilbare hinaus aussprechen zu lassen — wenn sie
es wollte, wenn sie es könnte.

Wollen wir die mittels der Problemanalyse gefundene Eigenart der
Fontaneschen Figuren durch die Stilanalyse bestätigt wissen, dann
bietet sich als Weg zu dieser Verifikation eine Betrachtung der Redeweise der Personen an. Allerdings geraten wir damit auf „ein weites
Feld", in dem wir auf eine vollständige, topographische Erkundung
verzichten und unser Vorhaben auf eine bloße Exkursion beschränken wollen. Wir beginnen, indem wir zum Ausgangspunkt unserer
Studie zurückkehren, zu den Figuren Lenes und Käthes, zwischen
denen Botho steht. Wenn sich in ihnen die beiden Möglichkeiten bzw.
Wirklichkeiten von Bothos Wesen darstellen, die der Selbstverwirklichung und die der Selbstaufgabe und -entfremdung, dann müssen
innere Wahrheit des Ich hier, Verlust des Ich in der Veräußerlichung
zum „man" dort unmittelbar im sprachlichen Ausdruck der Figur
sich verraten.

Das 4. Kapitel des Romans erzählt von einem Abendbesuch Bothos
bei Lene. Mutter Nimptsch und die Familie Dörr sind auch anwesend.
Lene — einer Neigung so vieler Fontanescher Figuren folgend,
Sprache, Sprechen und Gespräch selbst zum Gesprächsthema zu machen — spricht davon, wie schwer es sei, den Anfang einer Unterhaltung zu finden. Sie kann sich nicht vorstellen, wie man in den
vornehmen Gesellschaften Bothos „mit so viel fremden Damen (und
ihr kennt euch doch nicht alle) sogleich mir nichts, dir nichts ein Gespräch anfangen kann"[15]. Botho widerspricht und ist erbötig, zum
Beweis der Leichtigkeit der Sache eine „Tischunterhaltung" vorzu-
machen. Mühelos, mit der Redevirtuosität des Fontaneschen Causeurs,
wird er seiner Aufgabe gerecht, plaudert mit der zur „gnädigsten
Komtesse" erhöhten Lene von Sommer- und Reiseplänen, mit der

---

[14] F. Martini, Deutsche Literatur im bürgerlichen Realismus 1848—1898,
Stuttgart 1962, S. 777.
[15] III 110. Folgende Zitate S. 110 ff.

entzückten Frau Dörr — Frau „Baronin" Dörr! — von Morcheln. Frau Dörr bekommt plötzlich Bedenken: „Morcheln. Aber man kann doch nicht immer von Morcheln sprechen." „Nein, nicht immer", bestätigt Botho. „Aber oft oder wenigstens manchmal, und eigentlich ist es ganz gleich, wovon man spricht. Wenn es nicht Morcheln sind, sind es Champignons ... Es ist alles ganz gleich. Über jedes kann man ja was sagen, und ob's einem gefällt oder nicht. Und ,ja' ist geradesoviel wie ,nein'."

Mit dem feinen Sinn für die Nuance, für das deutende Detail, der sein Erzählen auszeichnet, läßt Fontane schon am Anfang dieser fiktiven Tischunterhaltung Lene die ihr von Botho zugewiesene Rolle durchbrechen. Botho legt der „Komtesse Lene" die Erklärung in den Mund, die Sächsische Schweiz sei ihr „Herzenswunsch"; und Lene fällt ihm lachend ins Wort, um aus der Fiktion Wahrheit zu machen: „Das ist es auch wirklich." Später aber, nach Bothos leichtfertiger Behauptung, alles dieses Reden sei ganz beliebig und gleich-gültig, gefällt ihr der unwirkliche Charakter einer solchen Unterhaltung überhaupt nicht mehr: „Wenn alles so redensartlich ist, da wundert es mich, daß ihr solche Gesellschaften mitmacht."

Redensartlichkeit und die gesellschaftliche Welt, der Botho zugehört, werden hier erstmals zusammengebracht. Noch ist Bothos Zugehörigkeit zu dieser Welt nur ein gelegentliches Mit-Machen. Wenn das Wort von der Redensartlichkeit das nächste Mal fällt, ist die Kapitulation vor dieser Welt aber bereits Vergangenheit. In dem Selbstgespräch, das Bothos Preisgabe seiner Liebe zu Lene voraufgeht, bekennt er, was ihm „seiner Natur nach" als „des Lebens Bestes" gelte: „Einfachheit, Wahrheit, Natürlichkeit. Das alles hat Lene."[16] Nach Jahren der Ehe mit Käthe stehen diese Eigenschaften „vor der Seele" Bothos wieder auf, wenn die Erinnerung an Lene in ihm lebendig wird: „Lene mit ihrer Einfachheit, Wahrheit und Unredensartlichkeit."[17] An den Platz der „Natürlichkeit", die hier eine aus der Wahrheit, dem Selbst-Sein des Ich heraus existierende Wesentlichkeit meint, ist die „Unredensartlichkeit" getreten, mit welchem Ausdruck das unverstellte Erscheinen des „Selbst-Seins" im

[16] III 170.
[17] III 183.

sprachlichen Ausdruck der Person bezeichnet wird. Beide Worte beinhalten etwas, das der Frau, die Botho geheiratet hat, ganz und gar nicht eignet. Statt Natürlichkeit hat sie nur ein „glückliches Naturel"[18] — was eigentlich ein Euphemismus ist für ihre, an anderer Stelle unfreundlicher „silly" genannte Oberflächlichkeit. Wenn aber an der zitierten Stelle der besondere Ausdruck Unredensartlichkeit den umfassenderen Natürlichkeit verdrängt, dann deshalb, weil Käthes Wesen (oder Unwesen) sich vor allem in ihrer Redeweise, in der sie sich als das vollkommene Widerspiel Lenes beweist, zum Ausdruck bringt.

Käthes erstes Auftreten in der Erzählung bereits wird von Fontane dazu benutzt, den Kontrast zwischen den beiden Frauen spürbar zu machen. Er greift dabei — ein hübsches Beispiel für die sich immer mehr verfeinernde Kunst der Bezugsflechtung in Fontanes spätem Erzählwerk — zurück auf die scherzhafte „Tischunterhaltung" des 4. Kapitels. Botho preist dort als besonderen Reiz der Sächsischen Schweiz die Nähe Dresdens und empfiehlt seiner „Tischdame" in „redensartlichen" Worten die Sehenswürdigkeiten dieser Stadt. Sie finden ihren Höhepunkt in Kuriositäten wie der „Kanne mit den Törichten Jungfrauen" und dem „Kirschkern, auf dem das ganze Vaterunser steht".[19] Lenes ganz untischdamenhafte Antwort ist der Ausruf: „Und so sprecht ihr!"

Im 16. Kapitel kehren Botho und Käthe von einer Art Hochzeitsreise aus Dresden nach Berlin zurück. Botho fragt seine Frau nach dem „Hübschesten", was es für sie in Dresden zu sehen gegeben habe. Ihre Antwort nennt genau solche Sehenswürdigkeiten, die einst Botho aufgezählt hatte, um scherzend zu zeigen, daß man über alles „was sagen" kann, „ob's einem gefällt oder nicht". Das für die fiktive Tischdame im redensartlichen Gespräch angemessene Kuriose, ja darüber hinaus sogar das Albern-Geschmacklose, zeigt sich als Käthes eigenste Domäne. Die damalige Fiktion ist Wirklichkeit geworden, was Botho einst persiflierte, mit dem ist er nun verheiratet. Käthe ist in dem, was Lene als wesensfremdes Redensartliches von sich weggeschoben hat, recht eigentlich zu Hause. So groß auch ihr

[18] III 183.
[19] III 111.

„enormes Sprechtalent"[20] ist, über die „Kunst des gefälligen Nichts-
sagens"[21] kommt sie nicht hinaus. „Alles, was sie sagte," erinnert
sich Botho beim Durchblättern von Lenes Briefen, „hatte Charakter
und Tiefe des Gemüts."[22] Vor Käthes Briefen aber hat er, trotz des
besonderen „Talents für die Plauderei", das sich in ihnen kundtut,
ein Gefühl des Unbefriedigenden: „Es fehlt etwas. Es ist alles so
angeflogen, so bloßes Gesellschaftsecho."[23]

In Käthe stellt sich die vollständige Veräußerlichung der Person
dar. Sie geht ohne Rest in ihrem Echo-Sein auf, aus ihr selbst ver-
lautet nichts: das fehlende „etwas" ist das, was als eigene, innere
„Wahrheit" Lene ausgezeichnet hat. An Käthe ist alles „Gesellschafts-
Produkt", jedes ihrer „angeflogenen", nicht aus ihr kommenden
Worte bekennt ihre Selbstentfremdetheit. Hatte Lene „Charakter
und Tiefe des Gemüts", so dürfen wir bei Käthe, ihrem Gegenpol,
von charakterloser Flachheit sprechen. Deren Ausdruck im Medium
der Sprache ist das „gefällige Nichtssagen", als welches hier Käthes
so meisterhaft ausgeführte „Plauderei" erscheint. Ein bedenkliches
Zwielicht fällt von da aus auf den liebenswürdigen Vorzug der fontaneschen Figuren: auf die Kunst der Plauderei, der Causerie, die,
wie Melanie van der Straaten bekennt (und sie könnte fast im Namen des gesamten Fontaneschen Personals sprechen), „doch nun mal
unser Bestes" ist.[24] In diesem Vorzug scheint auch ihre Problematik
und Gefahr zu liegen, mit dieser Stärke scheinen ihre Schwächen
unmittelbar verbunden zu sein. Causieren ist geselliges Sprechen, bei
dem die Gesprächspartner ihre Gesellschaftlichkeit zum Ausdruck
bringen. Die persönliche, innere Wahrheit des Ich bleibt dabei unsichtbar wie die abgekehrte Seite des Monds. Die Causerie fordert
weder Sachgerechtigkeit noch Ausdruckswahrheit, den Ernst der
Selbstkundgabe und des Selbstbekenntnisses verbietet sie sogar, und
besitzt einen unverkennbaren Hang zur Unverbindlichkeit. Der
Causeur übernimmt dabei eine Rolle, setzt sich mit ihr in Szene, ar-
rangiert sich gemäß gewisser Spielregeln gesellschaftlicher Observanz.

[20] III 192.
[21] III 190.
[22] III 215.
[23] III 201.
[24] IV 63.

Seine Worte haben sozusagen Konfektions-Charakter, sie sind zu-
rechtgeschneidert nach dem Schnittmuster der Gesellschaftsbildung
und -sitte, und sie verraten von seiner Person nicht mehr, als die
Wahl eines Kostüms vom Kostümierten verrät. Erschöpft sich nun
aber, wie bei Käthe, die personale Substanz einer Figur in dem, was
sie in der Plauderei mitteilt, dann wird uns die Kehrseite der Kunst
der Causerie bewußt, ihr möglicher negativer Aspekt: im „gefälligen
Nichtssagen" wird gar nichts mehr vom Selbst-Sein der Person ver-
schwiegen, die Person geht ohne Rest in ihrer gesellschaftlichen „Rolle" auf, ihr Sein ist nicht mehr als ihr gespieltes Scheinen.

„Man ist nicht bloß ein einzelner Mensch, man gehört einem Ganzen an", sagt Innstetten. Wir haben dieses „Ganze" als die bestehende
Ordnung der Gesellschaft verstanden, und wir haben zu beschreiben
versucht, wie dieses Ganze nicht als Gegenüber, sondern als person-
immanente Kraft lebendig ist und auf die Selbstentfremdung des Ich
zum „man" hinwirkt. Sie verbietet die Selbstverwirklichung des Ich,
verhindert die Unmittelbarkeit seiner Existenz und tritt hemmend,
versachlichend, der Selbstinnewerdung und -vergewisserung in den
Weg.

Es hieße zu kurz greifen und den besonderen Charakter des Fontaneschen Figurenentwurfs verfehlen, wenn wir jene Instanz, die
Innstetten als das „Ganze" bezeichnet, überall und ausschließlich als
die bestehende Gesellschaftsordnung begreifen wollten. Auf eigentümliche Weise verbindet sich bei Fontane ein empfindliches, inten-
sives Geschichts- und Gegenwartsbewußtsein mit der Neigung, die
menschlichen Dinge außerhalb ihrer Geschichts-Zeitlichkeit, d. h.
ahistorisch-allgemeinmenschlich zu sehen. So wie er seine Gegenwart
als etablierte Ordnung, statisch, nicht als dynamischen Prozeß erfährt, so neigt er dazu, das menschliche Wesen und Dasein überhaupt
als im Grunde immergleiche Gegebenheit, also wiederum statisch, zu
begreifen.[25] Für Fontanes Figurenentwurf bedeutet das eine noch-
malige Verminderung des Individualitätsbewußtseins der Person.

---

[25] Vgl. dazu die präzise und gehaltvolle Studie von Joachim Ernst, Gesetz und Schuld im Werk Fontanes, in: Ztschr. f. Religions- und Geistes-
gesch., 3. Jg. 1951, S. 220—229.

Nicht nur als Partikel der bestehenden Gesellschaft erlebt sie sich versachlicht und selbstentfremdet, sie empfindet sich darüber hinaus auch determiniert, ja präformiert als bloße Konkretisierung und Aktualisierung eines Typischen, das war und sein wird. „Das ‚Ich' ist nichts — damit muß man sich durchdringen. Ein ewig Gesetzliches vollzieht sich, weiter nichts."[26] Wie ihrem Autor, so eignet auch den Figuren Fontanes die Skepsis gegenüber dem Individualitätsbegriff überhaupt. Sie drückt sich vorzüglich durch die eigentümliche Distanz und Sachlichkeit aus, die sie gegenüber der eigenen Person zeigen — eine Besonderheit, die vor allem dann überrascht, wenn die Figur im Selbstgespräch und der Selbstanalyse auf nichts anderes mehr, als auf das eigene Ich gerichtet ist. Blicken wir auf ein Beispiel: Innstetten, die Ernennung zum Ministerialdirektor in Händen haltend, bekennt seinem Freund Wüllersdorf, daß „alles nichts ist", daß sein Leben „verpfuscht" sei, daß er „aus dieser ganzen Geschichte heraus" möchte.[27] Die „ganze Geschichte" ist im besondern seine Existenz innerhalb der bestehenden Ordnung, in deren mechanischem Funktionieren er als mitdrehendes und mitgedrehtes Rad mitfunktioniert; im allgemeinen aber ist sie nichts anderes als das, was Innstetten ehemals das „Ganze" genannt hat, von dem der „einzelne Mensch" nur ein Teil ist. Jetzt möchte er heraus aus diesem Ganzen und ein neues Leben anfangen. Als Basis für diesen Neubeginn bietet sich an, was der Person allein noch gegeben ist, wenn sie sich innerlich und äußerlich von dem „Ganzen" befreit hat: die individuelle Natur, das Selbst-Sein. Innstetten nennt es „mein Eigentlichstes". Er möchte das sein und leben, was er seiner Natur nach ist. In seinem „Schulmeistertum" glaubt er dieses „Eigentlichste" zu finden.

---

[26] Der Stechlin, VIII 346. Eine gattungspoetische Betrachtung im Staigerschen Sinne könnte hier auf das spezifisch „Epische" dieser Gesinnung verweisen. Das verdeutlicht sich bei einem Vergleich mit einem so entschieden „dramatischen" Werk wie z. B. dem Kleists. Von ihm könnte man sagen, daß nicht darin, daß das Ich in einer Welt sich findet, sondern darin, daß das Ich als dieses Ich sich findet, jedes Problem gründet. Die Welt ist nur Schauplatz, auf dem das innere Schicksal des Ich sich vollzieht. Umgekehrt ließe sich von Fontanes Figuren sagen: das Ich ist nur der Schauplatz, auf dem das Schicksal „Welt" sich vollzieht.

[27] VII 419. Folgende Zitate S. 419 f.

Dieses Sprechen vom Eigentlichsten vollzieht sich nun aber auf eine merkwürdig „uneigentliche" Weise: „So hab ich mir im stillen ausgedacht, ich müßte mit all den Strebungen und Eitelkeiten überhaupt nichts mehr zu tun haben und mein Schulmeistertum, was ja wohl mein Eigentlichstes ist, als ein höherer Sittendirektor verwenden können. Es hat ja dergleichen gegeben. Ich müßte also, wenn's ginge, solche schrecklich berühmte Figur werden, wie beispielsweise der Doktor Wichern im Rauhen Hause zu Hamburg gewesen ist, dieser Mirakelmensch, der alle Verbrecher mit seinem Blick und seiner Frömmigkeit bändigte ..." Auf charakteristische Weise mischen sich indikativische und konjunktive Aussageform in Innstettens Sätzen, und zwar so, daß die vorausgegangene Beschreibung des Zustands, d. h. Innstettens innerer Bankrott, im Indikativ, die daraus sich ergebenden Konsequenzen für das künftige Handeln der Person im Konjunktiv stehen. Alles ist Erwägung, „im stillen ausgedacht", nicht Beschluß und Entscheidung. Hinter dem Konjunktiv „müßte" steht zuerst ein unausgesprochener, dann ein ausgesprochener Bedingungssatz: „wenn's ginge". Die Selbstironie und übertreibende Wortwahl in den Sätzen versichert zugleich, daß es nicht geht. Es ist nur der Wunsch der Person nach Unbedingtheit, zusammen mit dem Bewußtsein seiner Vergeblichkeit, was sich hier ausdrückt, nicht aber der unbedingte Wille eines Menschen zu sich selbst. Der „einzelne Mensch" kommt wiederum nicht frei, das „Ganze" spricht widersprechend mit.

Soweit veranschaulicht der Text das am Eingang unserer Betrachtung Gesagte. Aber nun tritt ein Weiteres hinzu. Innstetten denkt sich sein künftiges Dasein aus: aber seine Gedanken entwerfen nicht Bilder des freigewordenen, zu sich selbst gelangten Ich und seiner Zukunft, sondern sie schweifen zurück in die Vergangenheit der Geschichte und holen sich aus ihr ein Exempel: „Es hat ja dergleichen gegeben." Ein Doktor Wichern wird heraufbeschworen und als Präfiguration des eigenen Ich-Entwurfs beschrieben. Innstetten, in einer unmittelbar die eigene Existenz angehenden Situation befindlich und das persönliche Schicksal bedenkend, will zu einem Entwurf dessen gelangen, was aus ihm werden soll. Aber er scheint unfähig zu sein, sich selbst und seine Lage als individuell und besonders zu begreifen. Wiederum haben wir das Phänomen vor uns, daß eine

Person in sich selbst hinein nach sich selbst fragt und ein Anderes sein „Ich bin schon da" herausruft.

In Käthe von Rienäcker zeigte sich die Person als bloßes Echo der Gesellschaft ohne alles Selbst-Sein, ohne innere Wahrheit. Bei Innstetten beobachten wir zwar das Bewußtsein der Person von ihrem Selbst-Sein, ihrer individuellen Natur, zugleich aber auch die Relativierung dieses Individuellen durch seine Beziehung auf ein außerhalb der Person liegendes „Vorgegebenes". In diesem Vorgegebenen erfährt die Figur ihre eventuelle Zukunft als präformiert, sich selbst als präfiguriert.

Das Erfassen der eigenen oder auch der anderen Person mittels vorgegebener Muster und Exempel ist für Fontanes Figuren ebenso charakteristisch, wie z. B. ihre Neigung, sich den eigenen Ausdruck durch ein Zitat zu ersparen. In beiden Fällen wird ein unmittelbar Gegebenes auf eine vorgeprägte Formel oder Vorstellung gebracht. Ein Muster wird gefunden, in Literatur oder Geschichte vor-gezeichnet, in welches das Gegenwärtige hineingepaßt wird, an welchem es sich durch Identifizierung oder Kontrastierung verdeutlicht. Das Aufsuchen solcher Muster geschieht sowohl im unverbindlichen Gesellschaftsgespräch, als auch in Auseinandersetzungen, in denen über Schicksal und Leben der Person entschieden wird. „Superbes Weib. Ägyptische Königstochter", schnarrt ein Melanie van der Straaten bewundernder Rittmeister, und ein Leutnant tönt ihm nach: „Halb die Herzogin von Mouchy und halb die Beauffremont."[28] Das ist Jargon des gesellschaftlichen Umgangs, bei dem sich die Personen ebenso oberflächlich begegnen wie ausdrücken. Überdies bezieht sich die Charakteristik nur auf die Erscheinung, nicht auf das innere Wesen der Person. Fontane liebt es, aus solchen „Markierungen" sich die Causerie entwickeln zu lassen, bei der es ja auf die adaequatio von res und verbum nicht besonders genau ankommt. Ein Beispiel aus ›L'Adultera‹[29]: eine Landpartie hat die Gesellschaft zu einer blonden, stattlichen Wirtin geführt. Elimar reibt sich nachdenkend die Stirn, endlich erinnert er sich: „Ich wußte doch, ich hatte sie schon gesehen. Irgendwo. Triumphzug des Germanicus; Thus-

---

[28] IV 80. 81.
[29] IV 56.

nelda, wie sie leibt und lebt." Van der Straaten ist nicht einverstanden: „Ich frage jeden, ob dies eine Thusnelda ist? Höher hinauf, meine Freunde, Göttin Aphrodite, die Venus dieser Gegenden, Venus Spreavensis." Und „gewagt", wie zu sein er nicht umhinkam, geht es weiter: „Aber so mich nicht alles täuscht, haben wir hier mehr… Wir haben hier… eine Vermählung von Modernem und Antikem: Venus Spreavensis und Venus Kallipygos" … und so fort und noch über diese Gewagtheit hinaus.

Nicht anders ist es, wenn die Figur causierend von sich selber spricht. Während derselben Landpartie: Elimar wäre beinahe ins Wasser gefallen. Melanie erklärt neckend, van der Straaten hätte ihm, wäre das „beinahe" nicht gewesen, nachspringen müssen, um ihn zu retten; denn „allen historischen Aufzeichnungen nach" sei noch niemals ein Kommerzienrat ertrunken. Van der Straaten genießt die Möglichkeit zu einem Reparti: „Er halte weder zu der alten Firma Leander, noch zu der neuen des Kapitän Boyton, bekenne sich vielmehr, in allem was Heroismus angehe, ganz zu der Schule seines Freundes Heine" usw.[30]

Wir verlassen diesen Bereich der Causerie, in welchem das uneigentliche Sprechen, und damit das Kostümieren und Maskieren der eigenen und der fremden Personen, recht eigentlich zu Hause ist, mit dem nächsten Beispiel, das uns wieder auf jene Ebene führt, auf die Innstetten mit seinem „es hat ja dergleichen gegeben" gehörte. Waldemar von Haldern (in ›Stine‹) beschließt, „alles wieder in Ordnung zu bringen" und sich zu töten. Als Mittel zur restitutio der Ordnung bietet sich ein „kleiner Revolver" an. Waldemar schiebt ihn zurück, greift statt dessen nach Gift, nach Schlafpulver. „Ich muß es also

---

[30] IV 53. Boyton ist nicht, wie W. Keitel in der von ihm besorgten Ausgabe der Sämtlichen Werke Fontanes (Hanser-Verlag, München, Bd. 2, S. 819) auf Grund einer Parallelstelle meint, Verschreibung für Lord Byron. Eine Stelle in den Vorentwürfen zu ›Allerlei Glück‹ (Petersen, a. a. O., S. 502), wo von einem „Kapitän Boylo" (sic!) die Rede ist, der den Mississippi hinunterschwamm, weist auf die richtige Spur: der Amerikaner Paul Boyton (geb. 1848), wurde dadurch berühmt, daß er mit einer selbstkonstruierten Schwimmausrüstung « dans toutes les rivières et mers du globe » seine Schwimmabenteuer unternahm. So die Auskunft in der ›Grande Encyclopédie‹, Paris o. J. (ca. 1885), VII, S. 920.

anders versuchen", meditiert er. „Und schließlich warum nicht? Ist die Blame denn gar so groß? Kaum. Es finden sich am Ende ganz reputierliche Kameraden. Aber welche? Ich war nie groß im Historischen (überhaupt worin), und nun versagen mir die Beispiele. Hannibal . . . Weiter komm ich nicht. Indessen, er kann genügen. Und es werden gewiß noch ein paar sein."[31] In einem Augenblick absoluten Allein-Seins, nur noch mit sich selbst und dem Entschluß sich zu töten konfrontiert, geht der Blick der Figur über sich hinaus und sucht nach präfigurierenden Exempeln für das eigene Tun, nach historischen Gestalten, von denen sie zwar nicht Aufschluß und Verständnis der eigenen Lage, des eigenen Seins erwarten kann, dafür aber etwas wie die tröstliche Versicherung, in einer Reihe zu stehen, „Kameraden" zu haben. Dem Leben der Fontaneschen Figuren liegen „Rollen" möglicher Seins- und Verhaltensweisen zugrunde, und die Figuren spielen diese Rollen nach.[32] Wenn sie sich ihres eigenen Seins, ihrer eigenen Lage vergewissern wollen, dann besinnen sie sich darauf, daß sie keine „Originale" sind, sondern Konkretisierungen eines Typischen, das in der Vergangenheit präfiguriert erscheint.

Ist es ein Tröstendes, was der Person durch das Bewußtsein solcher Präfiguriertheit zukommt? In einer Deutung von „Humor" durch den jungen Fontane heißt es, er sei „fast der Meinung, daß ‚Humor' ganz bündig in dem Spruche ‚Ride si sapis' charakterisiert ist. Das Leben muß einen so weit geschult haben, daß man für die tollsten und schlimmsten Sachen nur das bekannte ‚alles schon dagewesen' und ein Lächeln in Bereitschaft hat."[33] Relativierung des Besonderen durch seine Identifikation als Konkretisierung eines Allgemeinen — das wäre also die Tätigkeit des Humors. Er nimmt den Erscheinun-

---

[31] III 305 f.

[32] Vgl. zum „Spielen" der Rolle eine Stelle aus dem Manuskript von ›Effi Briest‹, die später gestrichen wurde: „wenn man die Lust und die Kraft hat mit nichts als einem Lama an der Hand, den Robinson zu spielen", brauche man den, der einem das Glück genommen hat, nicht aus der Welt zu schaffen, sagt Instetten über den Duellzwang zu Wüllersdorf (Teilabdruck des Manuskripts bei Fr. Behrend, Aus Theodor Fontanes Werkstatt [Zu Effi Briest], Berlin 1924, S. 32. Derselbe Gedanke noch einmal S. 38).

[33] Im Brief an Fr. Witte vom 3. Jan. 1851.

gen des Lebens die Zudringlichkeit und das Drohende, das sie als
unmittelbar Gegenwärtiges haben, indem er ihnen zuruft: ihr seid
erkannt. Er versichert die Person ihrer aus dem Wissen resultieren-
den Überlegenheit und bewahrt sie vor der Überwältigung: das
„Lächeln" des Erkannthabens tritt an die Stelle des Ausgeliefert-
Seins und der Verzweiflung. Dazu ein Gegenbeispiel, ›Faust I‹,
Szene ›Trüber Tag‹: dem über Gretchens Schicksal blindwütenden
Faust entgegnet Mephisto mit einer Variante von Fontanes „Alles
schon dagewesen": „Sie ist die Erste nicht." Mephisto scheint mit
dieser Reduktion des besonderen Falles auf ein allgemeines Geschehen seiner humoristischen Rolle wieder einmal gerecht zu werden.
Fausts Antwort ist die des tragischen Helden, dessen Leid nur sich
und seine Gegenwart sieht: „Die Erste nicht! . . . Mir wühlt es Mark
und Leben durch, das Elend dieser Einzigen — du grinsest gelassen
über das Schicksal von Tausenden hin!" Mephisto subsumiert das
Schicksal der Einzelnen unter das von vielen andern; Faust macht
aus dem tausendmal Wiederholten ebenso viele einzelne, von immer
neuem Jammer erfüllte, besondere Schicksale. Er läßt sich die Gegenwart der „tollsten und schlimmsten Sache" nicht humoristisch in
die Distanz rücken. Faust engagiert sich, Fontanes Humor bedeutet
Dégagement.

Die Versachlichung, die fehlende Unmittelbarkeit im Verhältnis
der Figuren Fontanes zu sich selbst ebenso wie zum Mitmenschen,
hängt aufs engste mit diesem „Alles schon dagewesen" des Humors
zusammen. Wir wählen als Beispiel dafür eine Stelle aus ›L'Adultera‹. Melanie, von ihrem ersten Gatten geschieden, muß beim Versuch, mit ihren Kindern zusammenzukommen, eine „tiefe Demütigung" erleben: „Mein eigen Kind hat mir den Rücken gekehrt."[34]
Sie fühlt sich „gerichtet", niedergeworfen vom „Vernichtenden" des
Geschehen. Begierig wartet sie auf das „rechte Wort" von Rubehn,
ihrem zweiten Mann, auf ein Wort, das „mich aufrichten, mich vor
mir selbst wieder herstellen könnte". Aber statt die Last von ihr zu
nehmen, leugnet Rubehn zunächst einmal deren Vorhandensein und
erklärt Melanies Niedergeworfenheit aus einem subjektiven Fehl-
verhalten: „Du nimmst es zu schwer." Und er setzt hinzu: „Und

---

[34] Folgende Zitate in Bd. IV, S. 112 ff.

glaubst du denn, daß Mütter und Väter außerhalb aller Kritik stehen?" Der erste Satz wird durch den zweiten gerechtfertigt. Melanie nimmt das Geschehene als Einzelfall: *ihr* ist *das* zugestoßen. Rubehn aber spricht gar nicht von Melanies Leiden, sondern von „Müttern und Vätern", und dann auch nicht mehr von Melanies „eignem Kind", sondern von den „Kindern", die „eben Kinder" sind und die „überall zu Gericht" sitzen. Was Melanie zu tragen hat, ist nicht mehr „zu schwer", wenn sie das Geschehene als ein Typisches erkennt, sich mit den „Müttern", ihr „eigen Kind" mit Kindern überhaupt identifiziert.

Ist es das „Lächeln" des Humors, der „Alles schon dagewesen" sagt, was hier Rubehn Melanie anbietet? Fast könnten wir es glauben, wenn Rubehn fortfährt: „Und Lydia war immer ein kleiner Großinquisitor, wenigstens genferischen Schlages [von dort stammt Melanies Familie], und an ihr läßt sich die Rückschlagstheorie studieren. Ihr Urahne muß mitgestimmt haben, als man Servet verbrannte." Ein Wortwitz zunächst, dann die Umwandlung des von Melanie in den „Ängsten des Herzens" bis zur Vernichtung empfundenen Geschehens in einen Fall, an dem sich eine Theorie studieren läßt; aus dem eigenen Kind wird ein Großinquisitor, in Lydia steht der Urahn wieder auf, an Melanies Stelle rückt der von Calvin verbrannte Servet — die gegenwärtige Wirklichkeit des Leids verschwindet in der Distanz der historischen Reminiszenzen, Verallgemeinerungen, Präfiguranten. Das „Lächeln" des Humors? Vielleicht gar seine „verklärende" Kraft? Melanie jedenfalls spürt nichts davon, im Gegenteil: „das rechte Wort wurde nicht gesprochen, und e r , der die Last ihrer Einsamkeit verringern sollte, verdoppelte sie nur."

So wie Fontane in den späteren Werken nie mehr zu der versöhnlichen Lösung des Konflikts zwischen dem Individuum und der Gesellschaftsordnung gelangt, die er in ›L'Adultera‹ mehr konstruiert als gestaltet, so entwirft er später auch nie mehr eine Figur, die mit solcher Sicherheit und Entschiedenheit auf ihrem Selbst-Sein und dessen Verwirklichung besteht wie Melanie van der Straaten. Gerade deshalb tritt in den entscheidenden Szenen dieses Romans das von uns betrachtete Phänomen mit besonderer Deutlichkeit hervor: es hebt sich durch die Kontrastwirkung der Figur Melanies um so schär-

fer hervor, am schärfsten im 16. Kapitel, beim „Abschied" Melanies
von van der Straaten. Wie später Rubehn findet dieser zwar viele
Worte, aber nicht „das rechte Wort", um Melanie zu halten; ja, es
ist gerade die Form, in die er seine Gedanken und Empfindungen
kleidet, die Melanie „verletzt": „Er behandelte das, was vorgefallen, aller Erschütterung unerachtet, doch bagatellmäßig obenhin und
mit einem starken Anflug von zynischem *Humor*."[35] Melanie ist bereits im Aufbruch, als van der Straaten eintritt. Seine Argumentation beginnt. „Und ich sage dir, es geht vorüber, Lanni." Der erste
Satz bereits versucht, dem Gegenwärtigen Gewicht und Wichtigkeit
zu nehmen, indem er es als künftige Vergangenheit vorstellt. Mit
dem zweiten Satz folgt der Sprung vom Individuum zur Gattung:
„Glaube mir; ich kenne die Frauen. Ihr könnt das Einerlei nicht ertragen . . ." — „ihr", „euch", „euch", „ihr": von Melanie selbst ist
nur mehr indirekt die Rede, sie ist zur typischen Repräsentantin
ihres Geschlechts geworden. Als sie in ihrer Antwort auf der gleichen
Ebene argumentiert und ihr besonderes Vorhaben aus der allgemeinen Natur der Frauen rechtfertigt — „Ist es wirklich, wie du sagst,
so wären wir geborene Hazardeurs, und Va banque spielen so recht
eigentlich unsere Natur. Und natürlich auch die meinige" —, da
glaubt van der Straaten bereits auf dem Weg zum Erfolg zu sein:
„Er hörte sie gern in dieser Weise sprechen, es klang ihm wie aus
guter, alter Zeit her." Fast schon genießerisch, vom dringlichen Ernst
ins causierende Spiel allmählich hinübergleitend, kostet er die Möglichkeiten, die das Thema bietet, aus. Der Neuanfang hebt zunächst
das bisher bestehende Gegenüber von Ich und Du, bzw. ihr, auf:
„Laß *uns* nicht spießbürgerlich sein, Lanni."[36] Zugleich wird damit die Abstrahierung vom besonderen Fall eingeleitet: es geht nun
nicht mehr um ihn und Melanie, sondern um gesellschaftlich typische
Verhaltensweisen, unter denen die angemessene gefunden werden
muß. Jeder Satz weist weg vom Ich und Du und ihren Problemen,
hinüber ins offenbar problemlos oder problemlösend gedachte Ge-
sellschaftlich-Allgemeine. Melanies „witziger und gesunder Sinn"
wird beschworen, der sie einst — nicht ihn, sondern „die Firma van

---

[35] IV 89. Kursivierung von mir. Folgende Zitate S. 86 ff.
[36] Kursivierung von mir.

der Straaten", die „einen guten Klang hatte", hat wählen lassen. Kontrastfiguren werden heraufzitiert, um die eigene Person zu verdeutlichen: „Ich will nicht, daß du mich ansehen sollst, als ob ich Leone Leoni wär oder irgendein anderer großer Romanheld, dem zuliebe die Weiber Giftbecher trinken." Je dichter das Wortgestöber fällt, desto undurchsichtiger wird der Schleier, hinter dem der Sprecher das eigene Selbst, das Melanies und die unmittelbare Konkretheit ihrer Lage verbirgt. Es überrascht nicht mehr, wenn van der Straaten mit Sätzen schließt, in denen nicht eine Entscheidung der Person gefordert wird, sondern nur noch das passive Geschehen-Lassen von Vorgängen, deren Ablauf von selbst vonstatten gehen wird: „ich verlange . . . nicht einmal Entsagungen. Entsagungen machen sich zuletzt von selbst, und das sind die besten . . . Übereile nichts. Es wird sich alles wieder zurechtrücken." Selbst die Kapitulation vor der „Ordnung", als Entscheidung der Person gegen ihren Selbstverwirklichungswillen, soll Melanie nicht zugemutet werden. Der Mechanismus dieser Ordnung („es") bringt alles ins Gleiche, die Person braucht sich ihm bloß zu überlassen.

Von hier aus ist die folgende Aufforderung zur „Rücksicht"-nahme auf das, „was die Leute sagen", nur konsequent. So sehr van der Straaten gerade an dieser Stelle seine Geringschätzung der „Leute" betont, er bleibt doch bei der Anerkennung ihrer Mächtigkeit und der daraus sich ergebenden Zweckmäßigkeit für den einzelnen, die Stimme dieser „Leute", wenn nicht direkt zur Maxime des eigenen Handelns zu machen, so doch wenigstens aus Klugheit einzukalkulieren als wichtigen, die eigene Person bedingenden Faktor.

Van der Straaten ist am Ende seiner langen Peroration. Ist es ihm gelungen, Melanies Selbst-Sein mittels der Berufung auf ihre gesellschaftliche Existenz auszuspielen? Ihre knappe, „leise" Antwort bringt den Umschlag, durch den das fast aus dem Gesichtskreis verlorene Ich plötzlich wieder ins Zentrum gerückt und das eigene Gefühl zur letzten Urteilsinstanz gemacht wird: „Ich habe diese schnöde Lüge satt."[37] Van der Straatens Worte sind ins Leere gefallen, und

---

[37] Unausgesprochen, wie so oft bei Fontane, bleibt der konkrete Bezugspunkt der Auseinandersetzung an dieser Stelle: v. d. Straaten spielte auf Melanies Schwangerschaft an, ihre Worte geben — wie es scheint: erstmals,

er sieht sich vor der Leere stehen. Wie er nun reagiert, wie er, mit dem Selbst Melanies unmittelbar konfrontiert, selber zum vollkommenen Ernst seines Selbst-Seins gelangt und wie ihm dann die Unbedingtheit dieser Selbstbegegnung und -erfahrung erst unmerklich, dann fast grotesk, auf schmerzliche Weise komisch, wieder verlorengeht, das ist so konsequent und zwingend, daß daneben die Szene Noras Abschied von Elmer bei Ibsen, dessen Einfluß man angenommen hat, steif und gekünstelt wirkt. Van der Straatens Redefluß versiegt. „Einen Augenblick war es ihm, als schwänden ihm die Sinne" — die sonst so „witzigen und gesunden" Sinne, ist man versucht zu denken. Sein erster Satz besteht aus einem Wort, der nächste aus zweien, dann folgen zwei vier-, ein dreiwortiger Satz, dann: „Du siehst, ich leide; mehr als all mein Lebtag." Und dann geht, mit dem ersten mehrgliedrigen Satz, der Blick wieder über das eigene Ich und seine Erschütterung hinüber auf das „Alles schon dagewesen": „Aber ich weiß auch, es ist so Lauf der Welt." Dieses Thema wird nun alles Folgende beherrschen, zunächst allerdings nicht im humoristischen „Dur", sondern im fatalistischen „Moll" durchgeführt: eine Explikation der Sätze des alten Stechlin: „Das ‚Ich' ist nichts ... Ein ewig Gesetzliches vollzieht sich." „Es mußte so kommen, m u ß t e nach dem van der Straatenschen Hausgesetz." Er fühlt sich zwischen den Steinen von Gottes langsam mahlenden Mühlen, „und mir ist, als würd ich zermahlen und zermalmt".

Aber das ist der Gipfelpunkt, zu hoch bereits, nicht nur für den Bankier, auch für seinen Dichter, in dem so viel vom Wesen dieses Bankiers selbst steckt. „Zermahlen?", fragt der Erzähler, und „Zermahlen!" ruft die Figur. Der humoristische Gegenschlag setzt ein. „Es hat eigentlich etwas Komisches ... Und ich ärgere mich über mich selbst und meine Haberei und Tuerei." Melanie „ist die Erste nicht": „War es besser in den Tagen meines Paten Ezechiel? Oder als Adam grub und Eva spann? Ist nicht das ganze Alte Testament ein Sensationsroman? ... gemessen an d e m , sind wir die reinen Lämmchen ... Waisenkinder." Wenn jetzt seine Rede wiederum in Sätzen, die aus ein, zwei, vier Wörtern bestehen, ausklingt, dann ist

für v. d. Str. überraschend — die Bestätigung, daß das von ihr erwartete Kind nicht sein Kind sein wird.

das nicht mehr Zeichen, daß die überlegene Rede versagt, sondern Forderung, apodiktisch, heischend, in der der gesunde Sinn an den gesunden Sinn appelliert. Was ist dieser Sinn aber anders, als das Bewußtsein und die Berücksichtigung der „Realitäten", in denen die Person lebt und in die sich die Person selbst einbegriffen weiß? Und was anders bedeuten „Realitäten" bei Fontane als die Übereinkünfte und Regeln, in denen sich die Ordnung der Gesellschaft darstellt? Van der Straaten setzt sich zwar über diese Regeln hinweg, insofern sie sich als geltende „Moral" dem Bewußtsein des einzelnen Gesellschaftsmitglieds aufzwingen wollen. Aber auf einer zweiten Ebene hebt sich diese seine Selbständigkeit wieder auf, führt nicht zum „Selbst-Sein"; denn den Versuch einer konsequenten Selbstbehauptung unternimmt er gar nicht. Er zweifelt nicht nur am Erfolg, sondern bereits an der Möglichkeit eines solchen Versuches überhaupt. Hinter der konventionellen Ordnung des Bestehenden steht die Macht der im Grunde immer gleichen Verhältnisse der menschlichen Dinge. Diese Macht akzeptiert van der Straaten als condition humaine, die ein Handeln der Person aus eigener Vollmacht und nach individuellem Gesetz zur utopischen Vorstellung werden läßt. Alles ist präformiert, der einzelne Spieler einer stehenden Rolle. Wo sollte die Bühne sein, auf der das Spiel sich fortsetzen ließe, nachdem der Spieler aus seiner Rolle ausgebrochen ist, um nur mehr sich selbst zu spielen? Ein solcher Ausbruch müßte, mit der Rolle, auch dem Spiel überhaupt ein Ende setzen.

Es ist das Besondere von ›L'Adultera‹, daß diese Stimme nicht das letzte Wort behält. Van der Straaten ist zu Ende und kommt auch nicht mehr zu Worte. Melanies Entgegnung aber wird durch eine Bemerkung des Erzählers eingeleitet, in der ihre Weigerung, sich durch die Typisierung ihres „Falles" von sich selbst entfremden zu lassen, genau formuliert wird: „Das Geschehene, das wußte sie, war ihre Verurteilung vor der Welt, war ihre Demütigung, aber es war doch auch zugleich ihr Stolz, dies Einsetzen ihrer Existenz, dies rückhaltlose Bekenntnis ihrer Neigung. Und nun plötzlich sollt es n i c h t s sein, oder doch nicht viel mehr als nichts, etwas ganz Alltägliches . . . Das widerstand ihr." Sie empfindet van der Straatens Worte als Infragestellung ihres, ja des Selbst-Seins überhaupt, und sie setzt sich zur Wehr. Ihre Antwort argumentiert zunächst auf einer

Ebene, die moralisch genannt, aber unterschieden werden muß von jener, auf welcher sich van der Straatens Argumente, und zwar widersprechend, bewegten. Melanie spricht von ihrem Schuldig-Sein, aber nicht von einer Schuld vor der Gesellschaft, sondern vor einem absoluten sittlichen Gebot. An dieser Stelle sieht es aus, als solle ein absolutes Moralgesetz, mit welchem die Stimme des eigenen Herzens korrespondiert („einem jeden ist das Gesetz ins Herz geschrieben, und danach fühl ich, ich muß fort"), den Sieg davontragen über die Konventionsmoral der Gesellschaft. Das setzte voraus, daß jenseits der Bindung der Person an die bestehende Gesellschaftsordnung eine stärkere Bindung da ist, die der Person ermöglicht, sich von der Gesellschaft loszureißen und sich ihr gegenüber dennoch zu behaupten — ohne dabei „donquichottehaft" allein für sich zu stehen, sondern getragen und gehalten von einem Absoluten, das tiefer in den Kern der Person hinabreicht, als die Gesellschaftsordnung.

Aber nach diesen Sätzen nimmt der Gedankengang Melanies eine „plötzliche" Wendung. Wie van der Straaten zuvor „in plötzlich verändertem Tone" in seine, ihm eigene, humoristische Betrachtungsweise zurückfiel, so sagte sie „plötzlich ... mit der ganzen Lebhaftigkeit ihres früheren Wesens: ‚Ach, Ezel, ich spreche von Schuld und wieder Schuld, und es muß beinah klingen, als sehnt ich mich danach, eine büßende Magdalena zu sein. Ich schäme mich ordentlich der großen Worte. Aber freilich, es gibt keine Lebenslagen, in denen man aus der Selbsttäuschung und dem Komödienspiele herauskäme. Wie steht es denn eigentlich? Ich will fort, nicht aus Schuld, sondern aus Stolz, und will fort, um mich vor mir selber wiederherzustellen.' Es ist zunächst einmal der Kontrapunkt zu van der Straatens Absage an die „Haberei und Tuerei". Melanie widerruft: nicht das Gebot einer absoluten moralischen Norm treibt sie aus dem Hause, sondern das Verlangen nach Übereinstimmung mit sich selbst, mit der Wahrheit ihres Selbst-Seins: „wieder in Frieden mit mir selbst leben" will sie. In der vorausgegangenen Deutung hat Melanie dieses Selbst verfehlt, es war Selbsttäuschung, Komödienspiel, aus einer Rolle heraus gesprochen. Ihr endgültiger Durchbruch durch das Rollenspiel hinaus, zur eigenen, individuellen Wahrheit, findet jetzt statt, und wie charakteristisch ist es, daß er mit der Ablehnung einer präfigurierenden Gestalt sich vollzieht: Melanie ist keine „büßende

Magdalena". Alle Versuche, zum eigenen Selbst-Sein durch die Beziehung auf ein Anderes zu gelangen, werden nun aufgegeben. Melanie spricht nur noch vom eigenen Ich und seiner Unmittelbarkeit: ich spreche, ich schäme mich, ich will fort, ich kann, ich will usw. — mit einer Zuversicht und Energie, die sich in Fontanes Werk nicht mehr finden werden, ist sich hier ein Mensch seiner selbst gewiß. Ein einziges Mal nur noch spricht Melanie von ihrer Tat und ihrem Tun als von etwas, das nicht nur *ihre* selbsteigene Sache ist: „Die Welt besteht . . . auch aus Menschen, die Menschliches menschlich ansehen." Es ist ein Satz, der nicht die Selbstgewißheit und -sicherheit der Person aufhebt, sondern rechtfertigt und bestätigt; denn er stellt die „Welt" nicht als Bereich einer inhumanen, d. h. der Selbstverwirklichung des Individuums widerstrebenden Ordnung vor, sondern als einen Raum, in dem das Humane möglich ist, weil es da ist. Solange das als Wahrheit gilt, ist Selbstverwirklichung der Person kein bloßes Traum- und Wunschbild. Das Ende dieser Wahrheit aber endet auch die Möglichkeit des Selbst-Seins.

Literatur und Gesellschaft vom neunzehnten ins zwanzigste Jahrhundert. Festgabe für
Benno von Wiese zu seinem 60. Geburtstag am 25. September 1963. Hrsg. von Hans
Joachim Schrimpf. Bonn: H. Bouvier u. Co. Verlag 1963, S. 229—273.

FONTANE UND DIE GESELLSCHAFT

Von Hermann Lübbe

1

Die Wirklichkeit im Sinne des „Realismus", dem das erzählende
Werk Fontanes literaturgeschichtlich zugezählt wird, ist vor allem
gesellschaftliche Wirklichkeit. Die Gesellschaft ist der Schauplatz der
Geschehnisse, von denen die Romane Fontanes berichten. Perspektiven auf naturhaft-kosmische oder religiös-transzendente Bereiche
eröffnen sie kaum. Was sich zuträgt — Ehebruch und Duell, freie
Liebe und Selbstmord —, erscheint selten in einer Bedeutung, die
über den Horizont der gesellschaftlichen Welt hinausreiche. In den
Ordnungen und Konventionen dieser Welt ist begründet, wie es sich
zuträgt, und indem es erzählt wird, wird zugleich aufgedeckt, was
die Gesellschaft ist oder nicht ist und wieweit sich in ihr menschlich
leben läßt. Und um solcher Aufdeckung willen wird es erzählt.

Die Anschauung des Lebens in der Gesellschaft bildet sich dem Leser nicht nur aus den Schilderungen gesellschaftlicher Verhältnisse und
ihrer historischen Genesis, die in ausgedehnten Dialogen den Fluß
der Handlung oft kapitellang unterbrechen. Die Handlung selbst ist
jeweils erheblich durch ihre Signifikanz für die Verhältnisse, in denen sie spielt, und sie bestätigt, wovon in den Unterhaltungen die
Rede ist. Was geschieht, geschieht freilich der Möhring, den Poggenpuhls oder der Stine, und nach ihnen wird ihre Geschichte benannt.
Aber die Geschichte dieser Personen ist nicht von einmaliger, unwiederholbarer Art, und der Ehebruch Melanies ist nicht so sehr
Ausdruck und Lebensvollzug ihrer unvergleichlichen Individualität
als vielmehr typisches Ereignis, das sich mit einer gewissen Unvermeidlichkeit einstellt, wenn ein tüchtiger, edelgebildeter junger Mann
Hausgenosse eines älteren Herrn wird, der mit seiner schönen und
sehr viel jüngeren Frau in einer nicht spannungslosen Ehe lebt.

Auf solche Typik kommt es Fontane an. Seine Romane sind darum noch keine poetisch verkleidete Soziographie, und ihre Absicht ist keineswegs abstrakte, programmatisch fixierte Gesellschaftskritik. Ebensowenig wollen sie das moralische Urteil schärfen, mit dem die Gesellschaft über sich selbst wacht und entsprechend als skandalös verurteilt, was der Erzähler Interessantes berichtet. Es geht nicht darum, den skandalösen Fall als solchen bloßzustellen. Fontane kennt dieses Bloßstellen als gern benutzten Vorwand, dem Publikum literarisch Genüsse zu bereiten, die ihm tatsächlich verwehrt sind. Fontane will den menschlichen Anteil provozieren, den man am Schicksal derer nehmen sollte, die in skandalöse Geschichten verstrickt sind, und eben das gelingt um so leichter, je gründlicher man die Gesellschaft durchschaut und die Unbilligkeit des Gerichts erkannt hat, das sie unbarmherzig an jenen vollzieht, die sich ihren Konventionen nicht unterwerfen.

Die Liebe in ihrer elementaren, aller soziologischen Zuordnung entrückten Unmittelbarkeit ist für Fontane menschlich und literarisch unproblematisch. Erst der Konflikt mit der Gesellschaft, in den zwangsläufig verwickelt wird, wessen Liebe und Leben einen konventionellen Ort nicht hat, macht sie zu einem literarischen Thema. Der Konflikt selbst ist das Thema, und in diesem Sinne die Gesellschaft, die ihn erzwingt, wenn sie ihre Ordnung durch das Ereignis schlechthinniger, konventionsloser Menschlichkeit bedroht sieht. Sobald aber der Konflikt sein gutes oder böses Ende gefunden hat, wenn die Beteiligten ihren alten Ort wieder eingenommen — so Botho und Lene — oder einen neuen gefunden haben — so Melanie oder Franziska, die frühere Schauspielerin, als verwitwete Gräfin Petöfy —, sobald also das bloß Konventionelle oder, unter seinem Schutz, das bloß Persönliche und Privat-Individuelle konfliktlos wieder besteht, hat die Geschichte ihr Ende, überläßt sie alles Weitere den erinnerten Spielregeln der Gesellschaft und schweigt vor dem, was weiterhin eines jeden eigene Sache ist.

Das Individuum also, dessen Geschichte nichts weiter wäre als Bewährung und Steigerung seiner Individualität, das Individuum, dem Glück und Unglück, alle Wechselfälle seines Daseins in der Gesellschaft zu seinem Besten schließlich dienen müßten, kennt Fontane als Hauptthema realistischer Romankunst nicht mehr. Sein Werk

fällt nicht, wie vor seiner Zeit noch Kellers ›Grüner Heinrich‹, unter
die klassische Definition des Romans, wie sie von Goethe her Hegel
gab. Hegel nennt den Roman die Darstellung der „Kämpfe", die
„in der modernen Welt nichts Weiteres als die Lehrjahre" sind, „die
Erziehung des Individuums an der vorhandenen Wirklichkeit", an
der es sich „die Hörner abläuft, mit seinem Wünschen und Meinen
in die bestehende Wirklichkeit und die Vernünftigkeit derselben
hineinbildet, in die Verkettung der Welt eintritt, und in ihr sich einen angemessenen Standpunkt erwirbt"[1]. Die Gesellschaft, wie Fontane sie vorfindet, die er poetisch nicht verklären, sondern erkennen
will, ist nicht mehr vernünftige Wirklichkeit, der sich das Individuum bloß anzubequemen brauchte, um zur Vernunft zu kommen.
Jeglicher Ort in der Gesellschaft ist als beschränkter erkannt, und
den Kunstgriff der Dialektik, den einzelnen Orten gegenüber ihre
Totalität als das Wahre zu behaupten, kennt Fontane nicht einmal
dem Namen nach. Daher erweist sich in seinen Romanen schöne
Menschlichkeit niemals als harmonische Übereinstimmung des einzelnen mit seiner Gemeinschaft, von Bewußtsein und gesellschaftlichem Sein, sondern im Gegenteil in Ereignissen, die die Aufhebung
dieser Übereinstimmung bedeuten — über die trennenden Schranken
der Stände hinweg in der Liebe Bothos und Lenes oder im Bunde
Melanies und Rubehns, den beide gegen die Konvention ihrer eigenen
Klasse schließlich glückhaft behaupten. Die Unfähigkeit dagegen, in
solchen Taten, oder auch nur in Gedanken, sich über den Kreis der
eigenen gesellschaftlichen Umwelt hinauszubewegen, ist der Index
jener Beschränktheit, welche die Bourgeoise Jenny Treibel, den Feudalen Baron Osten, Bothos Onkel oder die verarmte Therese von
Poggenpuhl kennzeichnet. Freilich auch diesen Beschränkten gegenüber, in ihrer vom Standes-Interesse diktierten Härte oder, im
harmlosesten Falle, in ihrer Lächerlichkeit, bleibt der Dichter nicht
ohne Anteil. Geringstenfalls nimmt er an ihnen den Anteil eines
durchschauenden und überschauenden Verstehens, das in seinen Le-
sern zu wecken seine selten ausdrückliche, jedoch immer gegenwärtige Absicht ist. An denjenigen aber, die, wie der Gymnasialprofessor Schmidt und später vor allem der alte Stechlin, in der Erzählwelt

---

[1] G. W. F. Hegel: Vorlesungen über die Aesthetik. X₂, 216 f.

selbst schon dieses Verstehen als äußerste, schrankenlose gesellschaftliche Möglichkeit repräsentieren, wird der Anteil Fontanes bekenntnishaft.

Es gehört, aus rousseauistischer Tradition, zu den Grunderfahrungen des 19. Jahrhunderts, daß die gesellschaftliche und die humane Existenz des Menschen nicht kongruent oder harmonisch miteinander verbindbar sind. „Entfremdung" ist der Name dieser Disharmonie bei ihren philosophischen und sozialrevolutionären Kritikern; „Versöhnung" heißt das Programm und Versprechen. Dagegen bleibt Fontane skeptisch. Der philosophische Trost, der im Ganzen das Wahre erkennt, in welchem das Opfer individuellen Glücks gerechtfertigt ist, wäre ihm keiner gewesen. Das Pathos des Tragischen ist ihm fremd, weil er die Zwangsläufigkeit, mit der am „Ganzen" der „bürgerlichen Gesellschaft" das individuelle Glück scheitert, nicht als jene „höhere Notwendigkeit" anerkennt, der entgegenzuhandeln in einem höheren als im moralisch-bürgerlichen Sinne schuldig werden ließe. — Gegen alle Versuche der Versöhnung durch Selbstaufhebung des Individuums in das gesellschaftliche und politische Ganze bleibt also Fontane, unter den Bedingungen seiner Zeit, skeptisch, und diese Skepsis trägt und bestimmt sein Erzählen. Aus diesem Grunde gestaltet er niemals, wie mit epigonaler Versiertheit sein Club- und Brieffreund Paul Heyse, den schönen Zusammenfall von Taten menschlicher und persönlicher Reife mit dem Sein und Wollen einer bestimmten gesellschaftlichen, völkischen Gemeinschaft und dem Gebot ihrer geschichtlichen Stunde. Sein einziger Versuch in dieser Richtung, sein frühester Roman ›Vor dem Sturm‹, mißlingt und endet mit dem Zweifel seines Helden, des Gutsherrn Berndt von Vitzewitz, ob nicht statt „Vaterland und heiliger Rache" „Ehrgeiz und Eitelkeit" eigentlicher Inhalt des mißlungenen Aufstandes gegen Napoleon gewesen sei, den er ohne Befehl seines königlichen Kriegsherrn als spontane Sache des einigen Volks organisiert und ausgeführt hatte.[2] Ebensowenig aber wie dieser skeptisch endende Versuch, die Größe einer Persönlichkeit mit der patriotischen Größe einer geschichtlichen Stunde zu harmonisieren, gelingt die Bewahrung oder Wiederherstellung unverletzter Menschlichkeit

---

[2] Sämtliche Werke. Band I. München 1959. S. 581.

als Glück im Winkel. Fontane ist keiner der Stillen im Lande, und als Romanautor der ›Gartenlaube‹ und der Zeitschrift ›Daheim‹ vertritt er gleichwohl nicht die Idyllik von Heim und Herd als dem sichern Hort, dem das böse Treiben der Welt seinen Frieden lassen muß.[3] Ebensowenig versteht er seine Kunst romantisch als kompensatorischen Zauber, der die menschliche Misere des bürgerlichen Lebens wohltätig verhüllt — bei einer Bayreuther ›Parsifal‹-Aufführung gelingt es ihm noch im letzten Augenblick, sich vor einer Ohnmacht ins Freie zu retten[4] —, und am fernsten steht er der umgekehrten Romantik eines Appells an das ursprüngliche Leben, als dessen Surrogat dann die romantische Kunst vom späten Nietzsche entlarvt wird. Die Gesellschaft als solche bleibt für Fontane der thematische Ort seiner Kunst, indem er ohne Flucht- oder Aufklärungsabsichten sichtbar macht, daß gegenwärtig von der Wirklichkeit der Gesellschaft wie von nichts anderem abhängt, wie es den Menschen ergeht. Fontane mußte zunächst seine humanistische Zuversicht, die er einst mit dem Gedanken einer demokratischen Erneuerung der Gesellschaft verbunden hatte, auf die historisch tatsächlichen Möglichkeiten reduzieren, die nach dem Scheitern der 48er-Revolution diesem Gedanken noch verblieben. Er war bereit, seinen vormärzlichen Liberalismus zu korrigieren und den traditionsreichen Mächten gegenüber aufgeschlossen zu sein, die in der nachrevolutionären preußischen Restauration mehr denn je ihren Bestand als mit der Erhaltung des Staates und der Gesellschaft identisch behaupteten. Daß auch dieses Selbstbewußtsein des Adels gegenüber der ungeheuren Veränderung, die die Gesellschaft in der raschen Ökonomisierung und Technisierung der Gründerjahre erleidet, zur bloßen Selbsttäuschung wurde, läßt Fontane in seinen Romanen die gewichtigsten Vertreter des Adels selbst aussprechen. Bei solchem Wechsel der Perspektiven, unter denen Stände und Klassen, Ideale und Überzeugungen im Laufe der Zeiten erscheinen, bei solchem eingestandenen Unvermögen also, sich selbst und anderen bei Wahlen

---

[3] In der ›Gartenlaube‹ erschien beispielsweise der Roman ›Quitt‹ (1890), in ›Daheim‹ zuerst ›Vor dem Sturm‹ (1878).

[4] An Karl Zöllner, 19. 8. 1889. Briefe an seine Freunde. Zweiter Band. Berlin 1925. S. 211 ff.

etwa die Wahl einer bestimmten Partei zu raten, kehrt dennoch Fontane der Gesellschaft niemals den Rücken. Sein Verhältnis zu ihr ist gerade durch das Wissen bestimmt, daß es einen Ort nicht mehr gibt, von dem aus gesehen gleichgültig bleibt, was in der politisch-geschichtlichen Welt sich ereignet. Weder der religiöse Bereich noch die ursprüngliche, unberührte Natur verbleiben als Refugien existentiellen Rückzugs aus der Gesellschaft. Beide erscheinen nur noch als Momente des gesellschaftlichen Lebens selbst: der religiöse Bereich z. B. als Vorstellungsinhalt pietistisch erzogener schöner Seelen oder als Lehre, auf die die Pastoren verpflichtet sind; die reine Natur als Reiseziel der sommerfrischlernden Großstadt-Bourgeoisie.[5] In solcher Lage ist die Gesellschaft die einzige Wirklichkeit, an die sich der illusionslose Schriftsteller halten kann, und sein Werk lebt aus der Absicht, den Leser, den es unterhält, vor jeglichem Dogma zu warnen und ihm eine Offenheit zu empfehlen, die das Kommende zuversichtlich erwartet, das Alte nicht aufgibt, bevor es sich selbst verabschiedet, und in solcher Duldsamkeit das Tun und Leiden derjenigen menschlich beurteilt, die bloß, weil sie lieben, in das Niemandsland zwischen den Fronten der Gesellschaft geraten sind.

2

Fontanes Gesellschaftsromane dienen keiner bestimmten Klasse oder Gruppe, keiner politischen Tendenz und folgen keiner religiösen oder ideologischen Doktrin. Sie dienen der Unterhaltung und wollen auf diese vermittelte Weise jener Menschlichkeit dienen, die sich verbreitet, wo man sieht und versteht, wie und warum. Diese Distanz des Erzählers ist nicht transzendent, sondern immanent, nämlich historisch-biographisch begründet, und hinter der leisen Ironie, die sein Erzählen durchzieht, verbirgt sich nicht die Sicherheit des Urteils vom überlegenen Standort, vielmehr die Einsicht in die gesellschaftliche Relativität der als absolut behaupteten Positionen. Fontanes

---

[5] Vgl. dazu: Modernes Reisen. Eine Plauderei (1873). in: Gesamtausgabe der erzählenden Schriften. Zweite Reihe. Erster Band. Leipzig, Berlin, 1925. S. 511—520.

Position ist, in literarischer Analogie zur philosophiegeschichtlichen Funktion des verstehenden Historismus, eher eine Anti-Position, aus deren Perspektive Ideale nicht mehr als Fixsternhimmel erscheinen, sondern als variable Möglichkeiten einer Gesellschaft im Übergang. Die handelnden Personen werden in der Einheit ihrer Persönlichkeit nicht aus den Idealen gedeutet, denen sie anhängen. Vielmehr werden umgekehrt diese Ideale als Momente des gesellschaftlichen Zusammenhangs verständlich gemacht, in den die Personen gebunden sind. In nicht wenigen Fällen löst sich bei Fontane die Einheit der Persönlichkeit überhaupt in diesen gesellschaftlichen Zusammenhang auf. Seine Einheit, nicht die Einheit der Individualität ›Jenny Treibel‹ oder ›Mathilde Möhring‹ trägt die Einheit der Erzählungen dieses Namens.

Ohne einen Rest, der im Sinne des Romans erheblich wäre, fügen sich Jenny und Mathilde in ihre gesellschaftliche Umwelt ein, und darüber hinaus führt nicht eine große Tat oder Begebenheit, sondern Einsicht allenfalls; und Helden, die man so nennen könnte, sind bei Fontane nur solche, die darauf verzichtet haben, es zu sein.

Man versteht von daher, daß der an Ruhm und Reichtum erfolgreichste unter den Idealismus-Epigonen, Paul Heyse, der Fontane vor allem als Balladensänger kannte und ihn als solchen mit dem Auftrag nach München holen wollte, königlichem Wunsche entsprechend die bayrische Heldengeschichte balladesk zu gestalten,[6] an Fontanes erstem Roman nicht seine Freude hatte. Dabei hatte Fontane diesen Roman noch in der Absicht begonnen, unter dem Titel ›Vor dem Sturm‹ die Geschichte des preußischen Freiheitshelden Schill zu schreiben.[7] Es wurde dann aber die schon erwähnte Geschichte des Herrn von Vitzewitz daraus, der sich am reifsten nicht als Anführer eines sinnlosen Aufstands, sondern im Zusammenbruch seines Pathos erweist, als sein Sohn gefangen in die Hände der Franzosen fällt. Diese Geschichte wird in endloser Breite und unter erheblichem Aufwand an Personen erzählt. Heyse findet, daß wir deren

---

[6] Vgl. dazu den Brief Paul Heyses an Fontane vom 11. 2. 1859. In: Briefwechsel von Theodor Fontane und Paul Heyse 1850—1897. Herausgegeben von Erich Petzet. Berlin 1929. S. 41.

[7] An Theodor Storm, 12. 9. 1854. Briefe an seine Freunde. Erster Band. Berlin 1925. S. 127.

„Interieur und Exterieur, ihren Kaffee und Kuchen, ihr Lieben und Hassen mit solcher Umständlichkeit [nicht] zu erfahren brauchten": all das verdecke nur die Geschichte des Helden, auf die es doch ankomme.[8] Fontane aber, der in seiner zwanzig Jahre lang dauernden Arbeit an diesem Roman mühevoll seine Erzählform gefunden und ihre vertretbaren inhaltlichen Möglichkeiten abzuschätzen gelernt hatte, wußte, was er in seiner Antwort verteidigte, daß doch neben Romanen, „wie beispielsweise Copperfield, in denen wir ein Menschenleben von seinem Anbeginn an betrachten, auch solche berechtigt ... [seien], die statt des Individuums einen vielgestaltigen Zeitabschnitt unter die Lupe nehmen"[9].

Der Roman ›Vor dem Sturm‹ bringt die Erkenntnis, daß sich das Leben einer historischen Zeit nicht durch Entschlüsse und Großtaten gewisser Individuen definieren lasse, die damit Epoche machen möchten, um deren Helden zu sein. Und eben deswegen gehört nach Fontane zu seinem Verständnis nicht bloß die Darstellung dieser Entschlüsse und Taten, ihres Erfolgs und Mißerfolgs, sondern ebenso jene von Heyse verdächtigte genaue Schilderung des Milieus, in dem sich das Leben der Menschen tatsächlich vollzieht.

Fontane wird ein Meister solcher Milieuschilderung. Die „erlöschende, aber doch immerhin mal dagewesene Feudalität" der verarmten Familie von Poggenpuhl kann nicht anschaulicher werden als durch den Hinweis auf die obligate Ahnengalerie im Salon, deren Bilder nicht mehr in Öl, sondern Daguerrotypien sind.[10] Mit solcher Kunst der Milieuschilderung nimmt Fontane in bedeutsamer Weise die Kunst des Naturalismus vorweg. Gerhart Hauptmanns Drama ›Vor Sonnenaufgang‹ versetzt ihn in Begeisterung, nicht, weil es einen sozialen Krebsschaden aufdeckt, sondern wegen der „Gabe der Charakterisierung"[11], die es bekundet, wegen des „Tons, in dem das

[8] Paul Heyse an Wilhelm Hertz, 17. 11. 1878. In: Briefwechsel Fontane — Heyse, a. a. O. S. 132.

[9] Fontane an Heyse, a. a. O. S. 135. Diese wichtige briefliche Auseinandersetzung Fontanes mit Heyse ist in den ›Süddeutschen Monatsheften‹ (25 [1927], S. 358—365) separat erschienen.

[10] SW, a. a. O. Bd. IV. S. 293.

[11] Causerien über Theater. Herausgegeben von Paul Schlenther. Berlin 1905. S. 300 ff.

Ganze gehalten ist", weil von der städtischen Tapete im Hause des
reich gewordenen Kätners bis zum Dialog alles stimmt, nichts überflüssig ist und nichts fehlt, weil der Dichter in seinem Werk keine
Sozialprogramme verkündet, weil die Wirklichkeit selber spricht,
und sie dazu gebracht zu haben — das bewundert Fontane als höchste Kunst.[12] Fontane läßt sich auf die sozialkritische Absicht des
Naturalismus nicht ein, und er übersieht offenbar dessen Tendenz,
die menschlichen Taten und Untaten auf ihre soziale, umwelthafte
Determiniertheit hin zu relativieren. Der Naturalismus belastet die
Gesellschaft mit den Verbrechen und Lastern ihrer Mitglieder. Fontanes Tendenz ist gewissermaßen die umgekehrte, die Gesellschaft
nicht durch die Unmenschlichkeit, sondern durch die Menschlichkeit
derer bloßzustellen, denen unter ihren Konventionen versagt ist, des
rein menschlichen Glücks ihrer Liebe konfliktlos und dauerhaft sich
zu erfreuen. Der Naturalismus beweist die Übereinstimmung einer
elenden Ordnung mit dem Elend und der Schlechtigkeit manchmal
der Menschen, die unter ihr leben müssen. Fontane zeigt die Unvermeidlichkeit des Konfliktes, in den diejenigen hineingeraten, die
in einem Sinne menschlich leben möchten, der konventionell nicht
definiert ist. Fontane hat diese scharfe Grenze seiner Kunst gegen
den Naturalismus niemals überschritten. Selbst die kleine Erzählung
›Stine‹, die als Berliner Milieu- und Sittenroman formal dem Naturalismus am nächsten kommt, mit der darum Fontane Paul Heyse
in der richtigen Annahme gar nicht erst „behelligen" mochte, „daß...
[diesem] die Richtung und ... der Ton darin [doch] unsympathisch"
sein würden,[13] erzählt ganz unnaturalistisch die traurige Geschichte
einer Idealfigur, deren Reinheit von dem Milieu, in dem sie lebt,
ganz ungetrübt geblieben ist. Stine dokumentiert die Möglichkeit,
auch innerhalb von sozialen Verhältnissen, die im argen liegen, ein
guter Mensch zu sein und zu bleiben. Der Leser hat keinen Anlaß, sie
zu entschuldigen; sie tut ihm leid, und eine Besserung der Verhältnisse wünscht er nicht, damit sie selbst besser würde, sondern damit
sie es besser hätte.

[12] An Friedrich Stephany, 10. 10. 1889. In: Briefe an seine Freunde,
a. a. O. 2. Bd. S. 219.
[13] An Paul Heyse, 5. 12. 1890. Briefwechsel Fontane — Heyse, a. a. O.
S. 208.

Die genaue, treffende Charakteristik des Milieus ist für Fontane nur die letzte Konsequenz seiner Forderung nach unangreifbarer historischer Richtigkeit oder doch Wahrscheinlichkeit in der Darstellung der gesellschaftlichen und geschichtlichen Schauplätze, auf denen die erzählten Ereignisse spielen. Fontane wacht mit der Unnachsichtigkeit des voll entwickelten historischen Bewußtseins über solche Richtigkeit. Er tut es der eigentümlichen Bedeutung entsprechend, die innerhalb seines Erzählens der Gesellschaft zukommt. Mehr als das Leben des einzelnen Menschen und seine ewig-menschlichen Bedürfnisse ist das Leben der Gesellschaft, sind ihre Ordnungen und Konventionen, ihre Probleme und Veränderungsmöglichkeiten geschichtlich bestimmt, und wenn nicht der Mensch in seiner physischen und metaphysischen Ursprünglichkeit, sondern die spezifischen Probleme seines Daseins in der Gesellschaft eigentliches Thema sind, so wird allerdings die sorgfältige Beachtung ihres jeweiligen geschichtlichen Zustands um so wichtiger. Nur wenn man weiß, welche gesellschaftlichen und disziplinarischen Folgen eine Mesalliance für einen adeligen Gutserben und königlichen Offizier noch in den siebziger Jahren tatsächlich hatte oder haben konnte, ermißt man die Schwere des Konflikts, der für Botho von Rienäcker aus der sittlichen Forderung erwuchs, seiner Liebe zur Plätterin Lene Nimptsch die Treue zu halten. Und daß im neunzehnten Jahrhundert ständig weitere Adelsprivilegien und -gewalten — z. B. die Grundsteuerfreiheit und die gutsherrliche Polizeigewalt — zugunsten der monarchischen und behördlichen Zentralgewalten aufgehoben wurden, gibt erst der Einsicht Stechlins, daß es mittlerweile auch ohne den Adel ginge, ihren realen Hintergrund. In diesem Sinne ist Fontane bemüht, die Absichten, Sorgen und Einsichten der Personen, die er auftreten läßt, mit ihren historisch realen Gründen und Hintergründen in durchsichtige Korrespondenz zu bringen. Nur so verliert etwa die Geschichte Ceciles die Blässe des allgemeinen Problems, daß die Schatten der Vergangenheit schwer weichen, und gewinnt die anschauliche Lebendigkeit des Schicksals einer früheren Fürstengeliebten, der die Gesellschaft die erstrebte Rückkehr in ihre hegende Ordnung verweigert. Jeder Mitspieler in dieser Geschichte ist historisch-soziologisch gleichsam durchkomponiert und muß es sein, wenn die Geschichte stimmen, ihre innere Plausibilität haben soll. Gemahl Ceciles kann

so nur jemand sein, dessen gesellschaftliche Existenz seinerseits durch
einen Skandal belastet ist (Oberst St. Arnaud mußte nach einem
Duell seinen Dienst quittieren und seine glänzende Laufbahn auf-
geben); und seine Liebe zu Cecile, nachdem er ihre Vergangenheit
erfahren hat, in Zudringlichkeiten zu äußern und sie eben damit am
tiefsten zu verletzen, kann nur jemand fertigbringen, der wie der
für eine Kabelbaufirma weltreisende Ingenieur von Gordon einerseits
mit seiner Klasse die Mißachtung einer früheren Mätresse bedenkenlos teilt, andererseits weltmännisch modern und frei genug ist, ihre
Nähe in spezifischer Absicht gleichwohl zu suchen.

Von wenigen Ausnahmen abgesehen (›Schach von Wuthenow‹,
›Vor dem Sturm‹) spielen die Romane Fontanes ungefähr zu derselben Zeit, in der sie geschrieben und publiziert wurden. Die bruch-
lose Identität der Erzählwelt mit der Leserwelt war eine Bedingung
ihres Erfolgs. Nur wenn entstellende Verzeichnungen der gesellschaftlichen Verhältnisse einfach nicht vorkamen, konnte der Leser, ohne
am Verkehrten befremdlichen Anstoß nehmen zu müssen, sich unterhalten, sich entrüsten und, im besten Falle, sich zu derjenigen Freiheit des Geltenlassens erheben, die der Autor selbst in seinen Erzählungen bewies. Fontane treibt solche historische Treue, den Realismus im buchstäblichen Sinne, sehr weit. Die Orte der Handlung,
Hotel Zehnpfund in Thale, die Markgrafenstraße in Berlin oder
gewisse Bauden im Schneekoppengebiet gibt es oder hat es gegeben.
Die Handlungen selbst sind in vielen Fällen nicht erfunden und
haben sich zugetragen. Die Veränderungen, die Fontane an ihnen
vornimmt, erfolgen lediglich mit Rücksicht auf näher oder ferner
Beteiligte, so etwa die Verlegung der Geschichte aus dem Roman
›Unwiederbringlich‹ vom Strelitzer Hof nach Schleswig-Holstein
und Kopenhagen — eine notwendige Veränderung, die Fontane
bedauert, weil damit der Geschichte die politisch-satirische Spitze
zugunsten eines nordisch-romantischen Tones genommen wurde[14] —
oder die Änderung des Ausgangs der Reichstagsersatzwahl in
„Rheinsberg — Wutz“, in der im Roman aus Rücksicht gegen per-

---

[14] Vgl. Brief an Julius Rodenberg, 21. 11. 1888. In: Briefe an seine
Freunde, a. a. O. 2. Bd. S. 163.

sönlich Bekannte statt des Kandidaten der Fortschrittspartei der Sozialdemokrat Torgelow gegen den alten Stechlin obsiegen mußte.[15]

Die Achtsamkeit auf das historische und lokale Detail ist für die Fontaneschen Romane wesentlich. Sie verleiht den Erzählungen eine Intimität, in die freilich der heutige Leser unmittelbar weniger einbezogen ist. Aber er muß sich bewußt sein, daß sie damals bestand und als Wirkung gewollt war. Sonst besteht die Gefahr, die spezifisch gemeinten zeit- und gesellschaftsbezogenen Probleme ins Allgemein-Menschliche zu transponieren und sie so zu verfälschen. Es ist keineswegs so, daß das historisch-soziologische Detail, weil es als uns betreffende Wirklichkeit nicht mehr besteht, darum für die ästhetische Wirkung gleichgültig wäre. Das Vergnügen an der literarisch distanzierenden Präsenz des Aktuellen verwandelt sich in das Vergnügen der historischen Erinnerung; aber auch diese lebt von der Erfahrung der Genauigkeit, mit der im Einzelnen alles stimmt und im Ganzen richtig zusammenhängt. Man kann sagen, daß die formale Einheit der Fontaneschen Erzählungen ebenso wie von der Fabel von solcher Richtigkeit in der Zeichnung der historisch-gesellschaftlichen Verhältnisse abhängig ist. Das ist der Grund, warum auch heute noch jene Romane den geschlossensten Eindruck hinterlassen, die wie ›Irrungen Wirrungen‹ oder ›Jenny Treibel‹ einer lokalen und sozialen Umgebung angehören, mit der Fontane aus lebenslanger Erfahrung am innigsten vertraut war. Dagegen verblassen Romane und vermitteln nicht entfernt solche atmosphärische Dichte, deren Welt Fontane in dieser Intimität nicht kannte, so ›Graf Petöfy‹ mit seiner Wiener Adelswelt, und der Roman ›Quitt‹, dessen Geschichte im zweiten Teil in Nordamerika, in der sonderbaren Gemeinschaft einer Sekte sich abspielt. Fontane hat aus diesen Gründen ein Buch wie ›Irrungen Wirrungen‹ besonders geliebt. Weil er selten die große, einmalige novellistische Begebenheit berichtet,[16] sondern den typischen Fall, wird die Zeichnung des geschichtlich-sozialen Milieus um so wichtiger, für das er als typisch dastehen soll.

---

[15] Vgl. Brief an Carl Robert Lessing, 8. 6. 1896, a. a. O. S. 38 f.

[16] Die wichtigste Ausnahme ist die Novelle ›Grete Minde‹. Diese Novelle ist, wie auch ›Unterm Birnbaum‹ und ›Ellernklipp‹, gleichsam eine Fontanesche Ballade in Prosa.

In diesem Sinne nennt Fontane „das Beiwerk" die „Hauptsache"[17], und ›Irrungen Wirrungen‹ bringt es in „tausend Finessen"[18]. Für die Wirkung eines solchen Realismus, für die Leichtigkeit, mit der die Identifizierung der erzählten Welt mit der eigenen Lebenswelt vom Leser vollzogen wurde, bringt Fontane selbst ein Beispiel. Er schreibt an Paul Schlenther: „Eben ... war eine Dame von sechsundvierzig bei mir, die mir sagte, ‚sie sei L e n e ; ich hätte ihre Geschichte geschrieben'. Es war eine furchtbare Szene mit Massenheulerei."[19]

3

Fontanes Romane reflektieren die Gesellschaft in ihren *Zuständen*. Die geschichtlichen Veränderungen der gesellschaftlichen Verhältnisse, den Wandel oder gar Umsturz der staatlichen und sozialen Ordnungen hat Fontane nicht gestaltet. Die Vergangenheit und Zukunft im geschichtlich erheblichen Sinne als Zeiten, die durch umwälzende Ereignisse von der Gegenwart getrennt und verschieden sind, spielen indirekt natürlich oft eine Rolle. Vor allem im Adel ist das Bewußtsein vom großen Gang der Geschichte lebendig, und in diesem Sinne sind seine reifsten Vertreter — der alte Stechlin, der Graf Barby und der Poggenpuhlsche Onkel Eberhard — bereit, angesichts der am Horizont erscheinenden, politisch sich organisierenden Arbeiterklasse, angesichts vor allem der fortschreitenden bürgerlichen Herrschaft des ökonomischen Prinzips über das Leben der Gesellschaft, das Ende der politischen Erheblichkeit ihres Standes für den Bestand von Staat und Volk als unvermeidlich einzusehen. Auch Uneinsichtigkeiten gibt es, die in umgekehrter Richtung die ganze moderne Welt mit ihrer Fortschrittspartei und Sozialdemokratie verdammen und alles Heil in der Bewahrung des Überlieferten sehen. Aber solches richtige oder ideologisch falsche geschichtliche Selbstverständnis ist jeweils nur Moment im gegenwärtigen Zustand der Gesellschaft

[17] An Theodor Wolff, 24. 5. 1890. Briefe an seine Freunde, a. a. O. 2. Band S. 251.
[18] An Emil Dominik, 14. 7. 1887, a. a. O. S. 131.
[19] An Paul Schlenther, 20. 9. 1887, a. a. O. S. 140.

oder einer Klasse, der in der Erzählung anliegt; die großen, ge-
schichtemachenden Ereignisse selbst fallen nicht in ihren Rahmen.
Daß Stechlin im Wahlgang vom Kandidaten der Sozialdemokratie
geschlagen wird, ist kein Menetekelruf über den Adel, und das
Elend der Stine nach dem Selbstmord ihres gräflichen Liebsten ist
nicht das Gericht über das Zeitalter und die Gesellschaft, die solches
zuließen. Fontanes Erzählungen sind höchst undramatisch. Das Tun
und Leiden der Einzelnen vollbringt nichts, macht keine Epoche; es
indiziert einen gegenwärtigen Zustand, und zwar in Hinsichten
lediglich, die für das gewöhnliche, alltägliche Dasein unmittelbar zu
spüren und insofern erheblich sind.

Es hieße Fontane mißverstehen, wenn man diese Gewöhnlichkeit
seiner Erzählungen als das Resultat einer persönlich-privaten Abneigung, als ein naturellbedingtes Desinteresse an der großen Welt
auslegen wollte. Seine Briefe beweisen das Gegenteil. Sie sind voll
von politisch-geschichtlichen Reflexionen und Analysen;[20] und die
Romane bedeuten dagegen nicht den Rückschlag ins ungeschichtlich
Alltäglich-Menschliche, sondern zeigen den Zustand einer geschichtlichen Welt, in der das öffentliche Geschehen und das private Interesse unüberbrückbar auseinandertreten, in der die großen Ideale
hohltönend geworden sind, die in den Freiheitskriegen und vielleicht
noch im 48er-Versuch einer bürgerlichen und nationalen Revolution
gemeinschaftstiftende Wirklichkeit in den Herzen der Menschen waren. Die bestehenden Klassen und Stände, der Adel, die Bourgeoisie
und die kleinen Leute, verfolgen unterschiedliche Interessen, und
die hohe Politik, die Geschichte, die sie macht, ist nicht mehr Gegenstand einer allgemeinen, alle Menschen über die gesellschaftlichen

---

[20] Arbeiten, die sich mit den politischen und geschichtlichen Anschauungen Fontanes befassen, finden daher ihr reichstes Material in den Brief-
bänden, vor allem in den Briefen an Bernhard von Lepel, in den Briefen
an seine Freunde und in den Briefen an Georg Friedlaender. — Vgl. Helga
Ritscher: Fontane. Seine politische Gedankenwelt. Göttingen 1953. Ingeborg Schrader: Das Geschichtsbild Fontanes und seine Bedeutung für die
Maßstäbe der Zeitkritik in den Romanen. Limburg 1950. W. Jürgensen:
Th. Fontane im Wandel seiner politischen Anschauungen. In: Deutsche
Rundschau. 84 (1958), S. 561—567.

Schranken hinweg verbindenden tätigen Anteilnahme. An der Figur des alten Treibel, in der satirischen Schilderung seiner Versuche, sich aktiv in die Politik einzuschalten, hat Fontane gezeigt, wie in diesem Sinne das vorgebliche Interesse am öffentlichen Leben in Wirklichkeit zur Funktion persönlicher Ziele und Absichten wird. Und weil der alte Stechlin umgekehrt diese Heuchelei und Phrase provozierende Verquickung der öffentlichen mit den egoistischen Interessen von Klassen und Individuen durchschaut, ist er vom negativen Ausgang seiner Wahlkandidatur für die Konservativen persönlich und als Repräsentant seines Standes nur wenig betroffen: er „nahm es ganz von der heiteren Seite"[21]. Die wesentlichste Form eines Verhältnisses zum staatlichen und gesellschaftlichen Allgemeinen, zur politisch-geschichtlichen Welt sieht Fontane nicht in solchen zweideutigen Versuchen praktischen Engagements, sondern in der Reflexion, wie der alte Stechlin sie zuweilen mit dem Grafen Barby oder dem Pastor Lorenzen pflegt. Gesprächsweise fallende Einsichten wie diese, daß die Zukunft „allem vorauf" sich danach gestalten werde, „ob sich der vierte Stand etabliert und stabilisiert"[22], sind unmittelbar gar nicht praktisch. Sie stiften jene eigentümliche bewußtseinsmäßige Freiheit dem eigenen Stande gegenüber, wie sie Stechlin und Barby auszeichnet — eine Gelassenheit im Hinblick auf anstehende geschichtliche und gesellschaftliche Veränderungen, die aber außerhalb des engen Raumes gründen und sich ereignen, innerhalb dessen allein der einzelne sinnvoll sich sorgen und wirken kann. Der Einsichtsvolle lebt angesichts einer Zukunft, die die bestehenden Ordnungen in Frage stellt. Aber für Versuche, im Hinblick auf sie so oder so praktisch zu werden, sind hinreichende Maßstäbe nicht vorhanden. Ein gewisser Fatalismus, der durchaus nicht immer eine Wendung der Dinge zum Schlechteren erwartet, erscheint in solcher Lage als angemessene Haltung. Ihr entspricht bei Stechlin eine durchgängige Skepsis in die Selbstsicherheit derer, die immer noch glauben, daß es ohne sie niemals ginge, und schließlich, vom bürgerlichen Professor Schmidt als „denkbar höchster Standpunkt" gepriesen, die Ironie gegen sich selbst, soweit man selbst den Parti-

[21] SW, a. a. O. Bd. VIII, S. 176.
[22] A. a. O. S. 131.

kularitäten des eigenen beschränkten Standortes in der Gesellschaft nicht entronnen ist.

Zwei Ausnahmen gibt es von der Fontaneschen Regel, daß seine Erzählungen keine großen geschichtlichen Ereignisse spiegeln und ihre Subjekte nicht in der dramatischen Funktion stehen, in ihrem Tun und Leiden diese Ereignisse zu vollbringen. Diese Ausnahmen sind der erste Roman Fontanes ›Vor dem Sturm‹ und die Erzählung ›Schach von Wuthenow‹. Es sind zugleich, von der balladesken Novelle ›Grete Minde‹ abgesehen, die einzigen Werke, die in Zeiten gehören, an die ihre Leser persönliche Erinnerungen nicht mehr haben konnten. Beide haben Bezug zu Geschehnissen, die in der preußisch-deutschen Geschichte Epoche gemacht haben. ›Vor dem Sturm‹ meint den Winter 12/13 vor dem Freiheitskrieg gegen Napoleon, ›Schach von Wuthenow‹ spielt in der Zeit kurz vor Jena und Auerstädt.

›Vor dem Sturm‹ war zunächst, wie schon erwähnt, als ein Schill-Roman gedacht, als Roman also eines Helden, der zum Symbol des deutschen nationalen Freiheitskampfes geworden ist. Dann nennt Fontane als Thema, der charakterisierten Eigenart seiner späteren Werke schon näherkommend, „das Eintreten einer großen Idee, eines großen Moments in an und für sich sehr einfache Lebenskreise"[23]. Der Mittelpunkt dieser Kreise ist Baron Berndt von Vitzewitz, Gutsherr im Oderbruch, die große Idee ist die nationale Freiheit, die bürgerlich-klassenlose Erhebung des Volks gegen den Zwingherrn Napoleon, der eben mit seiner Armee geschlagen aus Rußland zurückkehrt. Der gutsherrlichen Autorität des alten Vitzewitz gelingt es tatsächlich, einen Adelige, Bauern und Bürger vereinenden Aufstand anzuzetteln; es gelingt ihm, seine Genossen von dem Beruf und dem Recht des Adels zu überzeugen, auch ohne königlichen Spezialbefehl und entgegen dem Zaudern des Königs das Zeichen zum Aufbruch zu geben und das Volk zum Kampfe zu führen. — Der Aufstand mißlingt, es scheitert zugleich der Versuch, die vormonarchische Selbständigkeit des Adels im Sinne neuzeitlicher Volksführerschaft zu erneuern, und das im Kampf einige Volk

[23] An Wilhelm Hertz, 17.6.1866. Briefe an seine Freunde, a. a. O. 1. Bd S. 247.

kehrt nach Haus in die alten gesellschaftlichen Ordnungen zurück. Das Pathos des Aufstandes verraucht, und Vitzewitz selbst verdächtigt schließlich sein Unternehmen persönlicher Eitelkeiten[24] — ein Resultat, das die spätere Beschränkung der Fontaneschen Romane auf die Darstellung des Ereignislos-Zuständlichen zur einsichtigen Konsequenz hat (Fontane äußert unmittelbar vor dem Abschluß des Werkes ›Vor dem Sturm‹, er ginge gleich nachher „am liebsten... an eine heitre und ... humoristische Darstellung ... [des] Berliner gesellschaftlichen Lebens"[25]. Immerhin hat die Geschichte auch ein positives Ergebnis, nämlich die im Sinne Fontaneschen Denkens verheißungsvolle Ehe des jungen Lewin von Vitzewitz mit der Pflegetochter des Schulzen Kniehase; und der pensionierte General Bamme kommentiert wohlwollend: „Mensch ist Mensch."[26]

Die Erzählung ›Schach von Wuthenow‹ spielt in bedeutsamer Weise unmittelbar vor dem Zusammenbruch Preußens 1806. Aber auch hier wird nichts geschichtlich vollbracht. Die Geschichte des Majors Schach spiegelt nur die Verhältnisse, deren katastrophales Ende selbst unmittelbar bevorstand. Fontane lag viel an dieser symbolhaften Parallelisierung der Ereignisse. In ihrem Interesse hat er die ihm von seiner adeligen Freundin, der Stiftsdame Amalie von Rohr, vermittelte Geschichte eines zu seiner Zeit aufsehenerregenden Skandals und den Selbstmord des Herrn Schach einige Jahre, gerade in die Zeit vor der Schlacht bei Jena und Auerstädt, vorverlegt.[27] Schach, Major und märkischer Junker, verführt die pockennarbige Victoire von Carayon. Von seinem König bei seiner Offiziersehre aufgefordert, die Verführte zu ehelichen, vermag er diese Ehre nicht dranzugeben, kann aber ebensowenig den Spott seiner Militär- und Gesellschaftsgenossen ertragen und erschießt sich wir-

<hr />

[24] Vgl. hierzu Fritz Martini: Theodor Fontanes Romane. In: Zeitschrift für Deutschkunde. 49 (1935), S. 513—530.

[25] An Wilhelm Hertz, 9. 5. 1878. Briefe an seine Freunde, a. a. O. S. 386.

[26] SW, a. a. O. Bd. I, S. 633.

[27] Vgl. dazu Eduard Berend: Die historischen Grundlagen von Theodor Fontanes Erzählung „Schach von Wuthenow". In: Deutsche Rundschau. 50 (1924), S. 168—182. Zur Interpretation vgl. neuerdings: Benno von Wiese: Die deutsche Novelle von Goethe bis Kafka. Interpretationen II. Düsseldorf 1962. S. 236—260.

kungsvoll unmittelbar nach der Trauung. Das Kind wird vaterlos im Frühjahr nach dem Zusammenbruch Preußens geboren. Es ist schwächlich. Man hofft auf seine Genesung. — Die effektvolle Symbolik dieser Geschichte legt es allerdings nahe, sie als Menetekel zu verstehen: Fontane dachte an die Überschrift „Gezählt, gewogen und hinweggetan", fand sie dann aber doch „zu feierlich"[28]. Die Absage an Preußisches, die in dieser Erzählung enthalten ist, wird an Schärfe von keiner späteren Äußerung Fontanes übertroffen. Sie bleibt grundlegend für die Beurteilung, die in seinen späteren Werken das spezifisch preußische Element in der Gesellschaft, der Adel, der sich von daher versteht, erfährt. „Preußen-Deutschland hat keine Verheißung", zitiert Fontane später[29], zur Explikation gleichsam der symbolischen Existenz jenes Kindes, der traurigzukunftslosen Hinterlassenschaft eines Vaters, der den Zusammenbruch der konventionellen Begriffe, auf die sein Dasein begründet war, nicht überleben mochte und so offenbar machte.

4

Eine eigentümliche Gruppe Fontanescher Werke bilden die drei Romane ›Die Poggenpuhls‹, ›Frau Jenny Treibel‹ und ›Mathilde Möhring‹. Sie unterscheiden sich von den anderen Romanen deutlich durch die novellistische Bedeutungslosigkeit ihrer Fabel. Konflikte, wie sie sonst, als Folgen konventionsloser Liebe meistens, Thema sind, fehlen oder sind von relativ geringfügiger Art. Ihr Thema ist nicht der Widerstreit zwischen dem Anspruch der gesellschaftlichen Konvention und den Versuchen einzelner, sich ihm zu entziehen, sondern die spannungslose Übereinstimmung beider, der Mensch in seinem gesellschaftlichen Milieu, die lächerliche oder beklemmende Art, in der er Anspruch, Ideologie und die Interessen seiner Klasse sich zu eigen macht und praktiziert. Das unterscheidet sie zugleich vom ›Stechlin‹, dem auch jedes dramatische Spannungsmoment fehlt,

[28] An Wilhelm Friedrich, 5. 11. 1882. Briefe an seine Freunde, a. a. O. 2. Bd. S. 78.
[29] An August Heyden, 5. 8. 1893, a. a. O. S. 306.

der aber sonst gerade die Freiheit und Unbefangenheit darstellt, mit der ein märkischer Junker zu seinem eigenen Stande und dessen Ideologie sich verhält. Die drei genannten Romane schildern dagegen, wie im Adel, in der Bourgeoisie und im Kleinbürgertum die Klassenbefangenheit im Denken und Handeln sich äußert. Der Roman ›Die Poggenpuhls‹ enthält kaum eine Handlung. Das einzige, was in einem für die Familie dieses Namens erheblichen Sinne passiert, ist der Tod eines Onkels, einer Erbschaft wegen. „Das Buch ist kein Roman und hat keinen Inhalt", schreibt Fontane, „das ‚Wie' muß für das ‚Was' eintreten."[30] Er nennt es einen „Protest" gegen die Regeln der Romantechnik[31] und hat um so mehr „über Erwarten viel Freude", „daß man dies Nichts, das es ist, um seiner Form willen" so gut aufgenommen hat.[32] Es handelt sich um eine literarische Studie zum sozialen Milieu einer ökonomisch und gesellschaftlich im Abstieg begriffenen Berliner Adelsfamilie. Der verstorbene Major von Poggenpuhl hinterließ, bis auf eine karge Pension mittellos, Frau und drei Töchter; zwei Söhne haben die Laufbahn des Vaters ergriffen. In bedrückender Armut lebt die Familie die Fiktion standesgemäßen Lebens, unterhält einen „Salon", schafft es immer wieder, angemessen gekleidet zu sein — eine Leistung, die nur möglich ist, weil die Haushälterin, die das Spiel durchschaut, dieses mitspielt und wahre Wunder an billiger Küche vollbringt. Das Standesbewußtsein des kleinen Adels ist hier in seiner abstrakten Form dargestellt. Es schwebt sozusagen in der Luft, weil ihm die ökonomische Basis schlechterdings fehlt, die die Junker, soweit sie zu wirtschaften verstehen, an ihrem Grundbesitz haben. Fontane stellt den mangelnden Realitätsgehalt solchen Standesbewußtseins durch die Phraseologie bloß, mit der die älteste Tochter Therese bei ihren Angehörigen jenen Glauben an die Unentbehrlichkeit ihres Standes für die Gesellschaft immer wieder zu stützen versucht, ohne den das Leben, das sie führen, nicht auszuhalten wäre. Die Leidtragende ist dabei vor allem die alte vergrämte Mutter, eine Bürger-

---

[30] An Siegmund Schott, 14. 2. 1897, a. a. O. S. 418.
[31] An Friedrich Spielhagen, 24. 11. 1896, a. a. O. S. 408.
[32] Briefe an Georg Friedlaender. Herausgegeben und erläutert von Kurt Schreinert. Heidelberg 1954. 4. 1. 1897. S. 307.

liche, deren bürgerliches Standesbewußtsein aber zu schwach entwickelt ist, als daß sie den spukhaften Adelsprätentionen ihrer
Tochter entgegentreten könnte. (Sie stammt aus einem Pfarrhaus,
das in seiner patronalen Abhängigkeit vom Adel der ungünstigste
Ort für die Ausbildung eines entschiedenen bürgerlichen Selbstbewußtseins war.) Immerhin bleibt Therese in ihrer Verhärtung im
überfälligen Standesbewußtsein nicht unwidersprochen. Die jüngere
Schwester Manon findet ihren Dünkel lächerlich. Aber auch Manon
durchschaut nicht eigentlich die Einbuße an freier Menschlichkeit,
die alle erleiden, sondern sucht nur, lebensklüger, nach einem Weg,
dem Adel der Familie neue ökonomische Substanz zu verschaffen:
sie bemüht sich, eine Verbindung der Tochter des reichen jüdischen
Konsul Bartenstein, in dessen Haus sie verkehrt, mit ihrem jüngsten
Bruder Leo zustande zu bringen. Fontane exemplifiziert an diesem
Bemühen mit freundlicher Ironie den in der Sozialgeschichte des
neunzehnten Jahrhunderts wichtigen Vorgang, daß Adelsfamilien
durch eine das jüdische Geld meinende Mesalliance sich den Anschluß
an die von ökonomischen Prinzipien beherrschte Gesellschaft ver-
schafften, während die jüdischen Familien umgekehrt so die soziale
Deklassiertheit loszuwerden versuchten, die ihnen aus der Zeit vor
der Emanzipation noch anhing. — Der Plan mißlingt, die Bartensteins haben längst Verbindung zur Geisteswelt gefunden (Mommsen, einmal sogar Ranke verkehrten in ihrem Hause) und sind daher
auf die Verbindung zum Adel, und gar zum Poggenpuhlschen, nicht
angewiesen. Außerdem ist Leo Poggenpuhl, eine Fontansche Parodie des preußischen Leutnantsidols, in seiner ungebildet langweiligen
Albernheit, in seinem schuldenmachenden Leichtsinn zu unbedeutend,
als daß er als Schwiegersohn des erfolgreichen Bankiers ernsthaft
in Frage käme. Der Bankrott der Familie scheint unabwendbar, die
Zwangslage, Arbeit aufnehmen zu müssen, scheint sich für die Töchter zu ergeben, da kommt die Erbschaft — ein Ende der Geschichte,
das Fontane die Darstellung eines sozialen Dramas erspart und der
adeligen Familie von Poggenpuhl bei knapper Kalkulation standesgemäß weiterzuleben vorerst gestattet. —
Neben diesen Adel, der sein Fundament in der realen gesellschaftlichen Wirklichkeit verloren und dessen Sein sich ins bloß Be-
wußtseinsmäßig-Ideologische verflüchtigt hat, tritt im Roman ›Frau

Jenny Treibel‹ die Fabrikantengattin gleichen Namens, das „Musterstück einer Bourgeoise"[33]. Ihr „Embonpoint" ist das Symbol des ökonomisch-sozialen Gewichts ihrer Klasse, der Kräftigkeit ihres Charakters zugleich, der einzig der ironischen Überlegenheit, mit der ihr Jugendfreund Professor Schmidt sie durchschaut, nicht gewachsen ist. Frau Jenny Treibel schwärmt für alles Schöne und Ideale, und ihr Selbstverständnis hat den Inhalt, „daß Geld eine Last ist und daß das Glück ganz woanders liegt"[34], in einer Seele nämlich, die sich in der Welt der ökonomischen Profanität bewahrt hat für die Erfahrung des Schönen, wie es in den Arien aus ›Lohengrin‹ und dem ›Tannhäuser‹ klingt, die Adolar Krola im Salon vorträgt, oder in dieser Lieblingszeile Jennys: „Ich möchte hingehen wie das Abendrot, / und wie der Tag mit seinem letzten Gluten / mich in den Schoß des Ewigen verbluten" (Herwegh)[35]. Fontane hat diese zwischen ökonomischer Realität und poetischer Idealität gespannte Sentimentalität der Jenny Treibel sorgfältig herausgearbeitet. Er demonstriert an ihrem Fall die eigentümliche Rolle der Kunst in der bourgeoisen Welt; er zeigt, wie in einer vom ökonomischen Kalkül beherrschten Wirklichkeit die Kunst zum idealen Überbau wird, der um so höher im Kurs steht, je radikaler die tatsächlichen Interessen auf die Behauptung und Steigerung der ökonomisch definierten Existenz reduziert sind. Bezeichnend ist die Vorstellung, die Jenny sich vom alten Schmidt und seiner zur Liberalität des Urteils befreienden Bildung macht. Sie findet, daß er „immer nur in einer schönen Gedankenwelt lebte", und sie bedauert entsprechend den „Stich ins Moderne", den seine Tochter Corinna verrät, indem sie aus ihrer Vorliebe „für einen Landauer und einen Garten um die Villa herum" kein Hehl macht.[36] In ihrem Selbstverständnis gilt der Jenny die Schmidtsche Existenz als die höchste, weil es schon von Amts wegen (der alte Schmidt ist Gymnasialprofessor) ihr Beruf ist, die geistigen Werte zu pflegen. Die bourgeois-tatsächliche Rangordnung der Dinge stellt sich aber sofort wieder her, wenn die ideale

---

[33] SW, a. a. O. Bd. VII, S. 14.
[34] A. a. O. S. 12.
[35] A. a. O. S. 26
[36] A. a. O. S. 10.

Harmonie des Schönen und Wahren mit dem ökonomisch Guten in reale Konkurrenz tritt, wie es später der Fall ist, als Corinna ihre Verlobung mit dem jüngsten Sohn des Hauses Treibel betreibt — ein aussichtsloses Versuchen in Anbetracht der realen Interessen, die Jenny dagegen sein lassen.

Kommerzienrat Treibel, erfolgreicher Fabrikant in der Gründerzeit nach dem Deutsch-Französischen Krieg, verdankt seinen Reichtum der Konjunktur im Absatz des blauen Farbstoffs, den er produziert. Es handelt sich um jenes Blau, mit dem die preußischen Uniformröcke gefärbt werden — eine typisch Fontanesche Symbolisierung des Zusammenhangs des Aufstiegs der Bourgeoisie mit der nationalen geschichtlichen Entwicklung Preußen-Deutschlands nach 1870. Der alte Treibel ist im übrigen ein jovialer Herr, der auf den Höhepunkten seines geistigen Daseins sogar zu einer toleranten Selbst- und Welterkenntnis fähig ist und überdies so viele sympathische Züge trägt, daß es auch in diesem Fall wieder passieren konnte, daß ein Leser sich im Kommerzienrat wiedererkannte.[37]

Der dünne Handlungsfaden dieses Milieuromans ist der erwähnte Versuch Corinnas, der studienrätlichen Tochter, sich dem Leopold Treibel zu verloben. Ihre Idee dabei ist die Verbindung des Geistes mit dem Gelde, des Vermögens also, in einem geistigen Sinne etwas mit der Freiheit anzufangen, die das Geld stiftet. Ihr Versuch ist sozusagen eine Protest-Reaktion auf den Eindruck, den ihr die Treibelsche Welt macht. Sie konnte ihn aber nur unternehmen, weil ihr die skeptische Einsicht ihres Vaters fehlt; sonst hätte sie wissen müssen, daß der Rangordnung der Dinge in der bourgeoisen Gesellschaft entsprechend ihr Versuch an Jenny, der Manifestation dieser Ordnung, sinnfällig-bedeutsam scheitern würde. Das geschieht, und Axel Wedderkopp kann Corinna heimführen — das Beste für die spezifische Reizsamkeit Corinnas; denn Axel ist Archäologe, Vertreter derjenigen Wissenschaft also, in der am wenigsten Gelegenheit ist, mit einer Gesellschaft zusammenzustoßen, die dem Geiste mißfällt und die ihrerseits den Geist im Grund geringschätzt. —

Der dritte im novellistischen Sinne spannungslose Milieu-Roman Fontanes schildert das beklemmend enge Dasein der Kleinbürgers-

---

[37] Vgl. Briefe an Georg Friedlaender, 27. 2. 1893, a. a. O. S. 211.

witwe Möhring und ihrer Tochter Mathilde, die sich durch Zimmervermietung über dem Existenzminimum halten. Die Poggenpuhls in der Bedrückung ihrer Armut hatten immerhin noch die Tradition, die ihrer Familie und die ihres Standes überhaupt, und sie lebten, indem sie ihr lebten. Die Treibels lebten im saturierten Vollbesitz ihrer ökonomisch-sozialen Potenz, im selbstbewußten Vollgenuß einer Klasse, die zum Zweifel an sich selbst keinen Grund, oder besser: keinen Anlaß hat. Die Möhrings haben nichts als die Sorge, daß sie, solange nichts Schlimmeres droht, ihren Zucker im Kaffee behalten; und sie sind dabei ohne die Stütze eines Glaubens an irgendwelche Ideen und Ideale, die als Ausdruck gemeinsamer Tradition oder gemeinsamer Interessen sie irgendeiner Gruppe innerhalb der Gesellschaft verbände. Ihnen fehlt selbst die das Klassenbewußtsein stärkende Kraft des Ressentiments gegenüber denen, die es besser haben. So sind sie eingeschlossen in ihr Milieu, in die Enge ihrer Großstadtwohnung; und der Ausschnitt der Welt, in dem sie tatsächlich leben, reicht kaum weiter als bis zum Bäcker an der Ecke, bei dem sie die Brötchen ihrer Zimmerherren kaufen. Symbol dieses trostlosen Daseins sind die vier Krümel eines zweimal gebrochenen Zuckerstücks, das der Alten für eine Kaffeemahlzeit zugeteilt wird.

Eine Wendung dieser fatalen Situation, aus der Entkommen nicht möglich scheint, tritt ein mit dem Einzug eines neuen Zimmerherrn. Hugo Großmann, der sich an Schillers Jugenddramen begeistert, ist Kandidat der Rechte, einer, der „keinen Muck" hat, wie die scharfsichtige Mathilde sogleich erkennt. Dieser antrieblos-schwächliche Student ist eine der bedrückendsten Figuren, die Fontane gezeichnet hat. Das Examen aus eigener Kraft noch zu schaffen — daran ist nicht mehr zu denken. Mathilde begreift die Chance ihres Lebens, dem verbummelten Studenten auf die Beine zu helfen, um so ihm moralisch-psychisch unentbehrlich zu werden. Ihr Ziel ist die Lebensversorgung als Akademikersgattin. Dieses Ziel verfolgt sie in kluger, den Rest ihrer verkümmerten Gefühle verzehrender Berechnung. Berechnend bereitet sie dem Kranken gemütlich-einschläferndes Wohlbehagen, das er liebt, berechnend entzieht sie sich seinem erwachenden Interesse, bis er seinen Antrag gemacht hat. Dann bringt sie ihn an die Arbeit, klug jede Überforderung vermeidend, ihn mit schmallippigen Küssen ermunternd. Jetzt kommt alles, wie sie es haben will: das bestandene Examen, die Hochzeit, die Anstellung als Bürgermeister in einer Kleinstadt. Ein Fontanesches Meisterstück ist die Schilderung der westpreußischen Kleinstadtgesellschaft mit ihren spannungsreichen Differenzen zwischen den polnischen Katholiken, den protestantisch-konservativen Preußen und den freisinnig-geschäftstüchtigen Juden. Der schwierigen diplomatischen Aufgabe, als Bürgermeister es mit keiner dieser Gruppen zu verderben, ist Hugo mit Mathildes Hilfe gewachsen. Seine Stellung festigt sich. Da rafft der Tod den Lebensschwachen hinweg. Als Witwe mit allzu schmaler Pension kehrt Mathilde in die Berliner Mietswohnung zu ihrer Mutter zurück. Aber sie hat inzwischen erfahren, was Titel, offizielle Stellung und Einkommen bedeuten, daß es möglich ist, im Verzicht auf menschlich schöne Gefühle, die ohnedies doch verkümmern würden, den Bannkreis eines hoffnungslosen sozialen Milieus zu durchstoßen; sie macht sich erneut auf den Weg und wird Lehrerin.

5

In seinen hier sogenannten Milieu-Romanen schildert Fontane die Beschränktheit des Daseins derer, die weder denkend noch handelnd über den Umkreis ihres Standorts in der Gesellschaft hinausreichen. Die Poggenpuhls und die Möhrings, eingeschränkt auf die kümmerlichen Inhalte und Möglichkeiten ihres gesellschaftlichen Existenzbereichs, leben ihr Leben in einer Enge, die alle freiere Menschlichkeit bis auf Reste verdrängt. Es scheint undenkbar, daß der Therese Poggenpuhl oder der Mathilde Möhring jemals noch eine menschliche Begegnung der Liebe widerfahren könnte, die sie auch nur in die Innerlichkeit warmer schöner Gefühle der Welt des Salons oder der kleinbürgerlichen guten Stube entrückte. Diese Erstarrung des Herzens unter dem Anspruch prätentiös bewahrter Standesideologie, diese Verlorenheit des Gemüts, wo alles schöne Streben im Kampf um den sozialen Aufstieg untergeht, macht den Leser jener Romane beklommen — bei allem Vergnügen, das er an der überlegenen Sicherheit Fontanes in der Zeichnung der milieuhaften Details haben kann. Die unpathetische Wirklichkeit des Herzens ist Fontanes menschliches Ideal. In den genannten Romanen tritt er für sie ein,

indem er zeigt, wie sie verschüttet ist, wo der einzelne der Bestimmung seines Standes oder seiner Klasse ideologisch und tatsächlich
unterworfen bleibt.

Immerhin ist die Bedrückung nicht unerträglich groß. Die Last, das
standesgemäße Leben oder den sozialen Aufstieg sich vom Munde
und vom Herzen absparen zu müssen, zwingt Therese und Mathilde
nicht, sie abzuwerfen. Je mehr es sie kostet, zu sein, was sie sind oder
werden wollen, je größere Opfer sie dafür bringen müssen, um so
unlöslicher sind sie diesem Sein verbunden. Sie verspüren daher
selbst nicht die Einbuße an menschlicher Unmittelbarkeit, die sie erleiden. Der Leser findet wenig Anlaß, an ihrem Sein mitfühlend
teilzunehmen; und des Dichters Kritik an der Gesellschaft erfolgt
nicht durch die Darstellung eines leidvollen Konflikts reiner Menschlichkeit mit gesellschaftlichen Konventionen oder sozialgeschichtlich
definierten Notwendigkeiten, sondern in der Darstellung der Armut
des Herzens und Beschränktheit derer, die sich über diese Konventionen und deren Notwendigkeiten nicht erheben können.

Auch Jenny Treibel kann das nicht. Dennoch ist sie keine beklemmende Figur. Sie erfreut sich der Freiheit, die sie an ihrem Reichtum
hat. Sie ist daher auch mit den äußeren Bedingungen ihres Daseins
so vollständig einverstanden, wie es nur derjenige sein kann, der
zum Zweifel an der ökonomischen Solidität seiner Existenz schlechterdings keinen Anlaß hat. Nicht ihres Mangels, eher ihrer Fülle
wegen könnte diese Person auf den Leser bedrückend wirken, wenn
er nicht jener ironisch-durchschauenden Erkenntnis teilhaftig würde,
die innerhalb der Erzählung selbst Professor Schmidt repräsentiert.
Aus der Perspektive dieser Erkenntnis wird Jenny zum Anlaß eines
Vergnügens an harmlosen Schwächen anderer. Ihre Geschichte wird
zur Satire; eher als soziale Affekte oder Ressentiments erregt sie
lustspielhafte Delektation. —

In seinen Romanen ›Cecile‹ und ›Unwiederbringlich‹ erzählt
Fontane gleichfalls die Geschichte von Frauen, die lebenslänglich in
ihrer gesellschaftlichen Umwelt befangen blieben. Beide Geschichten
enden tödlich: die Gräfin Holk geht ins Wasser, Cecile nimmt Gift.
Ihr Tod ist keineswegs, wie der Tod des jungen Grafen Haldern, des
Freundes der Stine, die Folge des vergeblichen Versuchs, sich ihr
Lebensglück *gegen* die Moral der Gesellschaft zu ertrotzen. Beide

sind im Gegenteil streng bemüht, sich an ihre Ordnung zu halten, ja sie wissen ihr Glück abhängig von solcher Bewahrung des Glaubens und der Ordnung. Aber es zeigt sich, daß Glaube und Ordnung, wie sie von der Gesellschaft repräsentiert und gefordert sind, ihrerseits den Menschen nicht bewahren und stützen können, wenn er der Stütze am meisten bedarf. In der Leere der Ehe, die die Gräfin Holk mit ihrem Manne verbindet, sollte der Glaube die Kraft sein, aus der es sich leben läßt. Aber der Glaube erweist sich selber als leer. Der Empfindlichkeit der Cecile, die aus gesellschaftlich disqualifizierender Vergangenheit in die Ordnung einer standesgemäßen Ehe gefunden hat, sollte die Ordnung der Ehe und des Standes ein zuverlässiger Schutz sein. Aber sie erweist sich als hohle Form, die die menschliche Unbarmherzigkeit eher provoziert als abwehrt. Der Selbstmord der beiden Frauen folgt auf diese Erfahrung. —

›Unwiederbringlich‹ ist äußerlich die romanhafte Wiedergabe einer pointenreichen Skandalgeschichte aus Adelskreisen, die Fontane von einer Leserin in glückhaftem Verständnis für das Genre seiner Erzählungen mitgeteilt worden war: ein grundbesitzender Edelmann lebt in einer frommen Ehe, deren Schwäche offenbar wird, als der Graf in kammerherrlichen Diensten bei Hofe die intime Bekanntschaft eines Fräuleins macht, „eines Ausbundes nicht von Schönheit, aber von Pikanterie". Der Graf läßt sich scheiden, wirbt förmlich um die Pikante, aber „die lacht ihn aus". Nach längeren Reisen aus Flucht vor der Lächerlichkeit kommt es zur Versöhnung: das geschiedene Paar wird zum zweiten Male getraut. Ernste Wendung der Komödie: von der Hochzeitstafel verschwunden, hat sich die Braut im Teiche ertränkt. Ein nachgelassener Brief enthält nichts als das Wort „Unwiderbringlich"[38].

Zwei bedeutsame Veränderungen hat Fontane in dieser Fabel über die dichterische Ausgestaltung hinaus vorgenommen. Die eine, äußerliche, ist schon erwähnt worden: die Verlegung des Falles von Mecklenburg-Strelitz nach Schleswig. Sie entsprach gebotener Rücksichtnahme auf beteiligte Personen von Stand und Einfluß. Fontane bedauerte sie, weil sie dem Roman den aktuellen „Ton des politi-

[38] Vgl. An Julius Rodenberg, 21. 11. 1888. Briefe an seine Freunde, a. a. O. 2. Bd. S. 163.

schen Satirischen" nahm: „Nun klingt viel nordisch Romantisches
mit durch." Die zweite, innere Veränderung betrifft den Zeitpunkt
des Todes der Gräfin: in der Vorlage effektvoll am Tage der zweiten Hochzeit, erfolgt er im Roman erst geraume Zeit danach.
Aus der literarischen Absicht und Einheit des Romans wird die
innere Folgerichtigkeit dieser Veränderung einleuchtend. Holk ist ein
Mensch von liebenswürdiger Unbedeutendheit, ohne Kontur eines
entschiedenen Charakters, im literarischen Sinne ungebildet. Er ist
die Personifikation landadeligen Durchschnitts, gewichtslos auch
seinem Schwager Arne gegenüber, der immerhin, über den bloßen
Feudalismus hinaus, seine Gutsherrschaft im modernen Sinne als
ökonomische Aufgabe begreift, über Schweinepreise stets Bescheid
weiß und mit Nutzeffekt wirtschaftet. Holks jährlich wiederkehrender Höhepunkt ist dagegen die Zeit, in der er am Kopenhagener
Hof Ihrer Königlichen Hoheit als Kammerherr zur Verfügung
steht. — Christine Holk ist stärker in ihrer Persönlichkeit. Als Frau
von jeder erheblichen Tätigkeit ausgeschlossen, wünscht sie sich
wenigstens einen Mann, der als Herr in Familie, Haus und Hof mit
Entschiedenheit seine Anordnungen trifft.[39] Um so reizsamer macht
sie das verbindlich-unverbindliche, laue Wesen ihres Gatten. Ihr
Refugium vor der latenten Disharmonie ihrer Ehe, vor der ereignis-
losen Gleichförmigkeit ihres Lebens überhaupt hat sie in einer tu-
gendstrengen Frömmigkeit pietistischer Färbung. Ihre Interessen
sind die Renovation ihrer Familengruft, die Erziehung der Kinder
nach Herrenhuter Praxis, gelegentlich die Lektüre des unpolitischen
Zeitungsteils mit seinen Berichten über das Siechtum des verehrten
Königs Friedrich Wilhelm IV. von Preußen.
Holk empört sich innerlich über die fromme Tugend seiner Frau:
„Ich will kein Harmonium im Haus, sondern Harmonie, heitere
Übereinstimmung der Seelen, Luft, Licht, Freiheit."[40] Dieses Wunsch-
bild führt Holk, als er wiederum in Kopenhagen kammerherrliche
Dienste tut, in die Arme der liebeskundigen Ebba, der Zofe und
Frivolsten unter den Leuten am Hofe der königlichen Prinzessin,

---

[39] Christine: „Ich verlange nur eine feste Meinung, sie braucht nicht
einmal fest begründet zu sein." SW, a. a. O. Bd. V, S. 35.

[40] A. a. O. S. 182.

dessen überlebte, makabre Welt Fontane satirisch darstellt.[41] Ebbas
Pläsier wird Holk zum überwältigenden Erlebnis der Freiheit, die
er unter dem häuslichen Tugenddruck vermißt: er mag in die säuer-
liche Atmosphäre seiner Ehe nicht zurückkehren und bewirkt die
Trennung. Die Geschichte nimmt den geschilderten Gang. Es kommt
zur Versöhnung, zum Versuch der Neubelebung der ehelichen Gemeinschaft. Christine Holk ist mit ihrem tugendstarken, frommen
Willen an diesem Versuch beteiligt. Daher darf sie im Roman nicht
schon, wie in der Vorlage, am Hochzeitstage selbst sterben. Sie kann
es erst, als nach Ablauf einiger Zeit deutlich wird, daß der Versuch
vergebens war, daß also ihre Ehe auch jetzt nicht den religiösen
Normen entsprechend und daher für sie auch menschlich von Grund
auf neu sich gestalten will. Jetzt stirbt sie, weil sie in der Verhärtung ihrer Tugendbegriffe zu einem Kompromiß ihrer religiösen
Fluchtwelt mit der Wirklichkeit weder bereit noch fähig ist. Ihr Tod
besiegelt die lebensfeindliche Unfähigkeit ihres pietistischen Glaubens, Halt innerhalb einer Welt zu sein, in der sie das menschliche
Glück einer Gemeinschaft, die in der Harmonie der Herzen gründet,
nicht gefunden hat.

Ein Leser findet, daß Holk durch den Tod Christines härter gestraft sei, „als seine kleine Techtelmechtelschuld verdient". Fontane
findet das auch, verweist aber zur Rechtfertigung auf die „eigenen
Gesetze" der Kunst,[42] die dem Poenalkodex der Moral nicht verpflichtet sind. Christines freiwilliger Wassertod ist als Wirkung einer
Schuld unverständlich. Er ist aber darum noch nicht ein effektvoll
übersteigerter Novellenschluß. Sein Sinn ist es, offenbar zu machen,
daß Tugend und frommer Glaube, als konventionalisierter Seelen-
adel, ein zureichender Ersatz für das reine menschliche, nur als Her-
zen- und Seeleneinklang wirkliche Glück niemals sein können.

Eine Bestätigung dieser Interpretation ist der unausgeführt gebliebene Plan Fontanes, eine Novelle unter dem Titel ›Storch von

---

[41] Einzig Pastor Schleppegrell hat unter den Hofleuten Charakter: „Ich
habe wenig Menschen so ruhig und so sicher mit einer Prinzessin sprechen
sehen", bemerkt Holk und vermutet daher in ihm einen „Demokraten"
oder einen „Dissentergeneral", a. a. O. S. 129.

[42] An Siegfried Samosch, 18. 9. 1891. Briefe an seine Freunde, a. a. O.
2. Bd. S. 274.

Adebar‹ zu schreiben, deren Tendenz dahin gehen sollte, „den
pietistischen Konservatismus, den Friedrich Wilhelm IV.
aufbrachte", „in seiner Unechtheit, Unbrauchbarkeit und Schäd-
lichkeit" zu zeichnen. Auch in dieser Novelle sollte eine Frau diesem
Pietismus anhängen, zur Bedrückung wiederum ihres Mannes, „eines guten, kreuzbraven Kerls, der, in anderen Zeiten und unter
anderem Einfluß, sich und anderen zur Freude gelebt hätte". Auch
hier sollte der Mann ein „tragikomischer" Held sein und, wie in
›Unwiederbringlich‹ Holk in dem fortschrittlich-tüchtigen Agrono-
men und Schwager Arne, in seinem Gutsnachbarn Attinghaus, „einem idealisierten Bennigsen", sein positives Gegenbild haben.[43] —
Man darf vermuten, daß Fontane die literarische Absicht dieser
unausgeführten Novelle auf seinen Roman ›Unwiederbringlich‹
übertragen hat. Die Ähnlichkeiten sind durchgängig. Der spezifisch
politisch-satirische Sinn der Novelle, den Fontane ausdrücklich betont, geht aus besagten Gründen dem Roman zwar verloren. Es
bleibt, aber die Kritik jener seelenvoll sich gebenden pietistischen
Frömmigkeit, die reine Menschlichkeit weder bewirken noch gar
ersetzen kann.

Es wäre also irreführend, wollte man die Geschichte der Holk-
schen Ehe als eine Charaktertragödie verstehen, die zeigt, wie an der
Disharmonie verschiedener Charaktere eine Ehe naturnotwendiger-
weise zerbrechen muß. Fontane kennt eine solche Notwendigkeit
nicht. Zwar weiß der Leser oft schon nach wenigen Seiten, wie die
Geschichte enden wird. Künstlerisch dicht gestaltete symbolische
Verweisungszusammenhänge deuten von Anfang an auf das Ende
vor, so in ›Unwiederbringlich‹ schon der Name des Romans, dann
die Eile Christines, die Totengruft herzurichten, ihre Sehnsucht nach
ihrem toten Kinde, ihre Teilnahme am Leiden des preußischen Königs, ihres Vorbildes im Glauben. Aber niemals kann man auf Grund
bestimmter Ereignisse oder der Charaktere wegen sagen, daß es so
oder so kommen muß. Alles ergibt sich aus Zufälligkeiten, aus laxer
Gewohnheit, dem Gefälle persönlicher Neigungen und gesellschaftlicher Konvention entsprechend, selten aus freier Entscheidung,
die das Gepräge einer starken Persönlichkeit hätte. Das Unglück

---

[43] An Gustav Karpeles, 24. 6. 1881, a. a. O. S. 46 f.

passiert, und erst hinterher läßt sich sagen, wieso es so kommen mußte. —

In diesem Sinne fatal ist auch die traurige Geschichte Ceciles. Das Fatum Ceciles ist freilich nicht die mythische Notwendigkeit, mit der die Sühne einer Schuld folgt, sondern die Brüchigkeit einer menschlichen und gesellschaftlichen Situation, in der dem Wunsch eines Menschen, daß seine Vergangenheit wirklich Vergangenheit sei, unbarmherzig die Erfüllung verweigert wird. Insofern nennt Fontane als „Tendenz" seines Romans die Sentenz: „Wer einmal drinsitzt, gleichviel mit oder ohne Schuld, kommt nicht wieder heraus."[44] Ausdrücklich weist Fontane damit die Neigung zurück, das Schicksal der früheren Fürstenmätresse Cecile unter dem Aspekt des Schuldproblems zu betrachten. „Gleichviel", ob die Verführte schuldig war oder nicht, soll nur gezeigt werden, was es heißt, mit solcher Vergangenheit in die Ordnung der Gesellschaft und Ehe heimgekehrt nun zu leben.

Der Leser weiß zunächst von der Vergangenheit Ceciles nichts. Er weiß davon ebensowenig wie Herr von Gordon, ein preußischer Leutnant, der aber unbefangen genug ist, im Dienste einer Kabelbaufirma die Welt zu bereisen. Ein wenig Abenteuerlust gehört zu seinem Wesen. Cecile weckt gleich seine Neugier und Neigung: eine bläßlich schöne, offensichtlich „reconvaleszente" Frau, die in der „nervenstärkenden" Luft eines Waldkurortes Erholung sucht, begleitet von ihrem Gatten, dem Obersten St. Arnaud, der trotz seiner Jugendlichkeit schon „a. D." ist. Gordon vermutet dahinter gleich „einen Roman". „Sollte vielleicht ... Aber nein, sie kokettiert nicht, und sein Benehmen gegen sie hält auch das richtige Maß."[45] Das Spannungsmoment in der ausgedehnten, bis auf den Schluß ereignisarmen Erzählung besteht in solchem Vermuten. Mit Gordon bemerkt der Leser eine nervöse Empfindlichkeit Ceciles, die auf geringste Anlässe, vor allem aber auf jegliche Zweideutigkeit, wie sie als Würze der Unterhaltung auch in den besten Kreisen erlaubt ist, mit fliegender Hitze oder bleicher Schwäche reagiert. Es scheint aber, daß sie sich unter der alle Formen wahrenden Zuneigung Gordons kräftig erholt.

[44] An Paul Schlenther, 2. 6. 1887, a. a. O. S. 128.
[45] SW, a. a. O. Bd. IV, S. 136.

Es folgt, im Sinne klassischer Theorie der Tragödie, die Wendung zum Bösen durch Epignosis: Gordon erfährt die Geschichte Ceciles. Jetzt sollte sich Gordon bewähren und in um so rücksichtsvollerer Herzlichkeit Cecile seine Zuneigung beweisen. Er sollte begreifen, daß sie zur Erneuerung und Festigung ihrer Selbstachtung nichts nötiger braucht als solche Beweise menschlich-taktvoller Zuneigung. Aber Gordon versagt, und mehr als seinem Herzen folgt er in seiner Reaktion dem Ehrenkodex seines Regiments sozusagen. Er bricht die Verbindung zu Cecile freilich nicht ab — über diese prüde Förmlichkeit ist der Weltmann immerhin hinaus —, aber er verkehrt sie in leidenschaftlich fordernde Zudringlichkeit. Cecile ist aufs tiefste enttäuscht und verletzt. Der Oberst jedoch, der einst unkonventionell genug bereit gewesen war, der schönen Cecile wegen seine glänzende Laufbahn zu quittieren, fordert jetzt im Namen derselben Konvention, die „diesseits des großen Wassers vorläufig wenigstens" noch gilt, Gordon zum Duell, tötet ihn und flieht ins Ausland. Ohne die geringste Überzeugung vom Ehrenwert dieser Aktion war der Oberst daran einzig mit der kalten Erregung seiner Spieler- und Fechternatur beteiligt. Cecile, eben erst einigermaßen gesellschaftlich und menschlich konsolidiert, müßte nun ihrem Mann in die wege- und ordnungslose Situation des Exils folgen. Aber die Ereignisse haben gezeigt, daß sie bei ihrem Mann weniger noch als bei dem in seinem Abschiedsbrief noch bereuenden Gordon Geborgenheit in der Liebe, „Stille", „Frieden" würde finden können. Belastet mit einer Vergangenheit, mit der sie allein nicht fertig wird, verlassen von allen Menschen, die ihr dabei helfen könnten, einsam in einer Gesellschaft, von deren menschlicher Anteilnahme ihr eigenes Opfer, die Mätresse, ausgeschlossen ist, gibt sie sich den Tod. Sie stirbt in Erinnerung des Einzigen, was ihr Heimat war, des katholischen Glaubens ihrer Kindheit. Sie stirbt am Mangel dessen, was ihr „die Welt verweigerte: Liebe und Freundschaft, und um der Liebe willen auch Achtung"[46].

---

[46] A. a. O. S. 284.

6

›Unwiederbringlich‹ und ›Cecile‹ ragen durch die Härte persönlicher Schicksale weit über die zuvor skizzierten Milieu-Romane hinaus. Aber die Gestalten selbst, Cecile und Christine, bleiben nach Vorstellung und Moral tief in dem gesellschaftlichen Milieu stecken, dem sie entstammen und zugehören. Ihr tragisches Ende hebt diese Zugehörigkeit nicht auf, hebt ihr Dasein keineswegs hinauf in den Raum gesellschaftlich ortloser menschlicher Schicksale. Ihr Tod ist im Gegenteil die Konsequenz ihres mißlungenen Versuchs, in diesen Raum reiner Menschlichkeit einzutreten, und als Selbstmord hat dieser Tod seinerseits noch einen Ort innerhalb der Gesellschaft, als letzte negative Möglichkeit, einem Leben zu entkommen, dessen Bankrott gesellschaftliche Ordnungen und konventioneller Glaube teils provoziert, teils nicht aufzuhalten vermocht haben. Das gesellschaftskritische Moment in der literarischen Absicht Fontanes fehlt daher auch den beiden zuletzt genannten Romanen nicht. Es ist um so stärker betont, je bedeutsamer die Härte der Schicksale Ceciles und Christines die gewisse Lächerlichkeit Therese Poggenpuhls oder Jenny Treibels an menschlicher Erheblichkeit übertrifft. Durch die zugespitzte Problematik verliert die Kritik freilich an Allgemeinheit. Verarmte, gegen den sozialen Abstieg sich wehrende Adelsfamilien hat es viele gegeben, ebenso umgekehrt Menschen, die sich wie Mathilde Möhring darin verzehren, ihr soziales Milieu nach oben hin zu durchstoßen. Leben und Leiden einer früheren Fürstengeliebten sind dagegen doch wohl ein seltener Fall, ebenso auch, daß die Verhärtung in einer Pseudotugend bestimmter konfessioneller Observanz einen solchen Grad erreicht, daß der Ehekompromiß mit der menschlich-moralischen Durchschnittlichkeit eines Holk, der normalerweise ohne weiteres hätte erreicht werden können, zur Unmöglichkeit wird. Die Geschichten Ceciles und Christines erlauben dem Leser also keine allgemeinen Rückschlüsse. Sie sind extraordinäre Fälle. Aber der Dichter erzählt sie nicht als Beispiele für das zeitlos-menschliche Wehe, sondern als Schicksale, wie sie in der Adelswelt vorzüglich Frauen, diesen Geschöpfen ohne ausfüllende Aufgaben, ohne prägende Bildung und ohne eine Möglichkeit praktischer Selbständigkeit zustoßen können. —

Die bisher genannten Romane und Novellen Fontanes zeichnen ein bedrückend wirkendes Bild vom Dasein des Menschen in der Gesellschaft, und in dieser Hinsicht besteht kaum ein Unterschied, ob diese Gesellschaft nun feudal, bourgeois oder kleinbürgerlich definiert ist. Die große, geschichtsstiftende Tat gelingt in dieser Welt nicht mehr (›Vor dem Sturm‹); ihre Ehr- und Wertbegriffe sind brüchig geworden (›Schach von Wuthenow‹); das Leben des Menschen vollzieht sich in der Beschränktheit der Interessen, die ihm durch Stand oder Klasse vorgegeben sind (›Die Poggenpuhls‹, ›Jenny Treibel‹, ›Mathilde Möhring‹). Darüber hinaus gibt es Beispiele, daß Menschen zugrunde gehen, weil nicht einmal mehr das bescheidene Glück einer späten Liebe möglich ist, die in der Harmonie der Herzen gründet (›Unwiederbringlich‹, ›Cecile‹). Aber dieses Bild ist einseitig. Bei aller Skepsis, die es bestimmt, sieht Fontane durchaus Möglichkeiten humaner Verwirklichung, die aller Gesellschaftskritik standhalten. Er sieht sie zugleich nicht auf eine bestimmte Klasse beschränkt, sondern weiß dafür Beispiele sowohl aus dem Adel wie aus der Bourgeoisie und der proletarischen Welt. In den Romanen ›Stechlin‹, ›L'Adultera‹ und ›Irrungen Wirrungen‹ hat er sie dargestellt. Es wäre aber falsch anzunehmen, daß Fontane mit diesem quer durch die Strukturen der Gesellschaft hindurchreichenden Nebeneinander von „negativen" und „positiven" Gestalten sagen wollte, es gäbe eben überall triste und erbauliche Schicksale. Die Verbreitung dieser Sentenz war nicht seine Absicht. Unter welchen Bedingungen gelungene Menschlichkeit in den verschiedenen Ständen und Klassen jeweils steht, welche Form sie entsprechend hat — das ist der konkrete Inhalt seiner Erzählungen.

›Stechlin‹ ist der Roman eines märkischen Junkers dieses Namens. Die Handlung ist spärlich. Das Bedeutsamste ist noch eine Reichstagsersatzwahl, bei der Dubslav Stechlin, von seinen Standesgenossen zur Kandidatur für die Konservativen gedrungen, dem sozialdemokratischen Gegenkandidaten unterliegt; dann die mit sparsamsten Mitteln geschilderte Liebe und Verlobung seines Sohnes Woldemar. Der Roman endet mit dem Tode des alten Stechlin bald nach der Hochzeit des jungen Paares. Aber an die Stelle der Handlung tritt diesmal nicht das Milieu. Das Mark des Romans sind die Gespräche; und Visiten, Visitationen, Exkursionen und Reisen bilden

den schon sehr vage gewordenen realistischen Erzählzusammenhang. Der Meisterschaft Fontanes in der Kunstform des Dialogs gelingt es hier, über fünfhundert Seiten Gespräch unterhaltsam zu machen.[47] Die Einheit des Ganzen ist weniger die der dürftigen Handlung als die Einheit der geschichtlich-gesellschaftlichen Welt, die in den Gesprächen vorkommt. Symbol dieser Einheit ist der eingangs und ausgangs bedeutsam genannte See „Stechlin": so wie dieser unscheinbare See der Sage nach bei Ereignissen, die das Antlitz der Erde verändern, bei Erdbeben und vulkanischen Explosionen, aus der Tiefe her wallt, so stehen auch die Einsichten und Bekenntnisse des Junkers Stechlin in einem unscheinbaren Winkel Brandenburgs mit den Umwälzungen der geschichtlich-gesellschaftlichen Welt in Korrespondenz. In diesem Sinne ist es zu verstehen, daß Fontane den ›Stechlin‹ einen „politischen Roman" nennt.[48]

[47] Die *erzählende* Romanform zerfällt im ›Stechlin‹ (vgl. dazu Conrad Wandrey: Theodor Fontane. Berlin 1919. S. 300 ff.). An die Stelle der Erzählung, die aus einer Fabel lebt, tritt die thematische Einheit des Dialogs. Der Dialog löst sich artistisch von der erzählten Realität ab. Die Reflexion der gesellschaftlichen und geschichtlichen Wirklichkeit, die sonst die realistische Erzählung selbst schon darstellt, tritt jetzt in autonomer Funktion mit den nun dominierenden Gesprächen in den Roman selbst ein und gewinnt damit eine Freizügigkeit, die sie in den alten Bindungen an die erzählte Handlung oder an das geschilderte Milieu niemals erreichen konnte. Entsprechend bestimmt sich im ›Stechlin‹ die Einheit des Romans weniger aus der Handlung und dem Milieu als aus der Einheitlichkeit und dem Zusammenhang dessen, was in den Gesprächen Thema ist (dazu vgl. Thomas Mann: Anzeige eines Fontane-Buches. In: Ges. Werke, Band X. S. 573—584).

[48] An Carl Robert Lessing, 8. 6. 1896. Briefe an seine Freunde, a. a. O. 2. Bd. S. 388. Hier fügt Fontane noch die Erläuterung hinzu: „Gegenüberstellung von Adel, wie er bei uns sein sollte, und wie er ist." Diese Erläuterung ist nicht recht verständlich, weil im Roman eine solche Gegenüberstellung gar nicht stattfindet: der briefadelige Gundermann, der opportunistische Konservative, ist zu sehr Randfigur, als daß er als Gegenfigur Stechlins ernsthaft gelten könnte. Julius Petersen hat vermutet, daß einem ursprünglicheren Plan des Romans zufolge Stechlins Sohn Woldemar dem Stechlin gegenüber einen Adeligen neuen Typus hätte darstellen sollen (vgl. Fontanes Altersroman. In: Euphorion XXIX H. 1/2. 1928). Der vorliegende Roman läßt aber ein solches Verhältnis zwischen Vater und Sohn nicht mehr erkennen.

Das anliegende Politikum ist Sein und Möglichkeit des junkerlichen Adels innerhalb einer Zeit, die durch die neuen Mächte des
bourgeoisen Ökonomismus und des proletarischen Sozialismus vor
allem bestimmt ist. Daß der Adelsstand seiner Tradition nach diesen
Mächten gegenüber keine Zukunft mehr hat, ja eigentlich der Vergangenheit bereits angehört — diese vollzogene Einsicht ist der Inhalt jener Freiheit, in der der alte Stechlin seine Niederlage und den
Wahlsieg des Sozialdemokraten Torgelow mit Gelassenheit hinnehmen kann. Stechlin ist frei von jener Beschränktheit, mit der
Fontane die Vertreter des Adels oft davon überzeugt sein läßt, daß
der Fortbestand der alten Gesellschaftsordnung mit der Dauer der
göttlichen Weltordnung identisch sei.[49] Nur dem in diesem Sinne
freien Junker gilt die „schließlich als Untergrund immer noch vorhandene Adelsliebe" Fontanes, und es versteht sich von daher, daß
diese seine Vorliebe vom adeligen Leserpublikum „mit Soupçon behandelt" wurde.[50] Distinkte Vorstellungen vom Wandel der gesellschaftlichen Ordnungen im Gang der Geschichte hat Stechlin freilich
kaum. Was er dazu äußert, ist häufig bloß Referat der christlich-
sozialen Anschauungen Pastor Lorenzens, so die gewichtige Meinung, „die aristokratische Welt habe abgewirtschaftet, und nun
komme die demokratische . . ."; eine Meinung, zu der er bekennt:
das „hat manches für sich, trotzdem es mir nicht recht paßt"[51].

Die innere Liberalität dieser Haltung, die Woldemars Freund
Czako sogar als „ein Stück Sozialdemokratie" deutet, das der alte
Stechlin „im Leibe" habe,[52] ist keineswegs als das Produkt einer
gesellschaftlich unqualifizierten, freischwebenden Einsicht zu verstehen. Stechlin wurzelt zu tief in der Tradition seines Standes, ist
im literarischen Sinne zu ungebildet, als daß er eine solche „klassen-
lose", sich durch Neutralität definierende Intelligenz sein könnte.

---

[49] Vgl. ›Unwiederbringlich‹, SW, Bd. V, S. 88: „Holk war krasser Aristokrat, der nie zögerte, den Fortbestand seiner Familie mit dem Fortbestand der göttlichen Weltordnung in den innigsten Zusammenhang zu
bringen."

[50] An Carl Robert Lessing, 19. 6. 1896. Briefe an seine Freunde, a. a. O.
2. Bd. S. 390. Dieser Brief meint speziell den ›Stechlin‹.

[51] SW, Bd. VIII, S. 47.

[52] A. a. O. S. 192.

Seine Freiheit von ideologisch-konventionellen Standesvorurteilen ist nicht interesselos. Sie enthält die Frage, was der Adel, näherhin das Junkertum, in der Zukunft noch sein kann, nachdem es als „tragende Säule" im Bau des preußisch-deutschen Reichs nun einfach nicht mehr besteht. Stechlin ist mit Fontane sicher, daß eine Restauration oder auch nur die Konservierung des noch Bestehenden weder möglich noch wünschenswert sei. Zugleich ist er voller Skepsis in die moderne (ökonomisch-politisch bestimmte bourgeoise und sozialistische) Welt, in der es „immer weiter runter" geht.[53] Sein Ideal ist dagegen „mehr Freiheit und Selbstentscheidung", wie sie „unser Jahr dreizehn" zeigte, der volksverbundene Freiheitskampf dieses Jahres, in dem Freiheit auch ohne „die patentierte Freiheit der Parteiliberalen" sich kräftig bewies. Er ist sogar zuversichtlich, daß das Junkertum, im Rahmen einer Verwirklichung jenes Ideals jedenfalls, politisch zu Einfluß und Bedeutung wieder gelangen werde.[54] Diese Hoffnung Stechlins, sei sie auch unbegründet, ist Ausdruck des „eigentümlich sympathisch berührenden Selbstgefühls" der märkischen Junker, die ja „schon vor den Hohenzollern" dagewesen sind,[55] und dieses Selbstgefühl ist der eigentliche Grund der inneren Freiheit Stechlins im Urteil über das Preußen der Hohenzollern, seiner Aufgeschlossenheit einer Entwicklung gegenüber, die über dieses Preußen und die staatlich-gesellschaftliche Ordnung seiner großen Zeit offensichtlich seit langem hinausführt. Es ist dieser Junkertyp, dem Fontane seine Liebe zeitlebens bewahrt hat, dessen Geschichte er in seinen märkischen Wanderungen nachgegangen ist[56], um dessen poetischer Darstellung willen er Willibald Alexis' Romane schätzte[57], dem er schließlich selbst in den Romangestalten Berndt von Vitze-

---

[53] A. a. O. S. 47

[54] A. a. O. S. 283 f.

[55] A. a. O. S. 7.

[56] Vgl. darüber den Brief an seine Frau, 12. 8. 1882: „ich habe / in den ‚Wanderungen' sc. / überall liebevoll geschildert", „aber es ist Torheit, aus diesen Büchern herauslesen zu wollen, ich hätte eine Schwärmerei für Mark und Märker. So dumm war ich nicht." Briefe an seine Familie. 2. Bd. Berlin 1924. S. 13.

[57] Vgl. Briefe vom 5. 1. 1895 und 16. 3. 1895. Briefe an seine Freunde, a. a. O. 2. Bd. S. 334.

witz und Dubslav Stechlin ein Denkmal gesetzt hat[58]. Aber ein
Denkmal setzt man Vergangenem, und Berndt und Dubslav repräsentieren in diesem Sinne nur das Ende der großen Vergangenheit
ihres Standes, Berndt als gescheiterter Volksführer, Dubslav Stechlin, noch später, in seinem „Humor" und in der gänzlich aktionslos
gewordenen „Selbstironie", mit der er, wie „hinter alles", auch noch
hinter sein eigenes junkerliches Dasein ein „Fragezeichen" macht.[59] —

Ein unerwartet glückhaftes Ereignis aus der bürgerlichen Welt erzählt Fontane in seiner Geschichte der Melanie van der Straaten,
der ›Adultera‹. Diese Geschichte ist der Erweis des Satzes: „Es braucht
nicht alles Tragödie zu sein."[60] „Ich bin kein Pessimist", schreibt
Fontane an seine Tochter, „gehe dem Traurigen nicht nach, befleißige
mich vielmehr, alles in jenen Verhältnissen und Prozentsätzen zu
belassen, die das Leben selbst seinen Erscheinungen gibt", und es
kommt eben vor, daß ein Ehebruch Verhältnisse schafft, in denen die
Beteiligten glücklicher als zuvor leben können.[61] Diese Wahrheit ist
freilich im Sinne bürgerlicher Moral inopportun; und der Verleger
Hertz, dem Fontane seinen Roman zuerst angeboten hatte, lehnte
es daher ab, sie in einem Buch seines Verlages verkünden zu lassen.[62]
Fontane selbst aber fühlt sich später durch Stimmen seiner Leserin-
nen in seiner Gewißheit bestätigt, „daß die Geschichte für natürliche
und anständige Menschen keine Spur von Bedenklichem enthält",
und sie als „ein Stück Leben ohne jede Nebenabsicht oder Tendenz"
zu erzählen — das ist seine Absicht.[63]

Melanie van der Straaten ist die geistreich-schöne, sehr junge und
verwöhnte Frau eines Berliner Bankiers, eines älteren, jovialen
Herrn, dessen „Berolinismen und Zynismen nichts weiter waren, als
etwas wilde Schößlinge seines Unabhängigkeitsgefühls und einer

---

[58] Über die Verwandtschaft der beiden Gestalten vgl. C. Kuhlmann:
Ursprung und Entwicklung des Dubslav-Charakters in Th. Fontanes Ro-
man „Der Stechlin". In: Zeitschrift für den deutschen Unterricht. 32 (1918),
S. 219—231.

[59] SW, Bd. VIII, S. 7.

[60] SW, Bd. IV, S. 106.

[61] Brief vom 5. 5. 1883. Briefe an seine Familie, a. a. O. 2. Bd. S. 27.

[62] Briefe an seine Freunde, a. a. O. 2. Bd. S. 1 Anm.

[63] Vgl. Anm. 61.

immer ungetrübten Laune"[64]. Leider geht van der Straaten mit seinen zynischen Bemerkungen oft zu weit, provoziert unbedachte Szenen, die Melanie in Gegenwart Dritter um so peinlicher empfindet, je weniger zwischen Eheleuten sehr verschiedenen Alters Anspielungen und erotische Zweideutigkeiten erträglich sind. Diese Spannung belastet die sonst keineswegs unglücklich zu nennende Ehe und prädestiniert sie für den Fall, der mit der Ankunft Ebenezer Rubehns, eines Geschäftsfreundes van der Straatens, eintritt: Melanie ist von Rubehns vornehm-taktvoller Art, von seiner Jugend unwiderstehlich angezogen. Bei Gelegenheit einer Palmenhaus-Visitation kommt es zum Ehebruch. Van der Straaten, der bald darauf von einer geschäftlich erfolgreichen Ministeraudienz zurückkehrend hinzukommt, spricht den doppelbödigen Satz: „Von diesem Tage an datiert sich eine neue Ära des Hauses van der Straaten."[65] Es kommt zur Trennung, unwiderruflich, als in der Stunde des Abschieds Melanie die Verzeihung van der Straatens nicht annehmen kann, weil der, in gütiger Hilflosigkeit, das Vorgefallene „bagatellmäßig obenhin und mit einem starken Anflug von zynischem Humor" behandelt. Melanie aber will, in der Ehe schon unter der Unerheblichkeit ihres Daseins leidend, daß ihre Tat, „dies Einsetzen ihrer Existenz, dies rückhaltlose Bekenntnis ihrer Neigung", als solche anerkannt wird.[66] So geht sie. Aber erfülltes Glück ist ihr an der Seite ihres Geliebten nicht beschieden. Es zeigt sich, daß es auf die Dauer doch nicht möglich ist, gegen das Verdikt der Gesellschaft, in der Isolation dieser Verdammung, eine bloß aus leidenschaftlicher Liebe lebende Ehe glückhaft zu führen. Die Liebe verzehrt sich dabei. — Die Wendung bringt der finanzielle Bankrott des Hauses Rubehn, der das junge Paar in die Armut stürzt. Jetzt ist die Gesellschaft versöhnt, indem je nach klassischer oder christlicher Bildung und Neigung von „Nemesis" oder „Finger Gottes" gesprochen wird.[67] Die schon zerfallene Ehe der Ehebrecher aber konsolidiert sich in der Entschlossenheit Melanies, selbst eine Lohnarbeit anzunehmen,

[64] SW, Bd. IV, S. 8.
[65] A. a. O. S. 75.
[66] A. a. O. S. 89.
[67] A. a. O. S. 122.

um so an der ökonomischen Sicherung ihrer Existenz mitzuhelfen: angesichts dieser wirklichen Aufgabe innerhalb eines neuen sozialen Milieus belebt sich das Glück, um dessentwillen Melanie auf die äußere Geborgenheit ihres Daseins als Frau van der Straaten verzichtet hatte. —

Fontane hat auch in diesem Falle wieder mit Sorgfalt die gesellschaftlichen Bedingungen, unter denen diese Ehebruchsgeschichte steht und die ihren untragischen Verlauf erst möglich machen, herausgearbeitet. Van der Straaten ist jüdischer Herkunft, und teils aus diesem Grunde, teils seiner zynischen Frivolitäten in Gesprächen wegen wird er trotz seines Reichtums gesellschaftlich nicht voll ästimiert. Das macht es Melanie leichter, ohne Rücksicht auf das Urteil der feinsten Gesellschaft, die ihren Salon ohnehin mied, ihren Weg zu gehen. Darüber hinaus ist sie auch ihrer eigenen Herkunft und Bildung nach — sie ist die ganz in französischem Geiste erzogene Tochter eines welsch-schweizerischen Adeligen — der prüden und engen'Moral der wilhelminischen Bourgeoisie innerlich nicht unterworfen: Melanies Maßstab ist nicht sosehr solche Moral als vielmehr Takt und Geschmack, und vor allem auf diese bezieht sich ihre vornehme Empfindlichkeit. Schließlich gehört auch Ebenezer Rubehn nicht der Berliner Gesellschaft an. Auch er ist jüdischer Abstammung und hat teil an der spezifischen Liberalität reich gewordener Juden, die zwar in ökonomischer, aber nicht voll auch in gesellschaftlicher Hinsicht dem Großbürgertum angehören. Jedoch diese besonderen Umstände allein stiften noch nicht jene gänzliche Unabhängigkeit von der Gesellschaft und ihrem verdammenden Urteil, die das junge Paar, will es sein Glück bewahren, braucht. Diese Unabhängigkeit ist erst gewonnen, als auch das letzte Band der Zugehörigkeit zur Bourgeoisie, der Reichtum, dahin ist: der äußere Bankrott erst begründet die Liebe Melanies und Rubehns dauerhaft. —

Die menschlich reinste, von klassenhafter Beschränktheit freieste Gestalt, die Fontane gezeichnet hat, ist Lene Nimptsch, die Plätterin, die Geliebte des Offiziers und Barons Botho von Rienäcker. Der Roman ›Irrungen Wirrungen‹, der ihre Geschichte erzählt, ist äußerlich ein Berliner Sittenroman, und sein Thema ist ein Fall freier Liebe, genauer der Fall eines „Verhältnisses", wie sie unverheiratete Offiziere mit den Töchtern kleiner Leute unterhielten. Die moralische Beurteilung solcher Verhältnisse fiel konventionellerweise einseitig zuungunsten des weiblichen, gesellschaftlich minderen Teils aus. Fontanes Absicht geht dahin, dieses moralische Vorurteil zu zersetzen.[68]

Nur einen Sommer lang währt Bothos und Lenes Glück, das Glück einer auf beiden Seiten tiefen und unvergeßlichen Liebe. Es ist von Anfang an durchherrscht von der Ahnung Lenes, daß sein Ende unabwendbar bevorsteht. Botho wehrt sich gegen diese Ahnung, wohl wider besseres Wissen, aber doch aufrichtig in seinem Wunsche. Botho fühlt sich wohl in der bescheidenen Welt, in der Lene lebt. Er schätzt offensichtlich die durch Konventionen nicht verstellte Wärme, in der die Menschen hier miteinander verkehren, und er steigert noch ihre Empfindung, indem er im Kreise am Nimptschen Herde an Beispielen die fade Lächerlichkeit der Gespräche demonstriert, die in Salons und Kasinos die Verkehrsform höherer Kreise bilden. In diesem Wohlgefühl ist es ihm lange genug, mit Lene in Gegenwart ihrer altgewordenen Mutter oder begleitet von der originellen Gärtnerin Dörr (die Lenes Schicksal schon hinter sich hat), beim Kaffee oder auf Spaziergängen zusammenzusein. Höhepunkt der Liebe Bothos und Lenes ist, „ein einzig Mal", ihr Ausflug nach „Hankels Ablage", einem Lokal an der Spree, wo sie nächtigen. Das schöne Zusammensein endet am Morgen mit einem (von Bothos Clubkameraden vermutlich provozierten) peinlichen Zwischenfall, als eine „Demimondegesellschaft"[69] von Offiziersliebchen mit ihren

---

[68] Vgl. Brief vom 8. 9. 1887. Briefe an seine Familie, a. a. O. 2. Bd. S. 155: „Wir stecken ja bis über die Ohren in allerhand konventioneller Lüge und sollten uns schämen über die Heuchelei, die wir treiben, über das falsche Spiel, das wir spielen. Gibt es denn außer ein paar Nachmittagspredigern, in deren Seelen ich ... nicht hineingucken mag, gibt es denn außer ein paar solchen fragwürdigen Ausnahmen noch irgendein gebildeten und herzensanständigen Menschen, der sich über eine Schneidermamsell mit einem freien Liebesverhältnis wirklich moralisch entrüstet?" Im Sinne dieser moralisch-kritischen Frage empfiehlt Fontane seinem Sohn Theo in Münster, der das Buch mit Zustimmung gelesen hatte: „Wirke für dasselbe"; er findet es „freilich nicht wahrscheinlich", „daß Münster die Stätte dafür" sei. Brief vom 17. 2. 1888, a. a. O. S. 160.

[69] An Theodor Wolff, 28. 4. 1890. Briefe an seine Freunde, a. a. O. 2. Bd. S. 249.

Herren erscheint und Lene wie selbstverständlich als zu ihr gehörig behandelt. Es sind erfahrene Damen, die dann auch bald erkennen, daß es um Lene anders steht: „Jott, Kind, Sie verfärben sich ja; Sie sind wohl am Ende mit *hier* (und sie wies aufs Herz) dabei und tun alles aus Liebe? Ja, Kind, *denn* is es schlimm, denn gibt es nen Kladderadatsch."[70]

Diese Prognose bestätigt sich. Botho sieht sich bald in der Zwangslage, entweder seiner Liebe zu Lene die Treue zu halten und an seinen Schulden ökonomisch zugrunde zu gehen oder das Püppchen Käthe Sellenthin zu heiraten, deren Mitgift einzig den finanziellen Bankrott aufhalten kann. Fontane überfordert seine Gestalten nicht, und der Leser denkt ebensowenig schlecht von Botho wie Lene, daß er in dieser Lage eine standesgemäße Entscheidung trifft. Auch Botho leidet und gelangt zu bitterster Selbsterkenntnis: „Wer bin ich? Durchschnittsmensch aus einer sogenannten Obersphäre der Gesellschaft. Und was kann ich? Ich kann ein Pferd stallmeistern, einen Kapaun tranchieren und ein Jeu machen. Das ist alles." Er weiß, was er aufgibt: „des Lebens Bestes, und dieses Beste heißt mir Einfachheit, Wahrheit, Natürlichkeit. Das alles hat Lene." Zugleich weiß er sich schwach genug, den gesellschaftlichen Zwang um dieses Besten willen abzuwerfen: „Nein. Es liegt nicht in mir, die Welt herauszufordern und ihr und ihren Vorurteilen öffentlich den Krieg zu erklären." Heimkehrend von dem Ritt, bei dem ihm diese Einsichten kamen, fällt ihm vor einem Walzwerk noch eine Gruppe Arbeiter auf, die ihren Mittag halten. „Mit einem Anflug von Neid" sieht er sie als Zeugen des einfach menschlichen Lebens, das er durch Lene kennengelernt hatte und von dem er nun Abschied nimmt.[71] Aber der Abschied gelingt nicht vollständig. Botho bleibt mit der Erfahrung, die er gemacht hat, gleichsam geschlagen: „Lene mit ihrer Einfachheit, Wahrheit und Unredensartlichkeit stand öfters ihm vor der Seele", besonders dann, wenn er wieder bemerken mußte, daß mit seiner Frau Käthe „durchaus kein ernstes Wort zu reden war".[72]

Lene tritt in der zweiten Hälfte des Romans kaum noch auf. Sie

---

[70] SW, Bd. III S. 163.
[71] A. a. O. S. 169 ff.
[72] A. a. O. S. 183.

heiratet den sonderbaren, aber soliden Sektierer Gideon Franke. Die Frage nach dem Glück dieser Ehe wird nicht gestellt. Sie scheint auch unwichtig. Der Leser ist sicher, daß sie auch hier der gute, aus seinem Herzen lebende Mensch bleiben wird, als den er sie kennengelernt hat. —

7

Die Menschlichkeit Lenes, in der sie nur noch mit ihrer Leidensgefährtin Stine verglichen werden kann, gehört offensichtlich in eine soziale Umgebung, in der das Leben, in der Meinung Fontanes, von verstellenden Konventionen noch frei und an Interessen noch nicht gebunden ist, die einer bestimmten, durch eben diese Interessen definierten und gegen andere sich darin selbstbewußt abhebenden Klasse spezifisch zugehören. Lene ist wie Stine eine Vertreterin des „vierten Standes"; aber in ihrer Menschlichkeit erscheint sie gesellschaftlich ortlos, klassenmäßig unfixiert. Im Vergleich mit anderen Romangestalten trägt sie idealisierte Züge. — Die ausdrückliche Sympathie, mit der er Lene behandelt, bringt Fontane ihrem Stande im Ganzen entgegen. Die Sätze aus dem bekannten Brief an James Morris sind hierfür der meist zitierte Beleg: „Alles Interesse ruht beim vierten Stand ... Die neue, bessere Welt fängt erst beim vierten Stande an."[73] Und schon achtzehn Jahre früher schreibt er an seine Frau: „Millionen von Arbeitern sind gerade so gescheit, so gebildet, so ehrenhaft wie Adel und Bürgerstand; vielfach sind sie ihnen überlegen."[74] Diese respektvolle Sympathie hat keinen klassenkämpferischen Inhalt, d. h., sie ist weit entfernt davon, etwa sozialistische Forderungen nach einer Änderung der bestehenden Eigentumsverhältnisse durch das Dichterwort zu unterstützen. Von der klassenkämpferischen Ideologie und Doktrin des politisch organisierten Proletariats hatte Fontane kaum eine Vorstellung. Immerhin hat er über lange Jahre hinweg daran gedacht, einen großen Roman, die „phantastische und groteske Tragödie", ›Die Likedeeler‹ zu schreiben. „Likedeeler, Gleichteiler, damalige — denn es spielt Anno

---

[73] 22. 2. 1896. Briefe an seine Freunde, a. a. O. 2. Bd. S. 380.
[74] 5. 6. 1878. Briefe an seine Familie, a. a. O. 1. Bd. S. 252 f.

1400 — Kommunisten": „Der Stoff in seiner mittelalterlichen Seeromantik und seiner sozialdemokratischen Modernität . . . reizt mich ganz ungeheuer."[75] Aber die Geschichte sollte ja nicht mit der Errichtung eines klassenlosen Reiches kommunistischer Freiheit, sondern „mit der Enthauptung von 99 Seeräubern" enden.[76] „Die Welt sollte bei der blutigen Beseitigung der Übeltäter aufatmen, aber der Leser doch innige menschliche Teilnahme für manchen von ihnen empfinden. Zugleich sollte mit ihnen der schöne, aber nicht zu verwirklichende Traum der allgemeinen Gleichheit zerstört werden."[77]

Die Skepsis dieses Entwurf gebliebenen Romans bestätigt, daß Fontanes betontes Interesse am vierten Stand auch der bloßen Tendenz nach keinen politisch-engagierten Sinn gehabt haben kann. Fontanes Ideal ist die Humanitas, verstanden als „liebevolle Menschlichkeit", wie sie in „einem schönen Herzen" wurzelt,[78] und seine Beurteilung der Stände und Klassen richtet sich danach, ob und inwieweit er die Entfaltung und das Bestehen solcher Menschlichkeit in ihnen für möglich hält. Bei dieser Beurteilung kommt der vierte Stand freilich am besten weg. „Die drei anderen können sich begraben lassen", schreibt er an seine Tochter.[79] Aber die Gestalten Dubslav von Stechlin und Melanie van der Straaten, des einsichtig-unbefangenen Vertreters eines abtretenden Standes und der tapfer und mit Erfolg ihr Liebesglück verteidigenden Bourgeoisen, zeigen deutlich, daß Fontane unvoreingenommen genug war zu sehen, daß es überall jeweils verschiedene Möglichkeiten gibt, Menschlichkeit so zu beweisen, daß sie von der Kritik nicht mehr betroffen ist, die der Gesellschaft gelten mag.

Solche Unvoreingenommenheit in der Darstellung des gesellschaftlichen Lebens seiner Zeit bedeutet nicht, daß Fontane als Schrift-

[75] Vgl. die Briefe vom 16. 3. 1895 (an H. Hertz und an F. Holtze), vom 22. 3. 1895 und vom 31. 3. 1895. Briefe an seine Freunde, a. a. O. 2. Bd. S. 343 ff.

[76] An F. Stephany, 1. 8. 1887, a. a. O. S. 136.

[77] Hermann Fricke: Theodor Fontanes letzter Romanentwurf. Die Likedeeler. Rathenow 1938 S. 54.

[78] An Georg Friedlaender, 27. 5. 1891. Briefe an seine Freunde, a. a. O. 2. Bd. S. 266.

[79] Brief vom 22. 8. 1895. Briefe an seine Familie, a. a. O. 2. Bd. S. 316.

steller einen fixierbaren Ort innerhalb der Gesellschaft, die er darstellt, nicht mehr hätte. Als eines der bedeutsamsten literarischen
Dokumente Preußen-Deutschlands zwischen 1870 und 1900 gehört
sein Werk spezifisch dem Bürgertum zu. Die Kenntnis und das Verständnis der ausgeprägten Bürgerlichkeit Fontanes ist wesentliche
Voraussetzung für das Verständnis seiner schriftstellerischen Wirksamkeit.

Von bürgerlichen Idealen enthusiasmiert, hegte der junge Fontane
in den Tagen der 48er Revolution seine „Winkelriedgefühle" und
versuchte sogar, sie auf den Barrikaden in die Tat umzusetzen, bis
er schließlich, in seinem „Elendsgefühl über das, was eine Revolution sein wollte", diese ihrem geschichtlich-tatsächlichen Lauf überließ.[80] Fontane lebte damals des bürgerlich-revolutionären Glaubens,
daß der Sieg der republikanisch organisierten Demokratie, der Sieg
des Bürgertums also, die äußere Voraussetzung einer neuen, höheren,
zur Freiheit gelangten Menschlichkeit begründen werde. Im Interesse solcher besseren Zukunft war er bereit, die Waffe in die Hand
zu nehmen, und dafür erbat er sich von seinem Freunde, dem preußischen Leutnant von Lepel, eine ausgediente Büchse. Und nicht nur
als Bürgerkrieger, auch als Dichter wollte er für diese Zukunft eintreten: er plante, die englische Revolution dramatisch zu behandeln,
wobei die Hinrichtung des Königs den Höhepunkt machen sollte.[81]
Die Flinte wurde ihm natürlich verweigert, das Drama kam nicht
zustande, und die Hoffnung auf eine politische Machtergreifung des
Bürgertums mußte begraben werden. Fontane fand Arbeit und Brot
als Mitarbeiter am Preßbüro der preußischen Regierung in der Re-
staurationsepoche der fünfziger Jahre. Seine Zugehörigkeit zur bürgerlichen Intelligenz beweist sich in dieser Zeit vor allem in seinem

[80] Aus der Perspektive seines Alters beschreibt Fontane seinen Anteil
am Geschehen der 48er Revolution ausführlich in seiner autobiographischen Schrift ›Von Zwanzig bis Dreißig‹. Gesamtausgabe der erzählenden
Schriften II 4. Berlin 1925. S. 381 ff.

[81] Theodor Fontane und Gerhard von Lepel. Ein Freundschaftsbrief-
wechsel, herausgegeben von Julius Petersen. 2 Bände. München 1940. III.
Revolutionsjahre 1848/49. 1. Bd. S. 90 ff. Diese Briefe sind das unmittelbare, durch autobiographische Reflexion nicht gebrochene Zeugnis der Fontaneschen Anteilnahme an den Ereignissen der Revolution.

Interesse für die politischen Verhältnisse und deren Tradition in England, diesem erheblichsten Beispiel für die Möglichkeit, wie auch und gerade in einer traditionsreichen Demokratie das bürgerliche Leben, ohne wie in Preußen an seinem politischen Gegensatz zu den herrschenden Mächten zu leiden, sich beispiellos entfalten kann. Aus der Erfahrung seines langjährigen England-Aufenthaltes bildet Fontane seinen bürgerlichen Konservativismus, und aus diesem versteht er später den Geist der bürgerlichen Revolution, d. h. vor allem der französischen, als den Geist der Entfremdung, der Atomisierung des Individuums, das „sich selber Zweck" wird und traditionslos „nie im Dienste einer Idee, nie im Dienste des Ganzen" steht.[82]

Auch die Kritik an der preußisch-deutschen Bourgeoisie nach 1870, deren Muster die Treibels sind, meint vor allem solchen Mangel an Idealen, denen sie über ihre profanen Interessen hinaus verbunden wären. Das preußisch-deutsche Bürgertum lebt seit dem Fehlschlag der 48er Revolution ohne eine politisch mächtige Tradition, die ihm der anderen Tradition gegenüber, die in der preußischen Monarchie noch andauert, eigenes verbindliches Ideal sein könnte. Die unvermeidliche Konsequenz dieser Lage ist Resignation, eine tiefreichende Schwächung des bürgerlichen Willens zur politischen Herrschaft. Fontane selbst beweist seine Zugehörigkeit zum Bürgertum nicht zuletzt dadurch, daß er diese Resignation gründlich vollzieht, und sein politischer Bildungsweg mit dem wichtigen Einschnitt seiner Entlassung aus dem Dienst als Korrespondent der preußischen Regierung (1860)[83] ist im wesentlichen der Fortschritt in der Einsicht ihrer Unvermeidlichkeit. Diese Resignation ist die Vorbedingung jener distanzhaltenden Freiheit des Dichters, die sein realistisches Erzählen, die unvoreingenommene Darstellung des gesellschaftlichen Lebens erst möglich macht. Sie ist eine Haltung, die sich gegen manche Widerstände als so viele vergebliche Versuche politischen und ideologischen Engagements allmählich erst durchsetzen kann. Als Lebens-

[82] Kriegsgefangen. Erlebtes 1870. Berlin [6]1904 S. 82: „Die klugen Engländer! Sie haben dasselbe, aber sie haben e i n e s vermieden: das B r e c h e n   m i t   d e r   T r a d i t i o n."

[83] Über die Hintergründe dieser Entlassung berichtet Fritz Behrend: Theodor Fontane und die „Neue Aera". In: Archiv für Politik und Geschichte. 3 (1924), S. 475—497.

möglichkeit gehört sie dem Alter zu. Fontanes erzählendes Werk ist in diesem Sinne nur als ein Alterswerk überhaupt denkbar.[84]

Der gesellschaftliche Ort des Erzählers Fontane bleibt also auch in der skeptisch resignierenden Ungebundenheit seines Alters durchaus das Bürgertum, nur daß sich bei ihm, weil er ein Literat und kein Kaufmann war, der unvermeidliche Abbau der aus der bürgerlichen Frühzeit stammenden Ideale nicht zugunsten der ökonomisch definierten Privatinteressen vollzog, sondern zugunsten jener freien (literarischen) Intelligenz, die zur Welt der materiellen Interessen sich genauso verhält wie Professor Schmidt zu Jenny Treibel: in ihrer Jugend gingen sie einen lyrischen Frühling lang Hand in Hand; bevor es zur fruchtbaren Verbindung kam, erfolgte die Trennung, und am Ende steht jene sentimentale Wertschätzung, die die Bourgeoisie dem Geiste zollt, ohne daß sie bemerkte, daß seine Funktion längst wesentlich die geworden ist, den ideologisch-prätentiösen Sinn, die Substanzlosigkeit jener Wertschätzung zu durchschauen und bloßzustellen.

Wo in dieser Weise der zur literarischen Reflexion verflüchtigte Geist und die ökonomisch materialistische Gesellschaft auseinandertreten, wo es den „Idealismus", der die Menschen untereinander und ihre Gemeinschaft mit den hohen, auch politisch bezogenen Idealen verbindet, als Möglichkeit nicht mehr gibt, kann auch die Menschlichkeit des Menschen sich nicht mehr in solchem Idealismus beweisen. Nicht mehr in der pathetischen Praktizierung forensischer Tugenden, sondern in der Wahrheit des Herzens bewährt sich der Mensch. Solche verinnerlichte Menschlichkeit, als Kultur des Gefühls und der Herzenstiefe, stellt auch Jenny am höchsten. Professor Schmidt, dem sich Jenny darin mehr als ihrem Manne verbunden fühlt, weiß freilich genau, daß sie im Falle einer Konkurrenz mit den realen, ökonomisch-materiellen Interessen das innere Ideal ohne Bedenken zurückstellen wird. Aber sein eigenes Ideal ist gleichwohl kein anderes, und wenn er immerhin Jennys sich lyrisch gebende Seele bis auf ihren

---

[84] Thomas Mann hat die Bedeutung des Alterns für das Schaffen Fontanes zum Thema eines ihm gewidmeten Essays gemacht. ›Der alte Fontane‹ (1910). In: Adel des Geistes. Sechzehn Versuche zum Problem der Humanität. Stockholm 1945. S. 543 ff. [In diesem Band S. 1 ff.].

prosaischen Grund durchschaut, so ist er am Ende doch selbst ergriffen von der menschlichen Wahrheit jener Strophe, die er einst Jenny verehrte: „Ach, nur das, nur das ist Leben, / wo sich Herz zum Herzen findet." „Es ist was damit", bekennt er gerührt, „es ist was drin; ich weiß nicht genau was, aber das ist es eben —."[85]

Die Kategorie des Herzens ist für den unpolitischen Humanismus bestimmend, der den Fontaneschen Realismus trägt. Und daß die bourgeoise Welt es dem Menschen besonders schwer macht, aus seinem Herzen zu leben — das ist der eigentliche Inhalt der Kritik, die Fontane an ihr übt.[86] Dieser Kritik fehlt daher jeder klassenkämpferische Sinn. Ihre Basis ist nicht die Überzeugung von der geschichtlichen Notwendigkeit einer die Eigentumsverhältnisse betreffenden sozialen Revolution, sondern die Frage nach den Möglichkeiten, innerhalb der modernen Gesellschaft eine im Herzen gründende Menschlichkeit zu bewahren. Fontane ist allerdings der Meinung, daß das überall, im Adel sowohl als vor allem im „vierten Stand" eher als in der bourgeoisen Welt möglich sei. Aber politische Folgerungen zieht er nicht daraus. Obwohl er „das Bourgeoishafte mit einer Leidenschaft" haßt, als ob er „ein eingeschworener Sozialdemokrat wäre",[87] verbleibt er selbst bürgerlich in der literarischen Kultur einer Skepsis in die Möglichkeiten, der menschlichen Misere der gesellschaftlichen Verhältnisse anders als durch Selbstbefreiung aus ihren Vorurteilen zu entkommen.

---

[85] SW, a. a. O. Bd. VII, S. 166.

[86] In den Briefen findet diese Kritik ihren schärfsten Ausdruck. „Der Bourgeois ist furchtbar", heißt es (an James Morris, 22. 2. 1896). Briefe an seine Freunde, a. a. O. 2. Bd. S. 380.

[87] Brief vom 25. 8. 1891. Briefe an seine Familie, a. a. O. 2. Bd. S. 268.

Robert Minder, Dichter in der Gesellschaft. Erfahrungen mit deutscher und französischer
Literatur. Frankfurt am Main: Insel Verlag (5. bis 7. Tausend) 1967, S. 46—63: (Erstmals veröffentlicht in: Neue Rundschau, 77, 1966, S. 402—413.)

ÜBER EINE RANDFIGUR BEI FONTANE[1]

Von ROBERT MINDER

Dem Andenken Eduard Sprangers

Beim Durchblättern des ›Stechlin‹ blieb der Blick an einer Stelle
haften, die sich in ihrer Unscheinbarkeit bald als erstaunlich aufschlußreich erwies und in die Mitte einiger Probleme führen dürfte.
Hausbesitzer Schickedanz hat ein letztes Gespräch mit seiner Frau.

„Riekchen, sei ruhig, Jeder muß. Ein Testament hab ich nicht gemacht. Es gibt doch bloß immer Zank und Streit. Auf meinem
Schreibtisch liegt ein Briefbogen, drauf hab ich alles Nötige geschrieben. Viel wichtiger ist mir das mit dem Haus. Du mußt es behalten,
damit die Leute sagen können: ‚Da wohnt Frau Schickedanz.‘ Hausname, Straßenname, das ist überhaupt das Beste. Straßenname
dauert noch länger als Denkmal."

„Gott, Schickedanz, sprich nicht soviel; es strengt dich an. Ich will
es ja heilig halten, schon aus Liebe . . ."

„Das ist recht, Riekchen. Ja, du warst immer eine gute Frau, wenn
wir auch keine Nachfolge gehabt haben. Aber darum bitte ich dich,
vergiß nie, daß es meine Puppe war. Du darfst bloß vornehme Leute
nehmen; reiche Leute, die bloß reich sind, nimm nicht; die quengeln
bloß und schlagen große Haken in die Türfüllung und hängen eine
Schaukel dran. Überhaupt, wenn es sein kann, keine Kinder. Hart-
wigen unten mußt du behalten; er ist eigentlich ein Klugschmus aber
die Frau ist gut. Und der kleine Rudolf, mein Patenkind, wenn er
ein Jahr alt wird, soll er hundert Taler kriegen. Taler, nicht Mark.
Und der Schullehrer in Kaputt soll auch hundert Taler kriegen. Der

---

[1] Umgearbeitet und stark erweiterte Fassung des Beitrags ›Schein und
Sein bei Theodor Fontane‹ in: Erziehung und Menschlichkeit, Festschrift
für Eduard Spranger, 1957, S. 421—426.

wird sich wundern. Aber darauf freu ich mich schon. Und auf dem
Invalidenkirchhof will ich begraben sein, wenn es irgend geht. Invalide ist doch eigentlich jeder. Und Anno siebzig war ich doch auch
mit Liebesgaben bis dicht an den Feind, trotzdem Luchterhand
immer sagte: ,Nicht so nah 'ran.' Sei freundlich gegen die Leute und
nicht zu sparsam (du bist ein bißchen zu sparsam), und bewahre mir
einen Platz in deinem Herzen. Denn treu warst du, das sagt mir
eine innere Stimme."[2]

Sterbeszenen fehlen bei Fontane nicht — die junge Effi Briest, der
alte Stechlin und manch andre, darunter Selbstmörder wie Schach
von Wuthenow. Kein Vergleich allerdings mit dem Totentanz, der
das Werk Thomas Manns diskret, ironisch und schonungslos durchzieht: man denkt an die gotischen Fresken und Tafelbilder Lübecks.
Den Untergang haben diese Schiffsherren in ihren weitläufigen,
schwankenden Beruf stets einkalkuliert.

Mit Fontane kehren wir von Thomas Buddenbrook zu Johann
zurück. Es war mehr Pläsierliches in dieser Generation; etwas Un-
hastenderes. Man ließ sich Zeit. Die ›Buddenbrooks‹ wurden mit
knapp fünfundzwanzig Jahren geschrieben; der ›Stechlin‹ mit bald
achtzig. Herbstkräftig die gedämpfte Welt. Freilich raschelt es, die
Schatten fallen herein, „und ist nichts in Sicht geblieben, / als der
letzte dunkle Punkt". Aber es fehlt das Ziehende, moorig Lauernde,
das Todessüchtige der geheimen Wasser, das von Storm und Jens
Peter Jacobsen bis zu Thomas Mann immer raffiniertere Formen
annimmt.

Märkisch-preußischer Boden fest unter den Füßen. „Riekchen, sei
ruhig, Jeder muß." Ein ehernes, aber schlichtes Wort, ohne das auf-
wühlende Hin und Her von Beethovens Selbst-Dialog: „Muß es
seyn? — Es muß seyn!" Zelter wiederholte sein „Jeder muß" dem
Weimarer Freund in den schweren Krisen, und Goethe schöpfte neue
Kraft aus der phlegmatischen Bestimmtheit des Maurerlehrlings, der
es zum Generalmusikdirektor gebracht hatte, wie der Ziegelstrei-
chersohn Schickedanz aus dem Dorf Kaputt bei Potsdam zum Berliner Hausbesitzer.

[2] Zitiert nach der Ausgabe bei S. Fischer, 1920, Kapitel XII, S. 141.

Schickedanz aus Kaputt. Der schnurrige Name existiert, Fontane hat ihn des Effekts wegen leicht stilisiert: das Dorf heißt Caputh. Schickedanz quittiert die Witzeleien über den Geburtsort und betrachtet mit Behagen den Weg, den er zurückgelegt. Über das Omen des Nomen hat der Wille triumphiert und das Schicksal den Rest getan. Der einstige Hilfsschreiber einer Hagelversicherungsgesellschaft ist aus eigener Kraft zum Versicherungssekretär aufgestiegen und bis zu seinem fünfzigjährigen Dienstjubiläum der Firma treu geblieben, obwohl er in den letzten sechs Jahren seines Lebens zweimal hintereinander das Große Los gewonnen hatte und damit ein Unikum unter seinen Kollegen, eine Respektsperson, ein Hausbesitzer geworden war. Von der schmalgehaltenen, mit Titel abgespeisten Beamtenschaft hat er zum Besitzbürgertum hinübergewechselt. Unter seinen Mietern am Kronprinzenufer ist die gräfliche Familie Barby, deren Tochter Armgard den jungen Stechlin heiraten wird — die einzige 'Handlung' im ganzen Roman.

Wir stehen in den Gründerjahren; doch weht eine andere Luft als in Stindes ›Familie Buchholz‹ oder in Sudermanns ›Ehre‹. Der Sparschatz von Humanität war noch nicht aufgezehrt, auch nicht verniedlicht zur betriebsam schwirrenden Sentimentalität Leberecht Hühnchens, dessen einer Fuß mehr im mecklenburgischen Geburtsort Perlin steht als der andere in Berlin. 'Jeder muß': Kantischer Imperativ, das Sich-Fügen, der angeborene Sinn für Disziplin. Aber der Gegenklang ist auch da, er lockert fontanisch die Härte: 'Invalide ist doch eigentlich jeder.' Das Gebot der Haltung wird gemildert durch das Wissen um die Hinfälligkeit der Kreatur. In den Gesangbuchversen des Berliner Diakons Paul Gerhardt steht es nicht anders.

Gutes und weniger Gutes mischt sich bei Schickedanz. Er hat bescheidene Anlagen zum Heros und eine entschiedene Neigung, die eigenen Meriten herauszustreichen; aber noch ohne den bierkehligen Stammtischpatriotismus der kommenden Zeiten. Alles mit Maß. Selbst der Unteroffizier oder Leutnant mahnte im Siebziger Krieg: „Nicht so nah an den Feind ran mit Liebesgaben, Schickedanz!"

Auch die Tugend bleibt maßvoll. Dem Patenkind vermacht Schickedanz 100 Taler und schärft der Frau ein: Taler, nicht Mark. Doch findet Kinderliebe ihre naturgegebene Grenze beim Hausbesitzer: Ehepaare mit Kindern werden, wenn es sein kann, freundlich, aber

bestimmt zurückgewiesen. 100 andere Taler fallen an den alten
Lehrer in Kaputt. Der Stolz, Mäzen zu spielen, postum als großer
Mann des Dorfes gefeiert zu werden, wird im voraus genossen, ver-
süßt die bittere Pille des Sterbens. Auf der anderen Seite bleibt zu
buchen das Gefühl der Dankbarkeit, der Anhänglichkeit an den
Mann, der den Jungen gefördert hatte; dazu der später verloren-
gegangene Respekt des ökonomischen Typus vor dem Wissen, auch
wo es nichts einbringt. Es ist noch die Zeit, die den Schulmeister ehrte
und ihm die Siege zwischen 60 und 70 gutschrieb.

Überall geht es um das Gediegene und Beständige, um jenes Solide,
Massive, Reelle, das Hegel 50 Jahre zuvor als Kern seiner Philosophie ausbaute eben in der Stadt Franz Krügers und Karl Blechens,
Schadows und Schinkels, der Stadt des Brandenburger Tors, des
Alten Museums, des Schauspielhauses. Der Klassizismus gab sich hier
frugaler als im heimatlichen Schwaben; das Denken war ohne die
bohrende Hintergründigkeit, die am Neckar auch beim Bauern zu
finden ist, während der Beamte an der Spree leicht eintrocknet in
der kategorischen Nüchternheit des Erzberliners Nicolai. Gemeinsam bleibt ihnen die Absage an alle Windbeutel und Klugschmuse.

Auf den Gegensatz zwischen Sein und Schein laufen die Romane
Fontanes hinaus. Schickedanz weiß, daß „reiche Leute nicht ohne
weiteres auch vornehme Leute" sind. Noch apodiktischer heißt es:
„Hausname, Straßenname, das ist überhaupt das Beste. Straßenname dauert noch länger als Denkmal." Das könnte von Glasbren-
ner sein, in Kalischs ›Gebildetem Hausknecht‹ oder in Angelys ›Dach-
decker‹ stehen; auch in Tiecks ›Phantasus‹, wo die romantischen
Ausschweifungen immer wieder durch grundgescheite Berliner Einwände zur Räson gebracht werden. Aus Andersens ironisch gewürz-
ten, dänischen Märchen klingt es verwandt herüber: 'Vergoldung
vergeht, Schweinsleder besteht.' 'Testament bringt bloß Zank und
Streit' und 'Invalide ist doch eigentlich jeder', heißen die andern
Kernsprüche. Sie ziehen das Fazit eines Lebens. Der Text ruht auf
solcher Art von Quadern; sie verleihen ihm seine Statik. Nichts
Säulenhaftes dabei, keine thronende Feierlichkeit, wie sie sich bei
Ernst Jüngers Sentenzen leicht einstellt. Die Sprache ist gelöst und
setzt sich ungezwungen in Handlung um. Eine der Aussagen haben
wir eben verfälscht, indem wir sie zusammenrafften. Im Text heißt

es: „Du darfst bloß vornehme Leute nehmen; reiche Leute, die bloß reich sind, nimm nicht; die quengeln bloß und schlagen große Haken in die Türfüllung und hängen eine Schaukel dran." Der Satz springt wie eine reifer Apfel vom Stamm, und die Lehre fällt mit in den Schoß. Das neudeutsche Gehabe ist durch das eine Bild fixiert. Und die Frau horcht auf vor so drastischen Konsequenzen. Vergessen wir nicht, daß es sich um einen Dialog handelt, kein Selbstgespräch, Schickedanz hat freilich den Löwenanteil. Mit dem wogenden Busen der Aufregung kann die Frau nur lamentieren, nicht räsonieren. „Sei ruhig, Riekchen. Jeder muß." Augenblickswallungen hingegeben, läßt sie sich vielleicht einmal zum Hausverkauf beschwatzen. Er appelliert an ihre Eitelkeit: „Da wohnt Frau Schickedanz", soll man immer sagen können. Sie fällt erst ein, als er den Gedanken zur Maxime über Denkmal und Haus weiter ausspinnt. Maximen mögen ihr gegen den Strich gehen: „Gott, Schickedanz, sprich nicht soviel; es strengt dich an. Ich will ja alles heilig halten, schon aus Liebe."

Sie wird Wort halten und nach seinem Tod die Trauer zum Kult steigern. „Die Vormittagsstunden jedes Tages gehörten dem hohen Palisanderschrank, drin die Jubiläumsgeschenke wohlgeordnet standen ... darunter ein Oreiller mit dem Eisernen Kreuz und einem angehefteten Gedicht, von einem Damenkomitee herrührend, in dessen Auftrag er, Schickedanz, die Liebesgaben bis vor Paris gebracht hatte."[3] Der ehemaligen Weißzeugnäherin aus einer Dachstube erscheint das eigene Leben märchenhaft; seit Schickedanzens sozialem Aufstieg rangiert sie sich unter die Geld-, ja Geburtsgrößen und ist — eine andere Jenny Treibel — ehrlich empört, als ihm zum Dienstjubiläum kein Orden verliehen wird: „Gott, er hat doch immer so treu gewählt."

Schickedanz schraubt den Aufwand der Gefühle kritisch herunter. Eine gute Frau, gewiß; Kinder hat sie ihm freilich nicht geboren (verschämter und großzügiger sagt er: „Wir haben keine Nachfolge gehabt"). Immer wieder die Gefahr, daß sie sich von Äußerlichkeiten verlocken läßt, auf den Schein hereinfällt, den Kern übersieht, am falschen Ort verschwendet oder knickerig wird. Zusammenfassend: „Sei freundlich gegen die Leute und nicht zu sparsam (du bist

---

[3] Der Stechlin, ebd., S. 143.

ein bißchen zu sparsam) — und bewahre mir einen Platz in deinem Herzen."

Damit ist er nun selbst in eine hochtrabende Floskel verfallen — eine Replik auf ihre „heiligen Gefühle", die zum erstaunlichen Abschluß führt: „Denn treu warst du, das sagt mir eine innere Stimme." Läßt Treue sich beweisen? Die „innere Stimme" muß dafür sorgen — aber mit ihrer Anrufung rückt sich der Sprecher selbst in die Distanz einer leisen Komik: denn die „kleine, winzige Frau" als Herzensbrecherin sich vorzustellen, ist ebenso schnakisch wie der Dialog des nüchternen Berliner Immobilienbesitzers mit seiner „inneren Stimme".

Der Schwebezustand zwischen Gefühlswallung und diskreter Ironie ist durchgehalten wie später beim Tod des alten Stechlin. Der Unterschied liegt im Duktus der Rede. Statt des anspielungsreich verschlungenen, oft weitausholenden, nuancierten Konversationstons des Landedelmannes werden hier kurze Sätze aneinandergereiht, knappe Redewendungen, in ihrer Drastik dem Volk abgehorcht. „Fontane gibt die Quintessenz der Alltagssprache, sie unmerklich stilisierend", schrieb schon Spielhagen.[4]

Die Schickedanz-Szene mag auf den ersten Blick hin als Füllsel erscheinen. Aber gerade durch die Häufung solcher Episoden schafft Fontane den Eindruck einer zugleich geschlossenen und sehr vollständigen Welt, die prall bis an den Rand mit Wirklichkeit erfüllt ist.

Mit Wirklichkeit? Sagen wir vorerst: mit fontanescher Wirklichkeit. Selbst Schickedanz trägt Züge des Dichters. Seine ganze Wesensart spiegelt schwach, aber unverkennbar diejenige seines Schöpfers wider. Die Übersiedlung aus der Provinz in die Großstadt; die karge Laufbahn und der Glücksfall des späten Aufstiegs zum Dichterruhm; das Angenehme der Ehrungen mit dem Blick für ihre Nichtigkeit; ein maßvoller Sinn für das Heroische bei stetem Dringen auf das Reelle, Solide; eheliche Verbundenheit, durchgehalten bei allem Wissen um die unbequemen Gegensätze; diskrete Zurecht-

---

[4] Zitiert in der fundierten und aufhellenden Studie von Peter Demetz: Formen des Realismus: Theodor Fontane, 1964, S. 133.

weisung mit dem engeren Horizont und der etwas aufsässigen Knauserigkeit; zum Schluß gerührtes Lob ihrer Treue, doch nicht ohne halb-ironische Zwischenbemerkungen.

Bis in Geringfügigkeiten geht die Angleichung an den Dichter: so ist die Versicherungsgesellschaft, der Schickedanz angehört, eine deutsch-englische, wie Fontane selbst der England-Korrespondent deutscher Blätter gewesen war. Und die Glanzzeit des Helden bricht mit 60 Jahren an, als er das Große Los gewonnen hat, wie der Dichter, als ihm mit den Romanen endlich der Eintritt in die große Literatur gelungen war.

Schickedanz interessiert uns, weil sich geradezu exemplarisch an ihm verfolgen läßt, wie der Autor selbst seine Nebenpersonen sich anverwandelte und damit dasselbe tat, was er Gottfried Keller vorgeworfen hatte: die „ganze Gotteswelt seinem eigenen, besonderen Keller-Ton zu überliefern". Thomas Mann schon hat darauf hingewiesen, daß erst ein solcher Ton — bei Keller wie bei Fontane — die Geschlossenheit des Kunstwerkes sichert.[5] „Der Künstler", schreibt André Malraux, „wird als Gefangener eines Stils geboren, der ihm erlaubt, nicht mehr von dieser Welt zu sein." Die Summierung der einzelnen Posten ergibt den Gesamteffekt. Die strukturelle Rechtfertigung Schickedanzens besteht in seiner diskreten Doppelgängerrolle des alten Stechlin.

Ist eine so durchweg fontanesierte Gestalt aber noch typisch für den Berliner Kleinbürger, den sie darstellen soll? Mit dem gleichen Recht hat man fragen können: Sind preußische Leutnants je so anmutigen Geistes gewesen, wie Rex und Czako im ›Stechlin‹? Ist die bescheiden zurückhaltende, menschlich warme Unterhaltung des Leutnants Botho von Rienäcker mit den Gärtnersfrauen und Pförtnerinnen aus ›Irrungen Wirrungen‹, sind selbst die wohlgesetzten Reden des Kommerzienrates Treibel‘ wirklichkeitstreu‘? Jedes Kunstwerk ist durch seinen besonderen Ton an eine bestimmte Stromstärke angeschlossen; schaltet man auf eine andere Stärke um, funktioniert der Apparat nicht mehr. Fontane hat ein ebenso optimistisches Bild des Berliners hingestellt wie Maupassant ein pessimistisches der

---

[5] Thomas Mann: Rede und Antwort, 1922, mit drei großen Studien über Theodor Fontane.

Bauern und Bürger aus der Normandie. Die soziale Wirklichkeit nach diesen Idealtypen beurteilen zu wollen, fordert die präzise Einstellung ganz besonderer Meßgeräte. Mit dem Hinweis auf die Autonomie des ästhetischen Gebildes lehnen die Literaturhistoriker meist zu schroff die Frage nach dem Wirklichkeitsgehalt ab (die nazistische Vernebelung der Germanistik hing sehr eng mit ihrem kritiklos abstrahierten Idealbild Deutschlands zusammen). Die Soziologen ihrerseits machen ebenso einseitig aus dem möglichst genauen Zusammenfallen von zeitgeschichtlicher und dichterischer Wirklichkeit die Grundlage ihres Interesses an einem Kunstwerk. Fontane belehrt uns darüber, wie vielschichtig das Problem ist.

Die Auflehnung der Expressionisten gegen ihn bildet selber ein zeitbedingtes Phänomen. Statt der preußischen Siege von Düppel, Königgrätz und Vionville bestimmten Krieg und Niederlage von 1914/18 den Horizont dieser Generation. In der aufgewühlten und auch technisch aus den Fugen gehobenen Zeit konnte der junge Gottfried Benn einem Richard Dehmel längere literarische Wirksamkeit prophezeien als Fontane, „den man bald nur noch aus historischen und städtekundlichen Gründen lesen" werde.[6]

Alfred Döblin, ein anderer Berliner der neuen Generation, ließ sich ebenso kritisch vernehmen. „Nichts gegen Fontanes Darstellung; aber sie fließt bei ihm in das Urteil herüber wie guter Käse, saftig und ohne Teilstrich. In seinen Büchern steht wie in wenig andern die Urteilsfärbung voran; er erfüllt die Breite seiner Romane mit dem behaglichen Überlegenheitsgefühl, der Delikatesse, dem Spaß am Berlinischen. Wie er die Großstadt nicht gesehen hat und sie verplaudert, hat er die starken, ja gefährlichen Erscheinungen der märkischen Rasse nicht gesehen und sie verplaudert."[7]

›Berlin Alexanderplatz‹ hat die schonungslos hämmernde Realität hereingeholt, wo Fontane noch mit diskreter Humboldt-Humanität übergoldete. Doch keinen Bruch in der Entwicklung bedeutet Döblins Roman und noch weniger eine Schutthalde, eine „satanische Auflehnung", wie es nach 1933 hieß, sondern ein Zurück zu einer

---

[6] G. Benn: Ausdruckswelt, 1949, S. 81.
[7] Linke Poot (Pseudonym für A. Döblin): Der Deutsche Maskenball, 1921, S. 94.

tiefer wühlenden Tradition, ein Zurück zu Kleist, zu seinem Ein-krallen in das harte Sein und dessen visionärer Überhöhung. Und doch wäre der ›Alexanderplatz‹ kein Berliner Roman, wenn nicht auch in ihm fontanesche Elemente durchschimmerten.

„Wach sein, wach sein, es geht was vor in der Welt", heißt es im letzten Kapitel, wo der Held, der Transportarbeiter Franz Bi-berkopf, wie zu Beginn wieder am Alex steht, „sehr verändert, ramponiert, aber doch zurechtgebogen . . . Die Welt ist nicht aus Zucker gemacht. Wenn ich marschieren soll, muß ich das nachher mit dem Kopf bezahlen, was andere sich ausgedacht haben. Dem Men-schen ist gegeben die Vernunft. Darum rechne ich erst alles nach, und wenn es so weit ist und mir paßt, werde ich mich danach richten." Schickedanz hätte aus dem Jenseits zugestimmt.

Maß, Vernunft, Recht stellen die gestörte Ordnung wieder her. Auch bei Gottfried Benn, als er erst einmal die Berliner Lyrik durch den harmlosen Tunnel hin zu Baudelaire und Rimbaud vorgetrieben, dann durch den Expressionismus geschleust hatte, bleibt als Grund-akkord: Zucht und Form.

Ein bestimmter Berliner Plauderton hat in der Lyrik Benns die gleiche revolutionäre, desillusionierende Funktion wie in Heines Ge-dichten und Fontanes Gesellschaftsromanen.

> In meinem Elternhaus hingen keine Gainsboroughs
> wurde auch kein Chopin gespielt
> ganz amusisches Gedankenleben
> mein Vater einmal im Theater gewesen
> Anfang des Jahrhunderts
> Wildenbruchs ›Haubenlerche‹
> davon zehrten wir
> das war alles.[8]

Das ist aus der gleichen Atmosphäre entstanden und gestaltet wie unzählige Prosaseiten Fontanes. Fontanesch schon der Titel: ›Teils — teils‹; fontanesch im Rhythmus und in der resignierenden Lebens-

[8] G. Benn: Gesammelte Gedichte, 1956, S. 355.

weisheit ein anderes Gedicht Benns, ›Reisen‹, mit der berühmten
Anfangsstrophe:

> Meinen Sie Zürich zum Beispiel
> sei eine tiefere Stadt
> wo man Wunder und Weihen
> immer als Inhalt hat?

und dem Schluß:

> Ach, vergeblich das Fahren!
> Spät erst erfahren Sie sich:
> bleiben und stille bewahren
> das sich umgrenzende Ich.[9]

Wie Verwandtschaftszüge im Alter plötzlich auch physiognomisch
hervortreten, so eine innere Verwandtschaft des gealterten Benn mit
dem alten Fontane. Benns letzte Lyrik ist auf den gleichen Ton ab-
gestimmt wie die seines Vorgängers.

Fontane:

> Halte dich still, halte dich stumm,
> Nur nicht fragen warum, warum?

Benn:

> Wisse das alles, und trage die Stunde
> . . . Bis sich die Reime schließen,
> die sich der Vers erfand,
> und Stein und Graben fließen
> in das weite, graue Land.[10]

[9] Ebd., S. 343.
[10] G. Benn: ebd., S. 350 und S. 360. Fontane: Gedichte, hrsg. von W.
Keitel, Hanser Verlag, München, 1964, S. 393.

Fontane: ›Ausgang‹

> Immer enger, leise, leise,
> Ziehen sich die Lebenskreise . . .
> Und ist nichts in Sicht geblieben
> Als der letzte dunkle Punkt.

Benn: ›Der Dunkle‹

> . . . Und nun beginnt der enggezogene Kreis,
> Der trächtige, der tragische, der schnelle,
> Der von der großen Wiederholung weiß —
> Und nur der Dunkle harrt auf seiner Stelle.[11]

Der 'Ptolemäer', der einstige scharfe Kritiker Fontanes, stellt sich zuletzt sogar blutmäßig in eine Reihe mit ihm: „In der Ehe meiner Eltern vereinigte sich das Germanische und das Romanische . . . die Mischung der Réfugiés: Fontane, Chamisso."[12]

Die Mutter, eine Welschschweizerin, hatte das Kind mit französischen Wiegenliedern eingesungen, und der Spruch auf einem französischen Grabstein den Dichter lebenslang bis in den ›Epilog‹ der ›Gesammelten Gedichte‹ hinein fasziniert:

---

[11] Fontane: a. a. O., S. 351. — Benn: a. a. O., S. 270. Vielleicht schwang bei Benn unter anderem auch der Rhythmus des berühmten Stormschen Gedichtes nach: ›Beginn des Endes‹; „Ein Punkt nur ist es, kaum ein Schmerz, / Nur ein Gefühl, empfunden eben . . ." Benn war für die Kantilene dieser Lyrik nicht unempfindlich (vgl. über die Elisabethgedichte in ›Immensee‹: „Weich gespielt, aber immer noch hörbar", Prosa und Szenen, S. 264). Der unterirdische Zusammenhang seiner Lyrik mit der bürgerlich-romantischen Tradition wird an solchen Stellen sichtbar.

[12] Benn: Doppelleben, S. 17. Benn stammte durch seine Mutter nicht von Hugenotten im eigentlichen Sinne ab, sondern aus dem welschen Schweizer Jura. Thilo Koch zitiert in seinem Essay ›Gottfried Benn‹, 1957, Ausführungen des Zürcher Professors Woodtli über die „jurassischen Eigenschaften" des Dichters — recht problematische Darlegungen wie alles, was das „Bluterbe" betrifft.

Ich habe ihn auch in dieses Buch versponnen,
er stand auf einem Grab „Tu sais — du weißt".[13]

Fontanes Gedicht ›Leben‹:

Doch das Beste, was es sendet,
Ist das Wissen, das es sendet,
Ist der Ausgang, ist der Tod.[14]

Der Herausforderung des Schicksals gegenüber bleibt als einzige
Haltung das stoische Sich-Fügen, die märkische Pflicht ohne Fragen,
verstärkt durch die hugenottische Prädestination:

Benn:

. . . die ewige Frage: Wozu?
. . . Das ist eine Kinderfrage.
Dir wurde erst spät bewußt,
es gibt nur eines: Ertrage
— Ob Sinn, ob Sucht, ob Sage —
dein fernbestimmtes: Du mußt.[15]

'Fernbestimmt' — Ausdruck der neuen naturwissenschaftlich ge-
formten Generation, assoziationsgeladen, die Gen-Reihen herauf-
beschwörend, bei Fontane undenkbar. Aber wie die Mücke im Bern-
stein, das Fontane-Schickedanzsche Schlußwort: ›Du mußt.‹
Bei aller inhaltlichen Tangierung frappiert der Unterschied im
Niveau. Gegenüber der gespeicherten Energie von Benns Lyrik wirken die Verse Fontanes etwas simpel und fahrig:

---

[13] Benn: Gedichte, a. a. O., S. 361.
[14] Fontane: a. a. O., S. 392. Über das zweimalige 'sendet' cf. die auf-
schlußreiche Diskussion zwischen Th. Mann: Rede und Antwort, S. 113—
117, und O. Pniower, der eine andere Fassung („ist das Wissen, daß es
endet") vorschlug. Belege hierzu in der Ausgabe der ›Gedichte‹ durch W.
Keitel, a. a. O., S. 993.
[15] Benn: a. a. O., S. 358.

Nur nicht bittere Fragen tauschen,
Antwort ist doch nur wie Meeresrauschen —

das ist ein schwacher Nachklang Heines.

Immer enger wollt ihr mich umziehn
mit Opium, Morphium, Kokain,
... Und doch ob Brom, ob Jod, ob Od,
Der Schmerz ist ewig wie der Tod —[16]

— dünner Vorklang zu Benn.

Fontanes Domäne ist die Prosa. „Wie löst sich das Rätsel? Nie..."
— über dieses Thema sinnieren vor ihrem Tod Schach von Wuthenow und der alte Stechlin in einer Sprache voller Abschattungen
und Zwischentöne, in einem wunderbar gedämpften Ton, der mit
den abrupten Ballungen von Benns Prosa schon in temperament-
mäßigem Gegensatz steht und seinen Behorcher, Beklopfer und
Nachfolger in Benns Antipoden, Thomas Mann, gefunden hat.

„Fontane wurde beruhigt durch die Geschichte, und die Geschichte
beruhigte in seinen Augen alles."[17] Das Fehlurteil Benns reiht sich
an andere und wäre später vielleicht von ihm selber richtiggestellt
worden. Auch hier hat die neue Epoche die früheren Generationen
einander näher gerückt. Züge der Unruhe an Fontane sind uns heute
bekannt geworden und haben der sozialen Spannweite seines Denkens und Schaffens eine neue Dimension gegeben.

Der Germanistik des Hohenzollernreichs war es platterdings unmöglich, im Verfasser der ›Märkischen Wanderungen‹ etwas anderes
zu sehen als einen königs- und adelstreuen Verfechter der bestehenden Gesellschaftsordnung. Die Ausgabe seiner Korrespondenz, vor
allem der Briefe an Friedlaender, 1953, hat dem pessimistischen
Kulturkritiker nachträglich zum Wort verholfen und damit auch
sein Gesamtbild leise und stetig verändert. Wieder frappiert die
Nähe zum desillusionierten, alten Benn, der sehr bald über das zu-

[16] Fontane: a. a. O., S. 393 und S. 392 (›Dolor tyrannus‹).
[17] Benn: Ausdruckswelt, 1949, S. 81; Briefe, hrsg. Max Rychner, 1957.

nächst rauschhaft zelebrierte 'Dritte Reich' schrieb als einem Schmie-
rentheater, das dauernd ›Faust‹ ankündige, aber die Besetzung lange
nur für 'Husarenfieber' (an Ina Seidel, 1934).

„Hinter dem Berg wohnen noch andere Leute, ganz andere Leute",
heißt es im Stechlin. Und bei aller pläsierlichen Enge hat der Dichter
das weite Feld des Hintergründigen nie aus dem Auge verloren. Der
Brief an Friedlaender vom 5. April 1897 bleibt eine der erstaun-
lichsten Prophezeiungen über den Todeskeim in der Gloria-Viktoria-
Epoche, die mit Saus und Braus dem Untergang entgegensegelte.
Was dem fast Achtzigjährigen am jungen Kaiser gefällt, ist der
Bruch mit dem Alten, „mit der Ruppigkeit, der Popelichkeit, der
spießbürgerlichen Sechsdreierwirtschaft der 1813er Epoche" — auch
Figuren wie Schickedanz sind hier visiert. Was ihn stört und ver-
stört, ist, „daß das Neue mit ganz Altem besorgt werden soll, daß
Modernes mit Rumpelkammerwaffen zusammengebracht wird . . ."
Der Kaiser „will, wenn nicht das Unmögliche, so doch das Höchst-
gefährliche mit falscher Ausrüstung, mit unausreichenden Mitteln . . .
was er vorhat, ist mit Waffen überhaupt nicht zu leisten. Die Rü-
stung muß fort und ganz andere Kräfte müssen an die Stelle treten:
Geld, Klugheit, Begeisterung . . . Preußen — und mittelbar ganz
Deutschland — krankt an unseren Ost-Elbiern. Über unseren Adel
muß hinweggegangen werden; man kann ihn besuchen wie das
ägyptische Museum und sich vor Ramses und Amenophis verneigen,
aber das Land *ihm* zu Liebe regieren, in dem Wahn: dieser Adel sei
das Land, das ist unser Unglück . . ."[18]
Wäre der Dichter in Fontane stark genug gewesen, diese Perspektive ins Werk zu übernehmen, statt sie vertraulich nebenher zu äußern — die Bismarckzeit hätte neben Wagner und Nietzsche ihren
Epiker von Weltformat gehabt. Seinem Tonus und der Anlage nach
war er aber sowenig wie Keller, Storm, Raabe und selbst C. F.
Meyer zur dramatisch-visionären Gestaltung seiner Epoche im Sinn
von Balzac, Dickens, Tolstoj oder gar Dostojewskij und Zola geschaffen.
Begnügen wir uns damit, im ›Stechlin‹, der so oft als altersschwach

---

[18] Th. Fontane: Briefe an G. Friedlaender, hrsg. von Kurt Schreinert,
1953.

sich verzettelndes Werk beiseite geschoben wurde, einen großen und verschwiegenen politischen Roman zu erkennen. Die Vorstufe dazu bilden die ebensolang verkannten ›Poggenpuhls‹. Ihre Handlungslosigkeit erfüllt ein ästhetisches Gebot, sie entspricht der Zukunftslosigkeit einer Adelsfamilie, über die die Zeit bereits hinweggegangen ist wie über ihren ganzen Stand. „Was als kompositorisches Unvermögen bedauert wurde, entsprang visionären Einsichten", bemerkt ein jüngerer Kritiker marxistischer Observanz, H.-H. Reuter. Erst das Wagnis der Konfliktlosigkeit ermöglichte Fontane die analytische Klarheit und Reinheit im Herausarbeiten der sozialen Verhängnissituation: „der geschichtliche Prozeß wurde zur eigentlichen Handlung."[19]

Tschechovs ›Kirschgarten‹ stellt den untergehenden russischen Adel mit derselben atmosphärischen Eindringlichkeit auf die Bühne. Ist seine künstlerische Kraft größer gewesen, oder hat das Theater mit seiner verstärkten Resonanzmöglichkeit ihm zum Weltruhm verholfen, der Fontane bis heute versagt blieb? Die Frage sei wenigstens gestellt.

„In seinem ganzen Wesen war Fontane ein Kind jenes Mischreiches zwischen zwei Nationen, das nie auf der Karte, sondern nur ab und zu in einzelnen Gehirnen bestanden hat und dessen größter Vertreter Chamisso ist", schrieb einmal — mit ungewohnter Feinheit — Bruno Wille.[20]

Im Gegensatz zu Chamisso, der als gebürtiger Franzose erst mit 9 Jahren nach Deutschland kam, ist es bei Fontane wie bei Gottfried Benn und vor ihnen bei den Brüdern Humboldt, La Motte-Fouqué, Alexis, Luise von François, E. Spranger und andern Nachkommen von Réfugiés unmöglich, den jeweiligen Anteil des ‘Bluterbes’ genau zu bestimmen. Unbestreitbar bleibt, daß diese hugenottischen ‘Mischlinge’ zum Salz der Literatur gehört haben. Ihre Vorfahren, die zeitweise 1/4 oder 1/5 der Berliner Bevölkerung bildeten, waren nicht als Fremdarbeiter zu Handlangerdiensten nach Preußen herbeige-

---

[19] H.-H. Reuter: Die Poggenpuhls, zu Gehalt und Struktur des Gesellschaftsromanes bei Th. Fontane ; in: Études germaniques, Paris, 1965, S. 346—359.

[20] B. Wille: Das Gefängnis zum preußischen Adler, 1914.

strömt, sondern von zielbewußten Fürsten als Leiter der Industrie, des Handels, des Kriegswesens und der Kunst in ein technisch unterentwickeltes Land hereingeholt worden. Trotz des üblichen Connubiums untereinander und des noch zäheren Festhaltens an bestimmten Umgangsformen und Lebensregeln, war doch durch allmähliche Einheirat und den ständigen Kontakt mit der neuen Umwelt diese Minderheit sehr bald stark berolinisiert worden.[21] Daß sich die Angleichung in ganz wenig Generationen hat vollziehen können, weist auf eine Verwandtschaft der Anlagen hin, die auch Fontane betont:

> *Land*-Fremde waren wir, nicht *Herzens*-Fremde . . .
> Wohl pflegten wir das Eigne, der Gemeinde
> Gedeihn und Wachstum blieb Herzenssache,
> Doch nie vergaßen wir der Pflicht und Sorge,
> Daß, was nur *Teil* war, auch dem Ganzen diene.

> (›Zur Feier des 200jährigen Bestehens der französischen
> Kolonie in Brandenburg‹, 1885.)[22]

Die Züge der Besonnenheit, Tüchtigkeit, Ausdauer, ein gesunder Menschenverstand, der beim idealen Berliner mit Mutterwitz und Toleranz Hand in Hand geht und der selbst einen kleinen Mann wie Schickedanz in höherem Licht erscheinen läßt, bilden auch die Substanz der französischen Klassik bei Molière wie bei La Fontaine und La Bruyère: wiederum ein paar Namen auf hundert andere. Ohne das Pathos der europäischen Idee zu bemühen und jenseits

[21] Über das Problem der Angleichung vgl. W. Hellpach: Der deutsche Charakter, 1954, S. 47 f. — Eine der am besten dokumentierten Studien bleibt die weit zurückliegende Arbeit von P. Amann: Fontane und sein französisches Erbe (Euphorion, XXI). Fontane selbst führte seine musischen Züge auf die südfranzösische Abstammung zurück, obwohl weder väterlicher- noch mütterlicherseits dieses Erbteil unvermischt geblieben war. Amann bemerkt hierzu: „Die Familie Scherenberg bewies ihm, daß schon zwei Heiraten mit Damen der Kolonie genügten, um in eine nüchtern norddeutsche Kaufmannsfamilie bei der ganzen Deszendenz starke und mannigfaltige Künstlerneigungen hineinzutragen." — E. Spranger: Berliner Geist, 1965.

[22] Fontane: Gedichte, a. a. O., S. 535.

aller hypothetischen Ahnenspekulation, treten hier gern übersehene innere Zusammenhänge hervor, die in dieser oder jener Mischung ihre Bewährungsprobe im Leben der verschiedenen Völker abgelegt haben.

Ist der erstaunliche Wiederaufbau Deutschlands — vom verschlungenen Kräftespiel der Fadenzieher abgesehen — nicht auch auf die Summierung zahlloser kleiner Schickedanzscher Qualitäten zurückzuführen? Damit hätten wir unsern Helden zuletzt doch noch auf ein Postament gestellt. Besser ein Denkmal als gar kein Haus. Und auf dem Denkmal der Wahlspruch: „Reiche Leute sind noch keine vornehmen Leute, sie quengeln bloß und schlagen große Haken in die Türfüllung und hängen eine Schaukel dran."

Ein Fontanescher Verweis an die Adresse jener, die in den überquellenden Komfort des Wirtschaftswunders hineinschaukeln und der Großmannssucht der Gründerjahre zu verfallen drohen, vor denen der Dichter als Prophet gewarnt hat.

Richard Brinkmann, Theodor Fontane. Über die Verbindlichkeit des Unverbindlichen.
R. Piper & Co. Verlag 1967, S. 84—115.

ALLERLEI GLÜCK — ALLERLEI MORAL

Von RICHARD BRINKMANN

Die kurze Revue der Erzählungen läßt einige Aspekte ihres Verhältnisses zur Wirklichkeit hervortreten, auf die es hier ankommt und die Gegenstand von Fontanes besonderem Engagement sind: die „historische" Einzelheit, das Einzelne — „historisch" nicht nur im Sinne des Vergangenen —, ihre Bedeutung, ihr Gewicht; die Macht der Gesellschaft und ihre Legitimität; Gebundenheit und Freiheit ihrer Glieder; Bewahren und Fortschritt; Maßstäbe der Sittlichkeit und des Glücks. Das alles sind nicht getrennte Bereiche, vielmehr verschiedene Seiten des gleichen Grundproblems — wenn immer man es unzulänglich Problem nennen will: nämlich des „Realismus", wie Fontane ihn versteht.

Daß die Wirklichkeit in seinen Romanen durch und durch gesellschaftlich bestimmt ist, habe ich früher gesagt. Fontane begnügt sich nicht damit, diese Tatsache auf der Grundlage eines mehr oder weniger einfachen Modells vorzustellen. Er spezifiziert genau und sucht den Spalt der Freiheit und die Möglichkeit und die Norm eines sittlichen Handelns in einem Realitätsgefüge, das er konkreter und dichter in Verhältnissen und Sachen festgelegt sieht als die poetisch-realistischen Zeitgenossen. Ideale gegen die Wirklichkeit zu setzen, Ideale etwa, die im Versuch der Verwirklichung tragisch ihren idealen Charakter verlieren müssen, Ideale, die, höheren Orts zu Hause, im Scheitern dessen beglaubigt werden, der sich ihnen verschreibt, sich zu ihnen aufschwingt oder sie herabholt, das ist nicht mehr Fontanes Impetus. Bei ihm artikulieren sich Sittlichkeit und Glück in unmittelbarem und weniger dualistischem Kontakt mit der alltäglichen und gesellschaftlichen Wirklichkeit.

Sieh nach den Sternen!
Gib acht auf die Gassen!

— dieses Raabesche Motto,[1] das für die meisten Restidealisten der Epoche brauchbar ist, will für Fontane kaum passen. In den „Gassen", in der gesellschaftlichen Realität oder nirgendwo entscheidet sich, was menschlich, sittlich, recht ist, nicht von den „Sternen" her, von Ideen oder unanfechtbaren Normen, nicht im Einkehren in lautere Gefilde der Innerlichkeit.

Wie weit also reicht nun die Macht der allgegenwärtigen Gesellschaft, welcher Art ist sie, welches Recht gibt ihr Fontane, was haben die Glieder ihr entgegenzusetzen — falls sie nicht nur ihre Opfer, ihre Funktionen sind, Jasager oder Neinsager nur als ihre Exponenten im geschichtlichen Ablauf? Von der Antwort hängt mehr ab, als die soeben ausgesprochenen Fragen *unmittelbar* wissen wollen.

Die Herrschaft der Gesellschaft beginnt mit dem kodifizierten Recht, das die Forderung auf Leistung oder Unterlassung klar und kasuistisch formuliert. Als Erweiterung und Übertragung des Geschriebenen, dann als ungeschriebene Konvention und Gewohnheit mischt sie sich in alle Lebensbereiche des Alltags, kümmert sich um Wohnung und Kleidung, um Manieren, Sitte und Moral, Bildung und Wissen, Umgang, Freundschaft, Heirat, Meinung und Glauben, Aberglauben und Religion. Und das mit unnachgiebiger Tyrannei. „Die Gesellschaft ist souverän. Was sie gelten läßt, gilt, was sie verwirft, ist verwerflich" — das scheint nicht nur in der Welt des Romans ›Schach von Wuthenow‹[2] so zu sein, in dem das gesprochen wird. Wer den umfassenden Kontrollanspruch der Gesellschaft mißachtet, setzt sich der Mißbilligung, der Lächerlichkeit, dem ‘Ridikül’ aus, wie die böse gesellschaftliche Form von Lächerlichkeit heißt, der Verachtung; ja die Gesellschaft verstößt den, der gegen sie hartnäckig auf eigenem Willen beharrt in Fragen, die sie wichtig nimmt. Niemand in Fontanes Werk ist von dieser Despotie der Gesellschaft ganz frei, weder äußerlich noch innerlich; auch nicht die Outcasts und Käuze, die ja nur vergleichsweise diesen Namen verdienen.

[1] Wilhelm Raabe. Sämtliche Werke. Hrsg. von Karl Hoppe. Bd. V. Die Leute aus dem Walde. Bearbeitet von Kurt Schreinert. 1962. S. 160.

[2] Theodor Fontane. Sämtliche Werke. Hrsg. von Edgar Groß, Kurt Schreinert u. a. (Nymphenburger Ausgabe). 1959 ff. (Im folgenden zitiert als: WW). Bd. II. S. 326.

Selbst den altersweisen Dubslav von Stechlin, selbst diesen freien
Mann beschleichen „Minderwertigkeitskomplexe", wo es ums Re-
nommee des Hauses geht: „Und überall haben sie Besitzungen", so
räsoniert er an den Diener hin, als die gräflich Barbysche Familie
zum Besuch angekündigt ist, „und Stechlin ist doch bloß 'ne Kate.
Sieh, Engelke, das is genierlich und gibt das, was ich ,gemischte Gefühle' nenne ... Und dann müssen wir doch auch repräsentieren.
Ich muß ihnen doch irgendeinen Menschen vorsetzen ... Da hab ich
Adelheiden ... sie wird auch kommen, trotzdem Schnee gefallen ist;
aber sie kann ja 'nen Schlitten nehmen. Vielleicht ist ihr Schlitten
besser als ihr Wagen. Gott, wenn ich an das Verdeck denke mit der
großen Lederflicke, da wird mir auch nicht besser ..."[3] Im Harmlosen und weniger Harmlosen scheint Fontane prinzipiell in seiner
poetischen Welt zu demonstrieren: „Unsere Zustände sind ein historisch Gewordenes, die wir als solche zu respektieren haben"[4], selbst
wenn diese historisch gewordene Ordnung wie „die von alter Zeit
her übernommene Maschine" ist, „deren Räderwerk tot weiterklap-
pert ..."[5] „,Die Sitte gilt und muß gelten.' Aber daß sie's muß, ist
mitunter hart. Und weil es so ist, wie es ist, ist es am besten: man
bleibt davon und rührt nicht dran. Wer dies Stück Erb- und Lebensweisheit mißachtet — von Moral spreche ich nicht gern — der hat
einen Knacks für's Leben weg ..."[6]

Diese Lehre — und warum soll man nicht so nennen, was eine
ist — zieht sich durch das ganze Opus, und sie hat sich kaum geändert. Sie ist Fontane so wichtig, daß er, abgesehen davon, was seine
Geschichten durch ihren Verlauf und Ausgang bezeugen, oft einen
Sprecher sucht und findet, der sie unmittelbar und theoretisch verkündet. Manchmal sind das diejenigen, die ihre Geltung am eigenen
Schicksal erfahren. „Man ist nicht bloß ein einzelner Mensch, man
gehört einem Ganzen an," so argumentiert Innstetten in ›Effi Briest‹,

---

[3] WW. Bd. VIII. S. 231.

[4] Theodor Fontane. Schriften zur Literatur. Hrsg. von Hans-Heinrich
Reuter. 1960. (Im folgenden zitiert als: Reuter). S. 188.

[5] WW. Bd. VIII. S. 253.

[6] Briefe Theodor Fontanes. Zweite Sammlung. Hrsg. von Otto Pniower/
Paul Schlenther. [2]1910. (Im folgenden zitiert als: Briefe II) Bd. 2 S. 132.

„und auf das Ganze haben wir beständig Rücksicht zu nehmen, wir sind durchaus abhängig von ihm ... Man braucht nicht glücklich zu sein, am allerwenigsten hat man einen Anspruch darauf, und den, der einem das Glück genommen hat, den braucht man nicht notwendig aus der Welt zu schaffen. Man kann ihn, wenn man weltabgewandt weiter existieren will, auch laufen lassen. Aber im Zusammenleben mit den Menschen hat sich ein Etwas ausgebildet, das nun mal da ist und nach dessen Paragraphen wir uns gewöhnt haben, alles zu beurteilen, die andern und uns selbst. Und dagegen zu verstoßen, geht nicht; die Gesellschaft verachtet uns, und zuletzt tun wir es selbst und können es nicht aushalten und jagen uns die Kugel durch den Kopf. Verzeihen Sie, daß ich Ihnen solche Vorlesung halte, die schließlich doch nur sagt, was sich jeder selber hundertmal gesagt hat. Aber freilich, wer kann was Neues sagen! Also noch einmal, nichts von Haß oder dergleichen, und um eines Glückes willen, das mir genommen wurde, mag ich nicht Blut an den Händen haben; aber jenes, wenn Sie wollen, uns tyrannisierende Gesellschafts-Etwas, das fragt nicht nach Charme und nicht nach Liebe und nicht nach Verjährung. Ich habe keine Wahl. Ich muß."[7] Dieses Gesellschafts-Etwas, das hier in der Form eines standesgebundenen Ehrbegriffs regiert, aktualisiert sich nicht erst im Ganzen einer Klasse oder Gruppe, sondern ist mit voller Wirksamkeit zugegen in jedem, der dazu gehört. So hilft es nichts, daß der vertrauliche Gesprächspartner Wüllersdorf beschwichtigt: „es ruht alles in mir wie in einem Grabe." Innstetten kennt den tückischen Mechanismus der Ehren-Despotie besser: „Und wenn Sie's wahr machen und gegen andere die Verschwiegenheit selber sind, so wissen *Sie* es, und es rettet mich nicht vor Ihnen, daß Sie mir eben Ihre Zustimmung ausgedrückt und mir sogar gesagt haben: ich kann Ihnen in allem folgen. Ich bin, und dabei bleibt es, von diesem Augenblick an ein Gegenstand Ihrer Teilnahme — schon nicht etwas sehr Angenehmes — und jedes Wort, das Sie mich mit meiner Frau wechseln hören, unterliegt Ihrer Kontrolle, Sie mögen wollen oder nicht ..." Den Argumenten des Freundes kann sich der besonnene Wüllersdorf nicht verschließen: „Ich finde es furchtbar, daß Sie recht haben,

[7] WW. Bd. VII. S. 373 f.

aber Sie *haben* recht. Ich quäle Sie nicht länger mit meinem ‚muß es sein‘. Die Welt ist einmal wie sie ist, und die Dinge verlaufen nicht wie *wir* wollen, sondern wie die *andern* wollen." Daß das gut sei und sozusagen metaphysisch sanktioniert, glaubt auch dieser korrekte Standesgenosse nicht; aber er kennt das factum brutum, das nicht vom Tisch zu wischen ist: „Das mit dem ‚Gottesgericht‘, wie manche hochtrabend versichern, ist freilich ein Unsinn, nichts davon, umgekehrt, unser Ehrenkultus ist ein Götzendienst, aber wir müssen uns ihm unterwerfen, solange der Götze gilt."[8] Darin sind sich die beiden Herren, die dem Götzen ihren Tribut zollen, schließlich einig. Innstetten braucht nur etwas länger, bis er das gleiche begreift: Kultur und Ehre — „dieser ganze Krimskrams ist doch an allem schuld. Aus Passion, was am Ende gehen möchte, tut man dergleichen nicht. Also bloßen Vorstellungen zuliebe... Vorstellungen!... Und da klappt denn einer zusammen, und man klappt selber nach. Bloß noch schlimmer!"[9]

Der Erzähler läßt kaum Sympathien beim Leser für diese Ehrenmänner zu, und daß sie selber, Produkte der Gesellschaft, deren Kodex sie ausgeliefert sind und gehorchen, diese „Ordnung" als höchst problematische Übereinkunft in Frage stellen, entzieht eben der „Ordnung" um so wirksamer den Respekt des kritischen Lesers. Wer sich dem Erzähler anheim gibt, braucht nicht seine Gefühle gegen den Gesellschaftsgötzen zu unterdrücken, seine Auflehnung und Verneinung sind herausgefordert, aber nicht bis zum möglichen Entschluß verändernder, revolutionärer Tat, wenn er an der Hand des Erzählers bleibt. Denn der nötigt ihn auch, bei den Gesellschaftssklaven einen Rest von Verständnis und Teilnahme für ihre Gefangenschaft im Käfig der Konventionen zu belassen, der sie nicht nur wegen tadelbarer Charaktereigenschaften nicht entkommen können. „Du würdest einstürzen, was schlecht ist und nichts taugt, ausbrechen wenigstens für Deine Person aus dieser üblen Knechtschaft, wenn Du ein Mann wärst" — eine Reaktion des Lesers, die man so formulieren könnte, einen Aufruf dieser Art an Innstetten wagt der Erzähler nicht nahezulegen, nicht eine solche Provokation in seine

[8] Ebd. S. 374 f.
[9] Ebd. S. 420.

Darstellung zu implizieren. Eine praktische Änderung oder eine Ausflucht werden nicht nur aus der Perspektive des von Skepsis längst angefressenen und in der Lebenskunst fortgeschritteneren Wüllersdorf als Illusion verworfen, sondern auch aus der Sicht des Erzählers, die in der Konstellation des Ganzen und in den Akzenten der Darstellung greifbar wird. Die vertrackten Fesseln abzutun und die Folgen eines Handelns, das sich ihnen nicht hat entwinden können, ist nicht möglich, unmöglich ein Ausweichen in entrückte Gefilde, in den Urwald oder ins einfache Leben. „Einfach hier bleiben und Resignation üben" — das ist nicht nur Wüllersdorfs Meinung. Was das heißt, expliziert er zwar auf seine Weise, in seinem Jargon, und was ihm im Spielraum der Resignation noch möglich, begehrenswert und tröstlich erscheint, sind Fragmente *seiner* Welt und Befriedigungen nach *seinem* Geschmack. Aber das Rezept, das er offeriert, ist — nicht nur in der Form der Sprache — mit Ingredienzien des Erzählers durchsetzt, und es wird so dargeboten, daß der Leser die Grundformel akzeptieren kann: „In der Bresche stehen und aushalten, bis man fällt, das ist das beste. Vorher im kleinen und kleinsten so viel herausschlagen wie möglich und ein Auge dafür haben, wenn die Veilchen blühen oder das Luisendenkmal in Blumen steht oder die kleinen Mädchen mit hohen Schnürstiefeln über die Korde springen." Und dann folgen noch ein paar ziemlich wahllos herausgerupfte harmlose Späßchen, Beispiele für das „kleine Glück", bis hin zum „Siechen", von dem „drei Seidel" jedesmal „beruhigen". „Hilfskonstruktionen" nennt er das; nämlich das Leben stützen, daß es nicht ins Sinnlose zusammenbricht, indem man zum Gegenstand des Interesses und der Freude erhebt, was seinem Wesen nach wenig oder nichts bedeutet und sich nur zufällig am Weg findet. Am Inhalt liegt nicht viel. „‚Und dann ein kleines Vorsprechen bei Huth, Potsdamer Straße, die kleine Holztreppe vorsichtig hinauf. Unten ist ein Blumenladen.' ‚Und das freut Sie? Das genügt Ihnen?' ‚Das will ich nicht gerade sagen. Aber es hilft ein bißchen. Ich finde da verschiedene Stammgäste, Frühschoppler, deren Namen ich klüglich verschweige. Der eine erzählt dann vom Herzog von Ratibor, der andere vom Fürstbischof Kopp und der dritte wohl gar von Bismarck. Ein bißchen fällt immer ab. Dreiviertel stimmt nicht, aber wenn es nur witzig ist, krittelt man nicht lange dran herum und hört dankbar zu.'" Was Wüllersdorf da plaudert, entspricht gerade der Philosophie, die Innstetten sich eben zurechtreflektiert hatte, bevor der Freund erschien: „Das Glück, wenn mir recht ist, liegt in zweierlei: darin, daß man ganz da steht, wo man hingehört..., und zum zweiten und besten in einem behaglichen Abwickeln des ganz Alltäglichen, also darin, daß man ausgeschlafen hat und daß einen die neuen Stiefel nicht drücken. Wenn einem die siebenhundertzwanzig Minuten eines zwölfstündigen Tages ohne besonderen Ärger vergehen, so läßt sich von einem glücklichen Tage sprechen."[10]

Das erinnert an Aufzeichnungen Fontanes zu dem geplanten Roman ›Allerlei Glück‹. Da spricht ein Onkel Wilhelm, der das Leben kennt, zum Neffen, dessen „Lebensplan... festgestellt" wird: „Prüf Dich. Es ist ganz gleich, wo man im Leben steht, nur voll und ganz und freudig muß man an seiner Stelle stehn. Die Stelle selbst ist gleichgültig. Daß man die rechte Stelle trifft, darauf kommt es an. Die *rechte* Stelle ist allemal auch die gute. Was ist Glück. Es giebt *allerlei Glück*. Hundert und Tausendfältiges. Es heißt nicht: Wenn Du das und das Aeußerliche erwischt, bist Du glücklich; nein ein Innerliches muß man erreichen, da liegt das Glück. Es braucht nicht einmal immer mit der Moral zu stimmen; freilich darf es sich auch nicht zu sehr in Gegensatz dazu stellen."[11]

Sehr ähnlich sind die Einsichten Innstettens, der eben seine zäh erstrebte Beförderung zum Ministerialdirektor in der Hand hält: „Alles, was uns Freude machen soll, ist an Zeit und Umstände gebunden, und was uns heute noch beglückt, ist morgen wertlos. Innstetten empfand das tief, und so gewiß ihm an Ehren und Gunstbezeugungen von oberster Stelle her lag, wenigstens gelegen *hatte,* so gewiß stand ihm jetzt fest, es käme bei dem glänzenden Schein der Dinge nicht viel heraus, und das, was man ‚das Glück' nenne, wenn's überhaupt existiere, sei was anderes als dieser Schein." Glück war ihm das Stück Weg mit Effi. Er „empfand schmerzlich, *daß* es

---

[10] Ebd. S. 418 ff.
[11] Julius Petersen. Fontanes erster Berliner Gesellschaftsroman. In: Sitzungsberichte der Preußischen Akademie der Wissenschaften. Phil.-Hist. Klasse. 1929. S. 523.

ein Glück gebe, daß er es gehabt, aber daß er es nicht mehr habe und nicht mehr haben könne"[12]. Glück wird sein — wenn überhaupt — das bescheidene der Resignation, von der Wüllersdorf gesprochen hatte. Und die „Moral"? Schuld wird nicht von Innstetten genommen, entschuldigt wird er nicht, doch nachmeßbar ist wenig. Die „Ordnung", in deren Fron er Menschen vernichtet, ist schlecht, einem ihrer fragwürdigsten, bösesten Götzen hat Innstetten geopfert. Nicht die geringste moralische Rechtfertigung wird diesem „Götzen" gewährt, wohl aber ein Rest von Anspruch auf Respektierung in seinem geschichtlichen Zusammenhang, an seinem kulturgeschichtlichen Ort und Augenblick, „solange der Götze gilt"[13]. Das *ist* so widersprüchlich, wie es klingt, und der Widerspruch gehört zur „realistischen" Wahrheit.

Ebensowenig wie Innstetten wird Effi freigesprochen von Schuld. Gewiß hat die Ordnung, die sie verletzt, offenbar höhere Dignität und Legitimität als der Codex der Ehre und gesellschaftlicher Ästimierung. Aber hier im besonderen Fall ist auch diese Ordnung vom ersten Moment an durch die Art, wie sie sich aktualisiert, wie sie zustande kommt und äußerlich bleibt, infrage gestellt, in ihrem sittlichen Anspruch gemindert. Doch sie kann — in ihrem geschichtlichen Kern im übrigen beständiger als die Ehrvorstellung — ihr Recht auf Erfüllung und Anerkennung nicht verlieren, solange sie zu den authentischen Formen menschlich-gesellschaftlichen Zusammenlebens gehört und der Vertrag, mit dem sie sich jeweils legalisiert, geltendes Recht ist. Auch für Effi bleibt, nachdem sie ein chimärisches Glück mit der Verletzung einer problematischen aber gültigen Ordnung verloren hat, am Ende nur das stille Glück, das die Resignation gewährt.

Noch einmal die Frage nach der Moral. In den Entwürfen zu ›Allerlei Glück‹ steht:

„Onkel Wilhelm sagt: Es giebt *allerlei Glück* und es giebt sogar *allerlei Moral*. Dies steht im nächsten Zusammenhang. Denn an unsrer Moral hängt unser Frieden und an unsrem Frieden hängt unser Glück . . . Es giebt nicht Formeln dafür, die überall hinpassen;

[12] WW. Bd. VII. S. 418.
[13] Ebd. S. 375.

für den einen paßt dies, für den andern das. Schon die Bibel spricht das sehr schön aus: ‚wem viel gegeben wurde, von dem wird viel gefordert.' Darin liegt es.

Karl erwidert. Es giebt aber doch ein Sittengesetz und ganz bestimmte Gebote.

Und sie zu befolgen, wird sich immer empfehlen. Auch dann noch wenn wir sie hart finden, oder ihren Nutzen nicht einsehn. Man schläft am besten auf dem Kissen, das einem die Gewohnheit [*darüber* steht im Manuskript: das Herkommen] und die Gutheißung stopft. Ich werde niemandem den Rath der Auflehnung dagegen ertheilen. Aber wenn er sich, ohne mich zu fragen, bereits aufgelehnt hat, wenn mir seine Auflehnung als ein *fait accompli* entgegengebracht wird, so meß ich den Fall nicht mehr mit der allgemeinen Conventions-Elle aus, nicht mehr mit dem Herkömmlichen, Bequemen, Landläufigen, sondern sehe mir den Fall an und beurtheile ihn nun mit der mir persönlich ins Herz geschriebenen Moral und nicht mit der öffentlichen.

Aber nach dem was Du vorausgeschickt und angerathen hast, möcht ich annehmen, daß sich *Deine* Moral und die öffentliche decken werden.

O, nein, keineswegs. Ich *handle* nach der öffentlichen Moral, weil ich nicht Lust habe, mich in unbequeme Kämpfe einzulassen, aber ich *urtheile* nicht danach, wenn andre es für gut befunden haben, die gewöhnliche Vorstellung von Sitte etc. zu durchbrechen. Es geschehen tagtäglich hunderte und tausende von Dingen, die . . . nach meinem Ermessen ganz gewiß nicht zu loben und zu preisen, aber ebensowenig als eigentlichste Verstöße gegen ein höheres Sittengesetz anzusehen sind. Die katholische Kirche unterscheidet tödtliche und ‚lässige Sünden', d. h. Sünden, die nicht geradezu ‚zuzulassen', aber ohne viel Federlesens zu ‚erlassen' sind. So stehe ich auch zu der Sündenfrage, zu der Frage der Verstöße gegen die Moral. Es giebt auch hier tödtliche und ‚lässige Sünden'. Alles was der große Lügengeist geboren hat, alles was Sünde gegen den heiligen Geist, alle Gesinnungs-Niedrigkeit . . . ist große Sünde; aber nicht alles gehört dahin. Wir sprechen immer nur von Himmel und Hölle . . . Aber wenn wir mit der einen Hand den einen mit der andern Hand die andre (die Hölle) berühren . . ., so stehen wir mit unsern zwei Beinen doch recht eigentlich auf der Erde ...; auch diese durchströmt uns, und alles was blos irdisch an uns ist, das ist nicht gut, nicht böse und wenn es böse ist, so ist es ‚lässige Sünde'. Die Begehrlichkeit, eine von den vielen Töchtern der Selbstsucht, ist eine ‚lässige Sünde' Sie kann wachsen, wuchern und dann wird sie tödtlich. Aber das sind dann Accedentien. Das Schlimmste braucht ihr nicht anzuhaften."

Der Onkel erläutert das am konkreten Fall und zeigt das Kriterium der Beurteilung. Er fährt nämlich fort:

„Ich denke dabei an Axel.

Wie das? fragte Karl, der nicht annahm, daß der Onkel eingeweiht sei.

Nun sein Verhältnis zu Frau v. Birch ist ein öffentliches Geheimniß. Du hast hier einen Musterfall. Ich ziehe das Keusche dem Unkeuschen vor und es ist kein leerer Wahn: selig sind, die reinen Herzens sind. Ich will Dich nicht mit Bibelsprüchen aufhalten. Aber ich bin außer Stande, in dem Verhältniß dieser beiden Leute etwas besonders Anstößiges zu erblicken. Es werden keine Pflichten verletzt, es wird kein Anstoß gegeben; eine nicht aus lautersten Quellen stammende Neigung sucht ihre Befriedigung und findet sie. Ich persönlich habe meine Befriedigung in andrem gefunden. Aber so lange wir nicht gelernt haben, auf Sternen zu gehn, so lange wir Erde sind, werden wir dies nicht abthun, und wer dabei die Grenzlinie scharf zu ziehen versteht, — dies ist Bedingung und scheinbar verwandte Fälle können schon sehr verschieden sein — der mag seine Straße ziehn. Meine Absolution, *meinen* Ablaß hat er."[14]

Das ist Fontanes realistische Situationsethik, seine personalistische Moral, die sich im Kern für ihn nicht mehr geändert hat, seit er diese Sätze niederschrieb. „Wer das Leben *kennt*", heißt es in einer anderen Notiz zu dem unvollendeten Roman, „läßt vieles *gelten*. Es ist einmal so. Es bildet sich dabei eine neue Moral heraus, die ich für die richtige halte. Von jedem wird gefordert, je nachdem ihm gegeben wurde."[15] Je nachdem ihm gegeben wurde — nach seinen An-

[14] Julius Petersen. S. 530 f.
[15] Ebd. S. 531 Anmerkung 1.

lagen, seinem Charakter, nach dem, was die Situation erlaubt oder erheischt.

Relativiert also ist das Glück. Es ist bezogen auf das individuell Gegebene und individuell Sittliche: „Seine Befriedigung innerhalb des Erlaubten oder doch des Zulässigen zu finden, auf das unsre Natur hinweist, das ist Glück. Der geringste Fehltritt dabei, oder auch nur Irrthum und das Glück ist hin. Das Glas fällt aus der Hand und ist zerbrochen."[16]

Auch Sittengesetz und „Ordnungen" sind relativiert. Richtiger: sie sind es, und sie sind es nicht. Fontane sieht sie durch und durch historisch bedingt, keineswegs als höhere, ideale, vielleicht „göttliche" Institutionen. Aber er gibt sie nicht preis und hebt sie nicht auf. Im Gegenteil: indem er sie historisch relativiert, indem er ihre falschen und absoluten Ansprüche zurückweist und negiert, begründet und legitimiert er ihre wahren Ansprüche, ermöglicht ihre Änderung und macht sie frei für eine Wandlung zum Neuen. Auch Sittengesetz, „Ordnungen", auch Gesellschaftsordnungen, Konventionen sind notwendige und leidige „Hilfskonstruktionen". Aber solange sie gelten, sind sie eine „gültige" und legale Instanz. Sie sind nicht die letzte. Die ist das Gewissen des Einzelnen. Aber Fontane hat nicht eine nur auf sich selbst gestellte Moral des Gewissens und des Herzens als die einzig wahre und aufrichtige der allgemeinen Moral und der Institution gegenübergestellt, um diese zugunsten von jener zu diskreditieren. Sittliches Handeln heißt für Fontane Anerkennung des Sittengesetzes und der Institution im engsten wie im weitesten, im anspruchsvollsten wie im anspruchlosesten Sinne als eines historisch Gewordenen und Bedingten, daher Fragwürdigen und Fehlerhaften, aber in seiner Gegenwart Geltenden. Sittliches Handeln heißt sodann Auseinandersetzung des individuellen Gewissens mit diesen Gegebenheiten aus den ganz besonderen Voraussetzungen einer besonderen Situation und aus individueller Einsicht; es bedeutet schließlich Entscheidung, das Sittengesetz und die kollektiven Ansprüche der Gesellschaft zu erfüllen oder zu durchbrechen; denn sittlich handelt auch, „wer das Gesetz, ohne es anzuzweifeln

---

[16] Ebd. S. 530.

und zu verhöhen, einfach durchbricht und die Konsequenzen seines ‚Ich tat nur, was ich mußte‘ willfährig auf sich nimmt . . .“[17].

Anläßlich einer Besprechung von Rudolf Lindaus Erzählung ›Der Gast‹, einem Machwerk — nebenbei —, das sich kein Merkmal einer Kitsch-Novelle entgehen läßt, formuliert Fontane, ein paar Jahre, nachdem er die Arbeiten an ›Allerlei Glück‹ liegengelassen hatte, seinen Standpunkt noch einmal. *Seinen* Standpunkt; denn was er da zusammenfaßt, ist Fontane und kaum Lindau: „Der Grundgedanke ist: das einzige Sittengesetz ist das Gewissen. Unser Gewissen spricht uns *frei* oder *verurteilt* uns; das äußere Urteil, das Urteil der Welt hat neben unserem eigenen *innern* Urteil keine Bedeutung. An ihm hängt Glück oder Unglück, Erhebung oder Vernichtung. Die *Gesellschaft* darf sich freilich auf diesen Standpunkt nicht stellen, sie bedarf eines an Tatsachen, Herkommen und Formen sich haltenden objektiven Urteils, auch auf die Gefahr hin, daß dies Urteil sich irrt, das *Individuum* dagegen hat ein Recht (unter Umständen auch die Pflicht), sich außerhalb dieses Urteils zu stellen. Es hat ein Recht, sich freizusprechen, wo die Gesellschaft verwirft, und es hat die Pflicht, sich zu verurteilen, wo die Gesellschaft freigesprochen hat. Es gibt keinen andern Richter als das Gewissen. So gewiß die Gesellschaft das Recht hat, diesen Ich-Standpunkt zu korrigieren, so gewiß hat das Ich ein Recht, den Gesellschaftsstandpunkt zu korrigieren.

Das Ideal wäre, daß das Individuum in jedem Einzelfalle sagte: ‚Ja, Gesellschaft, als du mich verurteiltest, tatest du recht‘ oder besser, daß das Individuum sagte: ‚Hier, Gesellschaft, ist meine Schuld; bestrafe mich.‘ Bekanntlich kommt beides (Gott sei Dank) häufig vor; ersteres sehr oft, letzteres wenigstens nicht selten.“[18]

Fontane konstruiert kein einfaches Schema von Sittengesetz, Regel, gesellschaftlicher Übereinkunft auf der einen, Freiheit der Gewissensentscheidung auf der anderen Seite, Gesetzes- und Konventionsmoral hier, Herzens- und Gefühlsmoral dort, um die eine gegen die andere auszuspielen. Er differenziert genau. Herzens- und Gefühlsmoral sind Sache einer nur für den besonderen Fall und für

---

[17] WW. Bd. XXII/1. S. 329.
[18] WW. Bd. XXI/1. S. 333.

das besondere Individuum geltenden Entscheidungen und der verstehenden Beurteilung eines „fait accompli" solcher Entscheidung. Ihre Kriterien können nicht zum Maßstab der Gesetzes- und Konventionsmoral werden, und die beiden Bereiche will Fontane nicht vermischen. Die freie Entscheidung außerhalb der Ordnung und gegen sie kann sich nicht gewissermaßen als anerkannte Institution etablieren, sie kann nur die Regeln für sich in Anspruch nehmen, die im Raum außerhalb der Legalität und an der Stelle gelten, an die das Individuum sich mit seiner eigenwilligen Entscheidung versetzt hat. Es kann nicht Billigung und Ratifizierung, allenfalls Tolerierung erwarten.

Holk in ›Unwiederbringlich‹ hat das nicht begriffen. Nachdem er der philinischen Ebba ins Liebesnetz geraten ist, sich von seiner Frau trennt und bei Ebba auf Heirat dringt, muß er sich eine allzu richtige Lektion erteilen lassen eben von ihr, die ihn ins Garn gelockt und verwirrt hat und die zwar keine moralische Festung und nicht eben warmherzig, aber klug ist und das Leben kennt: „Sie wollen Hofmann und Lebemann sein und sind weder das eine noch das andre. Sie sind ein Halber und versündigen sich nach beiden Seiten hin gegen das Einmaleins, das nun mal jede Sache hat und nun gar *die* Sache, die uns hier beschäftigt. Wie kann man sich einer Dame gegenüber auf Worte berufen, die die Dame töricht oder vielleicht auch liebenswürdig genug war, in einer unbewachten Stunde zu sprechen? Es fehlt nur noch, daß Sie sich auf Geschehnisse berufen, und der Kavalier ist fertig. Unterbrechen Sie mich nicht, Sie müssen noch Schlimmeres hören. Allmutter Natur hat Ihnen, wenn man von der Beständigkeit absieht, das Material zu einem guten Ehemann gegeben, und dabei mußten Sie bleiben. Auf dem Nachbargebiete sind Sie fremd und verfallen aus Fehler in Fehler. In der Liebe regiert der Augenblick, und man durchlebt ihn und freut sich seiner, aber wer den Augenblick verewigen oder gar Rechte daraus herleiten will, Rechte, die, wenn anerkannt, alle besseren, alle wirklichen Rechte, mit einem Wort die eigentlichen Legitimitäten auf den Kopf stellen würden, wer das tut und im selben Augenblicke, wo sein Partner klug genug ist, sich zu besinnen, feierlich auf seinem Scheine besteht, als ob es ein Trauschein wäre, der ist kein Held der Liebe, der ist bloß ihr Don Quichote.' Holk sprang auf. ‚Ich weiß nun genug; also alles nur Spiel, alles nur Farce.' ‚Nein, lieber Holk, nur *dann,* wenn Ihre deplacierte Feierlichkeit das, was leicht war, schwer genommen haben sollte, was Gott verhüten wolle.' "[19] Es ist sehr wohl bedacht, daß die „*nicht*-fromme" Ebba, wie sie selbst sich nennt, der Papillon, hier Mores lehrt. Sie tut es gnadenlos und brutal, ohne sich in eine Hilfspredigerin zu verwandeln, und eben damit, daß sie bleibt, wie und wer sie ist, wird sie glaubhaft: „... statt alle Treibhäuser des Landes zu plündern und mir Blumen auf den Weg zu streuen oder wie ein Troubadour das Lob seiner Dame zu singen und dann weiter zu ziehen und weiter sein Glück zu versuchen, statt dessen wollen Sie mich einschwören auf ein einzig Wort oder doch auf nicht viel mehr und wollen aus einem bloßen Spiel einen bittern Ernst machen, alles auf Kosten einer Frau, die besser ist, als Sie und ich, und die Sie tödlich kränken, bloß weil Sie sich in einer Rolle gefallen, zu der Sie nicht berufen sind. Noch einmal, ich lehne jede Verantwortung ab. Ich bin jung und Sie sind es nicht mehr, und so war es nicht an mir, Ihnen Moral zu predigen und Sie, während ich mich hier langweilte, mit ängstlicher Sorgfalt auf dem Tugendpfade zu halten; — das war nicht meine Sache, das war Ihre. Meine Schuld bestreit ich, und wenn es doch so was war (und es mag darum sein), nun, so hab ich nicht Lust, diese Schuld zu verzehn- und zu verhundertfachen und aus einem bloßen Schuldchen eine wirkliche Schuld zu machen, eine, die ich selber dafür halte."[20] Liebevoll und gütig ist das nicht, aber das zu sein ist nicht Charisma der Sprecherin. Ihre Unterscheidungen sind indessen fatal richtig, und sie wären es nicht, wenn sie Herz hätte, wenn sie so ernsthaft und warmherzig wäre, wie der sentimentale Leser es sich in diesem Augenblick für den begossenen Pudel Holk wünscht.

Keine falsche Vermischung der Bereiche also. Anläßlich der Besprechung einer Aufführung von Ibsens ›Gespenstern‹ räsoniert Fontane lange über die Frage der Liebesheirat. In zwei Thesen glaubt er Ibsens Meinung formulieren zu können: „Erste These: Wer sich verheiraten will, heirate nach Neigung, aber nicht nach Geld. Zweite These: Wer sich dennoch nach Geld verheiratet hat und seines

---

[19] WW. Bd. V. S. 202.
[20] Ebd. S. 202.

Irrtums gewahr wird, ja wohl gar gewahr wird, sich an einen Träger
äußerster Libertinage gekettet zu haben, beeile sich, seinen Faux pas
wieder gutzumachen, und wende sich, sobald ihm die Gelegenheit
dazu wird, von dem Gegenstande seiner Mißverbindung ab und
dem Gegenstande seiner Liebe zu. Bleiben diese Thesen unerfüllt, so
haben wir eine hingeschleppte, jedem Glück und jeder Sittlichkeit
hohnsprechende Ehe, darin im Laufe der Jahre nichts zu finden ist
als Lüge, Dégout und Kretinschaft der Kinder. Physisches und geistiges Elend werden geboren, Schwächlinge, Jammerlappen, Imbéci-
les. . . . Sind diese Thesen richtig? Ich halte sie für falsch."[21]

Und mit ein paar Beispielen aus der Kulturgeschichte unterstützt
Fontane seine dezidierte Ansicht: „. . . alles ist Pakt und Übereinkommen. . . . Unter allen Umständen aber bleibt es mein Kredo,
daß, wenn von Uranfang an statt aus Konvenienz und Vorteilser-
wägung lediglich aus Liebe geheiratet . . . wäre, der Weltbestand um
kein Haarbreit besser wäre, als er ist."[22] Dieser Auffassung entsprechend ist er nicht weniger entschieden in der Frage der zweiten
These, dem Problem der Trennung, wo die Einsicht der Beteiligten
sie als eine Pflicht der Aufrichtigkeit zu erkennen meint. Er wendet
sich nicht gegen das Gesetz, nach dem eine Trennung zugelassen
wird, „wo Schuld, gleichviel auf welcher Seite, nachgewiesen wird".
Aber: „Das Hin und Her von einem zum anderen", so setzt er dagegen, „das Lieben auf Abbruch, die souveräne Machtvollkommen-
heit ewig wechselnder Neigungen über das Stabile der Pflicht, über
das Dauernde des Vertrages — all das würde die Welt in ein un-
endliches Wirrsal stürzen und wäre eine Verschlimmbesserung ohne-
gleichen."[23] Die Gebrechlichkeit derjenigen, die in Erfahrung und
Geschichte als die konkreten Verwirklicher der Institution zu sehen
sind, hebt Recht und Richtigkeit der Institution selbst nicht auf.

Ja, Fontane sieht sogar einen wirklichen moralischen Fortschritt,
„trotz allem Sündenelend, das uns durch die Jahrhunderte hin begleitet und sich selbstverständlich auch in unserem intimsten Leben
in hundertgestaltiger Häßlichkeit betätigt hat, . . . trotz entnervten

[21] Reuter. S. 184 f.
[22] Ebd. S. 185 f.
[23] Ebd. S. 187.

Männern und entarteten Frauen, trotz Schein, Komödie, Lüge ...
Alle die Millionen Ehen, die von damals bis heute nichts anderes
als auf Gold und Glanz hin geschlossen wurden, alle die Wüstlinge,
die von damals bis heute die Hoffnungen junger Herzen getäuscht
und zur Elends- und Widerlichkeitsgeschichte der Menschheit ihr
ehrlich Teil beigetragen haben, alle diese Geldehen, alle diese trauer-
mäßig auf Halbmast herabgelassenen Lebenskräfte haben weder die
Verdummung der Generationen noch ihre physisch-moralische Ver-
sumpfung zur Folge gehabt." Und Fontane schließt mit einem sehr
prinzipiellen und über das Moralische hinaus für ihn gültigen Resü-
mee: „Unsere Zustände sind ein historisch Gewordenes, die wir als
solche zu respektieren haben. Man modle sie, wo sie der Modlung
bedürfen, aber man stürze sie nicht um. Die größte aller Revolutionen wär es, wenn die Welt, wie Ibsens Evangelium es predigt, über-
einkäme, an Stelle der alten, nur scheinbar prosaischen Ordnungs-
mächte die freie Herzensbestimmung zu setzen. Das wäre der Anfang
vom Ende. Denn so groß und stark das menschliche Herz ist, eins
ist noch größer: seine Gebrechlichkeit und seine wetterwendische
Schwäche."[24]

Im Zusammenhang mit der Erzählung ›Irrungen Wirrungen‹
kommt Fontane einige Monate später noch einmal auf eine Seite der
Sache zu sprechen: „Wir stecken ja bis über die Ohren in allerhand
konventioneller Lüge und sollten uns schämen über die Heuchelei,
die wir treiben, über das falsche Spiel, das wir spielen. Gibt es denn,
außer ein paar Nachmittagspredigern, in deren Seelen ich auch nicht
hineingucken mag, gibt es denn außer ein paar solchen fragwürdigen
Ausnahmen noch irgendeinen gebildeten und herzensanständigen
Menschen, der sich über eine Schneidermamsell mit einem freien
Liebesverhältnis wirklich moralisch entrüstet? Ich kenne keinen und
setze hinzu, Gott sei Dank, daß ich keinen kenne. Jedenfalls würde
ich ihm aus dem Wege gehn und mich vor ihm als vor einem gefährlichen Menschen hüten. ,Du sollst nicht ehebrechen', das ist nun bald
vier Jahrtausende alt und wird auch wohl noch älter werden und in
Kraft und Ansehn bleiben. Es ist ein Pakt, den ich schließe und den
ich schon um deshalb, aber auch noch aus andern Gründen, ehrlich

[24] Ebd. S. 187 f.

halten muß; tu' ich's nicht, so tu' ich ein Unrecht, wenn nicht ein ,Abkommen' die Sache anderweitig regelt. Der freie Mensch aber, der sich nach dieser Seite hin zu nichts verpflichtet hat, kann tun, was er will und muß die sogenannten *natürlichen Konsequenzen'* die mitunter sehr hart sind, entschlossen und tapfer auf sich nehmen. Aber diese ,natürlichen Konsequenzen', welcher Art sie sein mögen, haben mit der Moralfrage gar nichts zu schaffen."[25] Da wird von neuem deutlich, was Fontane von einem moralistischen Simplificateur trennt, wie es sie dutzendweis unter seinen literarischen Zeitgenossen — auch mit gutem Namen — gibt. Unterscheidung des „besonderen Falles" ist alles, ohne ihn auch nur ad hoc an die Stelle des „Gesetzes", des allgemeinen, zu setzen, ohne eine Legitimation zu erwarten, die per definitionem ihn als besonderen Fall, als Ausnahme in gewissem Sinn aufheben müßte.

Melanie van der Straaten in ›L'Adultera‹ verläßt ihren Mann, den gutmütigen aber diskretionslosen Kommerzienrat, dem sie in konventioneller Ehe verbunden ist, um mit dem Geliebten, dem Hausfreund Rubehn, einen neuen Bund zu schließen, der bereits folgenreich besiegelt ist. Das klingt einigermaßen kitschig, und die Erzählung ist es auch in Einzelheiten, von der „geliebten Last", als die Rubehn die Geliebte vom Trittbrett der Droschke hebt, da sie bei Nacht und Nebel Haus und Familie verlassen hat, oder Stehtränen, z. B. in Lydias Auge am Ende des siebenten Kapitels, Stehtränen, die Fontane später, in ›Frau Jenny Treibel‹, munter ironisiert, bis zur Konfrontation mit den Kindern, bei der das ältere das jüngere mit den zuverlässig herzzerschneidenden Worten fortzerrt, die kein Auge trocken lassen: „Wir haben keine Mutter mehr." Das und noch manches andere ist schlechtes Dixneuvième-Genre. Von der forcierten Symbolik war früher schon die Rede. Was die Erzählung aber unter anderem weit hinaushebt über zeitgenössische Machwerke, in deren Nähe sie mit solchen Zügen gerät, ist vor allem die Kunst der Charakterisierung und des Gesprächs (wovon noch zu handeln sein wird) und nicht zuletzt die discretio, das delikate Unterscheidungsvermögen auf der Ebene des „Moralischen" im weitesten Sinne und

---

[25] Theodor Fontanes Briefe. Erste Sammlung. ⁶1911. (Im folgenden zitiert als: Briefe I) Bd. 2. S. 155 f.

das entsprechende Vermögen der Darstellung. Da widersteht Fontane allen naheliegenden Versuchungen.

Um außer Zweifel zu bringen, was der Entschluß Melanies ist und was er nicht ist, fügt Fontane unmittelbar vor der prekären Abschiedsszene mit van der Straaten die Erzählung der alten Dienerin von den Vernezobres ein, die äußerlich dem eben Geschehenden zum Verwechseln ähnlich aussehen könnte. „Un war auch Kommerzienrat un alles ebenso. Das heißt, beinah."[26] Indessen im „Beinah" — da liegt's. Das ist die gewöhnliche Geschichte vom Hausfreund und Seitensprung, und schließlich Vorbei und Vergessen und Rückkehr ins alte Geleise. Melanies Geschichte erheischt andere Konsequenzen: „‚Du meinst es gut. Aber so geht es nicht. Ich bin doch anders. Und wenn ich's nicht bin, so bild ich es mir wenigstens ein.' ‚Jott', sagte Christel, ‚en bißchen anders is es immer. Un sie war auch bloß von Neu-Cölln ans Wasser, un die Singuhr immer jrade gegenüber. Aber die war nich schuld mit ‚Üb' immer Treu' und Redlichkeit'. ‚Ach, meine gute Christel, Treu' und Redlichkeit! Danach drängt es jeden, jeden, der nicht ganz schlecht ist. Aber weißt du, man kann auch treu sein, wenn man untreu ist. Treuer als in der Treue.' "[27]

Van der Straaten begreift auf seine Weise und mutatis mutandis ebensowenig wie Holk in ›Unwiederbringlich‹ die wahren Gewichte der Verhältnisse. Wo Holk aus seiner starrseriösen Natur ernst und endgültig genommen haben will, was flüchtig und episodisch ist, will van der Straaten aus seiner zwar gütigen, aber trivial-unseriösen Natur leicht und episodisch genommen haben, was ernst und endgültig ist und sein muß: „Und ich sage dir, es geht vorüber, Lanni. Glaube mir; ich kenne die Frauen. Ihr könnt das Einerlei nicht ertragen, auch nicht das Einerlei des Glücks. Und am verhaßtesten ist euch das eigentliche, das höchste Glück, das Ruhe bedeutet. Ihr seid auf die Unruhe gestellt. Ein bißchen schlechtes Gewissen habt ihr lieber, als ein gutes, das nicht prickelt, und unter allen Sprichwörtern ist euch das vom ‚besten Ruhekissen' am langweiligsten und am lächerlichsten. Ihr wollt gar nicht ruhen. Es soll euch immer was kribbeln und zwicken, und ihr habt den überspannt sinnlichen oder

---

[26] WW. Bd. IV. S. 84.
[27] Ebd. S. 85.

meinetwegen auch den heroischen Zug, daß ihr dem Schmerz die
süße Seite abzugewinnen wißt.' ‚Es ist möglich, daß du recht hast,
Ezel. Aber je mehr du recht hast, je mehr rechtfertigst du mich und
mein Vorhaben. Ist es wirklich, wie du sagst, so wären wir geborene
Hazardeurs, und Va banque spielen so recht eigentlich unsere Natur. Und natürlich auch die meinige.'" Und schließlich, nach einer
langen Rede van der Straatens auf der gleichen Ebene, die so endet:
„‚Denn so du's nicht übel nimmst, ich liebe dich und will dich behalten. Bleib. Es soll nichts sein. *Soll* nicht. Aber bleibe'", die höchst
menschlich aus verletztem Stolz und sittlichem Bewußtsein gemischte
Reaktion gegen dieses Bagatellisieren: „Das widerstand ihr . . . ‚Du
meinst es gut, Ezel', sagte sie. ‚Aber es kann nicht sein. Es hat eben
alles seine natürliche Konsequenz, und *die,* die hier spricht, die scheidet uns. Ich weiß wohl, daß auch anderes geschieht, jeden Tag, und
es ist noch keine halbe Stunde, daß mir Christel davon vorgeplau-
dert hat. Aber einem jeden ist das Gesetz ins Herz geschrieben, und
danach fühl ich, ich muß fort. Du liebst mich, und deshalb willst du
darüber hinsehen. Aber du darfst es nicht und du *kannst* es auch
nicht. Denn du bist nicht jede Stunde derselbe, keiner von uns. Und
keiner kann vergessen. Erinnerungen aber sind mächtig, und Fleck
ist Fleck, und Schuld ist Schuld.'" Melanie macht sich nichts vor
über den gemischten Charakter ihrer Motive. Sie ist keine „büßende
Magdalena", kein schlackenreines Standbild konsequenter und nach
Fall und Reue heroischer Sittlichkeit und beansprucht es nicht zu
sein: „Alles ist eitel Selbstgerechtigkeit. Und ich weiß es auch, es
wäre besser und selbstsuchtsloser, ich bezwänge mich und bliebe,
freilich immer vorausgesetzt, ich könnte mit einer Einkehr bei mir
selbst beginnen. Mit Einkehr und Reue. Aber das kann ich nicht. Ich
habe nur ein ganz äußerliches Schuldbewußtsein, und wo mein Kopf
sich unterwirft, da protestiert mein Herz. Ich nenn es selber ein
störrisches Herz, und ich versuche keine Rechtfertigung. Aber es
wird nicht anders durch mein Schelten und Schmähen. Und sieh, so
hilft mir denn eines nur und reißt mich eines nur aus mir heraus:
ein ganz neues Leben und in dem *das,* was das erste vermissen ließ:
Treue. Laß mich gehen. Ich will nichts beschönigen, aber das laß
mich sagen: Es trifft sich gut, daß das Gesetz, das uns scheidet, und
mein eignes selbstisches Verlangen zusammenfallen . . . Es soll Ord-

nung in mein Leben kommen, Ordnung und Einheit . . ."[28] Ordnung, das ist ein sittlich anspruchsvoller und ein fast pragmatisch-eudämonistischer Begriff zugleich.

Als Botho von Rienäcker in ›Irrungen Wirrungen‹ zu Pferde umherstreift, um mit sich ins reine zu kommen über seine Lage und über das, was er will und soll, sieht er vor einer Fabrik eine Gesellschaft von Arbeitern bei der Mahlzeit mit den Frauen, die das Essen gebracht haben, einige — allzu rührendes Idyll — „mit einem Säugling auf dem Arm, . . . mit einem Anflug von Neid sah er auf die Gruppe glücklicher Menschen. ‚Arbeit und täglich Brot und Ordnung. Wenn unsre märkischen Leute sich verheiraten, so reden sie nicht von Leidenschaft und Liebe, sie sagen nur: ‚Ich muß doch meine Ordnung haben‘, und das ist ein schöner Zug im Leben unsres Volks und nicht einmal prosaisch. Denn Ordnung ist viel und mitunter alles. Und nun frag ich mich: War *mein* Leben in ‚Ordnung‘? Nein. Ordnung ist Ehe.‘ " Und Ordnung und Ehe heißt hier die konventionelle Partie, die die Gesellschaft für diesen ihren Sohn und Vasallen vorgesehen hat. „Es liegt nicht in mir, die Welt herauszufordern und ihr und ihren Vorurteilen öffentlich den Krieg zu erklären; ich bin durchaus gegen solche Donquichotterien. Alles, was ich wollte, war ein verschwiegenes Glück, ein Glück, für das ich früher oder später, um des ihr ersparten Affronts willen, die stille Gutheißung der Gesellschaft erwartete. So war mein Traum, so gingen meine Hoffnungen und Gedanken. Und nun soll ich heraus aus diesem Glück und soll ein andres eintauschen, das mir keins ist. Ich hab eine Gleichgültigkeit gegen den Salon und einen Widerwillen gegen alles Unwahre, Geschraubte, Zurechtgemachte, Chic, Tournüre, savoirfaire, — mir alles ebenso häßliche wie fremde Wörter." Die Geschichte des Polizeipräsidenten von Hinckeldey, die ihm einfällt, als er dessen Grabkreuz erblickt, lehrt ihn von neuem, „daß das Herkommen unser Tun bestimmt. Wer ihm gehorcht, kann zugrunde gehn, aber er geht besser zugrunde als der, der ihm widerspricht"[29].

Episodisches Spiel, leichter „Augenblick" der „Liebe" wie Holks Flirt und Seitensprung mit Ebba ist das nicht, was Botho und Lene

---

[28] Ebd. S. 86 ff.
[29] WW. Bd. III. S. 170 f.

eine Strecke Weges vereinigt hat. Indessen, was die Lösung des Gebundenen zwar nicht leicht, aber möglich und erträglich macht, spricht Lene aus: „,Ich hab es so kommen sehen, von Anfang an, und es geschieht nur, was muß ... Du hast mir kein Unrecht getan, hast mich nicht auf Irrwege geführt und hast mir nichts versprochen. Alles war mein freier Entschluß. Ich habe dich von Herzen liebgehabt, das war mein Schicksal, und wenn es eine Schuld war, so war es *meine* Schuld. Und noch dazu eine Schuld, deren ich mich, ich muß es dir immer wieder sagen, von ganzer Seele freue, denn sie war mein Glück. Wenn ich nun dafür zahlen muß, so zahle ich gern. Du hast nicht gekränkt, nicht verletzt, nicht beleidigt, oder doch höchstens das, was die Menschen Anstand nennen und gute Sitte. Soll ich mich darum grämen? Nein.' "[30]

Das also, die schmerzenreiche Trennung und was dann folgt für beide, sind hier die „sogenannten natürlichen Konsequenzen". Was die beiden getan haben und tun, ist sittliches Handeln. Es rechtfertigt nicht die „Ordnung", die konventionelle Regel, den Zwang der Gesellschaft. Es *wird* aber auch nicht als sittliches Handeln gerechtfertigt von der „Ordnung" und der Konvention her. Sondern indem es diese, auch in der Einsicht in ihre Miserabilität, zu akzeptieren für recht hält — nicht nur für opportun oder unausweichlich — und ihnen willfahrt, rechtfertigt es sich selbst und gibt sich die Dignität des Sittlichen in der Entscheidung aus der gegebenen und besonderen Situation.

Resignation? Ja. Aber doch nicht nur als zähneknirschendes oder mürrisches Kapitulieren, sondern als Annehmen von gesellschaftlichen Gegebenheiten, die weder bejaht noch beschönigt, „verklärt" werden, aber denen für die Frist ihrer geschichtlichen Geltung eine bedingte ordnende Funktion zugebilligt wird.

Sittliches Handeln also ist als solches nicht vom Gehalt dieser Gegebenheiten und ihrer konkreten Form her inhaltlich bestimmt und qualifiziert, vielmehr konstituiert es sich in der Konfrontation und Auseinandersetzung mit ihnen, in Annahme oder Verneinung aus der individuellen persönlichen Situation und Wahl. Dabei verleugnet Fontane nicht, daß persönliche Situation und Entscheidung selbst

[30] Ebd. S. 174.

schon gesellschaftlich prädisponiert sind, grundsätzlich und noch vor dem akuten Druck, den die Gesellschaft ausübt oder ausüben könnte. Nicht erst in der Breite und faktischen Totalität ihrer Institutionen, sondern schon in der Einsamkeit des „Herzens". Man erinnere sich an L'Adultera, die Ehebrecherin Melanie: „Die Welt ist doch stärker als wir und besiegt uns schließlich in unserem eigenen Herzen."[31] Aber es bleibt ein Residuum der Freiheit zwischen dieser individuellen Vorbestimmtheit und dem massiven Sichgeltendmachen der Gesellschaft von außen. Und genau das ist der Raum des sittlichen Handelns, das die Kausalitäten im Inneren und Äußeren nicht eliminiert, sondern das unter ihrer Voraussetzung vollzogen wird und ihre Alleinherrschaft einschränkt zugunsten eines eigentlich Menschlichen. Dies ist nur möglich im Bereich ihrer ungeleugneten Wirklichkeit — nicht in einem Rückzug aus ihnen —, ohne doch bloß Glied und Funktion in der Kausalkette zu bleiben.

Sittliches Handeln, das den Namen verdient, hat, wenn irgend etwas überhaupt, am ehesten Anspruch darauf, heroisch genannt zu werden, wo es sich gegen die Moral des Herzens aus klarem und begründetem Willen der öffentlichen unterwirft oder sich, aus nicht minder klar begründetem Willen, dagegen auflehnt — in beiden Fällen bereit, die „natürlichen Konsequenzen" auf sich zu nehmen. Das ist vielerorts in den Erzählungen ein wesentlicher Aspekt der Aussage. Die Geschichte vom Leutnant Greely und der Nordpolfahrergruppe, die Lorenzen im ›Stechlin‹ erzählt, macht das noch einmal sehr deutlich:

„Das herkömmlich Heldische fehlt in seiner Geschichte völlig. Was an seine Stelle tritt, ist ein ganz andres. Aber dies andre, *das* gerade macht es", so leitet Lorenzen seine Story ein. Und in der Plauderei, die vorhergeht und ihn aufs Thema bringt, sagt er: „ ,Heldentum ist gut und groß. Und unter Umständen ist es das allergrößte. Lasse mir also den Heroenkultus durchaus gefallen, das heißt, den echten und rechten. Aber was Sie da von mir hören wollen, das ist, Verzeihung für das Wort, ein Heldentum zweiter Güte. *Mein* Heldentum — soll heißen, was ich für Heldentum halte —, das ist nicht auf dem Schlachtfelde zu Hause, das hat keine Zeugen oder doch nur immer solche, die mit zugrunde gehn. Alles vollzieht sich stumm, einsam, weltabgewandt. Wenigstens als Regel ... Echtes Heldentum, oder um's noch einmal einzuschränken, ein solches, das mich persönlich hinreißen soll, steht immer im Dienst einer Eigenidee, eines allereigensten Entschlusses. Auch dann noch — ja mitunter dann erst recht —, wenn dieser Entschluß schon das Verbrechen streift. Oder, was fast noch schlimmer, das Häßliche. Kennen Sie den Cooperschen ‚Spy‘? Da haben Sie den Spion als Helden. Mit andern Worten, ein Niedrigstes als Höchstes. Die Gesinnung entscheidet. Das steht mir fest.‘ “ Und dann kommt die Begebenheit mit Greely. Es wird das beste sein, sie wörtlich und ganz hier zu zitieren:

» ‚Nun, denn, — ich erzähle nach dem Gedächtnis und im Einzelnen und Nebensächlichen irr ich vielleicht ... Aber in der Hauptsache stimmt es ... Also zuletzt, nach langer Irrfahrt, waren's noch ihrer fünf: Greely selbst und vier seiner Leute. Das Schiff hatten sie verlassen, und so zogen sie hin über Eis und Schnee. Sie wußten den Weg, soweit sich da von Weg sprechen läßt, und die Sorge war nur, ob das bißchen Proviant, das sie mit sich führten, Schiffszwieback und gesalzenes Fleisch, bis an die nächste menschenbewohnte Stelle reichen würde. Jedem war ein höchstes und doch zugleich auch wieder geringstes Maß als tägliche Provision zubewilligt, und wenn man dies Maß einhielt und kein Zwischenfall kam, so mußt es reichen. Und einer, der noch am meisten bei Kräften war, schleppte den gesamten Proviant. Das ging so durch Tage. Da nahm Leutnant Greely wahr, daß der Proviant schneller hinschmolz als berechnet, und nahm auch wahr, daß der Proviantträger selbst, wenn er sich nicht beobachtet glaubte, von den Rationen nahm. Das war eine schreckliche Wahrnehmung. Denn ging es so fort, so waren sie samt und sonders verloren. Da nahm Greely die drei andern beiseit' und beriet mit ihnen. Eine Möglichkeit gewöhnlicher Bestrafung gab es nicht und auf einen Kampf sich einzulassen, ging auch nicht. Sie hatten dazu die Kräfte nicht mehr. Und so hieß es denn zuletzt, und es war Greely, der es sagte: ‚Wir müssen ihn hinterrücks erschießen.‘ Und als sie bald nach dieser Kriegsgerichtsszene wieder aufbrachen, der heimlich Verurteilte vorn an der Tete, trat Greely von hintenher an ihn heran und schoß ihn nieder. Und die Tat war nicht umsonst getan; ihre Rationen reichten aus, und an dem Tage, wo sie den letzten Bissen verzehrten, kamen sie bis an eine Station.'

,Und was wurde weiter?'

,Ich weiß nicht mehr, ob Greely selbst bei seiner Rückkehr nach New York als Ankläger gegen sich auftrat; aber das weiß ich, daß es zu einer großen Verhandlung kam.'

,Und in dieser . . .'

,. . . In dieser wurde er freigesprochen und im Triumph nach Hause getragen.'

,Und Sie sind einverstanden damit?'

,Mehr; ich bin voll Bewunderung. Greely, statt zu tun, was er tat, hätte zu den Gefährten sagen können: 'Unser Exempel wird falsch, und wir gehen an des einen Schuld zugrunde; töten mag ich ihn nicht, — sterben wir also alle.' Für seine Person hätt er so sprechen und handeln können. Aber es handelte sich nicht bloß um ihn; er hatte die Führer- und die Befehlshaberrolle, zugleich die Richterpflicht, und hatte die Majorität von drei gegen eine Minorität von einem zu schützen. Was dieser eine getan, an und für sich ein Nichts, war unter den Umständen, unter denen es geschah, ein fluchwürdiges Verbrechen. Und so nahm er denn gegen die geschehene schwere Tat die schwere Gegentat auf sich. In solchem Augenblicke richtig zu fühlen und in der Überzeugung des Richtigen fest und unbeirrt ein furchtbares Etwas zu tun, ein Etwas, das, aus seinem Zusammenhange gerissen, allem göttlichen Gebot, allem Gesetz und aller Ehre widerspricht, *das* imponiert mir ganz ungeheuer und ist in meinen Augen der wirkliche, der wahre Mut. Schmach und Schimpf, oder doch der Vorwurf des Schimpflichen, haben sich von jeher an alles Höchste geknüpft. Der Bataillonsmut, der Mut in der Masse — bei allem Respekt davor — ist nur ein Herdenmut.'

Dubslav sah vor sich hin. Er war augenscheinlich in einem Schwankezustand. Dann aber nahm er die Hand Lorenzens und sagte: ,Sie sollen recht haben.' "[32]

Es ist keine Frage, daß, wo die beiden ausgemachten Lieblinge des Erzählers so einer Meinung sind, der Erzähler und schließlich Fontane selbst keiner anderen ist. Was am Beispiel dieses extremen Falls

[32] WW. Bd. VIII. S. 316 ff.

zutage tritt, ist die Grundform sittlichen Handelns, die endlich
in allen Romanen wiederkehrt: den relativ höheren Wert verwirklichen in einer Situation, die seinen höheren Rang, die Rangskala in
entscheidendem Maße mitbestimmt, mitkonstituiert. Dabei mag diese
Situation, deren Teil das Individuum mit seinen Voraussetzungen
ist und zu deren Bedingungen vorausgegangene Verfehlung und
Schuld gehören können, eine schockierend andere Rangordnung er-
heischen als Recht, Gesetz, Übereinkunft festgelegt haben. Wo dem
„Normalen" widerstritten wird, ist sein kommuner Hüter, die Ge-
sellschaft, herausgefordert. Und nicht immer tritt an die Stelle von
Sanktionen, die sich auf sehr verschiedenen Ebenen und in sehr ver-
schiedenen Formen vollziehen können, die schließliche Billigung der
Gesellschaft wie in ›L'Adultera‹, oder die Bestätigung durch den
Richterspruch wie in der Geschichte vom Leutnant Greely. In der
Tat glaubt Fontane immer weniger an diese positive Möglichkeit.
Der Regelfall ist anders, zumal dort, wo nicht durch eine formal
strafwürdige Tat ein formuliertes Gesetz gebrochen wird, wo es zu
einer „Verhandlung", zu einem begründeten Spruch, zu einer Selbst-
definition der Reaktion gar nicht kommt, wie in allen Fällen, in
denen wir — mit Melanie van der Straaten zu sprechen — „die
Straße des Hergebrachten verlassen und abweichen von Regel und
Gesetz"[33].

„Allerlei Moral" also. Es gibt keine Formel des Tuns. Was das
Rechte ist, läßt sich nicht messen am Inhalt eines „öffentlichen",
eines allgemeinen Moralkodexes und Gesetzes, nicht am Inhalt des
Herkömmlichen und der Konvention. Relativ ist, was sittliches
Handeln heißen darf. Nicht minder relativ, nur auf andere Weise,
die „öffentliche Moral", die Skala der geschriebenen und ungeschrie-
benen Regeln und Gesetze. Schon die Tatsache der tyrannischen
Verallgemeinerung macht sie fragwürdig, problematisch bereits die
Fixierung einer geschichtlich bedingten Form dieser Verallgemeinerung, die mit der Fiktion operieren muß, daß das ständig geschichtlich sich Wandelnde dem Wandel — mindestens zeitweise — entzogen werden und unzeitgebunden heute wie gestern und morgen
angemessene Forderung sein könne. Schon indem die allgemeinen

[33] WW. Bd. IV. S. 110.

Gesetze, Regeln, Übereinkünfte mit unaufhebbarer Notwendigkeit, mehr oder weniger dauerhaft und beständig, gewissermaßen die Zeit anhalten, indem sie also das für den geschichtlichen Augenblick als richtig und angemessen Erkannte perpetuieren, haftet ihnen immer ein konservatives Element an, das per definitionem dem lebendigen, fortschreitenden und sich wandelnden Leben widerstreitet. Aber nicht nur als solchermaßen zeitbedingt sind sie relativ, sondern auch, insofern an ihrem Zustandekommen Kräfte, Motive, Ziele sehr gemischter Art beteiligt sein können, die nicht lauterer, reiner, nicht weniger „irdisch" sind als diejenigen, die menschliches Tun immer und überall durchwalten. „An unbedingte Lauterkeiten glaub ich überhaupt nicht"[34] — das gilt schließlich für beides. Natürlich sieht Fontane Unterschiede in der Importanz, im Gewicht, in der „Legitimität" und der Beständigkeit der Ansprüche auf den verschiedenen Stufen im Bezirk der „öffentlichen Moral" und Konvention. Das Recht des Gesetzbuchs stellt er nicht in Frage und diskutiert er nicht, schon aus naheliegenden Gründen. Aber im Prinzip gehört es nicht weniger ins Reich des Relativen als ungeschriebene Übereinkünfte, die das Zusammenleben in der Gesellschaft regeln und beherrschen. Und zuweilen spricht er von beiden in einem Atemzug und ohne scharfe Scheidung. Man denke an die theoretisierenden Gespräche zwischen Onkel und Neffen in den Entwürfen zu ›Allerlei Glück‹, aber auch an manche andere Äußerung in den Erzählungen, den Briefen und autobiographischen Schriften. Es gilt, was Fontane als das Resultat bezeichnet, „wenn man lange gelebt hat: ‚alles, was da ist, kann verbrannt werden, wenn nur zehn oder zwölf Sätze, in denen die Menschenordnung liegt (nicht die Weltordnung, von der wir gar nichts wissen), übrig bleiben.‘ "[35]

In demselben Brief, in dem das steht, macht Fontane folgende sehr bezeichnende Anmerkung: „Ohne ein gewisses Quantum von ‚Mumpitz‘ geht es nicht. Als ich jung war, hieß es in der Chemie: ‚Wir berechnen alles nach Atomen. Diese Atome sind etwas ganz Willkürliches, sie sind ein Einfall, wir haben sie uns erfunden; aber wir müssen sie haben, um unsre Rechnungen machen zu können, und —

[34] Neue Rundschau XXI. 1910. 4. S. 1378.
[35] Briefe I, 2. S. 290.

sonderbar — mit Hilfe dieser chimärischen Grundlage stimmt alles.' So ist es auch in der moralischen Welt."[36] Das ist also wieder, mit anderen Worten, die Vorstellung von den „Hilfskonstruktionen". Mehr als das Wort besagt, sind sie nicht, aber ohne sie „geht es nicht", auch nicht „in der moralischen Welt". Sie stützen, was sonst in sich zusammenbräche, sie fungieren als ein Prinzip der Ordnung und der Bezüge, wo sonst das wirre Neben- und Gegeneinander von Einzelheiten und Einzelnen, wo sonst das Chaos herrschen würde. Und da es ohne sie nicht geht, sind sie verbindlich, solange sie nicht durch andere, angemessenere und zeitgerechte ersetzt worden sind. Ihr Anspruch ist nicht metaphysisch begründet, nicht heilig und makellos, aber notwendig und legitim, solange sie gelten. Dieses relative Recht gesteht Fontane schließlich auch den Regeln gesellschaftlicher Konvention zu, selbst da, wo er sie von seinem die Zeit kritisch analysierenden Blick aus als schlecht, brüchig, überlebt erkennt. „Es ist nichts fragwürdiger als die sogenannte moralische Grundlage der Gesellschaft. Ehe, Legitimität", heißt es in Entwürfen zu einer unvollendeten Novelle. „Ich habe nichts gegen diese Dinge. Sie sind ganz gut, sie tun ihre Schuldigkeit, they work exceedingly well. Aber enfin, man mache nicht mehr davon, als nötig. Alles ist Übereinkommen und Gewohnheit. Das Gegenteil wäre grade ebenso gut."[37]

Nicht am Inhalt der Gesetze und Konventionen — dabei bleibt es — läßt sich die Sittlichkeit des Handelns abmessen, wohl aber daran, *daß* sich das Handeln ihrem Anspruch aussetzt, sich an ihrem Anspruch mißt, sich ihm stellt, ihm „gehorcht" oder ihn für sich verwirft aus höherem Gebot von Situation und Gewissen, ohne ihn *überhaupt* zu leugnen und für unverbindlich zu erklären, und daß es, so oder so, die Konsequenzen auf sich nimmt.

Das eine wie das andere — Unterwerfung wie Auflehnung mit der Annahme der Konsequenzen — verlangt eine Haltung der Resignation. Resignation als Element der Sittlichkeit ist nicht ohnmächtig-zorniger Verzicht, nicht die geballte Faust in der Tasche,

[36] Ebd. S. 290 f.
[37] Paul Lindenberg. Fontanes L. P.-Novelle. Ein ungedruckter Novellenentwurf. Deutsche Rundschau. CCXLIV. Juli-September 1935. S. 135—142, hier S. 140.

auch nicht nur entmutigtes Sinkenlassen der Arme, Dumpf-mit-sich-geschehen-Lassen, sondern tätige Anerkennung nicht allein des naturgesetzlich Gegebenen, sondern auch der historisch bedingten, dem Wandel unterworfenen „Hilfskonstruktionen" als mehr oder weniger problematischer Ordnungsinstanzen, die sich im übrigen vernichtend geltend machen können. Die Freiheit, ohne die von sittlichem Handeln zu reden sinnlos wäre, ist weder befähigt noch aufgerufen, die „Hilfskonstruktionen" zu zerstören oder über Bord zu werfen, und sie kann den Nexus der Kausalitäten in der Natur, in der Gesellschaft, in dem von Natur und Gesellschaft prädisponierten eigenen Inneren nicht aufheben, sie kann nur wählen, welchem Kausalgefüge sie sich unterwirft, welche Kausalkette sie für sich, für das Individuum, das sie gebraucht, in Gang setzen will, welche ihr die angemessenere, die menschlich wahrere erscheint. Diese Freiheit zu gebrauchen, immer von neuem, ist allerdings ein Sollen, das Menschlichkeit begründet. Und Resignation bedeutet *nicht* Verzicht auf diese Freiheit, *bevor* sie — eben frei — vergeben wird, und sei es in der Bejahung unausweichlicher Notwendigkeit.

Freiheit vollzieht sich dergestalt aber niemals in einem eigenen idealen Raum der Innerlichkeit. Nur im Medium der gesellschaftlichen Wirklichkeit realisiert sie sich, realisiert sich Menschliches, Humanes, ohne doch mit dem Gesellschaftlichen identisch zu sein. Nur dadurch, daß zugleich die Wirklichkeit, das Gesellschaftliche und alle einzelnen Normen relativiert werden und doch, in der jeweiligen geschichtlich bedingten Gestalt, einziger Raum, mehr: einziges Medium der Aktualisierung von Freiheit und Humanem sind, „rettet" Fontane sozusagen das eine wie das andere dadurch, daß er sowohl eine Identifizierung wie einen vollkommenen Auseinanderfall von beiden verhindert, sowohl idealistische wie materialistische Konstruktionen und Verabsolutierungen abweist und unmöglich macht. Die Freiheit ist in ihrem Kern nicht mehr analysierbar, sie ist ineffabel wie die individuelle Person: „hinter dem letzten liegt wieder noch ein allerletztes".[38]

Indessen ist sie, soweit man sich in einer Untersuchung der ihr Vorfeld bestimmenden Motive an sie herananalysieren kann, ihrer-

---

[38] Briefe I, 2. S. 290.

seits nicht allein von rein gesellschaftlichen und rationalen Motiven vorbereitet, sondern auch von Gefühlen und Grundhaltungen, die nicht auf Vollstreckung von unbeugsamen Prinzipien, sondern auf Vermittlung gerichtet sind: „Ich habe noch nicht gesehen, daß ein Dollbregen oder auch nur Prinzipienreiter heil durchs Leben gekommen ist. All' den großen Sätzen in der Bergpredigt haftet zwar 'was Philiströses an, aber wenn ihre Weisheit richtig geübt wird, d. h. nicht in Feigheit, sondern in stillem Mut, so sind sie doch das einzig Wahre und die ganze Größe des Christentums steckt in jenen paar Aussprüchen. Man begreift dann Omar, als er die alexandrinische Bibliothek verbrannte: ‚steht es *nicht* im Koran, so ist es schädlich, steht es im Koran, so ist es überflüssig.‘"[39] Aber auch diese Haltungen sind im Bereich der Wirklichkeit gebrochen und nicht rein, ja sie vorauszusetzen, an sie zu glauben, gehört mit zu den *Hilfs*konstruktionen, die das Leben und das Zusammenleben ermöglichen. Unmittelbar nach den vorhin zitierten Sätzen mit dem Atom heißt es in demselben Brief: „So ist es auch in der moralischen Welt. Professor *Möller* (Bildhauer) sagte zu Friedrich Eggers: ‚Wenn da noch 'was fehlt, nehm' ich wahrscheinlich Glaube, Liebe, Hoffnung.‘ Wie oft ist mir das eingefallen! Immer wird ein bißchen Glaube, Liebe, Hoffnung genommen, wie aus dem Bausteinkasten der Kinder. Von wirklichem Glauben und wirklicher Liebe ist mir noch nichts vor die Klinge gekommen, zu dem ich auch nur ein halbes Vertrauen hätte. Schopenhauer hat ganz recht: ‚Das Beste, was wir haben, ist Mitleid.‘ Mitleid ist auch vielfach ganz echt. Aber mit all den andern Gefühlen sieht es windig aus. Trotzdem brauchen wir sie, brauchen den Glauben daran; wir dürfen sie nicht leugnen, weil sich sonderbare Reste davon immer wieder vorfinden. Und selbst, wo gar nichts ist, müssen wir dies Nichts nicht sehen wollen; wer sein Auge immer auf dies Nichts richtet, der versteinert. Die Wahrheit ist der Tod."[40] — damit schließt Fontane das Zitat ab, das er früher in diesem Brief begonnen hat: „Nur der Irrtum ist das Leben usw."[41]

[39] Ebd. S. 290.
[40] Ebd. S. 291.
[41] Ebd. S. 290.

Jahrbuch der Deutschen Schillergesellschaft. 11. Jahrgang (1967), S. 469—483.

BILDER, DIE DIE KUNST STELLT

Die Landschaftsdarstellung in den Romanen Theodor Fontanes[*]

Von Hubert Ohl

I

Daß „Anschauungen ohne Begriffe" „blind" sind: dieser berühmte Kantische Satz[1] erweist seine Wahrheit auch demjenigen, der von philosophischen Spekulationen nichts wissen will und nur empirisch zu forschen vermeint. So kennt jeder Literarhistoriker Untersuchungen, die einzelne Phänomene, zumeist stilistischer Art, mit einer Genauigkeit der Beobachtung und einer Stringenz der Beweisführung beschreiben, die durch keinen Fortschritt der Wissenschaft überholt worden sind — und die dennoch das Entscheidende nicht gesehen haben. Deren Erkenntnisse, so richtig sie im einzelnen sein mögen, im ganzen doch nicht wahr sind, weil sie partikulär bleiben; weil das, was sie als 'geistiges Band' verbinden soll — die ästhetischen Grundanschauungen ihrer Verfasser — weder der Reflexionsstufe ihrer Einzeleinsichten noch dem Wesen ihres Gegenstandes als Ganzem angemessen ist.

Einen solchen lehrreichen Fall bietet in der Fontane-Forschung die Untersuchung von Max Tau ›Der assoziative Faktor in der Landschafts- und Ortsdarstellung Theodor Fontanes‹[2]. Tau hat das blei-

---

[*] Überarbeitete Fassung eines Kapitels aus einer größeren Untersuchung des Verf., die unter dem Titel ›Bild und Wirklichkeit. Studien zur Romankunst Raabes und Fontanes‹ 1968 im Lothar Stiehm Verlag, Heidelberg, erschienen ist.

[1] Kritik der reinen Vernunft, B. 75.

[2] Oldenburg 1928 (Forschungen zur Literatur-, Theater- und Zeitungswissenschaft, hrsg. von E. Wolff, Bd. 3).

bende Verdienst, wesentliche Strukturmomente der Fontaneschen
Landschaftsdarstellung beschrieben zu haben — auch wenn er für
ihren spezifischen Kunstcharakter blind geblieben ist. Was Tau —
notabene: gegen seine Intention — mit vielen Einzelbeispielen belegt, ist die durchgehende *Perspektivierung* der Fontaneschen *Landschaftsdarstellung.* Tau betont gelegentlich zwar den reflektierten
Charakter der Landschafts- oder Ortsbeschreibung bei Fontane, erkennt darin aber nicht ein wesentliches Kunstgesetz seines Erzählens.
Er kritisiert es vielmehr im Namen einer Ästhetik, die an Begiffen
wie Anschaulichkeit, Gegenständlichkeit oder Erlebnis orientiert
ist.[3] Was Tau bei Fontane vermißt — daß bei diesem kein „unmittelbares Landschaftserlebnis" vorliege,[4] keine „reine Gestaltung einer
geschauten Landschaft"[5], ja, daß der Erzähler Fontane offensichtlich
gar „keine individuelle Landschaft besessen hat, die ihm zu gestalten
notwendig erschien"[6] —, all das gibt es bei Fontane deshalb nicht,
weil es für ihn jede künstlerische Bedeutung verloren hatte. Taus
kritische Vorbehalte treffen Fontanes poetische Intentionen daher
gar nicht. Fontane hat sich vielmehr unmißverständlich *gegen* die
von Tau geforderte Art der Landschaftsdarstellung ausgesprochen
und angedeutet, welche Funktion die Landschaftsschilderung innerhalb eines Romans nach *seiner* Auffassung besitzt. In seinem Alexis-
Essay von 1872 heißt es darüber[7]:

„Eine Sonne auf- oder untergehen, ein Mühlwasser über das Wehr
fallen, einen Baum rauschen zu lassen, ist die billigste literarische
Beschäftigung, die gedacht werden kann. In jedes kleinen Mädchens
Schulaufsatz kann man dergleichen finden; es gehört zu den Künsten, die jeder übt und die deshalb längst aufgehört haben als Kunst
zu gelten; es wird bei der Lektüre von jeder regelrechten Leserin
einfach überschlagen und in neunundneunzig Fällen von hundert
mit völligem Recht, denn es hält den Gang der Erzählung nur auf.

[3] Taus ästhetische Grundanschauungen werden besonders deutlich a. a.
O., S. 42 f.

[4] A. a. O., S. 11.

[5] Ebenda.

[6] A. a. O., S. 14.

[7] Theodor Fontane, Aufsätze zur Literatur, hrsg. u. mit einem Nach-
wort von Kurt Schreinert, München 1963, S. 206 f.

Es ist noch langweiliger wie eine Zimmerbeschreibung, bei der man sich wenigstens wünschen kann, das Porträt des Prinzen Heinrich oder die Kuckucksuhr zu besitzen. Die Landschaftsschilderung hat nur noch Wert, wenn sie als künstlerische Folie für einen Stein auftritt, der dadurch doppelt leuchtend wird, wenn sie den Zweck verfolgt, Stimmungen vorzubereiten oder zu steigern."

Wenn Fontane dann noch auf Shakespeare als „Muster" verweist, bei dem „das gewaltig Unerhörte, das geschieht ... immer von verwandten Erscheinungen draußen in der Natur begleitet"[8] ist, dann wird vollends deutlich, daß nach Fontanes Meinung alle Landschaftsbeschreibung in der Dichtung im Dienste der Menschendarstellung steht und jedenfalls auf ihren zeichenhaften Charakter hin angesehen, nicht aber als 'individuell geschaute' oder gar 'realistisch' gemeinte Landschaft aufgefaßt werden will.[9]

II

Was es mit Fontanes Landschaftsschilderungen auf sich hat, wird am ehesten einsichtig, wenn man einige knappe Beschreibungen, wie sie sich z. B. in ›Cécile‹ finden, zusammenstellt; gerade ihre Häufung bringt einige wichtige Züge zu unmittelbarer Evidenz.[10]

[8] Ebd., S. 207.

[9] Gestützt auf die Ergebnisse Taus, hat Peter Demetz in seiner Fontane-Monographie (Formen des Realismus: Theodor Fontane, München 1963) die Gestaltung eines Motivkomplexes durch das Gesamtwerk Fontanes verfolgt und damit wichtige Hinweise auf dessen Symbolik gegeben (a. a. O., S. 204 ff.); Demetz gelangt indessen zu keiner die Ergebnisse Taus in eine neue Auffassung der Fontaneschen Erzählkunst einbeziehenden Deutung. — Den Durchbruch zu einem neuen Verständnis der deutschen Erzählkunst des 19. Jh. bezeichnet das Buch von Wolfgang Preisendanz, Humor als dichterische Einbildungskraft. Studien zur Erzählkunst des poetischen Realismus, München 1963. Preisendanz hat den Nachweis erbracht, daß die „Darstellung eines Objektiven im subjektiven Reflex" das Kunstgesetz der erzählenden deutschen Dichtung des 19. Jh. ist. Seinen Einsichten in die Gültigkeit dieses Gesetzes auch für die Erzählkunst Fontanes weiß sich der vorliegende Beitrag dankbar verpflichtet.

[10] Alle Zitate im Text nach: Theodor Fontane, Sämtliche Werke, hrsg.

„Der große Balkon von Hotel Zehnpfund war am anderen Morgen kaum zu Hälfte besetzt, und nur ein Dutzend Personen etwa sah auf das vor ihnen ausgebreitete Landschaftsbild, das durch die Feueressen und Rauchsäulen einer benachbarten Fabrik nicht allzuviel an seinem Reize verlor. Denn die Brise, die ging, kam von der Ebene her und trieb den dicken Qualm am Gebirge hin. In die Stille, die herrschte, mischte sich, außer dem Rauschen der Bode, nur noch ein fernes Stampfen und Klappern und ganz in der Nähe das Zwitschern einiger Schwalben, die, im Zickzack vorüberschießend, auf eine vor dem Balkon gelegene Parkwiese zuflogen. Diese war das Schönste der Szenerie, schöner fast als die Bergwand samt ihren phantastischen Zacken, und wenn schon das saftige Grün der Wiese das Auge labte, so mehr noch die Menge der Bäume, die gruppenweis von ersichtlich geschickter Hand in dies Grün hineingestellt waren. Ahorn und Platanen wechselten ab, und dazwischen drängten sich allerlei Ziersträucher zusammen, aus denen hervor es buntfarbig blühte: Tulpenbaum und Goldregen und Schneeball und Akazie. Der Anblick mußte jeden entzücken, und so hing denn auch das Auge der schönen Frau...an dem ihr zu Füßen liegenden Bilde...“ (II 145 f.)

„‚Wie schön‘, sagte Cécile, während ihr Auge die vor ihr ausgebreitete Landschaft überflog.

Und wirklich, es war ein Bild voll eigenen Reizes.

Der Abhang, an dem sie saßen, lief in allmählicher Schrägung bis an die durch Wärterbuden und Schlagbäume markierte Bahn, an deren anderer Seite die roten Dächer des Dorfes auftauchten, nur hier und da von hohen Pappeln überragt. Aber noch anmutiger war das, was diesseits lag: eine Doppelreihe blühender Hagerosenbüsche, die zwischen einem unmittelbar vor ihnen sich ausdehnenden Kleefeld und zwei nach links und rechts hin gelegenen Kornbreiten die Grenze zogen. Von dem Treiben in der Dorfgasse sah man nichts, aber die Brise trug jeden Ton herüber, und so hörte man denn abwechselnd die Wagen, die die Bodebrücke passierten, und dann wieder das Stampfen einer benachbarten Schneidemühle.“ (II 206)

von Walter Keitel, München; Hanser 1962 ff., unter Angabe von Band- und Seitenzahl.

„Der so voraufschreitenden Kolonne folgten Gordon und Cécile. Nach rechts hin, auf Blankenburg zu, lagen weite Wiesen und Ackerflächen, während unmittelbar zur Linken ein Waldschirm von geringer Tiefe stand, der unsere Reisenden von der steil abfallenden Talschlucht und der unten schäumenden Bode trennte. Dann und wann kam eine Lichtung, und mit Hilfe dieser glitt dann der Blick nach der anderen Felsenseite hinüber, auf der ein Gewirr von Spitzen und Zacken und alsbald auch der Hexentanzplatz mit seinem hellgelben, von der Sonne beschienenen Gasthause sichtbar wurde. Juchzer und Zurufe hallten durch den Wald, und dazwischen klang das Echo der Böller- und Büchsenschüsse von der Roßtrappe her." (II 214)

„Nun aber war man oben und sah in die Landschaft hinaus. Was in der Ferne dämmerte, war mehr oder weniger interesselos; desto freundlicher aber wirkte das ihnen unmittelbar zu Füßen liegende Bild: erst das Gasthaus, das mit seinem Dächergewirr wirklich an eine alte mittelalterliche ‚Burg Rodenstein‘ erinnerte, dann weiter unten der Fluß, über den links abwärts ein schlanker Brückensteg, rechts aufwärts aber eine alte Steinbrücke führte." (II 227 f.)

Sucht man sich Rechenschaft zu geben, was von diesen vier Landschaftsbildern am nachdrücklichsten dem Gedächtnis sich einprägt, dann findet man, daß es nicht die dargestellten Einzelheiten von Parkwiese, Gebirge oder Dorf sind — dasjenige also, was sie inhaltlich voneinander unterscheidet —, sondern jene Züge, in denen sie übereinstimmen. Das sind freilich durchaus formale Momente: wie hier jede Landschaft gegliedert erscheint nach Vorder- und Hintergrund, rechts und links, Nähe und Ferne; wie das Zugleich optischer und akustischer Eindrücke daran mitwirkt, die Vorstellung räumlicher Tiefe zu erzeugen — das ist es, worauf die eigentliche Wirkung dieser Art der Landschaftsdarstellung beruht. Was alle vier Landschaften am nachhaltigsten bestimmt, ist ihr — so können wir abkürzend sagen — ausgeprägter *Bildcharakter*. Gewiß sind Gebirge, Wiese und Dorf ‘objektive’ Gegebenheiten: aber ‘rechts’ und ‘links’, ‘diesseits’ oder die ‘andere Seite’ sind Ordnungsbegriffe, die den Betrachtern dieser Landschaften angehören und nicht diesen selbst. Fontane stellt seine Landschaften ebensowenig ‘objektiv’ dar wie seine Menschen. Der Erzähler beschreibt sie auch nicht von einem außerhalb des Handlungszusammenhangs befindlichen, 'überlegenen' Blickpunkt aus. Alle Landschaften Fontanes weisen sich vielmehr als Bilder aus, die perspektivisch auf die 'Sehepunkte' einzelner Beobachter bezogen sind. Diese Beobachter schließlich kommen — als betrachtende, ihren Eindruck genießende oder im Gespräch reflektierende Romangestalten — zumeist in diesen Bildern selbst vor.

Das eigentümlich Panoramahafte der zitierten Landschaftsbilder könnte den Gedanken nahelegen, es gäbe zwischen Fontanes Art, Landschaften zu beschreiben, und jenen Panoramabildern, für die das späte 19. Jahrhundert ja eine besondere Vorliebe hatte, einen Zusammenhang. (Berlin besaß bekanntlich mehrere solcher Panoramabilder, u. a. das berühmte Sedan-Panorama Anton von Werners.[11] Einzelne dieser Panoramen tauchen nicht nur gelegentlich in Fontanes Briefen auf, sie bilden mitunter auch in den Romanen Besuchsziele einiger Romangestalten.[12] Man darf die Kenntnis dieser Bilder bei Fontane also als gegeben voraussetzen.) Und in der Tat stimmen die Panoramabilder in einem wesentlichen formalen Prinzip mit Fontanes Landschaften überein: auch sie fixieren den Betrachter auf einen bestimmten Blickpunkt, auf den die ganze Darstellung hingeordnet erscheint, und sie beziehen den Betrachter insofern in das Bild ein, als er seinen Standort nicht verlassen darf, wenn die Wirkung des Panoramas nicht zerstört werden soll. Bedenkt man schließlich, daß alle Maßnahmen der Panoramamaler im Dienst einer Ästhetik stehen, die im Kunstwerk auf eine vollendete Illusion von 'Wirklichkeit' abzielt, so daß die Kunst zu einer zweiten Natur wird,[13] dann gewinnt die These von dem möglichen Zusammenhang zwischen der Panoramamalerei und Fontanes Land

[11] Über die Bedeutung der Panoramamalerei für das 19. Jh. unterrichtet das Einleitungskapitel bei Dolf Sternberger, Panorama oder Ansichten vom 19. Jh., 3. Aufl., Hamburg 1955, S. 13 ff.

[12] So muß Effi Briest, von ihrer Hochzeitsreise zurückkehrend, in Berlin noch das St.-Privat-Panorama besuchen (SW IV 43).

[13] Schon am Ende des 18. Jh. hatte ein zeitgenössischer Beobachter die Wirkung der Panoramamalerei darin gesehen, „den Beschauer so weit zu täuschen, daß er zwischen Natur und Kunst zweifelhaft inne stehen müßte" (zit. nach Sternberger, a. a. O., S. 221).

schaftsbildern eine besondere Verlockung. Sie böte nicht zuletzt die Möglichkeit, Fontane doch als Realisten in Anspruch zu nehmen. Aber eine solche Argumentation ginge an der Kunstauffassung Fontanes vorbei. Fontanes Landschaften verbergen nicht nur, sieht man genau hin, nirgends ihre 'Künstlichkeit' — wie das die Panoramamalerei tut —, Fontane hat einem solchen möglichen Zusammenhang auch durch theoretische Äußerungen den Boden entzogen.

So hat er entschieden daran festgehalten, daß „ein gewaltiger Unterschied" bestehe „zwischen dem Bilde, das das Leben stellt, und dem Bilde, das die Kunst stellt".[14] Die Kunst nehme mit dem darzustellenden Leben eine „rätselvolle Modelung" vor, und diese bewirke, daß das durch die Kunst gestellte Bild den Betrachter weit stärker ergreift, als es jene Bilder tun, die das Leben „stellt": „Kunst ist ein ganz besonderer Saft".[15] Dieser Satz aus seiner Rezension der ›Familie Selicke‹ kleidet in eine witzige Pointe, was eine der grundlegenden ästhetischen Überzeugungen Fontanes war. Er hat ihr in einem fast gleichzeitigen Brief in dem Satz Ausdruck verliehen, die Kunst habe dem Leben gegenüber „eben ihre eigenen Gesetze"[16]. Diese Äußerungen deuten an, wie entschieden das Kunstbewußtsein des vermeintlichen Realisten Fontane ausgeprägt ist, und enthüllen jede Vorstellung eines naiven oder gar programmatischen 'Realismus' in bezug auf sein Werk als ästhetisch blindes Vorurteil. Daß die „Wirklichkeit" die „fable convenue der Philister" ist — dieser Aphorismus Hofmannsthals[17] könnte auch von Fontane stammen.

Die Feststellung, daß die Landschaften Fontanes Bilder seien, welche die Kunst stellt, bleibt freilich solange trivial, wie ihre 'Künstlichkeit' nicht als ihr eigentliches Sein begriffen wird, das sie nicht Aufzeichnungen, hrsg. von Herbert Steiner, Frankfurt a. M. 1959, S. 23.

[14] In seiner Rezension von Holz' und Schlafs erstem naturalistischem Drama ›Familie Selicke‹, 1890. Th. Fontane, Schriften zur Literatur, hrsg. von Hans-Heinrich Reuter, Berlin 1960, S. 215.

[15] A. a. O., 216.

[16] Th. Fontane, Briefe an seine Freunde, hrsg. von Otto Pniower und Paul Schlenther, 2 Bde., Berlin 1925, Bd. 2, S. 274.

[17] Hugo von Hofmannsthal, Gesammelte Werke in Einzelausgaben.

nur von den durch die Natur gestellten Bildern unterscheidet, sondern auch erst ihre poetische Aussagekraft begründet.

Wo wäre aber die Natur so auf bestimmte Sehepunkte hin angelegt, es sei denn in den Parkanlagen des 17. Jahrhunderts? Wo gibt es 'in Wirklichkeit' einen so konsequenten Perspektivismus in der Landschaft wie in Fontanes Landschaftsschilderungen? Hinter der scheinbaren Naturtreue seiner Landschaften verbirgt sich eine ästhetische Zurichtung der Natur: nicht die Kunst will hier Natur werden, sondern die Natur wird Kunst. Sie wird zu einem Bild, das menschliches Erleben spiegelt, zumindest aber auf menschliches Geschick, sei es auch nur als dessen 'Hintergrund', bezogen bleibt.

Wie weit die ästhetische Zurichtung der Landschaft zu einem Bilde bei Fontane gehen kann, mag eine Stelle aus ›Unwiederbringlich‹ zeigen:

„Hier, im Mittelsaale, hatten dienstbeflissene Hände bereits hohe Lehnstühle um einen langen, eichenen Tisch gerückt und die nach Ost und West hin einander gegenüberliegenden Balkonfenster geöffnet, so daß die ganze landschaftliche Herrlichkeit wie durch zwei große Bilderrahmen bewundert werden konnte. Freilich, die das Schloß unmittelbar und nach allen Seiten hin umgebende Wiesenplaine war, weil zu nahe, wie in der Tiefe verschwunden; dafür aber zeigte sich alles Fernergelegene klar und deutlich, und während, nach links hinüber, die Wipfel eines weiten Waldzuges in der niedergehenden Sonne blinkten, sah man nach rechts hin die blauflimmernde Fläche des Meeres. Holk und Ebba wollten aufstehen, um erst von dem einen und dann vom andern Fenster aus das Bild voller genießen zu können; die Prinzessin aber litt es nicht, sie verstände sich auch auf Landschaft und könne versichern, daß gerade so, wie's jetzt sei, das Bild am schönsten wäre." (II 662 f.)

Diese ästhetische Einstellung der Personen gegenüber der Natur sagt freilich so viel über ihre ästhetische Lebenshaltung, daß dieses kleine Landschaftsbild unversehens Symbolcharakter erhält. Aber auch dort, wo die Natur mehr im Sinne einer Szenerie der Handlung fungiert (wie in den aus ›Cécile‹ zitierten Stellen), ist sie doch nie losgelöst vom menschlichen Geschehen, um das es im Roman geht. Oft, so in ›Effi Briest‹ oder in ›Unwiederbringlich‹, haben die Landschaftsbeschreibungen eine auf künftiges Geschehen vorausdeutende

Funktion.[18] Wie diese Landschaften zugleich „Stimmungen vorzubereiten oder zu steigern" vermögen, wie Fontane sagt, soll wenigstens ein Beispiel erläutern. Es stammt aus ›Irrungen Wirrungen‹. Selbst hier, wo die Landschaft zum Spiegel der Seele wird, bleibt ihr Charakter als Bild doch erhalten und gibt sich damit in ihrer zeichenhaften und nicht in erster Linie 'realistisch' gemeinten Bedeutung zu erkennen:

„... und so ging sie denn, den Eindruck wieder loszuwerden, bis an das Giebelfenster und öffnete beide Flügel, um die Nachtluft einzulassen. Ach, wie sie das erquickte! Dabei setzte sie sich auf das Fensterbrett, das nur zwei Handbreit über der Diele war, schlang ihren Arm um das Kreuzholz und horchte nach der nicht allzu entfernten Veranda hinüber. Aber sie vernahm nichts. Eine tiefe Stille herrschte; nur in der alten Ulme ging ein Wehen und Rauschen, und alles, was eben noch von Verstimmung in ihrer Seele geruht haben mochte, das schwand jetzt hin, als sie den Blick immer eindringlicher und immer entzückter auf das vor ihr ausgebreitete Bild richtete. Das Wasser flutete leise, der Wald und die Wiese lagen im abendlichen Dämmer, und der Mond, der eben wieder seinen ersten Sichelstreifen zeigte, warf einen Lichtschein über den Strom und ließ das Zittern seiner kleinen Wellen erkennen.

,Wie schön', sagte Lene hochaufatmend. ,Und ich bin doch glücklich', setzte sie hinzu.

Sie mochte sich nicht trennen von dem Bilde. Zuletzt aber erhob sie sich ..." (II 386 f.)

Wie hier eine Seele von dem Bilde ergriffen wird, das die Natur 'stellt', so gehört zu allen Landschaften Fontanes der schauende Mensch, in dessen Wahrnehmungen und Empfindungen sich das dargestellte Bild erst vollendet. Daß in Fontanes Landschaftsschilderungen der Betrachtende mit dargestellt ist, wie wir sagten, meint ja mehr als nur seine formale Funktion als Sehepunkt. Erst im antwortenden Reflex eines Menschen kommt das Bild der Natur, das die Kunst stellt, zu sich selbst. Was ein solches Landschaftsbild 'sagen' will, gewinnt Sprache erst im Fühlen und im Wort eines erle-

---

[18] So bei der Abreise Effis aus Kessin (SW IV 191) oder bei Innstettens Wiedersehen mit diesem Ort vor seinem Duell mit Crampas (IV 238).

benden Menschen. Für die Landschaftsschilderung Fontanes gilt — nicht anders als für seine Menschendarstellung —[19] der Satz Hegels, wonach „die Art und Weise", wie ihr objektiver Inhalt „in den Individuen und ihrer *innern Subjektivität*, Moralität usw. erscheint, das wesentlichste Interesse" ausmacht.[20]

III

Mit dem eben Beschriebenen hängt eine andere Eigenart der Land-schaftsdarstellung bei Fontane zusammen: einzelne Orte bzw. Land-schaften werden in seinen Romanen oft nur dadurch charakterisiert, daß ihr Anblick (oder auch ihre bloße Nennung) in den Romange-stalten *Erinnerungen* persönlicher Art oder historische Reminiszen-zen auslösen, die an die Stelle eingehender Beschreibungen durch den Erzähler treten. Es ist dies jenes Moment, das Max Tau als den „assoziativen Faktor" in der Orts- und Landschaftsdarstellung Fon-tanes bezeichnet (und entsprechend kritisiert) hat.[21] Wenn in den Augen Innstettens als Zwischenstation der mit Effi geplanten Reise nach Rügen zuerst Stralsund wichtig ist als die Stadt „mit Schill, den du kennst, und mit Scheele, den du nicht kennst und der den Sauerstoff entdeckte, was man aber nicht zu wissen braucht" (IV 208); oder wenn Effi, in Rügen angekommen, bei einem „Abend-spaziergang am Klippenstrande" im Anblick der stillen, „vom Mond-schein überzitterten Bucht" ausruft: „Ach, Geert, das ist ja Capri, das ist ja Sorrent!" (ebd. 209) — dann wollen solche Assoziationen etwas über die innere Verfassung der Gestalten aussagen, nicht aber über die assoziierten Landschaften selbst. Sehr oft werden diese Landschaften dabei überhaupt nicht in ihrer Raumqualität erfaßt; das Geographische kann sich auf die Assoziation einzelner Orts- oder Landschaftsnamen beschränken. Wichtig ist allein, was sich mit

---

[19] Darüber handelt ausführlich die eingangs genannte Untersuchung des Verf. Vgl. zu Fontane auch das entsprechende Kapitel bei W. Preisendanz, Humor als dichterische Einbildungskraft [in diesem Band S. 286 ff.].

[20] G. W. F. Hegel, Ästhetik, hrsg. von Friedrich Bassenge, Berlin 1955, S. 215. (Hervorhebung vom Herausgeber.)

[21] Vgl. M. Tau, a. a O., S. 31 ff.: Die Ortsdarstellung, bes. S. 38 ff.

diesem Namen an menschlichem Geschick verbindet. Als Gordon-Leslie, dessen erotische Neugier durch die lymphatische Schönheit Céciles und das Geheimnis ihrer Ehe mit dem viel älteren „Jeu-Obersten" von St. Arnaud längst geweckt ist, von den Forellen des Kinroßsees seiner schottischen Heimat erzählt, unterläßt er es nicht, zu Cécile gewandt, Maria Stuart und ihre Gefangenschaft in dem „alten Douglasschlosse mitten im See" zu erwähnen (II 197). Für diese Assoziation ist das Landschaftlich-Geographische ein bloßer Vorwand, der dazu dient, das Historisch-Anekdotische, das zu einem Ort gehörende menschliche Schicksal in das Geschehen des Romans hineinzureflektieren, um dadurch verborgene Spannungen in diesem sichtbar zu machen. So kann, um ein letztes Beispiel zu geben, Effi Briests unbestimmt-unerfüllte Sehnsucht in Kessin Gestalt gewinnen in folgenden geographisch-historischen Assoziationen: „Da drüben liegt Bornholm und dahinter Wisby, wovon mir Jahnke vor Zeiten immer Wunderdinge vorschwärmte. Wisby ging ihm fast noch über Lübeck und Wullenweber. Und hinter Wisby kommt Stockholm, wo das Stockholmer Blutbad war, und kommen die großen Ströme und dann das Nordkap und dann die Mitternachtssonne" (IV 109). Wer hier mit Max Tau die Anschauung vermißt oder von mangelnder Gestaltungskraft spricht, übersieht, daß diese Art, bestimmte Orte oder Landschaften in die Dichtung einzubeziehen, es gar nicht auf ‘Gegenständlichkeit' abgesehen hat. Was diese Landschaften oder Orte innerhalb der Romanwelt bedeuten, wird allein im erinnernd-assoziierenden Reflex einzelner Gestalten sichtbar. Wie jene ‘in Wirklichkeit' aussehen oder was sie ‘objektiv' bedeuten, bleibt demgegenüber gleichgültig.[22]

[22] Man geht sicher nicht fehl, in der Verknüpfung von Geographischem mit Historisch-Anekdotischem in der Landschaftsschilderung Fontanes eine Nachwirkung seiner ›Wanderungen durch die Mark Brandenburg‹ zu sehen. Hier ist diese enge Verbindung von Räumlichem und Geschichtlichem, von Natur und Kunst vorgebildet, die nicht zuletzt den Reiz dieser ›Wanderungen‹ ausmacht und die zeigt, in welchem Maße für Fontane auch die Landschaft ein Raum des Menschen ist.

In den gleichen Zusammenhang gehört, daß Fontane es bei näheren Beschreibungen bestimmter Baulichkeiten in seinen Romanen nie unterläßt, auf ihre Geschichte einzugehen. Von ›Vor dem Sturm‹ bis zum ›Stechlin‹

IV

Nur scheinbar außerhalb unseres Themas — des Bildcharakters der Fontaneschen Landschaften — steht ein weiterer bezeichnender Zug der Ortsdarstellung bei Fontane, auf den wir aus mehreren Gründen eingehen müssen. Er wirft, sieht man ihn im Zusammenhang der Romankunst Fontanes, ein erhellendes Licht nicht nur auf die Kunstauffassung unseres Dichters, sondern gibt darüber hinaus einen aufschlußreichen literarhistorischen Aspekt frei, der in der allgemeinen Realismus-Diskussion der letzten Jahre eigentümlicherweise unbeachtet geblieben ist. Wir meinen das gleichzeitige Vorkommen nicht erfundener, wirklich existierender und kartographisch beglaubigter Orte in Fontanes Romanen neben solchen, die ausschließlich seiner Einbildungskraft ihre Existenz verdanken.

Bezeichnend für unsere Einstellung dem Realisten Fontane gegenüber ist, daß Walter Keitel der von ihm besorgten Neuausgabe von ›Vor dem Sturm‹ im Rahmen der Hanser-Ausgabe den Lichtdruck einer zeitgenössischen Karte des Oderbruchs beifügt, um dem mit dieser Landschaft nicht vertrauten Leser die Orientierung zu erleichtern. Hier findet der Leser denn auch eine Reihe von Ortschaften und landschaftlichen Einzelheiten, die ihm im Roman begegnen; nicht nur Küstrin oder Frankfurt an der Oder, sondern auch die Seelower Höhe (in deren Nähe Schloß Guse, der Besitz Tante Amelies, liegt) oder das Dorf Göritz, den Wohnsitz Doktor Faulstichs. Aber schon einen Ort, der Guse heißt, sucht der Leser vergebens; er verbirgt sich hinter dem auf der Karte verzeichneten Gusow. Hohen-Vietz gar, der Stammsitz der Vitzewitze und Haupthandlungsort, ist nirgends zu finden, weder auf dieser noch auf einer anderen Karte — es gibt dieses Dorf überhaupt nicht. Einzelheiten am Her-

---

findet sich keine Beschreibung eines Schlosses oder Gutshauses ohne Hinweis auf seine Entstehung oder eine Erwähnung seines früheren Zustandes; oft ist dabei auch von den früheren Bewohnern dieser Bauten die Rede. Dieser historische Aspekt ist Fontane für das Verständnis des Gegenwärtigen nicht minder wichtig wie seine Beschreibung: alle diese Bauten sind Stätten menschlichen Schicksals, und als solchen gehört auch ihre Geschichte zu ihnen.

renhaus verweisen auf Friedersdorf als Vorbild,[23] als Ganzes aber ist es erfunden wie das dazugehörige Dorf. Es ist ebenso ein Phantasieprodukt wie Schloß und Dorf Stechlin, die Fontane mit so viel geographischer Akribie an der Südspitze des Stechlin-Sees (den es wirklich gibt) angesiedelt hat. Nicht besser ergeht es dem Leser, schlägt er eine entspechende Karte auf, mit der an der Kessine gelegenen Stadt Kessin in Pommern (dem Landratssitz Innstettens), mit Hohen-Cremmen oder mit dem Schloß Wuthenow am See: sie alle sind Phantasieschöpfungen Fontanes und existieren nur in seinen Romanen. Für alle diese Orte ließen sich zwar 'Vorbilder' finden, aber diese stimmen immer nur in Einzelheiten mit den erdichteten Städten und Schlössern überein. Deren Realität ist rein dichterischer Natur.

Fontane hat sich gelegentlich bitter über die Neigung der Literaturkritik beklagt, ihn auf das 'Gegenständliche' festlegen zu wollen; so heißt es einmal in einem Brief über ›Schach von Wuthenow‹[24]:

„Die gesamte deutsche Presse verfolgt, mir wie andern gegenüber, beständig den Zweck, einen bestimmten Schriftsteller an eine bestimmte Stelle festnageln zu wollen. Es ist das Bequemste. *Mein* Metier besteht darin, bis in alle Ewigkeit hinein ,märkische Wanderungen' zu schreiben. Alles andre wird nur gnädig mit in den Kauf genommen. Auch bei Schach tritt das wieder hervor, und so lobt man die Kapitel Sala Tarone, Tempelhof und Wuthenow. In Wahrheit liegt es so: von Sala Tarone hab ich als Tertianer nie mehr als das Schild überm Laden gesehen. In der Tempelhofer Kirche bin ich nie gewesen, und Schloß Wuthenow existiert überhaupt nicht, hat auch nie existiert. Das hindert aber die Leute nicht, zu versichern, ,ich hätte ein besondres Talent für das Gegenständliche', während doch alles, bis auf den letzten Strohhalm von mir erfunden ist ..."

Den Sinn dieses poetischen Verfahrens, erfundene und nicht erfundene 'Wirklichkeit' ineins zu verweben, hat auf unübertreffliche Weise Gottfried Keller ausgesprochen. Zu Beginn der Erstfassung seines ›Grünen Heinrich‹ gibt er ein knappes Porträt seiner zugleich an See und Fluß gelegenen Vaterstadt Zürich, um dann, in Anleh-

---

[23] Darüber unterrichtet Walter Keitels Anmerkung in III, S. 716.
[24] Th. Fontane, Briefe an seine Freunde, Bd. 2, S. 84.

nung an dieses reale Beispiel, eine neue Stadt zu erfinden, die es *so* nur in seiner Romanwelt gibt[25]:

„So haben Luzern oder Genf ähnliche und doch wieder ganz eigene Reize ihrer Lage an See und Fluß. Die Zahl dieser Städte aber um eine eingebildete zu vermehren, um in diese, wie in einen Blumenscherben, das grüne Reis einer Dichtung zu pflanzen, möchte tunlich sein: indem man durch das angeführte, bestehende Beispiel das Gefühl der Wirklichkeit gewonnen hat, bleibt hinwieder dem Bedürfnis der Phantasie größerer Spielraum, und alles Mißdeuten wird verhütet."

Man braucht sich nur zu vergegenwärtigen, wie noch in Thomas Manns ›Doktor Faustus‹ Züge Naumburgs und Lübecks zum Bilde Kaisersacherns, der Heimatstadt Adrian Leverkühns, verschmelzen, um in diesem Verfahren eine bis in unser Jahrhundert reichende Tradition der deutschen Erzählkunst wahrzunehmen. Es kann geradezu als ihr Wesensmerkmal gelten, daß sie das „Gefühl der Wirklichkeit" mit dem „Bedürfnis der Phantasie" zu vermitteln trachtet.[26] Nicht, wie manche ihrer Beurteiler meinen, um so mit Hilfe der Phantasie der Wirklichkeit auszuweichen, sondern um — mit Keller zu reden — der „Reichsunmittelbarkeit der Poesie"[27] zu ihrem Recht zu verhelfen. Daß die deutsche erzählende Dichtung des 19. Jahrhunderts weniger 'realistisch' ist als die gleichzeitige französische Dichtung — d. h. ihre gesellschaftskritischen Reflexionen sich nicht, wie etwa schon die Romane Balzacs, auf dem Niveau der zeitgenössischen westeuropäischen Soziologie befinden —, mag einem auf konsequenten Realismus Eingeschworenen als Mangel erscheinen. Wir sind gesonnen, darin vielmehr die Abwehr eines verdinglichenden Zugriffs einer sich absolut setzenden Empirie zu sehen, der gegenüber die Poesie den ihr eigenen 'Spiel-Raum' festhält.

---

[25] Gottfried Keller, Sämtliche Werke in 8 Bdn., Berlin 1958, Bd. 3, S. 11
[26] Vgl. zu dieser Problematik außer dem in Anm. 9 genannten Buch von Wolfgang Preisendanz auch dessen Vortrag ›Voraussetzungen des poetischen Realismus in der deutschen Erzählkunst des 19. Jahrhunderts‹, in: Formkräfte der deutschen Dichtung, Göttingen 1963, S. 187 ff.
[27] Briefe Gottfried Kellers, hrsg. von Carl Helbling, 2. Aufl., Zürich 1942, S. 251. (Brief an Paul Heyse vom 27. VII. 1881.)

Hier wird sichtbar, was Fontane meint, wenn er von der „rätsel-
vollen Modelung" spricht, welche die Kunst mit dem Leben vornimmt, und was es bedeutet, wenn er an anderer Stelle auf die
größere „Intensität, Klarheit, Übersichtlichkeit und Abrundung"
hinweist, die das Kunstwerk dem wirklichen Leben gegenüber voraus hat.[28] Gemeint ist: daß auch der Gesellschaftsroman dichterische
Bilder der Wirklichkeit schafft, nicht aber eine naturalistisch gemeinte Wiedergabe der empirischen Realität. Nicht, ob bestimmte Orte
oder Landschaften in Fontanes Romanen auch wirklich existieren,
ist das Entscheidende, sondern ob sie *wahr* sind. Ihre Wahrheit
aber haben sie nur innerhalb der gedichteten Welt seiner Romane.
Diese Wahrheit ist zugleich ihre alleinige — poetische — Realität.

V

Nun zeigt sich, überblickt man noch einmal die von uns angeführten Textbeispiele, der Bildcharakter der Fontaneschen Landschaften
nicht alleine an ihrer Perspektivität. Die immer wiederkehrende
Einbeziehung akustischer Eindrücke in diese Landschaftsbilder, wie
überhaupt ihre gleichsam feststehende 'Konstruktion', bringen eine
sich wiederholende Typik hervor, die uns berechtigt, von der *Formelhaftigkeit* der Landschaftsdarstellung Fontanes zu sprechen.[29] Sie
wird vollends offenkundig, wenn man hinzunimmt, was schon Max
Tau über die stehende Bedeutung bestimmter Tiere und Pflanzen,
die als eine Art von Requisiten in fast allen Romanen Fontanes
wiederkehren, ausgemacht hat. So finden sich in den Herbstland-
schaften bei Fontane ebenso sicher immer wieder das gelbe und das
rote Laub und die Sommerfäden,[30] wie auf seinen Sommerwiesen

---

[28] Th. Fontane, Schriften zur Literatur, hrsg. v. H.-H. Reuter, Berlin
1960, S. 109.

[29] Wir entlehnen den Begriff der »Formelhaftigkeit« nicht ohne Absicht
der Eichendorff-Forschung. Vgl. dazu Werner Kohlschmidt, Die symbolische Formelhaftigkeit von Eichendorffs Prosastil, in: W. K., Form und
Innerlichkeit. Beiträge zur Geschichte und Wirkung der deutschen Klassik
und Romantik, München 1955, S. 177 ff.

[30] Vgl. dazu die Belege bei M. Tau, a. a. O., S. 16.

gelbe Ranunkeln und roter Ampfer blühen.[31] Zu den Pflanzen mit fest umrissener Bedeutung gehören der wilde Wein (als Zeichen der Freiheit) oder rote Rosen und Nelken, die als Blumen des Lebens auftreten.[32] Ähnlich feststehende Bedeutungen haben bestimmte Tierarten bei Fontane, so die Schwalben und Lerchen (wieder als Bilder der Freiheit und Ungebundenheit) oder die Krähen, die immer Unheils- oder Todesboten sind.[33]

Auch einzelne Landschaftselemente können immer wieder in einem bestimmten Bedeutungszusammenhang auftauchen. So wird die Mondsichel mit stereotyper Regelmäßigkeit über einer Landschaft bei Fontane immer dann sichtbar, wenn eine Gestalt über sich nachzudenken beginnt oder eine Entscheidung in ihr sich vorbereitet.[34]

Schließlich bildet der Gegensatz von Enge und Weite — als bedrückendes Dunkel des Waldes oder als befreiendes Erlebnis des Dahinfliegens über die weite Ebene — eine wesentliche Konstante der Landschaftsschilderung bei Fontane.

Alle diese Momente belegen, daß Fontane als Landschaftsdarsteller nicht der Realist ist, den man in ihm zu sehen gewohnt ist. Gewiß bildet (mit wenigen Ausnahmen) die Mark Brandenburg den immer wiederkehrenden landschaftlichen Hintergrund seiner Gesellschaftsromane: aber die von ihm geschaffenen Landschaften bilden keine empirische Realität ab, sondern haben eine *poetische Funktion* im Ganzen seiner Dichtungen. Ihre einzelnen Elemente kehren immer wieder und sind von einem Roman zum andern *austauschbar* — weil es auf ihre Ausdrucksfunktion, nicht aber auf ihren empirischen Realitätsgehalt ankommt. Die Landschaft wird bei Fontane gerade dadurch Ausdrucksträger, daß sie nicht eine 'individuell geschaute' Landschaft sein will, sondern nur zeichenhaften Charakter besitzt. Darin liegt die Rechtfertigung ihrer 'Formelhaftigkeit', die nichts mit mangelnder Gestaltungskraft zu tun hat. Vielmehr weisen Fontanes Landschaften auf literaturgeschichtliche Zusammenhänge zurück, die mit dem sogenannten Realismus wenig zu tun haben.

[31] Ebd., S. 16 f.
[32] Ebd., S. 18.
[33] Ebd., S. 19.
[34] Ebd., S. 20.

Wir wissen zwar heute mehr über den Zusammenhang zwischen der deutschen Romantik und der Dichtung der Jahrhundertwende als etwa die Wissenschaft der zwanziger Jahre, aber immer noch sind wir gewohnt, in dieser literarischen Wirkung über das Jahrhundert hinweg eine Angelegenheit allein der Lyrik zu sehen.[35] Der Roman zumal des späteren 19. Jahrhunderts scheint dagegen ein für allemal durch das Etikett des Realismus hinreichend bestimmt zu sein, so daß die Frage, inwieweit auch in der erzählenden Prosa am Ende des Jahrhunderts Elemente der romantischen Dichtung wiederauftauchen, eher als abwegig gelten darf. Indessen nötigt Fontanes Landschaftsdarstellung dazu, einen solchen Zusammenhang zu konstatieren. Nicht als direkte, kausal erklärbare Beeinflussung, wie sie der Positivismus verstand, aber doch als Wiederkehr eines bestimmten, von der Romantik geübten Verfahrens, im Bilde der Landschaft seelisches Geschehen zu spiegeln.

Der Dichter, an den Fontanes Art, die Landschaft in seinen Romanen zu verwenden, am meisten erinnert, ist zweifellos *Eichendorff*. In seinem Landschaftsgebrauch hat man jene 'Formelhaftigkeit' nachgewiesen, die sich bei Fontane wiederfindet, und man hat darüber hinaus auch die „perspektivische Anlage" von Eichendorffs Landschaften zeigen können, ihr Hingeordnetsein auf den Ort des Betrachters, das die Landschaft bei Eichendorff zu einem „„erlebten Raum'" macht.[36] Der Hinweis auf Eichendorff fordert freilich auch sogleich die Unterscheidung von ihm. Denn in bezug auf Fontane kann nicht mehr von einer „emblematischen Landschaft"[37] gesprochen werden, die im Bilde der Wirklichkeit ein Überwirkliches sehen läßt (so wie dem Taugenichts der Anblick der Ewigen Stadt zum Bilde des himmlischen Jerusalem wird). Fontanes Landschaften sind eindeutig zum Raum des Menschlichen als eines Innerweltlichen geworden,

---

[35] Dazu jetzt: Werner Vordtriede, Novalis und die französischen Symbolisten. Zur Entstehungsgeschichte des dichterischen Symbols, Stuttgart 1963.

[36] Richard Alewyn, Eine Landschaft Eichendorffs. In: Eichendorff heute. Stimmen der Forschung mit einer Bibliographie, hrsg. von Paul Stöcklein, München 1960, S. 19 ff.; die Zitate ebd., S. 37 und 38.

[37] Oskar Seidlin, Eichendorffs symbolische Landschaft, in: Eichendorff heute, S. 224.

der auch in seinen symbolischen Landschaftsbildern nicht mehr verlassen wird. Darin spiegelt sich deutlich genug die entschiedene Wendung zum Diesseitigen, die das spätere 19. Jahrhundert kennzeichnet. Aber indem Fontane eine in der Romantik geübte dichterische Praxis aus *seinen* geistigen Voraussetzungen erneuert, rettet er die Landschaftsdarstellung noch einmal als poetisches Mittel, Inneres in die Darstellung eines Äußeren umzusetzen. Indem er die Landschaft in seinen Romanen nicht realistisch nimmt, sie nicht als Teil einer Wirklichkeitsbeschreibung auffaßt, sondern sie als „künstlerische Folie" seiner Menschendarstellung begreift, gewinnt er der Poesie auch hier noch einmal ihren Spielraum zurück.

Daß in den Landschaftsdarstellungen Fontanes das Moment der Reflexion eine viel größere Rolle spielt als bei Eichendorff, gehört ebenfalls zu den veränderten Voraussetzungen, unter denen Fontane stand. Aber wenn Max Tau kritisiert, „daß das Interesse Fontanescher Gestalten an der Wirklichkeit mehr ein gedankliches ist als ein solches der unmittelbaren Anschauung"[38], dann scheint uns eine solche Kritik eher *für* Fontanes Rang als Künstler zu sprechen. 'Unmittelbare Anschauung' war im Roman des ausgehenden 19. Jahrhunderts zu einem Derivat der Unterhaltungsliteratur geworden. Die Kunst bewahrte, wer ihre Bilder nicht mit den von der Natur gestellten verwechselte.

[38] Tau, a. a. O., S. 57.

REGISTER

Von HERMANN KINDER, MANFRED SELGE, BURKHART STEINWACHS

1. Namenverzeichnis

2. Verzeichnis der Werke Fontanes

3. Sachverzeichnis

BIOGRAPHISCHES ÜBER DIE VERFASSER
DER BEITRÄGE

BÖCKMANN, Paul: geb. 4. November 1899 in Hamburg; Studium der Germanistik, Philosophie und Geschichte in Hamburg, Heidelberg, Göttingen. Promotion und Staatsexamen 1923; Assessorexamen 1924; wissenschaftlicher Assistent 1928; Habilitation 1930, jeweils in Hamburg. Lehrstuhl für Neuere deutsche Literaturgeschichte in Heidelberg 1937—1957, dann in Köln. Emeritierung 1968. Als Gastprofessor an der Cornell-University, Ithaca (N. Y.) 1957; an der University of Illinois in Urbana 1968 und an der University of California in Davis 1969. Korrespondierendes Mitglied der Heidelberger Akademie der Wissenschaften. Präsident der Internationalen Vereinigung für moderne Sprachen und Literaturen für die Jahre 1969—1972.

BRINKMANN, Richard: geb. 16. 6. 1921 in Elberfeld, Studium der Germanistik in Göttingen, Münster und Tübingen, Promotion 1948, Habilitation 1955, seit 1959 o. Prof. in Tübingen.

DEMETZ, Peter: geb. am 21. Oktober 1922 in Prag. 1945—1948, 1952—1955 Studium der Germanistik und Vergleichenden Literaturwissenschaft in Prag, London, Zürich, New York (Columbia) und Yale. Promotion in Prag 1948 und an der Yale Universität 1956. Seit 1963 'Professor of German and Comparative Literature' an der Yale Universität, New Haven, USA.

KILLY, Walther: geboren am 27. August 1917 in Bonn am Rhein. Studium in Berlin. Promotion in Tübingen 1948. Privatdozent und ordentlicher Professor FU Berlin 1951—1960. Ordentlicher Professor Göttingen 1960—1970. Seit 1970 o. Professor in Bern. Gastprofessuren an den Universitäten Kopenhagen, Harvard University, University of California. Mitglied des PEN-Klubs.

LÜBBE, Hermann: geb. am 31. 12. 1926 in Aurich (Ostfriesland). 1947—1951 Studium der Theologie, Soziologie und Philosophie in Göttingen, Münster, Freiburg im Breisgau. Promotion 1951 in Freiburg im Breisgau. 1951—1953 wissenschaftlicher Assistent und Privatdozent an den Universitäten Frankfurt, Erlangen, Köln, Hamburg und Münster. 1963—1969 o. Professor für Philosophie an der Ruhr-Universität Bochum. 1967—1970 Staatssekretär für das Hochschulwesen in Nordrhein-Westfalen. 1969 bis 1972 Professor für Sozialphilosophie an der Universität Bielefeld. Seit 1971 Professor an der Universität Zürich.

LUKÁCS, Georg (von): geb. 1885 in Budapest, Studium u. a. in Berlin und Heidelberg, seit 1918 Mitglied der Kommunistischen Partei, 1919 währen der ungarischen Räterepublik Volkskommissar für Unterrichtswesen, lebte seit 1921 in Wien, Berlin, Moskau, 1945/58 Professor der Literaturwissenschaft und Ästhetik in Budapest, führend im „Petöfi-Kreis", Minister für Kultur in der Regierung Imre Nagy, nach der gescheiterten Erhebung von 1956 zeitweilig in Rumänien, gestorben 1971 in Budapest.

MANN, Thomas: geb. 1875 in Lübeck, Schulbesuch bis zur mittleren Reife, 1893 nach München, Volontär bei einer Versicherungsgesellschaft, 1894 Mitarbeiter, 1899 Redakteur des ›Simplicissimus‹, dann freier Schriftsteller, 1929 Nobelpreis für Literatur, 1933 Emigration über Holland, Belgien, Frankreich in die Schweiz, 1939 Übersiedlung in die USA, Gastprofessor an der Princeton University, dann nach Pacific Palisades in Kalifornien, 1944 US-Bürger, 1952 Rückkehr nach Europa, Wohnsitz in Kilchberg bei Zürich, gestorben dort 1955.

MEYER, Herman: geb. am 8. Juni 1911 in Amsterdam, 1930 bis 1937 Studium der Germanistik, Nebenfächer Kunstgeschichte und Philosophie; Promotion 1943. Seit 1947 Ordinarius für deutsche Literatur an der Universität Amsterdam. Im Laufe der letzten 20 Jahre Gastprofessuren an den Universitäten von Bonn, Pittsburgh und Princeton, Yale und Harvard. Ehrenpräsident der IVG (Internationale Vereinigung für Germanische Sprach- und Literaturwissenschaft), Ehrenmitglied der MLA (Modern Language Association of America), Mitglied der Koninklijke Nederlandse Akademie van Wetenschappen, korrespondierendes Mitglied der Deutschen Akademie für Sprache und Dichtung.

MINDER, Robert: geb. am 23. August 1902 in Wasselnheim (Elsaß). Studium der Germanistik und Vergleichenden Literaturwissenschaft in Straßburg 1920, seit 1921 als Staatsstipendiat der École Normale Supérieure in Paris. Lektor in Straßburg 1926—1934, Promotion 1937, o. Professor in Nancy 1938—1951 (an Univ. Grenoble 1940—1945). Lehrstuhl für deutsche Literatur- und Kulturgeschichte an der Sorbonne, seit 1957 am Collège de France in Paris.

MÜLLER-SEIDEL, Walter: geb. 1. 7. 1918 in Schöna (Sächs. Schweiz). Studium (Germanistik, Geschichte, Anglistik, Philosophie) seit 1937 in Leipzig, Berlin und Heidelberg. Kriegsdienst von 1939 bis 1947; Studienabschluß 1947; Promotion 1949 in Heidelberg. Assistent am Deutschen Seminar von 1952—1957. Habilitation 1958 in Köln. Seit 1960 a. o. Prof.; seit 1965 o. ö. Prof. für Neuere deutsche Literatur in München. Von 1968—1972 Vorsitzender des Deutschen Germanistenverbandes. Mitherausgeber des Jahrbuchs der Deutschen Schiller-Gesellschaft.

OHL, Hubert: geb. am 12. November 1927 in Danzig, 1947—1955 Studium in Rostock, Köln und Frankfurt am Main (Germanistik, Philosophie und Kunstgeschichte), Promotion 1955 in Frankfurt; 1961—1967 wissenschaftlicher Assistent in Mainz, 1967 Habilitation, seit 1968 ordentlicher Professor für Neuere deutsche Literaturgeschichte an der Universität Freiburg im Breisgau; 1971 Gastprofessor am German Department der Universität von Massachusetts in Anherst.

PREISENDANZ, Wolfgang: geb. 1920 in Pforzheim, 1946 Studium der Germanistik, Geschichte, Romanistik und Philosophie in Heidelberg, 1951 Promotion bei Paul Böckmann, Gymnasiallehrer, Lehrbeauftragter, Lektor, 1961 Habilitation in Köln, 1962 Lehrstuhl der Neueren deutschen Literaturgeschichte in Münster, 1965 und 1966/67 Gastprofessor an den Universitäten von Pittsburgh und von Kalifornien, seit 1966 Lehrstuhl im Fachbereich Literaturwissenschaft der Universität Konstanz.

REUTER, Hans-Heinrich: geb. am 26. Mai 1923 in Pirna an der Elbe, Studium in Berlin (Germanistik, Klassische Philologie, Philosophie und Geschichte), 1954—1958 Dozent für Geschichte der Deutschen Literatur am Pädagogischen Institut in Leipzig, Promotion in Jena 1957, Habilitation dortselbst 1967, 1961 bis 1967 stellvertretender Leiter des Goethe- und Schiller-Archivs in Weimar, seit 1967 Direktor des Instituts für deutsche Literatur der Nationalen Forschungs- und Gedenkstätten der klassischen deutschen Literatur in Weimar.

WÖLFEL, Kurt: geb. 22. 5. 1927. Dr. phil. Würzburg 1951, seit 1964 o. Prof. für Neuere deutsche Literaturgeschichte an der Universität Erlangen-Nürnberg.